本书系国家社科基金重大招标项目多卷本《西方城市史》（17ZDA229）阶段性成果

都市文化研究
Urban Cultural Studies

The City In Literature:
Art, Space, And Urban Living

中文社会科学引文索引 (CSSCI) 来源集刊

文学中的城市：艺术、空间和城市生活

上海三联书店

CONTENTS 目录

文学中的城市

城市与社会

艺术中的都市文化

光启评论

文学中的城市

论哀悼鲁迅逝世刊载的鲁迅手迹[①]

杨剑龙

摘　要:1936 年鲁迅逝世后,悼念与追思的文章纷纷刊载于报刊杂志,有一些报刊刊载的鲁迅手迹,大多为鲁迅重病中所写,有致朋友书信手迹,有赠友人诗遗墨,有碑文,有便笺,大多为鲁迅病中关于病况告知、出版印刷、稿件手迹等,呈现出鲁迅生命不止奋斗不息的精神。在哀悼鲁迅逝世刊载的鲁迅手迹中,能够看到鲁迅先生的为人之道、为文之道、书法之道,丰富了伟人鲁迅的形象,表达了哀悼追思之情。

关键词:鲁迅　手迹　哀悼　书法

1936 年 10 月 19 日 5 点 25 分,鲁迅先生因病逝世,享年 56 岁。10 月 22 日下午,葬礼在万国殡仪馆隆重举行,上万民众自发前来送葬,鲁迅的灵柩上覆盖着由沈钧儒书写的"民族魂"三个大字,鲁迅被下葬于万国公墓。

在鲁迅逝世后,悼念与追思鲁迅先生的文章刊载于全国的各报刊杂志,各界人士对鲁迅这位伟人的逝世,表达了真诚的哀悼与深切的怀念。在哀悼与追思中,有一些报刊刊载了鲁迅的手迹。在鲁迅娟秀蕴藉的笔墨中,在鲁迅手迹坦诚真挚的内涵中,人们感受到鲁迅先生的人格与精神,并寄托深深的哀思和深切的怀念。

一

鲁迅先生的逝世是中国文化界、文学界的重大损失,各报刊杂志纷纷发表

① 本文为国家社科基金重大项目"中国现代文学图像文献整理与研究"(16ZDA188)阶段成果。

追悼文章、刊载追悼照片，其中有的出专刊进行悼念。在各报刊的追悼中，有不少刊物刊载鲁迅先生的手迹，在表达哀思与敬仰的同时，呈现对鲁迅先生的追思之情。

1936年10月15日出版的《良友》1936年第121期①，刊载《一代文豪鲁迅先生之丧》两版18张照片，一页刊载《鲁迅先生写字台》《鲁迅先生藏书之一部分》《鲁迅先生灵位及其遗体》等6张照片，有一页刊《鲁迅先生传略》《鲁迅夫人及其公子合影》、司徒乔《鲁迅先生遗容画像》《鲁迅先生最后留影》，左下角刊载1936年9月5日《鲁迅致赵家壁书信手迹》，说明文字："鲁迅先生遗墨（最近致本公司赵家壁君讨论出版事之函件）。"信函内容为：

家壁先生：

顷接靖华信，已同意于我与先生所定之印他译作办法，并补寄译稿四篇（共不到一万字），希望加入。稿系涅维洛夫的三篇，左琴科的一篇，《烟袋》内原有他们之作，只要挨次加入便好。但不知已否付排，尚来得及否？希即见示，以便办理。

他函中要我做一点小引，如出版者不反对，我是只得做一点的，此一层亦希示及，但倘做起来，也当在全书排成之后了。

专此布达，并请

著安。

鲁迅

九月五日

1936年3月19日，经须藤医生穿刺取液化验，鲁迅被诊断为肺结核病发作，在病中的鲁迅一直未停止工作，至六月中旬完全卧床养病，鲁迅仍然没有停止工作。8月13日，鲁迅开始痰中见血。8月23日应《中流》创刊号之约，写杂文《"这也是生活"……》，8月27日作杂文《立此存照》(一)(二)，9月5日创作杂文《死》。该手迹为鲁迅9月5日给赵家璧的信，商讨曹靖华翻译的苏联

① 《良友》杂志每月15日出版，按照鲁迅1936年10月19日逝世、10月22日举行葬礼，1936年10月15日出版的《良友》第121期，应该推迟了实际出版时间。马国亮在《鲁迅与〈良友〉画报》(《读书》1981年第8期)中说："原定当月出版的《良友画报》第一百二十一期，稿件早已编排好，部分已在印刷中。为了尽快表达我们的哀思，我们临时抽掉其他四个满版的稿件，代之以《一代文豪鲁迅先生之丧》为题，全面报道了我们当时所能搜集到的实况。"

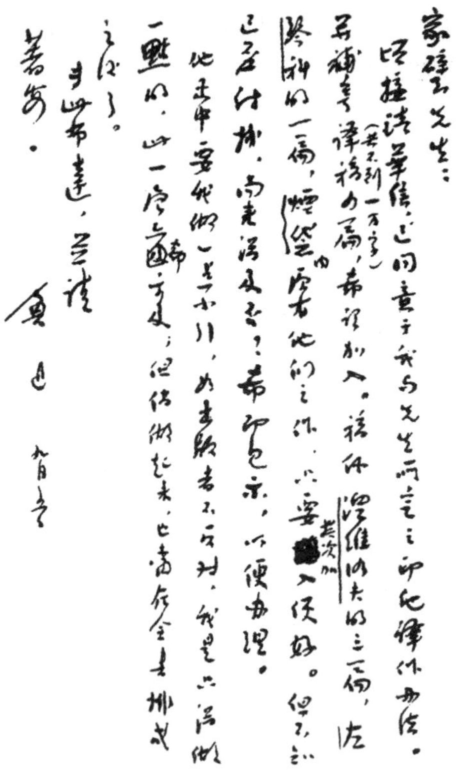

插图1:1936年9月5日《鲁迅致赵家璧书信手迹》

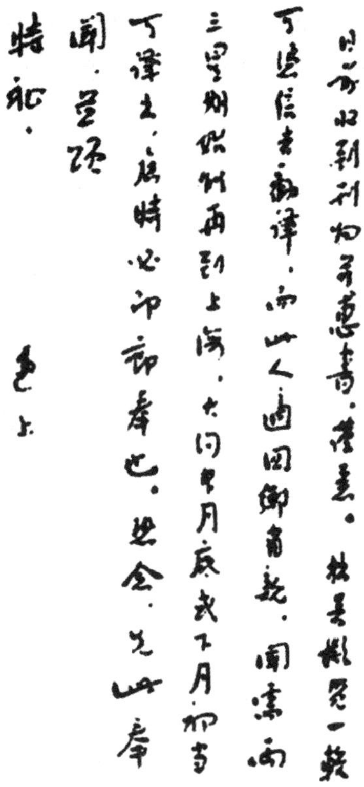

插图2:《鲁迅生前致其友人之遗札手迹》

短篇小说集《烟袋》事宜。鲁迅于1936年10月16日还为曹靖华的译作集《苏联作家七人集》作序。

1936年10月22日的《北洋画报》1936年第30卷第1468期第2页，刊载巴人《哀悼鲁迅先生》一文，刊载鲁迅生前照片一张和《上海万国殡仪馆任人瞻仰之名作家鲁迅遗容》照片一张，并刊载《鲁迅生前致其友人之遗札》一封。

> 日前收到刊物并惠书，谨悉。拙著概览一较可凭信去翻译，而此人适回乡省亲，闻需两三星期始能再到上海，大约本月底或下月初当可译出，届时必印邮奉也。甚念，先此奉闻，并颂
>
> 时祺。
>
> 迅　上

此手迹收入文物出版社 1980 年出版的《鲁迅手稿全集》第七册,第 249 页,归入“补编”中,友人姓名、写信日期均空缺。

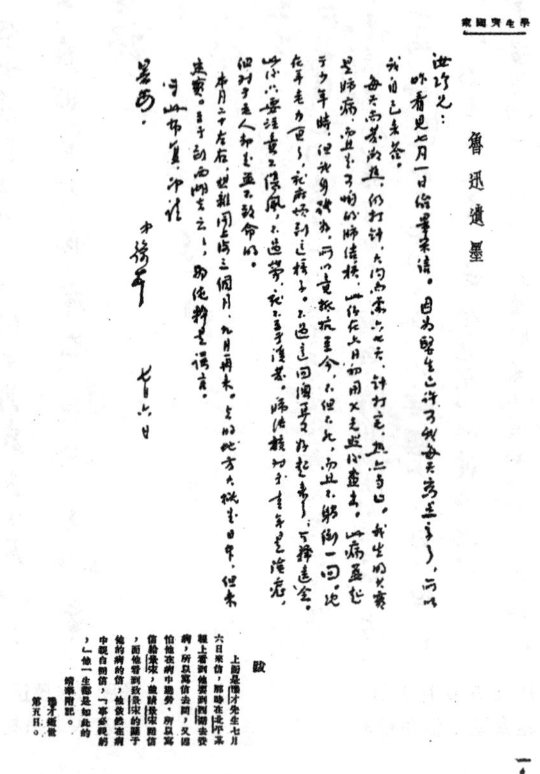

魯迅遺墨

跋

上函是豫才先生七月六日來信，那時在北平某報上看到他要到西湖去養病，所以寫信去問，又因怕他在病中過勞，所以寫信給景宋，並請景宋回信，而他看到致景宋的關于他的病的信，他依然在病中親自回信，「事必親躬」，他一生都是如此的。靖華附記。

豫才逝世第五日。

插图 3:1936 年 7 月 6 日《鲁迅给曹靖华书信手迹》

1936 年 10 月 25 日出版的《学生与国家》1936 年第 1 卷第 2 期,开篇 1—3 页刊载了徐芸书的《敬悼鲁迅先生》一文,第 4 页刊载鲁迅 1936 年 7 月 6 日给曹靖华书信的《鲁迅遗墨》,曹靖华在遗墨下端以“跋”说明:“上函是豫才先生七月六日来信,那时在北平某报上看到他要到西湖去养病,所以写信去问,又因怕他在病中过劳,所以写信给景宋,并请景宋回信,而他看到致景宋的关于他的病的信,他依然在病中亲自回信,‘事必亲躬’,他一生都是如此的。靖华附记。豫才逝世第五日。”该信的内容:

汝珍兄:

昨看见七月一日给景宋的信。因为医生已许可我每天写点字了,所以我自己来答。

每天尚发微热，仍打针，大约尚需六七天，针打完，热亦当止，我生的其实是肺病，而且是可怕的肺结核，此系在六月初用X光照后查出。此病盖起于少年时，但我身体好，所以竟抵抗至今，不但不死，而且不躺倒一回。现在年老力衰了，就麻烦到这样子。不过这回总算又好起来了，可释远念。此后亦要注意不伤风，不过劳，就不至于复发。肺结核对于青年是险症，但对于老人却是并不致命的。

本月二十左右，想离开上海三个月，九月再来。去的地方大概是日本，但未定实。至于到西湖去云云，那纯粹是谣言。

专此布复，即请

暑安！

弟　豫才

七月六日

翻译家、作家曹靖华与鲁迅结下了极为深厚的友谊，他们俩对于苏联文学都有着浓厚的兴趣，他们一起为苏俄革命文学的翻译出版而努力，为中国文学的繁荣与发展而努力。7月6日鲁迅的书信，答复了曹靖华关于其病情的问题。1936年7月7日，鲁迅写信将曹靖华翻译的《苏联作家七人集》推荐给赵家璧在良友图书公司出版，1936年10月12日，鲁迅给赵家璧写信，询问该书出版情况："靖华所译小说，曾记先生前函，谓须乘暑中排完，但今中秋已过，尚无校稿见示。不知公司是否确已付排，或是否确欲出版，希便中示及为荷。"鲁迅在逝世前前三天（10月16日）还为曹靖华翻译的《苏联作家七人集》作序，在逝世前两天（10月17日），还给曹靖华写了一封近千字的信。

1936年10月25日出版的《晨光周刊》1936年第5卷第41期，为"蒋径三先生纪念专号"，蒋径三为文化教育学学者，时任广东省立勷勤大学师范学院教育系教授，1936年7月9日驰马西湖，时值防空演戏，马受惊狂奔，蒋径三不幸坠马而逝。此期刊物第1页刊载蒋径三先生字迹，第2页刊载蒋径三与鲁迅、许广平的合影，第3页刊载1936年9月18日《鲁迅致许杰书信手迹》：

许杰先生：

来信收到，径三兄的纪念文，我是应该做的，我们并非泛泛之交，只因为久病，怕写不出什么来，但无论如何，我一定写一点，于十月底以前寄上。

我并没有预备到日本去休养，但日本报上，忽然说我要去了，不知何意。中国报上如亦登载，那一定是从日本报上抄来的。

专此布复，即请

撰安

鲁迅

九一八

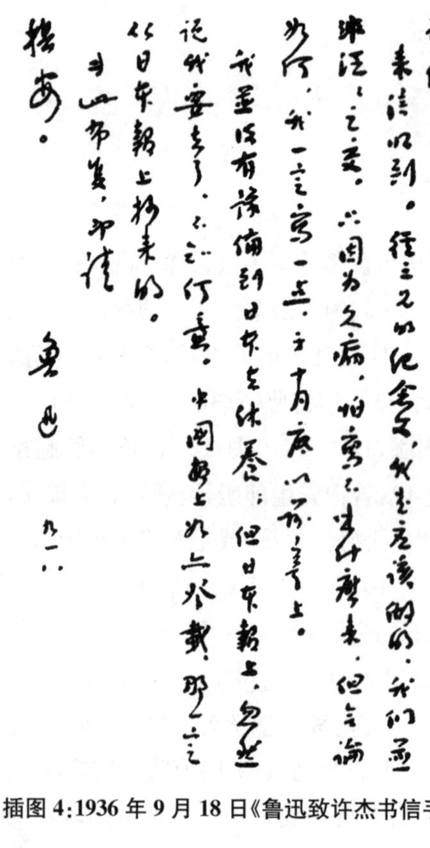

插图 4:1936 年 9 月 18 日《鲁迅致许杰书信手迹》

蒋径三，浙江临海人，生于 1899 年，毕业于绍兴浙江省立第五师范学校，先后任职于上海学艺大学、广州中山大学、上海商务印书馆、省立安徽大学等，1927 年在广州中山大学时与鲁迅相识。鲁迅到上海时，蒋径三在商务印书馆任编辑，与鲁迅交往颇多、过从甚密。鲁迅在病中，许杰在 9 月 16 日致信鲁迅，希望鲁迅给蒋径三写一悼文，鲁迅虽然患病，他仍然没有忘记此事。

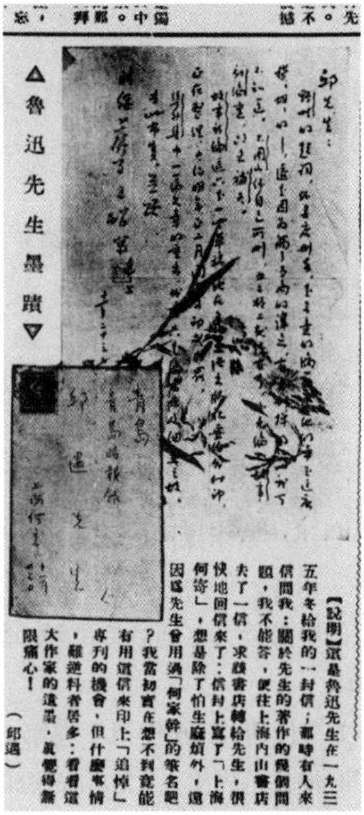

△鲁迅先生墨蹟▽

【說明】這是魯迅先生在一九三五年冬給我的一封信；那時有人來信問我：關於先生的著作的幾個問題，我不能答，便往上海內山書店去了一信，求該書店轉給先生，很快地回信來了：信封上寫了「上海何寄」，想是除了怕生麻煩外，還因爲先生曾用過「何家幹」的筆名吧？我當初實在想不到竟能有用這信來印上「追悼」專刊的機會，但什麼事情，難逆料者居多：看看這大作家的遺墨，眞覺得無限痛心！（邱遇）

插图 5：1935 年冬《鲁迅致邱遇书信手迹》

《青岛时报》1936 年 11 月 1 日设“青岛市文化界追悼鲁迅先生专刊”，刊载居雷的《时代前进的路标——永别了，鲁迅先生！》、阑荪的《哀鲁迅》等 12 篇追悼短文，并刊载鲁迅 1935 年冬《致邱遇书信手迹》，手迹附有邱遇的《说明》：“这是鲁迅先生在一九三五年冬给我的一封信，当时有人来信问我：关于鲁迅著作的几个问题，我不能答，便往上海内山书店去了一信，求该书店转给先生，很快地回信来了：信封上写了‘上海何寄’，想是除了怕生麻烦外，还因为先生曾用过‘何家干’的笔名吧？我当时实在想不到竟能有用这信来印上‘追悼’专刊的机会，但什么事情，难逆料者居多：看看这大作家的遗墨，真觉得无限痛心。”邱遇，原名袁世昌（1912—1975），时任《青岛时报》编辑，他就有关鲁迅作品的问题致信鲁迅。鲁迅即回信予以解答：

邱先生：

《野草》的题词，系书店删去，是无意的漏落，他们常是这么模模胡胡的——，还是因为触了当局的讳忌，有意删掉的，我可不知道。《不周山》系自己所删，第二版上就没有了，后来编入《故事新编》里，改名《补天》。

《故事新编》还只是一些草稿，现在文化生活出版社要给我付印，正在整理，大约明年正二月间，可印成的罢。

《集外集》中一篇文章的重出，我看只是编者未及细查之故。

专此布复，并颂

时绥。

迅上

十一月二十三日

1935 年 11 月 23 日，鲁迅给素未谋面的读者邱遇回信，就邱遇来信询问的鲁迅创作的一些问题，逐一回答。作为名声卓著的鲁迅先生，给普通读者认真回信，让读者感受到伟人的平易近人。刊载鲁迅《致邱遇书信手迹》，表达普通民众对于鲁迅逝世的哀悼。

1936 年 11 月 1 日《文季月刊》1936 年第 1 卷第 6 期为“哀悼鲁迅先生特辑”，刊载以“同人”为名的《悼鲁迅先生》一文，和黄源的《鲁迅先生》长文，并刊载司徒乔绘《鲁迅先生遗容画像》、照片《鲁迅先生遗体》《鲁迅先生书桌》《灵柩移上灵车行进中》《殡仪行列中鲁迅先生之画像》《鲁迅先生长眠之墓穴》《许广平女士及其公子海婴》，刊载的《鲁迅先生信札遗迹》为 1936 年 5 月 23 日、1933 年 10 月 8 日《鲁迅致赵家璧书信》两封遗迹，刊载的《鲁迅先生原稿手迹》为黄源藏《故事新编原稿》。

1936 年 5 月 23 日《鲁迅致赵家璧书信》内容为：

家璧先生：

顷得惠函，并书报，谢谢。

发热已近十日，不能外出，今日医生始调查热型，那么，可见连什么病也还未能认定，何时能好，此刻更无从说起了。

版画如不久印成，那么，在做序之前，亦好送给书店，再转给我看一看，假使那时我还能写字，序也还是做的。

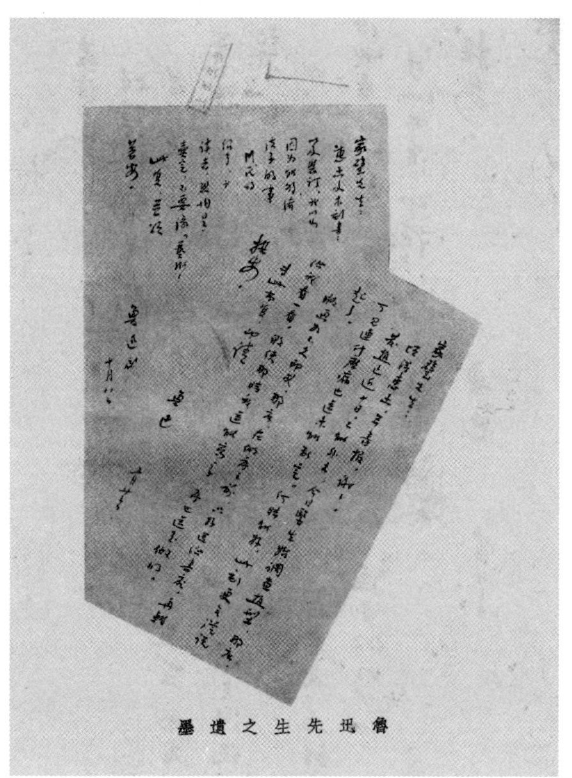

插图 6:《鲁迅致赵家璧书信》两封遗迹

专此布复,即请
撰安。

鲁迅
五月二十三日

1936 年 5 月 18 日,鲁迅病情加重,夜间发烧三十八度以上,体力逐渐衰减。鲁迅在 5 月 23 日信中说及的版画,为鲁迅应赵家璧所邀选编的《苏联版画集》,共选编了 172 图,交由良友图书公司出版。画集印完了,等待鲁迅先生的序言,因此尚未装订,鲁迅却因病重,连拿一张纸的力量也没有,6 月 23 日,重病中的鲁迅口授,由许广平记录整理,完成了画集的序言,在序言中说:“这一个月来,每天发热,发热中也有时记起了版画。”①1936 年 7 月 4 日,鲁迅收

① 鲁迅《苏联版画集·序》,见鲁迅选编《苏联版画集》,良友图书公司 1936 年版,第 8 页。

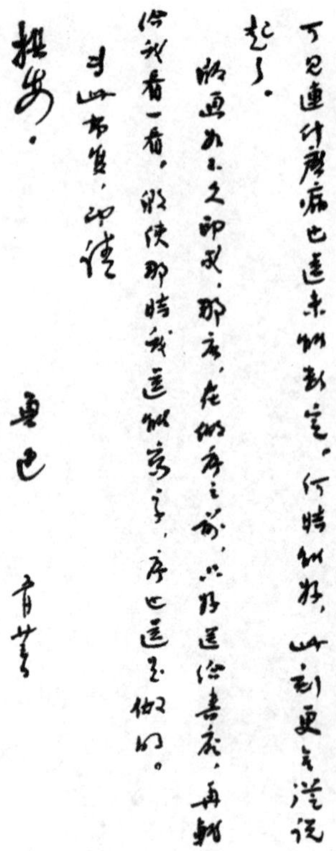
家璧先生：
顷得惠函，并书报，谢谢。我热度已近一月，不能外出；今日医生始调查热型，那么，可见连什么病也还未能断定。何时能好，此刻更不能说起了。
版画如不久即可印成，那么，在出版之前，只好送给书店，再版时给我看一看，假使那时我还能写字，序也还可以做的。
专此布复，即请
撰安。
鲁迅 上 廿三

插图 7:1936 年 5 月 23 日《鲁迅致赵家璧书信手迹》

到了《苏联版画集》的 5 册样书。后来,赵家璧在谈及选用鲁迅的这封书信手迹时有一段说明:“我来不及写一篇哀悼的文章,就借用鲁迅一九三六年五月二十三日写给我第一次提及自己的病的来信,以手迹影印件刊出……我从四十多封信里选这封信,是略有含义的,因为鲁迅从这次病后就直至不起。”①1936 年 10 月 1 日,鲁迅的体重仅 39.7 公斤,10 月 8 日下午,鲁迅还扶病去青年会出席“第二次全国木刻联合流动展览会”,并作了讲话。

1933 年 10 月 8 日《鲁迅致赵家璧书信》内容为:

家璧先生:

惠函及木刻书三种又二十本均收到,谢谢。这书的制版和印刷,以及

① 赵家璧《鲁迅逝世两周年纪念时的一件往事》,见赵家璧《文坛故旧录》,三联书店 1991 年版,第 27—28 页。

装订，我以为均不坏，只有纸太硬是一个小缺点，还有两面印，因为能够淆乱观者的视线，但为定价之廉所限，也是没有法子的事。

M氏的木刻黑白分明，然而最难学，不过可以参考之处很多，我想，于学木刻的学生，一定很有益处。但普通的读者，恐怕是不见得欢迎的。我希望二千部能于一年之内卖完，不要像《艺术三家言》，这才是木刻万岁也。

此复，并颂

著安。

鲁迅　启上

十月八日

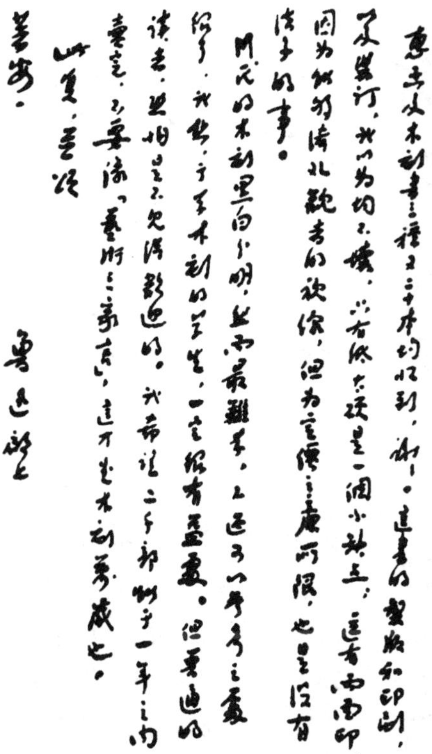

家璧先生：

惠函及木刻书二种又二十本均收到，谢谢。这书的装帧和印刷，及装订，我以为均不坏，只有纸太硬是一个小缺点；还有两面印，因为能够淆乱观者的视线，但为定价之廉所限，也是没有法子的事。

M氏的木刻黑白分明，然而最难学，不过可以参考之处很多，我想，于学木刻的学生，一定很有益处。但普通的读者，恐怕是不见得欢迎的。我希望二千部能于一年之内卖完，不要像《艺术三家言》，这才是木刻万岁也。

此复，并颂

著安。

鲁迅　启上

十月八日

插图 8:1933 年 10 月 8 日《鲁迅致赵家璧书信手迹》

1933 年 9 月，良友图书出版公司出版了《麦绥莱勒木刻连环图画故事》四本，《一个人的受难》鲁迅作序，《我的忏悔》郁达夫作序，《光明的追求》叶灵风作序,《没有字的故事》赵家璧作序,鲁迅收到的即这套书。鲁迅对于该套书的制版、印刷、装订都作了评价,还谈及纸太硬、两面印的缺憾。鲁迅还谈到了该套书对于学习木刻学生的益处。鲁迅还期望“二千部能于一年之内卖完”。后来,鲁迅还在十一月六日所作的《论翻印木刻》一文中,谈及出版此书的意义说:“麦绥莱勒的木刻的翻印,是还在证明连环图画确可以成为艺术这一点的。”①

二

1936 年 11 月 1 日出版的《实报半月刊》1936 年第 2 卷第 2 期“悼伟大文人鲁迅特辑之页”,一页刊载鲁迅不同时期照片 4 张,另有一张鲁迅在北京师大操场演讲照片,另有鲁迅《无题》诗一首的遗墨。另一页刊载鲁迅葬礼等照片 6 张。该刊“悼鲁迅先生特辑”刊载孙席珍、江肇基、曹靖华、星如、大木、赵子、王仁济、丁眉伽、洪基、林痴、李文琦的悼念文章。

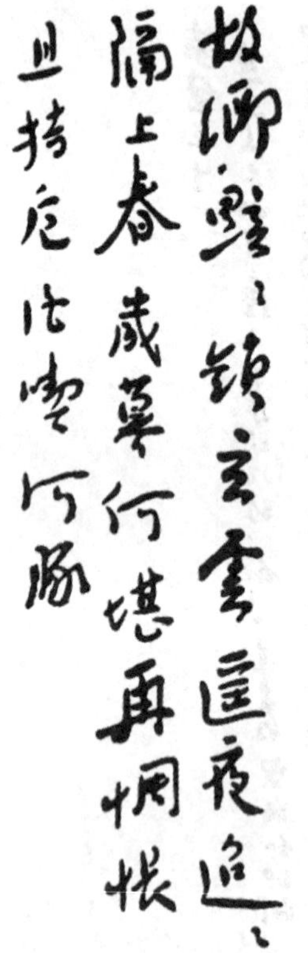

插图 9:鲁迅遗墨《无题》诗

鲁迅的遗墨《无题》诗为:

> 故乡黯黯锁玄云,遥夜迢迢隔上春。岁暮何堪再惆怅,且持卮酒食河豚。

1932 年 12 月 31 日,鲁迅将该诗写成条幅,赠送日本医生滨之上。滨之上是在上海开设的日本筱崎医院的医生,鲁迅常去求诊,因此熟识。鲁迅同日的日记载:“为知人写字五幅,皆自作诗。……为滨之上学士,云:故乡黯黯锁玄云……”鲁迅日记 1932 年 12 月 28 日记载:“晚,坪井先生来,邀至日本饭馆食河豚,同去并有滨之上医士。”②该诗表述了外敌入侵国势动荡中,鲁迅愤懑惆怅的心态,在

① 鲁迅《论翻印木刻》,见张望编《鲁迅论美术》,人民美术出版社 1982 年版,第 112 页。
② 见葛新《鲁迅诗歌译注》,学林出版社 1993 年版,第 146 页。

与友人的交往中，表达对于未来平安生活的期盼。

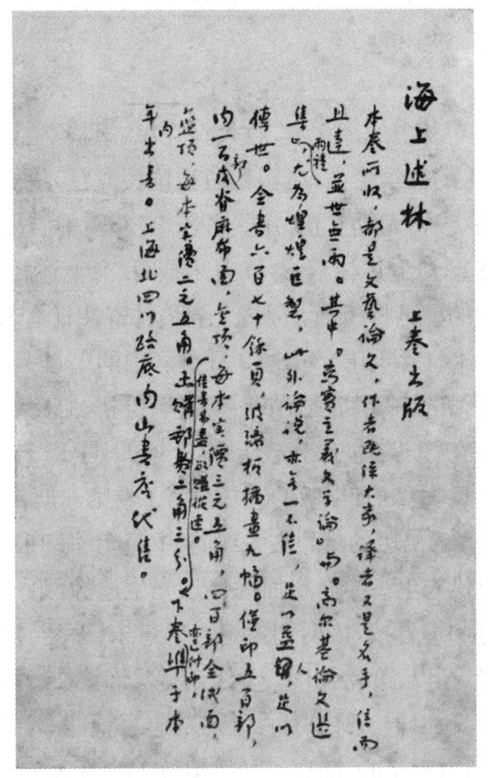

插图 10：鲁迅氏遗墨《海上述林上卷出版》

1936 年 11 月 1 日出版的《东方杂志》第 33 卷第 21 号，《东方画报》刊载整版照片“东方文坛巨星的陨落：鲁迅逝世”，有鲁迅遗影、鲁迅遗容、书斋一瞥、许广平与海婴照片 5 张，左侧有《海上述林上卷出版》的“鲁迅氏遗墨”。

下一页为整版照片“民众的葬仪——数万青年哭鲁迅”，有鲁迅葬仪场面的照片 8 张。

“鲁迅氏遗墨”《海上述林上卷出版》为鲁迅撰写的广告词：

本卷所收，都是文艺论文，作者既系大家，译者又是名手，信而且达，并世无两。其中《写实主义文学论》与《高尔基论文选集》两种，尤为煌煌巨制。此外论说，亦无一不佳，足以益人，足以传世。全书六百七十余页，玻璃版插画九幅。仅印五百部，佳纸精装，内一百部皮脊麻布面，金顶，每本实价三元五角;四百部全绒面,蓝顶,每本实价二元五角,函购加邮费二角三分。好书易尽,欲购从速。下卷亦已付印,准于本年内出书。上海北四川路底内山书店代售。①

《海上述林》是瞿秋白的译文集,收入马克思、恩格斯、列宁、普列汉诺夫、高尔基、拉法格等人的文学论文,在瞿秋白被国民党反动派杀害后,1936 年 3 月下旬鲁迅已搜集、编辑完成上卷,并撰序言,交开明书店出版。1936 年 4 月 17 日,鲁迅开始编辑《海上述林》下卷,4 月末撰写《海上述林》下卷序言。1936 年 5 月 22 日,病中的鲁迅将《海上述林》上卷稿件寄往日本东京付印。1936 年 10 月 2 日《海上述林》上卷印成,10 月 9 日重病中的鲁迅撰写《海上述林上卷出版》广告词,从书籍的内容、插画、纸质、装帧、价格、邮寄、代售等方面,作了全面的介绍。该文在鲁迅逝世后刊载于 1936 年 11 月 15 日出版的《作家》第 2 卷第 2 号,1936 年 11 月 20 日出版的《中流》第 1 卷第 6 期。

1936 年 11 月 5 日出版的黎烈文主编的《中流(上海 1936)》1936 年第 1 卷第 5 期,为"哀悼鲁迅先生专号",封面为鲁迅先生遗像,第一篇文章是鲁迅遗作《立此存照》手迹和编者按,该期刊物编入了景宋、茅盾、郑伯奇、张天翼、巴金、吴组缃、郑振铎、靳以、萧乾、田军、萧红、唐弢、许钦文、厂民、蒋牧良、田间、艾群、姚克、端木蕻良、以群、曹白、鲁彦、阿累、赵家璧、陈毅、芦焚、李豨、周文、吴克刚、陈子展、周楞伽、平心、陆离、胡风、黎烈文的悼念文章。该期刊物中间插入的"哀悼鲁迅先生纪念画辑",刊载了 1934 年 9 月鲁迅、许广平、海婴的合影,鲁迅留学日本时代、厦门大学讲学时代、逝世前数日的 4 张照片,鲁迅卧室外景、藤躺椅、书桌、藏书 4 张照片,力群的鲁迅遗容速写、弥留后摄影、景宋与海婴的合影 3 张照片,鲁迅遗体、苏联大使所赠花圈、入殓后之遗体 3 张照片,络绎不绝之吊客、群众等候瞻仰遗容、吊毕出门之女学生、小女孩在吊客簿上签名等 5 张照片,殡仪行列之最前端、参与殡仪之群众、青年作家扶灵出门、灵车前之巨幅画像 4 张照片,还刊载了李桦作鲁迅先生木刻像,并刊载鲁迅致黎烈文书信的手迹、鲁迅文稿《保留》手稿。

鲁迅遗作《立此存照》手迹的编者按为:

---

① 鲁迅《海上述林上卷出版》,见杨里昂、彭国梁编《鲁迅出版文选》,岳麓书社 2010 年版,第 395—396 页。

编者按:《中流》初办时,鲁迅先生即以笔名“晓角”给我们写着补白《立此存照》,实在可以说中国自有杂志以来都不曾有过这样精悍名贵的补白。现在登出的一条,本来是编作第五条的,后来因为鲁迅先生见到《申报儿童专刊》上一文,竟主张中国人杀日本人应加倍治罪,不胜愤慨,立即另外草了一条补白寄来(即《中流》第四期发表的《立此存照》(五),附信见纪念画辑第八面),而这一条原想留在第五期改作《立此存照》(七)登出的,料不到现在竟成遗作了!编后写此,不觉泫然。

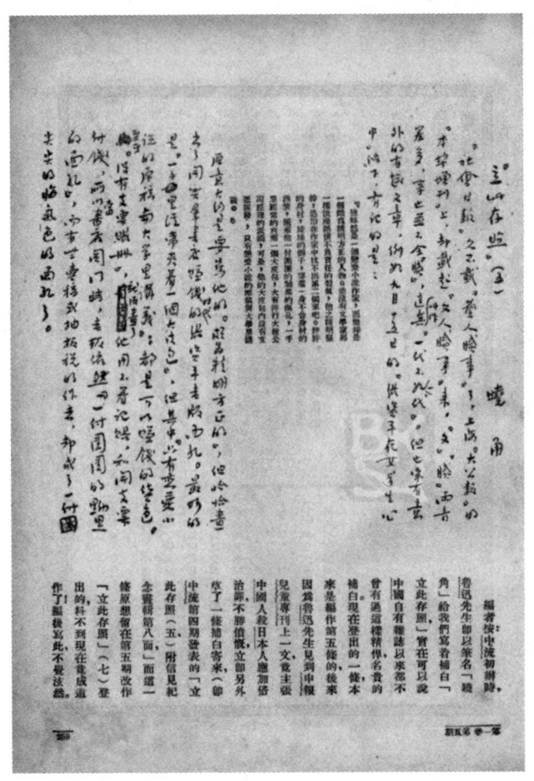
立此存照(七) 曉角

編者按:中流初辦時,魯迅先生即以筆名「曉角」給我們寫着補白「立此存照」,實在可以說中國自有雜誌以來都不曾有過這樣精悍名貴的補白現在登出的一條本來是編作第五條的,後來因爲魯迅先生見到申報兒童專刊上一文,竟主張中國人殺日本人應加倍治罪,不勝憤慨,立即另外草了一條補白寄來,(即中流第四期發表的「立此存照」(五)附信見紀念畫輯第八面)而這一條原想留在第五期改作「立此存照」(七)登出的,料不到現在竟成遺作了!編後寫此不覺泫然。

插图 11:鲁迅遗作《立此存照》手迹

此遗作为鲁迅因读到《社会日报》上吹捧张资平的文章《张资平在女学生心中》后作:

《社会日报》久不载《艺人腻事》了,上海《大公报》的《本埠增刊》上,却载起《文人腻事》来。“文”“腻”两音差多,事也并不全“腻”,这真叫作“一代不如一代”。但也常有意外的有趣文章,例如九月十五日的《张资平在女学生心中》条下,有记的是:“他虽然是一个恋爱小说作家,而他却是一个颇为精明方正的人物。并没有文学家那一种浪漫热情不负责任的习气,他之精明强干,恐怕在作家中找不出第二个来吧。胖胖的身材,矮矮的个子,穿着一身不合身材的西装,衬着他一付团团的黝黑的面孔,一手里经常的夹着一个大皮包,大有洋行大板公司经理的派头,可是,他的大皮包内没有支票账册,只有恋爱小说的原稿与大学里讲义。”

原意大约是要写他的“颇为精明方正的”,但恰恰画出了开乐群书店赚钱时代的张资平老板面孔。最妙的是“一手里经常夹着一个大皮包”,但其中“只有恋爱小说的原稿与大学里讲义”:都是可以赚钱的货色,至于“没有支票账册”,就活画了他用不着记账,和开支票付钱。所以当书店关门时,老板依然“一付团团的黝黑的面孔”,而有些卖稿或抽板税的作者,却成了一付尖尖的晦气色的面孔了。

鲁迅从《张资平在女学生心中》一文,批评“颇为精明方正的”“赚钱时代的张资平老板面孔”,揭示张资平经常夹着一个大皮包,“其中‘只有恋爱小说的原稿与大学立的讲义’:都是可以赚钱的货色”①。

1936 年 9 月 28 日《鲁迅致黎烈文书信手迹》的内容为:

烈文先生:

近想甚忙。我仍间或发热,但报总不能不看,一看,则昏话之多,令人发指。例如此次《儿童专刊》上一文,竟主张中国人杀日本人,应加倍治罪,此虽日本人尚未敢作此种主张,此作者真畜类也。草一《存照》,寄奉,倘能用,幸甚。

专此布达,并请

撰安。

迅顿首

九月廿八日

① 鲁迅《“立此存照”(五)》,王锡荣主编《鲁迅文华》第 4 册,百家出版社 2001 年版,第 674—675 页。

烈文先生：
近想甚忙。我们间或谈起，但[illegible]
看，一看，即当谈之了，令人发指。例如此
次[illegible]竟于刊上一文，竟言是中国人杀日
本人，应加保护出罪，此虽日本人尚未敢作
此种主张，此作者真无耻也。第一。作此[illegible]，
寄奉，备你用，幸甚。
专此布达，并请
撰安。
迅 上 九月廿八

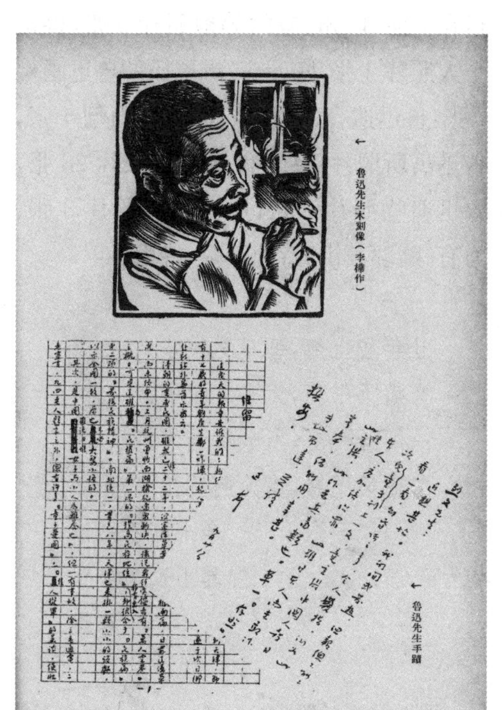

插图 12：1936 年 9 月 28 日《鲁迅致黎烈文书信手迹》

鲁迅曾于1936年9月27日写了《立此存照》一文，就当日《申报》的《儿童专刊》上发表苏梦的《小学生们应有的认识》一文，发表感慨。苏梦的文章对于日本侨民及水兵在中国境内被杀害，发表感慨："倘若以个人的私愤，而杀害外侨，这比较杀害自国人民，罪加一等。""我们希望别国人民敬视我们的华侨，我们也当敬视任何的外侨，使伤害外侨的非法行为以后不再发生。这才是大国民的风度。"鲁迅愤懑于此文作者的观点，甚至以"此作者真畜类也"表达愤怒，鲁迅在《立此存照》一文中说："不要把自国的人民的生命价值，估计得只值外侨的一半，以至于'罪加一等'。主杀奴无罪，奴杀主重办的刑律，自从民国以来不是早经废止了么？"①

1936年11月15日出版的《作家》第2卷第2号为"哀悼鲁迅先生特辑"，刊载了内山完造、鹿地亘、河野明子、池田幸子、奥田杏花、须藤医生、景宋、曹靖华、巴金、孟十还、唐弢、郑伯奇、章锡琛、田军、叶圣陶、臧克家、白尘的悼念文章。该期刊物刊载了"纪念鲁迅先生画辑"，刊载鲁迅遗像，鲁迅与许广平和海婴的家庭照4张，鲁迅学生时代照片4张，鲁迅在上海、广州、厦门等地照片5张，鲁迅个人照片4张，陶元庆、崛尾氏的鲁迅画像2张，鲁迅遗容速写、照片、石膏面型4张，鲁迅寓所照片7张，鲁迅丧葬照片28张，鲁迅遗物照片6张，内山书店照片3张。另有《赠邬其山》诗的字幅，诗为：

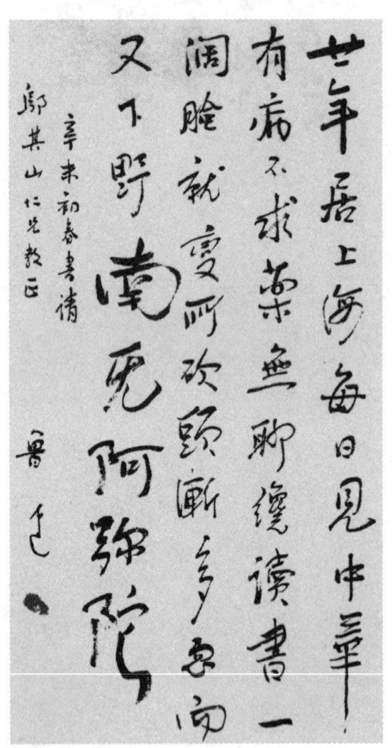

插图13：鲁迅《赠邬其山》诗的字幅

> 廿年居上海，每日见中华。
> 有病不求药，无聊才读书。
> 一阔脸就变，所砍头渐多。
> 忽而又下野，南无阿弥陀。
>
> 辛未初春书请
> 邬其山仁兄教正
> 鲁迅

① 鲁迅《"立此存照"(七)》，王锡荣主编《鲁迅文华》第4册，百家出版社2001年版，第680页。

此诗为鲁迅1931年初春赠友人内山完造先生的，内山完造先生在上海开设书店，鲁迅常去书店购书，与内山先生成为挚友。内山完造先生曾对鲁迅说："我在上海居住了二十年之久，眼看中国的军阀、政客们的行动，和日本的军阀、政客们的行动，真是处处相同；那就是等待时机，一朝身就要职，大权在握时，便对反对他们的人们，尽其杀害之能事。可是，到了局势对他们不利的时候，又像一阵风似的销声匿迹，宣告下野，而溜之大吉了。"①鲁迅的这首诗，就是描写这段话语中的情境。

另有一页右上角为北平绍兴会馆照片，左下角为"日人镰田诚一氏作碑文"，"笔力苍秀，弥足珍贵"。

> 君以一九三〇年三月至沪，出纳图书，既勤且谨，兼修绘事，斐然有成。中遭艰巨，笃行靡改，扶危济急，公私两全。越三三年七月，因病归国休养，方期再造，展其英才，而药石无灵，终以不起，年仅二十有八。呜呼，昊天难问，蕙荃早摧，晔晔青春，永閟玄壤，忝居友列，衔哀记焉。一九三五年四月二十二日，会稽鲁迅撰②。

镰田诚一出生于1906年，1930年到上海，在任职的内山书店与鲁迅结识，在1932年的"一・二八"事变中，他将鲁迅一家藏匿于外国人租界。镰田诚一因病回国医治，病情恶化逝世，在遗书中写有"希望能将坟墓朝上海方向搭建"③。鲁迅在《且介亭杂文二集・后记》中曾经提及："临末我还要纪念镰田诚一君，他是内山书店的店员，很爱绘画，我的三回德俄木刻展览会，都是他独自布置的；一・二八的时候，则由他送我和我的家属，以及别的一批妇孺逃入英租界。三三年七月，以病在故乡去世，立在他的墓前的是我手写的碑铭。"④陈漱渝先生在谈到鲁迅与镰田诚一时描述："1月30日凌晨，鲁迅一家又遭到了日军的搜查。当天午后，受内山书店老板内山完造的委托，诚一帮助鲁迅一家和鲁迅三弟周建人的一家安全转移到内山书店避难；2月6日，诚一

---

① 银絮《鲁迅的诗和邬其山》，《新民晚报》1961年3月3日。

② 碑文中标点为本人所加。

③ 《日本福冈县的镰田成一曾在1932年发生上海的"一・二八事变"中保护过鲁迅》，《神秘的地球》2020年9月1日，http://www.uux.cn/viewnews-104465.html。

④ 鲁迅《且介亭杂文二集・后记》，见《鲁迅论创作》，上海文艺出社1983年版，第156页。

又掩护鲁迅及其亲属共十人再度转移到位处上海英租界三马路的内山书店支店，直到同年 3 月 19 日才安全回寓。"[①]鲁迅的碑文对于镰田诚一"既勤且谨"的工作态度和"扶危济急"地帮助他人，作了简约的描述，对于其英年早逝表示遗憾和哀悼。

另有一页刊载鲁迅诗歌《所闻》的手迹：

> 华灯照宴敞豪门，娇女严装侍玉樽。忽忆情亲焦土下，佯看罗袜掩啼痕。

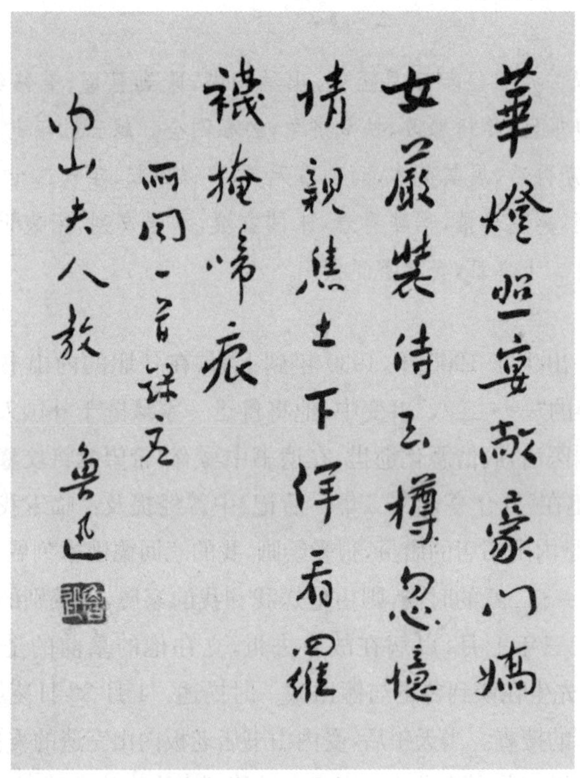

插图 14：鲁迅诗歌《所闻》手迹

这首诗是鲁迅 1932 年 12 月 31 日写给内山完造的妻子内山真野的，鲁迅先生的好友许寿裳在谈到这首诗时说："这是一方写豪奢，一方写无告，想必是一九

① 陈漱渝《一位鲁迅为他写墓志的日本青年——鲁迅与镰田诚一》，《民主》2019 年第 2 期。

三二‘一·二八’闸北被炸毁后的新闻。”[①]1932年1月28日晚，日军发动进攻上海闸北一带的中国守军，第十九路军在总指挥蒋光鼐、军长蔡廷锴指挥下奋起抵抗，日军对我军阵地及民宅、商店狂轰滥炸。鲁迅的这首诗作，以对比的手法，以严装的娇女的心态与行为，揭示出豪门酒肉臭、情亲焦土下的现状。

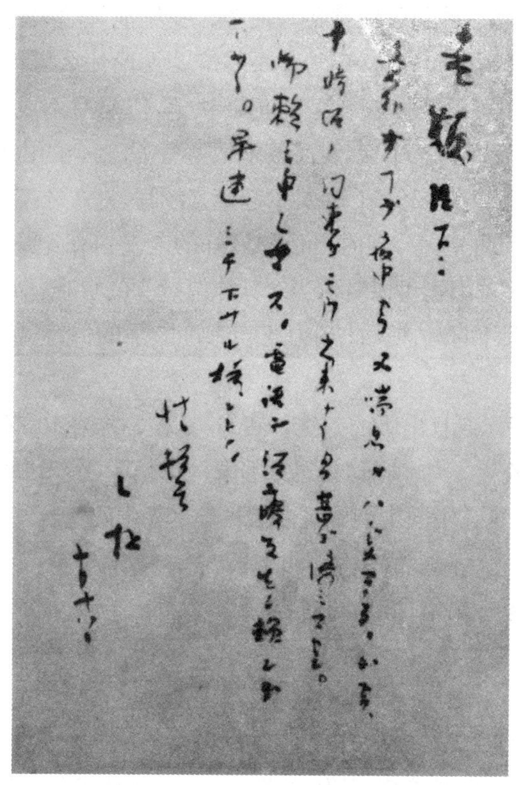

插图15:“鲁迅先生绝笔”(致内山完造)

另有一页为“鲁迅先生绝笔”，是1936年10月18日致内山完造先生的日语信函手迹，中文为：

老板阁下：

没想到半夜又气喘起来。因此，十点钟的约会去不成了，很抱歉。

拜托你给须藤先生挂个电话，请他速来看一下。草草顿首

L拜　十月十八日

---

① 许寿裳《诗人 斗士 预言家：许寿裳谈鲁迅》，东方出版社2008年版，第55页。

鲁迅 1936 年 10 月 18 日凌晨 3 点半气喘发作，咳嗽不止，服用了“忽而苏”不见效。许广平的回忆文章《最后的一天》中写道：“从三时半病势急变起，他就不能安寝，连斜靠休息也不可能。终夜屈曲着身子，双手抱腿而坐。那种苦状，我看了难过极了。”鲁迅让许广平去给内山先生打电话请医生，“他坐到写字桌前，要了纸笔，戴起眼镜预备写便条。我见他气喘太苦了，我要求不要写了，由我亲口托请内山先生好了，他不答应。无论什么事他都不肯马虎的。就是在最困苦的关头，他也支撑起来，仍旧执笔，但是写不成字，勉强写起来，每个字改正又改正。写至中途，我又要求不要写了，其余的由我口说好了。他听了很不高兴，放下笔，叹一口气，又拿起笔来续写，许久才凑成了那条子。那最后执笔的可珍贵的遗墨，现时由他的最好的老友留作纪念了。”①鲁迅先生的这张绝笔，在字迹上也可以看出当时其执笔撰文的艰难，却在其生命最后阶段，依然自己执笔不肯马虎。此刊中还刊有许广平的悼诗《鲁迅先生》的亲笔献词。

1936 年 11 月 25 日出版的《光明》1936 年第 1 卷第 10 期“哀悼鲁迅先生特辑”，刊载 1936 年 4 月 24 日《鲁迅致何家槐书信手迹》，刊载《鲁迅先生最后留影——十月八日在中国木刻展览会摄》《鲁迅先生的遗容》《鲁迅先生的著作及参考书》《鲁迅先生卧室的一角》等照片。

《鲁迅致何家槐书信手迹》的内容为：

家槐先生：

前日收到来信并缘起，意见都非常之好。

我曾经加入过集团，虽然现在竟不知道这集团是否还在，也不能看见最末的《文学生活》。但自觉于公事并无益处。这回范围更大，事业也更大，实在更非我的能力所及。签名并不难，但挂名确无聊至极，所以我决定不加入。

专此布复，并颂

时绥。

四月二十四日

---

① 许广平《最后的一天》，许广平《十年携手共艰危：许广平忆鲁迅》，河北教育出版社 2000 年版，第 6 页。

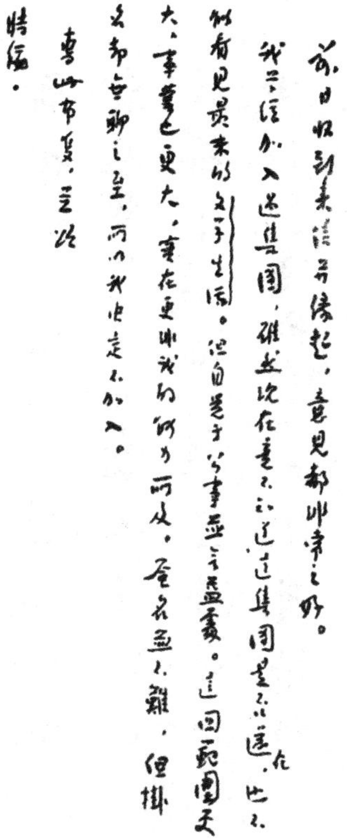

家槐先生：

前日收到来信并缘起，意见都非常之好。

我不能加入这集团，虽然现在意不必近这集团是不远，在比之从前看见最末的文学生活。但自觉于公事无益处。这回范围更大，事业也更大，实在更非我的微力所及。署名并不难，但挂名而无聊之至，所以我决定不加入。

专此布复，并请

时绥。

插图 16:1936 年 4 月 24 日《鲁迅致何家槐书信手迹》

鲁迅 4 月 21 日收到何家槐的来信，随信附录一份“作家协会缘起”（后改名为中国文艺家协会），并希望鲁迅能够签名。鲁迅的这封回信表示不愿意加入，鲁迅在 4 月 23 日给曹靖华的信中说：“这里在弄作家协会，先前的友和敌，都站在同一阵图里了，内幕如何，不得而知……我鉴于往日之给我的伤，拟不加入。”①1936 年 5 月 2 日，鲁迅给徐懋庸回信，徐懋庸致信鲁迅，仍想争取鲁迅入会，并要求澄清“是非”与“谣言”。鲁迅回复说不公开发表声明就解散了“左联”，这等于是“溃散”，认为所谓的“是非”与“谣言”不足与辩，“好在旧的团体已不存在，新的呢，我没有加入，不再会因我而引起一点纠纷。我希望这是我的最后一封信，旧公事全都从此结束了”②。

① 陈漱渝、刘天华编选《鲁迅书信选集》，民主与建设出版社 1996 年版，第 276 页。

② 鲁迅《致徐懋庸》（1936 年 5 月 2 日），见复旦大学中文系、上海师范大学中文系选编《鲁迅书信选》，上海人民出版社 1973 年版，第 233 页。

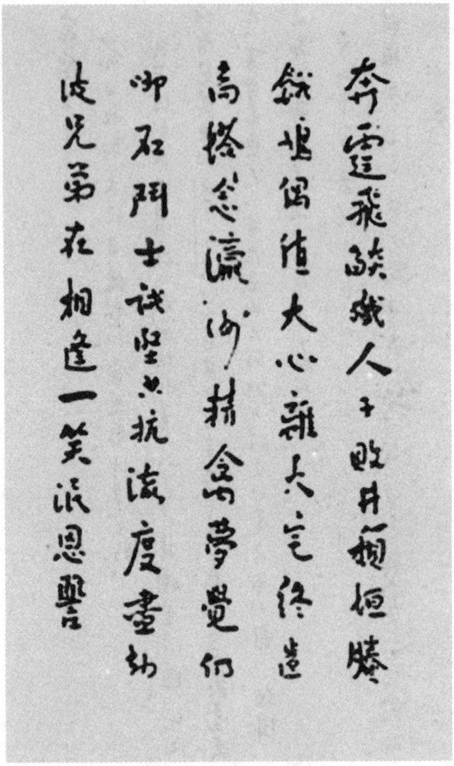

插图 17:《鲁迅先生诗稿·题三义塔》手迹

1936 年 12 月 5 日出版的《逸经》第 19 期，刊载香港大学学生会《挽鲁迅先生联》"青眼观人，白眼观世，一去尘寰灵犀顿闇；热心做事，冷心作文，长留海宇锋刃犹存"，刊载杨霁云的长篇文章《琐忆鲁迅》，回忆与鲁迅的交往，表达哀悼之情，文章中插入秦飞庐藏《鲁迅先生诗稿·题三义塔》《鲁迅先生手书屏幅》两幅墨宝，《题三义塔》：

> 三义塔者，中国上海闸北三义里遗鸠埋骨之塔也，在日本，农人共建。
>
> 奔霆飞熛歼人子，败井颓垣剩饿鸠。偶值大心离火宅，终遗高塔念瀛洲。精禽梦觉仍衔石，斗士诚坚共抗流。度尽劫波兄弟在，相逢一笑泯恩仇。

该诗为鲁迅于 1933 年 6 月 21 日写。杨霁云《琐忆鲁迅》插入的《鲁迅先生手书屏幅》为录明代画家项圣谟的题画诗，曾于 1935 年 12 月 5 日鲁迅书赠杨霁云：

风号大树中天立，日薄沧溟四海孤。杖策且随时旦暮，不堪回首望菰蒲。

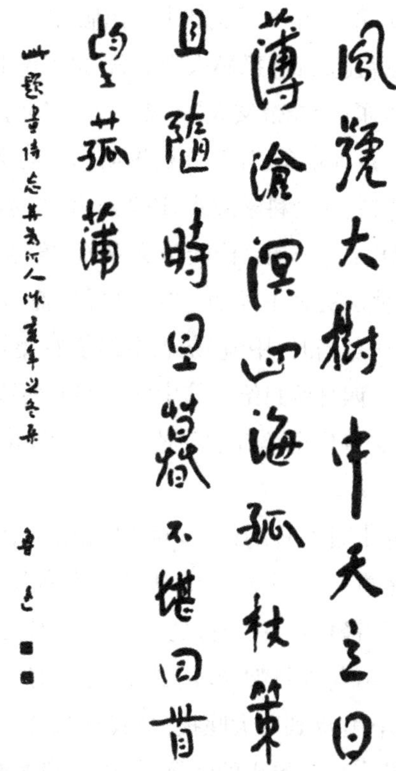

插图 18：《鲁迅先生手书屏幅》项圣谟的题画诗

暮色昏暝，狂风肆虐，仍有大树傲立苍穹，孤立而不屈服，挺立而不首，鲁迅多次手书明代画家项圣谟该题画诗赠友人，这是鲁迅心目中推崇的境界。1939 年 3 月 15 日《鲁迅风》第 9 期刊载《鲁迅先生遗墨》，杨霁云写道："此余倩周先生手书屏幅，跋云'此题画诗，忘其为何人作'，余考此乃明项孔彰题其自绘大树诗。孔彰名圣谟，为元汴文孙，家贫志洁，鬻画自给。画兼宋元气韵，诗亦孤高芳洁。惟原诗'杖策'作'短策'，盖书时笔误也。迩时本拟告豫才先生，因循未果，转瞬而书者墓草苍苍矣。今日重展，曷胜黄罅腹痛之感。二十六年春日　霁云跋尾。”

1936年12月5日出版的《中流》(黎烈文主编)1936年第1卷第7期，设置了纪念鲁迅专栏“纪念文”，刊载了冰莹的《纪念鲁迅先生》、王任叔的《鲁迅先生的“转变”》、许钦文的《祝福书》，表达对于鲁迅先生逝世的纪念。该期刊物还刊载题为《论粪帚文人》的鲁迅墨迹3页。该文后来被收入张均选编的《鲁迅代表作》第245页，1939年6月全球书店出版，该文注明选自《中流》1936年第1卷第7期。陈漱渝选编的《掀翻人肉宴席：鲁迅论旧社会》(开明出版社1998年版)第81页编入了《论粪帚文人》一文。1980年《艺丛》第2期刊载《鲁迅遗墨·论粪帚文人》，并有张金三的《一篇被遗忘了的文章：重读鲁迅〈论粪帚文人〉有感》。卢润祥在《社会科学战线》1982年第2期发表短文《〈论粪帚文人〉并非鲁迅佚文》，提出：“……说《论粪帚文人》是鲁迅的‘一篇被遗忘的文章’云云，笔者认为，这种讲法是不妥的。”“如果再查鲁迅给黎烈文的信，就可知道，《论粪帚文人》不过是当时《中流》杂志主编黎烈文分别辑录鲁迅于一九三三年七月八日、七月十四日两封给他信中的主要的两段话合并而成。”①《论粪帚文人》应该是黎烈文将鲁迅稿件的手迹拼在一起，并加上了题目，以作为对于鲁迅逝世的纪念。

鲁迅在一九三三年七月八日的信中，对于“漂聚于上海”的“中国新文人”表示不满，他们“造谣生事，害人卖友”，“动辄要你生命”，鲁迅说“倘遇此辈，第一切戒愤怒，不必与之针锋相对，只须付之一笑，徐徐扑之”。鲁迅将此类新文人喻为“吾乡之下劣无赖，与人打架，好用粪帚，足令勇士却步”。鲁迅在一九三三年七月十四日的信中，提到“《大晚报》与我有夙仇”，崔万秋主编的《大晚报》副刊《火炬》，连续发表攻击鲁迅的文章，其中杨邨人的《新儒林外史》咒骂鲁迅霸占文坛、阻碍文艺发展。“曾大少真太脆弱，而启事尤可笑”，曾今可在《时事新报》1933年7月9日刊登《曾今可启事》云：“鄙人不日离沪旅行，且将脱离文学生活。以后对于别人对我造谣污蔑，一概置之不理。”鲁迅因此嘲弄道：“简直与《伊索寓言》所记，狐吃不到葡萄，乃诋之为酸同一方法。”该信中所云“至于张公，则伎俩高出万倍”，批评张资平“近四年中，忽而普罗，忽而民主，

① 卢润祥的《〈论粪帚文人〉并非鲁迅佚文》文中，“这两段话分别见于人民文学出版社《鲁迅书信集》上卷386、388页”，实际为人民文学出版社《鲁迅书信集》上卷386、389页。

忽而民族，尚在人记忆中，然此反复，于彼何损”。鲁迅说道：“文章的战斗，大家用笔，始有胜负可分，倘一面另用阴谋，即不成为战斗，而况专持粪帚乎？”鲁迅在此两封信中都提到了文坛的无赖者，被鲁迅形容为“与人打架，好用粪帚，足令勇士却步”，因此黎烈文将此两封信手迹拼在一起，冠名为《论粪帚文人》。

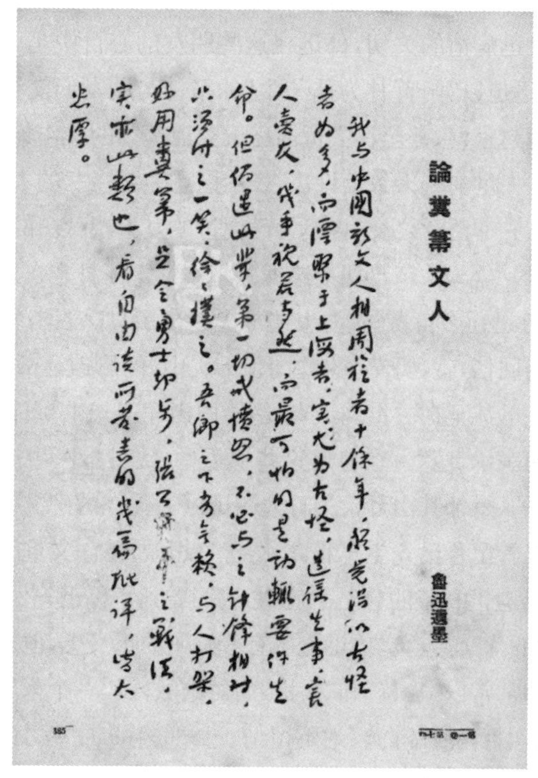
論糞帚文人

魯迅遺墨

我与中国新文人相周旋者十余年，颇觉得以古怪者为多，而漂聚于上海者，实尤为古怪，造谣生事，害人卖友，几乎视若当然，而最可怕的是动辄要你生命。但倘遇此辈，第一切戒愤怒，不必与之针锋相对，只须付之一笑，徐徐扑之。吾乡之下等无赖，与人打架，好用粪帚，足令勇士却步，张资平之战法，实亦此类也，看自由谈所发表的我的批评，皆太忠厚。

插图 19:《鲁迅遗墨·论粪帚文人》

1936 年鲁迅逝世后，各报刊杂志在悼念时刊载的鲁迅手迹，大多为鲁迅重病中所写，有致朋友书信手迹，有赠友人诗遗墨，有碑文，有便笺，大多为鲁迅病中关于病况告知、出版印刷、稿件手迹等，呈现出鲁迅生命不止奋斗不息的精神。

三

鲁迅逝世后，1936 年在报刊杂志刊载的鲁迅手迹，与悼念鲁迅先生的众多文章和相关照片一起，形成了哀悼与追思伟人鲁迅先生的历史氛围，使鲁迅伟大的形象更为生动更加丰富。在哀悼鲁迅逝世刊载的鲁迅手迹中，大多为鲁迅先生晚年所写，甚至是鲁迅先生最后的绝笔，从中我们能够看到鲁迅先生的为人之道、为文之道、书法之道。

在哀悼鲁迅逝世刊载的鲁迅手迹中，我们看到了鲁迅先生忘我无私、善良坦诚、情深义重的为人之道。在这些鲁迅的手迹中，我们看到了赵家璧、曹靖华等友朋对于鲁迅病情的关切，鲁迅在这些朋友的心目中是一位值得敬重和交往的朋友，鲁迅也以“俯首甘为孺子牛”的精神与朋友们交往。鲁迅为曹靖华的译作集致信赵家璧，甚至在去世前三天为曹靖华的译作集《苏联作家七人集》作序；鲁迅在去世前一天致信许杰，表示愿意为蒋径三的去世写悼念文章，并说他与蒋径三并非泛泛之交；鲁迅为已去世的友人瞿秋白的译文集《海上述林》的编辑出版竭尽全力，亲自搜集选编并将稿件寄往日本东京付印，在 10 月 9 日，重病中的鲁迅还亲自撰写《海上述林上卷出版》广告词；鲁迅甚至给从未谋面的读者邱遇回信，就《野草》的题词、《不周山》的删改、《故事新编》的出版等，一一作答；鲁迅甚至在去世当天，亲笔给内山完造先生写日语书信，对于自己因病不能赴约表示歉意。在鲁迅这些遗墨中，致日本医生滨之上的《无题》诗、赠内山完造的《赠邬其山》诗、为日人镰田诚一氏作的碑文、赠内山真野《所闻》诗等，均可见看出鲁迅先生忘我无私、善良坦诚、情深义重的为人之道。

在哀悼鲁迅逝世刊载的鲁迅手迹中，我们看到了鲁迅先生襟怀坦荡、嫉恶如仇、绝不宽宥的为文之道。鲁迅先生有着鲜明的正义感，他光明磊落嫉恶如仇，在文坛，鲁迅常常以“匕首”和“投枪”面对论敌，以“一个都不宽恕”的姿态，义无反顾、穷追猛打，痛快淋漓、绝不留情。1936 年 9 月 27 日，鲁迅先生病重期间写的《立此存照》一文手迹，愤懑于当日《申报》的《儿童专刊》上发表苏梦的《小学生们应有的认识》一文，苏梦对于日本侨民及水兵在中国境内被杀害，提出“这比较杀害自国人民，罪加一等”，鲁迅以“此作者真畜类也”表达愤怒，并针砭“主杀奴无罪，奴杀主重办”的无稽之谈。刊载于《中流》1936 年第 1 卷第 5 期鲁迅的遗作《立此存照》手迹，由《社会日报》上吹捧张资平的文章《张资平在女学生心中》，揭露“赚钱时代的张资平老板面孔”，勾勒他经常夹着一个大皮包，“其中‘只有恋爱小说的原稿与大学立的讲义’：都是可以赚钱的货色”。刊载《中流》1936 年第 1 卷第 7 期由黎烈文辑录的鲁迅手迹《论粪帚文人》，揭露所谓“漂聚于上海者”“中国新文人”之丑态：“造谣生事，害人卖友，几乎视若当然，而最可怕的是动辄要你生命”，批评张资平“吾乡之下劣无赖，与人打架，好用粪帚，足令勇士却步”，“近四年中，忽而普罗，忽而民主，忽而民族，尚在人记忆中，然此反复，于彼何损”，鲁迅针砭道：“新文人大抵有‘天才’气，故脾气甚大。”在1936年4月24日《鲁迅致何家槐书信手迹》中，鲁迅表达了不公开发表声明就解散“左联”的不满，表达成立作家协会，“先前的友和敌，都站在同一阵图里”，他决定不参加的态度。在这些手迹中，可以见出鲁迅先生襟怀坦荡、嫉恶如仇、绝不宽宥的为文之道。

在哀悼鲁迅逝世刊载的鲁迅手迹中，我们看到了鲁迅先生篆隶融汇、圆润遒劲、儒雅敦厚的书法之道。郭沫若曾评价鲁迅的书法说：“鲁迅先生亦无心作书家，所遗手迹，自成风格。融冶篆隶于一炉，听任心腕之交应，质朴而不拘挛，洒脱而有法度，远遂宋唐。直攀魏晋。世人宝之，非因人而贵也。”[①]自小喜爱书画金石的鲁迅，不仅大量临摹绘画，而且不断抄写古书，在后来读古书抄古碑的年代里，逐渐形成鲁迅书法的古穆浑朴的风格，内敛而含蓄，古朴而秀润，在随心所欲中超逸脱俗，在蕴藉舒展中炉火纯青，蕴隶书气，有金石味。许寿裳评说鲁迅：“先生著译之外，复勤于纂辑古书，抄录古碑，书写均极精美。”[②]有学者评说鲁迅的书法：“结构上以欧书为底，取隶书的横势，在用笔上融入了篆书的圆劲中锋。笔法虽多方笔侧入，中画却依然圆实。既见篆法熏陶，又得北碑真谛。故其书雄强深厚而不犷厉狰狞。”[③]鲁迅的书信，行书、行草、行楷等并用，字体大小错落，用笔散淡舒展，如《鲁迅致许杰书信手迹》《鲁迅致赵家璧书信手迹》《鲁迅致何家槐书信手迹》；鲁迅的文稿，将行楷融汇古碑帖，方正里见端庄，圆实中带隶意，如《海上述林上卷出版》《论粪帚文人》《立此存照手迹》；鲁迅的诗稿，融古碑帖入颜真卿、王羲之、王献之，字体略呈方形中有金石味，如遗墨《无题诗》《所闻》《赠邬其山》。

在鲁迅逝世后报刊杂志刊载的哀悼信息中，文坛巨星、文化巨人、文坛唯一领袖、文坛唯一权威、中国的高尔基、一代文豪等名号封给鲁迅，各报章杂志纷纷出专刊专号，哀悼鲁迅先生的逝世，其中刊载的鲁迅手迹，在呈现鲁迅先生的为人之道、为文之道、书法之道中，丰富了伟人鲁迅的形象，表达了哀悼追思之情。

---

① 郭沫若《鲁迅诗稿·序》，见上海鲁迅纪念馆编辑《鲁迅诗稿》，人民美术出版社1961年版，第2—3页。

② 许寿裳《鲁迅先生年谱》，《许寿裳文集（上卷）》，百家出版社2003年版，第195页。

③ 陈勤《鲁迅书法初探》，《中华书画家》2021年第3期。

On Lu Xun's Handwriting Published in Mourning Lu Xun's Death

Abstract：After Lu Xun's death in 1936，mourning and memorial articles were published in newspapers and magazines. Some newspapers and periodicals published Lu Xun's handwritings，most of them were written during Lu Xun's serious illness，some were written in letters to friends，some poems were given to friends，there were inscriptions，and memos. Shows the spirit of Lu Xun's life not only to struggle. In the handwriting of Lu Xun published in mourning for the death of Lu Xun，one can see Mr. Lu Xun's way of being a person，writing and calligraphy，enriching the image of the great Lu Xun and expressing his mourning and memorial feelings.

Key words：Lu Xun；handwritings；Mourn；calligraphy

作者简介：杨剑龙，上海师范大学光启国际学者中心驻院研究员、人文学院二级教授、文学博士、博士生导师，上海师范大学文化转型与现代中国创新团队成员。

曹操别集编纂与出版业的选择作用

——以张溥、丁福保两部诗文合编本为中心①

易　兰

摘　要:曹操别集最晚结集于刘宋时。梁朝阮孝绪《七录》载《魏武帝集》三十卷,至隋唐散佚为二十六卷,并于南宋后亡佚。今所见曹操别集辑于明清两代,其时出版业兴盛,在此境况下研究别集流传需要综合版本考证与销售流通情况进行。就文本形态而言,曹操别集可分为诗集本、文集本以及诗文合编本三种系统,其中张溥、丁福保两部诗文合编本因质量较高以及受到市场认可,在清代及民国一再翻刻翻印。此二者通行本地位的确立,是其版本价值与市场选择共同作用的结果,由此亦可见学术与市场的相互正向推动作用。考察曹操别集编纂以及出版业对其版本的选择作用,不仅有助于整理辑校工作的进一步开展,也可略窥出版业从明末到现代的发展轨迹,乃至近现代都市文化的发达程度。

关键词:曹操别集　张溥本　丁福保本　市场

曹操(155—220),字孟德,沛国谯县(今安徽省亳州市)人。东汉末年政治家、军事家,也是建安文坛的领袖。有诗文多篇,世传《魏武帝集》。学界关于曹操别集的研究较少,鲜有专门文章探讨,多是在相关研究中稍有提及,如金开诚、葛兆光的《历代诗文要籍详解》②,傅璇琮的《中国古代诗文名著提要》③,

---

① 本文为四川省哲学社会科学重点研究基地四川省教育厅人文社会科学重点研究基地李冰研究中心“成都都市文化与都江堰水文化”(lbyj2018-011)资助。

② 金开诚、葛兆光:《历代诗文要籍详解》,北京出版社 1988 年版,第 292—295 页。

③ 傅璇琮主编:《中国古代诗文名著提要·汉唐五代卷》,河北教育出版社 2009 年版,第 12—13 页。

孙启治、陈建华的《中国古佚书辑本目录解题》[①],胡旭的《先唐别集叙录》[②],江增华的《历代安徽诗文名家别集叙录》[③]等,皆涉及曹操别集在历代的流传。但上述诸作原非旨在专述曹操别集,故而多浅显且不完整,缺乏单独对曹操别集文本史系统详尽的研究,客观上为本文深入系统地探研曹操别集的全貌留下了充足的空间。今所见曹操别集为明清时期重编本,明代以后出版业繁荣,书市竞争日趋激烈,研究曹操别集的流传,不妨将版本谱系的梳理与市场接受情况的考察融为一体,即将触角延伸至图书的销售流通环节,而非单一的版本稽考模式。本文寻究曹操别集在历史上的编纂与版本流变,进而以具有重要地位的张溥及丁福保两部诗文合编本为重点,探讨版本与书业、市场的关系。

一、曹操别集的编纂与散佚(明代以前)

曹操一生著述颇丰,"登高必赋,及造新诗,被之管弦,皆成乐章"[④],"雅好诗书文籍,虽在军旅,手不释卷"[⑤],以其身份的特殊性,生前编纂别集亦不无可能。现存史料中,最早明确提到曹操别集的是《三国志》裴松之注。《三国志》卷三十八《蜀志·麋竺传》裴注引《曹公集》曰:"泰山郡界广远,旧多轻悍,权时之宜,可分五县为嬴郡,拣选清廉以为守将。偏将军麋竺,素履忠贞,文武昭烈,请以竺领嬴郡太守,抚慰吏民。"[⑥]引文出自曹操所作《表麋竺领嬴郡》,裴注所谓"《曹公集》"表明裴松之本人亲见是集,则最迟在刘宋之时,曹操别集肯定已经结集汇编。

《隋书·经籍志》"集部"著录:"《魏武帝集》二十六卷。"[⑦]并以夹注方式附入:"梁三十卷,录一卷。梁又有《武皇帝逸集》十卷,亡。"[⑧]又载:"《魏武帝集新撰》十卷。"[⑨]《隋志》主要依据隋唐时期国家藏书以及五代有关目录著作而编成,其总序有言"今考见存"[⑩],即凡正式著录之书皆为"见存",故所谓"《魏

---

① 孙启治、陈建华编撰:《中国古佚书辑本目录解题》,上海古籍出版社 2017 年版,第 456 页。
② 胡旭:《先唐别集叙录》,中国社会科学出版社 2011 年版,第 88—89 页。
③ 江增华:《历代安徽诗文名家别集叙录》,安徽师范大学出版社 2019 年版,第 2—4 页。
④ (三国)陈寿撰:《三国志》,裴松之注,中华书局 1959 年版,第 54 页。
⑤ 同上,第 90 页。
⑥ 同上,第 970 页。
⑦⑧⑨ (唐)魏征等撰:《隋书》,中华书局 1973 年版,第 1059 页。
⑩ 同上,第 908 页。

武帝集》二十六卷”，表示曹操别集在隋代的存世情况；而其所称“梁”或“梁有”，则表示在梁代阮孝绪编纂的《七录》中所著录的曹操别集情况。“《魏武帝集新撰》十卷”，似不宜视为《魏武帝集》三十卷的残帙，当属隋代曹操诗文的重编本。

《旧唐书·经籍志》与《新唐书·艺文志》均著录《魏武帝集》三十卷[①]，但两部史书不是根据所见图书来著录的，乃是根据前代藏书目录资料而成，因此不足为证。

唐代李善《文选》注中曾多次提到曹操别集，如卷四注张衡《南都赋》引《魏武集》云：“上九酝酒，奏曰：‘三日一酿，满九斛米止。’”[②]卷六注左思《魏都赋》引《魏武集》云：“荀欣等曰：‘汉制，王所居曰禁中，诸公所居曰省中。’”[③]李善注成书于唐高宗时期，佐证了曹操别集在唐代确有流传。但至多为《隋志》著录的二十六卷本，不会是两《唐志》所载三十卷本。

北宋《崇文总目》未著录曹操别集，推测馆阁未有藏本。北宋太宗太平兴国年间李昉等人编修的《太平御览》中又出现了曹操别集，卷二一五引《魏武集·选举令》曰：“国家旧法，选尚书郎……而当取辩于茧角也。”[④]可见北宋时期尚有曹操别集流传。至南宋，晁公武《郡斋读书志》及陈振孙《直斋书录解题》均未言及《魏武帝集》，推测曹操别集在南宋已较为稀见。仅尤袤《遂初堂书目》著录“《魏武帝集》”[⑤]，惜不注卷数，是集面貌不详。郑樵《通志·艺文略》云：“《魏武帝集》，三十卷。《武帝逸集》，十卷。《武帝集新撰》，十卷。”[⑥]此抄录《隋志》痕迹明显，实际上郑樵主张著录图书应该有无并记，不能“只记其有，不记其无”，故而当非其亲见该集，也不足据。

成书于元代的《宋史·艺文志》以及《文献通考》均未著录曹操别集，推知南宋后或已亡佚。宋末元初的社会动乱，可能是亡佚的主要原因。至于明代焦竑《国史经籍志》仍载其书：“《魏武帝集》三十卷。《武帝逸集》十卷。《武帝

---

① (唐)刘昫等撰：《旧唐书》，中华书局 1973 年版，第 2052 页；宋祁等撰：《新唐书》，中华书局 1973 年版，第 1578 页。

② (梁)萧统编：《文选》，李善注，上海古籍出版社 1986 年版，第 156 页。

③ 同上，第 271 页。

④ (宋)李昉等撰：《太平御览》，中华书局 1960 年版，第 1028 页。

⑤ (宋)尤袤：《遂初堂书目》，纪昀等纂《文渊阁四库全书·史部》第 674 册，台湾商务印书馆 1983 年版，第 474 页。

⑥ (宋)郑樵：《通志二十略》，王树民点校，中华书局 1995 年版，第 1738 页。

新撰集》十卷"①，则是因为焦氏所收各书只是丛钞旧目，未加实际考核。清代又有《江南通志·经籍志》称"《魏武帝集》三十卷"②，亦是抄录《隋志》而来，不足征信。

今传曹操别集仅有明清两代辑本，按照文本形态，可以分为诗集本、文集本与诗文合编本三种系统。其中冯惟讷《诗纪》本和丁福保《全汉三国晋南北朝诗》本属诗集本，而叶绍泰《增定汉魏六朝别解》本、李宾《八代文抄》本以及严可均《全上古三代秦汉三国六朝文》本则同为文集编本。诗文合编本以张燮《七十二家集》本为最早，其后又有张溥《汉魏六朝一百三家集》本以及丁福保《汉魏六朝名家集初刻》本。合编本出现略晚，其中张溥本与丁福保本，影响尤其深广。两本之所以流行，与清代、民国出版业的推波助澜颇有关系。下面即较集中地探讨一下，二者版本价值及其流行背景。

二、张溥本《魏武帝集》的编纂及其广泛翻刻

自明代天启、崇祯年间，开始出现重编曹操诗文合集的浪潮，现存最早的一部合编本是张燮编本。由于张溥本与之存在竞争关系，故先略述张燮本情况。

张燮辑《七十二家集》三百四十六卷，其中有《魏武帝集》五卷，附录一卷。③张燮(1574—1640)，字绍和，自号海滨逸史，龙溪锦江(今福建龙海)人，万历二十二年(1594)举人。此本国家图书馆有藏明代天启、崇祯间刻本，行款版式为每半页九行，行十八字，小字双行同，花口，上下单边，左右双边，黑鱼尾。版心从上至下依次题"魏武帝集"、卷数及页次，下角有刻工。卷首有《魏武帝集目录》，题"明海滨逸史张燮纂"，其次为正文。正文首卷卷端题"魏武帝集卷之一"，次行低八格题"魏武帝曹操孟德著"。

文体编排上，首为乐府，次为文，辑操"乐府"十六篇、"令"四十九篇、"教"两篇、"表"十六篇、"书"十八篇、"序"一篇、"祭文"一篇，共一百零三篇。此本"乐府"类与冯惟讷《诗纪》本相较，多出《谣俗词》与《董卓歌辞》两篇，其余篇目、顺序、注语皆与冯本无异，则"乐府"类来源于成书于明嘉靖三十六年

① 焦竑：《国史经籍志》，王承略、刘心明主编《二十五史艺文经籍志考补萃编》(第二十三卷)，北京：清华大学出版社2014年版，第539—540页。

② 赵弘恩等监修、黄之隽等编纂：《江南通志》，纪昀等纂《文渊阁四库全书·史部》第512册，台湾商务印书馆1983年版，第640页。

③ 曹操：《魏武帝集》，张燮辑《七十二家集》，明天启、崇祯间刻本。

(1557)的冯本,冯本是现存明代最早的曹操诗集本[①]。张燮本“文”类所载《选举令》《求直言令》《禁鲜饰令》《与荀彧悼郭嘉书》《遗孙权书》皆因残文两存,张氏各析为两篇,实八十二篇。又有《封功臣令》“于是大封功臣二十余人”至“轻重各有差”,凡三十二字,实乃《魏志·武帝纪》中原文而误入,宜删。附录载于篇后,所辑曹操资料有陈寿《魏志·武帝纪》、陆机《弔魏武帝文》、王粲《从军诗》五首,旨在介绍曹操其人;《遗事》十九则,录自裴松之注《三国志》引《曹瞒传》《世说新语》《异同杂语》《魏书》《傅子》《博物志》等,旨在介绍曹操其事;《集评》七则,录自沈约《宋书·谢灵运传》,钟嵘《诗品》,刘勰《文心雕龙》,敖陶孙《臞翁诗评》,杨慎《升庵诗话》,王世贞《艺苑卮言》,钟惺、谭元春《诗归》,反映历代评论家对曹操作品的评价。所辑不限于一家之言,有裨研究参考。

张燮辑本《魏武帝集》之“乐府”类增补了前人遗漏的篇什,扩大了收录范围;而“文”类则是在毫无依傍的情况下,从四部各书中采摭而来,颇具开创性。张燮完成编纂后,又为《七十二家集》的刻印辗转多地,多方筹措,终于在崇祯年间使得全部文集成功付梓。然而此集传播未广,存世无多,正如清代王鸣盛所谓“殊见搜罗苦心,但藏板稍僻,播在中土者甚少”[②];傅增湘亦曰“缗版虽行,传播未广”[③]。在其刊刻出版后不久即为张溥《汉魏六朝一百三家集》所取代。

明张溥编《汉魏六朝一百三家集》一百一十八卷,其《魏武帝集》收录曹操诗文。[④]张溥(1602—1641),字乾度,一字天如,号西铭,直隶太仓(今江苏太仓)人,崇祯四年(1631)进士。今见最早张溥本《魏武帝集》是国家图书馆、上海图书馆及北大图书馆所藏明末娄东张氏刻本,不分卷,行款版式为每半页九行,行十八字,花口,上下单边,左右双边,单线鱼尾。版心上镌“魏武帝集”,中镌“卷全”及“令”(篇目的类目名称),下镌页数。卷首为张溥《魏武帝集题词》,末署“娄东张溥题”。之后为《魏武帝集目录》,再次为正文,集后附录《魏志·武帝纪》。正文卷端上题:“魏武帝集卷全”,次行低八格题:“明太仓张溥评阅”,以文居首,诗次之。

---

① 今存嘉靖三十九年(1560)甄敬刻本以及万历四十年(1612)吴琯刻本。

② 王鸣盛:《蛾术编》,顾美华整理标校,中华书局 2010 年版,第 308 页。

③ 傅增湘:《双鉴楼藏书续记》,民国十九年(1930)刻本。

④ 曹操:《魏武帝集》,张溥辑《汉魏六朝一百三家集》,明末娄东张氏刻本。

《四库全书总目》云："自冯惟讷辑《诗纪》，而汉魏六朝之诗汇于一编；自梅鼎祚辑《文纪》，而汉魏六朝之文汇于一编；自张燮辑《七十二家集》，而汉魏六朝之遗集汇于一编。溥以张氏书为根柢，而取冯氏、梅氏书中其人著作稍多者，排比而附益之，以成是集。"①四库馆臣谓张溥书以张燮书为根柢，诚然，不过在"文"方面，张溥本有所增益，增加"令"三十二篇，"教"四篇、"表"四篇、"奏事"三篇、"策"一篇、"书"两篇、"尺牍"六篇，共计新增五十二篇。可见，尽管有张燮本为基础，张溥亦增补了大量篇目，从而将曹操作品的辑录工作向前大大推进了一步。在"诗"方面，张溥本与张燮本亦有不同。就篇目顺序而言，两本编次不同。如张燮本首列《度关山》《短歌行》《善哉行》三篇，而张溥本首列《气出唱》《精列》《度关山》三篇。就篇目文字而言，张燮本《步出东西门行》四首，张溥本题作《碣石篇》四首；张燮本《却东西门行》，张溥本题"一作《步出东西门行》"。推断张溥本"诗"类虽主要参据张燮本而成，然亦参校他本而有所改动。

张溥本虽后来居上，但亦有不足之处。首先，张燮本原附曹操遗事、集评等，用功勤苦，便利研究，而张溥本则仅附录曹操本纪一篇，资料价值远不如张燮本丰富。对于这一点，傅增湘曾称"此编(张燮本)附录后有遗事、集评、纠谬三门，详其人之身世、出处、文字源流，可供后人考订之资；天如则悉予刊落，使阅者茫无依据"。②《续修四库全书总目提要》亦云"张天如之书采辑虽宏，而剪裁未当，尽改前人原帙，且竝遗事、纠谬而去之，实不如是书(张燮本)之善也。"③其次，张溥本还存在一文多存以及窜入他文之处，一文多存如《选举令》《求直言令》《禁鲜饰令》《与荀彧悼郭嘉书》《遗孙权书》，此与张燮本同误，又有《谴使令》《设官令》《请钟繇参军令》三篇皆实系《选举令》之佚文而误立；窜入他文如《百辟刀令》中羼入《内诫令》"百炼利器，以辟不祥，摄服奸宄者也"一节文字，张溥失考。

张溥《百三家集》付梓后，在后世多次被翻刻或抄录，流传甚广。其主要版本除明末张氏刻本外，还有明末徐博刻本、清乾隆四十二年(1777)摛藻堂《四库全书荟要》本、清乾隆四十六年(1781)文渊阁《四库全书》本、光绪三年(1877)滇南唐氏寿考堂刻本、光绪五年(1879)彭懋谦信述堂刻本、光绪十八年(1892)善化章经济堂刻本、光绪十八年(1892)长沙谢氏翰墨山房刻本、清抄本

① 永瑢等撰：《四库全书总目》，中华书局 1965 年版，第 1723 页。

② 傅增湘：《双鉴楼藏书续记》，民国十九年(1930)刻本。

③ 吴格、眭骏整理：《续修四库全书总目提要・丛书部》，国家图书馆出版社 2010 年版，第 131 页。

(清王振声跋)、清述古山庄石印本、1917年上海扫叶山房石印本、1918年四川官印局刻本、1925年上海扫叶山房石印本等。张溥本得以多次刊印发行,说明其市场认可度远超张燮本。所可注意的是,张溥在清代官方的评价体系中位置不高,其大部分著作甚至被列为禁书,如《清代禁毁书目(补遗)》称:“溥颇负才名,而交通声气,为周延儒营求复相,人品不足取。诗文俱有违悖处,应请销毁。”①故而在清代前中期,除《四库全书荟要》本以及《四库全书》本两种官修图书以外,未见《百三家集》其他版本出现。但至光绪年间,随着清政府对思想文化钳制能力的逐渐下降,民间立即又涌现出诸多《百三家集》的翻刻翻印本,这正好从一个侧面反映出背后巨大市场需求的推动。究其原因,主要有三方面:一是张溥的名声为此本的刊刻传播提供了有利条件。张溥在当时名满天下,《明史》本传云:“溥诗文敏捷。四方征索者,不起草,对客挥毫,俄顷立就,以故名高一时。”②其所亲自创建并担任领袖之复社,在明末具有重要影响,“四方噉名者争走其门,尽名为复社。溥亦倾身结纳,交游日广,声气通朝右。”③张溥复社领袖的地位,使得其书在市场上比张燮本更具推广效力。其次,张溥本所属的《百三家集》尽管以张燮《七十二家集》为基础,但其所辑扩出三十余家,涉及范围更大,无疑迎合了市场的需求。四库馆臣即指出此书“州分部居,以文隶人,以人隶代,使唐以前作者遗篇,一一略见其梗概。……此编则原原本本,足资检核”④的优点,由其可以概见先唐文学之全貌,这对于张溥本的传播形成了推动力量。再次,张溥本随文加以句读,大大方便了读者的阅读,从而促使了阅读人群的扩大和读者购买热情的提升。以上三点,都使得张溥《百三家集》迅速取代张燮《七十二家集》而为市场所接受。具体就《魏武帝集》而言,张溥本拾遗补阙,在张燮本的基础上做出较大增益,抑或成为该本影响较大的缘由之一。张溥本《魏武帝集》随着《百三家集》的流行而占据后世图书市场主导地位,遂定型成为今日所见曹操别集的通行本之一。

---

① 姚觐元编:《清代禁毁书目(补遗)·清代禁书知见录》,孙殿起辑,商务印书馆1957年版,第189页。

② 张廷玉等撰,《明史》,中华书局1974年版,第7405页。

③ 同上,第7404页。

④ 永瑢等撰:《四库全书总目》,中华书局1965年版,第1723—1724页。

三、丁福保本《魏武帝集》的编纂及其营销行为

继明代诗文合编本之后,清代丁福保辑《汉魏六朝名家集》,收录含曹操在内的汉魏六朝名家一百一十人之作,原稿未竟刊。后丁福保选其中四十人,题名《汉魏六朝名家集初刻》,其中有《魏武帝集》四卷。[①]丁福保(1874—1952),字仲祜,号畴隐居士,江苏无锡人。光绪二十二年(1896)秀才,后改习医。今见最早丁本《魏武帝集》为清宣统三年(1911)上海文明书局铅印本,国家图书馆、上海图书馆、辽宁图书馆有藏。其行款版式为每半页十四行,行三十一字,花口,四周双边,单黑鱼尾。书口上题"魏武帝集",中题卷数及页次,下题"无锡丁氏藏版"。卷首有魏武《本纪》,次为《目录》,再次为正文。

丁氏《名家集初刻》本《魏武帝集》在编纂体例上,首赋,次文,次诗。卷一至卷三录曹操赋三篇,文一百四十七篇,卷四录曹操诗十六篇,总为一百六十六篇。其所载赋与文的篇目、编次及文字,均与严可均《全上古三代秦汉三国六朝文》所收曹操之作相同,且各篇选文所载出处及作品系年亦与严氏所收无异,即《名家集初刻》本《魏武帝集》卷一与《全三国文》卷一、卷二与《全三国文》卷二、卷三与《全三国文》卷三一一对应。是则《名家集初刻》本《魏武帝集》赋与文之辑据自严可均《全三国文》。严可均据传注类书采摭,从《三国志》及注、《后汉纪》《水经注》《后汉书》《世说新语注》《文选》及注、《宋书》《北堂书钞》《艺文类聚》《晋书》《文馆词林》《初学记》《封氏闻见记》《通典》《千金方》《开元占经》《太平御览》《大观本草》《古文苑》等书中辑出曹操作品共一百五十篇,不仅包括赋、策、表、奏、上书、上事、教、令、书、序、家传、杂文,还包括《兵书要略》《兵法》等,为研究曹操作品提供了许多新的资料。不仅辑录了大量文章,严氏还常注明文章产生的背景,如卷三《下州郡》严注:"《魏志·杜畿传》注引《杜氏新书》曰:'平虏将军刘勋为太祖所亲,贵震朝廷。尝从畿求大枣,畿拒以他故。后勋伏法,太祖得其书,叹曰:"杜畿可谓不媚于灶者也。"称畿功美。以下州郡。'"[②]这就使读者对曹操为何写《下州郡》有所了解。其次,严氏精于校勘,文字考订详密。如《请追增郭嘉封邑令》,分见《魏志·郭嘉传》《魏志·郭嘉传》裴注引《魏书》以及《艺文类聚》卷五十一,各本文字不尽相同。《魏志·郭

① (东汉)曹操:《魏武帝集》,丁福保辑《汉魏六朝名家集初刻》,清宣统三年(1911)上海文明书局铅印本。

② (东汉)曹操:《下州郡》,严可均辑《全上古三代秦汉三国六朝文》,清光绪十三(1887)至十九年(1893)黄冈王氏广州刻本。

嘉传》所载较略，裴注引《魏书》也有脱漏，而《艺文类聚》的文字亦不全。严氏认真比对三者，校订文中的讹脱衍舛，最后得出相对完整的版本并在文末作了简要地解释。再次，严氏在每篇作品下均注明出处，有的还注明多个出处，颇便于查检复核。当然，该本也存在偶有篇章出处讹误或漏标的缺陷，前者如卷二《收田租令》，严氏所注出处之一为《文馆词林》卷六百六十五，实为卷六百九十五①；后者如卷三《清时令》，严氏未标明出处，实为《太平御览》卷八百一十七②。因沿袭严本，丁本所载比张溥本又多出十余篇，如《沧海赋》《登台赋》《假为献帝策收伏后》等，可谓收录曹操作品较为完备的本子，富含较为重要的文献及学术价值。丁本卷四诗歌部分的篇名、排列、正文及校语，则与张溥《百三家集》本如出一辙，且所辑之诗均不注来源出处，这也与张溥本一致。故而《名家集初刻》本《魏武帝集》实以严可均《全三国文》以及张溥《百三家集》汇录而成。

不仅搜罗宏富，丁本《名家集初刻》的发行工作也颇有建树。首先，该本正式出版之前，丁福保即通过刊登图书目录、发布预约券以及寄送图书样本等方式促销。1911 年 3 月《中西医学报》上刊登了《汉魏六朝名家集一百十种目录》③，按照朝代先后一一列出是集所收每一时段作家、书名等基本情况，为读者提供购买参考。《名家集初刻》于 1911 年 5 月 18 日起发售预约，且看丁福保在《神州日报》上刊登的预约广告："汉魏六朝人诗文集，坊间甚不易觅。张溥《百三家集》虽有通行本，而编录无法，谬误纷见。乙未岁，鄙人肄业南菁书院时，依严铁桥先生《全上古六朝文》目录及各家旧刊别集，编辑《汉魏六朝名家集》四十家，曰枚叔集……。搜辑颇详密，共三十册。凡《百三家集》中之纰缪者，悉订正之。福保为流通古书起见，独立出资付印，备各省藏书楼及收藏家所用。全部用本国连史纸，仅印五百部，定价十元，并无折扣，限本年六月出版，先售预约券二百部，每部售实洋四元八角，加邮费六角，一次付清。如欲索样本者，请寄邮票二分至上海新马路昌寿里五十八号无锡丁寓，即将样本寄上。无锡丁福保谨启。"④由上可见，丁福保在刊印《名家集初刻》之前，已在读者中广泛征求预约。规定书的定价十元，如果预约则仅收四元八角，预约价不

---

① 许敬宗编：《日藏弘仁本文馆词林校证》，罗国威整理，中华书局 2001 年版，第 429 页。

② 李昉等撰：《太平御览》，中华书局 1960 年版，第 3636 页。

③ 《丛录：汉魏六朝名家集一百十种目录》，1911 年第 12 期《中西医学报》，第 1—4 页。

④ 丁福保：《汉魏六朝名家集预约券》，1911 年 5 月 18 日《神州日报》，第 1 版。

及图书定价的一半，从而以价格优惠招揽读者。书未出而款先至，丁福保亦避免了成本积压的担忧，如果资金周转有困难，甚至可以借读者的书款印书。无怪乎在图书正式上市前的1911年5月至7月这短短三个月中，《名家集初刻》预约券在当时的《神州日报》和《时报》上总计刊登9次之多，每月平均达到3次，密度之高，不难想见。此外，《名家集初刻》三十厚册，部头较大，成本不菲，故而丁氏在其发行之前，为之编印了图书样本。通过样本将全书的精华及特色全面详细地展现出来，方便读者管窥全书。考虑到成本，丁福保刚开始没有采用赠送的方式，而是向函索者收取每份二分的邮资。之后为了进一步扩大销路，便向读者免费赠阅。如："上海大马路泥城桥西首龙飞西隔壁，上海新马路昌寿里无锡丁寓，即将样本寄上。"①这里没有再要求读者附上邮资。刊登目录、征求预约以及编制样本等手段的综合运用，构建了立体化宣传模式，对提高《名家集初刻》的销量大有裨益。

其次，初版图书正式面世后，丁福保亦花费不少心力进行宣传及推销。如1911年10月14日的《时报》上，刊登了《名家集初刻》"新刊介绍"："前买预约券者，速来取书。本书零售价目：枚叔集、司马长卿集、司马子长集，合本洋三角；杨子云集三角……隋炀帝集三角。欲买全部者实洋七元，请汇款至上海新马路昌寿里五十八号丁寓，即将该书寄上。寄售处：各省文明书局。无锡丁福保启。"②"新刊介绍"的意义，在于向读者宣示图书已经正式出版，以提示之前购买预约券的读者，可以取书，也暗示预售活动有始有终；同时还告知其他读者，只要想买，即可按照广告所示方法随时获取，没有预售等待的煎熬。另外，以上"新刊介绍"值得注意的还有三点：一是丁书作为一套丛书，既可以整部购买，也可拆零供应。拆零供应便于读者各取所需，还可降低书价，扩大图书销路。二是丁福保依托各省文明书局进行分销："寄售处：各省文明书局"。各省文明书相当于一个个发行网点，对于销售丁书起到了良好的促进作用。三是除门市供应外，也经营邮寄方式，上述广告中即刊有"汇款""寄上"等字样。邮寄方式可以将销售面覆盖到海内外众多通邮地区，真正遍及到"各省藏书楼""收藏家"以及最广泛的读者，有效拓展了销售渠道。卷帙浩繁的《名家集初刻》初版500部，很快全部售罄，这与丁氏所采取的深度宣传与推销密不

① 丁福保：《汉魏六朝名家集》，1914年5月22日《申报》，第5版。

② 丁福保：《汉魏六朝名家集出版》，1911年10月14日《时报》，第1版。

可分。

再次，对于再版的《名家集初刻》如何继续保持良好的销售态势，丁福保进行了不懈努力。一是仍旧发行预约券并刊登“新刊介绍”。《时报》《神州日报》以及《申报》都曾在1912和1913年多次刊登过该书的预约券，这些预约券本身也是图书二度出版的广告。其中所言“去年第一次印五百部，今已卖罄，兹再版又印五百部”①，既回顾前之所有，又预告后之将出，以显示该书受市场的欢迎程度以及收藏价值。而关于再版丁书的“新刊介绍”，亦可查到不同于初版的多种文案设计。如1912年5月16日《神州日报》的“新刊介绍”云：“昨承以一部见饷，翻阅一周，钦佩不已。惟日望其将二编印成，以成完璧耳”②，这是以读者口气撰写的宣传文案。再如1912年6月8日《协和报》上一则署名“存粹子”对《汉魏六朝名家集》的介绍，长达六百余字，有云：“记者捧读一过，爱不忍释”③，同样是从读者的角度对本书进行宣传。二是在报纸上刊登图书的序跋，以加深读者印象。1912年6月27日的《时报》上，就刊登了沈同芳所作《汉魏六朝名家集序》④。沈同芳，字幼卿，号越石，武进人。光绪二十年(1894)进士，授唐县知县，赐编修衔，与丁福保结交甚厚。沈氏在序中围绕文学史上的骈散之争展开讨论，提出“奇与偶相间，而为用。天地自然之道，亦文章之用所莫能外也”，再由彼及此，引出丁福保《汉魏六朝名家集》，称“未有若斯之精者也”，又说丁氏“研求医理，将治中西于一炉”，为丁氏所做的编书与行医两项工作进行捆绑营销。又有1915年7月的《神州日报》，分三天连载了丁福保《汉魏六朝名家集绪言》⑤。丁氏在《绪言》中披露了自己辑录是集的心路历程。无论是《时报》刊登沈同芳《序》还是《神州日报》连载丁福保《绪言》，无不以推广丁书为第一要义。三是进行打折销售。《名家集初刻》定价十元，除预约外，1911年刚出版实售七元，而在1913年及以后的广告中，均降为五元，半价销售。此盖由于该集的最佳销售期已过，丁福保遂通过廉价进一步促销。直至20世纪30年代，再版《名家集初刻》的促销广告仍频频见之于《新闻报》《申报》《时事新报(上海)》等报刊。

---

① 丁福保：《再版汉魏六朝名家集预约券》，1912年3月26日《时报》，第1版。

② 《新刊介绍》，1912年5月16日《神州日报》，第11版。

③ 存粹子：《汉魏六朝名家集》，1912年6月8日《协和报》，第10—11页。

④ 沈同芳：《汉魏六朝名家集序》，1912年6月27日《时报》，第10版。

⑤ 丁福保：《汉魏六朝名家集绪言》，分见1915年7月15日《神州日报》，第12版；1915年7月19日《神州日报》，第12版；1915年7月20日《神州日报》，第12版。

《名家集初刻》销行甚广，固然是丁福保强有力宣传和营销的结果，但也与此本初版即采用铅印这种新式印刷方式大有关系。铅字面积小，节省空间，则书本变得轻巧，制作成本随之下降。且铅印版面整洁悦目，带给读者更多的阅读享受，无疑促进了该集的传播和流通。鲁迅先生曾对此本的价格表示满意，他在1929年写给章廷谦的信中说："《全上古……六朝文》，北京前四年市价，是连史纸印，一百元。今官堆纸而又蛀过，价又六十五，其实已经不廉，我以为大可不必买。……倒不如花十来块钱，拾一部丁福保辑的《汉魏六朝名家集》。"①著名作家孙梨也说："在丁氏之前，汇集古人文章成集，系统编为大书，已有张燮所辑《七十二家集》；梅鼎祚所辑《文纪》；张溥所辑《一百三家》；严可均所辑《全上古……六朝文》。皆因卷帙浩繁，价钱昂贵，购置阅读，均有不便，流传不广。丁氏此编，书型小巧，排印清楚，价钱为中人所及，销路可观。"②当《名家集初刻》因校刻精良及营销得法而大为畅销，屡屡再版，其中的《魏武帝集》随之得以广受欢迎，也就顺理成章了。

结　语

市场和学术在整体上的关系是复杂的，正反作用兼有。具体到张溥本与丁福保本在这两个案例，市场机制跟学术价值则有相互正向推动作用。张溥本《魏武帝集》据自张燮本又逾于张燮本，因而问世后，占据了市场优势地位。丁福保本《魏武帝集》在诸本中篇目最多，考订精审，且又通过一系列市场化运作手段，有效促进其推广与营销。市场选择机制让张溥本及丁福保本胜出，而此二版本确为今所见诸本中最为精善者。二者通行本地位的确立，一方面有其自身版本价值的因素，另一方面又是市场选择的结果。市场机制就其源动力而言，固然是出于逐利目的，而从最终效果看，却对于曹操集的优胜劣汰有正向的积极作用。

出版业是随着社会经济发展而发展的，更随市场机制变化而有新的变化。丁福保这一例，更可看见出版业置身于上海这一当时最现代的都市中，与整个都市文化的深度交织。若非有现代都市传媒（报纸）、交通手段（邮寄）、销售渠道（书店网点）与丁福保本人的现代商业意识相互配合，丁本的热销一时与长

---

① 鲁迅：《鲁迅全集》（第十二卷），人民文学出版社2005年版，第145页。

② 孙梨：《买〈汉魏六朝名家集〉记》，孙梨《野味读书》，东方出版中心2008年版，第366页。

销不衰,均是难以想象的。透过这一个案,当时出版业的现代形态,乃至都市文化的发达程度,都不难窥见一斑。

Study on the Compilation of Cao Cao's Anthologies and the Effects of Market Selection in the Publishing Industry

—Based on Zhang Pu's and Ding Fubao's Combined Poem-Essay Compilations

Abstract: The Collection Written by Cao Cao were finished no earlier than the Liu Song dynasty. *Qi Lu*, written by Ruan Xiaoxu in the Liang Dynasty, included 30 volumes of *Emperor Wei Wu Collection*, which had lost to 26 volumes in the Sui and Tang dynasties, and finally disappeared after Southern Song Dynasty. Cao Cao's anthologies in circulation today were compiled in the Ming and Qing dynasties when the publishing industry saw an unprecedented boom. In this context, studies of anthology circulation are expected to take into account both version verification and sales performance. In terms of literary genres, Cao Cao's anthologies are mainly presented in three systems, namely, poem collections, essay collections, and combined poem-essay compilations. Among these poem-essay compilations are versions respectively put together by Zhang Pu and Ding Fubao, whose high quality and market recognition have won them reprints after reprints during the Qing Dynasty and the Republic of China eras. They owe their statuses as the contemporarily available versions to the combined effects of publication value and market choice, suggesting a positive interaction between academia and the market. The study of compilations of Cao Cao's works and the role of publishing in selecting their versions not only helps to further carry out sorting, editing and collation, but also gives a glimpse of the development history of publishing from the late Ming dynasty to modern times, as well as the development level of urban culture in modern times.

Key words: The Collection Written by Cao Cao; Zhang Pu's version; Ding Fubao's version; market

作者简介:易兰,华东师范大学国际汉语文化学院馆员。

成都竹枝词的复兴与城市空间及文化的嬗递

谢天开

摘　要：清季与民初成都竹枝词的复兴，应为成都城市历史文化的因缘承继与重建的结果。唐代、清代及民国三个时段，为成都城市物质空间的定型、重建及巨变。成都竹枝词诗体的复兴、流行与扩布，既是对于成都城市物质空间文化重建及巨变的反映与记述，亦是在面临城市文化断层与嬗递时，城市精英与民众对于传统诗学文化样式的共同选择与确定。

关键词：成都竹枝词　复兴　城市文化　断层与嬗递

一、唐代成都城市定型与竹枝词传入

"四川虽属山国，而成都实为泽国。"①从邻水到亲水，唐代是成都城市物质空间的定型时期。自秦代张仪筑龟城以来，成都便是邻水型城市格局，即城市依托河流，郫江（内江）、检江（外江）从都江堰由西北向东南与秦城城垣擦肩而过。

成都城由邻水型转为亲水型的标志，是晚唐的剑南西川节度使高骈，他带领成都军民所筑的罗城。然而，这一转向最初却起因于中晚唐时期防御南诏侵蜀的军事防御。成都罗城最大特点，除了为军事上防御功能外，在于改变了成都城市风貌，最终完成了一座亲水型的城市布局：将外江的下游锦江（濯锦江、锦水）与新开凿的清远江形成"二江环城抱流，溪水穿城而过"的态势，加之

① (清)傅崇矩：《成都通览》(上册)，巴蜀书社1987年版，第8页。

城内的金水河与解玉溪，合称为罗城四江。

除了河流外，成都城内人工湖泊众多。《水经注》载："初，张仪筑城取土处，去城十里，因以养鱼，今万顷池是也。"①《华阳国志·蜀志》载："城北又有龙坝池，城东有千秋池，城西有柳池，冬夏不涸，其园囿因之。"②隋朝时期，成都城内有一泓五百亩的水体，名叫摩诃池。摩诃池，为隋代蜀王杨秀展筑子城南、西二隅，取土后形成的人工湖，自此强化了成都开凿人工湖的文化传承。到了唐朝，摩诃池畔不仅为官署建筑所在，也为成都游览胜地，其意义相当于唐长安城的曲池，为成都大城典型园林观景，兼具城市湿地生态之用。在隋唐时期，成都城内亦分布"合江园""崇勋园""皇花园""中园"等多处宫苑园林与私家园林。可见，成都城内的湖泊在具有园林特色的同时，也兼具循环农渔生态经济的作用，体现了"天人合一"的人文观念。

因此，就城市格局而言，与唐长安城规矩的方格状（棋盘式）不同，唐朝时期的成都城市格局为二江环抱自然椭圆状，加之西岭雪山等自然景象的呈现，兼之成都的园林、屋舍与街道的整洁，使成都作为"城市容器"而具有诗学的物质空间特质，而让人获得一种具体的审美体验："九天开出一成都，万户千门入画图。"

成都更大的物质空间背景，是位置于中国地理大势第一阶梯与第二阶梯过渡地区，而生成于龙门山脉与龙泉山脉之间的岷江冲积扇区，于周遭崇山峻岭的四川盆地内最为丰腴肥阜：

> 沃野千里，水旱从人，不知饥馑，时无荒年，天下谓之"天府"也。③

具有诗意的成都城市的物质文化空间，使得"自古诗人皆例蜀"。据统计，唐五代来到成都的诗人有 150 人，创作诗歌 1 194 篇，成都也自此成为一座具有历史性的诗城，④人杰地灵让成都农耕文化造极于唐代。

"竹枝词"作为民间民歌，亦是在唐代入传成都的。竹枝词研究者任二北（半塘）先生论述道：

---

① （北魏）郦道元：《水经注》卷三十三《江水》。

② （晋）常璩：《华阳国志》卷三《蜀志》。

③ （晋）常璩：《华阳国志》卷三《蜀志》。

④ 张仲裁：《唐五代文人入蜀编年史稿》，巴蜀书社 2011 年版，第 336 页。

七言之歌多发于民间风俗，竹枝最著，乃盛于蜀中。至中唐，得刘禹锡之倡导，声文并茂，媲美于屈原《九歌》，于民歌中，所处最高。①

中唐诗人顾况有长句《露青竹枝歌》，起句为："鲜于仲通正当年，章仇兼琼在蜀川。约束蜀儿采马鞭，蜀儿采鞭不敢眠……"顾况的竹枝词较刘禹锡约早七十年。中唐诗人刘禹锡，亦有两首《竹枝词》与成都有关：

山桃红花满上头，蜀江春水拍山流。
花红易衰似郎意，水流无限似侬愁。

日出三竿春雾消，江头蜀客驻兰桡。
凭寄狂夫书一纸，家住成都万里桥。

这两首诗被认为是描述成都最早的竹枝词。"蜀江春水拍山流"，描述了成都远山近水的城市景色。"凭寄狂夫书一纸，家住成都万里桥"，描述了唐时成都水驿传书的民俗。

唐朝的成都作为文化容器，因唐代众多诗人或游历、或流寓于此，成为唐诗创作的重要所在地，富集了丰厚绵长的诗学文化精神空间。具有民歌味的竹枝词虽说没有在唐时流行于坊间里巷，而且在以后的宋、元、明三代也只是因袭与复制，没有被广泛传播与接受，但唐代传入成都的竹枝词诗体所具有的不拘平仄，富含方言俚语，状写风土，琐细诙谐，生动活泼等纪实风格特质的诗学基因，却为清季与民初竹枝词的复兴，收藏与贮存了因缘种子。

二、清代成都城市重建与竹枝词复兴

一般来说，"城市化水平"为"衡量城市化发展程度的数量指标，一般用一定地域内城市人口占总人口的比例来表示"。②在成都城市史上，人口首次显著于全国，当属唐代。诗史杜甫《水槛遣心二首》对成都人口记述道："城中十

---

① 任半塘《成都竹枝词·序》，载林孔翼：《成都竹枝词》（增订本），四川人民出版社 1986 年版，第 1 页。

② 中华人民共和国建设部主编：《城市规划基本术语标准》，中国建筑工业出版社 1999 年版，第 3 页。

万户，此地两三家。”中唐薛涛《上王尚书》载：“十万人家春日长。”两位诗人都一致明确了当时成都城市人口有“十万人家”，可为今天推测唐时成都人口作依据。唐时成都人口一度仅次于长安，居全国第二。据统计：“唐太宗贞观十三年(639)，全国每户的平均口数为 4.31 人，剑南道则为 4.90，居全国首位。”“太宗时期，益州的户数高达 117 889 户，仅次于京兆府，居全国第二位。”①

明末清初，因为战祸，成都经历了建城史上最惨烈的毁坏，先为张献忠屠城与毁城；继而吴三桂的“祸蜀六年”，其结果为“数被兵革，地荒民流”②。成都在唐朝便有十万户人家的大城，在清康熙三年(1664 年)，城中仅有残民“数百家”③。城垣败颓，昏鸦四起荒草乱蓬，虎狼出没。康熙十一年(1672 年)，清初著名诗人王士祯奉命入川巡视，所见的成都城及其郊县“千余里名都大邑，鞠为茂草”“即颓墉废堑，虎迹纵横”④。

从毁城到建城，清代是成都城市物质空间的重建时期。康熙二十年(1681年)，四川全境肃清，实行招抚流亡、轻徭役薄赋政策。康熙二十九年，清廷批准川陕总督葛思泰优待外省移民的奏疏，规定凡在四川纳粮当差的“流寓之民”，除“将地亩永给为业”而外，其子弟还可以“在川一体考试”⑤。康熙三十一年(1692 年)，开始出现大规模移民在川垦殖的记载。此后，从清顺治至乾隆时期，近百年的“湖广填四川”移民潮，使成都的社会经济奇迹般苏复。根据嘉庆《成都县志》和《华阳县志》记载，两县户口合计为 118 490 户，人口 592 058人⑥。而据清嘉庆《四川通志》的户口统计，成都核心区域成都与华阳两县，当时户数为 297 432 户，人口数为 776 053 人(男 434 108 人、女 341 945 人)⑦。嘉庆《成都县志》《华阳县志》与嘉庆《四川通志》的记载虽然出入甚大，但是都说明当时人口或与唐代成都人口相当，并未曾大幅超过。

对于作为中心城市的成都提前恢复再生的景象，清雍正时期四川布政使窦启英曾著文描述：

---

① 李敬洵：《四川通史·两晋南北朝隋唐》，四川人民出版社 2010 年版，第 3 页。

② (清)徐干学：《儋园文集》卷二十三。

③ (清)《成都府志》(康熙)卷十《贡赋》。

④ (清)王士祯：《蜀道驿程记》卷下。

⑤ (清)《大清会典事例》卷一六六《田赋·开垦一》。

⑥ (清)《成都县志》卷一、《华阳县志》卷七。

⑦ (清)《四川通志》卷六五《户口》。

> 百余年间，海宇升平，人民乐业，向之川土荒芜者今皆已垦辟，向之川民凋瘵者今皆已生聚，熙熙然、郁郁然享太平之福矣。惟是成都岁为沃野，其余州县之田，有岁岁耕种者，有休一岁或休二岁或三岁更耕之者。①

清代的成都五方萃处，互通婚姻，形成了一座崭新的并且以荆楚地域湖广移民为主的移民社会。对于成都移民的构成，清季学者傅樵村说："故现今之成都人，原籍皆外省也。"据他的统计，各省原籍居民占成都居民的比例为："湖广籍占二十分之五分。河南山东籍占二十分之一分。陕西籍占二十分之二分。云贵籍占二十分之三分。江西籍占二十分之三分。安徽籍占二十分之一分。江浙籍占二十分之二分。广东广西籍占二十分之二分。福建山西甘肃占二十分之一分。"②清代竹枝词人杨燮的《锦城竹枝词》对此也是一种印证：

> 大姨嫁陕二姨苏，大嫂江西二嫂湖。
> 戚友初逢问原籍，现无十世老成都。③

再生的成都大城，物质空间在城市商业、交通方面超过前代，文化空间上兼容各路移民文化。在城市建设的规划上，在延续百年的大城重建工程的同时，又新建了满城，使清代的成都最终再现了唐朝成都"二江合抱城"——锦江、府河、南河穿城的城市景观，并新形成大城、少城与皇城三城相依的城市格局。其城市空间以皇城为中心，城墙为城市与乡村的分隔界线。兴修了市区街道时尤其重视工商实业空间的扩大，自1898年开始，清廷颁布了一系列保护工商实业的章程、法规和奖励办法，激发了成都绅商投资潮，代表建筑有商办启明电灯公司、劝业场、青羊宫商品工艺展销会等。另外，这一时期还重建与新建了一批市区桥梁、名胜古迹，如望江楼等。

重建的成都大城，几乎达到了后世城市文化学者所描述的理想状态："城市体现了自然环境人化以及人文遗产自然化的最大限度的可能性；城市赋予前者（自然环境）以人文形态，而又以永恒的、集体形态使得后者（人文遗产）物

---

① （清）《四川通志》首卷《序》，第2页。

② （清）傅崇矩：《成都通览》（上册），巴蜀书社1987年版，第109—110页。

③ 林孔翼：《成都竹枝词》（增订本），四川人民出版社1986年版，第44页。

化或者外化。”①

对于重建的成都格局，清代吴好山《成都竹枝词》如此写道：

> 本是“芙蓉城”一座，“蓉城”以内请分明。
> “满城”又共“皇城”在，三座城成一座城。②

然而，清季成都城市在人口再生产和物质再生产的恢复发展中，成都文化的再生产却面临着巨大的文化断层。城市的人口虽说恢复且超过前代，然而文化重建却相当滞后，如成都教育文化，便远远落后于城市的经济发展与市政营造的速度。清代会试始于顺治三年（1646 年），四川尚未被纳入清代势力范围，无人参加。后设巡抚于阆中，在顺治十二年（1655 年）始可参加乙未科会试。在整个清代的 268 年间，四川共考中进士 786 名，仅占全国总数的约 2.9％，③大大少于江南、齐鲁、粤闽。光绪二十一年（1895 年），资州人骆成骧在乙未科殿试中被光绪钦点为状元，为整个清代四川唯一的状元。乾隆《雅州志》载：“蜀于献贼兵燹之后，又继以吴逆，疮痍未起，流亡未复，或有不耕不读之人。”④这是清初四川文化状况的缩影。成都的文化状况也是如此，据《华阳人物志》记载，康熙初年，“时蜀遭罹兵燹，文献荡然，人罕言学”。⑤历史上“蜀学”颇盛，但在清初，由于移民多为农民和商人，整个四川的文化教育在全国范围内处在一个相当落后的水平，直到嘉庆、道光时期才见起色。

由此可见，清季成都城市的文化空间，因其在社会文化方面呈现出因战祸、瘟疫、人口锐减、城市毁坏等诸多因素造成的文化断层，无法直接传递前一朝代的文化积累。从成都诗学史的角度观察，成都的诗脉也没有从唐、宋、元、明传递下来，因而需要重新复兴被毁灭的文化。

然而，复兴文化的时光却极为漫长。清光绪年间一位深知蜀情的老学究方旭⑥，直到晚年也认为蜀学仍然没有恢复到前朝的水平，故作《花会竹枝词》

---

① 刘易斯·芒福德：《城市文化》，宋俊岭、李翔宁、周鸣浩译，郑时龄校，中国建筑工业出版社，2009 年版，第 7 页。

② 林孔翼：《成都竹枝词》（增订本），四川人民出版社 1986 年版，第 42 页。

③ 《四川省志·教育志》（上册），方志出版社 2000 年版，第 88 页。

④ （清）《雅州志》卷五《风俗》。

⑤ 《顾汝修传》，收《华阳人物志》卷七。

⑥ 方旭，字和斋。安徽桐城人。光绪十三年丁亥（1887）拔贡。选知蓬州，调署华阳，开置学校，为州县倡，擢四川提学使。寓蜀数十年，八十余卒。早期诗文多散佚，《鹤斋诗存》盖六十以后稿。

叹息:

> 又到年年修禊时,采兰赠芍本风诗。
> 蜀风久缺无人补,聊向"花潭"唱《竹枝》。[①]

即便如此,近百年的移民大潮,让成都作为清代中国最大的移民"城市文化容器"。因其社会经济的重塑与社会政治(晚清新政)的变革,因其"五方萃处"的都市民俗的多样等诸多因素,因其社会各阶层文化不一,相摩相激,其积累愈加广博,愈加显示出城市文化的组合与开发功能。成都的民俗文化也从"各俗其俗"至"渐归齐一",最终促成了清季成都作为"城市文化容器",为了满足各方面各阶层移民的整体文化需求,便在文学样式上选择了宜于表达与传播的文学样式"竹枝",从而复兴与再造了自唐以来的成都竹枝词。

清代成都竹枝词复兴,有赖于民间文化的精英倡导。嘉庆十八(1813年),蜀学大师刘沅[②]移居成都后,八旬时作《蜀中新年竹枝词》数十首,自序云:"民俗相沿,可笑者多,愚居乡久,新正无事,就所闻见书之,或亦笑谈之一助,时年八十有一。"刘沅《蜀中新年竹枝词》集中写成都新年民俗,反映了乾隆时期成都送旧迎新风貌,内容写年节风俗和底层社会的年关窘境。

清代成都竹枝词复兴,有赖于地方官员的倡导推动。成都竹枝词人杨燮[③]创作动因为:"癸亥(嘉庆八年〈1803〉)之年秋七月,传闻院试《竹枝词》。'锦城'生长能详说,拈出乡风一百诗。"[④]嘉庆八年,四川学政钱学宪以《锦城竹枝词》题作为考试题,于是激发了学子杨燮的创作欲望,竟然写了百余首竹枝词。此外,四川提学使方旭有《花会竹枝词》十数首,笔触细腻生动,将成都春天花会盛况通过描绘人物的各种情态反映出来。再如成都"五老七贤"的光绪十八年壬辰科(1892)进士、授翰林院编修的赵熙亦有《下里祠送杨使君之蜀》竹枝词。

清代成都竹枝词复兴,亦赖于城市平民的加盟。成都竹枝词人定晋岩樵

---

① 林孔翼:《成都竹枝词》(增订本),四川人民出版社 1986 年版,第 145 页。

② 刘沅,字止唐,一字讷如,号青阳居士,四川双流县人,生于乾隆三十三年(1768 年),卒于咸丰五年(1855 年),享年 88 岁。他创立"槐轩学派",学坛称其"槐轩先生",在四川学术界深有影响。

③ 杨燮,字对山,别号六对山人。成都人。嘉庆六年举人,官县教谕,著有《树茶轩存稿》,创作竹枝词达百首之多。

④ 杨燮:《锦城竹枝词序》,载林孔翼:《成都竹枝词》(增订本),四川人民出版社 1986 年版,第 42 页。

叟创作缘由为“暇日偶阅六对山人《成都竹枝词百首》，洋洋大观，不觉技痒，亦效颦作五十首”①出于自身的兴趣爱好，以及对文化的模仿，他在创作的同时也扩布了成都竹枝词的影响。

“成都竹枝词”这一即兴创作易记易诵，流传风快而具有民歌歌谣风格。其诗体不再是前朝的因袭与复制，而是重新发现与建构，因此让具有明显地域风格的成都竹枝词，在街头巷尾大受欢迎，在这座移民大城中得到传播与接受。

三、民国成都城市巨变与竹枝词扩布

民国初期是成都城市物质空间的转型时期。此间成都的经济、社会、文化进入了近代化的中西方文化碰撞与融合的巨变时期。

这一时期，城市物质空间继续建设与扩张。近代工业、商业、学校、道路等规划格局在清季的基础上进一步发生变化。这时的成都城市空间特征主要表现为：其一，大城、少城与皇城三城合一，成为城市的有机组合；其二，商业空间扩大，如新修的春熙路为当时最宽的街道，道路总长 837 米，两旁商家林立；其三，新兴大学文化区，如将四川大学从旧皇城迁移至外东望江楼侧，华西坝有了由北美教会举办的华西协合大学，且在抗战军兴时成为内迁大学的合作办学区；其四，新型城市公共空间拓展，如建成少城公园、中山公园、青羊宫花会等；其五，城市道路交通大力修筑，如抗战时的东干路、南干路、北干路、西干路及环城道路的建设。对于民国成都城市空间构成，今人何韫若的《锦城旧事竹枝词》多有追述。

从晚清至民初，成都城市交通经历了三个主要发展阶段：以轿子为主要的传统交通工具时期、人力车取代轿子成为城市主要交通工具的时期、汽车出现但发展缓慢的时期。

近人侯幼坡《成都竹枝词》对此写道：

一声鸣笛汽车来，多少游人躲不开。
莫怪虚荣都艳羡，谁家太太暗中猜。②

① 定晋岩樵叟：《成都竹枝词序》，载林孔翼：《成都竹枝词》（增订本），四川人民出版社 1986 年版，第 273 页。

② 林孔翼：《成都竹枝词》（增订本），四川人民出版社 1986 年版，第 249 页。

这一时期，成都城市市政公用事业得到发展。民国承继晚清新政余风，进一步发展电力事业与自来水业、电话邮政局等市政公用事业。如有悦来场电灯厂、启明电灯公司；利民自来水有限公司、成都市自来水特种股份有限公司；成都电话局、成都邮务管理局，等等。①

总之，成都市民的生活方式与文化模式，都迥别于前代。时在成都高等分设学堂就读的郭沫若《商业场竹枝词》三首之二：

> 楼前梭线路难通，龙马高车走不穷。
> 铁笛一声飞过了，大家争看电灯红。②

“城市的主要功能是化力为形，化能量为文化，化死的东西为活的艺术形象，化生物的繁衍为社会创造力。”③民初成都城市文化方方面面的演变与转型，在表面上是从古代向近现代的演进，而在本质上实为中西方文化的碰撞与融合，文化巨变影响着成都城市市民的日常生活。从民俗学角度观察，这样的文化巨变，引起了市民社会生活的变迁，具体表现在市民的消费观念及消费内容的改变、洋货的输入与市民消费民俗的改变，最终落实在市民们的衣食住行方面带来了生活方式的变迁。由此造成了城市新旧文化的互动与嬗变，体现在戏曲、茶馆、电影、话剧、体育、交际舞、西洋音乐等方面。

近人夏斧私《竹枝词》对此写道：

> 博士无聊说电影(儿)，秘书有劲(儿)着洋装。
> 报馆论文皆北调，学生吹笛总南腔。④

尤其值得注意的是，清季民初辛亥前后的成都作为“城市文化容器”，进入了全新的“机械复制时代”，形成了一个农耕时代未曾有过的近现化的公众媒

---

① 何一民：《成都通史·民国时期》，四川人民出版社 2011 年版，第 151—204 页。
② 林孔翼：《成都竹枝词》(增订本)，四川人民出版社 1986 年版，第 150 页。
③ 刘易斯·芒福德：《城市发展史——起源、演变和前景》，宋俊岭、倪文彦译，中国建筑工业出版社 2005 年版，第 582 页。
④ 林孔翼：《成都竹枝词》(增订本)，四川人民出版社 1986 年版，第 277 页。

介共同体:传统的木刻、石版印刷与近代的机器印刷并立,报纸、杂志、书籍广为发行,时有四川官印局开办(约 1890 年)、文伦书局成立(约 1904 年)、昌福印刷公司(约 1904 年)和聚昌印刷公司(约 1905 年)开办等。而具有石印机与铅印机的近现代印刷业的兴办,①促进了成都报业的发达。“从清光绪二十四年(1898 年)三月至 1949 年底的 51 年间,已确知在成都先后出版的月刊以内的近代报刊有 700 家。”②对于当时报业的兴盛,《辛亥(1911)成都罢市竹枝词》有言:

春秋一字一生棱,绝妙新闻日日登。
赶早买张《西顾报》,看他五国耍龙灯。③

这说明近现代的印刷技术让报刊迅速兴起的同时,培植了广泛的阅读阶层,看报读杂志,早在清季民初时期已经成为成都市民生活习惯了。

由四川铁路公司出钱,四川保路同志会文牍部主办的《四川保路同志会报告》,是未向清政府注册登记的临时性报纸,发行量上万份,影响大,当时成都市民每日“伫立街头”等看这家报纸。《四川保路同志会报告》“报告”“保路同志会”重大事件与文件、“纪事”其活动的同时,还“著录”刊登出具有鼓动性的诗歌、竹枝词及其他形式的说唱韵文。④

由四川保路同志会创办的《西顾报》于清宣统三年(1911 年)闰六月初一日创刊。“日出一大张,共四版”,铅印,栏目有“社说”“本省纪事”“京外纪事”“评刺”(后改名为“时评”)、“要件”“谐薮”“小说”“竹头木屑”“报余”等,有时还增辟“谕旨”“外国纪事”“本省记事”等栏目。⑤为了四川保路运动宣传的通俗性与广泛性,《西顾报》第三十一、三十四号,宣统三年七月初四(一九一一年八月二十七、三十日)刊登“铁路罢市竹枝词”十首⑥;《西顾报》第三十六号,宣统

① 成都市政协文史学习委员会编:《成都文史资料选编》(工商经济卷),四川人民出版社 2007 年版,第 15 页。
② 成都市地方志编纂委员会:《成都市志·报业志》,四川辞书出版社 2000 年版,第 8 页。
③ 林孔翼:《成都竹枝词》(增订本),四川人民出版社 1986 年版,第 249 页。
④⑤ 成都市地方志编纂委员会:《成都市志·报业志》,四川辞书出版社 2000 年版,第 14 页。
⑥ 戴执礼编:《四川保路运动史料汇纂》(下),中央研究院近代史研究所史料丛刊(23),第 2188 页。

三年七月初九日（一九一一年九月一日）刊登保路“竹枝词”二十首，题前“附言：‘阅新闻报纸有感，作俚言得二十首，呈‘西顾报社’先生郢正再登。”①“竹枝词”成为《西顾报》保路运动宣传的常用语体。

另有《民立报》亦经常刊登“竹枝词”，进行四川保路运动宣传。

生活在如此历史文化背景下的城市市民，成为成都竹枝词复兴与传播的集体受众。成都竹枝词也成为一种城市文化的空间生产，具有复制与交换的功效。又由于从清季到民初时期日益发达的新闻媒体技术与资讯载体，让成都竹枝词传播扩布的速度与广度均超过了前代，让城内市民与外地读者均能得到一种时空压缩的体验。在民国初年，经常刊载“成都竹枝词”的杂志有《师亮随刊》《师亮周刊》②《成都常识周刊》《游艺》，书籍有《锦城竹枝词百咏》甲子（1924，成都研精馆刊印）、《竹枝词汇钞》（旧钞本）、《巴蜀杂钞》（旧钞本）。当竹枝词成为方言性的“印刷语言”获得更广大的读（听）者群后，这些近代纸媒与书籍对于成都竹枝词的传播扩布，无论是在受众范围、还是传播速度上，都是传统的个人“诗集”“诗稿”“诗存”所望尘莫及的。

四、成都竹枝词的诗学承继与选择

竹枝词，又称竹枝、竹枝歌、衢歌、棹歌、杂兴、杂咏、杂事诗、纪事诗。

成都竹枝词所记叙的多为地方风物、民间民俗、世态人情，以及成都民众所创造、享用和传承日常生活文化。③

在民俗方面，由于在清代百年的移民大潮中，湖广移民在各省移民中占居多数，楚俗在四川风俗中也处于“主流”地位。“州人多楚籍，习尚沿之”④，“蜀楚接壤，俗亦相似，今则天下皆然”。⑤成都为川省省会，都市民俗亦融合楚俗。因而竹枝词“发于楚，盛于蜀”。从民俗视域考察，“志士风而详习尚”为成都竹枝词的语体特征。

① 戴执礼编：《四川保路运动史料汇纂》（下），中央研究院近代史研究所史料丛刊（23），第2192页。

② 《师亮随刊》民国18年（1929年）5月创刊，周刊，32开4页。社长刘师亮，主编阮文渊。编辑部在昌福馆，民国23年停刊。民国25年复刊，更名《师亮周刊》。（成都市地方志编纂委员会：《成都市志·报业志》，四川辞书出版社2000年版，第52页。）

③ 谢天开：《蜀都竹枝：竹枝词中的民俗万象》，西南交通大学出版社2019年版，第2页。

④ 《广安州新志》卷三十四《风俗》。

⑤ （清）《隆昌县志》卷三十九《风俗》。

在语言方面，四川话属于北方方言区。民国学者周芷颖认为，这与清初移民是分不开的："中国地理，以四川划入南方官话区，因明季川中遭流寇之灾，惨戮无数。乱平之后，人口大量移地。故方言渐与中原同化。平京沪汉人士来此者，听本地话较闽粤易于了解，惟相距数千里当然有其特异之点。"①然而，四川话虽与北方话接近，可是亦具有"南语北音"的特点："蜀之语多南语，以自古占籍者多南人(楚粤最多，所在皆有)。而蜀之音纯北音，以蜀为北土也。"因此，四川话有本是南语而以北音说之的特点。作为川省官话的成都话，亦多承传楚语。由此，成都竹枝词对于楚地民歌竹枝的承传，在民俗与语言上是有相同的文化基因的。

"虽然大城市是人类至今创造的最好的记忆器官，在它变得太杂乱和瓦解之前，大城市也是进行辨别、比较和评价的最好机构，这不仅是因为它陈列出如此多的东西供人选择，而且也因为它同样创造出许多出类拔萃有才智的人们能处理这些东西。"②

在城市文学诗歌史上，曾经已为人们所寻常吟咏而流播于巷口坊间的唐诗、宋词，虽为抒情与言志为主，但因其技术操作复杂，过分精致精美，而在成都移民社会的文化平台上处境窘迫，已属于阳春白雪之雅事，难于风行。于是，在成都移民文化阶层的集体无意识的合力作用下，成都的诗歌文化，溯源而上，重返开端，最终选择了发端于楚，而在民歌中的所处于最高位置的竹枝词。并将竹枝词所具有的不拘平仄，方言俚语；亦俗亦雅，亦褒亦贬；民风民俗，生机活泼，捷便记实的风格特质的诗学基因发扬光大。让具有记事记时为特征的竹枝词成为了成都市民，咏叹城市再生、巨变与讽喻社会时弊的最便捷的诗体，成为了在清季与民初的不同时期各个阶层民众中最为风行的诗体，成为了成都精英与大众市民共同传达表述生活、思想、意愿而具有集体性的文化时尚。

作为"民歌之将帅"的竹枝词，自唐宋以降流传我国各地，如有元代杨维桢的《西湖竹枝词》、清代董耻夫的《扬州竹枝词》、清代桐城杨米人客居北京时所作《都门竹枝词》、清代余姚叶鼎三所作《汉口竹枝词》，等等。然而，与各朝代

① 周芷颖：《新成都》，成都复兴书局1943年版，第48页。

② 刘易斯·芒福德：《城市发展史——起源、演变和前景》，宋俊岭、倪文彦译，中国建筑工业出版社2005年版，第574页。

各地方的竹枝词相比，清季与民初的成都竹枝词数量最多，参与者具有包含都市各阶层的“全民性”。尤其值得注意的是，成都文化精英对于竹枝诗体，亦存在一种“本土体认”。

如清代竹枝词人杨燮写道：

> 扬州老董苏州蒋，百首南风竞“竹枝”。
> 莫道北人不识唱，“竹枝”原是蜀中词。

对这首竹枝词，清代三峨樵子略注云：

> 《扬州竹枝词》系董竹枝作，凡一百首，末首结句云：“自号扬州董竹枝。”《苏州竹枝词》系蒋申吉作，随园题词有云：“百首新词纪土风，风光写尽一年中。”王渔洋诗云：“北人不识竹枝歌，沙碛春深牧骆驼。”盖《竹枝歌》发于楚，盛于蜀，唐刘禹锡、白居易在蜀中，皆有此诗，见本人集中，东坡《竹枝歌》序有云“夫伤二妃而哀屈原，思怀王而怜项羽，此亦楚人之意，相传而然者。且其山川风俗鄙野勲苦之态，固已见于前人之作与今子由之诗”云云。《鹤林玉露》载：“宋时三峡长年犹能歌之。”按长年即梢工，见古诗话。①

从文化圈的视域考察，成都竹枝词主要是受荆楚文化圈、秦陇文化圈和岭南文化圈影响而最终形成的具有巴圈文化特质的流行诗体。它承袭《楚辞》与《诗经》两大传统，通过眼睛向下的诗体革命，形成了一种专门呈现民风、风情、民怨、民俗的“四民”流行诗体。这样的诗体“革命”，上承中唐刘禹锡《竹枝九章》之余绪，旁注清季与民初小说与散文白话之流风，交错化成为具有成都地方文化特质之文学样式。

至于清季民初成都文化发生的巨变，更是中西文化碰撞与融合的结果。新兴的报刊杂志不仅将成都竹枝词化为了城市市民日常生活的一种诗学，更是将诗歌的“兴观群怨”的文学功能，化形为城市文化的表达与传播功能。学

① 林孔翼：《成都竹枝词》（增订本），四川人民出版社1986年版，第59页。

界与官方的如此倡导，加之城市平民文化精英的加盟，让成都竹枝词风行蜀中而成为成都社会的一种文化时尚。从文化共同体的视域考察，成都竹枝词是四川移民的共同诗歌语言符号，是文化共同体自我认同的符号载体，具有集体性、类型性，并为世代承继与传布。由于“城市为文化的容器”，在诸种文化的相互作用下，又时时呈现出文化的“当代性”——城市生活与观念的新模式，从而有别于乡村文化。①

因此，在清季与民初，成都竹枝词作为一种流行文化，从运作主体来看，实质上是城市群体和社会的，同时亦是通过个人而运作的。成都独有的城市空间与移民族群以及固有的历史文化因缘，是成都竹枝词复兴的根本原因所在。

结　语

唐代、清代与民国三个时段，分别标志着成都城市发展史上的文化造极、文化断层与文化巨变。成都竹枝词的诗学史，也可划分为竹枝词的传入、流行与扩布的三个时段。清季与民初成都竹枝词复兴，是成都城市的物质与精神空间作为“城市文化的容器”，成都移民社会在面临文化断层与文化巨变的嬗递情势下，因缘历史“文化影响”与面临现实“文化重建”时所作之选择的结果，在近现代印刷技术的助力下，它既为城市精英文化，亦为城市民众文化。

Renaissance of Chengdu Zhuzhi Poems and Evolution of Chengdu City Space and Culture

Abstract: During the late Qing Dynasty and the early Republic of China, the renaissance of Chengdu Zhuzhi Poems should result from the inheritance and reconstruction of urban history and culture. From the Tang Dynasty to the Qing Dynasty, Chengdu urban space experienced a process of the formulation, destruction and reconstruction, and changed dramatically in the period of Republic of China, which had a close relationship with the popularization and

① 谢天开:《蜀都竹枝:竹枝词中的民俗万象》,西南交通大学出版社 2019 年版,第 2 页。

distribution of Zhuzhi Poems. Cultural reconstruction is not only urban spatial reconstruction, but also a choice on the style of traditional poetry made by the urban elite and common citizens when they face the fault situation and evolution in culture.

Key words: Chengdu Zhuzhi Poems; renaissance; urban culture; cultural fault line; evolution

作者简介：谢天开，成都锦城学院教授。

丁玲的上海书写与“海派”文学①

魏 巍 李 静

摘 要:随着丁玲30年代的“左转”,其文学创作由早期的关注自我转而关注革命、关注大众,但是,丁玲的“左转”并没有完全遮蔽掉她的个体性经验。将丁玲的“左转”放到上海这一文化场域中看,她的整个转变过程何尝不是与海派都市叙事的盛衰荣枯同步。和海派作家们自觉选择疏离革命主流话语,把目光移向流光溢彩的大都市,以新鲜大胆的笔法执着地书写上海的魔幻、色情、颓废相似,丁玲用自己的视觉、听觉、触觉感受着这座都市,并直接记录下来,这一切就已基本构成了她早期文学叙述的主要内容。在向左翼靠拢的过程中,丁玲以革命、阶级、集体等大写的时代关键词,取代了先前叙事中个人欲望所占据的显要位置,其笔下的女性也终于从波折的生命困境中走出,摆脱自我分裂的痛苦,获得了灵魂的安宁,一个个崭新的女性形象在革命中得到了建构。

关键词:丁玲 上海书写 “海派”文学

随着丁玲30年代的“左转”,其文学创作由早期的关注自我转而关注革命、关注大众,文学评论界逐渐将其纳入到左翼作家行列,诸多研究话题多集中于她的“启蒙性”或“革命性”,很少会注意到她前期创作中鲜明的“海派”特性,即大胆的情欲书写,特征化的都市风景,孤独、颓废、虚无、幻灭等都市情绪的突出表现。或许与文学史定位有关,即使注意到这些因素,研究者们最终还

① 本文为中央高校基本科研业务专项资金后期资助项目“百年文学鲁迅再解读”(SWU1909004),中央高校基本科研业务专项资金资助项目“中外诗歌发展问题研究”(SWU2009110),重庆市教委人文社会科学研究项目。

是习惯于将其归为是“五四”“个人的发现”“反封建”，或是从女性主义立场突出丁玲对男权文化的反思与反抗。

而从丁玲长期的都市生活经历来看，一系列关于个人内在隐秘情绪的表达，都只不过是对最开始那一段都市生活经历、生存困境的真实揭示。更进一步地，将丁玲的“左转”放到上海这一文化场域中看，她的整个转变过程何尝不是与海派都市叙事的盛衰荣枯同步。从《莎菲女士的日记》《梦珂》等的欲望表达到《自杀日记》《一个女人和一个男人》式的自我颓废，再到《一九三〇年春上海》投身左翼革命文化实践，可以清晰地看到一条从个人到集体、从封闭到外向、从旧我到新我的转变过程。丁玲由此也完成了从学校、公寓、亭子间再到十字街头参与社会革命活动的流动性都市文化景观的建构，从而展开了一个与海派文学逐渐拉开距离，向左翼靠拢的叙事轨迹。

一、个体经验关照下的都市风景

从张资平的三角恋爱小说、叶灵凤的爱欲小说，再到早期一代海派作家如刘呐鸥的都市色情风景、穆时英的物质化摩登男女、施蛰存的重写历史英雄、圣人与现代精神分析小说，构成了海派文学欲望书写先后承继的脉络。由本能的生理冲动，到包孕现代性内涵的心理冲突，都市情爱书写的完整形态，在海派作家这里开始并延续。与“五四”时期个性解放的情爱主题不同，海派小说家们将罗曼蒂克般的精神恋爱故事改写成两性间的情欲纠葛。灵与肉，情与欲，海派作家们从去伦理化的情爱含义出发建构了自己的话语指向。

回到丁玲，《莎菲女士的日记》使她成为现代文学中较早开启“爱欲”书写的女性作家，情欲的大胆表露以及独特处理，更使她与冰心、庐隐等人产生了较大的文学差异，从女性欲望觉醒直接走向欲望的张扬。情感欲望成为不可遏制的生命活力，冲动热烈的情感体验和内在的身体欲望，灵与肉冲突爆发了动人心魄的心理感染力。从当时的文学潮流来看，文学研究会和创造社鼓吹的是为人生的文学和关乎“内心的要求”的个人性情，这似乎并不是丁玲小说表现的中心。从20年代初登文坛的《梦珂》《莎菲女士的日记》，到30年代的《一九三〇年春上海》仍有挥之不去的情欲场面描写，大胆裸露的女性欲望心理似乎更适宜放在上海这个都市环境，与海派文学联系得更为紧密。

除了鲜明强烈的情爱书写外，与海派作家们执着于洋场百景类似，丁玲一开始也将目光集中在了都市，虽然不像海派作家们那样张扬繁复，诸多只有在都市里才能看到的新事物，还是给人一种新潮、时髦感。例如，在以上海为背景的《梦珂》中，新式学校美术课上雇佣“女模特”教学、女学生们在草坪上打网球，晓淞、澹明、杨小姐这些都市青年男女常常在一起谈音乐、戏剧、跳舞，去野外写生、看电影的休闲方式，新世界、卡尔登、圆月剧社等新兴娱乐场所，以及梦珂最后到电影公司求职并成为明星的经历，尽管只是片段呈现，仍构成了一幅十分摩登的现代都市图景。而梦珂、莎菲之所以备受关注，很大程度上也是因为她们身上所具有的，不同于旧式女性的，时而冲动自我，时而敏感纤细的气质以及小资女性所特有的情趣与爱好。在魔幻而陌生的大都市里，她们谙熟各种情爱心理，一一识破各种恋爱套路，她们开放的情爱观，以及内心欲望的袒露表达，都让人感到新奇惊讶。在这之后，丁玲也迅速为都市文化所接纳，她的作品，甚至连同她的私人生活也为诸多媒体津津乐道，梦珂、莎菲们更是“别无选择地成为‘女明星’，用另一种方式参与和分享了城市的娱乐和消费空间”。①

受阶级话语的影响，“都市”在后来的象征指向中越来越带有意识形态属性，作家们似乎都很乐于在反复的都市与乡村二元对立书写中确立自己在文学场域中的立场和态度。特别是在上海这样一个与现代化进程息息相关的城市，左翼、京派、海派，不同流派作家们对它的想象已不再注重“在场的有效性”，②更多的还是用它来作为自己确立文化身份的中介。以同为湖南人的沈从文为例，1928 年，沈从文在移居上海后，才开始“有意来作乡巴佬”建构自己的“希腊小庙”，由民俗乡情的单纯展示转向乡村都市的二元对立，这种叙事选择使他改变了在北京时期单纯的乡土书写，从而在乡村与城市对立的模式中，在对现代文明进程的深刻反思中，与五四及同时代作家划清了界限，树立了自己独有的风格。在他的叙述中，都市人总与虚伪、堕落、抑郁、虚弱相关联，乡村则优美、健康、自然。然而，事实上，虽然他在小说中反复诉说着对上海的厌恶，却并不想离开上海，偶尔回一趟北京，还是“成天只想转上海”。③反观同在 1928 年来到上海的丁玲，在最开始她并没有选择像沈从文那样立足于城乡二元对立的书写，都市在她笔下不再是生活腐化堕落的象征，对于都市人的异化

① 罗岗：《视觉“互文”、身体想象和凝视的政治——丁玲的〈梦珂〉与后五四的都市图景》，《华东师范大学学报》（哲学社会科学版），2005(05)：36—43。

② ［英］安东尼·吉登斯：《现代性的后果》，田禾译，译林出版社 2011 年版，第 16 页。

③ 沈从文：《书信·193110629 致王际真》，《沈从文全集》（第 18 卷），北岳文艺出版社 2002 年版，第 143 页。

或虚伪她也没有那么强烈地憎恨或批判。显然,对丁玲来说,上海这座城市虽充斥着各种复杂喧嚣的声音,经济上、创作上、人际关系上的压迫感始终存在,但起码这个城市的文化精神里还是包孕着与她个人性情相契合的成分,在她看来,上海仍是一个可以容纳下"个人"的城市。在这里,各种传统的关于两性关系、家庭婚姻观念逐一消解,个体的自我意识得以滋生、成长。都市无疑给了女性自我欲望满足的更多资源,也为女性个体提供了新的生存与想象空间。

见惯了都市的摩登女郎,丁玲和海派作家一样,乐于书写这些追求自由的都市新女性以及摩登味十足的小资女人。她们个性张扬,风姿绰约,沉浸在自己的世界里不问流俗,有着自由自在的生活状态。不受传统观念的束缚与礼教的约束,她们可以在各种公共场合自信地长驱直入,并总能成为被注意的焦点。这些摩登女郎的出现,似乎表明以往那些被拘禁压抑的女性们的命运已经改变,走出了被禁闭的晦暗往昔,不再依附于他人,获得了真正的解放和自由。如此散发着独特生命活力的女性,让丁玲也很难对她们有过多的谴责。丁玲在《一九三〇年春上海》中便给予了玛丽极度的偏爱,这部一直被视为代表了丁玲"左转"倾向的小说,按照左翼话语规范的路数,像玛丽这样一个小资产阶级味十足的女性本应受到批判或改造,但是,丁玲还是遵从自己内心的偏好给了玛丽一个还不算坏的结局。玛丽不仅有着丰艳完美的身材,毫无瑕疵的美丽,更有着让人欲罢不能的魔力,有时稍稍有点放荡的媚态,也总是那么迷人。她渴望自由,不受任何束缚,不像旧式女性完全把希望寄托在丈夫身上,在玛丽看来,一个女人一旦同人结了婚,一生便算终结了,所谓家庭的温柔,只会剥夺许多个人的幸福,她追求的是自在随心的生活,美丽独立而不放纵,娇贵张扬但不过分,可当真正爱上望微时,她也能牺牲一切,真心地爱他、尊重他。丁玲把对一个女性全部的美好想象都给了玛丽,甚至不想玛丽有任何的改变,直到最后望微被捕的时候,玛丽依然娇艳,"还是那样耀目,那样娉婷,恍如皇后"。①

直到30年代初期,丁玲尚没有积极融入左联,政党意识也没有那么强烈,内在的心理空间仍是自由的。生命体验和情感欲望,灵与肉的冲突,摩登女郎的张扬魅惑,小资情调的华美忧伤,随处可见。显然,不愿受太多政治意识形态束缚的丁玲,仍然倾向于从个人的主体经验出发来书写自己所看到和真实感受到的城市,城市在她眼里并不只是滋生各种罪孽的温床,腐蚀人性,它同

① 丁玲:《一九三〇年春上海(之二)》,《丁玲全集》(第3卷),河北人民出版社2001年版,第338页。

时更暗含着各种未来发展的可能，作为一个外来者，此时，她看到更多的还是这个城市的光彩和魅力。和海派作家们自觉选择疏离革命主流话语，把目光移向流光溢彩的大都市，以新鲜大胆的笔法执着地书写上海的魔幻、色情、颓废相似，丁玲用自己的视觉、听觉、触觉感受着这座都市，并直接记录下来，这一切就已基本构成了她早期文学叙述的主要内容。

二、无法阅读的城市：颓废化的都市体验

上海对于丁玲来说，终究是一个既熟悉又陌生的城市，即使在有了较长时间的上海生活经历后，她始终还是难以真正融入。对上海的疏离感和陌生感使丁玲开始将上海作为一个观察的客体，以独特的视角审视和追溯这个光怪陆离的城市，并与之形成了千丝万缕的精神联系。一半热闹，一半落寞，两副笔墨，两种人格，茫然无措地拼命挣扎，却总是看不到希望的绝望感越来越多地出现于此后的作品。

这些作品更像是一种对人在现代都市中感受到的现代情绪的书写，在《一个女人和一个男人》《自杀日记》《庆云里中的一间小房里》《岁暮》《野草》这些篇章里，基本没有什么中心情节，大多在凭感觉叙事，一切都只是生活中的琐屑、平淡、无趣，各种复杂情绪贯穿始终，幻想或现实，欣喜或伤悲，颓废抑或疯狂。我们不再能看到像《莎菲女士的日记》那样大胆张扬的情欲表现，男女之间的情爱描写不再那么细致动人，日常生活空间也越来越琐碎和封闭。丁玲显然将自己的都市体验，放在了有着不同经历的女主人公们身上，从而把人带入到了深深的情感漩涡。孤独感、漂泊感、幻灭感成了女性个体都市生存体验的主要内容，而这样的情绪体验同样可以在海派作家那里找到共鸣。

20世纪30年代，新感觉派兴起，海派文学发展到第二阶段，以刘呐鸥、穆时英、施蛰存等为代表的新感觉派作家开始真正地把上海都市风景纳入自己的视野。舞厅、跑马场、咖啡馆、电影院、商场，嘈杂的大街、绚丽的灯光、快速的节奏把都市的浮华与喧嚣发挥到了极致。然而，穿梭于舞厅、酒吧、夜花园，所见皆是灯红酒绿，迷幻沉醉，繁华过后却是无尽的失落、孤独与焦虑。“上海，造在地狱上面的天堂”，穆时英《上海的狐舞步》开首一段成了新感觉派作家们表达都市体验的主题基调。具有代表性的《夜总会的五个人》更是对破产、失恋、失业、理想幻灭、正在老去的人的集中曝光，失意彷徨、无奈无助，无法言语的绝望，都是现代都市人刻骨铭心的生存感受。

如果说,新感觉派作家们表现的是穿梭于舞厅、跑马场、咖啡馆、酒吧等五光十色、灯红酒绿的都市生活中的倦怠与无奈,丁玲在诸多篇章中则直接省去了外在化都市风景的描写,表现了在日常生活中的孤独和内在虚无的深渊。像是被一种更强大、更实在的现实恐惧感左右,丁玲以一种更强烈的"他者"感受书写着与上海格格不入的状态,或是被虚无的物质欲望束缚,或是被真真假假的虚幻爱情迷惑,又或是底层女性对平凡幸福的渴望而不可得,各种凡俗的压迫让她们无处突围,在没有过去,也没有未来的强烈虚无感中,"死"反而成了一种解脱、一种享受。

《阿毛姑娘》中,命运的安排让阿毛见到了一个她无比向往却又无法企及的世界,在绝望、无人理解甚至让人费解的困境中,从自得自足变得焦虑分裂,终于选择自杀让灵魂得以安宁和解脱。《自杀日记》中的伊萨,生活对她来说更是凄凉可怕,她并不缺少朋友,像是一个熟于应付的世故者,她也会成天邀着朋友在外面玩,但到了晚上,想到朋友们的浅薄假情又会极度心烦。她无法适应大城市复杂的生存环境,常常无法控制自己,又总是可怜自己,感受不到生的必要,时时受着死的诱惑,在"实在人人都比我好"的自我怀疑中反复地说着"死去吧,死去吧!""顶好是死去算了!"①对深处孤独绝望中的她们来说,"死"成了一种永恒的诱惑。这样一种以"死"这一极端形式表现出的自我颓废感,以及人生失意后个体生命的枯竭感,显然是对于现代都市失望、对现实存在决绝否定后的集中爆发。

在这种强烈的虚无感和生存困境中,人的情爱观也连带着发生了改变。值得注意的是,以写女性情爱心理闻名,似乎对情爱话题情有独钟的丁玲却自始至终都未能完成过一次圆满的爱情书写。在张扬两性爱欲心理的同时,她也解构了关于爱情的神话,自然、率真、浪漫的爱情理想在她这里被撕得粉碎。

从丁玲这一时期涉及情爱话题的作品来看,其中的人物或是有夫之妇;或是有妇之夫;或是靠出卖肉体谋生,在回归正常生活还是继续得过且过间左右犹疑的妓女;又或是有着强烈占有欲又处处留情的多情女郎;显然,这些男男女女已不再处于正常伦理范围之内,青年男女失去了从相识、相知再到相爱的简单纯洁。所谓的爱情仿佛开始就是错的,所以注定是悲剧。《小火轮上》的有妇之夫昆山,一边撩拨着节大姐,向她诉说自己有小脚妻子的苦衷,给她写

---

① 丁玲:《自杀日记》,《丁玲全集》(第3卷),河北人民出版社2001年版,第183页。

甜言蜜语信件的同时，一边又迅速地和妻子离婚与另一个女人结了婚。而节大姐也只能忍着被欺骗的愤怒，被人指指点点的委屈，被学校辞退，心灰意冷地到别处谋生。《一个女人和一个男人》中的薇底也已经有了丈夫，却还是有遏制不住的欲望，不想因为丈夫就放弃任何放纵的机会，于是拼命地想要捕捉一些动人心魄的情话，不停地去发现新的男人。她并不想被当成是坏女人，却又很享受这种背着丈夫和别人厮混约会时偷偷摸摸的刺激。对新欢鸥外欧，她也不是真的喜欢，只是仅仅想看着一个看似冷静的人为自己颓废，为自己倾倒，玩弄人于股掌，享受那种糟蹋感情的快感。《他走后》里的丽婀更是一个多情女郎，秀冬离开后，偌大的房间里只剩下丽婀一人，在幻想中，秀冬的一切，他的声音和面庞，可爱的仪态，以及生气时，求怜时，各种各样，宜嗔宜喜的一举一动，一颦一笑都反复回旋，但同时，丽婀也在将秀冬与从前一个个给自己带来过温柔和快乐的男人做着对比，老马、伍明、孟特、绍蓉，在不断回味中，快乐而陶醉。其实，丽婀只爱自己，未必就没有厌弃秀冬的那一天，去寻找新的追随者，就像她所想的，没有谁在出生以前就派定一生只爱一个人。《庆云里中的一间小房里》中的妓女阿英倒是打心底里渴望过那种简单、普通的农家生活，在她眼里，乡下的陈老三比城里的一切男人都好。离别家乡三年，陈老三的影子总是时时涌上她的心。阿英想要嫁给陈老三，在乡下踏实地过日子。但是，她又常常会疑惑，好人来讨我们吗？一个种田的人能养得起一个老婆吗？自己能够忍受寂寞的漫漫黑夜与白日吗？于是她渐渐打消了念头。

女性在想象中建筑的梦中阁楼，热情散去之后终会坍塌。热恋中的男女一厢情愿地把对方想象成理想中的伴侣，却又几乎千篇一律地幻象破灭。爱情的真真假假总是那么的虚幻朦胧，也许只有幻想中的爱情才最真实，在表达女性们对真情向往的同时，又让人感受到了一种无法把握，一种命中注定的无奈，丁玲顽固地对所谓的爱情做了最残酷而实际的判断。爱情的虚幻感、世俗性成了内在的生命体验，残缺与幻灭已成宿命，把倾心的对象幻想成白首不相离的痴心人，狂热地期望爱情，歌颂爱情的永恒，罗曼蒂克般的爱情理想在丁玲笔下已不复存在。

张英进在《中国现代文学与电影中的城市——空间、时间与性别构形》中将上海概括为是“无法阅读的大都市”，并引用了斯皮尔斯的《狄俄尼索斯与城市》中一段话表达了生活在大都市的人们所面对的现实困境，“城市既是一个巨大的事实，又是现代性的公认象征。它既构成了现代的困境，又象征着这一困境：置身于人群中的人,既无名,又无根,切断了过去,切断了他曾拥有的人际关系纽带;他焦虑、不安,受到大众媒体的奴役,又因上帝的消失而拥有可怕的精神选择的自由。”①城市被作为一种现代性的象征,在城市中生活的人们,却大多在危机四伏中度过,看不到摆脱困境的希望。显然,丁玲正陷入到了这种都市困境。像是丁玲对自己个人生活和精神历程的隐喻,与《莎菲女士的日记》中莎菲对爱情失望后的南下选择重合,1928年,丁玲确实“搭车南下”,带着一丝憧憬,再次来到上海,企图在新的空间里找寻新的希望,可以“自己安排自己在世界上所占的位置”。②然而,从此后一段时间的创作可以看出,这种希望落空了。阿毛、伊萨、阿英们陷入到一种更巨大的虚无之中,无力自拔。从“五四”那里继承来的个体解放思想没能提供充足的力量支撑,都市的自由空间也并没有使她们找到任何自我救赎的途径,没有了明确的生活目标,也没有了清晰的价值观念,她们失去了精神依托的凭借,更无法积极地去建构新的自我主体性意识。

三、左翼化的选择:都市空间的重新构形

对“生”的厌弃,对“死”的执着,爱情理想的幻灭,带来的是整个人生价值观的坍塌。借助于一系列女性形象,丁玲坦诚地表露了自我灵魂深处越来越深的思想矛盾和情感磨难。这样一来,似乎也能对丁玲后来的“左转”有了更切合于自身的理解。可以说,丁玲的转变并不是“个人”屈从了“革命”,而是“革命”拯救了“个人”,以集体主义的精神理念取代个人主义价值追求,是丁玲的一种自觉自愿的行为。至于“革命”究竟能不能真正地解决她个人的生存困境,已经不那么重要了,重要的是通过“革命”,她这个曾经的叛逆者,在大都市寻寻觅觅想要找寻生存寄托却看不到希望的迷茫者,可以在大众群体、阶级同盟的“我们”中间,暂时找到一些聊以自慰的存在感。随着“革命”的加入,对于生的渴望、光明的期待越来越强烈,这不仅挽救了丁玲笔下的女性们一直以来的颓废情绪,更挽救了她们的情爱观。在《韦护》《一九三〇年春上海》中,我们重新又发现了那个为人所熟悉的丁玲,热烈张扬的爱情渴望、女性的自主独立以及对于美好前景的积极追求,甚至理想男性形象也随之出现。丁玲为自己

---

① 张英进:《中国现代文学与电影中的城市——空间、时间与性别构形》,江苏人民出版社2007年版,第127页。

② 丁玲:《我所认识的瞿秋白同志——回忆与随想》,《丁玲全集》(第6卷),河北人民出版社2001年版,第32—33页。

重新选择了一条可以走出困境的路，从而与海派都市文学拉开距离，确立了新的信念，从“亭子间”走向“十字街头”，步入新一轮的空间转移。

在《一九三〇年春上海》中，首先我们可以看到的就是空间场景表现上的变化。与之前上海都市风景的片段呈现、个人化的经验性表述不同，丁玲越来越注重在城市空间的二元对立中表达自我立场的转变。《一九三〇年春上海》(之一)中，空间上的区隔与差异是若泉和子彬渐渐疏远并最终决裂的重要原因。若泉因为参加了革命活动，所以他的空间路线是流动的、外向的，如参加青年文学团体大会、在“破旧的旧式弄堂房子”办公处与同事们谈论工人运动、带美琳参加文艺研究会。子彬则只是终日呆在亭子间里的小书房，偶尔陪美琳出去逛商场，到卡尔登、大光明看电影。长时间封闭自守的子彬逃避着外界的一切干扰，受不了外界的一点刺激，心中常常充满感伤和牢骚，并声称“我厌恶一切人，一切世俗纠纷，我只要爱情”，①而积极乐观的若泉却看上去总是那么精神，愉快，充满生气。于是，若泉的每次来访都开始使子彬心里不快活，若泉那种稳定的，对于生活很有把握的样子，也让他很不舒服，明明是嫉妒，却反而骂若泉浅薄、盲从。两人渐行渐远，逐渐没了交集。

同时，在整体性的都市风景呈现上，丁玲也刻意地将上海分为了几个对立化的区域，一边是趁乱获利的投机者、“大腹的商贾”、满马路游逛的“漂亮的王孙小姐”；另一边则是在死亡线上挣扎而不得不起来反抗的工人、难于吃饱的小孩子；还有到处奔走呼号的革命青年、学生。在这里，丁玲明显是受左翼文学思潮，特别是茅盾的“以国家叙述代替城市叙述或上海叙述”②逻辑的影响，将摩登都会景观与左翼化的城市想象并置，通过二元对立的城市空间，将自己纳入左翼意识形态的维度，从而表露着自己与之前不同的转变倾向。

与空间上的变化相适应，置身于其中的女性也有了从旧我到新我、个人到集体、“亭子间”到“十字街头”的转变，时代新女性在此时才真正出现。《韦护》中，丽嘉一出场就让人感受到了一种与众不同的风采，她有主见，有思想，骄傲而勇敢，倔强、爽朗又不失锋利。作为一个热烈追求自由理想生活、具有鲜明个性和自我主张的女性，虽然暂时还没能找到人生出路，但一直以来在她心底里对自己的最大期望就是“将热血洒遍人间”，“替人间争得了她渴慕的自由”，③爱情

① 丁玲：《一九三〇年春上海(之一)》，《丁玲全集》(第3卷)，河北人民出版社2001年版，第287页。
② 张鸿声：《文学中的上海想象》，人民出版社2001年版，第93页。
③ 丁玲：《韦护》，《丁玲全集》(第1卷)，河北人民出版社2001年版，第14页。

的失去也并没有使她一蹶不振,反而让她的主体意识逐渐恢复,最后重新鼓起生活的力,决心像韦护所期待的那样好好做出点事业。

如果说,在《韦护》中,丁玲还只是借丽嘉暗示了女性从虚无到充实,从不满到满足,要从走出封闭的空间开始,那么在之后的《一九三〇年春上海》(之一、之二)中,女性则真正地从狭小封闭的亭子间走向了街头,进入了广阔的社会,并在其中获得了自我存在价值的满足感。以《一九三〇年春上海》(之一)为例,其中的美琳和子彬本来一直相安无事地住在静安寺路一个很干净、安静的弄堂里,看过很多古典主义和浪漫主义小说的美琳起初以为有了爱情就有了一切,除了子彬之外她一无所有,她的生活、感情都以子彬为中心,子彬起伏不定的情绪会令她张皇失措,他的安慰又能让她瞬间平静,似乎只有子彬能牵动左右她情绪的起起落落。但在社会思潮的鼓动,朋友们的感染下,她才意识到,旧式家庭式的虚假幸福并不是她真正想要的,"她还要别的！她要在社会上占一个地位,她要同其他的人,许许多多的人发生关系。她不能只关在一间房子里,为一个人工作后之娱乐。"①在若泉的鼓励、帮助下,美琳才真正地快乐充实起来。参加文艺研究会后,美琳更是激动兴奋,她得到了许多革命工作者非常亲切的问候和尊重,这是在和子彬一起的小家庭里所感受不到的,一种被人认可的喜悦,一种人与人之间平等交往的态度。在这里,她感受到了自我存在的意义,并获得一种身份的认同感和归属感,孤独、绝望、迷茫等心理感受,自我身份不确定的焦虑被一种生命的充实与自豪感代替。

对于丽嘉、美琳等女性,很多研究者认为,在男性革命者的引领下,她们的独立意识不再那么强烈,并逐渐依附于男性。②然而,从她们新的信念确立的整个过程来看,事实可能恰恰相反,这些女性的自我主体意识最终占据了主导

① 丁玲:《一九三〇年春上海(之一)》,《丁玲全集》(第3卷),河北人民出版社2001年版,第281页。

② 这类看法居多,较具代表性的有,如孟建煌认为她们的"女性意识消融在以男性为本位的传统文化之中了"(孟建煌:《论丁玲作品中的女性意识》,《中国现代文学研究丛刊》,1997(01):297—304);常彬认为这一时期丁玲作品中的"女性角色则降至次要地位,她们不再是'莎菲时代'清醒的性别觉醒者和时代苦问者,而是一味耽于爱情、疏离社会、享乐生活而没有任何人生追求的小资产阶级女性,她们政治上淡漠,生活上慵懒,只为爱情活着,需要革命男性的点拨、引路、拯救。"(常彬:《虚写革命,实写爱情——左联初期丁玲对"革命加恋爱"模式的不自觉背离》,《中国现代文学研究丛刊》,2006(01):175—189);刘剑梅认为"这类女性毫无疑问地代表堕落、空虚和退化""从此以后,在新女性与大众的冲突中,丁玲最终站在大众即站在革命意识形态的一边,通过放弃她自身的主体性而使自己臣服于政治。"(刘剑梅:《革命与情爱——二十世纪中国小说史中的女性身体与主题重述》,上海三联书店2008年版:149—151)。

地位,她们不再盲目,拥有了自己的信念。像美琳这样的女性,正因为她首先把自己当作是一个有独立选择和存在意义的人,才会那么强烈地渴望在社会上占有一个位置,努力去实现自我价值。丽嘉、美琳显然已经与之前的莎菲、梦珂、阿毛、伊萨等人有了根本区别,与她们的苦闷绝望、悲观虚无、渴望在"死"中得到解脱不同,美琳充满了生活的力量,"她并不想死,只想好好地活,活得高兴。"①美琳在参加革命后得到了很多人的喜爱和支持,也获得了更多参与社会工作的机会,这一切都使她摆脱了以往不被认同的挫败和身份的焦虑,感受到自我存在的价值和尊严,最终在革命中确立了新的身份。

这样看来,丁玲在30年代的"左转"似乎也暗含着一些自我扬弃的意味,这是一个与海派都市文学逐渐拉开距离,向左翼靠拢的过程。在这一过程中,丁玲不仅完成了从学校、公寓、亭子间再到十字街头参与社会革命活动等流动性都市文化景观的建构,以革命、阶级、集体等大写的时代关键词,取代了先前叙事中个人欲望占据的显要位置,其笔下的女性也终于从波折的生命困境中走出,摆脱自我分裂的痛苦,获得了灵魂的安宁,一个个崭新的女性形象在革命中得到了建构。

Ding Ling's Shanghai writing and "Shanghai school" literature

Abstract: With Ding Ling's "left turn" in the 1930s, her literary creation shifted from early attention to self to revolution and the public. However, Ding Ling's "left turn" did not completely obscure her inner spiritual experience. Putting Ding Ling's "left turn" into the cultural field of Shanghai, her whole transformation process is synchronized with the prosperity and decline of Shanghai school narrative. And Shanghai school writers consciously choose from revolutionary mainstream discourse, focus on the colorful metropolis, with fresh bold brushwork persistent writing Shanghai magic, pornography, decadent, Ding Ling also with his visual, auditory, tactile feel the city, and directly recorded, all this has basically constituted the main content of her early literary narrative. In the process of close to the left, Ding Ling with this era keywords of revolution, class, collective, replaced the narrative personal desire of oc-

① 丁玲:《一九三〇年春上海(之一)》,《丁玲全集》(第3卷),河北人民出版社2001年版,第285页。

cupy prominent position previously, its women also finally out of the twists and turns of life, out of the pain of self division, obtained the peace of the soul, a new female image got the construction in the revolution.

Key words: Ding Ling, Shanghai writing, Shanghai school

作者简介：魏巍(1982—)，男(土家族)，重庆酉阳人，文学博士，西南大学中国新诗研究所，中国文学研究所副教授，主要从事中国现当代文学研究；李静(1995—)，女(汉族)，安徽滁州人，西南大学中国新诗研究所硕士研究生。

官方与非官方影响下的《儒林外史》近现代传播

——从群玉斋本《儒林外史》是否为苏局本谈起

石璐洁

摘　要：在苏州书局本与群玉斋本《儒林外史》的区分问题上，学界存在不同看法。经考辨，苏州书局刊刻《儒林外史》一事当属确凿，而群玉斋与苏州官方也有所关联，但二者关系未能确证，故以金和跋文来区分"苏州书局本"与"群玉斋本"，仍较妥当。在严禁小说的背景下，苏印本的出现反映了官方对《儒林外史》的肯定及其对小说的矛盾态度。金和为苏局本所作的跋文就集中体现了这种心理。但无论如何，苏局本对《儒林外史》在咸丰乱后的刊刻、评点及现代意义上的学术研究都产生了影响。在齐省堂本、申报馆本、张文虎、平步青、胡适、鲁迅等的质疑、删节、重释中，金和的跋文得到了选择性接受。这一过程体现了近现代时期不同小说观念的碰撞与演进。

关键词：苏州书局　群玉斋　《儒林外史》　近现代传播　小说观念

在苏州书局本与群玉斋本《儒林外史》的区分问题上，学界存在不同看法。一种看法将前无牌记，后有金和跋文（以下简称"金跋"）的本子称为"苏州书局本"；而将与之相近，但内封署明"群玉斋活字板"，且后无金跋的本子，称为"群玉斋本"。其判断标准有二，一是把金跋视为苏州书局本有别于群玉斋本的标志。这一标准主要依据张文虎所言："此书乱后传本颇寥寥，苏州书局用聚珍版印行，薛慰农观察复属金亚匏文学为之跋"。①二是把内封所署的"群玉斋"

① 李汉秋编著：《儒林外史研究资料集成》，上海古籍出版社2017年版，第308页。

字样视为群玉斋本有别于苏州书局本的标志。

对此，李汉秋先生在《〈儒林外史〉版本源流考》中提出了不同意见。文中指出，事实上存在“内封既署明‘群玉斋活字板’，书后又附载金跋全文的本子”，[①]因此同时采用金跋和“群玉斋”字样来区分二者是不合实际的。这切中了上述判断标准的局限，但李先生认为“群玉斋本即是苏州书局本”的看法也存在疑问。其理由是，上述本子表明，“群玉斋本”与“苏州书局本”之间没有界限，且过去所谓“群玉斋本”与“苏州书局本”在“版框、行格、页码、正文文字”上完全一致。因此，二者“同源一版，仅仅是不同版次对金跋作不同处理而已”[②]。基于这一看法，该文即以“苏州书局群玉斋本”对二者进行统称。[③]而在此后的《儒林外史研究资料》《儒林外史研究资料集成》《儒林外史汇校汇评》中，李先生又删去“书局”二字，将这类本子统称为“苏州群玉斋本”。[④]

这一称呼上的变化反映了李先生对群玉斋、苏州书局之性质、关系的不确定。同时，这也恰是其说的问题所在。如果“群玉斋”与张文虎所说的“苏州书局”不是同一机构，那么前署“群玉斋”、后无金跋的本子与前无牌记、后有金跋的本子之间显然存在“界限”。而李先生所谓“没有界限”的本子则可能与翻印有关。这样一来，直接认为二者印书源于同板，并不妥当。实际上，无论李先生采用“苏州书局群玉斋”的说法，将群玉斋视为隶属于苏州官方书局的刊印机构；还是将“苏州群玉斋”视作张文虎所说的“苏州书局”，都在试图回避二者之间可能存在的“界限”，将二者解释为同一机构。或因“苏州书局群玉斋”多为臆测，而在近代时期，“书局”一词确可用来泛称包括私营书局在内的印书机构，故李先生最终采用了“苏州群玉斋本”的说法。但问题是，这并未排除“苏州书局”为官办书局的可能性，也没有明确群玉斋的性质，因而仍是一种推测。

由此，这一说法在学界引发了一定争议。在此基础上，孙逊先生提出了第三种看法：尽管“群玉斋本”与“苏州书局本”的版式、文字相同，但苏州书局本多了金和的跋。因此，无论内封是否署明“群玉斋”，凡有金跋者，就是“苏州书局本”。[⑤]

---

①② 李汉秋：《〈儒林外史〉版本源流考》，《文学遗产》1982 年第 4 期。

③ 在该文中，李汉秋描述徐允临过录天目山樵评时称“（徐允临）所用的底本是苏州书局群玉斋本”，参见李汉秋：《〈儒林外史〉版本源流考》，《文学遗产》1982 年第 4 期。

④ 参见李汉秋编著：《儒林外史研究资料》，上海古籍出版社 1984 年版，第 128 页；李汉秋编著：《儒林外史研究资料集成》，上海古籍出版社 2017 年版，第 300 页；李汉秋：《〈儒林外史〉的版本及其沿递》，收录于（清）吴敬梓著；李汉秋辑校：《儒林外史汇校汇评》（前言），上海古籍出版社 2010 年版，第 4 页。

⑤ 孙逊著：《明清小说论稿》，上海古籍出版社 1986 年版，第 232、235 页。另须说明的是，上师大图书馆藏从好斋辑校本的内封就署明“群玉斋”，且后有金跋。

这一看法同样避免了第一种判断标准的局限，使内封署明“群玉斋”且后有金跋的本子有了归属。但这一判断标准的前提是按照字面上的差异，把“苏州书局”和“群玉斋”分别视为官方书局和一般书坊。这意味着，二者所刻《儒林外史》虽然相近，但并非源于同版，可能存在互相翻印的情况。而一些研究者虽然没有明确表态，但亦将金跋作为区分二者的标准，如陈美林、陈文新、侯忠义、顾鸣塘等先生在介绍《儒林外史》的版本时，均将有金和跋文的本子称为“苏州书局本”。①当然，也有研究者接受了“群玉斋本即苏州书局本”的说法。刘世德先生在介绍《儒林外史》版本时，就以“同治八年(1869)的群玉斋或苏州书局活字本”而非“群玉斋和苏州书局本”称之。②

然而，对于“群玉斋”及张文虎所谓“苏州书局”的具体性质及二者之间的关联，研究者均未加以求证。而这一点无论对于明确《儒林外史》的版本，还是进一步认识《儒林外史》在小说禁毁背景下的刊印，都有一定意义。因此，本文首先对此进行讨论。

一、群玉斋本《儒林外史》是否为苏州书局本?

首先，我们须明确的是，张文虎所谓“苏州书局”究竟何指。其实，在清代时期，“书局”的性质随时代变化而发生了一些改变。在清代中期，“书局”是管理地方刻书，负责禁毁事宜的官办机构。③从太平天国运动平息后到光绪朝之前，书局一般指地方督抚、朝廷命官为恢复文化建设而在辖区内筹建的刻书机构。④自光绪以后，民营刊印机构也开始以“书局”命名。光绪中后期，以“书局”为名的民营印书机构愈发普遍。其时，有一家名为“上海书局”的机构就印行了若

① 参见陈美林著:《独断与考索——〈儒林外史〉研究》，商务印书馆2013年版，第597页;陈文新著:《明清小说名著导读》，商务印书馆2018年版，第204页;侯忠义主编:《世情讽喻小说(下)》，辽宁教育出版社2013年版，第75页;顾鸣塘、陶哲诚、凌松编著:《〈儒林外史〉精读》，上海古籍出版社2012年版，第10页。

② 刘世德:《吴敬梓》，参见吕慧鹃、刘波、卢达编:《中国历代著名文学家评传》(第5卷)，山东教育出版社2009年版，第270页。

③ 据乾隆四十四年十二月初三日《江苏巡抚杨魁奏苏州书局续缴应毁书籍情形折》:“苏州书局先后收获违碍书一百四十一部，重复书一万八千余部，均经臣节次奏明，委员解京在案。”参见中国第一历史档案馆编:《清代档案史料　纂修四库全书档案》(上)，上海古籍出版社1997年版，第1132页。

④ 当时江苏地区的书局仅四家，分别是曾国藩于同治三年(1864)创办的金陵书局、李鸿章于同治六年(1867)建立的聚珍书局、丁日昌于同治七年(1868)主持的苏州书局(江苏官书局)、方俊颐于同治八年(1869)建立的淮南书局(扬州书局)，参见高介子、穆纬铭编:《江苏省志·出版志》，江苏人民出版社1996年版，第31—32页。

干通俗小说。而光绪二十一年(1895)以后，[①]各省奉旨改用“官书局”来称呼原书局的现象与之或有一定关联。

张文虎的识语写于光绪三年(1877)。彼时，他生活于上海。而在这一时期，上海地区确实出现了一些以“书局”命名的民营印书机构。[②]但从张文虎的个人经历及称呼习惯来看，他所说的书局并非泛称一般刻书机构。张文虎曾在曾国藩创办的金陵书局任职多年，其日记中也频繁提及书局事宜。例如，据其写于同治八年六月四日(1869 年 7 月 12 日)的日记所述：“唐端甫示合肥节相照会湖北及宁、苏、杭四局合刻二十一史……端甫自认与予同校《晋书》。”[③]可见，其所谓的“苏局”即指江苏官书局(又称苏州书局)。

此后，徐允临在从好斋辑校《儒林外史》的跋中，更是直接以“局本”来称呼张文虎所说的苏州书局所刻《儒林外史》：“苏局摆本，潘季玉观察未加校雠，误处甚多，随手改正，十得八九。……苏局本有金亚匏先生(和)跋……”[④]而在当时，“局本”就是官办书局刻书的特定称谓。[⑤]另，平步青在《小栖霞说稗》中云：“庚申乱后，版毁。己巳，吴门书局有聚珍大板字本，吴氏重订小字本。”[⑥]关于“吴门书局”这一称谓，俞樾在同治六年(1867)左右的信札中提及：“今年以讲席而兼书局，丁禹生中丞又推屋乌之爱，吴门书局，许挂虚名……”[⑦]丁禹生即时任江苏巡抚的丁日昌，故俞樾所说“吴门书局”应指其所主持的江苏官书局。而同治八年，莫友芝在与唐鄂生的信中则云：“友芝馆吴门书局二年，以主者议论不协，昨冬辞去。”[⑧]从莫友芝的经历来看，这同样特指官办的苏州书局。

事实上，莫友芝与张文虎同在金陵书局供职多年，而平步青与张文虎的晚年挚友仇竹坪亦有交往，故而可以明确，张文虎、徐允临、平步青所说的“苏州

---

① 梁明青：《云南书局、官书局及其刻书考》，《文献》2019 年 1 月第 1 期。

② 如光绪七年(1881)，徐宏甫、徐秋畦在上海创办的同文书局；光绪八年(1882)，凌佩卿在上海创设的鸿文书局；光绪十一年(1885)，王韬在上海建立的弢文书局。可见光绪十年以前，上海地区已陆续出现民营机构以“书局”命名的风气，参见叶再生著：《中国近代现代出版通史》，华文出版社 2002 年版，第 369—370 页。

③ (清)张文虎著；陈大康整理：《张文虎日记》，上海书店出版社 2009 年版，第 183 页。

④ 李汉秋编著：《儒林外史研究资料集成》，上海古籍出版社 2017 年版，第 311 页。

⑤ 邓文锋著：《晚清官书局述论稿》，中国书籍出版社 2011 年版，第 222 页。

⑥ 平步青：《小栖霞说稗》，参见黄霖《历代小说话》(第二册)，凤凰出版社 2018 年版，第 595 页。

⑦ 俞樾著；张燕婴整理：《俞樾函札辑证》(上)，凤凰出版社 2014 年版，第 168 页。

⑧ 莫友芝：《致唐鄂生书》，转引自黄万机著：《莫友芝评传》贵阳人民出版社 1992 年版，第 282 页。

书局”“吴门书局”即指江苏官书局。同时，张文虎所谓苏州书局印行《儒林外史》一说的可信度也很大。从张文虎的日记可知，他与薛慰农交往甚密，如同治九年五月二十日（1870 年 6 月 18 日），薛慰农邀张文虎等人泛淮，同行者中还有喜好《儒林外史》的杨古酝；同治十年六月十六日（1871 年 8 月 2 日），张文虎至惜阴书院看薛慰农，二人共往赏荷等。[①]而徐允临与金和之子金是珠也有往来。[②]因此，他们对同治八年，薛慰农、金和参与印行苏局本《儒林外史》的情况是了然的。

可见，同治八年，江苏官书局（苏州书局）刊印《儒林外史》一事当属确凿。在此前提下，如果群玉斋隶属于江苏官书局，那么“群玉斋本”即“苏州书局本”的说法可能成立。反之，这一提法值得商榷。

从字面上看，在明清时期，民间书坊大多以“屋”“房”“堂”“阁”“楼”“馆”“斋”为名，[③]因而“群玉斋”似为民间书坊。但据笔者所见的几种“群玉斋”印书（见下表）来看，群玉斋与苏州官方存在一定关联。

序号	刊刻时间	书　　名	所见馆藏
1	同治七年（1868）	《旌表事实姓氏录》	国家图书馆
2	同治八年（1869）	《俟后编》	上海图书馆
3	同治八年（1869）	《平定粤匪纪略》	上海图书馆
4	同治八年（1869）	《禹贡锥指节要》	南京图书馆
5	同治八年（1869）	《剑南诗钞》	南京图书馆
6	同治八年（1869）	《儒林外史》	上海师范大学图书馆
7	同治九年（1870）	《汇刻书目合编》	上海图书馆

其中，最能反映群玉斋与苏州官方之关联的是《旌表事实姓氏录》。由牌记可知，此书为“采访局印行”，但编纂者彭福保却在跋中表明，刊刻该书的机构是群玉斋：“诸君恐日久就湮，属勒成书，爰以群玉斋摆版印刷五百部。”[④]彭福保所说的采访局即苏州采访局，主要成员为“甲子科举人王炳、五品衔甲子

① （清）张文虎著；陈大康整理：《张文虎日记》，上海书店出版社 2009 年版，第 221、255 页。
② 参见李汉秋编著：《儒林外史研究资料集成》，上海古籍出版社 2017 年版，第 311 页。
③ 叶再生著：《中国近代现代出版通史》，华文出版社 2002 年版，第 369—370 页。
④ （清）彭福保等编纂：《旌表事实姓氏录》，同治七年活字本，国家图书馆藏。

举人彭福保、工部都水司行走员外郎丁士涵、升衔试用训导周希旦”。[①]他们这样记述采访局的设立目的及采访过程：“举人等于同治五年四月奉前苏松府儒学转奉前府宪示谕，设局葑门城内仓圣庙中，采访长、元、吴、江、震、常、昭、崑、新九邑孝子、悌弟、顺孙、义夫、贞孝节烈妇女等造册汇报，不取分文……”[②]同治七年(1868)十二月初五日，采访局拟定的旌表名单终于层层上报后，获得皇帝亲准，并由地方负责落实旌表事宜。同时，《旌表事实姓氏录》亦付诸梓行。可以说，整个过程均在官方的支持、督导下进行，费用也都出自官中。由此可知，刊刻此书的群玉斋与苏州官方颇有渊源。

同样，《俟后编》的牌记中虽然也未署明刊刻方为“群玉斋”，但跋中表明，刊刻此书的机构为群玉斋：“吾苏先辈学术纯正……庚申变乱，汪君谢世，藏书强半亡失，克复后访求数年，仅乃得之……乃商诸同人，集资用群玉斋活字板印行之。”[③]题跋的王炳，即上述苏州采访局成员——“甲子科举人王炳”。从内容上看，这部书的思想颇为正统。作者王敬臣主要通过阐发《易》《书》《诗》《春秋》《礼记》中的相关内容，并设《礼文疏节》《便俗礼节》《女戒》等卷，以正风化。此书问世后受到了官方的重视。崇祯年间，王敬臣被钦赐神位，苏州地方为这位苏州籍大儒举行了盛大的祭祀，彼时记录苏州知府及门人凡三十一人从祀。康熙五十七年(1718)，江苏巡抚吴存礼又“增补门人之未备者通计百有一人今附于后”[④]。而该本中亦有苏州籍进士吴大澂书于同治己巳(1869)孟夏的赞语，以示对先儒的敬仰。[⑤]因此，从刊刻者身份、作品思想及其在苏州地方的影响来看，此书和官方都有所关联。

此外，今存其他几种群玉斋印书，也都为平息太平天国(1864)后的数年内所刻。这些书籍的内容思想也基本符合官方意识形态。如杜文澜《平定粤匪纪略》主要讲述平定太平天国运动始末。作者表明自己的著书原则是“不敢臆增一字”；“专叙实事，不尚文辞，凡忠臣硕士所作绝命词及哀江南诸诗赋概未抄录”。[⑥]又，清代顾修所编《汇刻书目合编》是一部旨在剖析条流的目录学书籍。在太平天国运动后，该书的刊刻具有恢复文化的意义。

由此，我们基本能得出，群玉斋与官方之间存在有所关联。但尚无确凿证

---

①② (清)彭福保辑：《吴江县旌表事实姓氏录》，清代抄本，上海图书馆藏。

③④⑤ (明)王敬臣著：《俟后编》，清同治八年木活字本，上海图书馆藏。

⑥ (清)杜文澜著：《平定粤匪纪略》，清同治八年木活字本，上海图书馆藏。

据表明群玉斋隶属于苏州书局。事实上,据张文虎在同治八年九月十七日(1869年10月21日)的日记中所言,他见过一种群玉斋排印本:"戴子高以苏州新摆本杜小舫撰《平定粤匪纪略》见示,大都据章奏编年为纪,末附纪四卷则据传闻,亦未必尽实也……"①这里提及的"苏州新摆本《平定粤匪纪略》"就是群玉斋于同治八年印行的活字本。但张文虎并未明示该本与"苏州书局"之间有所关联。

综上,第一,江苏官书局印行《儒林外史》一事当属确凿,金和为"苏州书局本"作跋一事也确实存在。因此,今见前无牌记,后有金跋的本子确为"苏州书局本"。第二,印行《儒林外史》的苏州群玉斋不是印售通俗小说的民间书坊,而与苏州官方有所联系。但由于群玉斋与苏州书局之间的关系未能明确,群玉斋本与苏州书局本《儒林外史》是否为同版书籍的不同版次,未能确知。在此前提下,分别以"苏州书局本"和"群玉斋本"来称呼有金跋和无金跋的本子,或仅以"苏印本"统称二者,是更为妥当的做法。

二、苏印本《儒林外史》的刊刻及其反映的官方意识

就当时而言,苏印本的出现是非常特殊的现象。就在同治七年(1868),时任江苏巡抚的丁日昌下令严禁淫词小说,并先后开列禁毁书目共计156种,其中包含《龙图公案》《水浒》《红楼梦》《金瓶梅》《石点头》《今古奇观》《笑林广记》《子不语》等诸多小说。②而且,丁日昌在《论立苏省书局疏》中提议,禁毁小说的举措应推行至全国:"目前人心不古,书贾趋利,往往淫词邪说荟萃成编,水浒传奇等书,略识之无,如探秘笈,无知愚民平日便以作乱犯上,最足为人心风俗之尤,臣在吴中业经严禁。诚恐此等离经叛道之书,各省皆有,应请旨敕下各直省督抚,一体严加禁毁……"③这也得到了同治帝的准许。

在严禁小说的背景下,《儒林外史》非但未遭禁毁,而且还得以在官方的支持下,于丁日昌管辖的吴中地区付梓,是耐人寻味的。究其原因,这与地方政府的刻书宗旨及官方对《儒林外史》的认识有关。丁日昌在《论立苏省书局疏》

---

① (清)张文虎著;陈大康整理:《张文虎日记》,上海书店出版社2009年版,第193页。

② 潘建国著:《中国古代小说书目研究》,上海古籍出版社2005年版,第178—181页。另有研究者认为,但凡"攻击贪官污吏、讲儿女私情,写淫秽行为,怪诞不经,以及所谓有关风化"的作品都在禁毁之列,参见潘建国著:《中国古代小说书目研究》,上海古籍出版社2005年版,第181页。

③ 戴逸主编:《近代经世文选》,巴蜀书社2011年版,第57页。

中认为,太平天国运动后,州县官出身混杂的现象突出,不谙“治民临政之端”者大有人在,故而造成了循良日鲜的局面。因此,其奏请设立江苏官书局的目的,即在于印行“牧令各书”,使地方官有规矩可循:“凡有关于吏治之书,都为一编,如言听讼,则分明如何判断,方可得情;言催科,则分别如何惩劝,方免苛敛;胥吏必应如何驾驭,方不受其欺蒙;盗贼必应如何缉捕,方可使之消弭;他如农桑、水利、学校、赈荒诸大政,皆为分门别类,由流溯源,芟节其冗繁,增补其未备。刊刻一竣,即当颁发各属官各一编,俾资程式,虽在中材,亦可知趋向。”①

总之,丁日昌认为,在州县官素养良莠不齐的普遍情况下,刊刻经史类书籍未必会产生实效。因此,江苏书局侧重于刊刻两类有益于吏治的书籍。②一类是简明、通俗而对吏治具有直接指导价值的书籍,如《律例便览》《清讼章程》《保甲章程》《捕蝗要诀》《文庙丁祭谱》等。另一类旨在敦促官员端正品行,譬如可使官员引以为鉴的《庸吏庸言》以及堪为吏治之表率的《六一居士全集录》《临川先生集录》《东坡先生全集录》等。③在丁日昌看来,在熟读此类书籍的基础上,官员方能领略经史之意,因此刊行是当务之急。在此基础上,经史类书籍亦将“陆续刊成”。

从功能上看,《儒林外史》与上述第二类书籍相似。吴敬梓所着意者,便是“经史上礼、乐、兵、农”的事。④作品中也往往通过官吏形象及其具体行为,寄托褒贬之意。例如范进、王惠、荀玫、汤奉、张静斋等人的行径能令人引以为戒。而虞育德、萧云仙、尤扶徕等人的举止则堪称循吏之典范。这一点得到了曾国藩、沈葆桢等清廷高级官员的肯定。据姚鹓雏《稗乘谭隽》记述:“《儒林外史》于小说中为特立独行者。沈文肃、曾文正皆喜阅之,谓精覈吏事,得力于是书者颇伙。”⑤此外,有人认为,沈葆桢善于听讼就与好读《儒林外史》不无关联:“沈文肃公督两江时,公余喜翻阅之。公智珠朗烛,物无遁情,判决得间处,

① 戴逸主编:《近代经世文选》,巴蜀书社 2011 年版,第 57 页。

② 韦力著:《寻访官书局》,江西高校出版社 2018 年版,第 139 页。

③ 关于江苏官书局藏书,可参见周振鹤编著:《晚清营业书目》,上海书店出版社 2005 年版,第 52—53 页。另,浙江图书馆藏有一些未被著录的江苏书局刻书,其中就有《庸吏庸言》《六一居士全集录》《临川先生集录》《老泉先生集录》《东坡先生全集录》。

④ (清)吴敬梓著;李汉秋辑校:《儒林外史汇校汇评》,上海古籍出版社 2010 年版,第 415 页。

⑤ 黄霖编著:《历代小说话》(第八册),凤凰出版社 2018 年版,第 3049 页。

往往出人意表而入人意中。说者谓公阅微之识,取资于是书者甚多。”[①]就此而言,苏州书局与群玉斋本《儒林外史》的印行,在很大程度上取决于清廷高层官员对其堪为“经史之辅”的肯定。这是绝大多数通俗小说都难以得到的认可。

然而,官方肯定《儒林外史》的前提又在于否认其为小说。事实上,从今见苏州书局与群玉斋刻书来看,都未能见到除《儒林外史》之外的第二部小说。而金和为苏局本所作的跋文则更为直接地体现了这种观念。金和在跋的开头部分,就一反为通俗小说作序、跋的常态,不谈作品本身,而是花了不少笔墨来介绍吴敬梓其人。在很大程度上,金和对吴敬梓出身望族、才情过人、为人豪爽、先富后贫、不赴博学鸿词科、移居南京等经历的交代,承袭了程晋芳《文木先生传》中的记述。但金和在程晋芳的基础上做了几点补充:一是吴敬梓迁居南京后,虽日趋窘迫却仍好宾客。二是吴敬梓变卖房屋,在南京筹办了规模浩大的泰伯祭礼。这两点与《儒林外史》中杜少卿的行止相同。另外,《文木先生传》仅提及吴敬梓著有《诗说》,但金和对其中涉及《溱洧》《凯风》等新解的内容进行了简单介绍。这意在说明,《儒林外史》第三十四回杜少卿论诗一段出自吴敬梓本人的著述。

金和对吴敬梓进行详细介绍的目的即为证明,吴敬梓的生平事迹与《儒林外史》故事内容之间存在直接对应关系,且“杜少卿乃先生自况”。[②]此后,他进而以书中人物大多可考表明,《儒林外史》是一部文士纪实录。此外,在程晋芳看来,吴敬梓“嫉时文士如仇”的行为过于偏激。但金和反驳了这一点,他认为《儒林外史》并非愤世嫉俗,而是吴敬梓有感于世事人心而发的“木铎之振”。[③]总之,金和认为,《儒林外史》是吴敬梓人格的写照,亦是当时文士的写照。基于这一认识,他主张将《儒林外史》视为纪实文本而非小说,提倡通过探寻本事来了解当时的士林,从而体恤吴敬梓的“一片婆心”。同时,他也为读者指明了一条索隐的途径:“以雍乾间诸家文集细绎而参稽之,往往十得八九。”[④]

而在此后一段文字中,金和对读者以小说视之的做法表达了不满:

---

① 李汉秋编著:《儒林外史研究资料集成》,上海古籍出版社2017年版,第346页。

②③ 李汉秋编著:《儒林外史研究资料集成》,上海古籍出版社2017年版,第301页。

④ 李汉秋编著:《儒林外史研究资料集成》,上海古籍出版社2017年版,第301—302页。

> 然读者太半以其体近小说，玩为谈柄，未必尽得先生警世之苦心。故余尝谓："读先生是书而不愧且悔，读纪文达公《阅微草堂笔记》而不惧且戒者，与不读书同。"知言者或不责余言之谬邪？是书体例精严，似又在纪书之上。观其全书过渡皆鳞次而下，无阁东话西之病，以便读者记忆。又自言聘娘"丰若有肌，柔若无骨"二语而外，无一字稍涉亵狎，俾闺人亦可流览，可知先生一片婆心，正非施耐庵所称"文章得失，小不足悔"者比也。①

所谓"体近小说"即表明，《儒林外史》不是小说。这一看法源于金和对小说的轻视。从"小不足悔"等文字来看，在金和眼中，小说是被作者视为玩物的"小道"。其实，在这点上，他并未误解施耐庵的本意。施耐庵的原话是："此传成之无名，不成无损，一；心闲试弄，舒卷自恣，二；无贤无愚，无不能读，三；文章得失，小不足悔，四也……吾友读之而乐，斯亦足耳。"②这表明了施耐庵游戏为之的心态。在金和看来，正因作者怀揣这种心态，小说中才出现了贻害人心的"亵狎语"乃至诲淫诲盗的描写。而《儒林外史》之所以"无涉亵狎"，与作者的警世之心是分不开的。后者是《儒林外史》有别于小说的重要特征。

这一看法的不妥之处在于，第一，对"小说"的性质做了绝对化的认定。金和把作意上的游戏性、内容上的亵狎性、功能上的娱乐性视作"小说"的绝对特征。此即表明，"小说"不可能具备教化意义。而具有教化意义的书籍也不可具有娱乐功能。因此，他反对将《儒林外史》视为小说，"玩为谈柄"，并认为唯有通过"愧且悔""惧且戒"的阅读体验，才能彻底领悟《儒林外史》《阅微草堂笔记》等警世书的价值。但这既不符合文本实际，也不符合真实的阅读体验。第二，在金和看来，体例是依附于内容与功能的。因此《儒林外史》虽"体近小说"，但由于内容纯正，也不能以"小说"视之。而他对《儒林外史》与《阅微草堂笔记》的比较则试图表明，内容纯正的文人记叙类作品是小说之外的一种同类文本。也唯有在具备这种共同性的前提下，谈论体例上的优劣才有意义。

其实，在金和之前，未见有人对《儒林外史》是小说这点提出过异议。闲斋老人在序中认为，《儒林外史》是远超"四大奇书"的"稗史"。③而程晋芳的《文

① 李汉秋编著：《儒林外史研究资料集成》，上海古籍出版社 2017 年版，第 302 页。
② 丁锡根编著：《中国历代小说序跋集》（下），人民文学出版社 1996 年版，第 1495 页。
③ 李汉秋编著：《儒林外史研究资料集成》，上海古籍出版社 2017 年版，第 273 页。

木先生传》则称，《儒林外史》是“仿唐人小说”的作品。①虽然他们都抬高了《儒林外史》的地位，突显了《儒林外史》不同于一般通俗小说之处，但仍然将此视为稗史。对此，金和是明知的。②而他之所以在此基础上，进一步撇清《儒林外史》与小说之间的关系，还是与当时严禁小说的背景以及苏局本《儒林外史》的特殊性有关。在跋的最后，金和以“上元金和谨跋”落款，并公开表明自己受到“薛慰农观察”嘱托的做法，就体现了这种特殊性。

从丁锡根《中国历代小说序跋集》来看，明清时期，为通俗小说作序、跋者一般不会署上自己的真实姓名，而是大多冠以别号。③一些人即便署上了真实姓名，也往往以别号为前缀，以示与正式身份之间的区别。④而径直以实名落款者，所表达的通常是正统观念，如俞龙光《荡寇志识语》的“龙光谨识”、陈奂《荡寇志序》的“长洲陈奂拜序”等。⑤据钱湘所言，《荡寇志》的刊刻就得到了官方的支持：“咸丰三年，五岭之南，萑苻四起，以绛帕蒙首，号曰红兵……当道诸公急以袖珍板刻播是书于乡里间，以资劝惩。厥后渐臻治安，谓非是书之力也，其谁信之哉！”⑥而“上元金和谨跋”的落款所表露的庄重感，是与之相类的。

同时，薛慰农的身份也值得注意。其人在为官期间颇受曾国藩、李鸿章、左宗棠的赏识。虽然在同治四年（1865），薛慰农已辞去正式官职，但受马新贻、曾国藩等人的聘请，还在担任书院讲席，故而仍然具备官方身份。在当时江南一带的文化圈中，薛慰农也很有影响，所谓“一时吴下文人，多其弟子”。⑦由此，金和强调薛慰农观察“垂询及之”的做法也表明，该本《儒林外史》得到了官方的认可。因此，在对“小说”的看法上，金和试图与当局者保持一致。

这反映了官方的矛盾心理。一方面，苏局本以及群玉斋本《儒林外史》

① 李汉秋编著：《儒林外史研究资料集成》，上海古籍出版社2017年版，第11页。

② 苏局本即有闲斋老人的序。

③ 如“金湖花隐”“竹秋氏”“花也怜侬”“茂苑惜秋生”“灵岩山樵”“拜颠生”等。张文虎作《西游补序》时所用的也是“天目山樵”的号，参见丁锡根编著：《中国历代小说序跋集》（下），人民文学出版社1996年版，第1392页。

④ 如“西堂老人尤侗”撰《西游真诠序》、“曲园居士俞樾”书《重编七侠五义传序》、“天南遁叟王韬”作《海上尘恬影叙》等，参见丁锡根编著：《中国历代小说序跋集》（下），人民文学出版社1996年版，第1360、1545、1224页。

⑤ 丁锡根编著：《中国历代小说序跋集》（下），人民文学出版社1996年版，第1520、1521页。

⑥ 丁锡根编著：《中国历代小说序跋集》（下），人民文学出版社1996年版，第1523页。

⑦ 费行简撰：《近代名人小传·文苑·薛时雨》，民国七年铅印本，上海图书馆藏。

的出现都反映出官方对其“堪为经史之辅”的肯定。同时，这也间接反映了官方对小说的灵活态度。但另一方面，官方对小说蔑视、忌惮的总体态度并未发生松动。在此前提下，如何处理特例与整体的关系，是颇为棘手的问题。一旦肯定《儒林外史》是小说，认可《儒林外史》作为小说的娱乐功能，又该如何对待小说整体以及不同层次作品的娱乐性，是难以解决的矛盾。因此，从今天的角度看，金和强调《儒林外史》的思想性、纪实性，而否认它是小说的看法有失妥当。但这或许是严禁小说的背景下，基于官方立场所能做出的合理解释。

三、苏局本《儒林外史》影响下的非官方传播与小说观念的碰撞

尽管刊刻方对小说的看法存在偏颇，但苏局本的刊印对《儒林外史》的传播产生了一定影响。第一，在刊刻方面，同治十三年(1874)，齐省堂增订本《儒林外史》和申报馆第一次排印本《儒林外史》的问世，就体现了苏局本的作用。惺园退士在齐省堂增订本序言中说：“近年原板已毁，或以活字摆印，惜多错误。”[①]而《申报》广告对申报馆第一次排印本的版式进行说明时，也提到：“都中活字板印者讹字既多，板身复大，于榻畔灯前舟唇车腹中取阅殊觉不便，故特仿袖珍板式，以便携带，阅者谅之。”[②]鉴于齐省堂增订本提及了金跋，而申报馆第一次排印本再版时亦收录了金跋，故而可知，这里提到的“活字本”即指苏局本。可见，在严禁小说的背景下，苏局本《儒林外史》的出现使其看到了商机。

但这些刊刻者并不认同金和及苏局本刊刻方对《儒林外史》的定位。在齐省堂增订本的序言中，惺园退士仍然延续了卧评的看法，以“稗官野乘”视之，但强调其“善善恶恶，不背圣训”的正统意识。[③]而该本例言则认为，传奇小说往往“寓言十九”“只论有益世教人心”即可。这就否认了金和将文本之虚实与思想之邪正相混同的逻辑。同时，例言中还表明，金和所谓书中所言皆“实事”“必欲求其人以实之”的做法失之穿凿，读者仍宜将小说“作镜花水月观之”。[④]这反映了书坊对小说的传统看法。

---

①③　李汉秋编著：《儒林外史研究资料集成》，上海古籍出版社 2017 年版，第 303 页。

②　1874 年 11 月 5 日《申报》01 版，文献来源：《申报》数据库，网址：http://tk.cepiec.com.cn/SP/。

④　(清)吴敬梓著；李汉秋辑校：《儒林外史汇校汇评》，上海古籍出版社 2010 年版，第 694 页。

而申报馆第一次排印本《儒林外史》则对金跋进行了删节。[①]除了对吴敬梓生平部分加以精简外，该跋所删去的内容主要有三处：第一是："盖先生遂志不仕，所阅于世事者久，而所忧于人心者深，彰阐之权，无假于万一，始于是书发之，以当木铎之振，非苟愤时嫉俗而已。"[②]第二即我们上引"然读者太半以其体近小说，玩为谈柄……正非施耐庵所称'文章得失，小不足悔'"一段文字。第三为："发逆乱后，扬州诸板散佚无存，吴中诸君子将复命手民，甚盛意也。"[③]其中，第三处文字与申报馆第一次排印本的印行无关，故理应删去。而第一、第二处文字就反映了否认《儒林外史》为小说的思想。由此，申报馆第一次排印本中的金跋仅仅承担了交代作者及其创作背景的功能，而不再传递某种试图引导阅读的官方价值。时隔七年之后，申报馆第二次排印本印行时，仍将这份删节稿附在文末。可见，这得到了读者的认同。

此外，《申报》刊登的《新印〈儒林外史〉出售》广告更是直言，《儒林外史》"殊可喷饭解颐"。[④]同时，这篇广告也摒弃了通俗小说序、跋中惯用的一套有关"世道人心"的说辞，只谈小说在描摹人物方面的意趣以及雅俗共赏的特点。在此前公开印行的文字中，这种直接通过小说娱乐性来吸引读者的做法是比较少见的。鉴于《申报》为英国人美查在租界所办，在言论上有一定自由度，因此无须过多顾忌中国官方与传统对小说的态度。

可以说，齐省堂本与申报馆本的印行者都出于书商的角度，将《儒林外史》视作小说，并肯定了其积极意义。但二者的不同之处在于，作为传统书坊，齐省堂更为侧重从教化功能的角度来突显其价值，而西人创办的申报馆则相对强调小说的趣味性乃至娱乐功能。

第二，在评点方面，苏局本推动了天目山樵评的发展。据张文虎自己所

---

① 须说明的是，在上师大所藏从好斋辑校本中，徐允临也抄录了一份经过删节的金跋。孙逊先生认为，删改申报馆本金跋的人或为张文虎。参见孙逊著：《明清小说论稿》，上海古籍出版社 1986 年版，第 236 页。而据笔者比对，该跋与申报馆第一次排印本、第二次排印本中收录的金跋相比，存在个别字词上的差异，但与张文虎《儒林外史评》所附的金跋一致。这究竟是出于张文虎之笔，还是张文虎在抄录申一、申二本所收录的金跋后点改而成，未能确知。但这至少表明，这一删改基本得到了张文虎的肯定。

② 李汉秋编著：《儒林外史研究资料集成》，上海古籍出版社 2017 年版，第 301 页。

③ 李汉秋编著：《儒林外史研究资料集成》，上海古籍出版社 2017 年版，第 302 页。

④ 1874 年 11 月 5 日《申报》01 版，文献来源：《申报》数据库，网址：http://tk.cepiec.com.cn/SP/。

言,他在见过齐省堂增订本、申报馆第一次排印本后,仍然偏爱版式宽大的苏局本,并将此作为重录旧时评点的底本。①而更重要的是,在评点过程中,张文虎也循着金跋所言,对《儒林外史》进行了考证。例如第二十回末,张文虎抄录了有关朱草衣“依吉祥寺僧为童子师……中岁侨居上元,无子,依一女以终”的记述②,提示了朱草衣生平与牛布衣故事的相似性。又如,第三十三回末,张文虎抄录了有关迟衡山原型樊圣谟“博学而精思”的一段记述,③提示了樊明征精于仪制和迟衡山倡导泰伯祭祀的关联性。而所谓“牛布衣之为朱草衣”、“迟衡山者樊南仲”都是金跋提供的线索。④

然而,张文虎是在将《儒林外史》视作小说的前提下,对原型、本事展开探索的。在评点中,张文虎就质疑了金和所谓“杜少卿乃作者自况”的观点。譬如,在第三十一回杜慎卿说杜少卿“最好做大老官,听见人向他说些苦,他就大捧出来给人家用”后,天二评作:“此等说话少卿安得而知之,而笔之于书。然则此书非少卿者所作,可知矣。”⑤又如,第五十六回末,天一评作:“是书于人情世故纤微曲折无不周到,殊不似杜少卿之为人,盖文木聊以少卿自托,非谓少卿即文木也。”⑥这都突显了《儒林外史》的虚构性。因此,张文虎在引入相关记述时,没有将原型、本事与形象、情节等同起来。例如,有关朱草衣的记述并不影响他将牛布衣之死当作故事来读。文中在提到南京甘露庵三间门面“左边一间锁着,堆些柴草”后,天一评作:“预备殡宫。”⑦这提示了文本与本事的区别,表明作者在叙事安排上的思考。同时,关于樊明征近乎完人的描述也不妨碍张文虎以“钝极”,“又迂了”来评价迟衡山其人。⑧这也突显了形象与原型之间的差异。此外,正因将《儒林外史》视作小说,张文虎也没有受到金和所谓“雍乾诸家文集”的束缚。他所探讨的“原型”“本事”包含了其他小说。例如,他认为第十二回人头会一事出自《桂苑丛谈》;又,同回中权勿用、张铁臂前往娄府一事则与“时迁、白胜丧门吊客”相类。⑨

---

① 李汉秋编著:《儒林外史研究资料集成》,上海古籍出版社 2017 年版,第 309 页。
② (清)吴敬梓著;李汉秋辑校:《儒林外史汇校汇评》,上海古籍出版社 2010 年版,第 260 页。
③ (清)吴敬梓著;李汉秋辑校:《儒林外史汇校汇评》,上海古籍出版社 2010 年版,第 417 页。
④ 李汉秋编著:《儒林外史研究资料集成》,上海古籍出版社 2017 年版,第 301 页。
⑤ (清)吴敬梓著;李汉秋辑校:《儒林外史汇校汇评》,上海古籍出版社 2010 年版,第 381 页。
⑥ (清)吴敬梓著;李汉秋辑校:《儒林外史汇校汇评》,上海古籍出版社 2010 年版,第 685 页。
⑦ (清)吴敬梓著;李汉秋辑校:《儒林外史汇校汇评》,上海古籍出版社 2010 年版,第 257 页。
⑧ (清)吴敬梓著;李汉秋辑校:《儒林外史汇校汇评》,上海古籍出版社 2010 年版,第 423、425 页。
⑨ (清)吴敬梓著;李汉秋辑校:《儒林外史汇校汇评》,上海古籍出版社 2010 年版,第 166、159 页。

这反映了张文虎与金和以及齐省堂本的刊刻者在小说观念上的差异。在《儒林外史》为小说的基本问题上，张文虎与齐省堂本的刊刻者一样，不认同金和所谓纪实说。但同时，张文虎并未“作镜花水月观之”。他不仅探索了金和所谓原型、本事，也在此基础上扩大了原型、本事的范围。可见，在张文虎看来，《儒林外史》虽是虚构，但不是凭空产生、孤立存在的作品。其经过了“由实而虚”的动态过程，同时也汲取了其他小说文本。因此，这些或实、或虚的故事来源以及作者在此基础上的建构，都是小说所不可或缺的部分。而在吸纳大量素材的基础上独出机杼，即为《儒林外史》的一大妙处。

在近代时期，张文虎的评点先后通过申报馆第二次排印本、《儒林外史评》而产生了一定影响。此后，平步青在对《儒林外史》进行考证时，也在一定程度上延续了张文虎的小说观念。但在一些具体分析中，平步青与张文虎产生了分歧。例如，对于第一回王冕“幼年丧父”一事，张文虎颇有微词：“此处不可以诬先贤”；但平步青却认为，吴敬梓改写王冕故事是出于叙事的需要：“如本《传》则叙次不能一线，故云父殁。非诬先贤，亦非传闻异也。”①又如第四十二回末，张文虎对二汤落第一事提出了疑问：“据汪容甫《杨凯传》，两字皆中进士，此书形容处，未知得其实否？”其实，张文虎在这里所反对的不是虚构。他所考虑的问题是，如果二汤的原型确为杨凯二子，那么吴敬梓对他们的过分丑化则有失忠厚。这与所谓“不可以诬先贤”的逻辑是一致的。而平步青指出了张文虎的误记，并为吴敬梓辩护道：“按《述学别录·杨凯传》：‘甲更名文渊，中进士。’不云二子皆中，啸山亦误记也。”②因此，在他看来，作者尚有增饰的合理性。但从平步青回应来看，在这一问题上，他对张文虎用以衡量作者道德操守的标准是认同的。

这涉及了小说虚构与道德的关系。在此之前，金和将虚构与作意、内容上的不道德画上了等号，齐省堂本的刊刻者认为虚构与小说的教化功能互不相干，至于作意则不在其考虑之内，申报馆第一次排印本的印行者则并未提及这一问题。而张文虎、平步青以为，小说的虚构性固然不对其教化功能构成妨碍，但作者对素材的虚构方式与道德操守是相关的。当然，张文虎的标准更为严苛。在他看来，对虚构素材的发挥固然无伤大雅，但一些基本事实是不可随

① （清）吴敬梓著；李汉秋辑校：《儒林外史汇校汇评》，上海古籍出版社2010年版，第1页。
② （清）吴敬梓著；李汉秋辑校：《儒林外史汇校汇评》，上海古籍出版社2010年版，第525页。

意“增饰”的,这关乎写作原则。

可见,无论是在虚实问题,还是在虚构与道德问题的思考上,张文虎、平步青对小说的看法不仅切合实际,也更为深层。这与他们的身份、学养、道德追求有关。相比之下,金和站在官方的立场,在认为小说普遍荼毒人心的前提下,否认了《儒林外史》是小说的事实。而作为文人个体,张文虎、平步青无须面对金和所遇到的矛盾,亦不必作牵强之说。在这一点上,他们与齐省堂本、申报馆本的印行者是一致的。

但作为以盈利为目的的印书机构,齐省堂本、申报馆本印行者更多考虑的是一般读者的认识与感受。这一群体主要由士商组成,文化修养参差不齐,而他们阅读小说的主要目的就是消闲、娱乐。在一定程度上,齐省堂增订本之所以在例言中反对金和所谓原型说,就是考虑到这与一般读者的素养及阅读需求之间存在脱节。同时,齐省堂本的刊刻者虽然强调《儒林外史》“不背圣训”、“有益世教人心”,看似对读者提出了道德要求,但从其后来对《儒林外史》的增补与俗化来看,其仍将愉悦大众视为小说的主要功能。

然而,张文虎、平步青不是一般读者,而是精于考据、淡泊功名的学者。深厚的学养与自觉的道德追求使他们没有将《儒林外史》视作纯粹虚构而供人消遣的文本。同时,作为评点者,他们的主要目的是自娱,并与共同爱好《儒林外史》的“我辈中人”进行交流,故而不必顾及大众的感受。因此,他们在官方、书商及一般文人读者的小说观念之外,确立了一种士人眼中的小说观念。在评点、传播《儒林外史》的过程中,他们也在娱情、教化与追求雅趣之间达到了平衡。一方面,他们在探讨原型、本事,体味人物、情节的过程中,获得并传递了阅读的乐趣。而将考证纳入评点,也提升了其品评的雅化程度。另一方面,在品读过程中,他们能以自我确立的道德标准来看待文本。而且,在理解、阐释作者讽世之意的同时,他们也对作者本身的用意进行了衡量,在娱情的同时做到“不失其正”。

不过,在将“小说”视为“小道”的态度上,张文虎、平步青的看法与金和的认识并不完全相悖。只是金和基于官方立场,彻底否定了小说。而张文虎、平步青作为文人个体,尚以为“小道可观”,游戏无妨。《儒林外史评》以“天目山樵戏笔”署名,就体现了这一意识。而平步青在《霞外攟屑·小栖霞说稗》所言,也表露出类似观念:“惟《儒林外史》五十五卷……则先生游戏之作。”①这

① 平步青:《小栖霞说稗》,参见黄霖编著:《历代小说话》(第二册),凤凰出版社2018年版,第595页。

仍然反映了传统士人对小说地位的轻视。

而胡适的《吴敬梓年谱》则突破了这一观念。胡适表明，其写作《吴敬梓年谱》的意图在于为吴敬梓这位“小说大家”作一篇“详传”；而他的考证即为证明，早在“二百多年前”，吴敬梓是如何通过切身经历，逐渐意识到科举制度的荼毒人心，从而以《儒林外史》来抨击封建社会的。①这极大地肯定了小说这一文体的地位，也充分肯定了《儒林外史》作为小说的思想价值。其实，尽管吴敬梓确在《儒林外史》开篇表明“这个法却定的不好”，②却不存在反对封建社会的倾向。卧评即以反对“富贵功名”来理解作者的意图。张文虎也说：“然古来荣禄开而文行薄，岂特八股为然。”③这都是在维护封建政治的立场下，对选拔方式产生的思考。其实，在明清时期，官方对科举取士的问题也有讨论及反思。洪武三年(1370)开设科举后，朱元璋本人就因“能以所学措诸行事者寡”而“罢八股不用”，令举贤才，但此举亦不尽完善，故而洪武十五年复设科举。④可见，类似反思由于具有维护政治的意义，并未被官方禁止。而金和等人也是基于《儒林外史》维护传统道德的事实，从而肯定其思想的。但在近现代社会变革中，胡适赋予了“反科举”以“反封建”的新意义。这与五四新文化倡导者试图通过阐释中国小说旧作中的“叛逆思想”“现代思想”，来推动思想变革的用意有关。在此之前，陈独秀已提出，《儒林外史》蕴含着反对包办婚姻、妇女守节、重“工”轻“读”的思想；钱玄同也通过《儒林外史》来反思“民国新举业”。⑤而胡适的《吴敬梓传》与《吴敬梓年谱》也是这一背景下的产物。同时，这也反映了小说界革命以来，小说地位的提升以及知识分子对小说“启发民众”功能的普遍认同。因此，胡适虽然说，“《儒林外史》若没有金亚匏先生(和)的一篇跋，我们也许至今不知作者是谁，更不会知道他有《文木山房集》。”⑥但《吴敬梓年谱》在观念上的新变是金和所无法料想的。

然而，胡适所采用的考证方法与金和所谓“以文集细绎而参稽之”是一致的。并且，他所关注的也是小说的纪实性，即金和所谓“十得八九”的部分。《吴敬梓年谱》主要通过将《儒林外史》中的描写与《文木山房集》及程晋芳、金

① 李汉秋编著：《儒林外史研究资料集成》，上海古籍出版社 2017 年版，第 77、75 页。

②③ (清)吴敬梓著；李汉秋辑校：《儒林外史汇校汇评》，上海古籍出版社 2010 年版，第 13 页。

④ 孟森著：《明清史讲义》，商务印书馆 2017 年版，第 58 页。

⑤ 李汉秋编著：《儒林外史研究资料集成》，上海古籍出版社 2017 年版，第 319、327 页。

⑥ 胡适：《纪念金仍珠先生》，参见(清)吴敬梓著：《文木山房文集·后记》，亚东图书馆 1931 年版。

兆燕等人的诗文进行对应,来理解吴敬梓的思想。例如,他在引用了《文木山房集·移家赋》中写"全椒风俗浇薄"的一段话后,说道:"《儒林外史》里的宋为富、万雪斋、方老六、彭老五,大概都在这一段里了。……《外史》中借五河县来痛骂他的本县(看第四十七回)。他所以要离开乡土,寄居南京,大半也是由于他厌恶全椒人的心理。"①在一些情况中,胡适也注意到小说与本事的不同。譬如吴敬梓的父亲出身拔贡,曾任赣榆教谕,但小说中杜少卿的父亲却出身进士,任赣州知府。对此,他认为:"赣州是暗射赣榆县;因为要说他做知府,所以不能不说中进士了。"②但无论文献与小说之间存在相同还是不同之处,胡适最终关注的都是作者的心理,而不是文本。胡适这么做的依据便是金跋所说的"言皆有物"。讽刺的是,在这一问题上,重视"小说"的胡适与轻视"小说"的金和达成了一致。就此而言,他所肯定的"小说"与金和认可的纪实文本在内涵上是相近的。

胡适的考证旋即得到了呼应。1922年,赵苕狂在《儒林外史考·〈儒林外史〉中所影射的人物》一节中,就承袭了金和、胡适的观点,认为小说形象"大半实有其人"。然而,在"《儒林外史》从他书中摭取得来的材料"一节中,他又汲取了张文虎的考证,表明书中也有一些从他书中汲取素材,显示了作者"化腐朽为神奇"的文学手段。③由此,《儒林外史》被分割成了"纪实"和"文学"两个部分。从今天来看,这在逻辑上是混乱的。但这至少表明,作为小说创作者,赵苕狂试图在胡适的观点之外,对其作为文学作品的意义进行一些补充。只是这种思考尚不能摆脱胡适的观点所造成的干扰。对此,鲁迅揶揄道:"例如《红楼梦》里贾宝玉的模特儿是作者自己曹霑,《儒林外史》里马二先生的模特儿是冯执中。现在我们所觉得的却只是贾宝玉和马二先生,只有特种学者如胡适之先生之流,才把曹霑和冯执中念念不忘地记在心里:这就是所谓人生有限,而艺术却较为永久的话罢。"④这反映了文学家鲁迅与史学家胡适在小说观念上的分歧。在一定程度上,鲁迅对胡适的回应与金跋在问世后所受到的质疑存在相似性,但鲁迅是充分肯定小说的前提下,对其作为艺术的价值进行了思考。

---

① 李汉秋编著:《儒林外史研究资料集成》,上海古籍出版社2017年版,第87页。
② 李汉秋编著:《儒林外史研究资料集成》,上海古籍出版社2017年版,第81页。
③ 赵苕狂:《儒林外史考》,参见《儒林外史·老残游记》前言,世界书局1935年版,第12—13页。
④ 鲁迅:《"出关"的"关"》,参见鲁迅著:《且介亭杂文末编》,鲁迅全集出版社1948年版,第63页。

综上，在咸丰之乱后，苏局本对于《儒林外史》的后续刊刻、评点乃至现代意义上的学术研究，都起到了一定推动作用。但在对小说的看法上，以书商、传统士人及现代文人为代表的非官方传播者与官方传播者之间产生了较大差异，而非官方传播者之间也存在分歧。这一过程不仅反映了近代时期，不同群体在小说观念上的碰撞，也体现了近现代小说观念的转变与演进。

The Spread of *The Scholars* Supported by the Government and Individuals during Modern Times in China, with Discussion on Whether the Edition of *The Scholars* Printed by Qun Yu Zhai Could Be Equated with that Printed by Suzhou Printing Bureau

Abstract: The scholars have different views on distinguishing the Edition of *The Scholars* printed by Qun Yu Zhai and that printed by Suzhou Printing Bureau. By investigation, the fact of Suzhou Printing Bureau's printing *The Scholars* was true, and Qun Yu Zhai had connection with the government as well, but no hard evidence has been found the Suzhou Printing Bureau and Qun Yu Zhai had connection, so distinguishing two editions by afterword written by Jinhe has still been reliable. It the background of banning novels, the appearance of *The Scholars* published from Suzhou reflected the official recognition for this novel and the its contradictory attitude towards novels. The afterword written by Jinhe have obviously displayed the attitude. In any event, *The Scholars* printed by Suzhou Printing Bureau influenced the printing and commenting after chaos occurred during the time when the emperor Xianfeng was in power and even the modern academic researching. From the disagreement, retrenchments or re-explanation by Qi Shen Tang, Shen Bao Guan, Zhangwenhu, Pingbuqing, Hushi or Luxun, the afterword written by Jinhe had been partly accepted. The process could reflect the difference in concept of novels during modern times in China.

Key words: Suzhou Printing Bureau; Qun Yu Zhai; *The Scholars*; Influence; The concept on the novel

作者简介：石璐洁，上海师范大学中国古代文学博士研究生。

重塑边城:抗战时期贵阳旅行指南中的城市书写[①]

孟　浩

摘　要:抗战爆发后,贵阳一跃成为后方重镇。伴随着内迁潮的到来,以外来群体为主要目标读者的贵阳旅行指南,开始出现在当地的图书市场上。此类手册既有民间人士独立完成的,也有官方组织人力"集体创作"的,但无论编撰者是谁,他们在为读者提供丰富"城市百科知识"的同时,还试图输出一种现代、文明、进步的美好城市形象。这项文本美化工程一方面源自本土知识分子的"乡土情怀",另一方面则是为了彰显地方政府的行政绩效与治理能力。进而言之,两种写作动机反映了"城市意识"在贵阳民间与官方的萌发。

关键词:抗战时期　贵阳　旅行指南　城市书写　城市形象

1938年,贵阳的书市上出现了一种编排新颖的手册——旅行指南。里面收集了大量关于当地交通、观光、食宿、经济甚至医疗卫生等方面的信息,可谓包罗万象。其时,贵阳已成为抗战大后方的重要"都会",控扼着西南地区的公路交通,每天都有无数外来者涌入这座城市,或稍作停留、或就此开启客居生活,他们正是旅行指南最主要的"目标读者"。旅行指南既不同于传统的地方志,也有别于掌故和游记,[②]其文本形式由西

① 本文为国家社会科学基金重大项目"抗战时期西北国际通道资料整理及研究"(19ZDA218)的阶段性成果。

② 马树华、赵成国:《城市指南与近代青岛的空间变迁(1898—1949)》,《近代史研究所集刊》2017年第95期,第78页。

方舶来，[①]在中国较早流行于上海、北京、天津、青岛、杭州等东部城市，通常冠以某某指南、导游、便览、快览之名。

整个抗战时期，贵阳文通书局出版过三部旅行指南，分别是1938年的《贵州向导》《贵阳指南》，以及1942年的《贵阳市指南》(简称《向导》《指南》《市指南》)。《向导》的作者是知识青年王行，贵州兴义人，编撰该书时尚就读于大夏大学。该书虽以整个贵州为介绍对象，但对省会贵阳的叙述特别详细，“堪称贵阳指南”。[②]《指南》则由《航建旬刊》编辑部编撰完成，该刊主办机构是“中国航空建设协会贵州分会”，属官方团体，时任贵州省主席吴鼎昌为该会会长，执掌省会建设事务的省府委员何辑五任总干事，负责日常工作。[③]1941年贵阳市政府成立后，已升任市长的何辑五认为《指南》内容有所过时，遂亲自指定人员重新编写，《市指南》由此问世，[④]并署名“贵阳市政府编审室”。《指南》《市指南》由官方机构编撰，自然也符合其价值取向，二者属于典型的“官方城市书写”。为适应市场需求，文通书局将三部旅行指南包装成了“都市性”的商业图书，在其中插入不少广告，并通过书店、报社、车站甚至招待所对外销售，不算昂贵的零售价格有助于让其成为“大众读物”。[⑤]

旅行指南为当时的旅行者提供了丰富的目的地“百科知识”，也成为今天学者们追溯城市历史的宝贵史料。近年来，学界对于近代旅行指南的价值有了越来越清晰的认识，不仅有机构将它们集结成册，[⑥]而且学者们也对其进行了深入研究。从这些既有论著中，我们可以看到两种较为明显的研究取向：一是将旅行指南的“文本内容”作为史料依据，以此考察某地在特定时段内的社

① 真正意义上的城市旅行指南诞生于19世纪中叶西欧，受此种书籍的影响，商务印书馆于1909年出版了近代中国第一本旅行指南《上海指南》。参见David Gilbert, “‘London in all its glory—or how to enjoy London’: guidebook representations of imperial London”, *Journal of Historical Geography*, 1999(3), p.281；林美莉：《略论近代华文上海指南书刊的编纂策略》，刊《城市指南与近代中国城市研究》，民国历史文化学社2019年版，第115页。

② 王行：《贵州向导》，文通书局1938年版，“编辑大意”。

③ 贵州省档案馆编：《贵州省档案馆指南》，中国档案出版社1996年版，第96页。

④ 参见《贵阳市指南内容重新编订》，《中央日报(贵阳版)》，1941年8月23日，第3版；《何市长指定陈恒安等编订贵阳市指南，内容极为丰富》，《贵州日报》，1941年8月22日，第3版。

⑤ 《向导》《指南》《市指南》在出版当年的售价分别为3角、8角、10元，若以当时的物价作为参照，三部指南书均在普通人能够负担的范围之列。

⑥ 参见南开大学中国社会史研究中心主编的“民国旅游指南汇刊”丛书，以及台湾“中研院”近史所主编的“中国近代历史城市指南”丛书。

会变迁;①二是将旅行指南的“文本本身”作为研究对象,分析其中的话语逻辑,进而探寻文本背后的意图。②这两种取向恰好反映了旅行指南的本质特征,即客观性与建构性:前者是指文本中包含大量真实的社会资讯;后者是指文本编撰者会根据需求,对某些信息进行筛选、放大或修饰,二者往往并存于同一部旅行指南中。尽管研究范式有所创新,但学界更似乎关注东部大城市的旅行指南,鲜有关于西部旅行指南的论著,贵阳的相关研究更处于空白。有鉴于此,本文将以战时贵阳出版的三部旅行指南为考察对象,并探讨一系列关联性议题:三个文本试图呈现怎样的贵阳城市形象?背后的动机是什么?这种动机又预示着怎样的意识与观念上的革新?

一、到贵阳去

随着抗战的全面爆发以及东部国土的大片沦陷,偏居西南的贵阳成为诸多内迁人群的目的地或者中转站,为了向他们提供入黔路径的导引,1938 年出版的《向导》和《指南》都在书中靠前的位置交代了前往贵阳的交通事项。③从外省进入贵州,最快捷的交通方式当属搭乘飞机。1935 年 3 月,中国航空公司“昆明号”飞机试飞重庆至贵阳航线成功,同年 4 月渝筑线正式通航,④成为黔省最早的民航线路。1936 年 12 月,中航又开辟了重庆至香港航线,经停

① 参见冯贤亮、林涓:《江南城市的导游指南与生活变化(1912—1949)》,《江苏社会科学》2011 年第 1 期;赵云霞:《民国西南旅行指南的现代性初探》,《曲靖师范学院学报》2016 年第 4 期;闻虹、曲晓范:《民国时期铁路旅行指南与旅游地空间结构的嬗变——以环渤海区域为中心(1912—1937)》,《历史教学问题》2019 年第 1 期;毕文静:《民国北京旅行指南研究(1912—1936)》,首都师范大学硕士学位论文,2013 年;赵云霞:《民国旅行指南文献初探》,天津师范大学硕士学位论文,2017 年。

② 参见巫仁恕编:《城市指南与近代中国城市研究》,民国历史文化学社 2019 年版;邵勤:《出版事业和政治形象:1910—1920 年的南通模式》,《中国社会历史评论》2004 年第 3 期;罗桂林、王敏:《旅游指南与城市形象——福州近代的旅游指南研究》,《河北工程大学学报(社会科学版)》2013 年第 1 期;侯杰、常春波:《近代城市公共空间秩序的建构及其内在冲突辨析——以 20 世纪早期天津旅行指南为中心》,《文学与文化》2015 年第 2 期;彭梅:《城市意象与旅行者感知——以 1930 年代上海旅行指南为中心》,复旦大学硕士学位论文,2013 年;李睿:《民国铁路旅行指南研究(1912—1937)》,苏州大学硕士学位论文,2018 年;陈世敏:《民国时期〈重庆指南〉研究——以杨世才历版为中心》,南昌大学硕士学位论文,2019 年。

③ 需要说明的是,《市指南》出版的 1942 年,由于内迁高峰已过,所以该书没有对公路运输做详细介绍。

④ 筑是贵阳的简称,民国时期,贵阳常常被称为“筑市”,下文会多次出现该简称。渝筑航线通航情况,参见一善:《渝昆航空线暂时只通至贵阳》,《甲戌邮刊》1935 年第 2 卷第 6 期,第 73—74 页。

贵阳、桂林、柳州、梧州，[①]《向导》就介绍了渝港航线的票价、开行日期、乘坐事项等情况。根据《向导》的记录，搭乘飞机必须出具机关、社团的证明书或得到商店的担保，而且票价十分昂贵，1938 年由香港、桂林、重庆飞抵贵阳所需花费分别为国币 230 元、105 元、100 元，[②]几乎相当于一个中产阶级家庭一到三个月的开销。[③]《向导》对这一最现代化交通方式的介绍，除了可以满足极少数旅客的出行需求外，也能在一定程度上改善读者对黔省闭塞、落后面貌的认知。

然而，绝大多数外来者是沿公路线，或步行或搭乘汽车抵达贵阳的。抗战前夕，贵阳在交通上的重要地位已经开始凸显。1937 年，连接南京与昆明的"京滇干线"由湖南西进贵州，以贵阳为中点，在黔省境内形成了黔湘、黔滇两条公路。同时，贵阳以南有黔桂公路抵广西，北有黔川公路至重庆。[④]这四条交通动脉在抗战时期承担了重要的军、民运输任务。《指南》首先梳理了以贵阳为中心的四大公路干线的里程以及重要节点，并告知读者这四路"每晨均有快车、班车开行"；然后简要介绍了设于贵阳的"西南公路运输管理局"，同时高度赞扬该机构让黔川滇湘桂五省间的交通运输"愈资便利"；最后将四大干线各路段的里程与客货运费绘制成了 19 张表格，便于读者清晰、精确地掌握相关数据。在大量交通信息的铺陈下，边城贵阳似乎不再遥远。

《向导》关于黔省公路交通系统的讲解更为详细，也更具可读性。在"入黔路径"标题下，王行分别介绍了由长沙、柳州、昆明、重庆，到贵阳的里程、票价、途经站点、食宿情形等基本信息，并为每条路线附上一篇前人游记供读者参考，与如今的"旅行攻略"十分相似。[⑤]"省内交通"子目则涉及贵州境内的 8 条公路，除未附游记和食宿情形外，其余介绍项目与"入黔路径"相同。在《向导》的描述中，从外地到贵阳看似并不困难，不仅邻省主要城市都有汽车直达，而且用时也不算很长：

长沙至贵阳行程——4 日，小包车 3 日可达。

---

① 参见贵阳市志编纂委员会编.:《贵阳市志・交通志》，贵州人民出版社 1994 年版，第 306 页。

② 参见王行:《贵州向导》，文通书局 1938 年版，第 10 页。

③ 该估算来自一个主妇的记录，其丈夫是银行职员，每月工资收入 120 元，寄给她 80 至 100 元负责她与三个孩子的开销。参见任君桐:《一个女教师的自述》，三联书店 1989 年版，第 179—180 页。

④ 张肖梅:《贵州经济》，中国国民经济研究所 1939 年版，第 P1 页。

⑤ 王行:《贵州向导》，文通书局 1938 年版，第 11—42 页。

柳州至贵阳行程——3日,小包车2日可达。

重庆至贵阳行程——2日,小包车日半可达。

昆明至贵阳行程——3日,若乘滇越铁路到宜良,换乘汽车由罗平至兴义入黔,则两日可达贵阳……①

事实上,无论《向导》还是《指南》都有意说明贵州公路交通的便利与快捷,但现实果真如此吗?我们或许可以从时人的经历中略知一二。1938年,一位江苏太太由长沙出发,经晃县中转抵达贵阳,共耗费10天时间,远超旅行指南所言的3至4天。②运力不足同样令旅行者苦恼,据巴金1942年的记录,从贵阳前往重庆、金城江往往需要等待半个月以上的时间才会有车开行。③由此可见,现实中的黔境公路之旅远不如旅行指南所呈现的那样乐观。

旅行指南不仅收罗了大量关于黔省公路的实用信息,同时也向读者阐释了这一交通工程的深远意义。《向导》开篇的"代序"将公路的建成定义为1935年"中央"势力入黔后,在地方建设方面所取得的最大成就,并称赞它开启了贵州通往向外部世界的大门,同时也让贵阳成为西南交通枢纽以及"抗战后方的中心"。④《贵阳指南》在梳理历代典籍对于贵阳地理位置的褒扬后补充道:"现今公路筑成,交通便利,输毂四达,蔚为后方枢轴,在抗战建国期中,其重要性与日俱增,前人所记,自未能概其全也。"⑤的确,公路贯通之前,外省人若想造访贵阳绝非易事。例如20世纪20年代,从上海到贵阳最节省时间的路线,是乘轮船至香港,然后取道越南,通过滇越铁路抵达云南后,经古驿道进入贵州,全程耗时二十天。⑥所以曾有旅行者感慨道:"太白说'蜀道难',我看黔道也不容易"⑦,当时贵阳交通闭塞程度可见一斑。但事实上,黔省公路始建于军阀割据时代,省内诸多路段在中央军入黔之前就已基本形成,⑧《向导》对此却只

① 王行:《贵州向导》,文通书局1938年版,第11页,21页,29页,33页。
② 参见任君桐:《一个女教师的自述》,三联书店1989年版,第168—175页。
③ 巴金:《贵阳短简》,刊《征程与归程》,中央编译出版社2001年版,第267—268页。
④ 王行:《贵州向导》,文通书局1938年版,第3页。
⑤ 中国航空建设会贵州分会航建旬刊编辑部编:《贵阳指南》,文通书局1938年版,第3页。
⑥ 参见严新农:《贵州省》,商务印书馆1933年版,第106页。
⑦ 于曙峦:《贵阳社会的状况》,《东方杂志》1924年第21卷第6期,第49页。
⑧ 中央军入黔后的最大贡献,其实是将贵州境内的公路与周边各省连通。参见交通部公路总局西南公路工务局编印:《西南公路史料》,1944年,第2—5页。

字未提。尽管《指南》没有回避军阀对贵州公路交通的开拓，但在其表述中，这一时期的工程粗糙不堪、漏洞百出，是国民政府的重新整理才让黔省公路四通八达、贵阳地位“日臻重要”的。[①]可见，《向导》与《指南》在盛赞贵州完善的公路系统以及贵阳枢纽角色的同时，还力图将其塑造成一项“后军阀时代”的产物，以此凸显“中央”的丰功伟绩。

二、被“引导”的风景

民国时期旅行活动的“制度化”[②]，促进了观光资讯的生产。旅行指南最重要的功能之一就是为读者推介观光景点，而哪些名胜有幸被挑选入册，这不仅取决于当地的观光资源，也和编撰者的意图密切相关。

《向导》的“名胜”部分记载了黔灵山、扶风山、东山、水口寺、仙人洞、观音洞、甲秀楼、翠微阁、花溪，而观风台、朝阳洞、狮子山、相宝山、南岳山、麒麟洞，共 15 处景点。从分布来看，这些景点均位于城市外围。从景观“发现”的历史来看，除花溪风景区是地方政府于 1937 年前后新近开辟[③]的之外，其余景点至少在明清时期就已成为文人墨客频频光顾的游览地。例如，黔灵山可见于《大清一统志》《黔记》《黔语》《贵阳府志》等著作，与东山并称为贵阳的“东西二胜”；扶风山被《黔语》赞为“近郭诸山之胜”，文人墨客还留下了“东风作意报新晴，挽我扶风寺里行”“芙峰山（扶风山），在城东，插天一朵青芙蓉”[④]等诗句。从属性上看，这些景点以自然景观为主，人文景观较少，现代人文景观更是阙如，王行对此做了巧妙的阐释：

> 贵州是遍地皆山的地方，每一个秀丽的山峰，差不多都有山流溪涧的点缀，清幽典雅，饶有风味。每处都是大自然的美景，各地均流露着大自然的真趣……[⑤]

---

① 中国航空建设协会贵州分会航建旬刊编辑部编：《贵阳指南》，文通书局 1938 年版，第 5 页。

② 旅行的制度化，包括了旅游组织从无到有的生成过程，以及旅游活动的普遍化过程。参见吕绍理：《日治时期台湾旅游活动与地理想象的建构》，刊《画中有话：近代中国的视觉表述与文化构图》，“中研院”近代史研究所 2003 年版，第 291 页。

③ 参见罗浮仙：《花溪公园》，载《花溪区文史资料选辑》第 5 辑，1988 年，第 18—20 页。

④ 柴筱梿：《贵州名胜考略》，《贵州文献季刊》1938 年创刊号，255 页。

⑤ 王行：《贵州向导》，文通书局 1938 年版，第 95—96 页。

诚然,贵阳周边的自然风光比比皆是,但人文景观,尤其是现代人文景观的缺乏与地方发展的滞后不无关联。不过,在王行营造的山水图景中,这些元素已显得不那么重要了。

《指南》推介的景点增加到了21处,其中自然景观15处,人文景观6处,对“湖光山色”的描写仍占大部分篇幅。值得注意的是,《指南》在介绍自然景观时还附载了古人在该地留下的题咏。作为一种“雅趣”共享,[①]由文人编撰、传阅于文人间的传统地方史志乐于收录各处题咏,但在面向大众的旅行指南中,这一特殊的文学体裁则在一定程度上赋予了原始的山野美景以“文化表征”(cultural representation)。人文底蕴是塑造良好城市形象的必要资源,而发掘或利用该资源则是《指南》作为一种官方城市书写的“自觉”。

此外,在《指南》的“景观叙事”中还出现了一些“西式”元素。六春关是该书详细介绍的一处景点,位于贵阳北郊。这里聚集了诸多19世纪的天主教建筑,是黔省天主教信徒礼拜圣母的一处重要场所。[②]《指南》细致描绘了六春关宗教建筑群的外观、内部陈设、周边景色以及远眺视野等情况,并指出“此间建筑,均属欧化,与寻常山寺,迥不相同”[③]。在《指南》的介绍中,六春关为古朴的贵阳增添了一道独特的风景线,也言说着这座城市对多元文化的接纳。“中山公园”是《指南》里另一处与“西方文明”相关的景点,原为明季黔中诗人吴滋大的私家园林,民初辟为公园。[④]在《指南》的描述中,该园林木潇疏,亭榭错落,颇有闹中取静之感。[⑤]然而,在时人眼中,中山公园其实“无景色可观”[⑥]。1942年途经贵阳的叶圣陶就曾在日记中写道“(园内)仅有一荷池而已,不足为观”[⑦]。尽管中山公园并非一处“合格”的景点,但却不影响它被载入旅行指南。因为公园在当时被赋予了重要的意义,它不仅是供民众消遣娱乐的场所,也是培育公共道德、形塑新“市民”的公共空间,所以公园意象在《指南》中的出

---

① 参见罗桂林、王敏:《旅游指南与城市形象——福州近代的旅游指南研究》,《河北工程大学学报(社会科学版)》2013年第1期,第44页。

② 参见曹剑辉:《六冲关今昔》,载《云岩文史资料选辑》第14辑,1994年,第250—252页;张濬哲:《贵阳市天主教活动场所恢复概况》,载《南明文史资料选辑》第15辑,1997年,第197页。

③ 中国航空建设协会贵州分会航建旬刊编辑部编:《贵阳指南》,文通书局1938年版,第21页。

④ 谌祖铭、曾繁生:《历史上的贵阳公园》,载《贵阳文史资料选辑》第9辑,1983年,第194页。

⑤ 中国航空建设协会贵州分会航建旬刊编辑部编:《贵阳指南》,文通书局1938年版,第20页。

⑥ 沙鸥:《贵阳一瞥》,《旅行杂志》1938年第12期,第15页。

⑦ 贵州省文史研究馆编:《民国贵州文献大系第7辑(上)》,贵州人民出版社2015年版,第204页。

现象征了城市的文明化进程。

在三部旅行指南中,《市指南》对于贵阳名胜的介绍最为全面,所载景点增加到了 34 处,编撰者根据方位将这些景点划分成了 4 路:“由东往西”“从西至北”“市中心区”“花溪特写”,整个叙述的空间感比前两部旅行指南更加清晰。但《市指南》最大的亮点在于,它强化了对贵阳市区景观以及现代人文景观的描写。

首先,编撰者将中山公园和梅园组合成了“市中心区”景观单元,将读者的焦点从远郊的山水转移到了城市。《市指南》对中山公园的描述与四年前的《指南》大致相同,①而该园在现实中也的确没有太大改观,不仅如此,民众要求对其重新改造的呼声一直不绝于耳。②梅园则是《市指南》挖掘的一处新景观,书中描绘:“(园内)花木繁茂,颇饶清致,曲池小桥,修廊广厅。”③曾有一首《梅园看梅》写道:“劲节门霜雪,蟠根不计年,樱花三月暮,请尔佔春先。”④不难想象,梅园确有几分景色,但其位于省政府院内,是官员议事的场所,并非普通游客能够随意进出、游览的地方。由此看来,现实中的中山公园和梅园都不是理想的游览胜地,但为了借助“名胜”来表现贵阳“优美”“宜人”的市区环境,这两处坐落于狭小城垣内的稀有园林还是被写入了旅行指南。

其次,《市指南》着重介绍了城南附郭一带的新景观。这片区域向来是贵阳风景极佳之地,南明河蜿蜒而过,与两岸景物交相辉映,形成了《市指南》中所谓的“南明八景”,即甲秀楼、翠微阁、鳌矶石、浮玉桥、涵碧潭、芳杜洲、海潮寺、武侯祠,⑤而南明堂、建业堂两处新式公共建筑则为这道古色古香的河滨风景增添了些许“现代气息”。南明堂是省政府投资兴建的招待所,带有一个被花木笼罩的精致游园。⑥《市指南》中的南明堂巍峨雄伟,建筑样式十分新潮,外观简约却不失华贵。书中赞扬道:“南明河上,得此伟构,益觉光彩焕发,蔚为壮观。”不仅如此,编撰者还引申了南明堂的政治涵义——其为公家所建的公共建筑,寓有与民同乐之意。⑦建业堂则是“省营事业”贵州企业公司修建

---

① 贵阳市政府编审室编:《贵阳市指南》,文通书局 1942 年版,第 100—101 页。
② 参见王林:《河滨公园与中山公园》,《中央日报(贵阳版)》,1941 年 11 月 16 日,第 4 版。
③ 贵阳市政府编审室编:《贵阳市指南》,文通书局 1942 年版,第 101—102 页。
④ 舫晓:《梅园看梅》,《中央日报(贵阳版)》,1939 年 4 月 5 日,第 4 版。
⑤ 贵阳市政府编审室编:《贵阳市指南》,文通书局 1942 年版,第 73—74 页。
⑥ 丁普:《贵阳“公园绿地”史略述》,载《云岩文史资料选辑》第 8 辑,1990 年,第 242 页。
⑦ 贵阳市政府编审室编:《贵阳市指南》,文通书局 1942 年版,第 85—86 页。

的礼堂,其落成前后曾备受地方各界的关注。[①]《市指南》称建业堂是南明河上的"新式巨型建筑",并颇为夸张地写道:"溪山间有此宏构,益增辉焕"。[②]显然,南明堂与建业堂是官方"形象工程"的典型代表,二者不仅点缀了现实世界里古老的南明河景,也为文字世界中的贵阳城添画了一抹"摩登"色彩。

最后,《市指南》特别呈现的"花溪特写"也引人注目。事实上,前两部旅行指南也推介过花溪,根据它们的描述:花溪原名花仡佬,是一处山明水秀的风景区,距贵阳市区大约30公里。[③]但到《市指南》出版的1942年,花溪的核心区域已被地方政府改造成了"中正公园"。因此,《市指南》不仅细腻刻画了园内的自然风光,还着重介绍了人工建造的亭台楼阁,如高居山水中心的中正堂、可俯瞰溪山的飞云阁、外观新颖的尚武俱乐部、清幽雅致的"花溪小憩(旅馆)"等。[④]中正公园的落成无疑有着重要的意义:其一,它代表了一种全新的空间类型,提供了"优雅""文明"的休闲场所,逐渐改良了市民的生活方式,是城市由传统向现代过渡的一个符号;其二,中正公园还是一处"政治景观",既象征了官方主导的建设成就,也昭示了地方社会的政治"向心力",正如文中的一套说辞:"中正公园系为黔省官民纪念总裁功德所建。"[⑤]"花溪特写"很好地彰显了地方社会的"新风尚",同时也指引着读者前往观瞻政府的市政成绩。

三、城居生活的"意义"

"衣食住行"的说法高度概括了日常生活的基本需求,因而在口头与文本中都被频繁使用,旅行指南的部分章节便是沿着这四个主题展开的。关于"衣"的问题,《向导》指出:由于贵阳市面上的纺织品完全仰赖外省输入,导致制衣成本奇高。作者对此颇感无奈,但也没有提出实质性的建议。[⑥]《指南》标注了绸缎业、丝业、洗染业等商家的地址,但未对穿衣问题做专门的文字介绍。

---

① 参见《建业堂:企业公司新礼堂》,《贵州日报》,1941年5月17日,第3版;《黔企业公司建业堂落成礼明举行纪念会》,《中央日报(贵阳版)》,1941年6月1日,第3版;《企业公司二周年明日开纪念大会,今日举行建业堂落成礼》,《贵州日报》,1941年6月1日,第3版;生力:《企业公司建业堂落成》,《贵州日报》,1941年6月2日,第3版。

② 贵阳市政府编审室编:《贵阳市指南》,文通书局1942年版,第87页。

③ 王行:《贵州向导》,文通书局1938年版,第100页;中国航空建设协会贵州分会航建旬刊编辑部编:《贵阳指南》,文通书局1938年版,第19—20页。

④ 贵阳市政府编审室编:《贵阳市指南》,文通书局1942年版,第103—108页。

⑤ 贵阳市政府编审室编:《贵阳市指南》,文通书局1942年版,第103页。

⑥ 王行:《贵州向导》,文通书局1938年版,第101页。

相较而言,《市指南》的有关叙述可谓详尽,在文字介绍的基础上,还罗列了贵阳服装公司、成衣店、洗染店、皮鞋店、拍卖行的地址。至于衣物昂贵的现象,编撰者将其归咎于运输困难,且煞有见识地“开导”读者:与重庆、昆明相比,贵阳的物价还算低廉。[①]不难理解,作为一份官方文本,《市指南》需要调和某些不利于政府的社会“杂音”。

古人云:“民以食为天”,饮食的重要性不言而喻,如何妥善安排“吃”的问题?三部旅行指南都为读者提供了建议。《向导》首先表达了对贵阳高昂物价的不满:普通情况下,一个人大概要国币十元才能维持一个月的伙食,因此王行认为初到贵阳的人可以找中等旅馆落脚,每日食、宿在内不过五六角。[②]不难发现,《向导》的建议比较契合普通旅行者的实际需求。其余两部旅行指南则将“吃”从“生存”议题上升到了“文化”议题。《指南》《市指南》关于饮食的部分基本相同,都包含了“黔味略说”与“黔酒与黔茶”两篇短文,并附有各类餐饮店一览表。“黔味略说”首先对贵阳的烹饪文化进行了一番夸赞,然后着重介绍宫保鸡、烧狗鱼、魔芋锅巴、肠旺粉、鸡枞菌等十几道黔味佳肴,之后的“黔酒与黔茶”专栏又向读者推荐了茅台酒、刺梨酒、高树茶、园子茶、苦丁茶等饮品。[③]在琳琅满目的地方特产的“装点”下,贵阳俨然成了一个生活富足、物产丰饶的地方,而物价高昂、食盐紧缺[④]等普遍性问题则有待读者在现实生活中自行体会。有趣的是,编撰者还对黔人食辣的问题进行了长篇大论,主旨可归纳为两点:1.食辣并非贵州人的“专利”;2.黔菜里面也有很多是完全无辣的。为此,编撰者特意附上一张本地喜丧事筵席菜单加以佐证。[⑤]黔人“嗜辣”的习惯常常让饮食清淡的外省人望而生畏,同时嗜辣之风兴起并盛行于西南,[⑥]带有某种天然的“边地属性”,有时甚至和特定地域暴躁、刚烈的“民性”联系在一起。[⑦]所以旅行指南刻意淡化这一多少被“异化”的饮食习惯,以迎合外来者的

---

① 贵阳市政府编审室编:《贵阳市指南》,文通书局1942年版,第10—11页。

② 王行:《贵州向导》,文通书局1938年版,第101页。

③ 中国航空建设协会贵州分会航建旬刊编辑部编:《贵阳指南》,文通书局1938年版,第59—63页;贵阳市政府编审室编:《贵阳市指南》,文通书局1941年版,第23—30页。

④ 参见李浩:《1935—1949年贵州实验紧缺的主要表现》,《盐业史研究》2013年第1期。

⑤ 中国航空建设协会贵州分会航建旬刊编辑部编:《贵阳指南》,文通书局1938年版,第58页;贵阳市政府编审室编:《贵阳市指南》,文通书局1942年版,第21页。

⑥ 曹雨:《中国食辣史》,北京联合出版公司2019年版,第42—51页。

⑦ 参见超支:《辣椒和吃辣椒》,《长城》1934年第1卷第24期,477页。

期待,此时"味觉"似乎也参与到了城市形象的建构中。

另外,"住"也是异地生活需要安顿的大事,三部指南均有所交代。《向导》刊载的住房信息简洁、实用而中肯,它先是介绍了在贵阳租房的手续,然后告诫读者贵阳的租金虽不及沿海城市昂贵,但要找到空房子却不容易。①的确,由于战时人口大量内迁,原本狭小的贵阳变得更加拥挤,"房荒"已成为当时最严重的社会问题之一。②然而,同年出版的《指南》却力图为读者呈现了一种舒适的城居环境。《指南》"住居"一章由"贵阳城区总说""新住宅区略说"(简称总说、略说)两部分构成。总说首先以一种怀旧式的优美笔触描绘了贵阳昔日的城市风貌,继而讲述贵阳的新变化,例如贯城河的清理、新城门的开辟、街道的整修等。编撰者描绘了一个改良中的"大环境",也对私家居住的"小环境"进行了十分细腻的刻画。在其笔下,贵阳的民居古朴而雅致,不仅带有花木繁茂的石板天井,而且光线充足、空气流通。③徜徉于如此美好的文字中,"房荒"等恼人的现实问题似乎已无影无踪。事实上,政府为解决住房难题也曾做过一些努力,1938 年"南明新住宅区"的开辟便是一个重要举措。④对这一"模范"工程,《指南》大加赞赏。《指南》"略说"用大量篇幅描绘了新住宅区地理位置的优越以及自然环境的幽雅,意在说明政府选址的合理性,接着又勾勒了新住宅区的未来景象:电灯、电话、下水道、公园、图书馆等现代化设施将一应俱全。⑤尽管尚未实现,但政府的"远大"志向清晰可见。然而,这幅美好蓝图的背后掩盖了民众对政府低价收地、高价卖地的不满与抵制。⑥四年后的《市指南》几乎照搬了"总说"和"略说",但这种自我炫耀式的表述对于旅行者并无太多实用价值可言。

最后,出行信息也是城居生活必要的"知识储备"。在贵阳选择何种方式出行?三部旅行指南提到了步行、人力车、汽车三种选择。但无论通过哪种方式,都必须对城市道路有所了解,因此旅行指南很自然地将"行"的问题转化成了对市区道路系统的介绍。《向导》把贵阳的主干道划分为四横四纵,外加环

---

① 王行:《贵州向导》,文通书局 1938 年版,第 102 页。

② 在 1938 年一篇题为《贵阳近态》的文章中,作者将"消费扩大、购物昂贵、居住发生问题"列为贵阳的三大社会问题。参见珠江:《贵阳近态》,《血路》1938 年第 42 期,第 657 页。

③ 中国航空建设协会贵州分会航建旬刊编辑部编:《贵阳指南》,文通书局 1938 年版,第 32—33 页。

④ 参见何辑五:《十年来贵州经济建设》,1947 年,第 378 页。

⑤ 中国航空建设协会贵州分会航建旬刊编辑部编:《贵阳指南》,文通书局 1938 年版,第 40—41 页。

⑥ 参见漆林:《谈贵阳》,《文艺阵地》1938 年第 1 卷第 6 期,第 191 页。

城马路，在此基础上分别说明每条路线的起点、终点以及所辖路段。除了对道路的介绍，王行还以文学性的笔调描绘了道路两旁的“街景”，例如他在介绍“大十字”商业圈时写道：

> 白昼货品琳琅，夜晚灯光辉煌，五光十色，璀璨夺目，汽车穿行如梭，游人攘往熙来，再加以红男绿女，摩肩接踵，其热闹情形，比之江浙各省的大都会，实在并不逊色。①

华丽的辞藻固然可以引导读者对贵阳市井繁华的想象，但它对于大众的现实生活似乎并无多少“指导意义”。《市指南》强调：“建设新贵阳，必须从街道入手”，因此它在关于出行的部分着重讲解了政府推动的“马路拆修计划”，尽管与“行”的主题看似有些违和，但正如柯必德(Peter Carroll)所言：改善道路在近代中国往往被视作有益于促进地方社会经济、空间，甚至政治转型的手段，②地方政府自然希望其改造城市的努力得到大众“阅览”。除文字叙述外，《市指南》还附有贵阳新旧街道名称对照表。一方面，这一“地方性知识”有助于人们的日常出行；另一方面，当“文明路”“复兴路”“太平路”等新地名取代了“大坝子”“大马槽”“粑粑街”等粗鄙的旧地名，③一种文明的城市形象跃然纸上。

四、健康与文明的并进

医疗卫生关系到大众健康，相关资讯无论对于本地人还是外来者而言都具有十分重要的意义，所以《指南》与《市指南》都对该主题进行了专门论述。《指南》首先回顾了贵州卫生事业的发展，并着重介绍了黔省“卫生委员会”的筹组以及工作绩效，包括扩建医疗机构、增加卫生经费、防治流行病等；继而对省立医院、贵阳卫生事务所、省会戒烟医院、中央医院、国医分馆五家公立医疗机构的职能、床位、科室等情况进行了逐一讲解；最后以表格形式罗列出贵阳

---

① 王行：《贵州向导》，文通书局1938年版，第94页。

② 参见柯必德：《“荒凉景象”——晚清苏州现代街道的出现与西式都市计划的挪用》，刊《中国的城市生活》，新星出版社2006年版，第444页。

③ 贵阳市政府编审室编：《贵阳市指南》，文通书局1942年版，第63—70页。

各大诊所和药店的地址。[①]《指南》字里行间透露出当时贵阳医疗卫生领域欣欣向荣的发展态势，而这种乐观化的叙述是有所根据的。抗战之前，贵阳的医疗卫生体系十分落后，公立医疗机构仅省立医院一家，且条件简陋，其余均为私人诊所。[②]1938 年，新任贵州省主席吴鼎昌在“开发人力”的旗帜下组建“卫生委员会”，执掌全省卫生行政，并着手增设医院、培养专业人才。同时，在内迁医疗机构的支援下，黔省卫生事业步入了快速成长期。[③]或许普通读者并不关心医卫领域进步背后的故事，但对官方而言，这却是非常值得书写的“光辉”篇章。

《市指南》除对卫生机关、医疗机构等常规内容进行概述外，还将供水、体育两大主题纳入了“卫生”一章。贵阳的给水工程是为改善城区生活、生产、消防用水紧张，同时保障饮水卫生而新修的。初期做法是把河水引入公共蓄水池，进行沉降、消杀后再由民众取用；后期则将管道铺设入户，以实现真正意义的自来水。[④]《市指南》出版的 1942 年，初期工程已基本完成。编撰者首先交代了兴建给水工程的缘由，然后介绍了竣工以及在建的一系列供水设施，最后展示了官方如何科学、有序地管理配水站点。[⑤]尽管早期给水工程由于简陋而被戏谑为“顺河流来的‘自来水’”，[⑥]但官方意图将其塑造为“改善民生、加强后方建设”的实践成果，故而进行重点宣传。至于体育与卫生的看似“牵强”的联结，大概与中国传统的卫生观念，即罗芙芸(Ruth Rogaski)所言“保卫生命的健康之道”[⑦]有关。

体育运动能够帮助国人强健体魄，因此被纳入了卫生的范畴。《市指南》叙述了华南体育会、竞马会、星期球会等团体的地址、附属设施以及发展情况，同时对颇受市民青睐的游泳项目进行了介绍。[⑧]新式体育本身富有教化意义，

① 中国航空建设协会贵州分会航建旬刊编辑部编：《贵阳指南》，文通书局 1938 年版，第 73—82 页。
② 陈珠绂：《对解放前后贵阳医卫情况的回忆》，载《贵阳文史资料选辑》第 39 辑，1993 年，第 180—181 页。
③ 林绪武、邱少君编：《吴鼎昌文集》，南开大学出版社 2012 年版，第 459—460 页。
④ 王家珍：《贵阳城市给水创始记》，载《贵阳文史资料选萃》上册，贵州人民出版社 2006 年版，第 268—274 页。
⑤ 贵阳市政府编审室编：《贵阳市指南》，文通书局 1942 年版，第 162—163 页。
⑥ 黄尧：《漫画贵阳》，文通书局 1942 年版，第 24 页。
⑦ 罗芙芸：《卫生的现代性：中国通商口岸卫生与疾病的含义》，向磊译，江苏人民出版社 2007 年版，第 5—11 页。
⑧ 贵阳市政府编审室编：《贵阳市指南》，文通书局 1941 年版，第 165—166 页。

战时又受到国民政府前所未有的重视，其“国家文化”(National Culture)①表征愈发清晰。因此，对于《市指南》的编撰者来说，体育无疑是展现贵阳良好社会风貌的理想素材。

如果说卫生影响着民众身体的健康，那么教育则关系到其心智的健全。一方面，学生是大后方外来人群的重要组成部分，“就学”信息对其而言大有裨益；另一方面，教育是一座城市“文明程度”的重要指标，因此需要在旅行指南中有所呈现。《指南》“教育、文化”部分刊载了一份《贵阳市各级学校调查表》，里面详细标注了贵阳所有学校的级别、校名和校址。即便没有过多的文字描述，但表格内容还是可以反映出当时贵阳教育体系的健全。②《市指南》除罗列公、私立学校的基本信息外，还讲解了贵阳教育事业的发展背景、繁荣情形以及市政府的教育计划。③的确，战时黔省教育事业的发展有目共睹。战前，贵州无一所真正意义上的高等学府；但到 1942 年，除内迁而来的大夏大学、湘雅医学院、浙江大学、国立交通大学(贵州分校)外，本省还新创办了贵州大学、贵阳医学院、贵阳师范学院 3 所高校，④其中大部分位于贵阳。刘易斯·芒福德(Lewis Mumford)曾在《城市文化》一书中讲到，学校控制着社会的命运，规训和改造它所有方面的行为，其“中心地位”相当于中世纪教堂在基督教控制区所占据的位置。⑤学校或者说教育之于现代社会的意义有目共睹，而这一重要领域的进步无疑是旅行指南的编撰者希望读者能在书中有所领会的。

贵阳公共文化领域的繁荣同样引人注目。《指南》写道：“贵阳为黔省文化中枢，近年民众智识，日趋向上，文化事业之尽力提倡，文化机关之积极设立，自属当然趋势”。方兴未艾的文化事业如何表现呢？《指南》着重介绍了省立图书馆、省立贵阳民众教育馆、贵州文献征辑馆 3 处文化机构，以及日报、通讯、定期刊物 3 类(共 16 种)出版物。⑥这些机构与出版物大多由政府及其附属机构创办，带有明显的官方色彩。如此一来，地方政府在文化事业发展中的“主导”作用得以凸显。《市指南》则从新闻事业之推进、文化服务之倡导、戏剧

① 王笛：《茶馆：成都的公共生活和微观世界 1900—1950》，社会科学文献出版社 2010 年版，中文版序言第 3 页。

② 中国航空建设协会贵州分会航建旬刊编辑部编：《贵阳指南》，文通书局 1938 年版，第 23—26 页。

③ 贵阳市政府编审室编：《贵阳市指南》，文通书局 1941 年版，第 150—156 页。

④ 贵州省政府教育厅编印：《贵州教育》1943 年版，第 56—57 页、第 108—109 页。

⑤ 刘易斯·芒福德：《城市文化》，宋俊岭译，中国建筑工业出版社 2008 年版，第 477 页。

⑥ 中国航空建设协会贵州分会航建旬刊编辑部编：《贵阳指南》，文通书局 1938 年版，第 26—29 页。

运动之开展、学术风气之养成等四个方面对贵阳的城市文化进行了概述。①有趣的是，两部旅行指南都提到了贵阳的话剧活动，但同属表演艺术，且广受大众喜爱的电影和地方戏却未被编撰者纳入“文化”范畴。事实上，由于本地人不适应话剧新颖的演出形式，其在贵阳的市场不如电影。②但话剧往往以严肃的制作演出、明确的主题意识确立其艺术品性，③因此受到官方的推崇；电影和地方戏则常常被批评背离“主流”价值观，故而成为官方严格审查的对象。④通过编撰者的取舍可以看出，旅行指南希望呈现的城市文化形态——其一定是严肃、进步且富有思想性的。

五、从商业繁荣到实业振兴

在民国时期的城市旅行指南中，“工商业”往往是绕不开的主题，相关介绍在为普通读者提供“消费导览”的同时，也为那些商务人士带去了有价值的“市场参考”。《指南》的“商业”一章由 3 组表格构成：“市区商业调查表”标注了 13 类行业、126 户商家的名称、地址和门牌号，所载行业涵盖了大众日常的吃穿用度；“贵阳市金融业一览表”刊载了贵阳当时 7 家银行的地址、办公时间、省内外通汇地点；“贵阳市商会及各同业公会一览表”则记录了贵阳县商会以及 31 个行业公会的地址和负责人信息。⑤虽然整个章节缺少文字介绍，但贵阳商业门类的多样、信用体系的完备、同业组织的健全还是可以通过表格内容反映出来。

或许由于篇幅所限，《向导》没有对贵阳工商业状况展开全面介绍，而是就营造厂、旅馆、饭店、交通器材行 4 类所谓“新兴事业”进行重点论述：

> 这些企业的经营，过去在贵阳寥若星辰，现在，都随着社会的需要，蓬勃发展起来。营造厂多来自京沪，因建筑繁忙，技师工匠颇感缺乏。至于旅馆、饭店，正如雨后春笋。触目皆是，但还感供不应求。⑥

---

① 贵阳市政府编审室编：《贵阳市指南》，文通书局 1942 年版，第 151—152 页。
② 雷斯：《西南重镇：贵阳艺坛鸟瞰》，《电报》，1945 年 9 月 19 日，第 4 版。
③ 徐亚湘：《小市民的高尚娱乐：孤岛时期上海绿宝剧场及其话剧演出（1938—1941）》，《戏剧学刊》2020 年第 32 期，第 10 页。
④ 《市府奉令组织电影戏剧检委会》，《贵州日报》，1941 年 10 月 1 日，第 3 版。
⑤ 中国航空建设协会贵州分会航建旬刊编辑部编：《贵阳指南》，文通书局 1938 年版，第 83—96 页。
⑥ 王行：《贵州向导》，文通书局 1938 年版，第 102 页。

上述行业的兴旺是贵阳“战时繁荣”的缩影。抗战初期，川黔、滇黔、湘黔、黔桂四大公路干线的贯通，使贵阳成为西南地区的交通中枢，随着汽车运输业的勃兴，贵阳出现了汽车配件材料专营商行。①同时，南来北往的“过客”又刺激了餐旅服务业的发展，曾有文人将贵阳的旅馆、餐馆和茶馆贴切地称为“山城三多”，并指出正是它们支撑起了贵阳市面的繁华景象，②由此可见这三个行业在城市经济中的分量。另外，战时地方政府大力推进的市政建设以及人口剧增带来的土木兴建，为贵阳的建筑行业创造了巨大的市场，大大小小的营造商活跃一时。③通过对新兴行业的描述，《向导》向读者展示了贵阳城市经济的活力与潜力，同时也隐晦地释放了某种的投资信号。

相较于前两部旅行指南，《市指南》对于贵阳城市经济的描写最为详细，但介绍的重点从商业转向了金融业与工业。该书第五章“实业金融”首先对贵阳城市经济的发展历程进行了概述：

> 筑市实业金融，向未趋于发展，抗战以后，筑市已由黔省政治经济之中心，一跃而为抗战建国之后方重镇，人力物力，先后集中，工商百业，得以繁荣滋长，而金融事业犹如雨后春笋，随之发达，遂使筑市社会经济形态，骤起剧变，一切事业已具现代化都市之规模。④

开篇的这段文字洋溢着一种“乐观主义”，为之后的内容奠定了基调。《市指南》擅长通过一系列“今昔对比”和列举来彰显城市经济的进步。例如在论及工业发展时，编撰者指出，战前贵阳使用机器生产的厂商仅 9 家，而战时仅贵州企业公司开办于贵阳市区的工厂，能列举出的就不下 10 家；又如贵阳的金融业在 1934 年以前“亦尠可述”，但自 1935 年开始，各大银行相继来筑设立支行，截至 1940 年，贵阳的公、私金融机构已超过 13 家。⑤的确，贵阳城市经济的落后与萧条长期为人诟病，1937 年，在大规模内迁浪潮尚未席卷贵阳之前就曾有经济学家警告：“本市商场，在近年来，概言之，一凋敝枯竭之现象，长此以

① 参见邓时恩：《贵州公路运输史》，贵州人民出版社 1993 年版，第 95 页。
② 黄风：《漫画贵阳》，载《贵阳市工商业名录》，逸文社 1942 年版，第 47 页。
③ 王伦：《解放前后贵阳建筑行业的变化和发展》，载《云岩文史资料选辑》第 8 辑，1990 年，第 36 页。
④ 贵阳市政府编审室编：《贵阳市指南》，文通书局 1942 年版，第 109 页。
⑤ 贵阳市政府编审室编：《贵阳市指南》，文通书局 1942 年版，第 109—110 页。

往,势将一蹶不振"①。当筑市的工商业乘着内迁的东风蓬勃发展时,旅行指南的编撰者便迫切想为读者呈现一个经济繁荣的"新贵阳"。

泛泛的赞扬似乎还不能完全说明战时贵阳经济建设的成绩,《市指南》又对两个成功的个案进行了深入且详细的讲解。为了广泛筹措资金应付各种支出,贵州省政府从1939年开始谋划成立一家地方性银行。1941年,官商合办性质的贵州银行(简称贵行)正式开业,②成为黔省金融史上的一次标志性事件。《市指南》概述了贵行的地址、电话、营业时间、组织架构、资本总额、通汇地点等基本情况,并强调该行的创办宗旨是"调剂本省金融,扶助本省实业"。在介绍贵行的业务范围时,编撰者特别说明它具有代理市县金库、经理市县债券、保管市县机关财产与基金的职能,因为深厚的官方背景有助于强化银行的信誉。③贵行的成立被标榜为"加强抗战实力,活动地方金融"④的一次努力,《市指南》的相关内容既为其做了很好的广告,也让读者看到了地方政府在经济建设方面的作为。

贵州企业公司(简称贵企)是地方政府的另一大经建"杰作"。贵企诞生于1939年,是由贵州省政府发起,联合中国、交通、农民三大银行以及经济部资源委员会,利用地方政府特权组建的一个官僚资本企业。⑤贵企类似于集团公司,几乎垄断了黔省最重要的工矿。《市指南》首先交代了贵企的地址、组织以及下属企业,然后着重对贵企的"业务概况"进行介绍,其中对公司资本结构及运用的讲解十分详细,主要包含三层含义:1.贵企资本由官股与商股两大部分组成;2.贵企愿为民营企业提供资金与技术援助;3.贵企极力欢迎地方人士投资。⑥事实上,编撰者对贵企与贵行的介绍有着相同的意图。首先,贵企被夸耀为开创性的"模范"事业,官方一直以贵企"只此一家,别无分号"的"省营"模式为骄傲,⑦《市指南》关于贵企的介绍展现了地方政府发展实业的执行力与创造力。其次,当时贵企正欲通过二次增资来实现业务拓展,⑧所以旅行指南的积极宣传有助于加强大众对贵企的了解,从而吸引投资者。简言之,政治诉

① 张肖梅:《贵州经济》,中国国民经济研究所1939年版,第4页。
② 金戈:《记抗战后的贵州银行》,载《贵阳文史资料选辑》第37辑,1993年,第173页。
③ 贵阳市政府编审室编:《贵阳市指南》,文通书局1942年版,第117—118页。
④ 《贵州银行实现》,《贵州日报》,1940年6月20日,第3版。
⑤ 钱存浩:《贵州企业公司见闻》,载《贵阳文史资料选辑》第6辑,1982年,第62页。
⑥ 贵阳市政府编审室编:《贵阳市指南》,文通书局1942年版,第111—117页。
⑦ 何辑五:《贵州政坛忆往》,中外图书出版社1982年版,第80页。
⑧ 参见彭湖:《今日之贵州企业公司》,《贵州企业季刊》1943年第1卷第3期,第69—70页。

求与商业诉求交织于《市指南》对贵阳城市经济的描述中。

结　语

美国学者鲁迪·科沙(Rudy Koshar)在他关于近代德国旅行指南的研究中指出，观光活动承担着对“知识”与“乐趣”的双重追求，即使在一些最盲目和最商品化形式的观光行为中，对知识以及超越市场的“真正”认同的追求也是其特征。①换言之，观光过程不仅是商业性和娱乐性的，也是文化性与思想性的。而作为观光、旅行活动的附属产品，近代西方抑或中国的旅行指南同样具有上述多元化取向。在抗战时期关于贵阳的三部旅行指南中，编撰者试图向读者传递的“知识”即是一种“崭新”的地方社会面貌：四通八达的公路系统、不乏现代感的城市景观、安定祥和的日常生活、欣欣向荣的文卫事业以及充满活力的城市经济。尽管与现实相比存在不少理想化成分，但旅行指南所呈现的进步性意象建构出了一个正向现代、文明、繁荣迈进的“新贵阳”形象。不同于其他普通的宣传印刷品，旅行指南还具有明显的实用功能和商业价值，因为它能为外来者提供游览资讯与异地生存的经验。②在大量实用信息的铺陈和“修饰”下，编撰者的城市书写显得自然而真实。与此同时，“美好”的城市形象夹带在丰富的“城市百科知识”中，经过书籍销售与流通的网络，最终顺理成章地送到了广大读者面前。

从《向导》到《指南》再到《市指南》，编撰者对贵阳城市形象进行“美化”的意图与痕迹愈发清晰，这一“光谱式”演进的背后隐藏着并不完全相同的写作动机。《向导》开篇提出了一个主旨性的问题：“怎样认识今日的贵州?”在王行看来，以往国人对黔省的观感太过片面、陈腐甚至扭曲，已经跟不上现实世界的“客观”变化。为此，王行穷尽资料来凸显贵州方方面面的“新”，他迫切改变外来者对黔境印象的愿望源自地方知识分子的“乡土情怀”。从王行之后的人生经历来看，他未曾离开贵州，并一直致力于地方文教事业的发展。不同于《向导》由个人编著完成，1938 年的《指南》与 1942 年的《市指南》则是官方主导下“集体创作”的成果。至于创作的动机，除了为旅黔人士提供便利，更重要的是希望借由旅行指南这一大众读物的流通输出一种全新的城市形象，以彰显

① Rudy Koshar, "'What Ought to Be Seen': Tourists' Guidebooks and National Identities in Modern Germany and Europe", *Journal of Contemporary History*, Vol.33, No.3(Jul., 1998), p.325.

② 马树华、赵成国:《城市指南与近代青岛的空间变迁(1898—1949)》,《近代史研究所集刊》2017 年第 95 期,第 78 页。

地方政府的行政绩效与治理能力。正如邵勤所言：政治开始依靠大规模的信息传播，出版事业变成了权力。[①]无论是1938年改组不久的黔省政府，还是1942年新近成立的贵阳市政府，都需要对其“政治合法性”进行确认和强调。尽管文本中出现的美好事物并非都与政府有关，但在官方城市书写的框架下，它们都泛化成了“治理有佳”的社会的一部分。

当然，“建构”并不等同于“虚构”，“文字城市”(wordcity)“真实城市”(realcity)[②]往往互为文本。抗战时期，贵阳的城市发展的确迎来了一个“黄金时代”，从交通状况到经济结构，从城市景观到大众文化，贵阳的方方面面都发生着前所未有的变化。在当地人看来，贵阳的改观令人振奋，正如一位本土作家所言：“真梦想不到军兴以后，贵阳会形成西南诸省交通的中心枢纽，民族复兴的重要根据地，不要说交通、政治，就是一切建设、人物、风俗人情也都为之一变。”[③]正是伴随着“战时繁荣”的到来，一种迟到的“城市意识”[④]悄然萌芽，贵阳逐渐被视为贫瘠山地景观中的一个特殊存在，1941年现代“市制”的确立更是在制度层面将贵阳从乡土社会的汪洋中剥离。从《向导》中能够看到，“贵阳”是作者“贵州叙事”的重要组成部分，同时这座城市的新风貌也是作者津津乐道并希望向读者展示的内容。而在官方背景的《指南》与《市指南》中，编撰者同样想极力呈现贵阳的种种“文明”与“进步”，良好的城市形象俨然成为一种“政绩”，同时，塑造这一形象则被纳入了官方“文化治理”(cultural governance)[⑤]的范畴。从某种意义上讲，三部旅行指南的诞生反映了城市意识向民间与官方的渗透。

---

① 邵勤：《出版事业和政治形象：1910—1920年的南通模式》，《中国社会历史评论》2004年第3期，第79页。

② Pike Burton, *The Image of the City in the Modern Literature*, Princeton Univ Pr, 1981.转引自田根胜、黄忠顺编：《城市文化评论》(第10卷)，花城出版社2013年版，第155页。

③ 顾君：《贵阳的新面目》，《奋报》，1940年3月5日，第2版。

④ 台湾学者王正华通过对江南地区城市图消费的研究指出，至少在晚明时期，江南地区就存在“城市意识”，即意识到城市的不同，这是对中国古代城市“城市向一体化”理论的一种修正。参见王正华：《过眼繁华——晚明城市图、城市观与文化消费研究》，刊《中国的城市生活》，新星出版社2006年版，第1—52页。

⑤ 王志弘：《影像城市与都市意识的文化生产：〈台北画刊〉之分析》，《城市与设计学报》(台湾)2003年第13/14期，第236页。

Reshaping the Border City: City Writing in Guiyang Travel Guidebook during the Anti-Japanese War

Abstract: After the outbreak of the Anti-Japanese War, Guiyang became a major rear town. With the arrival of the tide of inward migration, Guiyang travel guides, which mainly target readers from outside groups, began to appear in the local book market. Such manuals are not only completed by private individuals, but also "collectively created" by official organizations. However, no matter who the editor is, they provide readers with rich "urban encyclopedia knowledge" while trying to export a modern, civilized, and progressive image of a beautiful city. On the one hand, this text beautification project originated from the "local feelings" of local intellectuals; on the other hand, it was to demonstrate the administrative performance and governance capabilities of local governments. Furthermore, the two writing motives reflect the emergence of "urban consciousness" in folk and government of Guiyang.

Key words: The Anti-Japanese War period; Guiyang; Guide-book; City-writing; City Image

作者简介:孟浩,男,贵州金沙人。西南交通大学马克思主义学院助理教授。

论新世纪农民工题材小说的城市异托邦

刘 虎

摘 要:新世纪以来,随着我国城市化进程的加快和城乡空间的不断整合,城市与乡村二元对立的关系渐趋瓦解。作家们跳脱出"非城即乡"的书写模式,更多关注城乡空间内部的异质性和多元性,叙写底层人群的生存境况和精神困惑。城市异托邦是在都市空间扩张背景下形成的差异性城市空间,而农民工在城市底层空间的遭遇体现出城乡文化的巨大差异,成为城市异托邦的重要存在形式。本文从农民工群体在城市日常生活的微观层面出发,分析他们在城市异托邦生活空间、劳动空间和消费空间的现实遭遇,关注他们在城市的他者地位与漂泊命运,进而探讨农民工题材小说城市异托邦书写的价值诉求。

关键词:农民工题材小说 城市异托邦 生活空间 劳动空间 消费空间

"异托邦"(heterotopias)来自于希腊文,字面意思是"差异的地点",是法国哲学家、社会思想家米歇尔·福柯(Michel Foucault)提出的重要概念①。与"乌托邦"这一并非真实存在的想象性空间相对,"这种场所在所有场所以外,即使实际上有可能指出它们的位置。因为这些场所与它们所反映的,所谈论

① 学者张锦指出,福柯先后三次提到"异托邦"这一概念。第一次是在1966年出版的《词与物》一书的前言中,第二次是在一个"乌托邦与文学"的广播节目中,第三次是在1967年建筑学研究会的发言稿《其他的空间》一文中。参见张锦:《福柯的"异托邦"思想研究》,北京大学出版社2016年版,第84页。

的场所完全不同，所以与乌托邦对比，我称它们为异托邦”①。“异托邦”是人们习以为常的日常空间外的异质空间，这些空间可能会被人忽视，却真实存在于我们身边。

新世纪以来，随着我国城市化进程的加快和都市规模的不断扩大，城乡间的互动往来日益频繁，传统地理意义上的城乡二元空间面临着新的整合与重构，城乡关系也由对立冲突逐步走向融合乃至同一化。以往“非城即乡”的文学书写模式既不符合当前急剧变化的城乡空间现实，又在一定程度上遮蔽了城乡空间内部的复杂性和多样性。新世纪农民工题材小说，作家超越地理意义上的城乡二元书写，通过农民工群体将城乡差别由“城乡之间”转移到“城市之中”，关注城市异托邦呈现出的城乡新差异。本文从农民工日常生活的微观层面出发，结合具体的小说文本，分析农民工在城市异托邦生活空间、劳动空间和消费空间的现实遭遇，关注城市化进程中农民工的物质生存境况与内心情感冲突，进而思考城市异托邦书写的价值诉求。

一、城市异托邦生活空间

在我国城市化建设浪潮中，鳞次栉比的建筑群和纵横交错的交通网络使城市空间越来越“乌托邦化”，而那些与现代化进程相冲突的异质空间则被安置于城市隐秘角落，成为不为人知的“飞地”。在新世纪农民工题材小说中，与都市高耸的楼房、明亮的写字楼和奢华的酒店相对，农民工大多居住在城乡结合部的棚户区、逼仄的民租房、简陋的工棚等区域。这些城市生活空间不仅成为此类小说故事展开的重要场所，也映现出农民在城市的“他者化”地位。因为“空间对于定义‘其他’群体起着关键性作用。在被称作‘他者化’的过程中，‘自我’和‘他者’的特性以一种不平等的关系建立了起来”②。农民工心怀美好想象来到城市，既与乡村空间隔离，又因“城乡意识形态”③也与城市空间隔离，成为遭受双重空间隔离的城乡边缘人，空间的隔离造成他们身份确认的困难，强大的生存压力和城市资源的匮乏常使他们的进城之路坎坷艰难。

城市异托邦生活空间首先表现为农民工城市居住环境的简陋。农民工属

① 福柯：《另类空间》，王喆译，《世界哲学》2006年第6期，第54页。

② 迈克·克朗：《文化地理学》，杨淑华等译，南京大学出版社2003年版，第78页。

③ 徐德明：《“乡下人进城”叙事与“城乡意识形态”》，《文艺争鸣》2007年第7期，第48页。

于城市闯入者和流浪者,农民身份和农村生活经历使他们并未和城市建立起稳固、持久的联系,他们在城市的居住条件大多是拥挤脏乱、不如人意的。贾平凹《高兴》中刘高兴和五富等进城捡拾破烂的乡下人住在池头村摇摇欲坠的“剩楼”里,巷子狭窄曲折,电线像蜘蛛网一样相互交缠。孙惠芬《民工》中鞠福生和工友们住在由汽车车体改造成的工棚内,里面燠热难耐,臭气熏天,蚊虫纷飞。张抗抗《北京的金山上》中李大和家人住在狭窄逼仄的民房内,而对面就是富人的别墅区。许春樵《不许抢劫》中杨树根在城市的“家”更是破败不堪:“十九个民工集体睡在毛竹、竹维板、油毡搭起来的临时工棚里,砖头砌起来的床铺上铺上席子,这就是他们的家了。”①“家”本是“能够在安详中做梦”②的温馨场所,而农民工在城市的“家”只是一个暂时容身歇脚的地方,有时尚不能遮风挡雨,更遑论成为他们身心休憩的港湾。农民工虽然生活在城市,但城市异托邦与他们想象中的乌托邦城市镜像有着云泥之别,这种巨大落差强化了他们在现代生活体验中的矛盾与尴尬。农民工在城市的居住空间“象征性地标记了农村的‘落后’和农民工身份的‘他性’,并界分出二元化的差等的社会空间”,“恰恰是这种近处的对比与映衬‘逼出’城市精英对于外来农民工的主体地位和精英立场,以及农民工群体的‘弱势处境’和‘他者形象’”③。

荆永鸣创作的“外地人”系列小说,通过叙写农民工城市居住空间的丧失或被剥夺,着力表现他们融入城市的辛酸和痛楚。《大声呼吸》(《人民文学》2005年第9期)中在北京开饭馆的刘民居无定所,数次辗转后终于租到一家拥挤的大杂院。因邻居患有心脏病,不能承受噪音,他和老婆秀萍每天蹑手蹑脚、屏声敛气。秀萍想要摆脱这种压抑的生活环境,只能被迫去郊区的野地放声大哭。爱好音乐的刘民貌似已融入城里的歌舞队,但城里人还是会讥笑他的土气和不入流,嘲笑他指挥的样子像厨师掂勺。相比而言,在饭馆打杂工的王留栓和在保洁公司打工的妻子带弟的城市生存境遇就显得更为艰难了,他们虽然生活在同一座城市,但聚少离多,城市没有真正属于他们的一张床,两人只能偶尔去郊外的野地“闹碴”一回。王留栓和带弟在城市雇主床上的亲热,还被主人当场“捉奸”并报警审讯,被逼无奈的夫妻二人只好坐上“离开城

① 商昌宝编:《接吻长安街:小说视界中的农民工》,北岳文艺出版社2014年版,第120页。

② 加斯东·巴什拉:《空间的诗学》,张逸靖译,上海译文出版社2009年版,第4—5页。

③ 王建民:《社会转型中的象征二元结构——以农民工为中心的微观权力分析》,《社会》2008年第2期,第100页。

市的火车，逃跑似的奔驰在广阔的原野上，一直向西……”①同样，《北京候鸟》(《人民文学》2003年第7期)中来泰为躲赌债来到北京，为了在城市扎根，他用打工挣来的血汗钱盘下一家小饭馆，不到三个月时间，一纸拆迁令使他血本无归，最后只能继续蹬三轮以糊口度日。在小说结尾处，来北京城几年的来泰因喝醉酒找不到自己的住所，最终迷失在茫茫黑夜中号啕大哭。不论是刘民和妻子居住空间的逼仄局促，王留栓和带弟的居无定所，还是来泰迷路找不到回家的方向，都意味着城市不能为农民工提供理想的生活家园，城市对刘民(谐音为流民)们实行“经济性接纳与社会性排斥”②的双重标准。这些游荡在城市底层的社会弱势群体在孤绝的城市空间一次次经受着颠沛流离，他们亟需在自由舒畅的环境中“大声呼吸”。

城市异托邦生活空间还表现为农民工在城市被排斥的边缘地位。有学者对福柯“异托邦”思想进行再解读时指出，“从物理意义上讲，‘异托邦’的存在多数与‘边地’‘荒域’‘缝隙’‘交接点’等地理运动所形成的自然区块有关，但从地缘政治的角度看，‘异托邦’的‘属域’更多的其实是被来自‘中心’的强力以驱逐、挤压、排斥或者协约、律令、限制等等方式人为地构筑出来的”③。城中村、棚户区在改革开放以前是城市贫民聚集生活之地，随着民工潮的兴起，这些城市异质空间因廉价的房租成为进城农民工的聚集地。这样的城市居住空间，显示出城/乡、中心/边缘、市民/农民工等明显的二元区隔意味，而这被“构筑”出来的城市异托邦既与国家法律条约的管控有关，也与市民对农民工的“污名化”④形象建构有关。列斐伏尔(Henri Lefebvre)认为：“空间里弥漫着社会关系；它不仅被社会关系支持，也生产社会关系和被社会关系所生产。”⑤农民工在城市的生活空间既是不平等社会关系的外在表现，又反过来进一步巩固和增强这种社会关系。大量的小说作品通过叙写市民对农民工的排拒，

① 荆永鸣：《创可贴》，敦煌文艺出版社2014年版，第192页。

② 李立：《多维空间叙事结构下的苦难呈示与正义诉求——当代底层农民工书写的空间叙事分析》，《文艺理论与批评》，2012年第5期，第132页。

③ 贺昌盛，王涛：《想象·空间·现代性——福柯“异托邦”思想再解读》，《东岳论丛》，2017年第7期，第85—86页。

④ 德国社会学家诺贝特·埃利亚斯在研究胡戈诺派教徒的时候，提出了“污名化”这一概念，即社会中的某一群体总是习惯性地将人性的低劣强加于另一个群体并不断维持的过程。

⑤ 亨利·列斐伏尔：《空间：社会产物与使用价值》，陈志梧译，引自包亚明主编《现代性与空间的生产》，上海教育出版社2002年版，第48页。

表现农民工在城市的尴尬处境。夏天敏《接吻长安街》(《山花》2005年第1期)中从云南偏远山区来北京打工的柳翠在公交车上看到一个空位想坐下时,旁边的女孩一脸嫌弃地起身离开。孙惠芬《民工》(《当代》2002年第1期)中在城里建筑工地打工的鞠广大因乘坐公交车时遭受过别人的白眼甚至殴打,以至于他以后坐车时会膝盖发抖,牙齿上下磨砺。李肇正《女佣》(《当代》2001年第5期)中进城当保姆的杜秀兰和丈夫壮壮刚上公交车,就被市民们区隔在孤立的区域。公交车这一城市公共空间表面上缩短了农民工和市民的物理距离,但城乡间的心理距离依然存在,市民的鄙夷和冷眼强化了农民工的"异乡人"身份,使他们陷于焦虑自卑和孤独无助的境地。这样的社会关系容易使农民工向内形成聚合性群体,以此对抗外来势力的侵袭,从而进一步加深了他们对城市的陌生感和疏离感。

与冷漠歧视的现实环境相对,"异托邦"还能创造出具有幻觉性的虚拟空间。"它们的角色是创造一个不同的空间,另一个完美的、拘谨的、仔细安排的真实空间,以显示我们的空间是污秽的,病态的和混乱的。"①也就是说,"异托邦"能够满足人当前的自我愿望,但这种补偿性满足是暂时和不可靠的,最终映照出的是人们惨淡的现实境况。在城里捡拾破烂的刘高兴(贾平凹《高兴》)坐上出租车想在西安城游逛一番,他看到了城里霞光满天、绿树成荫的壮美绮丽景象,幸福感骤然提升,但这种幸福的错觉和他正遭受的现实生活形成鲜明比照,而这种对比也更强化了农民工内心的惶惑。乡下姑娘明惠(邵丽《明惠的圣诞》)化名圆圆来城里的发廊打工,结识了城市男人李羊群并投入他的怀抱,过上了自己梦寐以求的城里人生活,但这种虚幻性满足和自以为是在一次和李羊群朋友们的聚会中被击碎,"她们吐出的烟雾像一条河流,但她觉得自己被隔在了河的对岸……她们开心恣肆地说笑,她们是在自己的城市里啊"②。现实的打击让明惠认清了自己和城市女人的差别,也认清了她和李羊群根本不属于同一个精神空间。融入城市无望的明惠最后选择了自杀,可悲的是李羊群直到最后也不明白她自杀的原因。同样,项小米《二的》中小白离开家乡来城里当保姆,她天真地以为只要向城市雇主聂凯旋付出自己的青春和感情,就可以取代其妻子单自雪而名正言顺地成为城里人的太太,但她的美

① 福柯:《不同空间的正文和上下文》,陈志梧译,引自包亚明编《后现代性与地理学的政治》,上海教育出版社2001年版,第27页。

② 邵丽:《明惠的圣诞》,江苏凤凰文艺出版社2016年版,第84页。

好愿望却被聂凯旋一句话就轻易解构了:“我认为她不过是在抒发自己对城市生活的种种感受,就像报纸上常说的那样,一种‘都市症候群’,不过如此而已。”①小说题目“二的”既是小白父母给妹妹随意起的一个代指性名字,也象征着乡村在城市面前的屈从俯就地位。小白没有意识到城乡空间的壁垒和她与聂凯旋之间的身份差别,而一味沉溺于虚幻的爱情梦和城市梦,这是造成她悲剧命运的根本原因。

“现代城市,其空间形式,不是让人确立家园感,而是不断地毁掉家园感,不是让人的身体和空间发生体验关系,而是让人的身体和空间发生错置关系。”②农民工在城市异托邦生活空间的现实处境不仅显示他们居住条件的简陋寒酸,还进一步表征着他们被排斥被轻视的城市地位。这既与农民工城市生存资本的匮乏有关,也与城乡二元体制的深远影响有关,而“异托邦”创设的虚幻性满足空间只会更加凸显他们晦暗的城市生活。

二、城市异托邦劳动空间

“劳动”是马克思主义哲学的一个重要概念,在中国社会主义历史阶段,党和政府高度重视劳动及劳动改造的重要作用,并不断丰富发展了马克思主义的劳动思想。“‘劳动’或者‘劳动中心主义’,在中国革命的历史语境中,承担着一个极其重要的叙事功能,即不仅在制度上,也在思想或者意识形态上,真正颠覆传统的贵贱等级秩序,并进而为一个真正平等的社会提供一个合法性的观念支持。”③但随着20世纪90年代以来市场经济和消费文化的兴起,劳动的创造性内涵几乎被遮蔽,劳动主体面临着思想认知与现实处境的伦理错位。

农民们为了改善现实生存状况进城谋生,但他们大多缺乏专业技术和文化经济资本,只能依凭原始的身体力量,在城市从事多数人所不愿干的脏活、苦活、累活。即便如此,他们的劳动价值往往还是无法得到充分承认,自我理想更是无从实现。“打工”一词即意味着劳动者临时受雇于某人或某单位,本身就蕴含着社会阶层的分化。所以,农民进城打工和工人在工厂上班还是有着本质区别:工人身份意味着他们属于城市,即使待遇不高,工作辛苦,他们在

① 项小米:《葛定国同志的夕阳红》,北京十月文艺出版社2005年版,第138页。

② 汪民安:《身体、空间和后现代性》,江苏人民出版社2015年版,第130页。

③ 蔡翔:《革命/叙述:中国社会主义文学——文化想象(1949—1966)》,北京大学出版社2010年版,第236页。

工厂工作也是名正言顺的；而农民身份则表示农民工的户籍关系在农村，进城务工只是临时性的谋生手段，最终还要回到生养他们的农村。这就意味着农民工必定要面临职业频繁更换和自我身份认同等一系列现实问题。本节重点分析的城市异托邦劳动空间包括垃圾场、工厂、建筑工地、发廊、洗浴中心和城市人的"家"等场所。

城市异托邦劳动空间首先体现在垃圾场这一边缘区域，垃圾场多位于城乡结合部，环境肮脏污浊，人们避之而不及，但农民工却被迫在这一地带挣扎求生，暗示着他们艰窘屈辱的城市生活。刘高兴和五富（贾平凹《高兴》）、李四和胡来城（鬼子《瓦城上空的麦田》）、李大（张抗抗《北京的金山上》）、王才（范小青《城乡简史》）等进城农民都在垃圾场以回收旧货、捡拾垃圾为生。在《高兴》中，城里人把进城捡拾破烂的刘高兴和五富唤作"破烂"，连刘高兴也说："哦，我们是为破烂而来的，没有破烂就没有我们。"[①]垃圾这一意象成为农民工被现代化进程遗弃的重要隐喻。即便捡拾垃圾这样卑微的苦力活也要划定区域，不可随意僭越。《高兴》中捡拾垃圾的农民工内部存在明显的等级分化，五个不同等级之间界限明确，而第一等级人群则和城管、公安等城市主流空间发生着或明或暗的联系。由此可见，捡拾破烂的农民工和城市处在一种相互交织叠加的关系网中。贾平凹直面城市空间的多元复杂性，将拾荒者这一隐蔽的社会群体和城市空间发生关联，揭示出城市资本与权力的结合，也唤起人们对城市异质空间内弱势群体的关注。刘庆邦《到城里去》中宋家银一心渴望做城里人，即使丈夫杨成方在城里捡拾垃圾，她也觉得比在农村强。她唯一的一次进城是为了探望偷拿别人东西而被刑拘的丈夫，结果"她进了城，还得从城里退出来。她退了一程又一程……后来宋家银退到了城外，退过一片庄稼地，又退过一块菜园"，最后来到"一片垃圾场的旁边"[②]。这次进城之旅让宋家银明白了城乡鸿沟的难以逾越，但倔强的她把再次进城的希望寄托在放弃参加高考的儿子杨金光身上。新一代农民工进城打拼，因缺少专业技术和文化教育资本，也就无法逃脱近乎宿命般的悲剧命运。

农民由乡入城，遭遇着主动跨越与被动隔离所带来的现代性发展悖论。城市异托邦是一个自由开合的系统，表面上对所有人开放，实际有着严格的准

① 贾平凹：《高兴》，作家出版社 2007 年版，第 152 页。
② 张颐武编：《全球华语小说大系 · 乡土与底层卷》，新世界出版社 2012 年版，第 38 页。

入制度，需要经过某种仪式或者进行净化方可进入。农民工看似已冲破城乡界限来到城里，却往往不被城市所真正接纳。除了垃圾场，城市异托邦劳动空间还包括建筑工地。杨树根和其他民工在建筑工地干着危害生命健康的刷油漆工作(许春樵《不许抢劫》)，廖珍和吴顺手像“蚂蚁”般在城市上空高空作业(马秋芬《蚂蚁上树》)，年过半百的大嫂在工地干着搬砖块、推斗车的重体力活(罗伟章《大嫂谣》)。这些农民工在建筑工地从事着超负荷的体力劳动，生命安全和身体健康得不到保障，但他们也因暂时拥有了糊口的工作而满足。在建筑工地这一叙事空间，建筑物和住在建筑物里的人拥有绝对的支配权和主体地位，而农民工则常成为“被凝视”“被驱赶”的对象。“农民工对城市的社会参与更多展现为建设性的生产劳动，空间隔离、社会交往隔离所引致的排斥或空间剥夺，使得农民工对城市生活参与和文化融合及足够的自主精神呈现缺失状态，在这个层面上，引发空间归属在主体经验中的缺失。”①农民工为城市建设贡献力量，并梦想着能在城市有自己的一席之地，但他们大多数终究只是繁华都市的匆匆过客，只能寄寓于异化的城市底层空间，还要遭受别人无端的指责和怀疑。王十月《示众》(《天涯》2006年第6期)中建筑工人老冯返乡前想进自己建造的小区内看看，遭到拒绝后企图翻墙而被逮，最后他脖子上被挂起侮辱性的木牌以示众。曹多勇《城里的好光景》(《小说选刊》2006年第2期)中民工“我”闲来无事喜欢扬起脖子数楼层，心中暗想着自己与城市的关联，但小区保安对“我”这一举动心怀戒备而出面制止。在建筑工程竣工前，工地是民工们聚集的场所，他们用自己的汗水换来城市空间的扩大。随着工程的结束，建筑工地这一城市异托邦劳动空间就不复存在，农民工也与工地失去关联，只能被迫找寻下一个劳动场所，而这种流动的劳动空间昭示出他们漂泊动荡的城市生存境况。

“工厂建筑集中了生产，分化了工作步骤，有利于监视，并促成了更高的准确性，层级监视对工厂是一个关键的元素。”②在新世纪农民工题材小说中，工厂是经常出现的城市异托邦劳动空间。农民工在工厂付出辛勤劳动以换取微薄收入，常常还要受到权力的监视和资本的压制。如鬼子《被雨淋湿的河》、王

---

① 杨子:《城市新兴工人的空间及生产——以上海外来农民工为例》，引自胡慧林、陈昕、王方华主编《中国都市化研究》(第2卷)，上海人民出版社2010年版，第174页。

② 戈温德林·莱特，保罗·雷比诺:《权力的空间化》，陈志梧译，引自包亚明主编《后现代性与地理学的政治》，上海教育出版社2012年版，第35页。

手《乡下姑娘李美凤》、王十月《国家订单》《开冲床的人》、陈应松《太平狗》等小说都以工厂为叙事空间。工厂主在资本原始积累阶段重视经济效益，无视工人们的生命健康和人身权益，而农民工这一临时的“工人”角色更加剧了他们的身份焦虑。工厂这一临时封闭的空间，暂时抹平了城乡间的差异，制造出一种人人平等的假象，但是在城市权力和资本的强势作用下，农民工作为“沉默的大多数”根本没有和工厂老板对话的可能。农民工离开农村进入城市劳动空间，不仅要付出常人难以忍受的体力劳动，还要受到工厂企业老板的监视和规训，这都显示出农民工在市场化经济发展浪潮中被剥削的命运处境。

与进城男性农民工大多在上述劳动空间从事体力劳动不同，很多进城乡下女性在发廊、按摩房和洗浴中心工作，这些场所在农民工题材小说中大多意指声色之地。进城乡下女性在这些暧昧的都市空间或主动或被迫地出卖自己的青春，遭受着身心的蹂躏，如方圆（吴玄《发廊》）、宁德珍和舒小妹（李肇正《姐妹》）、表姐、小凤和小芳（魏微《回家》）、刘小丫（乔叶《紫蔷薇影楼》）等，这些进城乡下女性的身体成为城市男性的消费对象。除此而外，还有很多女性在城市从事保姆工作，如小白（项小米《二的》）、米粒儿（阿宁《米粒儿的城市》）、杜秀兰（李肇正《女佣》）等。她们生活在城里人的屋檐下，因家庭空间的私密性和排他性而始终无法真正融入其中，只能在屈就的生存状态中经受身心折磨。总之，农民工以原始的身体力量推动城市的现代化发展，但“他们所从事的上述工作大都不是‘资本密集型’、‘技术密集型’，而是‘劳动密集型’，这就使得他们无缘真正的‘现代工业’，依旧干的是出力气的重活儿，是简单的原始劳动，是身体与物体的相互挤压，是血肉与工具的相互研磨”①。这也意味着农民工大多无法真正逼近城市内核，实现自我现代性重塑，而城市异托邦劳动空间也表征着他们在现代化进程中的生存困境与情感冲突。

苏珊·斯坦福·弗里德曼（Susan Stanford Friedman）认为：“所有故事都需要边界，需要跨越边界，即需要某种文化接触的区域。”②农民工跨越城乡边界由乡入城，却因城市资本和文化资源的匮乏而几乎被排斥在现代城市空间外。即便他们身体挤进了城市，并在垃圾场、建筑工地、工厂、发廊、洗浴中心和城市人的“家”等城市空间谋得了一份职业，但城市和城市人身份于他们而

---

① 李兴阳：《中国社会变迁与乡土小说的“流动农民”叙事》，《扬子江评论》2013年第3期，第88页。

② 詹姆斯·费伦等主编：《当代叙事理论指南》，申丹等译，北京大学出版社2007年版，第215页。

言仍是一个遥不可及的存在。这些劳动空间看似稳固，为农民工提供了谋生的场所，但究其实质只是他们在城市提供的有限范围内做出的无奈选择。城市异托邦劳动空间体现出城乡分化给农民工带来的苦痛创伤，也表明了他们困厄艰窘的城市生存现状和“在路上”的茫然无措。

三、城市异托邦消费空间

20世纪90年代以降，随着我国都市规模的不断扩大和大众文化的日益兴盛，消费逐渐成为城市文化的主流话语。在鲍德里亚(Jean Baudrillard)看来，人们消费的不仅仅是物本身，而是物所体现出来的符号性意义，琳琅满目的物质商品背后所隐藏的符号体系显示出社会关系的复杂性与不对等性。“对‘物’的消费便可能成为社会结构和社会秩序及其内在区分的主要基础。鲍德里亚认为，消费品事实上已经成为一种分类体系，对人的行为和群体认同进行着符码化和规约。”①可见，消费行为本身已经从物的使用价值层面脱离出来，成为体现人们身份地位和社会等级的重要符码，也强化着消费者自我的群体归属与角色认同。在新世纪农民工题材小说中，农民工的城市消费主要体现为物质消费和娱乐消费，而这种城市消费带有明显的区隔意味，显示出农民工边缘的城市境遇。

城市异托邦消费首先体现在物质消费上，民以食为天，农民进城首先要解决温饱问题，《高兴》中五富为了吃饱饭跟着刘高兴来到城里，但城市并不能满足五富的简单愿望。五富和刘高兴没钱买菜，只好捡拾别人不要的烂菜叶。收破烂有收入的时候能吃上放了少许盐的面条和豆腐乳，没有收入的时候只好躺在床上挨饿，最后五富也是因为吃鱼翅而毙命，可以说从五富进城到他最后离世，“食”成为一条贯穿始末的重要线索，也串起了他在城市的悲喜遭遇。为了节省出更多的钱邮寄回老家，五富省吃俭用，从牙缝里省钱，他啃着发霉变质的干馍，喝着水龙头里流出的自来水，这样极其简单劣等的饮食维持着他困窘的城市生活。相比而言，在饮食消费方面，城市上流阶层的韦达吃的也是玉米、萝卜、饸饹等粗粮，花样之多，让五富和刘高兴惊叹不已。同样都是蔬菜和粗粮，对于五富和刘高兴而言，是没钱购买而迫不得已的果腹之

---

① 季桂保:《后现代境域中的鲍德里亚》，引自包亚明主编《后现代性与地理学的政治》，上海教育出版社2001年版，第58页。

物,而对于韦达来说,是吃厌了大鱼大肉后的调剂和出于养生目的的主动选择。《明惠的圣诞》中李羊群是雅园的常客,那里最便宜的矿泉水25元一杯,玫瑰花茶50元一杯,这样的高消费让明惠无法接受。在韦达和李羊群看来,这些食物的使用价值已被降到很低的位置,而这种消费行为成为其身份地位的重要标识。"人们从来不消费物的本身(使用价值)——人们总是把物(从广义的角度)用来当作能够突出你的符号,或让你加入视为理想的团体,或参与一个地位更高的团体来摆脱本团体。"①面对同一事物的不同消费趋向和行为选择,显示出人们角色认知的分化和社会地位的差异。从这种意义上讲,食物已经脱离了简单的果腹目的,具有了身份划分的符号性意义。

农民工在城市异托邦的物质消费不仅表现为他们物质生活的窘迫,还体现为社会资源分配的不公。王祥夫《端午》(《人民文学》2006年第8期)中进城民工住在临时搭建的工棚里,平时吃的是最廉价的白菜、土豆和豆腐,半勺大烩菜加两个大馒头就是他们的一顿饭,完了再去锅炉前接水咕咚咕咚喝下去,他们饮食追求的目的就是解决温饱。临近端午节,工地老板说要给大家吃鸡改善伙食,但到头来民工们空欢喜一场,只分到了鸡屁股、鸡头或鸡爪子,而鸡大腿和鸡肉不知道被"分配"到了哪里。即便如此,民工们还是有滋有味地吃起来,愤愤不平的情绪在进食中逐渐消散。保姆小白(项小米《二的》)跟着雇主聂凯旋一家去三亚旅游,城乡贫富的差异和消费的悬殊让她感受到命运的不公,"睡上一个晚上的觉,就够一个乡下孩子交五年的学费了"②。城乡二元消费在张弛《城里的月亮》(《十月》2003年第4期)中体现得更为明显,进城女孩万淑红在城市现代文明的冲击下,体会到城乡消费的巨大差异:当她脚穿高跟鞋在街走得气喘吁吁时,内设空调的高级轿车催促她让道;当她急忙想赶回家为自己煮一碗方便面的时候,看到富裕人家的孩子正在高级西饼蛋糕屋里吃着奶油蛋糕;当她看到求职大厅内光鲜亮丽的求职者,自惭形秽而临阵脱逃。这种鲜明的消费区隔不仅体现出身份差异给农民工带来的磨难,更强化着他们内心的焦灼。

城市异托邦消费还体现在农民工的娱乐消费上,"每一种趣味都聚集和分割着人群,趣味是与一个特定阶级存在条件相联系的规定性的产物,聚集着所

① 鲍德里亚:《消费社会》,刘成富等译,南京大学出版社2000年版,第48页。
② 项小米:《葛定国同志的夕阳红》,北京十月文艺出版社2005年版,第98页。

有那些都是相同条件的产物的人，并把他们与其他人区分开来”①。一般来说，农民工的消费重物质，轻精神，重温饱，轻享受，但随着社会整体消费水平的不断提升和城市娱乐生活的丰富多样化，人们开始追求能满足自我需求的文化娱乐消费。在当今越来越发达的消费时代，瞬息万变的消费理念不断刺激着人们的消费需求，而娱乐消费也由以往注重休闲放松的目的转为凸显个人生活品位、个性情趣和社会身份等目的。与物质消费的区隔性一样，娱乐消费也是一种体现身份地位的符号性消费，不同的消费对象和消费场所区分出消费者不同的社会地位和身份特征。

农民工在城市从事繁重的体力劳动，工作环境恶劣，还要受到各种规章制度的约束限制，他们的个性需要和精神欲求被无情剥夺。为了逃避压抑的打工生活，农民工常常选择低廉简陋的娱乐场所，这既是他们对常规空间的反叛与抵抗，也表明了他们对城市生活的渴望与追寻。孙惠芬《吉宽的马车》中民工们只需要花五块钱就可以进入“大众录像厅”看情色录像，刁斗《哥俩好》(《人民文学》2005 年第 5 期)中哥弟俩人只需花两块钱就可以在最便宜的“群众舞厅”随意扭动身躯，声嘶力竭地唱歌。农民工在这种廉价的娱乐消费中获得了短暂的自由，但是当他们回到现实生活，还是要以农民工的身份继续在城市生活，还是要面临现代城市文化与传统乡村文明的冲突碰撞。《高兴》中五富和高兴每天走街串巷回收垃圾，他们即使生活在城市底层，也羡慕都市人丰富的娱乐生活，当两人终于鼓起勇气去“芙蓉园”游逛时，却被 50 元门票阻挡在外，貌似平等的公共消费和消费场所具有明显的排他性和限制功能。同样，《接吻长安街》中来自云南乡下的小江在北京的建筑工地打工，他向往北京城的风景名胜景区，但几十元的门票让他望而却步。为了实现自己在长安街接吻的目标，他咬牙掏钱买了门票请恋人柳翠登上天安门城楼，而柳翠却被吓得脸色苍白，虚汗直流，小江的接吻计划也是一再受阻，农民工在城市资本匮乏的现实境遇中很难改变自己的生存地位。

与上述低廉的娱乐消费场所不同，城市上流人士追求的是能体现自己身份地位的娱乐消费。不论是《明惠的圣诞》中李羊群在“小上海度假村”放松身心，怡养性情，《二的》中知名律师聂凯旋带着家人在三亚凯莱大酒店旅游度

① 包亚明：《游荡者的权力——消费社会与都市文化研究》，中国人民大学出版社 2004 年版，第 29 页。

假，还是《吉宽的马车》中宁静在咖啡厅慢品细酌，在蹦迪场所宣泄情绪，这样的消费场所和从容优雅的消费方式无不彰显出他们优越的社会身份和成功者形象。“人们在消费中如果面对商品的使用价值可能会是平等的，可是，但在作为符号和差异的那些深刻等级化了的物品面前没有丝毫平等可言。差异性符号的消费就是要制造生存等级。”①一般来说，农民工娱乐消费的目的是满足自己的生理需求，宣泄压抑的内心情感，消费场所多位于城市边缘地带，消极颓败。而城市上流阶层讲究消费的个性和档次，娱乐消费场所也大多富丽堂皇，气派威严。城市上流人士和农民工在不同娱乐空间的消费行为和消费形式标识出他们迥异的社会地位。

“在今天的消费中，消费不仅具有物质形态意义上的使用价值，而且越来越成为人们‘自我表达’的主要形式和‘身份认同’的主要来源。”②通过对农民工在城市异托邦消费空间的物质消费和娱乐消费进行分析，可以看出消费所具有的身份区隔性与等级划分性。农民工在城市不仅无法满足自我的消费需求，反而更加映现出他们困厄的城市生存境遇，这些都进一步加剧了农民工群体精神的焦虑与内心的纠葛。

结　语

英国社会理论家安东尼·吉登斯（Anthony Giddens）借用戈夫曼的戏剧理论提出城市空间的“前台”和“后台”之说。如果说“前台”是城市按照理想规划设计而成的统一空间，那么隐匿于空间实践之外的灰色地带则属于城市“后台”。“前台”是整齐划一的理想乌托邦，却给人不真实的感觉，“而隐藏在后的不论是什么，总是更真切、更实在的东西”③。城市异托邦和城市“后台”都意指边缘性的城市空间，与城市主流空间相比，城市异托邦因未取得存在的合法性而处于被挤压、被忽视的边缘状态。

新世纪农民工题材小说的城市异托邦书写改变了以往地理空间的城乡二元书写，关注城市空间内部的新差异。作家们着眼于都市空间扩张和城乡关

① 张一兵：《消费意识形态：符码操控中的真实之死——鲍德里亚的消费社会解读》，《江汉论坛》2008 年第 9 期，第 26 页。

② 陈昕：《消费文化：鲍德里亚如是说》，《读书》1999 年第 8 期，第 149 页。

③ 安东尼·吉登斯：《社会的构成——结构化理论纲要》，李康、李猛译，中国人民大学出版社 2016 年版，第 117 页。

系的新变化，考察农民工在城市底层空间的生存境况，使农民工这一原本被忽视和想象的社会群体得到人们的普遍关注。中国的城市化进程应当是本土文化与外来文化，主流文化与边缘文化碰撞交融的过程，任何单一的文化形态都不足以构成现代城市的全貌。从这个意义上讲，城市异托邦书写能使我们在消费文化的时代语境中更好地观照晦暗驳杂的城市异质空间，也能从整体上把握现代城市的基本构成。

城市异托邦既与城乡空间保持着若即若离的联系，又不属于真正的城市空间或乡村空间，具有边缘性、杂糅性和异质性的表现特征。城市异托邦一方面表现出农民工艰窘的城市生存现状及城乡发展的差异，另一方面又划分出不同的空间等级，限制人们的越界行为。农民工虽然跨越城乡界限由乡进城，但由于缺乏文化技术资本，他们常常又被排斥在城市生活的外围，成为“在场的缺席者”。如上文所述，农民工在城市异托邦生活空间、劳动空间和消费空间的艰难处境，体现出空间之于人存在的重要意义，也凸显出农民工的空间焦虑及空间正义诉求。城市异托邦书写以介入现实的勇气揭示社会转型期存在的诸多问题，极力伸张农民工在城市的生存权利，呼唤公平正义的城市空间秩序。“在当代社会，空间权力已经成为一种基本人权，空间正义是社会正义的基本内容；人的平等权利不仅体现在人格、机会、制度等方面，也深刻体现在空间权利上；空间权利是人的一种实体性、基础性权利；没有平等的空间权利，也就没有人的真正现实平等。”①可见，空间正义已成为社会正义在空间分配层面的反映，也日益成为当代社会民主精神诉求的重要组成部分。城市现代化发展是人类多样文明成果不断汇聚的过程，体现出人们对幸福生活的渴望。农民由乡入城，本是为了分享城市发展带来的红利，却意外承受着城乡发展差距所带来的诸种磨难，最终沦为传统与现代、乡村文明与都市文化夹缝中的边缘人。正因为如此，当代都市空间的扩张和城市化的进一步发展，不能仅停留在经济效益的快速提升等物质层面，还应重点关注社会弱势人群的全面发展等伦理问题，关注他们在城市空间所遭受的不平等、非正义现象。

总体来说，在新世纪农民工题材小说中，作家们能超越以往城乡空间对峙的书写模式，转而关注农民工在城市异托邦的生存境遇和情感嬗变，并对城市异托邦隐含的权力机制、户籍身份、城乡资源分配等问题进行集中批判，体现

---

① 陈忠：《城市意义与当代中国城市秩序的伦理建构》，《学习与探索》2011 年第 2 期，第 5 页。

出现实主义文学的强大生命力和作家的责任担当意识。面对日益多元的差异化社会空间,作家们不仅要从宏观层面把握城乡的空间现实问题,更要体察不同社会群体的主体性空间需求,以“人的城镇化”建设目标为核心,构建多元文化共存的城市空间。

On the urban heterotopia of migrant workers' novels in the new century

Abstract: Since the new century, with the acceleration of China's urbanization process and the continuous integration of urban and rural space, the binary opposition between urban and rural areas has gradually disintegrated. Writers jump out of the writing mode of "non city or township", pay more attention to the heterogeneity and diversity in urban and rural space, and describe the living situation and spiritual confusion of the bottom people. Urban heterotopia is a differentiated urban space formed under the background of urban space expansion. The experience of migrant workers in the urban bottom space reflects the great differences between urban and rural culture, and has become an important form of urban heterotopia. Starting from the micro level of migrant workers in urban daily life, this paper analyzes their experiences in urban heterotopia living space, labor space and consumption space, pays attention to their other status and wandering fate in the city, and then discusses the value demands of urban heterotopia in migrant workers' novels.

Key words: migrant workers theme novels; urban heterotopia; living space; labor space; consumption space

作者简介:刘虎,上海师范大学人文学院2019级中国现当代文学专业博士生。

都市化进程返乡叙事的风景书写与隐喻修辞[①]

黄明海

摘　要：小说创作中的“风景”具有丰富的话语蕴涵。置身于新世纪的都市化进程，一批农裔城籍的作家面对乡村与城市、传统与现代、个人与历史的张力关系，显示出对于乡土情感、人文精神、历史记忆的话语诉求，形成“返乡叙事”的创作倾向与创作现象。作家常以自身在城乡间的流动经验，带动观察视角和叙事模式的转换，重新发现和书写乡土风景，通过隐喻修辞将“话语”编织成“风景”安置到小说的整体建构当中，主要呈现为自然风景的眷念与批判、人文景观的外显与内蕴、历史风景的激活与表征三个方面。

关键词：都市化进程　返乡叙事　风景书写　隐喻修辞

在现代乡土小说兴起之初，风景的发现与书写就显示出强大的表现力。郭晓平认为：“被现代话语‘发现’和‘打造’的风景，最终成为传统小说向现代小说转型的重要标志。”[②]无论是作为启蒙、革命、救亡等话语言说的路径，还是作为自由主义的心灵抒发，风景在作家各自的观察视角下成为主观化的风景。作家将预设的话语编织成小说中的风景，关键的叙事技巧和策略即为“隐喻”。“隐喻不仅是写作者在特殊语境中遭遇言意困境时的一种书写策略，也

---

① 本文为2021年上海师范大学学生科研重点项目“城市化视域下新世纪返乡叙事小说研究”(21WKY007)的阶段性成果。

② 郭晓平：《隐喻机制：中国现代小说风景书写的一种叙写策略》，《新疆大学学报(哲学・人文社会科学版)》2021年第2期，第104页。

是他们进行终极意义探寻的一条必由之路。"[①]两相结合起来理解,作家正是透过表层的风景表达深层的意涵,使之产生有别于传统风景的现代特质。

新世纪以来,随着乡村社会逐渐融入市场经济大潮,出现一大批"城市异乡者"[②],形成"乡下人进城"[③]的文学叙述。置身于都市化的场域,尽管一些作家离开乡村(故乡)走进城市,他们的创作却始终没有脱离乡土经验,他们面对传统与现代、乡村与城市、个体与历史的张力关系,自觉地返归故土家园、民族文化和历史传统,思考都市化发展状况及其存在问题,形成"返乡叙事"[④]的创作倾向与创作现象。其中有关风景的发现与书写,跟以往创作相比,从内容到形式上都不断产生某些新质。尽管它们没有承担像现代小说那样众多的意识形态话语,但仍有着乡土情感、人文精神、历史记忆的话语诉求,作家常以自身在城乡间的流动经验,带动观察视角和叙事模式的转换,重新发现和书写乡土风景,尤其是通过隐喻修辞传达小说的主题意旨。

一、自然风景的眷念与批判

中国文学自古就有"借景抒情""寓情于景""情景交融"等写作手法。从严格意义上来讲,未经人为影响的自然风景在自然界实属罕见,小说创作中的自然风景大多是作家基于现实存在的再现或想象。宗白华分析晋人发现山水之美、艺术造诣之高,主要源于他们对自然、哲理、友谊等"一往情深",认为"晋人向外发现了自然,向内发现了自己的深情"[⑤],这种"深情"使得山水虚灵化与情致化。齐美尔(Georg Simmel)在《风景的哲学》一文中指出,风景不只是由山、水、树、石相互依存而形成,它产生于"我们的宇宙观最终形成的基础上"[⑥]。段义孚(Yi-Fu Tuan)也曾明确表示,风景是一个整合意象,"一种心灵和情感的建构"[⑦]。新世纪以来返乡叙事小说中,作家常常通过描述返乡前后

---

① 李风亮:《隐喻:修辞概念与诗性精神》,《中国比较文学》2004年第3期,第148页。

② 指称广义上的"农民工"和"城市游牧者"阶层。参见丁帆:《"城市异乡者"的梦想与现实——关于文明冲突中乡土描写的转型》,《文学评论》2005年第4期,第32页。

③ 参见徐德明:《"乡下人进城"的文学叙述》,《文学评论》2005年第1期,第106—111页。

④ 笔者认为,"返乡叙事"具有虚构性、创造性和想象性,主要以返乡的背景、人物、情节等构成相对完整的故事,跟近年来方兴未艾的"返乡书写""返乡体"等非虚构写作有着本质上的区别。详见黄明海《人地关系:返乡叙事的呈现与反思》,《华南农业大学学报(社会科学版)》2022年第2期,第132页。

⑤ 宗白华:《艺境》,商务印书馆2011年版,第157页。

⑥ [德]齐美尔:《桥与门——齐美尔随笔集》,涯鸿、宇声等译,三联书店上海分店1991年版,第167页。

⑦ [美]段义孚:《风景断想》,张箭飞、邓瑗瑗译,《长江学术》2012年第3期,第45页。

的自然风景，表达主人公心中的实时情感，一方面运用“细描”“白描”“造境”等描写手法，饱含深情地描绘乡村自然风景，另一方面则直面乡土想象的破产，对都市化进程中自然风景的“人化”和“异化”予以批判。

首先，当人们离开乡土后仍然心有所系、情有所依，且尚未被物欲浸染，或者所到之处与心之所向相抵牾时，对乡土自然风景产生深深的眷念，继而触发返乡的强烈愿望，并在返乡过程中表现出浓浓的乡情。比如张炜的《能不忆蜀葵》中，那个曾经意气风发、才情满腹的青年画家淳于阳立，愤恨于商业时代艺术和精神的无序状态，尝试“波希米亚式”(行事不落传统、追求心灵自由)的反抗，游走于各个城市之间，最后投身于商界实业。他逐渐感到疲惫与厌倦，终于决定在离故乡不远的山村寻找宝石矿，第一次回到祖居之地，看到暮色春风里的蜀葵地：“这个季节的蜀葵刚刚长到腰际，宽大的叶片旁有豆粒大的苞蕾雏形。它们在坡地蔓延，吸取着河边上充足的水分，色深株壮。”①这段简练却细腻的描写，显现出蜀葵蓬勃的生命力，与淳于阳立内心的荒芜形成鲜明对比。淳于阳立进村过夜后，听老人讲起初恋米米、陶陶姨妈以及父亲打仗的故事，得到短暂却宝贵的身心安宁。当淳于阳立陷入债务纠纷的泥潭后，他再一次回到狸岛住进暄庐，“岛上的蜀葵林进入了凋零期，一片茎秆挺直翘望，好像预知了一个人的归来”②。海岛的风土人情重新激发了他的创作激情，最终他按时完成画商要求的数额，带走一幅蜀葵画离开海岛再度远游。恰如张炜接受采访时曾说，“蜀葵”象征“现代人的心痛”，是“一朝失去便不可复得的最为宝贵之物”③，作家将蜀葵风景安置在小说人物命运的转折点上，代表一种与物欲相抗衡的理想主义追寻，同时也传达出作家对理想主义者在世俗社会的生存忧虑。

同样的，鲍十的《芳草地去来》讲述高玉铭从小镇进城读书、工作、结婚、离婚，十多年来一直“觉得自己像个过客”，单位选派他到县乡挂职当老师，他一开始坚决抗拒，后来抱着换换环境的心态答应下来。在去往天涯县的客车上，高玉铭看到这样一幅乡村图景：“车窗外面艳阳高照，远处的天空湛蓝湛蓝的，阳光既柔和又绚丽，照耀着秋天的田野，田野呈现着这个季节独有的色彩，一

① 张炜：《能不忆蜀葵》，长江文艺出版社 2005 年版，第 102 页。
② 张炜：《能不忆蜀葵》，长江文艺出版社 2005 年版，第 218 页。
③ 张炜：《艺术和友谊的悲悼——关于〈能不忆蜀葵〉》，《能不忆蜀葵》后记，长江文艺出版社 2005 年版，第 245 页。

片斑斓，有些地块儿已经收割了，看上去空落落的，那些尚未收割的地块儿，远看则一片苍黄，在一条条分布在田野上的窄窄的乡路上，间或可见一辆装满了庄稼的慢慢移动的马车，甚至看得见车老板儿挥舞的皮鞭，不过，你却听不见任何声音，仿佛在看一部无声的电影。”①这段动静结合的风景描写，抓住了乡村风景的特性，营造了轻舒祥和的意境，高玉铭由此感到豁然开朗。到芳草地公社后，学校环境和师生互动又让他倍感亲切，触及内心深处的共鸣和对纯美爱情的渴望。两年支教期满回城后，高玉铭发现自己难以适应机关单位的工作状态，断然决定重返芳草地，永远扎根在那里。像淳于阳立、高玉铭这样的返乡者，从被动地“去”到主动地“回”，在一“去”一“回”之间，自然风景作为中间媒介唤起他们对于心灵与情感的问询，本质上是自身世界观和价值观的纠偏与转换。

其次，一些作家面对乡土世界的都市化进程，以新视角发现自然风景的些许变化，从中觉察乡土记忆的流失和乡土文化的异变，传递出返乡者的情感失落与精神追寻。比如在罗伟章的《我们的成长》中，可以从一个细节发现乡村的都市化进程：往返于山村和乡场的交通工具从乌篷船、摇橹的小型帆船，变成机器带动的汽划子。在“我”上大学第一个寒假回家跟邻居坐汽划子到乡场卖土豆时，看到原本清澈的河水浮动着一层油脂，“以前的河是野鸭的天堂，现在，野鸭虽还在群起群飞，但叫得再不似那么欢畅，飞行能力也减弱了，刚刚启翅，就迫不及待地在芦苇丛或者岩石上靠下来。可翅膀一收又被迫起飞，因为沿岸六七艘采沙船发出的隆隆巨响，加上汽划子的鸣叫声、马达声，使它们惊惶失措”②。到“我”毕业分配工作后回家探望时，由于下游县城兴修水电站蓄水的需要，以前的芦苇地、农田和灌木丛生的坡地都被淹没，传唱多年的“两家相隔一条河”的民谣也将彻底消失。交通工具的变迁，以及修建大型工程、规划城乡布局，都不可避免地使自然风景掺杂进人为因素，成为不断被“调整”和被“观看”的对象，这在一定程度上破坏了乡土的本身整体性和记忆的完整性。站在观看主体的角度来讲，观看方式的变化往往受到交通工具变迁的影响，因为速度的快慢、位置的高低、空间的宽窄与拥挤程度，种种因素都会限制或激发观看主体的视觉体验与审美情感，进而呈现为形态各异的风景描写。

---

① 鲍十：《芳草地去来》，《小说月报（中篇小说）》2007 年第 1 期，第 87 页。

② 罗伟章：《我们的成长》，作家出版社 2007 年版，第 33 页。

又如徐则臣的《耶路撒冷》中，初平阳坐上新开通的火车返乡，黎明时分窗外的野地、草木、庄稼、房屋仿佛是在一张透明幽蓝的油纸上浮现，后来沿着运河行船芦苇和菖蒲渐渐消失，取而代之的是水泥堤坝和高楼，他还得知运河边的御码头被搬到沿河风光带里，花街老屋也被拆掉用来建造妓女翠宝宝纪念馆等旅游景点。面对这些被篡改得面目全非的自然风景，他不由得发出质疑："比起十六年前，运河里的船少多了。水运衰落了，也许这一段运河新生的机遇真的是观光旅游？它要作为玩物、作为被修饰过的人工风景重新回到人们的日常生活？"①这一反思也引申出都市化进程中"人"与"风景"如何安置的问题。在自然的"人化"过程中，常常出现这样一组悖反：人们越想通过各种手段突出"风景"的存在，最后却离"风景"越来越远。人工修饰、人为宣传的"风景"越来越多地进入日常生活，反而使自然风景的日常性被削弱，或者对自然风景施以神秘化、妖魔化，更为极端的是"人们可以把自家附近的河流弄得很脏，但与此同时又会涌到美术馆门前排队看美术展览"②。因此，作家对"人化"的自然风景流露出失落之情与忧虑之思也在情理之中。

再次，一些作家直面现代社会发展的弊端以及乡土桃源想象的破产，从城市化批判的视角，对自然风景的"异化"进行尖锐地揭露与抨击，以重新唤醒人们的乡土意识。张炜的《刺猬歌》中，棘窝镇地处海滨莽林，这里的人自古与山野精灵交往密切，自从村头之子唐童与洋人联手开发工业园，吞并海边大片村庄和庄稼地，导致人与自然的关系恶化，后来又盖起装了"放屁的机器"的"紫烟大垒"，"山地和平原的人从今以后只要一抬头，就会看到那片隆起的黑灰色建筑群，并看到从许多突起处、一些小孔，冒出一股股一缕缕紫色的烟雾；只要一仰鼻子，就会闻到一种熟悉的巨大气味"③。工业化污染让人们彻头彻尾地感到沮丧，人类大肆占领自然世界演绎出毁灭的悲剧。又如阿来的《空山》系列长篇小说④描写人们在乡村社会发展过程中，由于自身观念的局限和经济利益的诱惑而破坏自然生态，比如：机村开辟简易公路，为的是砍伐古树运往

① 徐则臣：《耶路撒冷》，《当代》2013年第6期，第106页。

② [日]中村良夫：《风景学入门》，陈靖远译，华中科技大学出版社2014年版，第18页。

③ 张炜：《刺猬歌》，人民文学出版社2007年版，第234—235页。

④ 这部系列作品共包括《随风飘散》《天火》《达瑟与达戈》《荒芜》《轻雷》《空山》六部小说，2018年由浙江文艺出版社再版时，总题名改为"《机村史诗》(六部曲)"。

城里，给领袖建造“万寿宫”（《随风飘散》）；卡车运来一批批救火大军隔岸观火，沉迷于开会、批斗、狂欢，给森林带来毁灭性的灾难（《天火》）；达戈为给色嫫姑娘换来一部电唱机，枪杀猴群破坏了人与自然的千年契约（《达瑟与达戈》）；人们大规模垦荒和乱砍滥伐，导致机村遭到泥石流灾害的严重毁坏（《荒芜》）；拉加泽里盗采贩卖木材，致使庇佑机村的森林遭受重创（《轻雷》）。当然，揭露与批判并非只为抒发心中的愤懑与怀旧的感伤，更要探讨乡村可持续发展的未来之路。因此，阿来在系列作品最后一部《空山》中，以人们忏悔归来拯救自然、修复生态的方式，为“返乡”的文学之灯点燃了希望之火。这部关于“机村”（嘉绒藏语中意为“种子”或“根子”）的史诗，可以视为中国乡村变迁的一个样本，它在不断的破裂和修复中给人们带来了痛苦与希望，如同种子一样生根发芽、萌枝生叶，为中国城乡风景带来源源不断的生机。

新世纪返乡叙事小说中自然风景的发现与描写，在眷念与批判中有其独特价值。同古代文学相比，这类描写不再只是作为故事背景和环境设置，也不只局限于追求“天人合一”“物我交融”等关系模式，而注重突出“人”的主体性，通过写实、隐喻、象征等表达方式，表现叙事主体的心灵和情感。同现代乡土小说相比，这类描写跳脱出了启蒙、革命、救亡等话语范畴，主题内涵更多样化，使其在渲染场景氛围、烘托人物心情、推动情节发展、深入问题反思等方面具有更强的表现力，并且逐渐获得了独立的表意功能。

二、人文景观的外显与内蕴

相较于自然风景，人文景观更多地倾注了人物事件和人为因素，凝聚了深远的集体记忆和文化内涵。在新世纪返乡叙事小说中，如果把自然风景看作是对乡土社会整体形象的宏观把握，那么人文景观则多是对乡土社会的微观补充，作家常常通过对村落布局、建筑风貌、居家环境、街巷店铺、饮食器物等进行细致描写，进一步加深对乡土风景的“发现”及其“赋形”。结合返乡叙事小说文本来看，人文景观的外显下常常内蕴着丰富的含义，传达出写作者和主人公的视觉感受、心理体验与思想情感。

居住的房屋作为人们日常生活的重要场所，不但是一个能够遮风避雨、安身立命的港湾，而且是一种象征，它让人们感受到内部和外部、私人和公共、封闭和开放、温暖和寒凉之间的区别，并且它“在感官上的整体性巧妙且强烈地提醒同一个屋檐下的居住者，他们不是彼此分离的，他们同属于一个整体”①。所以在很大程度上，曾经居住的房屋（或祖屋）能够引起返乡者强烈的情感归属和心理认同，它让返乡者确定自己置身于何处，且在时间的流程中重新回首过往、关注当下。比如王十月的《寻根团》讲述在外打拼十年没回老家的王六一被已故父母托梦，指责他“忘了自己的出身”，勒令他回去修补坟墓，他便跟随“楚州籍旅粤商人回乡投资考察文化寻根团”回到古琴镇烟村，老家门口苦艾齐膝、野草疯长，走进破败不堪的故宅，他看到旧时摆设不禁触景生情，墓地里父母的坟头已经塌陷，还被人钉上桃木桩，他自责不已地感慨道：“此次回家寻根，根没寻到，倒把对根的情感给斩断了。”②在家乡没有居住的房屋，将来去世后也不能埋在家乡的土地上，让他感到自己成为“一缕飘荡在城乡之间的离魂”。又如关仁山的《天高地厚》中写梁双牙到城里谋出路，得知哥哥去世的消息，脑海中闪现出故乡“蝙蝠村北街那个虽然穷困却温暖无比的小院”③；潘年英的《回乡记》写到在县城工作的老东出钱在老家修造了两间低矮的红砖楼房，尽管质量差、设计俗气，但他仍为“盘村有史以来的第一栋窨子屋”④感到自豪，在同事和乡亲面前有了底气，心里也有了归属。正如俗语所说“金窝银窝不如自家的狗窝”，话虽粗陋但却透露出深刻的人生感悟，那就是归根故乡拥有一所属于自己的房屋，对于个体情感归属和心理认同的重要性。

还有一些小说通过家屋环境的对比，或村庄环境的衬托，从侧面反映出返乡者对情感归属的渴望。比如陈应松的《夜深沉》叙写武家渊村民隗三户靠着变卖老宅的钱在广州从事建材生意十年，意外突发脑膜炎后花光积蓄、死里逃生，萌生回家盖房养老的想法，于是借清明返乡扫墓的机会探探风头。返乡途中看到原野金黄的油菜花、生长茂盛的庄稼，隗三户幻想终老于此的惬意，可他深知“家乡已没有了亲人，房子早卖掉了，已经拆了，承包地早就退了，心茫然而虚空，没有坝岸，车不知往哪儿开，人往哪儿停”⑤。当年抛荒被村里收回的土地，包括祖宅、胞衣屋场，如今都被村书记武大雨用来扩建现代化养猪场，成为村镇发展的重要经济来源，受到政府的政策扶持。隗三户在家乡却无家、

---

① ［美］段义孚：《逃避主义》，周尚意、张春梅译，河北教育出版社 2005 年版，第 122 页。

② 王十月：《寻根团》，《人民文学》2011 年第 5 期，第 47 页。

③ 关仁山：《天高地厚》，河北教育出版社 2008 年版，第 383 页。

④ 潘年英：《回乡记》，《民族文学》2010 年第 11 期，第 57 页。

⑤ 陈应松：《夜深沉》，《人民文学》2010 年第 4 期，第 122 页。

无田、无立足之地,与村书记独占两三百亩的“大雨生态农庄”形成鲜明对比,他多方送礼找关系要回土地均未果,显示出渴望回归而又力所不及的心境。小说设置了一个戏剧性的结尾:隗三户失落地离开故乡,驱车在乡镇公路上遇到偷牛贼,他下车询问时被偷牛贼刺伤,临死前想到终于“可以死在家乡”,“有个他想埋的地方埋他了”。作者以这种悲壮的方式让返乡者留在家乡,让他们漂泊的灵魂找到归宿。

除了日常居住的房屋外,人们还在乡土社会中修造了宗祠、庙宇、教堂、墓地、纪念碑等建筑以安置祖先和神灵,作为供奉、祭祀、婚嫁、祈祷等仪式举行的重要场所。这些人文景观尤其讲究规格、古朴凝重、恢弘大气、精雕细琢,“综合了建筑、雕刻、绘画等等多种艺术和技术,成为一地建筑水平的代表,而且往往是左右村子结构布局的因素”[①],体现出一个家庭、宗族、血缘村落的凝聚力和综合实力,蕴含着家训族规、伦理道德、礼俗规范等丰富内容,因而具有较强的展示、教化、治理等作用。当然还有一些因自然外力而形成、被赋予神秘力量的人文景观,比如神树、天生石塔等也常常作为神明的象征,庇佑乡土家园的安宁祥和。新世纪返乡叙事小说对于上述人文景观的描写常常表现为两个方面:

一是将之视为根性与神性的符号,以其端庄肃穆的外观彰显乡土伦理,让返乡者从中溯源寻根,确定自我的身份认同。比如关仁山的《麦河》中描写鹦鹉村里凡是有点德行的人去世后,都要在坟前塑一个泥像以示敬重,这是源于女娲造人的传说,正如“人吃土一辈子,土吃人一回”的谚语述说着万物归于泥土的命运。鹦鹉村人最终在麦河墓地竖立一座“寻根铸魂碑”,石材源于鹦鹉山白色透明的白岭石,雕刻成黄帝陵的华表形状,显示出对“传宗接代的人祖”的敬仰。再如阿来的《云中记》写道云中村村口有一棵神树和一座石碉,这棵老柏树在地震来临之前现出垂死之相,祭师阿巴在树下盘腿而坐、吟唱古歌祈祷也于事无补,喻示这场灾难必然降临。当阿巴四年后重返云中村安抚魂灵时,神树“脱尽了树皮的树干和粗大的枝杈闪着光,仿佛一尊金属雕塑”[②],它和石碉一起默默守护村庄的遗址,迎接阿巴的归来,陪伴阿巴完成祭师的使命。潘年英也在《回乡记》中写到村里为修公路拆掉了地母庙和南岳庙,春节

① 李秋香主编,陈志华撰:《宗祠》,生活·读书·新知三联书店 2006 年版,第 2 页。
② 阿来:《云中记》,北京十月文艺出版社 2019 年版,第 31 页。

返乡的老东号召村民筹钱重修庙宇，兑现曾给老祖宗许下的承诺，报答故乡山水的养育之恩。作家在这类描写中大多以人文景观的外显，正面表达返乡者认祖归根、饮水思源的品格，以及乡土社会中因果报应等观念。

二是通过描写那些闲置、破败、荒废的人文景观，反映出传统乡土文化的式微，尤其是隐喻一些文化糟粕的革除，或者某种精神信仰的危机，借此表达返乡者的哀叹与反思。比如《天高地厚》中梁双牙为了给家里卖粮到城里打工寻找商机，在火车站被警察抓住遣送回乡后，加入荣汉林成立的农民经纪人协会，奔命于跑卖粮业务、倒卖种子化肥、放小额贷款，他为此感到筋疲力尽，村民也向他投去疏远和冷漠的目光。一次梁双牙骑车路过荣家祠堂进去避雨，看到"祠堂黑漆剥落的大门虚掩着，里面破烂不堪"①，这里曾被地主用来关押缴不起地租和丁捐的平民百姓，解放后成为复员军人荣爷述说革命家史的地方，如今村委会又将那些缴不上提留款、计划生育超标的农民拉到这里办学习班。想到这些梁双牙的心中五味杂陈，既对过往的屈辱感到愤恨，又对未来的出路感到迷茫。小说正是通过描述荣家祠堂的兴衰历史及其实际用途的变化，将其视为文化糟粕的一种象征，反映出农村改革发展的曲折道路，以及农村青年面对改革浪潮的艰难处境。

再如徐则臣的《耶路撒冷》中描写故乡花街的斜教堂，是秦福小的奶奶秦环后半辈子的寄身之所，她年轻时患有疟疾幸得沙教士的救治，为感恩于他而信仰基督，到文革时期因为曾经当过妓女被揭发遭受批斗，才真正开始独自进行沉默而虔诚的宗教活动，以此摆脱创伤、淡出生活、归于平静，直到生命的尽头。历经岁月摧残的教堂如今"歪斜，古旧，屋顶和墙缝长满荒草，但它还在，站着一动不动"②，这种将倒未倒的状态正象征着初平阳、秦福小、杨杰、易长安等返乡者的精神危机与信仰难题，最终他们只能以重新修缮斜教堂的形式，完成自我的救赎与安置。还有王祥夫的《三坊》讲述"我"重返插队所在地三坊参加"民俗之旅"会议，已经规划为县城新区的三坊看不见一片田野，曾经充满"民间的那种实实在在的旺气"③的油坊、粉坊、糖坊，变成游客观赏和消费的民俗商品，想起那些渐行渐远的手艺人和散落各地的"插友"，"我"感到人世沧桑、不胜唏嘘，有种寻根不得的失落与悲悯。

---

① 关仁山：《天高地厚》，河北教育出版社 2008 年版，第 414 页。

② 徐则臣：《耶路撒冷》，《当代》2013 年第 6 期，第 30 页。

③ 王祥夫：《三坊》，《天涯》2010 年第 5 期，第 94 页。

整体而言,返乡叙事小说中的人文景观描写包蕴着深厚的含义,尤其是新世纪以来的社会转型,给作家提供了人文精神、怀旧风尚、文化反思等思想资源和创作场域,传达出叙述者丰富的情感体验与心理感知,即对乡土家园的情感归属和身份认同,对传统文化式微的感喟,以及对乡土文化革新的期许。正如段义孚(Yi-Fu Tuan)所称,"建筑环境明确了社会角色和社会关系"①,它让人们更好地认清自己所处的位置,并且知晓置身于这些人为设计的空间里应该如何行事。若将"建筑环境"推及为"人文景观",这一说法同样成立:都市化进程中乡土风景的人文元素的突显,使得"人"与"风景"的隐喻关系更加紧密,便于作家表达对乡土情感、人文精神的话语诉求,同时也让读者大众产生关于故乡的情感共鸣,共同参与完成"风景"的书写。

三、历史风景的激活与表征

历史是一道奇谲变幻的风景,风景同样构成了亘古绵延的历史。段义孚(Yi-Fu Tuan)认为:"风景是可见的个人史和部落史。"②个体在故乡这片土地上的眼见耳闻或者心理感应,不仅限于当下的风景、生活、事件,还有从古至今的历史流变,这些都支撑起人们对于自我身份的追寻与确立。作家对于历史风景和人文景观的描写存在一些交叉之处,比如都包含了人文元素,但其侧重点有所不同。人文景观更多地外显为凝聚了集体记忆和文化内涵的建筑或器物,而历史风景则能深入记忆和表象透视那些久远的时序物候、活动场面、人物心态等等,以此来展现纵深驳杂的历史生活、生动曲折的小说情节、丰富饱满的人物形象。正如西蒙·沙玛(Simon Schama)在《风景与记忆》中构想,要"从我们习以为常的事物开始,深入层层的记忆和表象,通向深埋于几世纪之前甚至是几千年前的最初基岩,并再一次激活它,使它重获现代社会的认知"③。因此,新世纪返乡叙事小说对于历史风景的"发现"与"激活",能够让我们领略到不同于自然风景、人文景观的风景情状,它将古老而纷繁的风景文化、时代更迭的历史进程、瞬息万变的当下社会勾连起来,彰显出别样的审美价值与历史哲思。

返乡叙事小说中的历史风景大多源于叙述者对尘封的故乡记忆的激活,

---

① [美]段义孚:《空间与地方:经验的视角》,王志标译,中国人民大学出版社 2017 年版,第 83 页。

② [美]段义孚:《空间与地方:经验的视角》,王志标译,中国人民大学出版社 2017 年版,第 129 页。

③ [英]西蒙·沙玛:《风景与记忆》,胡淑陈、冯樨译,译林出版社 2013 年版,第 17 页。

因此它首先呈示出来的是返乡者关于故乡风景的历史记忆与现实显现，而且往往跟这片地域的风景文化传统形成某种互文与对照。葛亮的《朱雀》中苏格兰华裔许廷迈的东方式面容，让他觉得自己与这座城市有着血缘隔阂，便以交换生身份来到祖辈出生地南京留学、寻根。原以为肃穆的夫子庙却到处充满烟火气，亲眼所见浑浊发臭的秦淮河，跟他从父亲那里听来的故乡记忆，以及曾经读到朱自清、俞平伯同题异笔散文《桨声灯影里的秦淮河》中的风景描画相去甚远。在稍显冷清的西市，他看到另外一番风景：厚石板铺成的街道、粉墙黛瓦的房屋、黑漆的门、门上镌着的浮雕、镂空的窗、从房梁上延展出来阔大的檐，这才算符合他对“南京”的古典想象。后来在古玩铺邂逅神秘女子程囡，跟随她混迹赌场、画廊、街巷，揭晓她的传奇身世，寻味老字号美食，接触散漫到近乎迷乱的现代艺术实践者冯雅可，许廷迈开始对“南京”有了更为复杂的认知，即从物质生活的记忆与表象逐渐深入这座城市/故乡的精神内核，看到它既包容、敦厚、平和，又粗粝、物欲、残忍的两面。因此，当许廷迈在加拿大接到程囡怀孕后发来的电邮决定重返南京，再次走进夫子庙看到的是这般风景：“放眼过去，唯一的景物是孔庙近旁的古钟楼。这建筑面目陈旧，庄严肃穆。灰红的墙体业已斑驳，布满了经年的爬山虎，也随了季节衰落。在爬山虎的交缠下，钟楼孑然立着，如同入世的隐士。”①这显然跟他初次见到夫子庙时的视觉冲击与心理体验截然不同，有了历史的厚重感、时代的在场感、个体的责任感，因此也让这个物理空间意义上的“异乡人”对于“血缘故乡”和“精神故乡”的寻找与皈依多了一份笃定。

这种历史记忆与风景现实的悖反，常常伴随返乡者心灵的煎熬与情感的转变。麦家的《人生海海》讲述“上校”传奇而屈辱的人生，他在一次战斗中不慎被刺中裆部被人称为“太监”，为获取情报被女鬼佬刺下羞辱文身、被女汉奸囚禁，抗美援朝战争后又被诬陷为强奸犯。小说正是从上校被开除军籍、遣返老家的生活开始讲述，开篇描写“我”童年记忆中的故乡：“靠山贴水，屋密人稠。屋多是两层楼房，土木结构，粉墙黛瓦；山是青山，长满毛竹和灌木杂树；水是清水，一条阔溪，清澈见底，潭底流急，盛着山的力气。”②上校在这个典型的江南山村里过着“比谁家都舒坦”的日子，却也守着内心的孤独与创伤记忆。

---

① 葛亮：《朱雀》，人民文学出版社 2016 年版，第 375 页。

② 麦家：《人生海海》，北京十月文艺出版社 2019 年版，第 3—4 页。

正像鲁迅小说所塑造的江南水乡“鲁镇”一般,这个封闭的江南山村有其幽暗、蒙蔽、暴力的一面,文革期间小瞎子造谣上校是鸡奸犯,爷爷为了洗清父亲的嫌疑,告发上校使他当众受辱,村民的看客心态彻底摧毁上校的尊严致其疯癫。父亲担心爷爷的罪孽殃及全家,铤而走险将“我”偷渡到西班牙,历尽生死考验、饱受心灵罪责的“我”22 年后回到故乡,看到清澈的溪水由于工厂排污成为臭水沟,翠绿清幽的山林也因采挖石矿发出隆隆炮声,“弄堂里,积淀着历史背影和回音的鹅卵石路,因为自行车不适宜,经常滑倒摔跤,一律浇成灰色的水泥路;祠堂里,一台台绿锈丢渣的机器占领了列祖列宗的香堂,天天造出白色垃圾”①,心中没有欣喜而满是沉痛。故乡风景时过境迁,象征着乡土记忆的某种消亡,历史的“罪”却无法随之敷衍。小说最后以“我”实现财富价值,再次返乡后对小瞎子不假思索的善举,对这个直接造成“我”逃亡生涯的乡民予以谅解,放下心中的罪念,也可以说是在追随上校受难却坚韧的人生历程中完成自我的救赎。

返乡叙事小说中有关历史风景的描述,还常以具有历史意义的“文物”作为连贯古今中外的线索,进而透过这些物件重返历史现场,重新“激活”人与历史之间的关系。比如《朱雀》通过一枚金饰朱雀交织出三代母女的传奇故事:从 20 世纪 20 年代初叶毓芝随父来到南京,长大与日本商人芥川相恋怀孕,南京沦陷后生下女婴,切尔神父将女婴抱回教堂,托付妓女程云和喂养,取名程忆楚;建国后程忆楚和马来西亚侨生陆一纬相爱,后者在反右斗争中被送去北大荒劳动改造,等到 70 年代末已经结婚生子的陆一纬摘帽调回后,两人决意完成当年未竟的遗愿,程忆楚怀孕生下女儿程囡;到 20 世纪末程囡与苏格兰华裔留学生许廷迈互生情愫,又为安抚戒毒期间毒瘾发作的雅可,与之发生关系后意外怀孕。这枚金饰朱雀经过叶毓芝、程忆楚、陆一纬、程囡的留传,最终挂在许廷迈的脖子上,贯穿了整个 20 世纪的历史风景,作为历史经典的淞沪会战、南京大屠杀、国共内战、反右、“文革”、改革开放等重大事件穿插其间,成为文物留传过程、人物命运遭际的历史底色。

许廷迈在程囡的古玩铺第一次看到这枚金饰朱雀,将它视为“文物”,准备买下留作纪念,那是“一只通体金黄的小鸟,张着翅膀,却长了一颗兽的头。小是真小,可以放在巴掌里,然而形态是气势汹汹,分明是头具体而微的大型动

① 麦家:《人生海海》,北京十月文艺出版社 2019 年版,第 269—270 页。

物。细节也很细致，身上有些均匀柔美的纹路，纹路间却有些发黑"①。挂在脖子上的金饰朱雀，便不再是"文物"而成为"信物"，它积极参与了佩戴者的日常生活，并使他们对其产生深厚、绵长的情感记忆：对许廷迈来说那是一种浪漫和信任，对程囡来说却是一份对于父爱的渴望，在程忆楚那里有安定心神的作用，对叶毓芝来说则是一种名分和无言的牵挂，而当陆一纬将金饰朱雀擦拭干净归还给程忆楚时，那摸上去冰凉的感觉暗示了人物内心的悲伤与决绝。"朱雀"这个喻体本就代表南方之神，五行主火，身覆火焰而终生不熄，象征着"城市和人物的本命"，尤其是这座城市中的女性，以母性特有的温柔、善良、包容和坚韧，不断承接历史的负重，她们竭尽全力地保护后代、拯救男性，又对体面的生活拿捏得宜，许廷迈正是在这刚柔并济的性别空间里补全了对于南京和历史的体认。

再如徐则臣《北上》②的故事时间跨越百年，讲述 1901 年小波罗以文化考察的名义从意大利来到中国，寻找八国联军侵华战争时期失踪的弟弟马福德，先后召集翻译谢平遥、挑夫邵常来、船老大夏氏师徒、老把式陈改鱼一家、义和拳民孙过程等人，从杭州始发沿京杭大运河一路北上。抵达大运河最北端通州时，小波罗遭义和拳游民偷袭，他预感时日不多便将把行李送给随行人员，其中谢平遥留下小波罗有关运河之行的书籍和资料，孙过程拿了柯达相机和哥萨克马鞭，邵常来要了罗盘和怀表，包括之前夏氏师徒担心遇上义和拳借修船之由逃跑时，二徒弟周义彦拿走意大利文记事本。到了 2014 年，这些人的后代谢望和、孙宴临、邵秉义、周海阔等人带着各自祖传的文物，相聚在故乡大运河边的"小博物馆连锁民宿客栈"，成为《大河谭》拍摄项目的主角，恰巧同年大运河申遗成功。有意味的是，正是相机、罗盘、怀表、记事本等物件，维系着百年来人与大运河之间的情感关联和历史记忆。北上之行实为寻根之旅，拍摄运河故事则为记录即将消失的传统物事，伴随大运河考古发掘的文物重回人间，将有更多的历史风景被激活被讲述。正如杨庆祥认为："必须把关于大运河的故事放在一百年中国现代性展开的过程中去讨论和观察，才能见到这个作品背后厚重的历史意识和它的现代性。"③小说正是以祖传的文物和大运

① 葛亮：《朱雀》，人民文学出版社 2016 年版，第 6 页。

② 徐则臣：《北上》，北京十月文艺出版社 2018 年版。

③ 杨庆祥：《〈北上〉：大运河作为镜像和方法》，《鸭绿江》2019 年第 4 期，第 102 页。

河的流变作为镜像,辨识出古今中外的物缘、血缘、地缘关系,并在溯源与虚构中重建个体的精神生活。

作家在返乡叙事小说中揭开尘封的故乡记忆,回望风景文化传统,追索物与人的关系,最终的指向大多是对历史的叩问与反思,进而探寻时代演进中的个体命运。比如《朱雀》中程云和 15 岁被卖到秦淮河花船,受尽人世摧损依然有情有义,她为心上人生下儿子,在国难中救护伤兵,悉心抚养叶毓芝的遗孤,即便走到人生尽头,仍以宽博胸怀保全子女、安慰难友;《人生海海》借小说中前妻给“我”的遗言点明题旨,“人生海海,敢死不叫勇气,活着才需要勇气”,“世上只有一种英雄主义,就是在认清了生活真相后依然热爱生活”①,正如上校前半生屡建功勋,隐居故里后守着屈辱文身的秘密养猫种花,“发疯事件”正是将上校从“英雄”还原为“普通人”的过程,到晚年又在林阿姨照顾下成为养蚕高手;格非的《望春风》②讲述父亲自杀“我”在村里无依无靠,成长过程中逐渐知晓历史裂缝中的亲情纠葛,后来频繁变更工作,踏上返乡之路,最终和春琴一起回到已被拆迁的便通庵生活。如果要从这些至少跨越半个世纪的故事中,归纳出个体命运的一个关键词,那便是“活着”! 每个人在时代演进中都要思考“为何而活”“如何去活”的问题,或者说这些已经成为一种集体无意识,成为个体不证自明的人生哲学。由是,我们便能从返乡叙事小说中看到这样一群命运共同体,在不同的历史阶段里演绎出色彩斑斓的历史风景。

结　语

新世纪返乡叙事小说中,作家从不同视角重新发现乡土风景,通过隐喻修辞将主观情感投射于客观风景,呈现为自然风景的眷念与批判、人文景观的外显与内蕴、历史风景的激活与表征三个方面,体现出一种层层递进的叙事话语。恰如 W.J.T.米切尔(W.J.T. Mitchell)在《风景与权力》的导论中开宗明义,“要把‘风景’从名词变为动词”,“不是把风景看成是一个供观看的物体或者供阅读的文本,而是一个过程,社会和主体性身份通过这个过程形成”③。结合本文来看,自然、人文、历史都在“风景”这一过程中形成。笔者由此认为,“风景”书写的隐喻修辞是管窥新世纪返乡叙事小说“编年史”的一个向度。首先

① 葛亮:《朱雀》,人民文学出版社 2016 年版,第 310 页。

② 格非:《望春风》,译林出版社 2016 年版。

③ [美]W. J. T. 米切尔:《风景与权力》,杨丽、万信琼译,译林出版社 2014 年版,第 1 页。

从喻体对象上来讲，无论是田园风光、山野精灵、交通工具，还是家屋、宗祠、文物等带有鲜明情感倾向的“风景”，都是经过作家的精心挑选，作为投射主观情感的载体，反映都市化进程中大众的共通情感。其次从主题内涵上来讲，既有对乡土家园的情感归属和身份认同，又有对乡土想象破产、传统文化式微的感喟，还通过回望历史的风景演变反观当下的社会生态，具有贯穿古今的概括性、以古鉴今的启示性。尽管乡土风景在都市化进程中的变化甚至消亡呈现不可逆转的趋势，但它作为联结乡情归属、唤醒乡土意识、激活文化记忆的纽带作用仍在延续，成为返乡叙事小说中十分常见的内容。当然也正因如此，风景书写还存在低门槛、易定性、难出彩等问题。所以，如何在“风景”的发现中尽可能还原其自然存在状态，避免煽情、滥写等现象，破除概念化与同质化倾向，是作家需要考虑和解决的难题。

Landscape Writing and Metaphorical Rhetoric in the Narrative of Returning Home in the Process of Urbanization

Abstract: The “landscape” in novel creation has rich discourse implication. In the process of urbanization in the 21st century, a group of writers who came from rural areas to live and work in the city face the tension between countryside and city, tradition and modernity, individual and history, show their discourse demands for local emotion, humanistic spirit and historical memory, and form a creative tendency and creative phenomenon of “the narrative of returning home”. Writers often use their mobile experience between urban and rural areas to drive the transformation of observation perspective and narrative mode, rediscover and write local scenery, weave “discourse” into “scenery” through metaphorical rhetoric, and place it in the overall construction of the novel, which is embodied in three aspects: the nostalgia and criticism of natural scenery, the presentation and connotation of humanistic landscape, the activation and representation of historical landscape.

Key words: the process of urbanization; the narrative of returning home; landscape writing; metaphor rhetoric

作者简介：黄明海，上海师范大学人文学院中国现当代文学专业博士生。

城市与社会

有关4、5世纪之交君士坦丁堡哥特人社群与阿里乌斯教派的若干问题

屈伯文

摘　要:4、5世纪入侵罗马帝国的哥特人是一个引人注目的基督徒群体,其中,信奉阿里乌斯教义的群体又在他们当中居于主流地位。长期以来,有关4、5世纪之交君士坦丁堡的阿里乌斯教派哥特人的来源,他们与信奉尼西亚教义的正统派之间的矛盾、冲突与联系,其中发挥了历史作用的一些杰出人士的信息,等等,并未得到很好的梳理。基于此,本文依据若干一手文献,并结合当代学者的研究成果,对这些问题进行探索,俾能反映哥特人宗教生活中的一个侧面。

关键词:君士坦丁堡　哥特人　阿里乌斯教派

哥特人是4、5世纪入侵罗马帝国的诸多蛮族之一。从双方关系来看,在4—5世纪的下半段,帝国对哥特人的政策在很大程度上取决于后者在帝国境内所产生的影响。其中,有几个关键的时间点值得注意。从376年开始,哥特部落横渡多瑙河;而后,在378年,他们在亚德里安堡战役中战胜了罗马人。从此,哥特人开始对罗马帝国的历史进程产生重要影响。哥特人与罗马军队之间多次爆发军事冲突,然而,进入罗马境内之后,勇敢善战的哥特人亦成为罗马外籍士兵(即雇佣军)的重要来源。这些受雇为罗马作战的哥特人随后被安置在帝国的不同地区。其中,作为帝国东半部首屈一指的大城市,君士坦丁堡以其富有、强大以及文化上的多样性吸引了包括哥特人在内的诸多蛮族。除此以外,吸引哥特人大量流入的还有哥特部落首领的因素。一些雄心勃勃

的哥特领袖意图追求更高的地位、更多的财富以及更大的影响力。基于此，他们尝试构建、维护、扩展与君士坦丁堡这一帝国东部政治中心的关联。凡此种种，使得4、5世纪之交，成千上万的哥特人居住在君士坦丁堡及其邻近地区，他们在当地居民眼中是危险的少数群体的代表。值得注意的是，许多哥特人是基督徒，他们创建、形成了基督教社群和各种小教派。而在这些哥特基督徒当中，阿里乌斯教派是一个引人注目的群体。关于4、5世纪之交君士坦丁堡哥特人社群的来源、他们与阿里乌斯教派的关系、在宗教争端中具有代表性的几个重要人物等若干问题，学术界尚未有深入探索，基于此，本文拟以这些问题为讨论对象，俾能反映哥特人宗教生活中的一个侧面。

一

阿里乌斯教派源于亚历山大里亚主教阿里乌斯（Arius，250—336年）所提出的基督教教义。阿里乌斯认为，在基督教的三位一体中，“三位”的地位并非完全平等。其中，圣子耶稣出自圣父的创造，故此，他不是完全的神，在地位上要逊于圣父，圣子、圣父不可等量齐观。阿里乌斯教义的一个理论依据是《新约圣经》中耶稣所说的一句话：“因为父是比我大的。”[①]该教义与认为圣父、圣子、圣灵是完全相同而非仅仅相似的正统教义存在分歧，双方之间几经争论、冲突，不唯宗教领域受到影响，还引发政治领域的斗争。最终，正统教义（尼西亚信经）占据上风，阿里乌斯教派逐渐沦为异端，遭到迫害、驱逐。虽然如此，在入侵罗马帝国的一众蛮族中，阿里乌斯教派长期拥有很大的影响力，哥特人亦属其中之一。我们把信奉阿里乌斯教义的哥特人称作“阿里乌斯教派哥特人”。追溯阿里乌斯教派哥特人的起源可知，这个群体源起于乌尔菲拉（Wulfila，约310—383年，主教、传道人、翻译家）的传教活动；此外，它的形成还与376年哥特人的一支——特文吉人（Tervingi）——的大规模皈依有关。[②]

382年，在历经六年（376—382年）的哥特—罗马帝国战争后，交战双方签订了和约（foedus，亦可理解为盟约[③]）。目前，人们所掌握的材料并未明确告

① 《约翰福音》（中文和合本）第14章第28节。

② Guido M. Berndt and Roland Steinacher, *Arianism: Roman Heresy and Barbarian Creed*, New York: Routledge, 2016, p.76.

③ 如下所见，哥特人很可能不是战败蛮族，故此，缔约双方在地位上更趋平等，因此他们缔结的更有可能是一种盟约。

诉我们:在当时,这些哥特部落的领袖具体包括哪些人。虽然如此,可以确定的是,382年的条约是在一些部落首领(reiks,这是哥特部落领袖的头衔,他们代表哥特人)和两位罗马皇帝(狄奥多西一世[379—395年在位]、格拉提安[375—383年在位],他们代表帝国)之间签订的。该条约并未明言哥特人是否被击败,这实际上意味着,他们很可能不是战败的一方。因为根据条约,他们并未被打散、安置到罗马帝国的不同城市和地域(而如果是战败的蛮族,他们会得到这样的安置,这是通行的惯例)。相反,每个小群体(φῦλή,意思是"部落")连同其首脑人物受领一块土地。此种安排对于维持哥特人的部落认同、哥特人的身份是至关重要的一个因素。[①]而在宗教事务上,哥特人亦享有相对的自由,这同样可以为其认同提供一定的支持。因为尽管哥特人在名义上成为了帝国的臣民,反阿里乌斯教派(anti-arian)的帝国法律却只适用于帝国治下的公民。盟约让哥特人享有自治、自主地位,如此,他们便不必遵守帝国法庭发布的法律规定。[②]当然,狄奥多西一世之所以赐予哥特人此种异乎寻常的自由和特权,实是由于其自身所处的政治环境颇为不利。在几年前的378年,在亚德里安堡战役中,哥特人在帝国东半部摧毁了相当一部分罗马军队。而吊诡的是,这样大的兵力损失后来竟然被来自获胜一方——哥特人——的兵源弥补了。即便狄奥多西一世完全有能力击败哥特人,这样的胜利所耗费的时间与资源、所要付出的代价是帝国无法承受的。由此,对罗马人来说,理想的解决方案便是将哥特人当作盟友而非敌人。尤其是在多瑙河边界动荡不安、局势不断恶化的情况下,与哥特人保持和平友好关系具有重要意义。

以上解决方案的好处在后续的一系列事件中得到了证实。举一个例子,马格努斯·马克西穆斯(Magnus Maximus)、尤金尼厄斯(Eugenius)相继在罗马帝国西部篡位,[③]正是由于蛮族军队,他们才被击败。这些阿里乌斯教派哥特人的一部分是由部落首领统率的,他们很可能定居在了君士坦丁堡及其邻近地区。蛮族领袖同样频繁地出现在前往帝国宫廷的各国、各族使团中还有

① P. Heather, *Goths and Romans 332—489*, Oxford: Clarendon Press, 1991, pp.173—175, 191.

② P. Heather, *The Goths*, Oxford: Blackwell Publishers Ltd, 1996, p.137.

③ 马格努斯·马克西穆斯在383—388年为罗马帝国西半部的皇帝;尤金尼厄斯在392—394年为罗马帝国西半部的皇帝。

举办的各种宴会上,君士坦丁堡的繁华、富庶自然吸引了哥特社群中的许多成员。①其中的一个宴会可能发生在准备对尤金尼厄斯展开军事讨伐的背景下。②与此同时,狄奥多西一世习惯于带领从君士坦丁堡来的全部大军展开自己的军事行动。③为了完成自己所承担的军事职责,哥特人不仅为帝国提供军队,这些军队还要在君士坦丁堡附近集合,从龙出征。此外,许多雄心勃勃的蛮族勇士,被帝国宫廷的财富、征战的升迁机遇所吸引,从而自愿加入御林军(scholae Palatinae)。

除了以上主要参与军事活动的人员,另一部分蛮族,尤其是年轻的世代,则作为人质,定居在小亚细亚的许多城市,其中,当然不乏住在君士坦丁堡的哥特人。这群人质起到的作用是为376年的哥特—罗马协定提供保证,令相应条款得到尊重和执行。协定准许所有哥特部落进入罗马境内。然而,这些哥特人的境遇随时势发展而不断变动,尤其是在哥特—罗马帝国的关系陷入危机之时。比如,在后来的378年,这些人质被罗马军队中的指挥官尤利乌斯(Julius)屠杀。④尽管文献提到,所有这些人都罹难,但这很可能是不正确的。因为在接下来的一些年里,我们仍能看到哥特人在小亚细亚城市的存在。这表明,不仅一些哥特人活了下来,而且其他哥特人再度被引入,重新定居在这些地区。我们从中可以看到,狄奥多西一世追从了和瓦伦斯(Valens,罗马帝国东半部皇帝,364—378年在位)类似的政策。4世纪80年代末,奥多修斯(Odotheus,领导哥特人的一个分支格鲁森尼人[Greuthungi])与罗马将军普罗莫图斯(Promotus)交战,大败。普罗莫图斯对俘获人员做了安置,他们被描述为特里比吉尔德(Tribigild,服役于罗马军中的一个哥特人将领)手下士兵的主要来源。⑤他们很可能是同一政策因应不同时空条件而出现的不同版本。⑥

---

① Eunapius, *Fragments*, 59.

② P. Heather, *Goths and Romans 332-489*, p.186.

③ Sozomenus, *Historia Ecclesiastica*, 7.24. 在狄奥多西一世离开君士坦丁堡展开对尤金尼厄斯的征伐之前,该文献提到:其军队的最大组成部分是由来自多瑙河区域的蛮族组成的。

④ C. Zuckerman, "Cappadocian Fathers and the Goths", in *Travaux et Mémoires*(11), 1991, p.485.

⑤ P. Heather, "The Anti-Scythian Tirade of Synesius' 'De Regno'", in *Phoenix* (42[2]), 1988, p.156, n.12; H. Wolfram, *History of the Goths*, Berkeley: University of California Press, 1988, p.148.

⑥ 哥特僧侣定居于色雷斯军团统领普罗莫图斯的庄园,此人在君士坦丁堡击败了奥多修斯。参见 Neil B. McLynn, *Ambrose of Milan: Church and Court in a Christian Capital*, Berkeley: University of California Press, 2014, p.297。

由以上可以看出，蛮族从军人员、年轻人质、战俘等共同构成了君士坦丁堡哥特人社群的人口来源。

二

哥特人群体在君士坦丁堡主要从事以下工作：(1)雇佣军。他们或由部落派遣，或自愿加入罗马军队，总之，在战时随罗马军队展开行动。(2)人质。他们主要确保部落与罗马帝国之间的互信关系，以及相关条约、协议的执行。(3)劳役。与蛮族群体的冲突可以提供足够的哥特奴隶，他们在君士坦丁堡许多罗马人的家中承担体力劳动等贱役。①哥特人出现在君士坦丁堡这座大城市，人们对此生出的情感是复杂多样的。抛开军事和政治上基于权宜之计的考虑(也就是不得不接受一部分哥特人)，在宗教信仰上，哥特人追从的是阿里乌斯教派，而君士坦丁堡的许多罗马人崇奉的是尼西亚教义(集中体现为“尼西亚信经”)。②由此，许多罗马人对哥特人抱持的宗教情感是负面的。在此种背景下，我们便不难理解，君士坦丁堡的掌权者(尤其是宗教领域的)力图将哥特人引导至“正确”的基督教道路上。

有一些文献为我们提供了与君士坦丁堡阿里乌斯教派教会有关的少量信息。和其他被正统派教徒(信奉尼西亚教义)看作异教徒的人一样，阿里乌斯教派中的大多数人是不能住在城内的。从教会组织的视角来看，君士坦丁堡的阿里乌斯教派哥特人处在乌尔菲拉(出生于卡帕多西亚的哥特人)③的监管之下；在其死后，接过监管之责的是塞勒纳斯(Selenas，乌尔菲拉的助理兼继承人)。④这些主教的驻地显然在尼科波利斯(Nicopolis)和海姆斯(Haemus)山脉的邻近地区。许多经文献确认为小哥特人(Gothi minores，亦称“摩索哥特人”[Moesogothi]，是西哥特人的一支)的逃难者由于在哥提亚(Gothia，即达西亚

---

① Synesius, *De regno*, 23 C.

② 在历史上，阿里乌斯教派与崇奉尼西亚信经的教派之间的势力消长经历了一个过程。前者并不是一开始就堕入遭到严禁、驱逐的境地。一个可以说明问题的案例是，曾主持制定尼西亚信经(325年)的君士坦丁大帝在临终前接受的却是一个阿里乌斯教派主教的洗礼。之后的帝国皇帝中颇有亲阿里乌斯教派者，如君士坦提乌斯二世(337—361年在位)。

③ 严格来说，乌尔菲拉不是哥特人，因其非哥特人的父母被哥特人奴役，是故，乌尔菲拉在哥特部落中长大。

④ Sozomenus, *Historia Ecclesiastica*, 7.17. 乌尔菲拉死于君士坦丁堡，该城许多公民见证了他的葬礼，很可能住在那里的许多哥特人也是见证者。

[Dacia])受到迫害，遂定居于这些地方。这个群体到了 6 世纪仍然存在。[①]正是在这些地区，乌尔菲拉把《圣经》翻译为哥特语，培训了新的神职人员，在帝国边界两边的哥特人中间展开传教活动。看起来，他和塞勒纳斯拥有教会的权力，至少，对阿里乌斯教派哥特人有着宗教上的影响力。这些哥特人在 376 年进入帝国境内，而后在 382 年与帝国签订盟约。塞勒纳斯受惠于跟乌尔菲拉的亲密关系，亦成为一个备受尊重的人物。不过，和乌尔菲拉一样，塞勒纳斯同样受过良好的教育，有能力在教会中以希腊语、哥特语传道。[②]他很可能有几次身在君士坦丁堡，在那里，他可以运用自己的传道和语言技巧。这座大城的教会代表以及阿里乌斯教派哥特人之间的关系是紧密的。看起来，君士坦丁堡教会甚至将哥提亚教会当作她的一个女儿。[③]

塞勒纳斯是色雷斯的主教，亦是哥特人的主教之一。他匍匐在君士坦丁堡阿里乌斯教派宗主教（比如，德摩腓鲁斯）的至高权力之下。虽然如此，朴实的阿里乌斯教派哥特人同样也臣服于塞勒纳斯。一次分裂间接地确认了这一点。此次分裂是在德摩腓鲁斯死于 386 年之后在阿里乌斯教派内部发生的。其时，根据塞勒纳斯的指示，哥特人站在马里努斯（Marinus）主教一边。[④]尽管如此，塞勒纳斯仅仅是在神学争论的事宜上指导自己的哥特信友（co-believers，信仰上的同道中人）。而在此之外，他指出了一些人——哥特人信友连同他本人在宗教事务上应该是服从于他们的。塞勒纳斯的前辈乌尔菲拉的宗教权威同样来自君士坦丁堡宗主教的至高地位。一方面，他本人被尼科米底亚（Nicomedia）的尤西比乌斯（Eusebius）祝圣为主教。另一方面，在哥特人中间，他与另一个阿里乌斯教派的主教、来自君士坦丁堡的尤多修斯（Eudoxius）合作，展开传教活动。基于这些原因，我们应该认为，所谓“阿里乌斯教派哥特人”是更广范围的阿里乌斯教会（大本营在君士坦丁堡）不可分割的组成部分。对帝国东半部来说，阿里乌斯教派并不是从一开始便带有强烈的蛮族色彩，甚至在 380 年（该年，阿里乌斯教派代表国家教会的历史正式终

---

① 有一些哥特人在 9 世纪时仍然在巴尔干各省居住，使用哥特语言。他们很可能是小哥特人的后代。参见 A. Kaliff and L. Munkhammar(eds.), *Wulfila 311-2011. International Symposium, Uppsala University, June 15-18, 2011*, Uppsala: Uppsala Universitet, 2014, p.26。

② Sozomenus, *Historia Ecclesiastica*, 7.17.

③ 在德摩腓鲁斯(Demophilus)被立为君士坦丁堡宗主教之前，他是色雷斯的贝罗亚(Beroia)主教。在这个位置上，与他为邻的是南边的乌尔菲拉。由此，二人应当有非常紧密的联系。

④ Sozomenus, *Historia Ecclesiastica*, 7.17.

结)之后都是如此。应该说,阿里乌斯教派获得显著的蛮族特征(尽管不是完全的)是在帝国西半部,在阿里乌斯教派的主导下,蛮族在这里建立了自己的王国。

三

从以上可知,以君士坦丁堡为大本营的阿里乌斯教派与从属该教派的哥特人有着复杂的关系。虽然如此,对于身在该城的哥特人,该教派起到了加强其独特认同的作用,这一点是可以肯定的。一方面,他们和城外的希腊—罗马阿里乌斯教派信徒一起参与弥撒,另一方面,他们很可能在教会中或帐篷里举行单独的集会,在会中,他们会用哥特语言庆祝弥撒。总之,早在4世纪80年代,哥特语《圣经》存在的前提条件,以及受过训练、可以填补相应空缺的人员已然齐备。

这些集会的一个参与者是盖纳斯(Gainas)。此人是哥特人的一个首领,在狄奥多西一世和阿卡迪乌斯(Arcadius,383—408年在位)治下为罗马军队效力。他富有雄心,要运用自己的权威捍卫君士坦丁堡阿里乌斯教派信徒的利益,满足他们的需求。基于此,在为罗马帝国与军队立下功勋后,盖纳斯为阿里乌斯教派请求一座教堂作为奖赏。作为军事指挥官,他的军队主要由蛮族组成。这就使阿卡迪乌斯对其产生一种犹如芒刺在背的感觉,觉得他是一个威胁。而为了笼络盖纳斯,阿卡迪乌斯接受了他的请求,以示怀柔。在这件事情上,他还获得了凯撒里乌斯(Caesarius,"金口"约翰[John Chrysostom]的朋友)的支持。但是,在东正教会宗主教"金口"约翰(约347—407年,重要的早期教父)的强力干预下,这一努力失败了。约翰提醒盖纳斯说:帝国提供的荣耀和财富已然足够作为奖赏。①不过,有人提出,受惠于凯撒里乌斯,举行敬拜活动的阿里乌斯教派哥特人或许使用过所谓的"哥特教堂"(Church of the Goths,在著名的哥特大屠杀[massacre of the Goths]②期间,它连同寻求避难所的人一同被焚烧),至少使用过一段时间。"金口"约翰的干涉只产生了短期效应,盖纳斯的请求最终得到了满足。③如果此一论断是正确的(即哥特教堂确实被授予了君士坦丁堡的哥特人社群),那么,考虑到凯撒里乌斯与"金口"

① Sozomenus, *Historia Ecclesiastica*, 8.4; Synesius, *De providentiae*, 115 B.

② 400年时,由于盖纳斯叛乱事件的发生,身在君士坦丁堡的哥特人遭到了大屠杀。

③ Synesius, *De providentiae*, 115 B.

约翰的关联，这一教会很可能是为后者所代表的正教会服务的。当然，我们也可以对此提出异议，因为按照约翰的个性，他绝不会将教堂，连同以前尼西亚会议时担任君士坦丁堡主教的保罗（他与阿里乌斯教派展开了激烈斗争）的遗产留给他们。[①]无论是哥特教堂先授予哥特人而后遭到毁灭，还是该教堂根本不曾给过哥特人，两者都意味着将阿里乌斯教派哥特人转变为尼西亚教义的信奉者的努力失败了，尼西亚教义并未被君士坦丁堡的哥特人社群所理解和接受。

尽管盖纳斯申请教堂一事很可能没有成功，从他的活动中，我们还是可以得出与阿里乌斯教派哥特人有关的许多事实。看起来，盖纳斯不仅是罗马军中的高级将领，还是较大规模哥特人社群中的政治领袖。前面指出，其军队的主要部分是哥特人。400年时针对君士坦丁堡哥特人社群的大屠杀确证了这一点。人们猜测，这是对他起兵反叛、占领君士坦丁堡的报复。他的军队带有浓厚的蛮族特征，甚至在他出兵对抗特里比吉尔德期间（也就是，在特里比吉尔德手下的哥特人与他会合之前），也是如此。[②]从上述盖纳斯请求给阿里乌斯教派配备教堂一事来看，盖纳斯应是感觉对自己的信友怀有责任，要改善他们的社会地位。除了此种责任感，我们亦不能排除一种可能性，即对他来说，信仰问题可能真的非常重要。他保存的与安卡拉的尼鲁斯（Nilus）之间的通信便是明证。不幸的是，盖纳斯写给尼鲁斯的书信丢失了。尽管如此，从尼鲁斯的回信来看，显而易见的是，他们讨论的主要话题是基本的神学问题，尤其是圣子基督与圣父上帝之间的关系。[③]尼鲁斯是信奉尼西亚教义的一个代表人物，他对盖纳斯这位罗马指挥官持强烈的批判和谴责态度。他甚至敢说，盖纳斯和他的信友是“基督群羊的毁灭者”。[④]从书信中可以看到，尼鲁斯对盖纳斯在自己的推理中使用的某些《圣经》论点做了回应。由此，尼鲁斯看起来非常清楚哪些圣经可以为其神学立场提供支持。从通信中，我们还可以看出：他对盖纳斯怀有某些敬意，并且希望自己给后者带去“真正的”信仰。[⑤]相当引人注目的是，盖纳斯尽管可能没有文化，却对讨论持开放态度，并对一位信奉尼

① Sozomenus, *Historia Ecclesiastica*, 8.4.

② J. Bednaříková, M. Meško and A. Žáková (eds.), *On Research Methodology in Ancient and Byzantine History*, Brno: Masaryk University, 2005, pp.23—34.

③ Nilus, *Letters*, 79, 115, 116.

④ Nilus, *Letters*, 206.

⑤ Nilus, *Letters*, 70, 79, 114—116, 205—206, 286.

西亚教义的僧侣、“金口”约翰的一个门徒的意见感兴趣。我们应该把通信看作“金口”约翰所做努力的一个组成部分。约翰尝试着在尼鲁斯的合作下，将阿里乌斯教派哥特人转向尼西亚教义的信奉者。在此一背景下，教会史家的一个夸张说法——盖纳斯对约翰非常尊重——或许有一定的道理，盖纳斯对讨论的开放态度尤其体现了这一点。

四

在与尼鲁斯的讨论中，盖纳斯确认了一个事实：在阿里乌斯教派信徒中，圣徒崇拜有一个演变过程。以前，在信奉尼西亚教义、阿里乌斯教义的基督徒中间，对信仰斗士的崇敬有重叠之处。其中一个案例是阿卡迪乌斯与盖纳斯相会于查尔西顿(Chalcedon)，会晤场所在殉道者尤菲米娅(Euphemia)的教堂。正是在此处女圣徒的遗骸之上，他们发誓：不相互行使阴谋。不过，接下来发生的事件让教会史家相信：盖纳斯打破了这一誓言。虽然如此，坦白地说，我们并不完全知道阿卡迪乌斯与盖纳斯所定协议的全部细节(包括谁在事实上首先破了誓)。我们只知道，盖纳斯被任命为“两军统领”(magister utriusque militiae)。另一方面，阿卡迪乌斯亦无能力维护条约，正如我们在盖纳斯为阿里乌斯教派请求一座教堂一事上所看到的。不过，这只是双方协议中不能履行的条款当中的一个。看起来，盖纳斯被任命为“两军统领”只是一种表面姿态，他对于君士坦丁堡的某些军队并无真正的权力。帝国军队是一个强大的存在，他们守卫皇宫，而后参与了对哥特人的屠杀。在盖纳斯的军队穿过城门时，双方便发生了冲突。①盖纳斯或许认为自己的雄心没有办法实现。基于此，他便对查尔西顿的协议条款表示轻蔑，这便打破了自己的誓言，由此，他对其便不再负有义务。另一个案例是盖纳斯对圣徒的尊敬。传闻盖纳斯曾被一个鬼附身，他以此为借口，要参观圣“施洗”约翰的教堂。不管这是不是一个借口，这一活动不应让任何人感到惊讶。在盖纳斯宗教行为的背景下，此举有其合乎情理之处。这座教堂位于赫布多莫斯(Hebdomos)，也就是狄奥多西一世在征讨尤金尼厄斯之前祈祷的地方；同样，也是在战斗进行时，据信发生过奇迹的地方。在征讨尤金尼厄斯的弗里吉多斯(Frigidus)战役中，盖纳斯是一个随军战士，见证了皇帝在圣“施洗”约翰教堂的虔诚和奉献精神。

① Sozomenus, *Historia Ecclesiastica*, 8.4.

对他来说,这看似是狄奥多西一世获得胜利的一个原因。或许,我们可以说,盖纳斯在这座教堂上演了一出戏;或许,我们也可以认为这是一次真诚的举动,为的是获得超自然力量的帮助(他自身所处境况日益恶化)。[①]考虑到他在宗教问题上是有真正利益的(他与尼鲁斯的通信,他对"金口"约翰的尊重),后一点可以被看作是一种可信的解释。

综上,盖纳斯是君士坦丁堡哥特人社群的政治领袖,也是一个宗教人。在他看来,自己是一个重要人物,有必要满足忠诚于他的那些人的宗教需求。他为这些人请求一座教堂;此外,他和自己的子民也受到萨提里安小教派(Psathyrians,阿里安教派的一个分支,与塞勒纳斯有密切关联)一党的鼓动。所有这些都蕴含了一种极端紧张的关系,即世俗统治者的权威以及蛮族教会可能爆发的冲突。这在后来的蛮族王国身上更加清晰地显明出来。[②]所有这些牵涉到一个问题:君士坦丁堡的哥特人如何认知盖纳斯?事实上,他并不是真正的部落领袖,另外,他的出身是卑微的。然而,他确实被认为是一位部落领袖。即便我们无法还原导致此一认知的准确情境,很显然,作为蛮族军队的领袖之一,他必须通过许多方式让人认识到其部落领袖的身份(至少是在弗里吉多斯战役中)。[③]在此之外,还有两个重要因素:其一,部落领袖和愿意同罗马人并肩作战的军队之间的信任关系;其二,在老的部落结构逐渐瓦解(进入罗马帝国新的现实情境)的情况下,部落领袖如何处理与罗马人的关系。综合而言,在哥特人的认知中,盖纳斯的机敏、成功以及财富、在帝国宫廷的职业生涯都是来自上帝的祝福。

盖纳斯和君士坦丁堡的其他哥特人还在4世纪末阿里乌斯教派的分裂中发挥了作用。此一分裂发生于386年,表明了一些阿里乌斯教派哥特人在神学上要走一条什么样的路。事实上,分裂的端倪早在德摩腓鲁斯(370—380年为君士坦丁堡主教)时已然显现,那时,来自色雷斯的马里努斯继承了他的位置。尽管如此,在很短的时间之后,马里努斯遭到罢黜,被安条克的多罗修斯(Dorotheus)取代。在许多阿里乌斯教派信徒看来,他比马里努斯更有能

---

① Sozomenus, *Historia Ecclesiastica*, 7.17.

② J. Bednaříková, M. Meško and A. Žáková(eds.), *On Research Methodology in Ancient and Byzantine History*, pp.23—34.

③ 蛮族军队的指挥官通常是国王,也是政治领袖。

力。[①]两人之间的争端同样反映在神学层面，也就是如下问题上：是否有可能把上帝叫作一位父亲(甚至在有圣子的存在之前)？马里努斯相信，父亲一直是父亲。相比之下，根据多罗修斯的看法，在上帝存在以前便有了圣子，这看起来并不合适。由此产生的争端导致马里努斯及其来自阿里乌斯教派的追随者被驱逐。在那时以后，他们建立了自己的敬拜场所，开始被标记为萨提里安小教派或哥特人。之所以被命名为“哥特人”，是因为前面提到的圣徒，在他们中间有使徒菲利普斯(Philipus)和安德鲁(Andrew)，也有阿里乌斯教派的主教多罗修斯。事实上，马里努斯的神学地位得到了哥特主教塞勒纳斯和许多蛮族的支持。这些人主要来自君士坦丁堡的哥特人社群。[②]萨提里安小教派体现了与众不同的哥特人特征，由此，它加强了哥特人社群的独特身份。虽然如此，它却不是一个特别的哥特人教会。通过马里努斯和亚加帕(Agapius，他曾在以弗所被马里努斯祝圣为主教)之间的权力斗争，一段时间之后，新的分裂产生了。根据教会史家的说法，哥特人站在亚加帕一边。阿里乌斯教派的内部分裂在约35年之后终于有了一个确定的结局。争斗各方之间的和解是通过普林萨(Plintha)实现的，此人信奉阿里乌斯教义，也是出身哥特人的一个执政官。[③]普林萨的言论证明，萨提里安小教派甚至在君士坦丁堡的哥特人遭到大屠杀(400年)之后仍然存留下来，并且在帝国服役的蛮族异教徒得到了善待。普林萨甚至得到国家的信任，在一些场合，他自己还干涉了对教会事务的处理。[④]乍看起来，所有的阿里乌斯教派哥特人都是萨提里安小教派或亚加帕的追随者。尽管如此，真相要更为复杂。一部分哥特人很可能追随的是多罗修斯，因为在一份哥特历残片的圣徒名录中，我们可以找到一个名字：“Daurithaius aipiskaupaus。”[⑤]很可能此人指的是上述废黜马里努斯的那位多罗修斯主教。事实上，他在接下来几代人的时间里被人们尊为圣徒。这表明一个相对重要的哥特人群体应该是他的追随者，由此，对他的崇敬便是顺理成章之事。至于他的继承人兼君士坦丁堡最后一任阿里乌斯教派主教巴尔巴

① Sozomenus, *Historia Ecclesiastica*, 7.14.

② Sozomenus, *Historia Ecclesiastica*, 7.17.

③ Sozomenus, *Historia Ecclesiastica*, 7.17. 419年，在普林萨担任执政官期间，争端得到解决。普林萨是与弗拉维乌斯·莫纳修斯(Flavius Monaxius)一起任职的。

④ J. R. Martindale, *The Prosopography of the Later Roman Empire*, Vol.2, Cambridge: Cambridge University Press, 1980, p.893.

⑤ H. Delehaye, “Saints de Thrace et de Mésie”, *Analecta Bollandiana*(31), 1912, p.275.

(Barba),他是否出身哥特人则仍是一个有所争议的问题。①

结　语

公元4、5世纪之交,阿里乌斯教派哥特人在君士坦丁堡的演化是非常复杂的。哥特人信徒连同阿里乌斯教派教会被一块打击。哥特人的一部分开始追随多罗修斯,一部分人追随马里努斯,另一部分人则跟从亚加波。以文献为依据,看起来可信的是:君士坦丁堡的大多数哥特人加入了萨提里安小教派(阿里乌斯教派的一个分支)。尽管如此,我们不能真正地说在君士坦丁堡,有一个"特殊的"属于哥特人的阿里乌斯教会。尽管哥特人匍匐在主教塞勒纳斯(他的驻地在尼科波利斯的邻近地区)的教会的管辖之下,他们同样身处君士坦丁堡阿里乌斯教派宗主教的权威之下,就连塞勒纳斯也要服从这位宗主教,因为他在教会等级制中拥有更大的权力。一方面,我们可以认为,塞勒纳斯对君士坦丁堡阿里乌斯教派哥特人的权力是名义上的。另一方面,我们还应该将如下因素考虑进去:哥特人牧师、哥特语言的礼拜仪式、满足君士坦丁堡这样一个特殊少数人群之需要的教会的存在。尽管如此,从原则上说,哥特人组成了当地阿里乌斯教派教会不可或缺的组成部分。先前提到的该教派内部的分裂和权力斗争很可能是许多神职人员和信众转向尼西亚教义和正统派的原因。②

On Some Questions about Gothic Group in Contantinople and Arianism in the Turn of 4th and 5th Centuries

Abstract: Goths who invaded into the Roman Empire in 4th and 5th centuries was a significant group of Christians. Among them, the followers of Arianism was the mainstream sect. For a long time, some questions, e. g., the origin of Arian Goths in Constantinople in the turn of 4th and 5th centuries, the controvercies, conflicts and relations between them and the orthodox group, information of some prominent men who played an important role. Based on

① P. Heather and J. Matthews, *The Goths in the Fourth Century*, Liverpool: Liverpool University Press, 1991, p.122, note 64.

② Sozomenus, *Historia Ecclesiastica*, 7.17, 8.1.

this, this article relied on some first-hand data and some contemporary research, to investigate into these questions, so as to reflect one side of Goths' religious life.

Key words: Constantinople; Goths; Arians

作者简介:屈伯文,同济大学博士,现为黄冈师范学院讲师。

中苏边境地区城市的文化、经贸交流及其特点

——以黑龙江和哈巴罗夫斯克边疆区的城市为例①

王志航

摘　要:中国黑龙江和苏联哈巴罗夫斯克边疆区地处两国边境地区,地理位置接壤,城市众多,文化、经贸往来频繁。当中苏关系发生变动时,边境城市之间的关系也会发生微妙的变化。总体而言,边境地区的关系调整与国家关系变化基本同步,但会表现出一定的非"同时性"。具体来说,当中苏两国关系由好转坏时,边境城市的关系调整往往滞后于国家关系的变化;当中苏关系逐步实现正常化时,边境城市又扮演了"试水者"和"先行者"的角色,产生了"以小博大"的政策效应。

关键词:中苏关系　边境地区　城市文化　黑龙江　哈巴罗夫斯克边疆区

边境地区的城市文化交流一直是中苏关系研究的重要领域,也是我们了解苏联和俄罗斯发展的重要窗口。时至今日,围绕苏联和俄罗斯远东地区城市文化、社会、经济发展的研究成果已颇为丰硕。宏观层面,苏联和俄罗斯时期远东城市的政治、经济、文化、社会概况,以及中苏中俄双方在远东的城市间

① 本文为国家社科基金特别委托项目"中国周边国家对华关系档案收集及历史研究"(15@ZH009)支持。

合作研究始终热度不减①;微观层面,研究领域主要涵盖中苏、中俄时期的边界地区概况②,远东城市的民族、产业、人文交流等问题③。在诸多成果中,学者或关注中俄双方在边境地区的互动关系,或专注于对俄国远东地区某一具体问题的深入阐释,而对中苏边境城市政府、民间文化交往这一微观层面的研究尚显薄弱。本文拟利用已经公开的档案资料和文献,以一般文化地理学和政治地理学中"边境城市地区"④的概念为基础,集中研究中苏双方在黑龙江省和哈巴罗夫斯克边疆区域内城市的文化、经贸交流情况,以期从城市文化、城市发展角度窥测中苏关系全貌,并对其中的现象进行学理性分析。

一、哈巴罗夫斯克边疆区在苏联的地位、黑龙江在我国的地缘优势

哈巴罗夫斯克边疆区位于俄罗斯远东地区,东临滨海边疆区,西接阿穆尔州,南部与中国边境接壤,面积 82.5 万平方公里,约占苏联远东地区总面积的 27%。⑤在苏联的 21 个经济分区中,哈巴罗夫斯克边疆区隶属于远东经济区,"远东经济区具有丰富的自然资源和特殊的地理位置,在苏联经济发展和远东对外关系中占有重要地位"⑥。边疆区的优势性自然资源主要有:"水力资源约 2 280 万千瓦,占俄罗斯全部水资源的 8%左右;森林面积 42.8 万平方公里,

---

① 这方面的研究主要有王文丰:"苏联早期远东政策述评",《济南大学学报(社会科学版)》,2003 年第 6 期;李传勋主编:《俄罗斯远东市场研究》,社会科学文献出版社 2004 年版;于晓丽:《转型时期俄罗斯远东经济社会发展问题研究》,黑龙江人民出版社 2006 年版;李传勋主编:《转型期的俄罗斯远东》,哈尔滨工程大学出版社 1998 年版;邵方恒主编:《俄罗斯远东地区经济概况》,中国物资出版社 1993 年版;胡仁霞:《中国东北与俄罗斯远东区域经济合作研究》,社会科学文献出版社 2014 年版;《俄罗斯远东地区开发与中俄区域合作研究》,黑龙江大学出版社 2019 年版;于慧玲,李凌艳,卢春月:《中国东北老工业基地振兴与俄罗斯远东开发联动效应研究》,东北财经大学出版社 2019 年版。

② 详见宁艳红:"中苏档案下抗战胜利后中共与苏共之间关系解读——以边境黑河建党建政建军时期为例",《黑河学院学报》,2018 年第 2 期;刘显忠:"中东路事件与黑瞎子岛问题之史实澄清",《俄罗斯学刊》,2018 年第 5 期;汪振友,齐鹏飞:"1964 年中苏第一轮边界谈判的历程及基本经验",《当代中国史研究》,2015 年第 2 期。

③ 这些问题的研究成果主要有奥莱格·巴拉莫夫,李燕飞:"后苏联时代俄罗斯远东及西伯利亚的少数民族政策",《原生态民族文化学刊》,2019 年第 3 期;彭传勇,石金焕:"俄罗斯哈巴罗夫斯克边疆区档案馆藏中国东北俄侨档案研究",《黑河学院学报》,2019 年第 1 期;叶艳华:"20 世纪上半叶堪察加半岛渔业发展问题",《知与行》,2019 年第 3 期;E.Л.莫特里奇,臧颖:"苏联解体后俄罗斯远东人口状况研究",《黑河学院学报》2016 年第 1 期。

④ 指国土中与国界线相接壤的特定行政区域。

⑤ [英]斯图尔特·柯尔比著、上海师范大学历史系地理系译:《苏联的远东地区》,上海:上海人民出版社 1976 年版,第 126 页。

⑥ 徐景学、赵立枝:《中苏边贸必读》,哈尔滨:黑龙江省社会科学院西伯利亚研究所 1990 年,第 21 页。

其中木材储量 54 亿平方米,还有香精油、药品等多种原料;动植物品种丰富,湖泊和河流中的淡水鱼多达 100 种以上。"①此外,该地区有着丰富的锡、金、铁、锰、水镁石等金属矿藏,煤炭总地质储量高达数百亿吨。在此基础上,哈巴罗夫斯克边疆区建立了包括"机器制造工业、钢铁和有色金属工业、石油加工工业、电力工业、农林渔业"②在内的经济体系。其产业结构主要以重工业为主,轻工业等食品产业相对比较落后。

在行政区划上,哈巴罗夫斯克边疆区有 9 个城市,4 个城镇和 1 个犹太自治州,行政区共有 21 个。哈巴罗夫斯克市是该区的首府和第一大城市,人口 60 余万,约占整个边疆区人口的三分之一。该市自 1860 年中俄签订《北京条约》后成为俄国领土,俄国以探险者哈巴罗夫为其命名。因参加普加乔夫起义而被流放的涅尔琴斯克矿场的工人后代和具有农奴身份的矿工成为了该市最早的建设者。俄国著名地理学家米·伊·维纽克夫曾预言,"这里一定会出现一座大城市。"③随着铁路和河运基地的建立,该城人口在建成 60 年后就已超过了俄罗斯中部某些大城市。卫国战争后,该市迅速成为苏联在远东地区重要的工业基地、交通枢纽和科技文化中心。苏联解体前,哈巴罗夫斯克市建有 20 多家大型工业企业,机器制造业总产值占苏联远东地区的 50%;"铁路年过境旅客约 400 万人;市内有 11 所高等院校及分校,在校学生达 4 万人;拥有科研院所和实验室 69 座,各类设计院 30 余座"④。整个边疆区良好的经济文化条件为中苏之间的边境交往奠定了坚实的物质文化基础。

黑龙江省与苏联毗邻,拥有 3 000 余公里的对苏边境线,双方边境交往历史悠久。黑龙江地理位置优越,省内铁路交通运输网络发达,松花江、黑龙江等水路运输潜力巨大。20 世纪 90 年代,黑龙江的耕地面积、森林面积、木材蓄积量均居全国首位。黑龙江良好的农业基础和食品供应基地地位与苏联远东地区以工业为主的产业结构形成有力互补,双方域内城市在人文、科技、工业等领域的交流前景非常广阔。

---

① [苏]玛尔果林(А.Б.Марголин)主编,东北师范大学外国问题研究所苏联问题研究室译:《苏联远东》,长春:吉林人民出版社 1984 年版,第 176—177 页。

② 徐景学、赵立枝:《中苏边贸必读》,黑龙江省社会科学院西伯利亚研究所 1990 年版,第 72—74 页。

③ [苏]玛尔果林(А.Б.Марголин)主编,东北师范大学外国问题研究所苏联问题研究室译:《苏联远东》,长春:吉林人民出版社 1984 年版,第 180 页。

④ 以上数字根据徐景学、赵立枝:《中苏边贸必读》,哈尔滨:黑龙江省社会科学院西伯利亚研究所 1990 年版,第 106—108 页整理而来。

二、“同志加兄弟”背景下的边境地区城市关系

1946 年 4 月黑龙江全省解放，成为了全国最早解放的地区。为了恢复经济、发展生产，东北行政委员会于同年 5 月在哈尔滨成立北满贸易公司（后改为东北贸易总公司），主要负责国内贸易和对苏贸易。同年 11 月中苏双方达成贸易协议并开始供货。苏联对黑龙江的矿产资源有着浓厚兴趣。1948 年，马利宁给莫洛托夫的一份绝密报告指出，“东北，特别是在它的北部，有着丰富的黄金矿藏，估计可达 3 780 吨……其中产量较高的地区有：黑龙江省北部……松花江上游的绥芬河流域。”[①]解放后的东北地区工业占整个经济的比重高达 53%，而当时全国的平均水平只有 10%。[②]一系列条件和需求为双方开展城市间合作奠定了良好基础。随着中国共产党在解放战争期间的节节胜利，原有的国民党驻外机构，尤其是位于边境地区的领事馆与苏联的矛盾也逐步凸显出来。1949 年 2 月，国民政府驻哈巴罗夫斯克等地领事馆曾呼吁中国公民离开苏联，这一举动引起苏联的强烈不满[③]。1949 年 12 月，苏联开设的军事法庭在哈巴罗夫斯克对一批制造和使用细菌武器的日本战犯进行了审判，并以外交照会的形式向中华人民共和国政府进行了通报[④]。

在我国开始有计划地进行社会主义现代化建设后，中苏边境地区的城市交流合作被摆在了突出位置。黑龙江自 1953 年起开展对外贸易业务，主要对象是苏联和东欧社会主义国家。当年黑龙江直接出口总额为 2.3 亿元，其中 2.2 亿元为对苏出口，出口产品主要来自哈尔滨、绥芬河等口岸城市。1954 年 12 月 27 日，苏联部长会议通过了《关于援助中华人民共和国建设工业企业、向中国派苏联专家和关于另外接受中国工人来苏联企业学习的决议》，责成苏联一批工业部为供货人，为中国有关企业的设计、建设、安装、调试和投产提供设备、电缆制品和技术援助。在援助清单所列的 8 个企业中，有 2 个位于黑龙江省，分别布局在齐齐哈尔和哈尔滨两座城市。他们是苏联黑色冶金工业部

① 华东师范大学冷战国际史研究中心存，《俄国档案原文复印件汇编：中苏关系》第 20 卷，第 934 页。

② 米高扬与毛泽东会谈纪要：中共历史和目前任务，1949 年 2 月 5 日，АПРФ，Ф.39，ОП.1，Д.39，Л.69。

③ 苏联外交部给中国使馆的照会：中国领事馆进行违法活动，1949 年 2 月 27 日，АВПРФ，Ф.0100，ОП.41，П.276，Д.18，Л.15。

④ 联共(布)中央政治局会议记录：哈巴罗夫斯克诉讼案件，1950 年 1 月 30 日，РЦХИДНИ，Ф.17，ОП.3，Д.1079，Л.83、213—228。

负责的齐齐哈尔市特种钢厂(第二批),该厂规划产能为每年30—35万吨。苏联方面计划在1955年第三季度为该厂在编制课题和收集原始资料方面予以技术援助、1956年第二季度为该厂提供设计资料、1957年完善工厂车间的技术方案、1958—1959年间完成该厂的施工图纸和设备供应任务。苏联重工机器建设部援建的哈尔滨汽轮机厂,计划分两级建立补充生产机构,包括生产发电功率为1.2—2.5万千瓦/时的汽轮机,供给年发电量24万千瓦/时的发电厂使用;生产功率为1.0—3.6万的轮船用汽轮机,年总功率为56万。苏联计划在1955年第一季度提供原始材料和技术援助、次年第二季度和第四季度分别完成设计任务和提出技术方案、1957年提供施工图纸、1958—1959年实现设备供应。①在苏联帮助下,我国的工业基础得以迅速建立。到1960年,"苏联援建企业各类工业产品的产量占中国总产量的比例分别为:生铁30%,钢材50%以上,载重汽车80%,汽轮机和水轮机55%,重型机床10%以上,等等。"②"从新中国成立到1956年,黑龙江工业总产值平均每年增长24.4%;1956—1966平均每年增长1.5%,"③这与苏联的帮助是分不开的。1956—1958年间,中苏共同开展了一系列科学考察活动,其中既包括对河流资源、矿产储量分布等领域的研究,也包括对哈巴罗夫斯克边疆区、赤塔州等地自然环境的考察。④1959年,黑龙江与边疆区共同完成了对整个黑龙江流域的地质、经济、环境和水利的研究工作。⑤联合考察为双方科学家带来诸多一手资料,巩固了两地的友好关系。1957年,黑龙江开始对苏边境贸易,其中"合江地区贸易公司与哈巴罗夫斯克边疆区消费合作社建立了对口的边境贸易关系"⑥。1959年6月黑龙江贸易代表团访问哈巴罗夫斯克市,次年9月哈巴罗夫斯克市举行了边境地区贸易谈判。1958年至1960年三年间中苏边贸额增长了四倍,"其中仅1959年黑龙江对苏出口额就达842.8万卢布(合人民币3.4亿

---

① 苏联外交部致尤金函:苏联援助中国经济建设事宜(附件一),1954年12月27日,АВПРФ, Ф. 0100, ОП.47, П.384, Д.52, Л.57—61。

② 鲍里索夫、科洛斯科夫:《中苏关系(1945—1980)》,第149—159页,转自沈志华:《无奈的选择——冷战与中苏同盟的命运(1945—1959)》(上),北京:科学文献出版社2018年版,第335页。

③ 本书编辑部:《发展中的黑龙江1949—1983》,哈尔滨:黑龙江省统计局1984年版,第42—43页。

④ 苏联驻中国大使馆1956年工作报告,1957年4月18日,АВПРФ, Ф.5, ОП.28, П.103, Д.409, Л.36—38。

⑤ 乔内尔致苏共中央报告:哈巴罗夫斯克与中国恢复往来情况,1984年11月1日,ГАХК, Ф.П—35, ОП.111, Д.196, Л.19—23。

⑥ 宋魁:"黑龙江省同苏联边境贸易的回顾与展望",《国际贸易问题》,1990年第1期,第59页。

元),占全省当年总出口额的86%”[①];船运作为双方进出口商品的主要运输工具,1958年和1959年两年每年运输量达10万吨[②]。中苏河运联合委员会成立于1951年,黑龙江与阿穆尔河运局在这一机构内保持了良好的合作关系。直到1957年,双方每年讨论河运问题和改善界河航运条件问题,并采取了一系列行之有效的措施来提升航运效率。“船运作为直接、廉价的运输方式,促进了边境地区的经济发展和两国人民的团结。”[③]在双方的共同努力下,1957年到1966年十年间中苏边境贸易额累计达3 476万卢布,中方主要进口商品有汽车、汽油、马达、自行车、机床、手表等154种,出口商品有水果、蔬菜、肉罐头、皮鞋、陶瓷制品等165种。[④]此后边境贸易于1967年中断。

中苏边境城市间的文化交往非常频繁,极大增进了两国人民的理解和信任。1953年,苏联电影节在哈尔滨等五座东北大城市举办,以纪念十月革命36周年。电影节先后放映了《远离莫斯科的地方》《在大洋的冰层》《勇敢的舞台》等影片,“这些电影对中国观众产生了巨大影响,产生了深刻的教育意义,大连和哈尔滨两地的观影人数达到36万人”[⑤]。1956年,黑龙江绥芬河市政府邀请苏联边境城市的公民及其孩子到中国过春节,中国公民也被苏联赤塔州邀请赴苏欢度新年[⑥],双方政府都对这一民间友好交流采取了支持态度。1957年,苏联计划在远东地区组织中国歌舞团和杂技团进行巡回演出,并参加第六届世界青年和大学生联欢节[⑦]。1958年8月,哈巴罗夫斯克成立苏中友好协会地方分会,并于9月举行大会隆重庆祝中华人民共和国成立9周年。双方的互动主要包括党、政、共青团代表团互访,互派地质专家、河运、铁路交通、林业等方面的代表团学习交流,以及组织人员赴对方旅游。1956—1958年哈巴罗夫斯克边疆区有6个代表团共36人访问黑龙江省,其中3个是党、

---

① 徐景学、赵立枝:《中苏边贸必读》,哈尔滨:黑龙江省社会科学院西伯利亚研究所1990年版,第153页。

② 乔内尔致苏共中央报告:哈巴罗夫斯克与中国恢复往来情况,1984年11月1日,ГАХК, Ф.П—35, ОП.111, Д.196, Л.19—23。

③ 《人民日报》,1958年3月8日。

④ 宋魁:“黑龙江省同苏联边境贸易的回顾与展望”,《国际贸易问题》,1990年第1期,第59页。

⑤ 华东师范大学冷战国际史研究中心存,《俄国档案原文复印件汇编:中苏关系》第9卷,第2208页。

⑥ 维诺格拉多夫致苏共中央报告:中国地方政府邀请苏联公民共度春节,1956年2月8日,ЦХСД, Ф.5, ОП.28, Д.408, Л.14。

⑦ 米哈伊洛夫致苏斯洛夫报告:苏联文化代表团访华情况,1957年3月8日,АВПРФ, Ф.5, ОП.28, П.126, Д.506, Л.69—70。

政府和共青团代表团，另外 3 个是林业专家、阿穆尔河运局专家和苏中边境铁路委员人员代表团。代表团在黑龙江访问时受到了当地政府的热情接待，并参观了工厂、农村合作社等单位。同期黑龙江有 16 个代表团共 142 人访问哈巴罗夫斯克边疆区，代表团成员参观了当地的工农业企业、学校、幼儿园等文化单位，还参加了哈巴罗夫斯克市庆祝十月革命 40 周年、边疆区 1957 年第一届青年联欢节和共青城市委纪念建城 25 周年相关活动。1956 年 5 月至 1958 年 6 月，边疆区共组织 37 个旅游团，总计 550 人赴中国旅游；中国旅游团则于 1959 年 8 月第一次到访哈巴罗夫斯克。①双方的文体活动交流也非常频繁。黑龙江和边疆区举行过足球、冰球、篮球友谊赛，哈巴罗夫斯克市排球队和田径队也曾到访哈尔滨。边疆区的哈巴罗夫斯克、共青城和比罗比詹三座城市的博物馆举办了苏中小学生画展、中国美术作品展、中国代表团礼品展。为了推动远东地区民众更好地了解中国，边疆区各个城市的电影院组织放映了一批具有代表性的中国电影，图书出版社出版了一些介绍中国的书籍，共青城一家剧院还演出了我国元代著名戏曲家王实甫的《西厢记》。这一时期，苏联科学院远东分院副主席斯托日科给朋友的一封信一定程度上代表了苏联援华专家对中国人的看法和态度，他指出，中国人"热爱劳动，遵守纪律，极有能力掌握所有科学，行动果断，敢于创新，不仅对我们俄罗斯人，而且他们相互间也非常礼貌、客气，但最重要的是人人都正直……没有一个出差者想多花费一个卢布……他们唯一不节约的是招待和照应苏联同志"②。

随着中苏两党两国关系的恶化，苏联于 1960 年撤走了所有援华专家，带走了相关设计图纸，同时终止了双边合作项目。中苏关系破裂后，双方边境地区也出现了紧张态势。苏联责令有关部门修改苏联教科书、历史地图册中关于中苏边境历史的叙述和评价，并要求苏联学者在学术资料中修正相关立场③。苏联官方开始强调中苏在边境地区的矛盾冲突，并试图增加哈巴罗夫斯克地区对本国人口吸引力④。黑龙江自 1961 年起，按国家规定实行只组织

① 乔内尔致苏共中央报告：哈巴罗夫斯克与中国恢复往来情况，1984 年 11 月 1 日，ГАХК，Ф.П—35，ОП.111，Д.196，Л.19—23。

② 斯托日科致切卡西洛函：到中国出差的感受，具体时间不详，根据内容估计为 1957 年，АВПРФ，Ф.5，ОП.28，П.126，Д.506，Л.96—97。

③ 苏共中央书记处决议：关于阐述苏中边界历史问题，1964 年 6 月 8 日，ЦХСД，Ф.4，ОП.17，Д.579，Л.4。

④ 齐米亚致勃列日涅夫函：苏联记者关于阿穆尔河地区局势的呈文，1966 年 4 月 20 日，РГАНИ，Ф.5，ОП.30，П.101，Д.489，Л.197—203。

货源，调运口岸省出口的贸易政策。1968 年，经双方销账，中苏边境贸易往来彻底中断。双方边境城市的文化交往也陷入停滞状态。

三、春江水暖鸭先知——80 年代边境城市交往从破冰到不断深化

20 世纪 80 年代，中苏关系开始出现缓和迹象。“1982 年 3 月，勃列日涅夫在塔什干发表讲话，表示要改善同中国的关系，”①随后两国举行了旨在实现双边关系正常化的副外长级谈判。勃列日涅夫在苏共中央政治局会议上指出，“我们要认真、广泛、沉着地对待这次协商，当然，不要忘记我们国家的利益。对将进行协商的同志可能提出这样的目的——开始试探出解除苏中关系不必要的尖锐化和成见的可能性。不允许在报刊上发表挑衅的言论，或采取笨拙的步骤使原来就困难的同中国的对话复杂化。”②不过由于“三大障碍”③的存在，双方政治谈判进展缓慢。同期，中苏边境城市关系开始复苏。一方面得益于我国“对外开放、对内搞活经济”政策的推动，另一方面，面对中苏政治谈判陷入僵局，苏联也希望以边境城市关系缓和为突破口实现中苏关系的回暖。安德罗波夫在苏共中央政治局会议中表示，“在和我们的谈判中，中国人不会向前走了，停在他们现在停的地方。但是所有的资料说明，他们能够和苏联进行更广泛的经济合作。要知道，他们自己发起，建议我们签订这一年（指 1983 年，笔者注）的贸易协定、贸易额大大超过我们前几年同中国的贸易数字。有鉴于此，可能应该派阿尔希波夫同志去中国进行相关谈判，去试探一下。如果我们能和中国按文化、体育和其他组织的路线扩大经济合作，那么我认为这已是前进了一步。”④在中苏双方的共同努力下，1983 年黑龙江同苏联的边境贸易额达 1 590 万瑞士法郎，超过原定计划的 59%。⑤1984 年更是激增到 2 791 万瑞士法郎。哈巴罗夫斯克边疆区于 1983 年成立了全苏远东外贸处分理处，并于当年 10 月至次年 9 月与黑龙江和内蒙古贸易公司举行了 3 次谈判，10 次工作会晤。边疆区 1983 年同中国的边境贸易额达 167.81 万外汇卢

---

① 周尚文、叶书宗、王斯德：《苏联兴亡史》，上海人民出版社 1996 年版，第 649 页。

② 华东师范大学冷战国际史研究中心存，《俄国档案原文复印件汇编：中苏关系》第 18 卷，第 4628—4639 页。

③ 指苏联从阿富汗撤军、敦促越南撤出柬埔寨、削减苏联在中苏、中蒙边界驻军三件事。

④ 苏共中央政治局会议记录：关于扩大对华贸易及国际局势的讨论，1983 年 5 月 31 日，РГАНИ，Ф.89，ОП.42，Д.53，Л.3—4。

⑤ 本书编辑部：《中苏贸易特集》，新华出版社 1990 年版，第 29 页。

布，1984年前10个月更是高达367.775万外汇卢布①。

黑龙江与边疆区城市间的人文交流也开始恢复。1981年起，双方城市间重启业务函件往来，边境铁路联合委员会也开始定期会晤，该委员会旨在解决执行边界铁路协定和客运行李与货物出现的问题。会议在两国轮流举行，1981年在哈巴罗夫斯克市，1982年在哈尔滨，“会议基本上是在实事求是的气氛中进行的。”中苏河运联合委员会1982—1984年间举行了3次会议，双方讨论了航运工作计划、船只事故等问题。苏联档案显示，在1983—1984年联合委员会召开的会议中，“中方表示愿意发展双方河运人员的交往，并建议阿穆尔河运局与黑龙江河运局交换体育代表队。”在1984年的最后一次会议中，“中方一再表示希望黑龙江和阿穆尔河运局担负起外贸货物运输。”②边疆区领导人也积极建议苏共中央支持两国边境城市的交往，认为“边境贸易有助于改善苏联远东地区商品匮乏的状况”③。

1984年8月，中央主要负责同志在黑龙江考察时指出，“黑龙江边境离内地远，交通不便，有些物资与其从内地运，还不如从苏联进，和苏联搞边贸，互通有无，对加快边境建设有重要意义。”他支持当地干部放下包袱，解放思想，“中苏之间有矛盾和分歧，那是上面的事，由上面来处理，下面不要受影响，下面要搞友好，多往来，大力发展边境贸易。”④这些指导方针进一步放开了黑龙江对外开放的手脚，“1985年黑龙江对苏边贸额增至3 255万瑞士法郎，比1984年增长16.6%；出口额增长16%，出口商品种类从1984年的12种增长到27种。”⑤1984年11月，黑龙江中苏友好协会代表团应邀访问哈巴罗夫斯克市，代表团游览了哈巴罗夫斯克市容，参观了奥尔忠尼启泽工厂的技术检修厂、铁道工程学院、“东方”缝纫厂、“苏联五十年”通用电缆厂、地方志博物馆等地。哈巴罗夫斯克苏中友好协会向中方代表团成员赠送了该市的全景画和电

---

① 乔内尔致苏共中央报告：哈巴罗夫斯克与中国恢复往来情况，1984年11月1日，ГАХК，Ф.П—35，ОП.111，Д.196，Л.30—35。

② 乔内尔致苏共中央报告：哈巴罗夫斯克与中国恢复往来情况，1984年11月1日，ГАХК，Ф.П—35，ОП.111，Д.196，Л.24—29。

③ 乔内尔致苏共中央报告：哈巴罗夫斯克与中国恢复往来情况，1984年11月1日，ГАХК，Ф.П—35，ОП.111，Д.196，Л.38。

④ 本书编辑部：《中苏贸易特集》，新华出版社1990年版，第27页。

⑤ 相关数据根据徐景学、赵立枝：《中苏边贸必读》，哈尔滨：黑龙江省社会科学院西伯利亚研究所1990年版，第156—157页统计整理而来。

动剃须刀。中方代表团则以葡萄酒、果汁、老虎油等礼物回赠。访问过程中，中方向苏方了解了劳动群众的工作和生活情况，向工厂询问了比较关注的技术问题。中苏双方在交流过程中表达了彼此友好的意愿，中方建议“双方联合投资在黑龙江省建铁路、煤矿、改造牡丹江冶金工厂，扩大边贸和增加商品品种；中国提供劳动力在苏联伐木，双方交换体育代表团，旅游团，并在两地高校之间开展交流。”[①]访问结束时，中方向苏方提出了回访邀请。

边境城市人文交流、经贸活动的“破冰”为实现中苏关系正常化创造了有利条件。1986 年 7 月 25 日至 8 月初，戈尔巴乔夫对远东地区进行了为期一周的视察，并在远东几座中心城市发表讲话，阐述了苏联新的远东政策。在哈巴罗夫斯克党的积极分子大会上，戈尔巴乔夫强调，“目前苏联的改革包含着广泛的内容，不仅包括经济而且也包括社会生活的所有方面：社会关系、政治体制、精神和意识形态领域、全体干部的工作作风和方法。”[②]再次重申了苏联在各领域改革的基调。关于苏联的远东政策，苏共二十七大指出，目前世界上“正在形成新的经济与政治竞争中心，首先是太平洋区域……”，远东和西伯利亚一样具有“特殊地位”。远东之行中，戈尔巴乔夫更是公开宣称“苏联也是亚洲和太平洋国家”。在中苏关系问题上，他强调中苏关系“非常重要”，“国际发展中的许多事情取决于两个最大的社会主义国家”，并在从蒙古撤军、以主航道作为中苏河流边界线等问题上做出了友好姿态，中苏两国紧张关系开始松动。同年 9 月，中苏双方就贸易、经济问题，以及如何改善政治关系交换了意见，签订了有关协议。1989 年 5 月，戈尔巴乔夫访华并与邓小平举行会晤。经过磋商，两国共同发表《中苏联合公报》，中苏关系实现正常化。

得益于中苏关系的回暖，边境城市的文化、经贸往来更加频繁。1986 年，与哈巴罗夫斯克隔江相望的黑龙江同江口岸正式开放。口岸开放当年就与哈巴罗夫斯克边贸代表团签订了总额达 100 多万瑞士法郎的易货贸易合同，用 600 吨土豆换取了苏方 7 000 多立方米木材。由于双方生产和生活消费结构存在明显互补性，到 1988 年同江口岸与边疆区的贸易合同额增至 1 000 多万瑞士法郎。1988 年，同江市正式成为黑龙江省“通货兴边”试验区之一。在传统易货贸易的同时，又与苏联进行了经济技术合作，签订了输出种菜、建筑等

① 萨利尼科夫致乔尔内报告：黑龙江中苏友协代表团来访情况，1984 年 11 月 12 日，ГАХК，Ф.П—35，ОП.111，Д.170，Л.99—105。

② 邢书纲、黄天莹：“关于戈尔巴乔夫的远东之行”，《俄罗斯中亚东欧研究》，1986 年第 6 期，第 34 页。

劳务人员、联合建设啤酒厂、培训医务人员等30多项合同，当年合同金额增至3 000多万瑞士法郎[①]。

黑龙江与苏联边境贸易额1987年为3 577万瑞士法郎，1988年激增至19 614万瑞士法郎，一年间增长了4.7倍，超过了过去五年边境贸易的总和。1988年黑龙江向苏联东部地区出口了4.47万吨土豆，4.28万吨冻牛肉，1.32万吨苹果和2 875吨花生仁；进口了16.8万吨化肥，8.8万吨水泥，50万立方米木材和2 000吨钢材[②]。数年间，双方贸易范围愈发广阔、贸易方式更加多样。1982年，黑龙江只有一家对外贸易公司，而到1989年，具有对苏边境贸易经营权的企业激增到183家。出口商品种类从80年代初的十几种增加到3 000多种，"黑龙江商学院研制的中国风味烧鸡、烤鹅和北京烤鸭三条生产线及有关技术进入苏联远东市场"[③]。此外，双方还开展了一系列经济技术合作。1988年黑龙江与苏联签订经济技术合同157项，主要包括劳务输出(农、林、渔生产和对外工程承包)、合资办厂、来样加工等；累计派出劳务人员1 200人。黑龙江对苏承建的客运站、医院、宾馆、住宅等设施完工快、质量好，受到苏方好评。赴苏联远东地区种菜的农民，充分发挥中国农业精耕细作的优势，采用塑料覆膜、大棚种植等手段，改变了远东地区农业粗放经营的模式。1988年5月，黑龙江67名农民种菜专家承种了滨海州巴拉诺夫农场的87顷土地，尽管这一年遭受了罕见的自然灾害，中国农民种植的西瓜、青萝卜、西红柿、黄瓜等几十种瓜果蔬菜还是获得了丰收。中方承种土地当年累计瓜菜产量达570多吨[④]，极大缓解了当地蔬菜供应紧张的状况，"出国的"菜农也获得了每月800元的人均收入。有了这一成功经验，哈巴罗夫斯克等地纷纷邀请中国农民到当地承包土地，负责耕种，中苏农业合作实现了双赢。渔业方面，哈尔滨造船厂为哈巴罗夫斯克边疆区渔业消费合作社承修了一艘800吨的渔船，苏方以易货方式支付410万瑞士法郎作为修船费。中国人在哈巴罗夫斯克等地开设中餐馆、开办彩印扩印业务，双方交流更加贴近日常生活。

1989年中苏关系正常化后，边境城市的人文交流也变得更加通畅。1989

① 本书编辑部：《中苏贸易特集》，新华出版社1990年版，第189—190页。
② 《参考消息》，1989年10月12日。
③ 宋魁："黑龙江省同苏联边境贸易的回顾与展望"，《国际贸易问题》，1990年第1期，第59页。
④ 本书编辑部：《中苏贸易特集》，新华出版社1990年版，第35页。

年黑龙江对苏边境贸易额达5.9亿瑞士法郎，是1988年的3倍。“全年完成劳务输出等项目148个，金额高达1亿多瑞士法郎，赴苏劳务人员约12 000人”①。黑龙江黑河等城市相继对苏联边境城市开放了“一日游”活动，并积极探索深化边境城市旅游业合作的有效方式。双方人文交流比较具有代表性的是黑龙江省和哈巴罗夫斯克边疆区在图书馆方面的合作。截至1988年底，哈巴罗夫斯克市共有310个图书馆，其中以边疆区综合科学图书馆规模最大、馆藏最多。“该馆始建于1894年，拥有馆藏图书2万多册，4 000多册珍本，最古老的图书是16世纪出版的。”②为了更好地利用科技图书资源和开展馆际合作，1990年底，黑龙江省图书馆代表团应邀赴哈巴罗夫斯克考察图书馆事业，双方就图书馆的呈缴本制度、文献加工标准、借阅规范等内容进行了深入交流。次年7月，黑龙江省图书馆与哈巴罗夫斯克边疆区综合科学图书馆签署了“关于科技情报交流合作的协定”，双方表达了进行长期合作的意愿，决定“以所需科学文献充实对方馆藏，无偿交换内容上同等价值的图书，对复本有限的难得和珍贵图书、双方提供同等数量的复印件，双方交换学术文章在对方的出版物上发表”③。从黑龙江与边疆区在图书文献，尤其是科技文献领域的深入合作我们可以看出，中苏边境城市的文化交流已达到较高水平。

四、中苏边境城市人文、经贸关系的特点

从黑龙江和哈巴罗夫斯克的交流活动中我们可以看出，中苏边境城市的关系具有以下几个特点：

（一）两党两国关系恶化时，边境城市关系的调整表现出一定“滞后性”。中苏两党1946年就已在东北地区开展了地方性人文、经贸交往。新中国成立后，随着中苏友好时代的到来，双方在边境城市的人文交流、科技合作和经贸往来更加频繁，边贸进出口额于1959年达到了建国以来的最高值842.8万卢布④。现有研究表明，中苏关系随着中国炮击金门、苏联对中国大跃进和人民公社运动持不同意见等矛盾在1958年就已出现裂痕，并因1959年对中印边

① 徐景学、赵立枝：《中苏边贸必读》，哈尔滨：黑龙江省社会科学院西伯利亚研究所，1990年，第163页。

② 侯育成：“今日的哈巴罗夫斯克”，《黑河学刊》，1989年第1期，第65页。

③ “中国黑龙江省图书馆与苏联哈巴罗夫斯克边疆区综合科学图书馆关于科技情报交流合作的协定”，《黑龙江图书馆》，1991年第5期，第2、9页。

④ 徐景学、赵立枝：《中苏边贸必读》，哈尔滨：黑龙江省社会科学院西伯利亚研究所1990年版，第153页。

界问题的不同看法使得双方矛盾公开化[①]。反观中苏边境地区的关系，双方的科学技术合作迟至1960年苏联撤走援华专家才出现了比较清晰的转冷迹象；人文和经贸交流则一直延续到60年代初[②]。1961年中苏在苏共二十二大期间的会谈未能达到预期结果，中共代表团于大会结束前提早回国。此后，中苏两党分歧和争论不断升级，并于1963年引发了大论战，中苏关系彻底破裂。虽然中苏两党两国之间的矛盾愈演愈烈，但双方在边境城市的人文交流嬗变却出现一定程度的"滞后性"。1963年，中苏对双方界河进行联合考察，哈巴罗夫斯克边疆区应中方三个县中苏友好协会分会的邀请访问了黑龙江和乌苏里江沿岸的三个地区。双方在交流中表达了"中苏边界地区的人民往来密切，希望恢复交往"[③]的意愿。哈巴罗夫斯克边疆区捕鱼和消费合作社联盟于1965年6月与黑龙江省签订了最后一份为期五年的边贸合同，直到1970年12月合同到期才停止了对黑龙江的出口。

(二) 中苏谋求关系正常化过程中，边境城市关系调整与国家关系调整存在非"同步性"。1982年，在中苏关系尚未实现正常化，阻碍中苏关系的"三大障碍"尚未解决的情况下，双方边境城市的人文交流已悄然兴起。1983年，黑龙江省和哈巴罗夫斯克边疆区的河运人员往来及河运联合委员会会议开始常态化。1984年初，苏共哈巴罗夫斯克边疆区委员会决定恢复中苏友好协会的活动，并建议由阿穆尔河运局局长苏霍夫任边疆区苏中友协主席[④]。到1986年戈尔巴乔夫远东讲话对华释放善意和1989年中苏关系正常化，中苏边境城市的人文交流已先行数年。

(三) 城市间经贸合作广泛、人文交流频繁。1949年以后，面对西方的全面封锁和国内严峻的社会发展环境，中国实行了"一边倒"外交政策。黑龙江的边境城市作为靠近苏联的"安全地带"和重要贸易口岸，落地了一大批苏联援华的合作项目，双方的物资、人员交流也多在黑龙江的边境城市展开。"一

① 有关论述请参见沈志华：《冷战的再转型——中苏同盟的内在分歧及其结局》，北京：九州出版社2013年版，第63—154页。

② 资料显示，1960年9月哈巴罗夫斯克还与中方举行了边境地区贸易谈判，1962年10月中方派了一个15人组成的党政和新闻记者代表团访问了哈巴罗夫斯克。详见乔内尔致苏共中央报告：哈巴罗夫斯克与中国恢复往来情况，1984年11月1日，ГАХК，Ф.П—35，ОП.111，Д.196，Л.23—24。

③ 乔内尔致苏共中央报告：哈巴罗夫斯克与中国恢复往来情况，1984年11月1日，ГАХК，Ф.П—35，ОП.111，Д.196，Л.25—28。

④ 苏共哈巴罗夫斯克边疆区区委会议记录：恢复苏中友协活动的决定，1984年1月29日，ГАХК，Ф.П—35，ОП.111，Д.48，Л.3—4。

五”计划期间,“苏联援建我国的限额以上的156项大型企业中,有22项在黑龙江省”①,其中包括哈尔滨电机厂、轮机厂、电仪表厂等重点企业。李富春曾指出,“我国第一个五年建设如果没有苏联的帮助,就不可能有如此巨大的规模和速度,同时我们将会遇到不可想象的困难。”②中苏之间围绕森林、矿产、水资源等领域进行了多次联合考察,取得了丰硕的研究成果③。黑龙江和哈巴罗夫斯克边疆区的各个城市在影视、文体活动、青年交往等方面的交流增进了彼此人民间的了解和信任,为80年代中苏率先在边境地区恢复交流奠定了良好的群众基础。

20世纪80年代,中苏双方首先在边境地区重启了人员和经贸往来。1982年4月16日,“中苏两国外贸部长换文确认,黑龙江省同苏联远东地区边境贸易正式恢复”。④中苏双方分别成立了黑龙江省国外贸易总公司和全苏远东国外贸易总公司。从1982年到1988年底,黑龙江与苏联的边境贸易额增长了10倍。双方在铁路、河运等方面的合作也逐步恢复。中苏河运联合委员、边境铁路联合委员会开始举行定期会晤,以解决边境城市贸易中的货运问题。1984年,中方铁路人员与苏联远东铁路局员工互贺新年,各城市的中苏友好协会开始恢复并开展一系列人文交流活动。

回望四十多年中苏边境地区的城市关系,可谓是“一波三折”。开始的十年和最后的十年是双方的“蜜月期”和“回暖期”,中间的二十年则是“低谷期”。对此,我们可以得出以下基本认知:

(一)中苏边境城市的文化、经贸交往有效满足了彼此需求。50年代黑龙江从苏联进口的商品主要包括机床、内燃机、畜牧场设备、摩托车、手表等,苏联在黑龙江的援建项目主要是电机、轮机、锅炉等重工业企业;黑龙江的出口

① 徐景学、赵立枝:《中苏边贸必读》,哈尔滨:黑龙江省社会科学院西伯利亚研究所1990年版,第151页。

② 《中华人民共和国经济档案资料选编(1953—1957)》固定资产投资和建筑业卷,第359—364页。

③ 20世纪50年代中苏在边境地区展开了多项联合考察,公布了多个联合考察报告,主要包括:中国科学院林业土壤研究所编辑:《小兴安岭森林考察报告集 中苏合作黑龙江综合考察队苏联科学院森林小队专家主讲》,中国科学院林业土壤研究所,1958年;B.A.柯夫达,Ю.A.李维罗夫斯基,宋达泉编:《苏联远东及中国东北黑龙江水力发电站设计区域土被考察研究的初步总结报告》,中苏黑龙江综合考察队,1956年;[苏]谢尔盖耶夫著:《苏联林业专家谢尔盖耶夫在黑龙江林业局的报告》,中国科学院林业土壤研究所,1954年等。

④ 徐景学、赵立枝:《中苏边贸必读》,哈尔滨:黑龙江省社会科学院西伯利亚研究所1990年版,第154页。

边贸产品主要有蔬菜、肉类、罐头、胶鞋等。这一情况主要是由于新中国成立后，为了恢复国家经济和进行工业建设，中国需要苏联在工业和机器制造领域的帮助；苏联片面重视重工业的发展战略，也使其需要中国的农产品和生活物资。中苏在地质、矿产、林业、水资源等领域的联合考察，促进了双方边境地区的开发，推动了相关科学领域的交流合作。边境城市间友好协会组织的民间交流，为中苏的友好交往营造了良好民意基础。进入 80 年代，苏联高度集中经济体制的弊病日益凸显，远东地区在轻工业落后、消费品不足、劳动力匮乏等问题上的矛盾愈发突出。而黑龙江作为我国重要的粮仓、工业基地和劳动力大省，其出口产品与苏联远东地区的需求刚好形成了有效对接。黑龙江出口的肉类、蔬菜、瓜果等农副产品和毛巾、浴巾、衣服、暖水瓶等一般日用品广受苏联民众喜爱，仅 1983—1989 年向远东地区出口的服装就达 10 多万件。黑龙江则进口了大量生产资料和原材料。1988 年，黑龙江从苏联进口了“1 824 吨钢材 、75 545 吨水泥、78 377 吨化肥、1 500 吨纯碱、6 751 台电冰箱和价值 162 万美元的建筑材料，”①约占当年边贸总额的 80%。苏联远东地区的工业加工能力不足，诸多资源需要长途运输到西部地区加工，成本和原料损耗都巨大。苏联外贸部副部长巴夫林提出，“苏方愿意提供汽车零件由中国装配轿车；苏方提供图纸由中国为其造船；中国为苏联的机器制造业加工零件；苏方向中国提供化肥、农机，中国用农产品偿还。”②我国黑龙江地区在建筑、机械、木材、食品等行业都有着较强的加工能力，双方需求的互补使得黑龙江“三来一补”加工业蓬勃发展。黑龙江积极探索“采掘—加工—销售、种植—加工—销售、养殖—加工—销售”③等多种复式生产合作模式，中苏之间的经济技术合作实现了良性互动。

(二) 中苏两国政策变化与边境城市的政策调整存在非“同时性”。纵观中苏边境城市的交往历史，边境城市关系的变化始终与各自官方高层政策变动存在着“同步不同率”的特点。我们一般认为，地区关系的好坏应当与高层政策的变化同步；但事实上，当中苏两党两国关系出现裂痕时，这一变化延迟

① 宋魁：“黑龙江省同苏联边境贸易的回顾与展望”，《国际贸易问题》，1990 年第 1 期，第 59 页。
② 王述英、许明宇：“苏联开发远东地区提供的机遇和我们的对策”，《求是学刊》，1990 年第 4 期，第 33 页。
③ 《黑龙江日报》，1990 年 2 月 26 日。

了2—3年才在双方边境关系上有所体现；当中苏两国关系出现缓和迹象时，边境地区则提前数年就开始了一系列“破冰”行动。针对这一现象，笔者分析认为，当两国关系发生破坏性变动时，由于中苏双方尚抱有缓和关系的期望并采取了一系列行动①，使得国家政策变化未能过早地在边境地区有所体现。地方各级政府仅能从报纸、新闻的公开报道中判断政策导向，加之地方政府对国家政策出现的巨大转变需要一段时间理解、适应和消化，因此地方政策的调整相较于国家出现了一定的延迟和滞后性。当中苏关系出现缓和意向时，边境城市间的文化往来、民间交流和经贸关系则发挥了“试水”作用。双方相互试探对方的立场和诉求、寻求共识、努力创造良好的对话氛围，希望通过政治以外的手段解决政治问题，这也是当今世界上比较常见的处理国家关系的模式。

Cultural, economic and trade exchanges and their characteristics of cities in the China-Soviet border regions

—A Case Study on cities of Heilongjiang Province and Khabarovsk Frontier

Absrtact: Heilongjiang province of China and Khabarovsk Frontier of the Soviet Union are located in the border areas of the two countries, with a geographical location, numerous cities, and frequent cultural, economic and trade exchanges. When the Sino-Soviet relations change, the relationship between the cities of the two places will also change subtly. In general, the relationship adjustment in the border is synchronized with the change of state relations, but it will show some non-“simultaneous”. Specifically, when Sino-Soviet relations changed from good to bad, the adjustment of relations between cities in borders often lagged behind the change of state relations; when Sino-Soviet relations gradually normalized, the relation

① 详见苏共中央主席团会议记录：关于赫鲁晓夫访问中国，1959年10月15日，РГАНИ，Ф.3，ОП.12，Д.1010，Л.32—33；契尔沃年科与邓小平会谈纪要：如何改善中苏两党关系，1962年3月1日，АПРФ，Ф.3，ОП.65，Д.620，Л.1—7；契尔沃年科与毛泽东会谈纪要：对苏共中央来信的反应，1963年2月23日，АВПРФ，Ф.0100，ОП.56，Д.7，Л.98—121；苏共中央主席团会议记录：欢迎毛泽东或中共代表团访苏，1963年3月12日，РГАНИ，Ф.3，ОП.16，Д.947，Л.65.《人民日报》1960年12月8日刊载的刘少奇在莫斯科的讲话；中共中央文献研究室编：《刘少奇年谱1898—1969》下卷，北京：中央文献出版社1996年版，第474页；吴冷西：《十年论战——1956—1966中苏关系回忆录》上，中央文献出版社1999年版，第231、233页；福建省档案馆，101/12/117，第7页。

between cities in borders played the role of "water testers" and "pioneers", and produced the policy effect of "a small broad circumstances".

Key words: Sino-Soviet; relation borders; Urban culture; Khabarovsk frontier; Heilongjiang province

作者简介:王志航,上海师范大学人文学院世界近现代史专业 2019 级博士生,国防大学政治学院讲师,浦东新区党校"四史"讲师团成员。

昼夜两色:城市街头空间秩序的生产与交替

——对武汉光谷L路夜市摊贩治理的个案研究①

陈云龙　陈　伟

摘　要:城市街头是一个开放、异质和流动的公共空间。探究其空间秩序的生产逻辑与维持方式对于当前国家倡导的“人民城市”建设具有重要意义。本文通过对武汉光谷L路夜市摊贩治理的经验考察发现:白天,政府对街头空间的管理严格,构筑起一种由官方力量主导的“正式空间秩序”;夜晚,国家权力淡出,民间力量进入,在城管、摊贩、(夜市)管理者和居民之间形成“合谋”,共同塑造出一种默契配合的“非正式空间秩序”。这种民间空间秩序虽然不符合正式规范,但是能在相当程度上缓解城市空间规划与市民生活需要之间的紧张关系,弥补城管部门的治理局限,满足各方主体特别是底层人群的利益需求。国家与社会之间的这种弹性空间关系,既给官方/正式空间秩序和民间/非正式空间秩序的合作和切换留下余地,也引发了城市街头的空间治理与秩序生产的潜在风险。因此,如何将民间力量及其治理模式纳入正规渠道,在国家权力的可控范围内发挥其空间自治优势成为当务之急。

关键词:国家与社会　城市空间治理　官方与民间空间秩序　摊贩与城管/街头官僚　人民城市

一、研究问题与文献回顾

(一) 城市街头的空间治理与秩序问题

近一二十年来,随着中国城镇化进程的急速推进,越来越多人口从农村涌入

---

① 本文为国家社科基金重点项目“西部地区易地搬迁后续扶持的多元化路径设计与政策协同研究”(21ASH005)的阶段性成果。

城市,城市社会的治理问题也日趋复杂。在“街头”这个开放、异质与流动的公共空间中,社会治理问题更加严峻。由于各色人群集聚、利益关系密集,街头成为国家与社会进行互动、产生冲突的大舞台。①当政府对城市街头进行统一规划和规范管理,力图塑造整洁有序的空间形象和空间秩序时,就会与民间社会的各方力量产生碰撞和博弈。最直接的矛盾存在于城管和摊贩之间。长期以来,两者关系的难题一直处在城市街头的空间治理与秩序问题的“第一线”。媒体报道的“城管暴力执法”与“摊贩暴力抗法”的相关新闻屡上热搜,成为社会舆论的关注焦点。这种冲突背后涉及的深层问题是城市空间的理念分歧,即国家对城市公共空间的规划建设与治理理念与市民对其的日常感知和生活理念之间的矛盾。

从国家的宏观视角看,城市是“经济增长的机器”、②“政治权力的容器”、③“阶层分化的容器”、④“文化模式的容器”。⑤城市空间及其统筹规划和建设治理都有极强的经济、政治和社会文化属性。⑥从居民的微观行动视角看,城市是一种生活体验的社会空间,⑦一种依据市民的工作与谋生方式、⑧消费和娱乐方式⑨以及交往和生活方式⑩展开的公共空间。空间本身的舒适与不适、便

---

① 王笛:《街头文化:成都公共空间、下层民众与地方政治(1870—1930)》,李德英等译,中国人民大学出版社 2006 年版,第三部。

② Harvey Molotch, “The City as a Growth Machine: Toward a Political Economy of Place”, *American Journal of Sociology*, Vol.82, No.2(Sep., 1976), pp.309—332; John R. Logan & Harvey L. Molotch, *Urban Fortunes: The Political Economy of Place*, Berkeley: University of California Press, 1987, chap.3.

③ 马克斯·韦伯:《城市:非正当性支配》,阎克文译,江苏凤凰教育出版社 2014 年版。

④ Neil Smith, *The New Urban Frontier: Gentrification and the Revanchist City*, London: Routledge, 1996.

⑤ 朱克英:《城市文化》,张廷佺、杨东霞、谈瀛洲译,上海教育出版社 2006 年版;格尔奥格·西美尔:《大都会与精神生活》,汪民安、陈永国、马海良(主编),《城市文化读本》,北京大学出版社 2008 年版,第 155—163 页。

⑥ Fran Tonkiss, *Cities by Design: the Social Life of Urban Form*, Cambridge: Polity Press, 2013, p.1.

⑦ 约翰·厄里:《城市生活与感官》,汪民安、陈永国、马海良(主编),《城市文化读本》,第 132—141 页。

⑧ 诺埃尔·卡斯特利、尼尔·M. 科、凯文·沃德、迈克尔·萨默斯:《工作空间:全球资本主义与劳动力地理学》,刘淑红译,江苏教育出版社 2015 年版。

⑨ 费瑟斯通:《消费文化与后现代主义》,刘精明译,译林出版社 2001 年版,第 6、7 章;斯蒂芬·迈尔斯:《消费空间》,孙民乐译,江苏教育出版社 2013 年;阿德里安·富兰克林:《城市生活》,何文郁译,江苏教育出版社 2013 年版,第 8 章;彼得·桑德斯:《社会理论与城市问题》,郭秋来译,江苏凤凰教育出版社 2018 年版,第 6 章;Terry N. Clark, *The City as an Entertainment Machine*, Amsterdam: JAI Press, 2003。

⑩ 爱德华·克鲁帕特:《城市人:环境极其影响》,卢伟芳译,上海三联书店 2013 年版,第 3、7 章;阿德里安·富兰克林:《城市生活》,第 7 章;Louis Wirth, “Urbanism as a Way of Life”, *The American Journal of Sociology*, Vol. 44, No. 1 (Jul., 1938), pp. 1—24; Helen Jarvis, Andy C. Pratt, & Peter Cheng-Chong Wu, *The Secret Life of Cities: The Social Reproduction of Everyday Life*, London & New York: Routledge, 2013。

捷与不便、适应与反感、认同与反抗等问题都在其中凸显。倘若国家主导的城市规划没有充分考虑到广大市民的谋生空间和(物质和精神)生活空间,就会与后者产生理念矛盾。这种冲突虽然隐没在现代国家宏大的城市文明与治理话语之下,但是在市民日常生活中也能清晰地感受和捕捉。诚如詹姆斯·斯科特(James C. Scott)所说,“尽管极端现代主义的城市规划可以创造出正规的秩序和功能的分割,但是代价是所造成的感觉贫乏和单调的环境——这一环境难免会损害居民的精神。”①

那国家的空间规划和治理方式究竟如何塑造街头秩序、影响市民生活?市民又采取何种策略改变国家单方面定义和支配街头空间的秩序局面?城市街头的空间治理与秩序问题就这样在官方与民间的空间理念及其互动与冲突中拉开帷幕。展开说,其中包含两方面问题:一是国家治理的能力、范围和限度问题,即国家权力以什么方式,在多大范围和程度上能实现对街头空间的秩序管控。一般而言,国家对街头的管控程度依据其治理能力的大小而变化,既不会完全失控,也不会绝对控制。其治理效果直接受制于“城管”及“协管”、“辅警”,或一些学者所谓的“街头官僚”(Street-Level Bureaucracy)②“准街头官僚”③“政府代理人”④“影子劳动力”⑤及其工作场景、组织管理、人员配备和执法策略等因素⑥。

但是,基层官僚不会全天以同样的效率开展工作。白天,当工作人员密集在场,街头的空间秩序得到总体保障。当夜幕降临,国家权力随着城市管理者

---

① 詹姆斯·斯科特:《国家的视角:那些试图改善人类状况的项目是如何失败的》(修订版),王晓毅译,社会科学文献出版社2012年版,第160页。

② 魏程琳:《准街头管理者的结构与功能——以城管部门协管员为例》,《青年研究》2017年第2期。

③ Michael Lipsky, *Street-level Bureaucracy: Dilemmas of the Individual in Public Services*, New York: Russell Sage Foundation, 2010, p.3.

④ Donal F. Kettl, *Government by Proxy*, Washington: Congressional Quarterly Press, 1988.

⑤ Paul C. Light, *The True Size of Government*, Washington: Brookings, 1999.

⑥ 韩志明:《街头官僚的空间阐释——基于工作界面的比较分析》,《武汉大学学报(哲学社会科学版)》2010年第4期;陈那波、卢施羽:《场域转换中的默契互动——中国“城管”的自由裁量行为及其逻辑》,《管理世界》2013年第10期;吕德文:《灰色治理与城市暴力再生——鲁磨路“城管”实践的机制分析》,《开放时代》2015年第4期;刘磊:《街头政治的形成:城管执法困境之分析》,《法学家》2015年第4期;《街头官僚的时间政治——以基层执法人员的工作时间为例》,《甘肃行政学院学报》2017年第2期;魏程琳:《准街头管理者的结构与功能——以城管部门协管员为例》,第38—46页;刘升:《街头行政执法中的“平衡”机制研究——以城管执法为例》,《甘肃行政学院学报》2018年第2期。

的稀疏松懈或工作结束而逐渐弱化，其他社会力量悄然回归，街头再次成为各方力量角逐的“竞技场”，由此产生的第二方面问题是民间治理的能力、范围和限度问题，即民间力量以什么方式，在什么范围和程度上能够实现对街头空间的秩序重构？也就是说，国家权力淡出之后的街头空间是否存在秩序？一种不属于国家权力主导的街头“民间/非正式空间秩序”是否可能？如果可能，它如何形成？又如何运转和维系？其原因为何？“民间/非正式空间秩序”与“官方/正式空间秩序”的关系如何？又对城市空间的建设、规划和治理产生怎样的影响？本文将探讨重点放在第二方面。

（二）摊贩治理与空间秩序的研究回顾

为了更具体地探讨上述问题，我们聚焦于城市街头的摊贩治理与空间秩序方面。有研究显示，“2010 年我国城镇摊贩数量在 1 664—1 949 万，均值约为 1 807 万……占全部就业人员总数的 5.2%，占城镇非正规就业人员总数的 15.9%，相当于正规就业总数的 7.8%。”①城镇摊贩已成为中国非正规经济和非正规就业的重要组成部分。进一步说，街头摊贩问题既关系到这部分群体的收入生计，也影响了城市居民的生活体验，还塑造了一个城市的形象秩序和文明面貌。因此，这“不仅是一种重要的经济活动，也是一种基本的社会—政治实践”，②是一个涵盖经济、政治、社会、文化与空间规划等方面的综合问题。在政府部门（特别是城管执法局）看来，城市摊贩占据公共空间，破坏法律法规，制造交通拥堵和治安混乱，影响环境卫生、市容市貌和官方的正式招商引资，给城市的统一规划、综合治理和经济发展、社会稳定带来诸多麻烦。③社会舆论对其也是褒贬不一：有人批判，有人辩护。④总之，政府部门如何对街头摊贩进行有效地规范、监管和治理，以及国家权力不在场时街头摊贩的民间空间秩序如何产生、运转和维持，都成为具有学术意义和现实关怀的问题。

---

① 黄耿志：《城市摊贩的社会经济根源与空间政治》，商务印书馆 2015 年版，第 64 页。

② Jonathan S. Bell & Anastasia Loukaitou-Sideris, “Sidewalk Informality: An Examination of Street Vending Regulation in China”, *International Planning Studies*, Vol.19, Nos.3—4 (Feb., 2014), p.239.

③ Ryanne Flock & Werner Breitung, “Migrant Street Vendors in Urban China and the Social Production of Public Space”, *Population, Space Place*, Vol.22, No.2 (Mar., 2015), pp.160, 165.

④ 孙志建：《模糊性治理：中国城市摊贩监管中的政府行为模式》，复旦大学出版社 2016 年版，第 61—62 页；庞克：《放开“摊贩经济”刻不容缓》，搜狐网，2020 年 3 月 27 日，网址：https://www.sohu.com/a/383500634_100191017。

就中国社会情境而言，目前学界（涉及社会学、人类学、历史学、管理学、政治学、经济学、法学、地理学等学科领域）主要从三个角度对上述问题展开研究和解释：

首先，从政府的规划政策与治理理念来看，街头空间秩序有其监管、取缔和排斥的刚性面向，导致城管与摊贩之间的冲突一直难以有效化解。一些学者认为，这种取向与国家赶超型战略思维的主导有关，[①]与户口制度对没有合法身份的流动人口的歧视有关，[②]也与政府对城市（主干）道路的形象追求、[③]服务于大型商业资本发展[④]等有关，或者与"国家主导的发展政治"[⑤]总体相关。但是，国家对摊贩也没有彻底否定，而是根据宏观局势变化在政策规划的制定与实践层面策略性地加以引导、规范与利用。有学者发现，早在近代中国的城市建设和管理浪潮中，街头摊贩因为生计与市容、交通相悖而与市政冲突，其结果总是"市政当局回到体恤民生的政策与实践轨道上来，终归重获地方社会的秩序和安宁"[⑥]。也有西方学者在回顾现代中国城市非正规经济发展进程时强调，政府一面在加强控制、监管甚至取缔街头贩卖，一面又考虑到舆论、经济、就业、民生和社会稳定等原因而努力将这种非正式贩卖正规化。[⑦]黄耿志等人还发现，政府通过设立"疏导区"意图（部分）实现非正规经济的正规化，但是这种规训社会的空间设计并没有真正尊重摊贩的商业性质和生存

---

① 张良、王寅申：《城市发展赶超型战略的刚性秩序"陷阱"：对城管冲突的一种解释》，《华东理工大学学报（社会科学版）》2016 年第 2 期。

② Sarah Swider, "Reshaping China's Urban Citizenship: Street Vendors, Chengguan and Struggles over the Right to the City", *Critical Sociology*, Vol.41, Nos.4—5(Apr., 2014), pp.701—716.

③ Amy Hanser, "Street Politics: Street Vendors and Urban Governance in China", *The China Quarterly*, Vol.226(Jun., 2016), pp.363—382.

④ Dorothy J. Solinger, "Streets as Suspect: State Skepticism and the Current Losers in Urban China", *Critical Asian Studies*, Vol.45, Iss.1(Jan., 2013), pp.3—26; Desheng Xue & Gengzhi Huang, "Informality and the State's Ambivalence in the Regulation of Street Vending in Transforming Guangzhou, China", *Geoforum*, Vol.62(Jun., 2015), pp.156—165.

⑤ 叶敏、王佳璐：《赶超国家、发展政治与排斥型摊贩治理——以 S 市的摊贩监管政策实践为例》，《甘肃行政学院学报》2019 年第 5 期。

⑥ 胡俊修、姚伟钧：《二十世纪初的游动摊贩与中国城市社会生活——以武汉、上海为中心的考察》，《学术月刊》2008 年第 11 期。

⑦ Jonathan S. Bell & Anastasia Loukaitou-Sideris, "Sidewalk Informality: An Examination of Street Vending Regulation in China", *International Planning Studies*, Vol. 19, Iss. 3—4 (Feb., 2014), pp.221—243.

需要,导致现实效果出现巨大偏差,经济利弊也较为明显。[1]当然,国家政策的变化调整也导致城管与摊贩的关系在"紧"与"松"之间交替,在创建"国家卫生城市""国家文明城市"等政治运动背景下出现摊贩治理的从严态势,运动过后城管的腐败与懒惰又给摊贩营造宽松环境。[2]并且,由于城管对摊贩的宽容程度总是基于政府反复做出的政策调整,这导致城管对摊贩的管控方式的非正式性、可撤销性和不可预测性,以及两者冲突的延续。[3]此外,孙志建通过"模糊的空间"的"模糊性治理",[4]黄耿志等学者则通过"疏堵结合"的"后排斥主义"[5]等概念框架,细致讨论了政府的空间规划与治理政策及其操作中的余地、缝隙与弹性。总之,从国家或政府的宏观视角出发,自上而下对城市街头的摊贩治理和空间规划的整体理念、政策规范及其运行逻辑进行考察和解释,构成第一类研究取向的重点所在。

其次,下降到基层政府部门在摊贩治理问题上的具体目标和行动策略来看,城管执法者及其辅助人员的核心目标是塑造文明统一、整洁有序的街头空间秩序,但在治理过程中也存在诸多"非正式"或"策略性"的行政执法内容。有西方学者发现,广州市城管局通过控制区域、时段、软治理和少数民族政策等方式限制、引导和治理街头摊贩,但是放松了彻底根除的尝试。[6]也有学者认为城市"违规"空间是"治理制度低度合法性背景下由政府与市民共同制造

---

① 黄耿志、薛德升:《非正规经济的正规化:广州城市摊贩空间治理模式与效应》,《城市发展研究》2015 年第 3 期;黄耿志:《城市摊贩的社会经济根源与空间政治》,第 5 章;黄耿志等:《中国大城市非正规公共空间治理——对城市流动摊贩空间疏导模式的后现代反思》,《国际城市规划》2019 年第 2 期;Gengzhi Huang, Desheng Xue & Yang Wang, "Governmentality and Spatial Strategies: Towards Formalization of Street Vendors in Guangzhou, China", *International Journal of Urban and Regional Research*, Vol.43, No.3(May., 2019), pp.442—459。

② Shuru Zhong & Hongyang Di, "Struggles with Changing Politics: Street Vendor Livelihoods in Contemporary China", *Anthropological Considerations of Production, Exchange, Vending and Tourism Research in Economic Anthropology*, Vol.37(2017), pp.179—204.

③ Emmanuel Caron, "Interactions Between Chengguan and Street Vendors in Beijing: How the Unpopularity of an Administration Affects Relations with the Public", *China Perspectives*, No.1(Mar., 2013), pp.17—28.

④ 孙志建:《模糊性治理:中国城市摊贩监管中的政府行为模式》,第 221—224 页。

⑤ 黄耿志:《城市摊贩的社会经济根源与空间政治》,第 4 章;Gengzhi Huang, Desheng Xue & Zhigang Li, "From Revanchism to Ambivalence: The Changing Politics of Street Vending in Guangzhou", *Antipode*, Vol.46, No.1(Jan., 2014), pp.170—189。

⑥ Ryanne Flock & Werner Breitung, "Migrant Street Vendors in Urban China and the Social Production of Public Space", pp.158—169.

的空间。”“灰色地带成为治理者与被治理者共同的需要。”①这揭示出政府对摊贩的某种程度的容忍。双方在法律框架之外依靠权力、道德和利益等方面的隐形共识形成一种合作默契。为此，吕德文指出，在基层执法人员与摊贩之间存在“保护性协商机制”和“边界改变机制”，这些非正式机制维系了城市空间实践中对“灰色空间”的“灰色治理”。②类似地，有学者基于“场域转换中的默契互动”的解释框架，展示出城管执法人员如何受制于场域、制度和个体，采取诸如“帮扶”“罚款”等行动策略，导致相安无事、捉迷藏、按章处理或暴力冲突四种结果。③也有学者认为城管在执法过程中深受社会形势、体制环境和街头空间共同构成的“嵌入式执法结构”的影响，通过“巡逻规避”、“时空划分”等行为策略或执法技巧避免与摊贩发生严重冲突，在时间和空间上给他们留下缝隙，而摊贩也尽量在检查的特殊时段和地段配合城管行动，导致两者在长期互动中形成特殊的默契，以此保持秩序稳定与经济利益之间的平衡。④还有学者将城市“边缘性(摊贩)治理”概括为“策略化治理”“政治化治理”“规则化治理”三类，⑤并将新世纪以来中国地方政府对待城市摊贩的基本治理模式总结为一种“时紧时松、管严不一、疏堵结合”的“策略化治理”。⑥总之，从基层城管及其辅助人员的角度出发，对其街头空间的治理目标、行动策略以及与摊贩、市民等主体的互动关系的考察，构成第二类研究取向的重点所在。⑦

---

① 陈映芳:《“违规”的空间》,《社会学研究》2013 年第 3 期。

② 吕德文:《灰色治理与城市暴力再生——鲁磨路“城管”实践的机制分析》,第 158 页。

③ 陈那波、卢施羽:《场域转换中的默契互动——中国“城管”的自由裁量行为及其逻辑》,《管理世界》2013 年第 10 期。

④ 刘磊:《街头政治的形成:城管执法困境之分析》,第 36—39 页。

⑤ 孙志建:《城市政府的“边缘性治理”:一项摊贩监管政策的比较研究》,《公共行政评论》2012 年第 3 期。

⑥ 孙志建:《模糊性治理:中国城市摊贩监管中的政府行为模式》,第 5—6 页。

⑦ 也有一些学者将问题引向城管与摊贩及居民之间协商合作、共享共治的讨论方向,参见刘升:《从冲突到合谋:城管与摊贩的交往逻辑》,《北京工业大学学报(社会科学版)》2016 年第 3 期;韩志明、孟宪斌:《从冲突迈向合作:城管与摊贩关系的演进及其反思》,《公共管理与政策评论》2018 年第 3 期;刘福元:《城管执法场域中的协商机制建构——基于城管、居民和摊贩的三方支点》,《北方法学》2018 年第 5 期;崔占峰、王剑锋:《城市治理中的“软法”逻辑:摊贩的利益组织化与协商治理》,《湖南科技大学学报(社会科学版)》2018 年第 6 期;韩志明、张朝霞,《合作的社会建构及其演进逻辑——城管与摊贩关系的再反思》,《中国地质大学学报(社会科学版)》2018 年第 4 期;崔占峰、桑琰云:《城市治理中的“共治”与“共享”如何实现? ——对摊贩“微治理”应用的考察》,《城市发展研究》2020 年第 11 期;韩志明、张朝霞:《合作是如何建构起来的? ——以城管执法为中心的技术分析》,《公共管理与政策评论》2020 年第 5 期。

最后,落实到摊贩自治层面,一种由各种摊贩自发组织的街头空间秩序如何形成?又如何维持和运转?与城管部门以及周围的社区、居民的关系如何理顺?虽然讨论摊贩与城管的抗争或合作的研究相当繁荣,但是有关摊贩自治与秩序生产的研究相对有限。就近代中国社会来看,王笛通过对19世纪末20世纪初成都街头公共空间的研究指出,中国传统城市的精英与民众之间相互依赖,地方精英在社区生活中担任领导和组织角色,管理和支配街头和邻里,形成城市自治。①回到当代来看,有学者对镇江和宁波的摊贩考察指出,摊贩组织可以在自我管理中发挥重要作用,在达成各自经济利益的同时促进城市街头的秩序规范、环境整洁和关系和谐,但也存在摊贩素质问题、民间组织劣势和各方协调困难等问题。②有学者对昆山摊贩自治模式的研究表明,摊贩通过民主自治、轮流管理与政府的考核打分实现协作治理,可以满足市民生活需求、摊贩利益诉求和城市整洁有序的三方目标。③黄耿志发现中国摊贩群体呈现"同乡同业"的特点,组织形式上以"地缘"为基础,老乡团体之间相互帮助,防止恶性竞争和受人欺负。④江荣荣以浙江新埭镇摊贩治理行动为个案,指出社会组织作为第三方机制介入和协同政府摊贩治理行动的形式和功能。⑤也有学者对中国台湾新竹和广东东莞的研究发现,政府在号召街头摊贩搬迁到正规、统一的公共市场过程中,摊贩组织起到关键作用,同时指出其中存在的潜在陷阱。⑥还有学者从空间权利角度指出,"在政府主导的城市空间权利分配中,流动摊贩空间权利总体上处于模糊和被动的状态,政府对流动摊贩空间权利有限度的赋予构成了自治的基础,而其限度在于这种脆弱的权利基础一旦遇到外力的冲击很容易瓦解,流动摊贩自治也就随之终结"。⑦总之,从基层/民间社会的摊贩角度出发,探讨其利益目标、行动逻辑、组织/自治模式及其与政府、社区、市民等主体的互动关系,构成第三类研究取

---

① 王笛:《街头文化:成都公共空间、下层民众与地方政治(1870—1930)》,第359—362页。
② 孙芝兴、李子韦、戴星翼:《摊贩经济研究》,上海人民出版社2009年版,第172—175、179—181页。
③ 王晓燕:《协作自治:昆山摊贩的治理之道》,《决策》2014年第4期。
④ 黄耿志:《城市摊贩的社会经济根源与空间政治》,第96—100页。
⑤ 江荣荣:《摊贩治理中的社会组织:第三方机制及其实现》,《甘肃理论学刊》2018年第5期。
⑥ Chia Yang Weng & Annette M. Kim, "The Critical Role of Street Vendor Organizations in Relocating Street Vendors Into Public Markets: The Case of Hsinchu City, Taiwan", *Cityscape*, Vol.18, No.1 (2016), pp.47—70.
⑦ 江柯:《流动摊贩自治的基础及限度:空间权利的视角》,《天水行政学院学报》2017年第4期。

向的重点所在。①

综上所述，就中国社会而言，出于兼顾各方、稳定大局的总体秩序考虑，国家权力对城市街头的空间规划和摊贩治理在理念、政策和实践层面既有强力排斥的一面，也存在“模糊化”“策略化”和“弹性化”倾向；既强调政府行政/公共治理的主导性，也给摊贩自治和民间秩序的存在与发展留下可能性。并且，已有研究更多从国家/政府角度出发，自上而下地关注城市街头的治理模式与官方秩序问题，较少从社会/民间角度出发，自下而上地关注城市街头的自治模式与民间秩序问题，揭示其内在运行逻辑；更多强调城市空间的规划安排和治理意义，较少将城市治理的时间安排同时纳入进来考察，无法深入探讨城市街头的治理模式与秩序运行在白天与夜晚的区别；②更多从官方角度强调规划治理的理念、政策、组织和制度以及城管执行层面的重要性，较少以民间社会为中心，在城市空间的规划治理与秩序生产问题上细致探讨摊贩与市民、社区、政府、城管等各方主体之间复杂的互动方式和实践策略，以及与此相关的“事件—过程”③的意义与功能。

二、研究思路、框架与方法

鉴于上述局限，如何将时间维度、特别是“昼夜区分”引入街头的摊贩治理与空间秩序问题，转向以摊贩和市民为主体的街头民间空间秩序的产生、维持和运转问题，重新对各方主体的互动关系展开深入探讨，成为一个有待开拓的重要方向。这种探究思路能凸显摊贩和市民的日常行动逻辑及其秩序生产意义，揭示城市街头的空间治理与秩序问题的复杂性和变化性，展现其背后的理论内涵和现实关照。在这种方向的探讨中，社会学的学科优势也能充分发挥。为了展开和落实此种研究思路，我们在反思与整合相关理论视角和经验研究

---

① 国外有关摊贩等在街头的生活、互动及其构建的非正式空间秩序的详细探讨可以参见 Mitchell Duneier & Ovie Carter, *Sidewalk*, New York: Farrar, Straus and Giroux, 1999; Annette Miae Kim, *Sidewalk City: Remapping Public Space in Ho Chi Minh City*, Chicago: University Of Chicago Press, 2015。

② 不过，韩志明注意到城管工作的时间制度对于城市治理和秩序维护的重要性，刘磊、吕德文也发现城管执法时留给摊贩经营的时间缝隙和双方的行动预期与默契配合，参见韩志明：《街头官僚的时间政治——以基层执法人员的工作时间为例》，第 4—16 页；刘磊：《街头政治的形成：城管执法困境之分析》，第 37—38 页；吕德文：《灰色治理与城市暴力再生——鲁磨路“城管”实践的机制分析》，第 167—168 页。

③ 孙立平：《实践社会学与市场转型过程分析》，《中国社会科学》2002 年第 5 期。

的基础上，提出一种有关“城市街头空间秩序的生产与交替”的社会学分析框架(见图 1)：

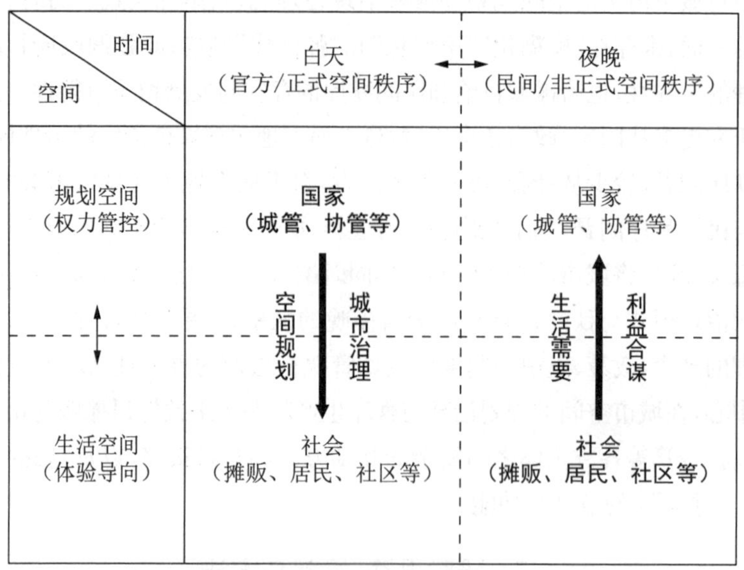

图 1 “城市街头空间秩序的生产与交替”的社会学分析框架

(虚线表示可穿透性，箭头表示作用方向，粗体表示力量优势)

从宏观结构与微观行动的关联角度看，城市街头既是现代国家的城市治理体系的重要组成部分，也是相关政府部门治理工作的着力点。国家通过对街头秩序的实际掌控实现各种治理目标。由此来看，有关城市街头的摊贩治理与空间秩序问题，不仅要置于宏大的城市规划与治理政策背景之下理解，也要关注其中涉及的国家与社会、市场力量之间的互动过程。因为宏观的空间规划和理念政策要通过微观的互动方式和行动策略呈现和落实，其核心机制便是“城管”或“街头官僚”的工作队伍。在日常情境中，他们要时时面对摊贩和居民，规范他们的交易秩序与生活秩序。进一步说，从空间社会学视角出发，街头摊贩治理与秩序问题包含了权力管控的“规划空间”和体验导向的“生活空间”两个既相互关联、彼此融合，又相互冲突、彼此对抗的结构层次(见图 1 最左侧中间的虚线分隔和双向箭头)。

从西方马克思主义空间再生产理论来看，政府营造的宏观规划空间与摊贩、居民营造的微观生活空间之间存在紧张和对立。有学者强调，“城市空间是统治阶级实施社会统治和权力运作的工具，既是利益角逐的场所，又是利益角逐的产物——空间本身就是生产的直接对象。”①“政府和精英所支配、规划和管理的空间，它与民众所使用、体验和生活的空间处于矛盾的关系。”②当摊贩和居民感受到政府的空间规划带来的利益损失和生活不便时，也会采取各种行动策略加以应对，以改变被国家权力单向支配的秩序局面。但是，就当前中国城市街头的情况来看，国家权力主导的规划与治理空间和摊贩与居民主导的体验与生活空间之间并非总是边界分明、相互对抗，而是存在模糊地带、相互融合。两者在制度规范和法律框架的边缘地带产生权力、利益、道德、情感等方面的协商策略与合作默契。这既在一定范围内融入了城市治理的柔性方案和人性关怀，也在某种程度上容纳了摊贩和居民的利益诉求与生活需要，使城市街头的空间秩序能在双方的微观互动和策略实践中达成动态的相对平衡。

不仅如此，在社会学家看来，“时间”和“空间”也是两个最基本的社会维度，它们总是交织在一起并以区域化和情境化的方式展开，以此超越微观与宏观、行动与结构的二元对立。③因此，我们既要在空间中理解时间，也要在时间中理解空间。加入“时间”维度后可以发现，城市街头的空间冲突与秩序平衡在不同时间段的表现方式并不一样。④白天，国家权力的代理人——城管和协管集中在场时，会形成一种官方力量主导、挤压民间力量的“正式空间秩序”。国家通过空间规划和城市治理的各种方案、手段和策略，特别是借助城管队伍的力量，将权力管控的“规划空间”直插体验导向的“生活空间”的纵深处，牢牢占据对整个城市街头空间秩序的定义权，以此塑造城市形象、实现官方利益（见图1第2列从上到下的加粗的单向箭头）。

因此，在白天街头的秩序格局及其生产逻辑中，无论是在城管与摊贩、居

① 张京祥、邓化媛：《空间生产中的城市消费空间塑造》，《文化研究》2010年第2期，第229页。

② Eugene J. McCann, “Race, Protest and Public Space: Contextualizing Lefebvre in the US City”, *Antipode*, Vol.31, No.2(Apr., 1999), pp.163—184.

③ 安东尼·吉登斯：《时间、空间与区域化》，德雷克·格利高里、约翰·厄里（主编），《社会关系与空间结构》，谢礼圣、吕增奎等译，北京师范大学出版社2011年版，第12章。

④ 本文以“一天”为单位，从白天和黑夜的区分角度出发对街头治理与空间秩序在工作时间与休息时间的差别与关联展开深入讨论。此外，“时间”视角也能以“一星期”、“一个月”、“一年（四季）”等为具体划分单位，或者展开为工作日与休息日/节假日的时间制度安排，以此继续探讨上述的摊贩治理与空间秩序问题（限于主题，本文不作讨论）。

民之间强调其显在的冲突过程还是隐匿的合作逻辑，都无法改变国家权力对街头空间的强势的主导权和控制权。这是因为：一方面，白天是城市形象和官方利益的集中体现时间。为最大限度保障这些治理与利益目标，此时大部分的城管、协管等都在正常上班和巡逻街区，上级领导和监管部门也在监控和紧盯着这些街头官僚的工作表现，可谓是国家权力对街头治理工作的“马力全开”；另一方面，白天这个时间段也是多数市民的工作时间（周末、节假日和自然灾害等突发情况除外），其主要生活需要也被暂时搁置或相对弱化，导致各色摊贩的顾客不多、生意零散，在街头摆摊时与城管部门正面对抗的动力也相对不足，更倾向于在城管执法的时间夹缝中灵活转移，采取“游击”“躲避”等行动策略。

但是，街头工作人员受制于时间安排，导致国家权力难以保持整天在场，并且以同样的工作效率实现对街头秩序的全权把控。相对白天的工作时段而言，夜晚（特别是深夜、凌晨到第二天早晨）的休息时段的人员安排就要松散许多。这既成为国家权力对街头治理的薄弱时段，也成为民间力量主导的街头秩序得以产生的契机。为此，夜晚（从夜幕降临后到太阳升起前），当城管和协管陆续撤离或零星在场时，就会形成一种民间力量主导、官方力量监控的“非正式空间秩序”。摊贩和居民通过对生活需求和经济利益的强调，以及与城管队伍的利益合谋，将体验导向的“生活空间”悄悄引入权力管控的“规划空间”的纵深处，重塑城市街头的空间秩序（见图1第3列从下到上的加粗的单向箭头）。这样，在夜晚街头空间的秩序格局与生产逻辑中，摊贩、居民和城管从一种明显、剧烈的对抗关系，悄然转入一种具备共同需要和利益诉求的微妙、默契的合作关系。这种关系转换既改变了白天处于紧绷状态的国家权力对街头空间的单向控制，缓解了双方的紧张关系和秩序冲突，也满足了摊贩和居民的生存与生活需要，并在这一时段将官方的整体利益与治理目标通过“以退为进”的方式，融入摊贩和居民自身的互动模式和自治逻辑之中。

这是因为：一方面，夜晚并非城市形象和官方利益的关注重点。考虑到街头治理的成本和收益问题，此时国家不会安排和白天一样规模和频率的执勤任务，大部分工作人员陆续下班，甚至成为同样有各种生活需求的寻常百姓，剩下那些值班的城管和协管也没有了白天那么大的上级压力和执法动力，其街头治理能力进入弱化和柔化状态；另一方面，在各个工作岗位上劳累一天的多数市民也陆续下班回家，进入休息和休闲时间，其生活需要也被大量开启，

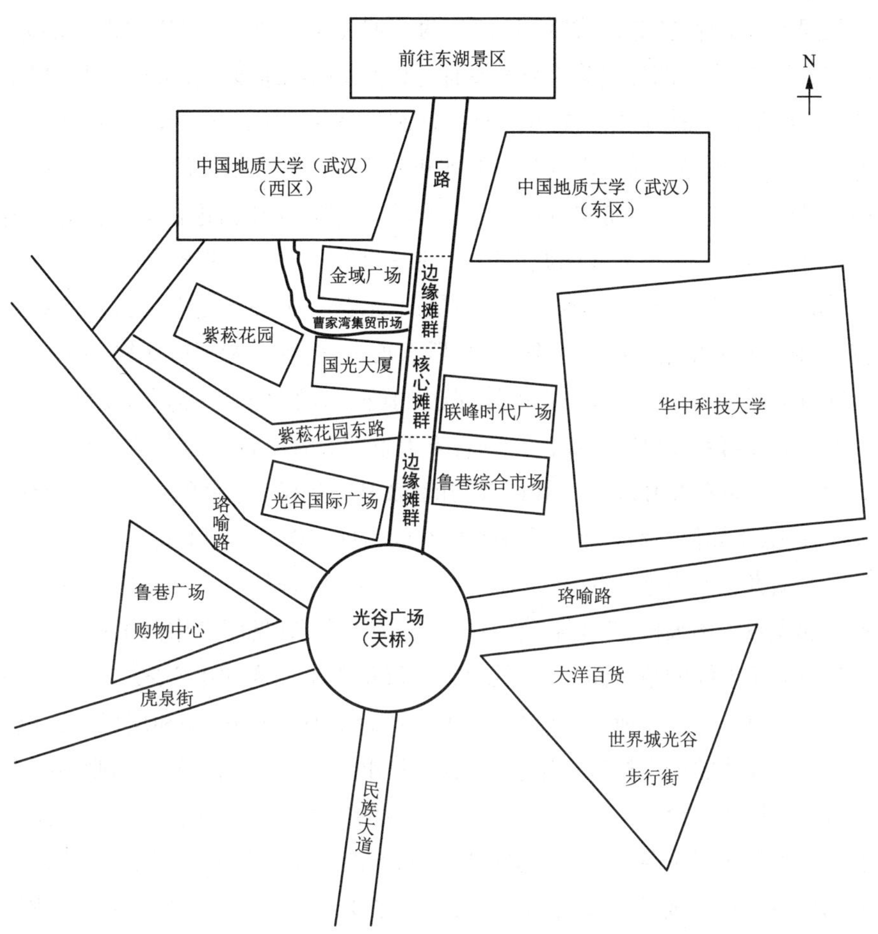

图 2　武汉光谷广场、L 路及周边简图

（作者自制）

导致各色摊贩的顾客激增、生意集中，在摆摊过程中更希望稳定占据人流量大的街区地段，对城管部门的对抗动力也相对更强，此时的强制执法就会迅速升级冲突。可见，从白天到黑夜的转换，在国家与社会之间经历了双方力量的此消彼长过程，导致国家需要且愿意在此时间段对摊贩和居民做出适当让步，在把握城市街头空间秩序大局的情况下默许一些处在法律和制度边缘处的自治行为。

总之，将街头治理与秩序问题放入制度化的时间脉络中可以发现，其空间秩序的生产和维系逻辑包含白天由官方力量主导的“正式空间秩序”，和夜晚由民间力量主导的“非正式空间秩序”两个彼此关联、相互交替的组成部分。遗憾的是,以往大部分相关研究都没有充分注意时间维度的重要性,以此揭示街头空间治理与秩序生产逻辑的复杂性和变化性,多是重在探讨白天的“官方/正式空间秩序”,对夜晚的“民间/非正式空间秩序”关注不够。因此,在下面的经验研究中,我们希望将重点从白天转向夜晚,集中讨论在国家权力逐渐退场之后由民间力量主导的城市街头“非正式空间秩序”的形成过程、运行方式及其维持原因和社会功能。从经验层面说,我们主要立足于武汉光谷L路夜市摊贩的空间治理个案,从城管、摊贩、(夜市)管理者和社区居民等不同主体的行动逻辑及其相互关系角度探究这种民间力量主导的“非正式空间秩序”如何形成、运转和维持,又如何得到官方力量的宽容默许并且与之协调一致?它为何能一直存在和维持?其社会功能(及社会风险)是什么?与“正式空间秩序”的关系如何?对当下城市街头的空间治理与秩序生产的意义何在?

本研究主要考察武汉光谷L路夜市摊群的治理经验。摊群主要分布区域南起光谷广场天桥,北至金域广场,全长900多米(见图2中间的圆圈往上到最后一条虚线的整个路段)。其处在武汉最繁华的商业中心之一——光谷商圈。这里汇集了4所高等院校、数十个科研院所、购物商场和居民小区(包括3个在改造的城中村),人流量巨大,消费和生活需求也相当多元,吸引很多商贩前来摆摊。根据几次口头统计,此路段的摊贩总体规模稳定在130家左右。从紫菘花园东路与L路交会的路口到国光大厦约110米的路段是夜市摊群的集中分布区域(见图2中间的“核心摊群”)。短短110米的人行道左侧汇聚了53个摊贩,几乎占到整个L路夜市摊贩的一半。剩下的摊贩分布于其余路段(见图2中“核心摊群”两边的“边缘摊群”)。此外,L路(的主干道)背后错综复杂的小街和巷子中也潜藏了数量庞大的摊贩群体。很多摊贩白天蛰伏在治理薄弱甚至构成盲区的周围街巷之内,晚上(特别是当城管完全下班以后)蜂拥至L路上摆摊,招揽过往行人,争抢夜市生意。这里虽然摊位密集、种类繁多,但是摊群分布紧凑、秩序井然,摊主各安其位、各营其业,有着一套属于自己的空间秩序运行逻辑。

由于访问对象多元,既包括城管、摊贩和居民等,也涉及特殊群体,并且他们之间关系复杂,为了深入其中获得一手资料,我们采用参与观察与深度访谈相结合的调查方法:一方面,我们希望进入摊贩群体的经营世界,因此隐蔽自己的研究者身份,通过上街摆摊的方式亲身体验,近距离观察和了解这些夜市摊贩的心理行为以及与其他主体的互动关系。通过2017年暑假(8月16—30日,每天晚上18:00到22:30)的摆摊行动,我们可以观察到平时作为消费者难以注意到的一些摊贩交往现象,理解(夜间)街头空间的秩序生产逻辑。另一方面,我们在适当的时间和场合,通过不同方式对城管、摊贩和居民等主体进行访谈,加深对街头空间治理与秩序问题的经验理解。①

三、L路的民间空间秩序形成过程

那么,L路街头的空间秩序到底如何形成?总的来说,这是一个空间与时间、政治与经济、国家与社会、合作与冲突、治理者的宏大"战略"(strategies)与被治理者的日常"策略"(tactics)②等相互交错、共同演化的过程。21世纪初以来,随着武汉光谷的空间规划和改造项目持续升级,L路被逐步纳入整个城市治理体系,但城管部门现有的人员配备不足以解决白天、特别是夜间的街头治理问题。有学者指出,"(L路的)街道布局极为复杂,后街背巷无数,居民构成复杂。""街头治理也日益复杂,小偷、乱穿马路、欺行霸市、黑车、占道经营、违建、乱搭盖等现象层出不穷,各种暴力事件也时常可见。"③在官方力量治理能力不足、民间社会对街头秩序又有迫切需求的情况下,以当地(城中村)村民自发建设菜场的事件为契机,在城管部门的默许甚至支持下,民间力量正式进入街头治理领域,形成一种由本地居民和摊贩主导的"民间空间秩序"。这一秩序体系层级清晰、规范明确,受到街头各方力量的认可和遵循,在当地(特别是夜晚的)街头治理中发挥了重要作用。下面,我们将对这种"民间空间秩序"的形成过程进行详细的叙述和分析。

(一)街头治理困局的产生

20多年前L路属于典型的城乡接合部,晴天路况还好,一到下雨天就污水横流、泥泞难行。街道管理也混乱不堪。由于缺乏商业价值和财政支持,当时该地段的城市综合管理相当缺乏。整个街道安排主要是商户和居民依据自己的生活需要自然形成,没有统一的规划和布局。1998年有当地人大代表提议拓宽和改造L路,终因资金问题搁浅。直到2001年,地方政府借由国家提出的"武汉·中国光谷"光电子产业基地规划吸引外来投资,对包括L路在内

---

① 遵循学术惯例,文中的人名和地名都做了技术性处理。

② Michel De Certeau, *The Practice of Everyday Life*, Berkeley: University of California Press, 1984.

③ 吕德文:《灰色治理与城市暴力再生——鲁磨路"城管"实践的机制分析》,第165页。

的光谷商圈的道路进行整体改造升级。就这样,狭小简陋、泥泞不堪的石子土路摇身一变,成为宽阔靓丽、灯火通明的主干道。但是这种整齐划一的空间样态没有维持多久,竣工之后的L路很快被各种占道经营的地摊商贩和街边大排档占领。

其主要原因如下:一方面,由于地处城郊且长期缺乏有效的城市规划和空间管理,当地民众已形成随意占据和使用街道的习惯,政府引入的街道设计和商铺规划也没法改变他们的占道习惯;另一方面,在L路改造升级过程中,附近村庄居民失去了赖以为生的土地资源和农业主导的生产生活方式。他们(特别是其中那些上了年纪的居民)大多文化水平不高,很难在城市就业市场上找到稳定的谋生机会。而此时的L路已经人来人往、充满商机,他们就大胆走上街头,开始自谋职业。L路一位男性协管员兼班长BJ回忆道:

> 以前是附近菜农把自己种的蔬菜和水果拿到路边贩卖,马路重修以后当地居民陆续搞起了烧烤摊和大排档。以前到了晚上,这条街是死气沉沉的、人影子都少有,后来他们这一搞也就有了点夜市的样子,慢慢变得热闹起来了。当时考虑到周围农民失去了土地,市民住在城里也要吃饭,我们就没怎么管嘛。早年相关的法律法规不太健全,让他们摆摊算是一种解决就业的方式,也可以减少一些社会问题,再一个就是可以方便周围居民的生活,买菜什么的也能方便些。(访谈日期:20170515)

由此可见,基层政府和城管部门考虑到失地农民在城市化过程中的适应和谋生需要、周围市民买菜吃饭的生活需要以及社会稳定的大局需要,对摊贩和夜市采取了理解、默许甚至支持的态度。①这既给周围农民保留了一定的生存空间,也使L路摊贩问题延续下来。

2008年,光谷商业步行街正式开街。整个光谷商圈初具规模,L路也成为武汉市最繁华的商业中心之一,消费潜力和商业价值剧增。②尔后,依托附近

---

① 黄耿志、李天娇、薛德升:《包容还是新的排斥——城市流动摊贩空间引导效应与规划研究》,《规划师》2012年第8期;孙志建:《城市政府的"边缘性治理":一项摊贩监管政策的比较研究》,第30—58页。

② 陈云龙、曹丽娟:《再生产:消费、时尚与异质性——对光谷步行街的空间社会学分析》,《都市文化研究》2016年第1期。

高校的珠宝鉴定资源，地方政府又提出在L路打造“珠宝一条街”。在这一系列政策措施之下，L路的街头景观发生了显著变化。马路两边的高楼大厦拔地而起、鳞次栉比，一些城中村的拆迁和改造项目也在持续推进。L路就这样被政府定位并打造成高端产业密集街区。同时，附近的人流量越来越大，吸引很多的外来摊贩加入。L路摊群的规模迅速扩大，本地和外来摊贩之间的利益冲突更加频繁，甚至出现一些地方势力的强势介入和利益垄断。摊贩与周围小区之间的关系也日趋复杂。因为他们既为居民提供了生活便利，也影响了居民的交通出行和生活环境。

“珠宝一条街”的规划启动后，政府和摊贩的矛盾逐渐尖锐。因为这些摊贩成为影响市容市貌、环境卫生和产业定位的“低端经济”，与政府打造的高端产业链、商业区和住宅区的目标背道而驰。这导致城管与摊贩之间曾经形成的隐蔽联盟走向破裂。在政府的强力要求下，当地城管部门开始花大力气整治L路占道经营问题。为此，武汉H区城管二中队特别划出L路片区，设立1名路长、16名协管员，并在L路上建起了专门的城管执法岗亭，通过“三步式”执法、“分时段”控管等治理措施，确保对街面秩序的日常管控。此外，二中队还和辖区内各城管中队合作，成立“城管联合执法机动队”，通过“运动式治理”①不定期开展整治行动，严厉打击到处流窜摆摊的“顽固分子”。在这套“组合拳”的出击下，L路街头的秩序状况得到明显改善，各色摊贩被集中清理。后来，城管队员的日常工作也从整治流动摊贩变成清理出店经营，整个街面变得整洁有序。可以说，国家权力已经基本实现对L路街头(主干道位置)的空间秩序的整体把控。

不过，这只是白天的整治效果。夜晚，当大部分工作人员陆续下班之后，L路街头的空间治理与秩序维持重新成为一个难题。从城管二中队的情况来看，中队管辖的面积有50余平方公里，却只有12名正式队员。除去队长、支部书记等管理人员和内勤人员，仅剩6名队员负责具体区域的管理和巡查工作，并且夜晚实行轮休制度。也就是说，到了晚上，偌大的辖区内仅有1名正式城管负责。与此配套的协管员虽然实行两班倒，但是没有真正的执法权。加之夜间街道情况复杂，他们一般都不愿意出面，只负责在执法岗亭里值班，

---

① 吴克昌、关飞洲:《街头官僚运动式执法的动员机制——基于广州市A街道流动摊贩治理问题的探讨》,《湘潭大学学报(社会科学版)》2018年第2期。

进而构成一种权力在场的象征性表达而已。因此,一方面,相比白天国家权力的全方位监控,夜晚L路街头几乎处于一种权力真空状态;另一方面,由于L路处于商业街、居民区和高等院校的交界地带,在人流密集的夜色之下,街头的每一寸空间都潜藏着巨大的利益和商机,引来各色摊贩和各方势力的明争暗夺。因此,如何解决L路夜晚的街头治理与秩序问题,成为长期以来困扰当地城管执法人员的一大难题。

(二) 民间空间秩序的形成

曹家湾村自建菜市场算是L路街头民间空间秩序形成的标志性事件。曹家湾属于待改造的城中村,周围住宅小区众多,却没有政府规划的菜场,其他菜场又距离较远,给当地居民的日常生活带来诸多不便。曹家湾8位村民发现其中商机,自发联合起来开办了一个私人菜市场。说是一个"市场",就是把之前一些卖蔬菜、水果、熟食和小吃等的摊贩集中在曹家湾巷附近(见图2,位于国光大厦北边,一头连着L路主干道)。在村民的组织经营下,这个简陋的菜场很快站稳脚跟,引来大量居民光顾。城管部门多次取缔也未见成效。经过对村民生计、居民需求和街道秩序的综合考量,地方政府转而对不合法的曹家湾菜场采取支持态度,允许村民对菜市场进行自主管理,收取相应管理费用。作为交换条件,菜场的经营活动范围只允许在曹家湾巷内,绝不能扩展到L路主干道上。最终,双方形成"井水不犯河水"的合作默契,兼顾了摊贩利益、居民生活和街面秩序,菜场问题得到圆满解决。

这个菜场治理的解决方案也给当地城管部门应对L路上(特别是夜间)的摊贩问题提供了经验启示。城管二中队队长HYF解释道:

> 我就想着能不能专门搞个夜市,规定在30家摊位以内,不要妨碍行人通行,不能堵塞交通,保持整洁卫生,按照正规夜市经营。我们照着这个想法给上级领导汇报。但是上面不同意,说这个夜市和政府的规划不符合,会影响城市形象。上面不同意我们也没办法。但是这个夜市实际已经形成,我们基层工作部门必须解决这个问题。如果这个地方没有第三方来管理,那我们就要直接面对几十个、上百个个体摊贩;如果有人来管理,我们只要面对一个就能掌控。这样可以换取更多的时间和空间去做其他事情。(访谈日期:20170519)

基于现实的治理能力与效率考虑，二中队开始与曹家湾村村民沟通，希望L路主干道上的摊贩问题能在社区层面得到自我控制和内部解决。经过和曹家湾的村主任及负责菜场管理事务的村民陈某协商，双方在摊贩和夜市问题上达成四项约定。HYF强调，“我们要求他们做到四点：第一，白天肯定不能有摊子；第二，油烟问题要妥善处理；第三，不允许使用喇叭叫卖；第四，不能占道经营，要给过路行人留下过往空间。”(访谈日期：20170519)在这种口头共识下，曹家湾菜市场的管理者逐步延伸成L路夜市摊贩的实际管理者，由此形成一种不同于白天由政府权力主导的官方空间秩序的“民间空间秩序”。

正因如此，L路夜市自诞生开始就不是一个真正合法的夜市。它并没有取得国家正规的经营许可，而是成为存在于城市治理夹缝中的“灰色空间”。① 在灰色空间的日常实践中，通过夜市管理者的中间角色，城管和摊贩已经达成高度的利益共识与合作默契。城管部门既默许和承认夜市的自主经营和管理模式，又强调夜市管理和摊贩经营必须遵从城管部门的总体安排和基本规范。这样既能有效疏导来自下层社会的压力和紧张，又能有效应对上级政府的目标和任务。因此，通常情况是夜市在村民自主管理之下能正常运营且秩序良好，每天的营业时间、摊贩的总体规模、每个摊贩的具体位置以及出摊时间也相当固定。前文指出，夜市南起光谷天桥，北至金域广场，全长900多米，共有130多家摊贩(均分布在L路西侧)，并且从交叉路口到国光大厦段的110米为核心摊群，其余路段为边缘摊群。当然，不同街区位置的“待遇”也不一样。核心摊群的出摊时间为18:00—24:00，边缘区摊群的营业时间被限制在19:00以后。另外，为防止交通堵塞，只有当下班晚高峰结束之后，烧烤摊和大排档才被准许占道经营，且需加装油烟机，防止对周围居民的生活环境造成影响和污染。如果遇到上面下达的大型检查任务(比如全国卫生城市检查)，那夜市必须果断停办，所有摊贩要回家休息，以确保街面早晚都整洁有序，由此导致的夜市停业最长可以超过两个月。

(三) 民间自治的规范与秩序

随着街区管理面积不断扩大，曹家湾8名村民成立“L路夜市管理公司”，雇用10余名年轻人从事日常收费和管理工作。公司将摊贩主要分为小吃食品、贴膜手机配饰和杂物三类，分别安排相应人员收取摊位费。三拨人也各司其职、分

① 吕德文：《灰色治理与城市暴力再生——鲁磨路“城管”实践的机制分析》，第167—170页。

头管理,每天在街上巡查,每个月定期收费,充当街头管理者角色。不同街区的人流量不同,商业价值的含量不一样,管理费用也要依据地段位置、摊位大小和经营种类来确定。每月费用大致从 1 000 元到 3 000 元不等。除了要遵循商业空间的资本逻辑外,L 路摊位的具体分配规则还显示出一种内外有别的熟人社会的关系逻辑。[①]也就是说,通常情况下本村居民的摊位不收费,且能分配到较好的地段和位置,但外来人员要想占一个好位置很困难。因为核心区域的摊群基本固定,主要留给本地居民,且数量接近饱和。这时候对稀缺位置的长期控制成为一种关键权力,而这种权力首要掌握在曹家湾村民手里。对外来摊贩而言,允许通过交钱方式获得一摊之地已是本地人给予的难得机会,要想单纯通过金钱获得稳定的核心摊位非常困难。总之,L 路管理者通过对不同区域的摊位分配和日常管理制约各色摊贩的摆摊行为,使其合乎一套民间规范。

当然,这种街头秩序因其例行化或常态化运行而不易被身处其中的人感知。只有打破常态或出现问题时,人们才能清楚察觉到既有秩序的存在和功能。发生在我们摆摊过程中的两个小故事,有助于呈现 L 路由民间力量主导的街头空间的治理模式与秩序结构:

第一个故事是选摊波折。8 月 16 日我们计划在 L 路摆摊。作为外来人,想要在 L 路获得一个摊位并不容易,我们考虑向之前在调研中熟识的 L 路城管寻求帮助。城管部门向夜市管理者提前“打了招呼”,使我们不仅免于缴纳进场费和摊位费,还有幸得到紫菘花园东路路口的黄金位置。我们以卖小饰品为掩护,开始以参与观察的方式深入体验街头空间秩序的基本结构。但是好景不长,23 日晚间管理者通知我们这个临时占用的位置其实有主人,并且他准备回来重新摆摊,所以我们需要另寻他处。24 日,我们经过一番实地考察,决定在 RH 大药房门口相对开阔的地方继续摆摊。但是 26 日当我们准备出摊时,管理者通知说 RH 大药房投诉了我们,认为摊位摆在药房门口会挡住他们的生意,所以我们要再次更换位置。但是,由于核心区域的其他摊位都已饱和,无奈之下我们只能离开核心区域,在转盘口的另一侧重新开张。进入这个边缘区域后,我们的经营状况一路下滑,最终无人问津。

① 费孝通:《乡土中国》,刘豪兴(编),上海人民出版社 2007 年版,第 23—35 页。

通过回顾这段选摊经历我们发现，由于夜市管理者的存在，L路的空间秩序存在以下社会运行特点：第一，所有摊位由管理者分配且都固定，有明确归属权，而非可以随意设摊的无主之地。虽然摊主不在时可以征得管理人员许可临时借用，但原摊主决定重新使用，后来者必须无条件退出；第二，夜市摊贩和沿街店主之间形成高度默契——即首先通过夜市管理者解决相应纠纷。当店主与摊贩发生利益冲突时，作为合法纳税的经营户，为维护自身合法利益，他们可以与摊贩沟通或找城管投诉，但L路的店主通常选择第三条途径，即直接向夜市管理方投诉。这说明管理方与店主、摊贩已经达成某种程度的合作默契，即摊贩不得影响店面经营，店主也不随意投诉摊贩。哪一方越界则由夜市管理方负责出面协调，以便重新达成两者的关系平衡，而不必事事都由城管出面。作为外来者，我们在选摊时事先并不知道这种潜在规则，无意中打破了摊贩和店主之间的常态平衡，也因此看到其中的管理法则和秩序结构；第三，夜市管理者按照资本和熟人的双重逻辑精细安排并严格管理，导致各个摊位的摆放位置、集群密度呈现出“核心—边缘”的秩序格局。甚至在相同地段，摊位的价值还会因为具体位置的细微差异而有所不同，进而对生意状况产生影响。当然，相对外地摆摊者而言，本地摆摊者也默认享有更大的空间资源优势。

> 第二个故事是检查风波。8月24日我们照例18:00准时出摊，到L路却发现一个摊贩都没有。我们十分诧异。因为此时正值下班高峰期，街上人来人往、车水马龙，是生意最好的时候。我们带着疑惑打电话询问二队的中队长，得到的答案是今天上面领导要来检查，要求所有摊贩晚点出摊。在大家通常的印象中，城管和摊贩都是玩“猫鼠游戏”，城管进摊贩退，城管追摊贩躲，城管退摊贩进，城管走摊贩回。但此时的街上连一个城管、协管都没有，他们如何遥控指挥，让所有摊贩晚点出摊？虽有疑惑，但我们不敢破坏规定，赶紧拿着东西躲进附近的一条巷子，边等边观察周围情况。18:50分，终于有摊贩准备出摊了。可是他刚在L路上支开架子，一个身穿黑色T恤的年轻小伙立马过来制止说，“跟你们说了七点就是七点，现在跑出来干什么？”摊贩没有吱声，只得悻悻收摊，退回附近巷子。直到19:00整，街道上陆续出现各种摊贩。几分钟后，L路又和往常一样熙熙攘攘，丝毫看不出此前临检的紧张和危险。

很明显,缴纳费用的L路摊贩都提前收到了夜市管理者的通知,要求他们配合城管部门,一起应付上级领导的突击检查,因此必须在19:00之后出摊。但凡有破坏规矩、提前出摊者,夜市管理者就会派人出来及时制止,无需城管队员亲自出马。由于我们不属于夜市公司的管理范畴,所以没有收到配合检查、统一行动的通知。作为外来人,我们并不知晓这一蕴含在城管人员、管理者和摊贩之间的潜规则,因此差点打破了这种规范与秩序结构。不过这个险些打破的过程也让我们更清晰地感受到L路的民间空间秩序的稳固存在。

总之,调研过程中的这两个小插曲,从“常态”和“非常态”两个角度呈现了L路街头的民间空间秩序的存在样态与运行方式,向我们展示它是如何以夜市管理者为中介,在城管和摊贩之间形成高度的利益合谋与协作默契。[①]此时,街头空间秩序的主导者不再是以城管为代表的官方/国家力量,而是以本地自发生成的夜市管理者为核心的民间/社会力量。同时,它的生效时间不是在白天的工作时间,而是夜晚正式权力退场之后的休息时间。

四、民间空间秩序生产的原因、方式与功能

虽然各方主体的行动目标和利益诉求不尽相同,但是无论作为基层执法者的城管、被管理者的摊贩、“第三方”的(夜市)管理者,还是作为城市生活体验者的居民,都倾向于建立一个安全有序、卫生便捷的夜市。这种街头秩序对一座城市的空间治理和当地居民的生活体验都有重要现实意义。所以,在揭示L路的民间空间秩序的形成过程及其秩序结构之后,我们希望从执法者(城管、协管等)、摊贩、居民和管理者等主体角度进一步讨论这一空间秩序生产和维持的原因、方式及功能,并且指出存在于诸如此类的(夜市)管理者背后的城市空间治理的潜在风险。

(一) 城管街头执法的困境与策略

城管作为国家权力的城市基层代理人,需要依靠民间力量进行街头治理?乍听起来,这似乎让人难以理解,毕竟他们在城市治理工作中占据优势位置。但是,通过深入城管工作一线,剖析街头执法的现实状况,其内在的原因和机理就会浮出水面。前文提到上级部门出于城市规划和城市形象考虑不同意将

① 陈映芳:《“违规”的空间》,第171—176页;吕德文:《灰色治理与城市暴力再生——鲁磨路“城管”实践的机制分析》,第173—175页;刘磊:《街头政治的形成:城管执法困境之分析》,第38—39页;刘升:《从冲突到合谋:城管与摊贩的交往逻辑》,第1—7页。

L路夜市常态化，导致摊贩合法化进程受阻。但是，基层城管部门不得不面对“夜市”已经存在且急需治理的现实难题。在执法过程中，他们面临的困境和挑战主要包括三个方面：

首先，正式城管队员的组织性、规范性和科层性特征难以及时、充分且有效地应对复杂变化的社会问题。城市街头人群复杂，各种关系边界模糊，充满不确定性，时常出现各种紧急难题。有的摊贩死缠烂打、撒泼斗狠，有的摊贩跟城管玩“猫捉老鼠”游戏，有的摊贩采取“敌进我退、敌退我进”的“游击战”或“运动战”，还有家庭情况较差的摊贩采取人情策略，以“弱势”为由跟城管求情等。这些都给城管人员提出了极高的工作能力要求。①针对此类情况，L路城管同样难以完全按章办事，更难“一刀切”。但是用“具体问题具体分析”“逐个问题逐个解决”的方式又会增加自身的工作时间和出勤任务，提升治理成本，降低治理效率。作为街头治理的终端，上级下达的各种政策要求和治理任务最后几乎都落在基层城管身上。虽然责任范围扩展了，但是执法权力和人员配备并没有实质增加。这使他们时常处于“权微、责重、能弱”的尴尬位置，②既要面对上面的巨大压力，又要面对下面的复杂情况；既权力和资源有限，又人员和时间有限。③

其次，相比白天，夜晚城管执法力量更加不足，但治理的压力和任务有增无减。因为对多数摊贩而言，夜市的顾客更多，也更具商业价值。所以，他们更倾向于在夜晚争取人流量大的黄金地段摆摊，也更可能为了利益目标与城管人员产生冲突和对抗。与此相对，夜晚街头的治理能力又较为薄弱。前面提到在晚上轮班制下，H区50余平方公里辖区只有1名正式城管队员负责全区巡逻。具体到L路上，虽然有协管员帮忙值班，但夜晚街道的摊贩情况复杂，协管员又缺乏真正的执法权，只能作为国家权力的象征性存在。因此，寄

---

① 有学者强调，一线城管的任务结构具有“环境条件多变性”“原先预案的不可用性”“目标利益的冲突性”“解决程序的非常规性”“应对方案的灵活性”等特征。城管在“危机情景”中作出“危机决策”，往往意味着……“决策的程序主要是按非程序化决策方式进行，决策质量的高低取决于决策者或个体决策者的经验、智慧、勇气和综合素质的高低”，参见杨志军：《城管和摊贩“互动”关系的过程解读与路径优化探析》，《岭南学刊》2017年第1期。

② 张力伟：《国家治理视域下的街头官僚素描——基于L省K市基层环境治理的田野调查》，《地方治理研究》2018年第3期。

③ 也有研究指出，基层城管对繁重的工作任务和较低的工资水平的不满，助长了他们的逃避、腐败和浪费倾向。这既降低了街头治理的工作效率，也没有减少人们的不满和无力感，参见 Suzanne E. Scoggins & Kevin J. O'Brien, “China's Unhappy Police”, *Asian Survey*, Vol.56, No.2 (Mar./Apr., 2016), pp.225—242。

希望于巡逻城管与值班协管对L路的上百家夜市摊位进行规范管理和秩序维护,这几乎是个不可能完成的任务。实际情况通常是城管收到群众投诉后才与值班协管一起选择性地处理个别摊位的纠纷问题,避免各种突发事件。而在夜间的多数时候,L路都处于一种正式权力缺位的空间实践环境。因此,如何在夜晚保障街头秩序有序运行,避免出现纠纷、冲突乃至骚乱,成为城管部门必须解决的棘手问题。如果处理不慎,它不仅会成为城市治理中的一个“失控时段”,也会成为一个充满风险和不确定性的“灰色空间”。

最后,上级部门的文明执法要求与城管人员的现实执法效率之间的悖论。近十几年来随着文明执法进程的加快,武汉市要求坚持以人为本、依法治理、源头治理、权责一致、协调创新的原则,坚持严格规范公正文明执法,充分尊重人民的权益,严格遵循法律规定。①这既增加了城管部门的执法规范和城管人员的职业素质,避免权责模糊、推诿逃避导致的矛盾扩大,也导致执法程序日益冗杂,限制了城管执法的自由量裁权,降低了城管的行动空间和执法效率,实际问题的处理能力也随之减弱。以“三步式”行政执法为例,从教育规范到限期整改再到对拒不改正者的罚款处理,整个流程走下来少则一个月、多则半年。如此漫长的正规流程很难满足基层城管需要应对的错综复杂、变化多端的日常执法情境。

因此,执法的文明化本身不仅意味着对人民权益的尊重和保障,也意味着国家权力的公开强制能力的受限和弱化。一线城管的执法权被严格规范和限定,展开工作时也更容易遭到摊贩的消极应付甚至强硬抵抗。汉娜·阿伦特(Hannah Arendt)说,“权力的每一次衰弱就是对暴力的公开邀请。”②在国家强调文明执法的背景下,“小贩怕城管”的“权力关系不对称”可能倒转为另一种“城管怕小贩”的“权力关系不对称”。那些有强烈利益诉求且素质不高的摊贩预期城管不能、也不敢轻易对他们采取强制措施,就有更多的行动空间和抵抗余地。近年来,武汉城管局采取的“鲜花执法”“眼神执法”“列队执法”“美女执

① 付文:《武汉出台城管工作守则 杜绝将责任推给临时工》,环球网,2013年9月10日,网址:https://china.huanqiu.com/article/9CaKrnJCd2z?w=280;武汉市城管委:《城市管理执法办法》,2018年2月28日,网址:http://cgw.wuhan.gov.cn/ZWGK_13499/zc/ZCWJ_13507/202004/t20200416_1011236.html;武汉市城管委:《武汉市城市管理行政执法规范行政处罚自由裁量权规定》,2018年8月3日,网址:http://cgw.wuhan.gov.cn/ZWGK_13499/zc/ZCWJ_13507/202004/t20200416_1011235.html。

② 汉娜·阿伦特:《共和的危机》,郑辟瑞译,上海人民出版社2013年版,第137页。

法”等柔性执法新形式，看似是对文明执法的有效推进，实则也是基层执法者为应对上级要求而实施的形象工程。但是，在利益关系复杂、充满矛盾纠纷且人员素质参差不齐的街头空间中，执法过程越文明，执法效率反而越低下。总之，面对上面日益严格的执法要求和下面日益繁重的治理任务，城管部门想要在有限的人力、资源和权力条件下完全用文明合法的程序手段保障L路的空间秩序将会越来越难。

面对上层与下层（摊贩和居民）的压力以及自身的局限，尤其是在上层工作要求日益提高、下层治理任务日趋加剧而工作队伍和工作条件有限的情况下，基层城管部门为实现预期治理目标，最简单有效的办法就是从市场和社会中寻求“第三方”的资源和力量，找到一个稳妥的管理者作为中介，使摊贩群体形成一种自主、自治的“民间空间秩序”，将散布在街道各处的摊贩的管理问题变为对一个集中针对市场管理者的管理问题。这种简化方案既能减少城管的执法对象，也减轻了他们的工作任务和执法压力，还可以借助民间力量展开各种策略化的治理方式，以提升治理效率。中队长HYF举例说，

> L路的水果摊子现在基本上都是河南人的。他们内部就有个河南帮，以前我们一去管，他们一群人就聚集起来，一起抵抗执法，所以很难搞。后来我们干脆让夜市管理方去跟他们谈，摆什么、什么时候摆、怎么摆，这些问题就都谈好了，比我们直接出面效果还好一些。（访谈日期：20170519）

从权力关系角度看，强调市场和社会自治取向的夜市管理者的加入，导致城管与摊贩的关系从之前的权力关系不对称变成“城管怕小贩，小贩怕管理者，管理者怕城管”的相互制约格局。但是，管理者作为一种民间力量，既不在国家官僚体系框架之内，也不具有任何行政合法性，还会吸纳一些市场因素和社会势力加入。他们甚至会将一些涉及暴力的社会势力纳入日常治理环节，导致“狠人办事”成为维护街头秩序的条件之一。其治理策略除了通过和平协商达成利益共识和民间规范外，在纠纷和冲突难以解决时也将恫吓、威胁、破坏、教训等私人暴力作为最终后盾。在这种街头治理的民间逻辑中，城管部门间接依靠一些带有灰色性质的社会势力就不足为奇了。这样，城管部门虽然无法直接对摊贩采取强硬手段，但是可以经由民间社会内部的资源和人员优势展开各种非正式治理策略。

因此,无论是为克服自身力量局限、减轻工作压力,还是为完成工作任务、提高执法效率,无论是为策略性地维护城市规划与城市形象,还是为兼顾底层生计和居民需求,基层城管寻求市场和社会自治力量治理街头摊贩,既有现实背景,也有治理效果。随着光谷地带城市化进程的快速推进,L路夜市问题一直存在。民间力量的积极介入成为执法文明化要求背后城管部门执法乏力的一种有效补偿机制。当地城管也一直默许甚至支持此种街头空间的自治逻辑的存在与运行。但是,由于上级主管部门的反对和自己的职业身份背景,他们既在暗中(特别是夜间)许可并保障民间空间秩序的自主运行和稳定维持,也对夜市管理方的自主发展抱有相当警惕,尽量将其民间治理行动控制在国家和地方的法律制度框架之内,小心翼翼地维持着国家—政府的官方权力与市场—社会的民间力量之间的平衡与稳定。

(二) 从流动到固定:摊贩的选择

转到摊贩的行动逻辑及其与其他主体的关系来看,他们如何看待和应对L路的夜市管理者?又为何以及如何遵守街头的民间空间秩序?从概念上说,根据流动性差异,摊贩可分为流动摊贩与固定摊贩。无论露天还是室内,固定摊贩往往在正规市场或合法街区设摊,时间和场地相对固定,所以和店铺商场的经营模式相近,只是相对简易、投资较轻。这类市场或街区往往配备专门的管理运营方,拥有完善的服务体系,因此进入门槛较高,要交纳的租金也较高(但少于正规门市)。除了常规情况外,还有一些特殊的固定摊贩。他们是政府照顾性质的特批摊贩,家庭情况通常比较困难(比如低保户、残疾人等),国家特批一块地方让其摆摊,免租经营。除了常规与特殊的固定摊贩外,其余情况都可称为流动摊贩。他们数量庞大,构成城市街头的重要行动主体。"吃饭逻辑"或生存至上的道义逻辑被他们充分利用并尽量放大。①这既体现国家主导的城市治理对底层人民的生存方式的承认和妥协,也构成一些"灰色"或"违规"空间出现的道义基础或伦理前提。②

---

① 陈文超:《活路:社会弱势群体成员的生存逻辑——以与城管博弈的小商贩为例》,《云南民族大学学报(哲学社会科学版)》2008年第1期;杨亚南:《街头行政场域中城市管理综合执法的研究——基于柔性执法的视角》,《城市发展研究》2014年第8期;Jennifer Lee Tucker & Ryan Thomas Devlin, "Uncertainty and the Governance of Street Vending: A Critical Comparison Across the North/South Divide", *International Journal of Urban and Regional Research*, Vol.43, Iss.3(May., 2019), pp.460—475。

② 陈映芳:《"违规"的空间》,第169—171页。

当然，流动摊贩更具不确定性，引发的城市问题也更多，因此成为城管部门的首要治理对象。为了最大限度地降低成本、获取利润，流动摊贩通常无证经营，商品丰富而廉价，但质量得不到保障。一些街边的小吃摊、大排档卫生状况较差，对周围店铺造成影响，对周围居民的生活环境也产生污染，有损市容市貌、环境卫生、公共交通和市场秩序，时常遭到城管人员的驱逐、打击和取缔，也面临周围商户和居民的抱怨、反对和举报。“由于缺乏法律保障，流动摊贩受到城管、居民、商户等政府和社会群体的干扰……应对上述干扰，摊贩常常不得不缩短经营时间和缩小经营规模。”①所以，流动摊贩时常处于极不稳定的经营环境中。为把生意做下去，他们要不断转移阵地，和城管人员“打游击”“躲猫猫”，和周围的商户、居民斗智斗勇，导致顾客和收入都不稳定。为流动方便，他们很少愿意花金钱和心思装饰摊位、提升形象，也不大可能改善购物环境和商品质量。这反过来影响他们的摊点规模和营收状况，使其陷入越频繁流动越经营困难的恶性循环，很难发展成长期稳定的生计。

聚焦到L路的摊贩情况来看，早先这里没有固定的夜市，摊贩也多是周边农民。他们在空余时间走街串巷，将自家地里的蔬菜、水果拿到街上售卖，补贴家用。这并不构成一种专门职业。直到L路改造升级成主干道之后，这里的夜市才初步形成，也产生一些以此为生的摊贩（多为失地农民的再就业）。2008年光谷步行街开业以后，人口流量和商业价值激增，夜市摊贩数量迅速扩大，并且有大批外地摊贩入驻。但摊贩的数量和位置并不固定，依然属于缺乏稳定和保证的流动摊贩。他们不仅存在内部的利益纷争，也经常遭到城管的驱赶和整治，而且周围的商户和居民对他们也有诸多不满，可谓处境艰难，在夹缝中求生存。直到曹家湾的8位村民先自建菜市场，后又成立“L路夜市管理公司”，这里的夜市摊贩的空间秩序问题才有所改善。

就此过程来看，L路夜市摊贩虽然一直存在，但是并未得到政府认可，也得不到官方力量保障。他们和其他流动摊贩一样，都是城管部门重点治理的对象。后来，曹家湾社区的民间力量介入，成立“L路夜市管理公司”对这些摊贩进行分类、组织和管理，为其经营提供了一个相对稳定和有序的街头环境。这样，无论是通过当地人的成员资格还是通过缴纳租金的方式获得夜市摊位以后，摊贩都会产生一种可以稳定经营、稳定收益的长期心理预期。相比之下，流动摊贩的经营模式朝不保夕，随时可能被取缔，而夜市摊位对他们而言

① 黄耿志、薛德升：《非正规经济的正规化：广州城市摊贩空间治理模式与效应》，第54页。

意味着一种长期稳定的经营机会。他们可以通过自身努力安定自己的生意和生活,提升对这座城市的幸福体验和归属意识以及对未来的信心和希望。这样一来,他们不仅愿意考虑接纳政府的城市规划和空间治理目标,也更愿意在自己的固定摊位上花心思,装扮外观、做广告牌,保持摊位及其周边的整洁卫生、秩序井然,以便吸引更多过往顾客,获取更高经济收益,形成空间治理与经营状况的良性互动。从夜间观察来看,L路的每个摊位都相对固定,整齐有序地排布在人行道两侧。一眼望去,明亮的灯光,显眼的广告,有序摆放的货品,良好的卫生状况,还有一些动听的音乐、夸张的舞者,都成为吸引顾客的经营策略,帮他们留住过往行人的脚步。这既保障了夜间的街头秩序和市容市貌,也呈现出一番不同于白天的、更具生活气息和社会活力的城市形象和街区景观。

总之,虽然需要缴纳场地费和管理费,并遵守夜市公司的摆摊规范,但是相对频繁流动和利益纷争导致的经营没保障、收益不确定的处境来说,多数摊贩更愿意通过这种方式稳定下来。久而久之,他们也自觉认同是"夜市管理公司"的一员。因为有了"公司"的各项日常管理、协调和保障措施,他们能在相对稳定的街头环境中长期经营。这样既能更好地协调内部的摊位纠纷和利益冲突,处理好与周边商户和居民的利益关系,也不用担心城管人员不定期的驱赶、没收和罚款等整治措施,还能实质改善自己的经营状况。特别是相对本地摊贩来说,外地摊贩对这种自组织化和规范化的市场管理的需求更为迫切。在入驻进程受阻的情况下,他们可以借此"以势谋地",[①]站稳脚跟,扩大生意,全面融入L路的夜市经营。因此,由于夜市管理者而维持的相对稳定的摊贩经营成为这座城市的市场经济与社会治理领域的"灰色空间"和"灰色秩序"的直接体现。它不仅为附近居民的家庭生计和生活需要提供一个重要的行动空间,也保有对政府部门的城市规划和空间治理的底线服从和正面意义。

(三) 居民的生存策略与生活体验

从L路附近居民角度说,他们与摊贩、城管、社区等主体的关系最为复杂。并且,由于具体身份和立场不同,他们对待L路夜市摊贩及街边秩序的态度也有差异:

首先,从人员构成来看,部分摊贩本身就是由本地农民转变而来的城市居民。国家城市规划导致光谷地带的城市建设迅猛推进,使L路由原来的城郊

① 陈亮:《以势谋地:移民的城市生存空间和生计策略》,《广西民族大学学报(哲学社会科学版)》2018年第1期。

村庄变成城中村，农民失去了土地耕作和传统农业，成了“农转非”人员，选择走上街头自谋生路。虽然城市的空间改造和产业升级可以立马改换这部分居民的户籍身份，但是想要他们在城市空间中迅速谋求新职业、适应新生活并非易事。他们(特别是年纪稍大者)大都缺乏在城市谋生需要的学历文凭和专业技能，很难在正规单位找到待遇优厚且稳定长期的工作。国家在推进空间规划和城市治理时也考虑到了这一点。因此，城管部门默许他们将街边摆摊当作一种解决就业和贫困问题的现实出路，至今没有否定他们的存在意义。这也体现国家对这部分居民在新兴城市空间中的生存权利的尊重和肯定。截至目前，L路摊贩中此类“农转非”居民不在少数，并享有免收摊位费和管理费的特权。他们靠这种边缘化的经营方式维系家庭生计、适应都市生活。正是这种生活处境的转变带来的艰辛与挣扎，让这部分居民渴望获得一种稳定的职业形式和生活保障，以尽快融入城市社会。他们支持和认同“L路夜市管理公司”的成立和运作，服从其安排和管理，享受其服务和保障。这样不仅可以免去自己面对城管整治时的慌乱无助和无可奈何，减少与城管人员的正面冲突和利益损失，也能稳定经营，提高收益。

其次，从L路民间空间秩序的形成过程来看，这是当地“农转非”居民在城中自我生存和自我管理的一种方式。这种民间秩序最早来源于曹家湾菜场的建立。由于与“珠宝一条街”的高端规划相冲突，正规菜场得不到官方批准，但周围居民又存在生活需要，所以村民在村庄精英带领下自发建起了菜市场，通过与城管部门私下协商达成合作。尔后，在上级政府的治理考量、民生政策以及基层城管的默许支持下，由社区精英组织的街头管理模式延伸到L路核心地段，成为主导夜市秩序的关键力量。从基层治理角度看，这是处于城市化和市场化进程中的“农转非”社区的自治模式的一部分，也是此类社区对现代城市空间治理的适应力与创造力的体现。它既让社区秩序获得内部保障，也让社区居民获取经济收益，因此得到社区干部和普通成员的共同认可。

第三，对在此街区工作和生活的其他市民(包括大学生和外来务工人员)而言，L路夜市也是他们日常生活中不可或缺的一部分。他们既有厌恶和抵制，也有喜爱和同情。讨厌和反对的原因是摊贩经营的负面影响(比如占道经营、妨碍交通，油烟浓重、污染环境，噪音巨大、打扰居民，摊位混乱、破坏秩序等)。但是更多居民表现出对摊贩的欢迎和理解。一位家住L路科技苑小区的居民WXS强调：

> 前段时间电视问政，摊子都收了，街上一下子冷清多了。晚上吃完饭，想出去逛一逛，溜一圈，买点东西都冇得（“没有”）地方去。别个摆个摊子也不容易，要养活一家人呢。他们既挣了钱，也方便了我们。夜市么样不好嘛？政府要搞面子工程，也该给别个留条活路啊。（访谈日期：20170826）

有学者认为，夜市大排档不仅代表一种文化传统和生活方式，也是武汉的城市地标。[①]L路夜市已经存在相当一段时间，逛夜市也成为附近居民的生活习惯。他们早就将其纳入自己的日常生活，突然停办让他们的生活仿佛缺失了一块。但这种依托夜市摊贩维持的“生活空间”并不稳固。一旦国家权力对街头空间进行规划管理，要强制明确空间属性和空间边界时，城管与摊贩的冲突就会骤然升级，周围居民这种悠闲自得的生活体验也将难以持续。[②]

按照一些西方学者的观点，以“资本”为导向的城市规划和建设方案本就隐含着权力关系不平等，[③]L路“珠宝一条街”的规划方案就直接体现这一点。政府力图将此街区空间打造成高端资本的聚集地。这既挤压了夜市摊贩的生存空间，也忽视了居民对城市空间的使用习惯。虽然基层城管出于民生问题和街头秩序的现实考虑提出夜市合法化的折中方案，但是终因妨碍城市发展的宏观规划而被上级否决。问题在于，这种规划一旦影响到居民的日常生活与社会体验，很容易引起周围居民反对。在他们看来，此类城市规划和治理模式更多是地方政府精心打造的面子工程、政绩工程，未必能达到预期的经济目标，却直接影响摊贩的生存处境，并给他们的生活造成不便。从国家与社会的互动关系看，无论是抵抗还是合作，无论是摊贩阻碍城管执法，村民自发建设菜场、管理夜市，还是周围居民对政府城市规划与治理方案的质疑和为夜市摊贩的辩护，都是他们的生存与生活空间受到挤压之后产生的应对与捍卫措施。在共同的秩序、生活

---

① 陈红：《文学视野中的“地方意识”——以池莉的“汉味小说”为例》，《东岳论丛》2015年第10期。

② 胡俊修、姚伟钧：《二十世纪初的游动摊贩与中国城市社会生活——以武汉、上海为中心的考察》，第151—154页。

③ 詹姆斯·斯科特：《国家的视角：那些试图改善人类状况的项目是如何失败的》，导言第1—9页；Henri Lefebvre, *The Production of Space*, Trans. by Donald Nicholson-Smith, Malden, Oxford, Carlton: Blackwell Publishing Ltd, 1991; David Harvey, *Spaces of Neoliberalization: Towards a Theory of Uneven Geographical Development*, Weisbaden: Franz Steiner Verlag, 2005, pp.7—52; David Harvey, “Neoliberalism and the City”, *Studies in Social Justice*, Vol.1, No.1(Winter, 2007), pp.1—13; Neil Smith, *The New Urban Frontier: Gentrification and the Revanchist City*。

与利益需求驱动下，周边居民与夜市摊贩、管理者（社区精英）、基层城管①自觉不自觉地站到了同一阵营，形成一种利益“共谋”②。他们以各种实践策略削弱国家规划与治理下的权力关系不平等，影响国家权力主导的城市规划空间，保卫并扩大自己（尤其是夜间）的社会生活空间，重塑街头空间的秩序格局。

（四）夜市管理者的角色、功能与局限

L 路的夜市管理者作为社区精英自发组织的民间力量，在城管和摊贩、国家与社会之间扮演“第三方”的协调者和治理者角色。他们借助市场和社区的人员和资源，一面与基层城管部门协商谈判、相互配合，在大方向上服从前者的制度安排和治理要求；一面向进驻摊贩收取摊位费和管理费，制定市场运营规范，警告甚至惩罚违规者，以此对夜市进行管理和维护。管理者的存在，为原本混乱无序、治理困难的 L 路夜市提供了一种社区精英主导的街头民间空间秩序。它既为原住村民的生存和生活提供新的谋生空间和秩序保障，为转型社区的自我治理和自我服务提供新的探索方案，也为城管部门（特别是在力量薄弱的夜间）对城市街区的空间治理与秩序维护提供力量补充，还为周围居民的消费生活提供丰富有序、便捷卫生的夜市环境。因此，L 路的夜市管理者以及街头民间空间秩序之所以存在，是因为他们满足了城管、摊贩、社区（包括管理者）的实际利益诉求，得到了各方主体的共同承认。

从基层治理角度看，夜市管理者在国家、社会与市场的协同共治方案中扮演关键角色，解决了夜晚国家正式权力退场后街头空间的治理困境与秩序危机问题。这种街头治理方案充分纳入了市场和社会的自治力量，凸显出民间力量在城市治理中的正面意义。它有别于将某些社会力量直接引入官僚体制队伍，以此维持街头秩序的“半正式”治理策略。③后者往往是在纳入编制的“正式工”不方便出面时，由协管、协警等“临时工”出面，采取一些徘徊在法律制度边缘的“非常手段”或强制措施。④比较而言，“依靠第三方管理者”的街头

---

① 值得一提的是，L 路的城管特别是协管人员大都是当地的社区居民，有些是作为解决困难家庭的就业问题招募进来的。因此，他们不仅与当地居民关系密切，而且下班之后同样对夜市摊贩有生活需求。

② 周雪光：《基层政府间的“共谋现象”——一个政府行为的制度逻辑》，《社会学研究》2008 年第 6 期。

③ 魏程琳：《准街头管理者的结构与功能——以城管部门协管员为例》，第 38—46 页；Donal F. Kettl, *Government by Proxy*; Paul C. Light, *The True Size of Government*。

④ 徐建华和蒋安丽对广州城管的研究发现，在执法文明化背景下，城管系统内部出现城管和协管的等级分化，冲突和暴力事件大都发生在协管和摊贩之间，而协管与摊贩本身大都来自下层人民，因而演变成下层社会的暴力汇聚，参见 Jianhua Xu & Anli Jiang, “Police Civilianization and the Production of Underclass Violence: the Case of Para-police Chengguan And Street Vendors in Guangzhou, China”, *The British Journal of Criminology*, Vol.59, No.1(Jan., 2019), pp.64—84。

治理方案将摊贩问题首要定位成一个市场和社会领域的内部自治问题。这种取向的治理模式如果运行得当,不仅能减轻基层城管的工作压力,也能维持街头空间的良好秩序。即便真的出现问题,也是市场和社会的内部问题,不会波及和挑战城管部门的行政合法性。

与此相对,“招募协管协警”的治理方案依然将摊贩问题看成一个政府行政或国家治理层面的问题,因此将各色社会人员吸纳进城管队伍,作为基层行政执法部门的外围延伸和辅助力量。这种“行政吸纳社会”[①]或“半正式”的治理方式如果把握好尺度,也能透过国家与社会(包括市场)之间的模糊和弹性引导、缓冲并辅助改善城管和摊贩的关系,使之形成良性互动。[②]这种做法既能将协管作为润滑剂和缓冲带,在城管与摊贩之间保留商量与合作的余地,形成“保护性协商机制”,也能在国家加强城市空间管控和媒体舆论宣传影响下改变双方的原有关系边界,压缩灰色空间及其治理余地,产生更多、更大的矛盾冲突和暴力对抗,最终损害政府部门的社会形象及其权力合法性。[③]

回过来看,依靠夜市管理者的民间治理方案虽然可以给 L 路带来日常秩序,使街面看起来整洁有序,特别是夜晚也能保持和谐与热闹,但这背后蕴含相当的治理风险,可谓一柄“双刃剑”。相对被招募进来并受到官僚体制管辖的“半正式”的协管和协警来说,这些非正式和自治化的管理者完全不属于官僚体制领域,既没有行政执法者的合法身份,也不受基层城管的领导和规范,容易超脱国家法律法规,政府的管控难度其实更大。在访问中,中队长 HYF 反复提及对此事的担忧,竭力希望将 L 路夜市公开化、正规化。他说,

> 我现在最担心两个问题,一个是怕出事,他们老用拳头说话;再一个就是觉得他们冇得责任心,有时候我们反馈的问题也不落实,还是要我们出面,这样搞下去也不是办法。我觉得要彻底解决这个问题只能是公开化。要么划出一块地方专门办一个正规的夜市,然后政府出面来规范市场管理;要么干脆把珠宝一条街搞好,把档次搞起来,然后把摊贩和夜市全都清理掉。(访谈日期:20170519)

---

① 康晓光、韩恒、卢宪英:《行政吸纳社会:当代中国大陆国家与社会关系研究》,八方文化创作室2010 年,第 7 章。

② 有学者将基层城管部门界定为由中队长、城管和协管三个层级组成的“兜底部门”,其“通过正式行政与非正式行政相结合的街头行政子系统,在组织边界构建自己的组织网络,保护了其他政府机构不受环境不确定性的冲击。”参见吕德文:《兜底部门的运作逻辑》,《南京社会科学》2018 年第 4 期,第 53 页。

③ 吕德文:《灰色治理与城市暴力再生——鲁磨路“城管”实践的机制分析》,第 172—178 页。

从国家治理角度说，这种治理方案包含政府部门对待民间力量的矛盾态度：一方面，国家虽然垄断了合法暴力，但是无法有效渗透到社会每个角落，因此需要借助民间力量来维持街头秩序；另一方面，国家担忧民间力量发展壮大，由此脱离正式权力的有效管控，反过来挑战自身建构的合法秩序。也就是说，当社区精英组织并主导的街头空间秩序形成后，很容易将社会力量特别是私人暴力作为后盾，形成某种徘徊在国家法律边缘的灰色空间秩序。

这种民间力量主导的街头空间秩序的一个局限是责任主体严重缺失。表面来看，特定的民间力量履行夜市管理公司的基本职能，为各色摊贩提供规范有序的市场环境。但深层问题是夜市本身没有被国家公开承认，摊贩和管理者之间也不是一种受法律保护的契约关系。两者只是一种在市场化背景下催生的，基于利益交换和非正式/民间规范的、临时的管理与服从关系。管理者没有资格、能力和意愿去审核和保障摊贩所售商品的质量、卫生和安全，一旦出现问题也不可能为摊贩担责、为居民维权，只会相互推诿、逃避责任。此时，城管部门面临的问题将更加复杂且进退两难。所以，管理者的身份合法性及其与摊贩之间的“权”“责”“利”的关系的复杂性和模糊性，都会导致这种街头民间空间秩序很难获得合法、清晰、长效且稳定的治理力量保障。另一个局限是，这种民间治理模式如果遭到摊贩反对和市民不满，夜市管理者的利益就会直接受损。为确保这种街头秩序与自身利益的稳固性，一些针对摊贩和市民的私人暴力手段也会从背后走上台前。长期而言，这些源自民间的市场管理者游离于国家行政体制之外，如果得不到政府部门的有效管控，其社会—经济影响力会迅速扩大，从与国家的合作转向对立，成为破坏国家权力与社会稳定的黑恶势力。

总之，在城市空间治理与秩序生产过程中，如果处在灰色地带的管理者的角色和功能被有效约束并导向正途（文明化、合法化和规范化），那就皆大欢喜；如果失去控制并逐渐“黑化”（暴力化、非法化和自由化），那就各方受害。

五、迈向“人民城市”的城市空间治理

回到理论层面来看，在解释现代城市的空间规划、空间治理与秩序生产问题时，西方学者大都采用一种国家与（市民）社会、精英与大众的对立立场。冲突和对抗成为两者的空间关系与秩序塑造的主基调。列斐伏尔（Henri Lefebvre）主张，“思考城市就要坚持与强调它的冲突面向：约束与可能，和平与暴

力,集会与孤独,聚集与分离,琐碎与诗意,残酷的功能主义与惊人的即兴创作。”①这种整体立场又分别从两个侧重不同的方面展开讨论:

从国家力量或精英阶层角度说,其总体表现为一种因为城市的形象、秩序、安全、环境和经济增长等需要而产生的对(包括摊贩在内的)城市底层的“排斥主义”立场,背后体现为国家权力与精英阶层的利益优先和地位优势。比如,城市社会学家约翰·洛根(John R. Logan)和哈维·莫洛奇(Harvey L. Molotch)提出的城市精英主导的“增长联盟”(growth coalition)理论,②城市地理学家尼尔·史密斯(Neil Smith)强调的城市发展的“中产阶级化”和“复仇主义”概念框架,③马克思主义地理学家大卫·哈维(David Harvey)揭示的新自由主义城市空间的不平等问题,④以及文化人类学家詹姆斯·斯科特指出的极端现代化意识形态下的城市规划和治理的权力美学⑤等都凸显出这种解释立场。在这些理论的启发之下,苏黛瑞(Dorothy J. Solinger)强调 2000 年以来中国政府对城市摊贩管控日益严格,它同样服务于大型商业资本的发展。⑥也有学者提出“国家主导的发展政治”(包含赶超大国意识、高质量经济增长驱动、公共空间的文明化建构以及市民与媒体作为背书力量四个核心方面)的解释框架,指出中国政治精英对城市空间的资本化和文明化的双重建构,整体导向一种“以堵为主”的“排斥型摊贩治理模式”。⑦总体来说,这种研究和解释取向潜在将国家与社会、精英与大众划成对立两级,在政治、经济、社会(阶层)、文化与城市空间的复杂关系中凸显国家力量和精英阶层的系统化的利益关联,侧重强调其对社会力量与平民阶层特别是弱势群体的空间剥夺与空间排斥。

从民间社会或平民阶层角度说,由国家权力和精英阶层主导的不平等的

---

① Henri Lefebvre, *Writings on Cities*, Translated and Edited by Eleonore Kofman & Elizabeth Lebas, Oxford: Blackwell Publishers, 1996, p.53.

② Harvey Molotch, “The City as a Growth Machine: Toward a Political Economy of Place”, pp.309—332; John R. Logan & Harvey L. Molotch, *Urban Fortunes: The Political Economy of Place*, chap.3.

③ Neil Smith, *The New Urban Frontier: Gentrification and the Revanchist City*.

④ David Harvey, *Spaces of Neoliberalization: towards a Theory of Uneven Geographical Development*, Weisbaden: Franz Steiner Verlag, pp. 7—52; David Harvey, Neoliberalism and the City, *Studies in Social Justice*, pp.1—13.

⑤ 詹姆斯·斯科特:《国家的视角:那些试图改善人类状况的项目是如何失败的》,导言第 1—9 页。

⑥ Dorothy J. Solinger, Streets as Suspect: State Skepticism and the Current Losers in Urban China, pp.3—26.

⑦ 叶敏、王佳璐:《赶超国家、发展政治与排斥型摊贩治理——以 S 市的摊贩监管政策实践为例》,第 35—49 页。

城市空间规划方案和治理战略也遭到处于弱势地位的被排斥群体的抗争与挑战。国外这方面的研究很多，除了小部分研究强调集体性、组织化和法律化的联合行动与权利争取以外，①大都呈现出街头摊贩和其他底层群体自发的、日常的、非正式/无组织的、小规模的、个体化/碎片化的、分散化/灵活化以及差异化的抗争行动，采取诸如欺骗、逃跑、流动、嘲弄、象征、争夺、(小型)报复等策略或战术。②对这些社会大众的抗争策略展开理论解释时，学者经常诉诸

---

① John C. Cross, "Co-optation, Competition, and Resistance: State and Street Vendors in Mexico City", *Latin American Perspectives*, Vol.25, No.2(Mar., 1998), pp.41—61; Lorena Muñoz, "Tianguis as a Possibility of Autogestion: Street Vendors Claim Rights to the City in Cancún, Mexico", *Space and Culture*, Vo.21, No.3(Jan., 2018), pp.306—321; Ryan Thomas Devlin, "Global Best Practice or Regulating Fiction? Street Vending, Zero Tolerance and Conflicts Over Public Space in New York, 1980—2000", *International Journal of Urban and Regional Research*, Vol.42, No.3 (May., 2018), pp.517—532.

② Asef Bayat, *Street Politics*, New York: Columbia University Press, 1997, Chap.7; Asef Bayat, "From 'Dangerous Classes' to 'Quiet Rebels': Politics of the Urban Subaltern in the Global South", *International Sociology*, Vol.15, No.3(Sep., 2000), pp.533—557; Neema Kudva, "The Everyday and the Episodic: The Spatial and Political Impacts of Urban Informality", *Environment and Planning A*, Vol.41, No.7(2009), pp.1614—1628; Veronica Crossa, "Resisting the Entrepreneurial City: Street Vendors' Struggle in Mexico City's Historic Center", *International Journal of Urban and Regional Research*, Vol. 33, No. 1 (Mar., 2009), pp. 43—63; Veronica Crossa, "Reading for Difference on the Street: De-Homogenising Street Vending in Mexico City", *Urban Studies*, Vol.53, No.2(2016), pp.287—301; Francis Musoni, "Operation Murambatsvina and the Politics of Street Vendors in Zimbabwe", *Journal of Southern African Studies*, Vol.36, No.2(Jun., 2010), pp.301—317; Sarah Turner & Laura Schoenberger, "Street Vendor Livelihoods and Everyday Politics in Hanoi, Vietnam", *Urban Studies*, Vol.49, No.5(Apr., 2012), pp.1027—1044; Griet Steel, "Whose Paradise Itinerant Street Vendors' Individual and Collective Practices of Political Agency in the Tourist Streets of Cusco, Peru", *International Journal of Urban and Regional Research*, Vol.36, No.5 (Sep., 2012), pp.1007—1021; Veronica Crossa, "Play for Protest, Protest for Play: Artisan and Vendors' Resistance to Displacement in Mexico City", *Antipode*, Vol.45, No.4(Sep., 2012), pp.826—843; B. Lynne Milgram, "Remapping the Edge: Informality and Legality in the Harrison Road Night Market, Baguio City, Philippines", *City & Society*, Vol.26, No.2(2014), pp.153—174; B. Lynne Milgram, "Unsettling Urban Marketplace Redevelopment in Baguio City, Philippines", *Economic Anthropology*, Vol.2, No.1(Jan., 2015), pp.22—41; Nanase Tonda & Thembela Kepe, "Spaces of Contention: Tension Around Street Vendors' Struggle for Livelihoods and Spatial Justice in Lilongwe, Malawi", *Urban Forum*, Vol.27(Sep.2016), pp.297—309; Daniel M. Goldstein, *Owners of the Sidewalk: Security and Survival in the Informal City*, Durham and London: Duke University Press, 2016; Chaitawat Boonjubun, "Conflicts over Streets: The Eviction of Bangkok Street Vendors", *Cities*, Vol.70(Oct., 2017), pp.22—31; Muhammad Kabir Balarabe & Murat Sahin, "Metaspace, Mobility and Resistance: Understanding Vendors' Movement Pattern as a Resistive Strategy in Kano, Nigeria", *Journal of Asian and African Studies*, Vol.55, No.7(Feb., 2020), pp.1054—1076.

"弱者的武器"①"抵抗的艺术"②"日常政治"③"非正式政治"④"街头政治"⑤以及"日常的安静侵蚀"(quiet encroachment of the ordinary)、"安静地反抗"(quiet rebels)⑥等概念工具。在此种研究路径影响下,一些学者也对中国城市的摊贩如何与城管展开日常周旋乃至抗争进行分析,指出诸如装糊涂、开小差、"游击战""躲猫猫"、假装顺从、装傻充愣、故意忽视和暗中破坏等日常应对策略。⑦总体来说,这种研究和解释取向也在国家与社会、精英与大众之间进行二元划分,侧重强调社会大众和弱势人群通过各种日常侵蚀策略,破坏甚至瓦解国家权力和精英阶层的地位优势和利益联盟,为平民阶层和弱势群体的空间权利和空间利益寻求公平正义的辩护逻辑。

虽然上述二元对立的分析视角及其衍生的一系列概念框架提供了诸多理论洞见,但是大大简化了国家与社会(包括市场)、精英与大众的群体内部及其在城市街头的互动过程的经验复杂性,既轻视了国家的城市规划和治理政策的多元性、变化性和内在张力,也忽视了城管与摊贩之间的利益共识与合作面向,以及由此产生的其他行动策略与互动模式。有西方学者发现,一些摊贩私下向当

---

① 詹姆斯·斯科特:《弱者的武器:农民反抗的日常形式》,郑广怀等译,译林出版社2011年版。

② 詹姆斯·斯科特:《支配与抵抗艺术:潜隐剧本》,王佳鹏译,南京大学出版社2021年版。

③ Harry C. Boyte, *Everyday Politics: Reconnecting Citizens and Public life*, Philadelphia: University of Pennsylvania Press, 2004; Benedict J. Tria Kerkvliet, *The Power of Everyday Politics: How Vietnamese Peasants Transformed National Policy*, Ithaca and London: Cornell University Press, 2005; Benedict J. Tria Kerkvliet, "Everyday politics in Peasant Societies(and ours)", *The Journal of Peasant Studies*, Vol.36, Iss.1(May., 2009), pp.227—243.

④ John C. Cross, *Informal Politics: Street Vendors and the State in Mexico City*, Stanford: Stanford University Press, 1998.

⑤ Asef Bayat, *Street Politics*, New York: Columbia University Press, 1997, Chap.7.

⑥ Asef Bayat, "Un-civil Society: The Politics of the Informal People", *Third World Quarterly*, Vol. 18, No.1(1997), pp.53—72; Asef Bayat, "From 'Dangerous Classes' to 'Quiet Rebels': Politics of the Urban Subaltern in the Global South", pp.533—557.

⑦ 陈文超:《活路:社会弱势群体成员的生存逻辑——以与城管博弈的小商贩为例》,第61—66页;吴佳丽:《当权力遭遇弱者城市流动摊贩治理中的行为逻辑——基于市城管执法支队的个案分析》,南京理工大学硕士学位论文2009年;李佳琳:《城市中的摊贩:规划外存在的柔性抗争——以上海市E高校周边小贩为例》,华东师范大学硕士学位论文2010年;刘超:《试错空间的形成:城管与摊贩博弈下的空间规训机制——基于武汉市"城管"实践分析》,《云南行政学院学报》2016年第1期;杨数红:《"嵌入性"经济活动和城市弱者的行动策略——以青岛市L区某流动摊贩群体为例》,哈尔滨工程大学硕士学位论文2018年;Huang Gengzhi, Xue Desheng & Li Zhigang, "From Revanchism to Ambivalence: The Changing Politics of Street Vending in Guangzhou", pp.178—181; Zhong Shuru & Di Hongyang, "Struggles with Changing Politics: Street Vendor Livelihoods in Contemporary China", pp.179—204。

地的社会经济力量(比如警察、罪犯)定期缴纳费用,以此寻求生存庇护,[①]也有学者指出在公共空间的摩擦和谈判中摊贩采取了贿赂政府官员的做法。[②]就中国城市来看,王笛在研究20世纪初成都的街头文化与公共空间问题时就已经意识到大众文化与地方精英、国家权力之间存在一致与共生关系。[③]也有学者发现当代中国城市街头各方主体的关系复杂性,以及各种明里暗里的配合方式,具体比如城管与摊贩在"违规"空间中的合作默契[④]与协商机制,[⑤]在长期互动中形成的时空配合与相安无事,[⑥]基层城管的"模糊性治理""边缘性治理""策略化治理"[⑦]以及其他隐蔽或公开的合作方式。[⑧]这些都成为影响城市街头空间秩序生产和维系的重要机制。宏观层面上,考虑到舆论、就业、民生和社会稳定等问题,中国政府的摊贩治理政策也并非全然按照"排斥主义"的逻辑展开,而是常有变化和调整,[⑨]并显示出文明化、人性化以及宽容、疏导的一面。[⑩]还有学

① Lutfun Lata, Peter Walters & Sonia Roitman, "A Marriage of Convenience: Street Vendors' Everyday Accommodation of Power in Dhaka, Bangladesh", *Cities*, Vol.84(Jan., 2019), pp.143—150.

② Sarah Turnera, Celia Zubereca & Thi-Thanh-Hien Pham, "Visualizing Frictional Encounters: Analyzing and Representing Street Vendor Strategies in Vietnam through Narrative Mapping", *Applied Geography*, Vol.131(Jun., 2021), pp.1—10.

③ 王笛:《街头文化:成都公共空间、下层民众与地方政治(1870—1930)》,第359—362页;王笛:《微观世界的宏观思考:从成都个案看中国城市史研究》,《清华大学学报(哲学社会科学版)》2018年第6期,第113—114页。

④ 陈映芳:《"违规"的空间》,第162—182。

⑤ 吕德文:《灰色治理与城市暴力再生——鲁磨路"城管"实践的机制分析》,第173—175页;刘福元:《城管执法场域中的协商机制建构——基于城管、居民和摊贩的三方支点》,第83—93页。

⑥ 陈那波、卢施羽:《场域转换中的默契互动——中国"城管"的自由裁量行为及其逻辑》,第62—80页;刘磊:《街头政治的形成:城管执法困境之分析》,第36—39页。

⑦ 孙志建:《模糊性治理:中国城市摊贩监管中的政府行为模式》,第3—6章。

⑧ 刘升:《从冲突到合谋:城管与摊贩的交往逻辑》,第2—3页;韩志明、孟宪斌:《从冲突迈向合作:城管与摊贩关系的演进及其反思》,第56—74页;韩志明、张朝霞:《合作是如何建构起来的?——以城管执法为中心的技术分析》,第19—31页。

⑨ Emmanuel Caron, "Interactions Between Chengguan and Street Vendors in Beijing: How the Unpopularity of an Administration Affects Relations with the Public", pp.17—28; Shuru Zhong & Hongyang Di, "Struggles with Changing Politics: Street Vendor Livelihoods in Contemporary China", pp.179—204.

⑩ 胡俊修、姚伟钧:《二十世纪初的游动摊贩与中国城市社会生活——以武汉、上海为中心的考察》,第147—154页;孙芝兴、李子韦、戴星翼:《摊贩经济研究》,第3章;黄耿志、薛德升:《非正规经济的正规化:广州城市摊贩空间治理模式与效应》,第51—57页;黄耿志:《城市摊贩的社会经济根源与空间政治》,第5章;Jonathan S. Bell & Anastasia Loukaitou-Sideris, "Sidewalk Informality: An Examination of Street Vending Regulation in China", pp.221—243; Ryanne Flock & Werner Breitung, "Migrant Street Vendors in Urban China and the Social Production of Public Space", pp.158—169; Gengzhi Huang, Desheng Xue & Yang Wang, "Governmentality and Spatial Strategies: Towards Formalization of Street Vendors in Guangzhou, China", pp.442—459。

者指出近年来中国城市从“以堵为主”的“排斥主义”向“堵疏结合”的“后排斥主义”的政策转型：“如果说排斥主义是政府追求经济增长和 GDP 唯一战略产生的空间结果，那么后排斥主义是新时期当局在城市形象发展与民生问题之间取得协调的策略，反映了国家政府在资本积累和社会公正之间维持辩证平衡的战略。”①

与上述研究相比，我们另辟蹊径，在“空间”中特别强调“时间”对于城市街头秩序生产和维系的特殊意义，并且以白天和夜晚（工作时间与休息时间）为界限，更细致地提出一个“正式/官方空间秩序”与“非正式/民间空间秩序”生产与交替的概念框架，对武汉光谷 L 路的摊贩治理与秩序问题展开经验分析和理论探讨，由此反思和弥补国家与社会、精英与大众的二元对立分析框架的解释局限。在三四节中，我们着重探讨了由当地社区精英自发组织起来的“非正式/民间空间秩序”的相关问题。概括来说，这是一种实际存在于城市街头的、由民间力量（地方精英）而不是国家权力（城管部门）或违法势力主导的空间关系秩序，是一种介于黑白之间的“灰色空间秩序”，也是一个处在国家和社会之间的“弹性空间秩序”。其主要特点有三：第一，这是一种社会和市场导向的民间组织与治理方式，没有正式法律条文作为自身合法性支撑，有时甚至处在国家法律法规的边缘或空白地带；第二，这些民间力量具备一定的自主性和能动性，主要在夜晚国家正式权力退场后成为维系街头空间秩序的关键角色；第三，此种民间力量及其塑造的非正式空间秩序更多体现对官方力量及其塑造的正式空间秩序的补充与配合，而不是冲突与对抗。

这种民间空间秩序的形成过程十分复杂，伴随改革开放特别是新世纪以来光谷地区的整个城市化进程和 L 路的扩建改造过程，经历街区规划管理混乱、国家强力介入整治和地方精英自主管理三个主要阶段。它主要由当地社区精英组织的“夜市管理公司”通过制定和落实摆摊规范、收取摊位费和管理费以及监督摆摊者、惩罚违规者等方式来维系秩序。在与管理者的长期互动中，本地与外地摊贩大都倾向于认可和遵循这种街头秩序保障方式，国家权力和基层城管则在可控范围内默许和支持其管理（国家政策规定的摊贩整治和严打时期除外），而周围居民多数也已接受和习惯。它的存在和维持原因也是多方面的：首先，从国家规划、发展和治理政策角度看，这虽然对城市街区的统

① 黄耿志：《城市摊贩的社会经济根源与空间政治》，前言viii。

一规划、形象设计、环境卫生、交通状况和高端资本的引入等有一定负面影响，但是符合国家的就业与民生政策，能满足普通市民的谋生和生活需求，也能在某种程度上维持空间秩序、推动经济发展，同时展现一座城市的另一番文化形象、街区景观和生活气息，因此得到国家的宽容和妥协；[①]其次，下降到基层城管部门来看，这是他们克服自身的资源、时间与人员局限，减轻一线工作人员负担，降低治理成本，提升治理效果的重要途径，因此也得到他们的默许和支持；再次，从摊贩角度说，他们能借此获得一个长期稳定的经营场地，更好地处理与城管人员、周围商户以及社区居民的关系，改善经营状况，提高经济收益，融入城市生活，形成市民认同，因此也颇为认可和服从；第四，从周围居民角度说，他们的家庭生计、消费习惯与生活需要都离不开各色摊贩，而管理者提供的有序繁荣的夜市消费环境成为一个不可缺少的前提；第五，从作为地方精英的夜市管理者角度来看，在社会和市场取向下，他们凭借自身的资源、人员和关系优势，在城管和摊贩、市民之间进行管理和协调，既为这种民间空间秩序的存在奠定基础，也实现了自身的利益目标。可见，L 路的街头民间空间秩序长期存在的原因是它最大限度满足了各方主体的利益需求，也赢得了市民普遍的支持和认可。

从国家政策层面说，近年来“人民城市”的理念在国内迅速兴起。[②]有学者认为，人民城市是“安居”的生活共同体、“乐业”的生计共同体和“活力”的生机共同体。[③]人民城市的生活逻辑对未来中国城市的空间规划、建设和治理具有相当重要性。如何将“属民”“为民”“靠民”和“共建”“共治”“共享”的美好理念落到实处，真正做到“人民城市人民建，人民城市为人民”，[④]已经成为当前城市空间研究领域的重点方向之一。这也是国家在改革开放新时期调整城市的规划、建设和治理的政策重心，扭转之前对摊贩的严厉排斥和过度治理取向，力求国家与社会、精英与大众之间的利益兼顾、关系平衡、公平正义与稳定和谐的结果，符合新时代中国特色社会主义背景下党和国家强调实现共同富裕、共享改革成果的治国理念。对照本文的经验来说，由武汉当地社区精英或夜

---

① 有研究指出，“当代夜间经济是推动区域经济发展、提高居民精神文化水平的引擎，也是城市繁荣的重要指标。”参见甄伟锋、刘建萍：《夜间经济的文化经济学分析》，《福建论坛（人文社会科学版）》2020 年第 12 期，第 66 页。

② 有关这一理念的回顾参见刘士林：《人民城市：理论渊源和当代发展》，《南京社会科学》2020 年第 8 期。

③ 何雪松、侯秋宇：《人民城市的价值关怀与治理的限度》，《南京社会科学》2021 年第 1 期。

④ 吴新叶、付凯丰，《“人民城市人民建，人民城市为人民”的时代意涵》，《党政论坛》2020 年第 10 期。

市管理者主导，城管、摊贩和市民"共谋"形成的L路(夜间的)非正式空间秩序，在很大程度上构成对(白天)官方力量主导的正式空间秩序的有效补充，在城市治理层面显示出相当的正向功能。它在国家与社会及市场之间创造出一个具有秩序整合价值与经济发展意义的弹性空间，释放城市活力，化解各方主体的紧张关系，疏导矛盾，促进彼此的协调合作，在白天和晚上的不同时间段配合完成相应治理目标，满足各方的利益要求，由此迈向一种多元、协同、共治、共享的"人民城市"的理想目标。

总的来说，如果国家力量和民间力量默契配合，白天的官方空间秩序与夜晚的民间空间秩序切换得当，就能开启各方主体在不同时段的合作可能与治理优势，构筑起一种白天和夜晚、民间与官方相互交替、彼此互补的城市街头空间秩序。它既能减轻国家权力和地方政府的治理成本，让基层执法部门不必直面数量庞大的个体摊贩，同时能丰富城市形象、提升城市活力、维护官方利益，也能调和城管和摊贩的矛盾冲突，让他们安稳经营，并且使当地居民参与城市治理过程，满足他们的生活需要，享受城市生活的富足便利。但是风险在于，如果官方力量无法将此类民间力量纳入一种文明、正规、合法的治理框架，很可能导致其任意泛滥，走向野蛮、暴力与非法的治理框架。届时，这不仅会增加国家的城市治理成本，损害城市形象和官方利益，也可能导致城管与摊贩以及民间力量之间的集体对抗，最终影响周围居民的生活需要，与"人民城市"的治理目标背道而驰。因此，如何将这种民间力量及其治理模式纳入正规渠道，在国家权力的可控范围内发挥其自治优势，成为L路的摊贩治理与秩序保障的当务之急。①

Day and Night: The Production and Alternation of Urban Street Space Order

—A Case Study on the Night Market Vendors Governance in Wuhan *Guanggu* L Road

Abstract: The urban street is an open, heterogeneous and flowing public space. Exploring

① 比较来看，基于民间力量自发形成的L路夜市摊贩秩序的正规化之路与广州市政府刻意设置的"疏导区"存在根本差异。与后者相比，它具有相当的社会与市场基础，符合摊贩和居民的生计需要与生活需求。

the production logic and maintain way of street space order is quite important to the construction of "people's city" advocated by the Chinese government at present. Through the investigation on the night market vendors governacne in Wuhan *Guanggu* L road, we find that: in the daytime, the government strictly controls the street space, establishing a "formal space order" led by the official power; at night, the state power fades out and folk forces enter, forming a way of "collusion" among *chengguan*, street vendors, (night market) managers and residents, and jointly shaping an "informal spatial order" of tacit cooperation. Although this folk space order does not conform to the formal norms, it can alleviate the tension between urban space planning and the living needs of citizens, make up the governance limitations of urban management departments, and meet the interests of all parties, especially the people at the bottom of society. The elastic relationship between the state and society, not only leaves considerable room for the cooperation and switch between official/formal space order and folk/informal space order, but also causes the potential risks of space governance and order production in urban streets. Therefore, how to bring folk force and its governance pattern into regular channels and give play to its advantages of space autonomy within the controllable scope of state power has become a top priority.

Key words: State and Society; Urban Space Governance; Official and Folk Space Order; Vendors and *Chengguan*/Street-Level Bureaucracy; People's City

作者简介：陈云龙，江苏省社会科学院社会学研究所助理研究员；陈伟，南京大学社会学院社会学博士生。

茕民、慈善与政府

——绅商自治与军阀统治时期上海华界的慈善事业(1905—1923)①

祁 梁

摘 要:1905—1923年间上海华界慈善事业经历了绅商自治与军阀统治两个时期。1905—1913年间,上海绅士、商人创办勤生院(即后来的贫民习艺所)的过程充满了筚路蓝缕的艰辛,绅商自治机构通过贫民习艺所和慈善团的创办,干预与整合了上海华界的慈善组织,使得慈善官营化突飞猛进,慈善徭役化则隐而不显,茕民在获得救助的同时,却无法有效参与和监督自治绅商的所有慈善决定。1914—1923年间,历任军阀政府对于上海华界的慈善事业漠不关心,或者口惠而实不至,仅仅保护慈善奖券、彩票,颁发慈善奖章,或者趁机塞责,在灾荒之际号召慈善团体积极赈灾捐款,他们的所作所为恶化了上海华界的慈善事业处境,加深了各类茕民的困苦,加强了慈善民营化和慈善徭役化的倾向,同时也使得以新普育堂为代表的教会慈善势力迅速崛起,改变了旧有的以无宗教籍绅士、商人为主的华界慈善事业格局,使教会慈善势力成为近代上海慈善界的一支重要力量。

关键词:茕民 慈善 政府 绅商自治 军阀统治 上海华界

---

① 本文为国家社科后期资助项目"上海老城厢地区市政治理变迁研究(1905—1923)"(20FZSB085)的阶段性成果;同时也受到了"郑州大学人文社会科学优秀青年科研团队培育计划"(2020-QNTD-02)的资助,项目号。

一、茕民与救济

"茕民"者，指茕茕孑立之民，各种鳏寡孤独、老病贫弱，失去社会支持的贫苦人民，皆属"茕民"。相对于"贫民"这一名称宽泛指代的各种贫困人民，"茕民"更应受到政府与社会各界的重视与救济。早在1892年广东省巡道的告示中已经出现了对于"茕民"的抚恤和赈济[①]。1918年上海新普育堂所规定的救济办法中也说，"专收茕民。无告之老幼男女、疾病残废疯癫等人，供给其衣食住宿医药，不分宗教，一体收养"[②]，新普育堂对"茕民"或"茕人"的留养与救济受到了《广益杂志》的关注和表扬[③]。失去社会支持，意味着茕民很容易陷入孤立和贫穷的境地，以致或铤而走险，违法犯罪，或流转各地，沦为乞丐。传统中国的各类善堂善会组织，其救济对象多是这类人群。而对于茕民与各类慈善组织的研究，也十分丰富。

在这些研究当中，首先不得不提及的是日本学者夫马进的《中国善堂善会史研究》。夫马进广泛利用档案、方志、征信录等史料，对于明代以来江南地区的慈善组织与政府之间的关系做了深入而普遍的探讨，他提出明清以来的中国存在着两种慈善组织，即官办慈善与民营慈善，前者以明代的养济院和清代雍正之后的普济堂为代表，后者则以江南地区民营的育婴堂、恤嫠会、清节堂等为代表，在考察了清代诸种民营善堂善会后，他认为民营慈善存在着善堂官营化和善举徭役化的倾向。之后他也探讨了杭州善举联合会、上海善堂与地方自治的问题等等[④]。夫马进的研究有力的驳斥了之前日本学者重田德提出的"乡绅支配论"和美国学者玛丽·兰钦(Mary Rankin)、罗威廉(William Rowe)等提出的"市民社会与公共领域说"，后两者的论调大体上认为明清乡绅实际上取代了国家在地方的权威，成为地方政治权力的实际掌控者，而以乡绅为代表的社会群体，可以视作中国"市民社会"的开端，形成了在国家领域与私人领域之外第三方的"公共领域"。这种论调高估了乡绅的地位和权力，错判了传统中国国家与社会关系的形势，从夫马进的研究可以看出，实际上明清乡绅经营善堂，维持善举，也要受到来自国家的监视与限制，并渐渐成为类似于"粮长""塘长"地位

---

① 《宪恤茕民》，《益闻录》1892年第1223期，第556页。

② 伊人：《记上海新普育堂》，《圣教杂志》1918年第7卷第5期，第204—205页。

③ 《上海新普育堂》，《广益杂志》1919年第5期，第148页。

④ [日]夫马进：《中国善堂善会史研究》，伍跃、杨文信、张学锋译，商务印书馆2005年版。

的善举"徭役"执行者。范金民认为夫马进的研究"在中国善会善堂的研究上获得了一系列原创性的真知灼见",是"对中国史研究的卓越贡献"①。

夫马进之后,日本学者小浜正子写作了《近代上海的公共性与国家》一书,以公共性与国家为视点,探讨了清末民初上海以慈善事业与救火会为代表的民间社团所承担的公共性,以及后来南京国民政府对于上海都市社会和民间社团的重组②。可以看出"市民社会与公共领域说"对于小浜正子的影响,不过她认为"公共领域"在上海的形成是在地方自治兴起以后的清末民初,而非明清时期,具体可以以各种慈善社团与救火组织为代表。

从上述研究可以看出,对于明清以来中国善堂善会组织的研究,基本以江南地区为重点,尤其以近代上海的慈善研究为焦点,这一方面是因为江南地区慈善事业自有传统,较为发达,另一方面也是因为该地区的慈善史料保存情况较好。国内对于近代上海慈善事业的研究也较为丰富,其中汪华先后讨论了近代上海慈善组织兴起的原因③,及其与国民党上海地方政府之间的互动④。唐忠毛、陆德阳探讨了近代上海居士佛教与慈善事业之间的关系⑤。彭南生以上海马路商界联合会为中心探讨了商人与城市街区慈善问题⑥。阮清华以近代上海的慈善团为中心讨论了上海民间慈善事业的网络化发展⑦。此外,还有若干硕、博士论文涉及了近代江南或上海地区的慈善历史研究。

诸多前人研究珠玉在前,不过对于近代上海慈善事业的研究仍然可以置喙。1905—1913年上海华界以绅士、商人为主体,先后组织成立了上海城厢内外总工程局、上海城自治公所和上海市政厅,作为绅商自治机构治理各项市政事业。1913年二次革命爆发,南北交战于上海,北军获胜,袁世凯任命郑汝

① 范金民:《解说》,引自[日]夫马进:《中国善堂善会史研究》,伍跃、杨文信、张学锋译,商务印书馆2005年版,第803页。

② [日]小浜正子:《近代上海的公共性与国家》,葛涛译,上海古籍出版社2003年版。

③ 汪华:《慈惠与商道:近代上海慈善组织兴起的原因探析》,《社会科学》2007年第10期。

④ 汪华:《超越合作与制衡:民国时期上海慈善组织与地方政府的互动》,《上海师范大学学报(哲学社会科学版)》2015年第44卷第2期。

⑤ 唐忠毛:《作为民间慈善组织的近代居士佛教——以民国上海佛教居士林为例》,《上海师范大学学报(哲学社会科学版)》2008年第37卷第6期。陆德阳:《近代上海佛教慈善事业的基本特征》,《中国宗教》2012年第12期。

⑥ 彭南生:《行小善:近代商人与城市街区慈善公益事业——以上海马路商界联合会为讨论中心》,《史学月刊》,2012年第7期。

⑦ 阮清华:《试论近代上海民间慈善事业的网络化发展》,《华东师范大学学报(哲学社会科学版)》2014年第1期。

成为上海镇守使，取消全国范围的地方自治，在上海模仿天津制度，成立了工巡捐局，作为军阀统治机构于1914—1923年间治理市政。这两个时间段内，茕民、慈善和政府三者之间的关系如何？不同形态的政府组织对于慈善事业的态度和举措如何？善堂官营化、善举徭役化的问题是否仍然存在？公共性与政府的关系如何体现？本文将以档案、方志以及中英文的报纸、期刊等史料为依据，以绅商自治与军阀统治对慈善事业的不同处置为比较视野，试图对上述问题做出探讨。

二、上海华界的绅商自治与慈善事业(1905—1913)

(一) 勤生院(贫民习艺所)的创立

上海实为江南地区民间慈善组织之渊薮。早在同治七年(1868)，上海就成立了同仁辅元堂，“举行诸善，外如清道路灯，筑造桥路，修建祠庙，举办团防等类，无不赖以提倡，实为地方自治之起点”①。同仁辅元堂是当时上海华界规模最大的善堂，除此以外，还有救生局、承善堂、果育堂、同仁保安堂、同仁辅元分堂、复善堂、施粥厂、沪北仁济堂、同善粥厂、安老院、清节堂、轮船救生局、益善堂、保婴总局、放生局、沪北栖流公所、儒寡会、留婴堂、位中堂、同愿留心社、百寿会、益寿会、同仁公济堂、广仁堂、同义善会、思济堂、孤儿院、贫儿院等等，分布在上海城区各处，救济各类茕民②。上海下属各镇乡也有不少善堂，不一一枚举。咸丰同治年间，江南绅士余治留心于各类善堂善会，将各种慈善组织的章程条规，汇编为一书，名为《得一录》，成为了解当时善堂善会章程的宝贵史料③。

以上是上海华界绅商自治机构成立以前民间慈善的大体情况。上海县南市地区在1905年掀起了绅商主导的自治行动。1905年，上海绅商郭怀珠、李钟珏、叶佳棠、姚文枏、莫锡纶等向时任上海道台的袁树勋上书申请举办地方自治，初衷是“惕于外权日张，主权寖落，道路不治，沟渠积污，爰议创设总工程局，整顿地方以立自治之基础”。上书之后，袁树勋对此深表同情④。获得了

---

① 吴馨等修，姚文枏等纂：《上海县续志》，1918年，卷2《建置(上)》，第31叶上。

② 吴馨等修，姚文枏等纂：《上海县续志》，1918年，卷2《建置(上)》，第31叶下—第41叶上。

③ 余治：《得一录》，“中华文史丛书之八十四，清同治八年得见斋刻本影印，王有立主编”，台北：华文书局股份有限公司，1968—1969年。

④ 《总工程局开办案·苏松太道袁照会邑绅议办总工程局试行地方自治文》，载于杨逸纂：《江苏省上海市自治志(二)》(影印本)，“中国方志丛书·华中地方·第152号”，台北成文出版社有限公司1974年版，第237页。

道台袁树勋的支持后,绅董开办上海城厢内外总工程局,接管原有南市马路工程局事务,实行地方自治①。城厢总工程局分为议会(成员有议长和议员)和参事会(成员有总董、董事、名誉董事、各区长和各科长),议会在选定以后,他们按照选举程序由议员选出董事。参事会下设五处,文牍处、工程处、路政处、会计处、警务处,又于处下设三科,户政科、工政科、警政科。此五处外又另设裁判所办理诉讼事宜②。经费方面,有浦江船捐招商认包、地方月捐、工程借款、地方公债③。具体的办事范围包括,编查户口、测绘地图、推广埠地、开拓马路、整理河渠、清洁街道、添设电灯、举员裁判,等等④。在区划方面,城内分为东城区、西城区、南城区、北城区,城外分为东区、西区、南区,一共七个区⑤(城外北部即为法租界)。1909 年清廷颁布《城镇乡地方自治章程》通行全国,上海城厢总工程局随即改名为上海城自治公所。1912 年民国建立,又改名为上海市政厅,至 1913 年"二次革命"南北战争后,袁世凯取消地方自治,上海县的自治机构解散。

绅商自治机构作为上海城市政当局,也是上海县政府的下属机构⑥,在其成立伊始的 1905 年,城厢总工程局绅董叶佳棠等人就向苏松太道台袁树勋提出开办勤生院,以救济各类茕民。袁树勋欣然同意,并捐出 5 000 两白银,以资开办。尚未开办,袁树勋调任别处,1906 年,新任道台瑞澂也收到了总工程局的开办请求,其开办难处主要在于地点和经费两项。首先是地点方面。本拟于上海县城西北处九亩地公地建设勤生院,但九亩地内有沪军军营所建火药局,还有罗高二姓私人宅地,总工程局提出希望迁移火药局至城外,并购买

① 《上海城厢内外总工程局大事记》,载于杨逸纂:《江苏省上海市自治志(一)》(影印本),"中国方志丛书·华中地方·第 152 号",台北成文出版社有限公司 1974 年版,第 129—130 页。

② 《上海城厢内外总工程局简明章程》,载于杨逸纂:《江苏省上海市自治志(三)》(影印本),"中国方志丛书·华中地方·第 152 号",台北成文出版社有限公司 1974 年版,第 1013 页。

③ 蒋慎吾:《上海市政的分治时期》,《上海通志馆期刊》,1934 年第 2 卷,载于沈云龙主编:《近代中国史料丛刊》续辑第 39 辑,台北文海出版社 1977 年版,第 1226 页。

④ 《上海城厢内外总工程局简明章程》,载于杨逸纂:《江苏省上海市自治志(三)》(影印本),"中国方志丛书·华中地方·第 152 号",台北成文出版社有限公司 1974 年版,第 1012—1013 页。

⑤ 《上海城厢内外总工程局总章》,载于杨逸纂:《江苏省上海市自治志(三)》(影印本),"中国方志丛书·华中地方·第 152 号",台北成文出版社有限公司 1974 年版,第 1014 页。

⑥ 1909 年清廷颁布《城镇乡地方自治章程》,规定了"城"一级行政单位在"县"级以下。1912 年民国建立后,江苏省颁布了《江苏暂行市乡制并选举章程》,规定"县"级行政单位下分为"市"和"乡"两个平级行政单位,分别指称城市地区与乡村地区。可参见《江苏暂行市乡制并选举章程》,上海图书馆藏,民国元年(1912)铅印本。

罗高二姓私人宅地。沪军提右营军官则认为碍难迁移,因为火药局内有陆防军火、水师军火、副中营军火,如果迁往近地,恐怕一旦发生火情,为祸甚烈,如果前往远郊,则虑匪徒劫掠,少数押运兵丁难于抵挡。其次是开办经费无着,已有的5 000两远不足敷用,虽有绅士钟浩志、张韦承、王震、郁怀智、林曾赉等愿捐银元共计数千,依然不够。于是,勤生院的开办暂时搁置。1907年,总工程局又向瑞澂上书称,上海无业游民到处皆是,禁闭鸦片烟馆后失业者更多,开办勤生院收留贫民习艺很有必要。经调阅九亩地鱼鳞图册卷宗,发现并无罗高二姓私人宅地名目,两家实属隐占,理应归还,只有九亩地内火药局甚难迁移。考虑到教养穷民宜于城外而不宜于城内,各项工艺物料出入必择水陆交通便利之处,于是可将上海县城大南门外同仁辅元堂的施粥厂改建为勤生院,若建筑面积不敷则可将同仁辅元堂的义冢迁走若干亩,建筑费与开办费共计约需银45 000两,除了前道台袁树勋所捐5 000两外,还可用保安堂地价余款拨充,再有不敷,则可将九亩地公地变价卖出,该处即将开辟城门,地价必涨,可以卖出高价。然而,瑞澂对此并无回应。1908年,瑞澂调任,新任道台梁浩如上任。总工程局继续向梁浩如上书禀明勤生院事情原委,提出希望于南门外施粥厂改建勤生院,并会同同仁辅元堂迁移南门外普安亭义冢,终于得到梁浩如的批复,称需要查核同仁辅元堂的情况,以及查核南门外施粥厂之地及其旁义冢是否为公产。总工程局又向上海知县李超琼呈文,称已会同劝学所、同仁辅元堂、公益研究会等调查研究,九亩地公地可以全部变价卖出,之前沪军提右营军官所提诸事,如护军亲兵营已于光绪三十年(1904)裁撤,改归巡警,火药局在九亩地即将开辟城门之处非常危险,应立刻迁移,正法罪犯也可在南城根另辟操场为行刑之所,所以九亩地可以完全变价拨充勤生院①。之后并无下文。1909年,清廷颁布《城镇乡地方自治章程》,上海城厢总工程局改办为上海城自治公所,设立议事会与董事会。1910年,自治公所议事会春季常会议决勤生院改称贫民习艺所,秋季常会议决从速办理②。

1912年辛亥革命成功,民国建立,上海光复,上海城自治公所改办为上海市政厅。绅董领袖李钟珏(字平书)在1911年底协助陈其美攻打上海制造局中出力甚多,功劳甚大,于是出任沪军都督府民政总长,可以一展之前抱负,他

① 《议建勤生院案》,载于杨逸纂:《江苏省上海市自治志(二)》(影印本),"中国方志丛书·华中地方·第152号",台北成文出版社有限公司1974年版,第435—438页。

② 吴馨等修,姚文枏等纂:《上海县续志》,1918年,卷2《建置(上)》,第40叶下。

批示将闸北水电公司已还前清道署款内先行借银 10 000 两，以资兴办贫民习艺所。于是市政厅在尚文门外车站路慈善团公地处，仿建扇式楼房 38 幢，上层分 76 间以作宿舍，下系统间作工场，又楼房 11 幢作办公室及办事员宿舍、细材料仓库，又楼房 10 幢为大小厨房及粗材料仓库，又浴室 3 间，又楼房 5 幢为发行所，清理基地及建筑费共需银 25 000 余元，器具材料费约 9 000 元，如收留 500 人，每人 50 元计，则每年经常费需银 25 000 元，可暂以 300 人为度，房屋虽然建筑竣工，但建筑费开办费缺银尚多，经常费更是无着。据《江苏省公报》载，江苏省年度预算于上海等七县设立贫民工场，开办费 5 000 元，常年费 15 000 元，市政厅向上海县知事吴馨提出呈请即以贫民习艺所为省立贫民工场，划拨省经费归其使用，得到了吴馨的认可和转呈。1912 年底上海市政厅再次向县知事吴馨呈文，称贫民习艺所建成后先收 100 人为模范班，但经费缺乏且无力扩充，本年经常费为借自内地自来水公司，不可长久，且工场可容纳 500 人，以后需每年经常费 25 000 元，若无款项无法支撑。1905 年李钟珏曾议创设勤生院时，言收养穷民流丐，授以工艺，使其自食其力，不致为害地方，当时舆论均赞成，店铺居户愿待勤生院成立后将每年所出丐规移充经费。贫民习艺所是勤生院改名、同一性质之工场，试办以来已有成效，亟须扩充经常费用。上海城内各区商铺常年所出丐规甚多，巡警成立后乞丐已变稀少，丐规徒为供给丐头及江湖流丐之需，甚属无谓，请将丐规永远革除，即劝谕各商户改助贫民习艺所经费，革有名无实之陋规，作教养贫民之款项，商铺当亦赞同。至于各类乞丐可以尽送于贫民习艺所内，令其习艺以为生计，如此则大有裨益。县知事吴馨赞同并做了批复①。贫民习艺所成立后，其执行方法包括总则、艺徒、职员、工作、经费等若干部分，均有详细规定②。

以上即是从勤生院到贫民习艺所创立的艰辛曲折过程，在此过程中，绅商自治机构付出了极大努力，清末时期面临诸多体制上的窒碍，在民国建立、绅董掌权后一扫廓清，终于告成。如何看待和总结这一时期茕民、慈善与政府三者之间的关系，以及绅商自治对于慈善事业的干预和整合，留待下文分析。

(二) 从贫民习艺所与慈善团看绅商自治对慈善的干预与整合

1912 年民国建立，上海光复，城区已有的各善堂如普育堂、果育堂、同仁

---

① 《贫民习艺所案》，载于杨逸纂：《江苏省上海市自治志(三)》(影印本)，“中国方志丛书・华中地方・第 152 号”，台北成文出版社有限公司 1974 年版，第 829—832 页。

② 《贫民习艺所执行方法》，《生活杂志》(上海 1912)，1912 年第 6 期，第 1—3 页。

辅元堂等向来各自为政，前清时期上海城自治公所议事会曾经议及统一之法但未规定，光复后慈善补助款欠缺，必须合为一慈善团统合办理，才能持久。于是果育堂所办善举移入同仁辅元堂合办，以同仁辅元堂为慈善团事务所，公推监理一人、经理一人、副经理一人，育婴堂及清节保节堂各举经理一人，统辖于慈善团，有事则公商办理，于 1912 年 3 月 1 日起组织，推定人选，建立办法大纲与各项条约。1912 年 10 月推选确定慈善团人选名单，其中经理郭廷鈖，协理凌纪椿，恤赡主任艾恒镇，棺冢主任刘汝曾，清保节堂主任叶佳棠，育婴堂主任胡继松，新普育堂主任陆熙顺，贫民习艺所主任张焕斗①。

上海慈善团是统合了十几个旧有慈善组织的大慈善机构，其所统合的慈善组织最早可以追溯到 1710 年，包括育婴堂、同善堂、同仁堂、救生局、辅元堂、全节堂、同仁辅元堂、保安堂及分堂、果育堂、仁济堂、清保节堂、轮船救生局、(新)普育堂、保赤局、闸北同义粥厂、普益习艺所，等等②。其事业分成六科，第一科恤嫠、赡老、衿孤、济贫，第二科施棺、赊棺、赊葬、义冢，第三科育婴、保赤，第四科养老院、残废院、贫病院，第五科贫民习艺所，第六科妇女工艺院。其资金来源主要包括政府拨款、公产公地租金收入、善举捐款，等等。其事业执行方法各有细目，包括给粮条约、施棺及收验条约、赊棺条约、赊葬条约、义冢条约等等③。

慈善团成立后，每月均在上海市政厅的机关报《上海市公报》上刊载自己的月份收支报告④，除此之外，凡遇到重大事情，必向市政厅以及县知事报告备案，如无法处理还会请求批复如何解决，如 1913 年 3 月报告果育堂房屋出租被火灾焚毁，1913 年 10 月报告改造同仁辅元分堂，并用余地添造出租房屋，1913 年 11 月报告慈善团拟出售同仁辅元堂名下基地，以地价补助分堂经费，等等。举其中一例而言，1913 年 10 月，慈善团报告称，法租界公董局曾卖给同仁辅元分堂基地 6 分 3 厘 7 毫，拟用于改造分堂，添造出租房屋，曾于 8 月 17 日市政厅开临时参议会议决筹款建筑，记录在案。法公董局获得地价银 4 782

---

① 《慈善团案》，载于杨逸纂：《江苏省上海市自治志(三)》(影印本)，“中国方志丛书·华中地方·第 152 号”，台北成文出版社有限公司 1974 年版，第 825—828 页。

② 朱有渔：《调查上海本地慈善事业》，《教育与职业》1919 年第 11 期，第 11 页。

③ 《一件慈善团各种条约案》，《上海市公报》1912 年第 1 期，第 3—6 页。

④ 如《市政厅慈善团事务所元年九月份收支报告》，《上海市公报》，1912 年第 2 期，第 18—28 页。以及《上海市政厅慈善团民国二年十二月份收支报告》，《上海市公报》，1913 年第 16 期，第 33—42 页。一共数期。

两,偿还拆屋损失费银 2 075 两。同仁辅元分堂办理善举,主要包括收埋路毙,从客栈扛来病重待尽者,同时收敛法租界安当、爱仁两医院病故者,所收殓遗骸应报请检验者亦不少,改造分堂以前,堂屋狭窄,遇有应检验尸首,即放置于露天井中,日晒雨淋,情形惨怖,法租界向来无验尸专所,于是慈善团趁改建分堂之际,在办公室西首仿英租界斐伦路格式,造验尸所一处,以补法租界之未逮,可略保中国检验主权,由徐源记承包建筑,共计办公室洋房 3 幢、平屋 7 间、门房 1 间、验尸所 1 处、两厢市房 3 间,共计银 4 800 两,预计四个月竣工①。

有关慈善团与上海民间慈善事业的网络化发展问题,如前所言,已有前人予以充分讨论,此处不再赘述。本文的观察重点在于,通过上述勤生院(贫民习艺所)的创立,以及慈善团的建设过程,如何看待茕民、慈善与政府三者之间的关系,尤其是绅商自治对于慈善组织的干预和整合,可作如下分析总结。

首先,无论是勤生院(贫民习艺所)的创立,还是慈善团对数个慈善组织的合并经营,都鲜明地体现了慈善官营化的倾向,也就是说,绅商自治机构相对于慈善组织和茕民而言,居于支配或决定地位。勤生院(贫民习艺所)的创立充满了筚路蓝缕的艰难困苦,从 1905 年至 1911 年,自治绅董数次上书道台和知县,却被以各种各样的理由驳回,其最大难点在于绅董既没有人事决定权也没有财政决定权,因此勤生院(贫民习艺所)拖沓延宕,不知伊于胡底,而在清廷覆灭、自治绅董握有权力后,立刻就利用手中权力调拨公款,挪借兴办,贫民习艺所建成后面临经常费用欠缺时,自治绅董想方设法筹款,既努力将其归于省立,寄希望于省资金补助,同时又大胆移风易俗,将社会流窜的乞丐组织向各商铺收取的"丐规"费用斥之为"陋规",一概革除,并将原有的"丐规"挪用于补助贫民习艺所,也得到了商户们的同意,乞丐则一律收于贫民习艺所,令之习艺而自食其力。这样看来似乎是一举两得,既解决了资金问题也解决了社会问题。慈善团的设立也是在自治机构上海市政厅的组织安排下进行,选举人选,建立大纲,慈善团的经费收支按月向市政厅报告并记录在案,既是"奏销册"也是"征信录",慈善团遇到重要事宜也必须向市政厅及县知事报告并请示批复。这些事实均说明,绅商自治机构对于慈善组织和茕民起到了支配作用,自治绅董权力的扩大起到了深入社会基层、加强社会管理的影响。明清时期

---

① 《慈善团案》,载于杨逸纂:《江苏省上海市自治志(三)》(影印本),"中国方志丛书·华中地方·第152号",台北成文出版社有限公司 1974 年版,第 825—828 页。

长期存在的慈善绅士居于弱势地位的现象，在这一时期不复存在，其原因在于绅士、商人既经营慈善事业，同时又掌握了政治权力，这种合二为一性，对于做大慈善事业、取得慈善成绩而言，固然有利，但对于茕民来说，也埋下了绅董权力过大且无人监督的隐患。

另一方面，慈善徭役化的问题在这一时期基本"消失"，慈善组织和茕民相对于绅商自治机构而言，居于拥护或服从地位。自治绅士在创办勤生院（贫民习艺所）的过程中积极踊跃捐款，慈善团的管理层人选也是公推选举产生，并未发生逼捐或轮替的现象。慈善绅士并未将慈善事业视为畏途，反而积极参与，其重要原因在于绅士、商人通过自治掌握了权力，他们不必再全从私人囊中慷慨奉献，而可以通过动用公帑的方式获得善名，这对于他们而言一举两得，但问题在于他们的财务压力可能会转嫁到更底层的一般商户头上，比如各商铺原来向丐头所交"丐规"并未免除，而是用来贴补贫民习艺所，再如李钟珏挪用闸北内地自来水公司归还前清道署的借款兴建贫民习艺所，对自来水公司而言这笔债务是否注销就成了问题。而相对于慈善组织拥护绅商自治的决定而言，茕民尤其是乞丐们，似乎就只有服从了。1913 年上海市政厅议事会有人提议，将残废乞丐拘送新普育堂医治以重人道，这些乞丐或四肢全无，或两目尽失，或满面疮痍，大都非天然残疾，而是有凶恶老丐拐卖贫儿，捆缚剖割，施用腐药，狠毒手段令人发指，新普育堂延请中西医生专收贫民，可一面追究老丐，处以惩罚，一面将残废乞丐送入堂中医治，也可以净化市容，免为租界外人耻笑①。拥有自治权力的绅士、商人，大都是社会精英，他们利用手中的权力在不懈追求西方式的文明，这自然无可厚非，但值得怀疑的是，强制性的追求文明，符合文明标准吗？或者说，只有一个社会群体所定义的"文明"，就是文明吗？有没有个人或团体监督这种"文明"？

以上即是绅商自治时期上海华界慈善事业的概况，以及茕民、慈善与政府三者之间的关系情况，大体而言，绅商自治机构支配或决定了慈善组织和茕民的境遇，后两者对于前者表示拥护或服从，这一时期慈善官营化的倾向急剧加强，而慈善徭役化的问题隐而不显。下文将分析 1914—1923 年间军阀统治对于慈善事业和茕民的影响。

---

① 《一件提议将残废乞丐拘送新普育堂医治以重人道案》，《上海市公报》1913 年第 10 期，第 4—5 页。

三、上海华界的军阀统治与慈善事业(1914—1923)

(一) 军阀统治对慈善事业的忽视

1914 年,袁世凯在"二次革命"失败后占领上海,并在全国范围内停办地方自治。随后,袁世凯嫡系上海镇守使郑汝成设立了上海工巡捐局,借以替代原有的自治机构上海市政厅,褫夺其市政治理权,意味着上海华界由绅商自治转为军阀统治。郑汝成委派外交委员杨南珊会同县知事洪锡范,将上海市政厅的财产、账簿、卷宗等先行接收保管,3 月,参仿天津办法,改市政厅为工巡捐局,管理工程、卫生,及征收关于工程、卫生之捐税,学务则划归上海县公署办理。工巡捐局分为闸北、沪南两个分局,沪南工巡捐局的编制有局长、总务处长、文牍员、统计员、庶务科主任、会计科主任、总务科主任、工程科主任、卫生科主任、助理员,1922 年增设了副局长。沪南工巡捐局历任局长为杨南珊、朱钧弼、杜纯、姚志祖、莫锡纶、姚福同①。姚公鹤认为,有人说 1913 年地方自治取消,其实是因上海一隅而波及全国。上海市政厅解散后工巡捐局成立,一为民选,一为官办,一为自治,一为官治,职权同,范围同,所不同的地方是,民权的缩减和官权的伸张。沪南工巡捐局局所即原市政厅办公处。因南市与军事有关,故该局遂为镇守使隶属机关②。郑汝成虽于 1915 年被刺身亡,但随后的军阀杨善德、李纯、何丰林、齐燮元、卢永祥等先后争夺对上海的管辖权,并凭借工巡捐局(闸北、沪南两分局)而实现对于上海华界市政权力的控制。工巡捐局至 1923 年收回绅办,改为市公所,1923 年上海市公所成立至 1927 年国民党进驻上海,是一个短暂的过渡期。

工巡捐局的市政职能收缩到路政工程和卫生,意味着军阀统治的懒政怠政,在这一时期内军阀统治对于上海华界慈善事业的态度基本属于放任自流,其所作为的事务包含以下三项。

一是对于慈善团体发行慈善奖券或彩票进行版权保护,对假冒者进行纠察惩治。1916 年 9 月,江苏省财政厅向省内各厘局公所致函,希望后者能代售上海广仁善堂义赈会的黑龙江水灾彩票③。1918 年 4 月,江苏省省长公署

---

① 姚文枏、秦锡田等修:《民国上海县志》,1936 年,卷 2《政治(上)》,第 2 叶(下)—第 3 叶(下)。

② 姚公鹤:《上海闲话》,上海古籍出版社 1989 年版,第 77 页。

③ 《江苏财政厅致各厘局税所公函》,《江苏省公报》1916 年第 1015 期,第 8—9 页。

向各县转发淞沪护军使卢永祥关于保护上海慈善救济会所发行的奖券版权之命令[①]。1918 年 11 月，江苏省省长齐耀琳命令江苏各警察厅厅长、道尹、县知事，保护上海利济慈善会所办利济奖券，该奖券定额发售，每期出券 40 000 张，每张 12 元，分为 20 条，每条 6 角，以 10 期为限，余利悉数拨充京沪慈善教养之用[②]。1918 年 12 月，淞沪护军使发现上海有不法之徒假冒慈善会名义印刷彩券，分寄外省，希图蒙混销售，骗取钱财，此彩券捏名为正心协济券，每条洋 1 元，邮寄函面上盖有上海正心协会等字样戳记，希望各省商民莫受欺骗[③]。1921 年 6 月，内务部咨询交通部关于上海慈善救济奖券展期发行事宜[④]。1923 年 9 月，上海慈善救济会发行游民工厂基金债券，询问农商部有无备案应否禁止[⑤]。

二是对于有影响力的慈善绅士或团体颁发奖章，登报表扬。1918 年 10 月，上海卫辉主教梅占魁因河南遭水灾，拨 36 000 元巨款援助，受到河南与江苏督军、省长的推荐，由内务部颁给大总统授二等嘉禾勋章。上海广仁善堂协助安徽赈灾，捐款 20 000 元，受到省内外督军推荐，颁给乐善好施匾额[⑥]。

三是逢灾荒之际通电各民间慈善组织，动员其积极捐款救灾。1921 年 12 月，内务部通电给江苏、安徽、浙江、陕西、山东、湖北各省督军省长、上海护军使，并转发给各商会、慈善团体，称本年水灾灾区广袤，情形严重，必须筹集巨款予以救济。各慈善团体迭次发起捐款呼吁，政府拟从海关附加税、货物附加税、交通附加振款三项上设法筹措，请各省配合，各慈善团体积极捐款[⑦]。

---

① 《江苏省长公署训令第一千五百九号(准淞沪护军使函上海慈善救济会发行奖券一体查照办理)(不另行文)》，《江苏省公报》1918 年第 1563 期，第 2—4 页。

② 《江苏省长公署训令第四千七百十六号(保护上海利济慈善会所办利济有奖券请饬属保护)(不另行文)》，《江苏省公报》1918 年第 1770 期，第 2—3 页。

③ 《江苏省长公署训令第五千三百号(淞沪护军使公函为上海发现假慈善会名义刷印彩券分售请饬查禁)(不另行文)》，《江苏省公报》1918 年第 1807 期，第 15 页。

④ 《内务部咨交通部文》，《交通公报》1921 年第 56 期，第 44 页。

⑤ 《上海慈善救济会发行游民工艺基金债券请质问农商部有无备案应否禁止案》，《上海总商会月报》，1923 年第 3 卷第 6 期，第 4—6 页。

⑥ 《内务总长钱能训呈大总统汇案请分别奖给上海广仁善堂及卫辉主教梅占魁等匾额勋奖各章文(附单)》，《政府公报》1918 年第 990 期，第 7—8 页。

⑦ 《内务部致电》，《政府公报》1921 年第 2073 期，第 16 页。

除此三项事务以外基本无所作为,至于用财政拨款补助慈善事业,基本无闻。在此状态下,慈善事业的环境渐趋恶化,慈善民营化与慈善徭役化的倾向开始加强。上海公共租界的《北华捷报》在1918年对于华界的慈善组织有一篇观察文章,指出了这些民间慈善组织的窘境。该文分别提及了新普育堂、庇寒所与保节堂三类慈善组织的境遇。新普育堂内有1 200多名各类茕民,男女老幼、疾病贫弱,文章作者称新普育堂实际上是“社会垃圾收容所”。堂内也有许多弃婴孤儿,如果他们能活到一定年纪会被某家庭领养。各类茕民在白天可以出外行乞,据说其中有些盲人算命师小有财富。这些茕民的死亡率非常高,并没有像样的医疗监护可言,病死者被掩埋在后院,而等待入堂的人就可以占据死者在堂内的空缺。庇寒所给冬天无家可归的人们提供暂时居住的地方,从11月开放到来年4月。庇寒所有40间老旧平房,每间10至15平方英尺,这40间房经常会挤进600人居住,通常没有供暖,墙上的裂缝会被修补以抵御冷空气,室内也没有床铺,居住者摩肩接踵,叠坐在泥地上,有些人为了取暖会先出外再返回室内,以享受一点人群的热气。大部分人都是乞丐或者小偷,所以没有像样的衣服,通常身着破衣烂衫,甚至只有兜裆裤,他们的死亡率也很高,通常死于疾病或寒冷。庇寒所的医生通常是老中医,他们每月薪酬只有3.5美元左右,且只在场所开放时有薪酬。庇寒所并不发放食物,居民通常靠行乞获得食物,或者去同一条街上叫乐善处的地方获得食物。保节堂和栖良所是由政府赞助的妇女收容所,前者是寡妇慈善机构,400个寡妇每季度能拿到2两白银的补助;后者是歌女妓女收容所,她们愿意洗心革面从良,警察局负责对她们生活的维持和管理,警察局内有一个部门张贴这些女人的照片,以安排她们从良的婚事。只要男女双方情愿,可以登记结婚,不收中介费,但前提是女人不能做情妇或者奴婢①。

通过上述事实可以得知,上海华界建立起军阀统治秩序后,各路军阀对于华界的慈善事业漠不关心,其所做事务或者口惠而实不至,如保护慈善奖券或彩票版权、给慈善绅士或团体颁发奖章并表扬,或者趁机塞责,如在灾荒之际号召各慈善组织积极捐款救灾。这些作为加深了民间慈善事业的困难处境,从新普育堂、庇寒所与保节堂的境遇来看,除了保节堂受到了政府的一点补

---

① CHARITIES OF A CHINESE CITY, *The North-China Herald and Supreme Court & Consular Gazette*(1870—1941); Jun 29, 1918.

助,其余大部分慈善组织在只有民间慈善努力的情况下举步维艰,各类茕民深陷苦境,挣扎在生死线上。这一时期慈善民营化和慈善徭役化的趋势在日益加强。与此同时,以新普育堂为代表的教会慈善事业,也趁机做大,下文将对这一趋势进行分析。

(二) 新普育堂与教会慈善势力的崛起

旧普育堂初创于1867年,位于上海县城西门内文庙南首,本为官府主持而委托绅董办理,辛亥后资金匮乏难以维持,由天主教教士陆伯鸿(原名陆熙顺)接管改造,于上海县城大南门外就同仁辅元堂义冢暨棲流公所基地改建而成新普育堂。在改建过程中,绅商自治机构上海市政厅给予了新普育堂不少经费支持。1912年5月,市政厅向沪军都督府民政总长李钟珏呈文,称上海新普育堂收养穷民,分设六所,为老民、老妇、男残废、女残废、养病、抚教,已兼养老院、残废院、贫病院、儿童感化所,又担负看守因案羁留妇女之责任。已收养200多人,房屋逼仄,未能洁净,上海光复后经费支绌,贫老病废者登门乞养,日益增多。慈善团同人集议,以为必须在南门外另择地建造分院,需银30 000两,但地方公款难以借拨,可用上年省拨平价米石之款,尚有余存,此款本为惠济贫民之用,可以移作建设养老、残废、贫病等院之需。建造中发现经费不敷,市政厅又先后向县知事吴馨请求以招商局备赈拨余及南漕米余款划拨半数,以充工用;以九亩地公地七亩变价余款充新普育堂经费。建造完成后,1913年7月,上海市政厅发现可以划拨的经常费用只有旧普育堂经费银2 400元,而新普育堂容纳人数已有800人,年预算达到60 000元,市政厅财力不济,于是请求将新普育堂作为县立机构,请县知事吴馨划拨县经费维持,吴馨批复说,县年度预算已经完成,只能给予新普育堂500元,如需其他经费只能提交县议会审议①。

在此情况下,上海公教进行会会长陆伯鸿出面筹措经费,安排人员,建设新普育堂。1913年夏,适逢"二次革命"爆发,南北交战于上海,新普育堂原本请仁爱会修女做护士,须在六个月后方能到任,于是临时请徐家汇拯亡会与献堂会之修女暂时代替。堂中男女人口有800多名,修女们热心从事,夙夕勤劳,即在战线中亦井井有条,丝毫不紊,见者无不赞美。1913年9月任事期满,

---

① 《新普育堂案》,载于杨逸纂:《江苏省上海市自治志(三)》(影印本),"中国方志丛书·华中地方·第152号",台北成文出版社有限公司1974年版,第833—836页。

由仁爱会修女接办，上海县知事、市政厅董事、慈善团各绅士，均到场致辞，赠予修女金牌，其中拯亡会四位、献堂会六位。金牌正面为“新普育堂”中英文字样，以及“中华民国二年九月”，背面为“上海县知事公署赠”，以及“名誉纪念”中英文字样①。1916年3月，新普育堂内新圣堂落成开堂，淞沪护军使杨善德之代表与上海县知事沈宝昌均莅临祝贺。新圣堂建筑费共需20 000余元，均由热心教友集资捐助，并未动用公款②。1918年，署名“伊人”者在《圣教杂志》上登载了新普育堂的基本情况，包括：宗旨上“专收茕民，无告之老幼男女、疾病残废疯癫等人，供给其衣食住宿医药，不分宗教，一体收养”；组织上有董事会、主任、医生、护士、助理员；经费上有地方官署局所与中外士绅拨给的常年经费，以及中外官绅商学各界各教会捐助的特别费；名额上定额1 500名；成绩上建筑物约值185 000元，堂址较旧普育堂大逾十倍，据民国四五年统计，施治门诊225 000人次，入堂留养及治疗者7 573人，病愈出堂者4 936人，病老死亡者2 371人，择配或被领养者96人③。1919年，新普育堂在吴淞、松江、江湾、闸北、杨树浦等地设分医局数处，专事送诊给药，每局月费银300多元。又于新普育堂之北，拓地10余亩，建筑工场1所，及仓廪、厨房、平房50余间，拟添节妇、育婴及传染病3院。陆伯鸿初办此堂时只有荒地100多亩，历年建筑房屋，留养茕人，施治门诊，各处设立医局，所费甚巨，均由一手筹劝而得④。有时人评价新普育堂为“慈善机关之最经济者”⑤。新普育堂也在天主教教会的中国机关报刊《圣教杂志》上刊载自己每年成绩与收支情况⑥。1921年，新普育堂成立十周年，陆伯鸿荣受天主教罗马教廷授予的圣大额我略骑尉勋爵，各界人士到场祝贺⑦。1922年，新普育堂另设一堂于杨树浦，规模宏敞，不亚于南门外总堂。历年既久，所收遗孩甚众，拟开一工艺院，使各孩童得以被授予各种艺术，为将来立身之本，转请方济各・撒肋爵会修士来华主理，因该会

① 《上海公教进行会长陆伯鸿君创建新普育堂》，《圣教杂志》1913年第2卷第10期，第385—387页。

② 《三月一日为新普育堂内新圣堂开堂之期》，《圣教杂志》1916年第5卷第4期，第184页。

③ 伊人：《记上海新普育堂》，《圣教杂志》1918年第7卷第5期，第204—205页。

④ 《上海新普育堂》，《广益杂志》1919年第5期，第148页。

⑤ 朱有渔：《调查上海本地慈善事业》，《教育与职业》1919年第11期，第15页。

⑥ 如《新普育堂本年九月份成绩极佳》，《圣教杂志》1915年第4卷第11期，第516—517页。以及《上海新普育堂一年间之成绩》，《圣教杂志》1921年第10卷第8期，第378—379页。一共数期。

⑦ 《上海陆伯鸿先生荣受圣大额我略骑尉勋爵及新普育堂十周年纪念会志盛》，《圣教杂志》1921年第10卷第6期，第265—267页。

宗旨转为寒苦子弟教授艺术，已得该会总会长允准①。1923年，罗马教廷钦使刚恒毅枢机主教来华访问，莅临新普育堂，各界人士到场叙谈②。新普育堂举行迎圣体礼大典③。

通过以上论述可以看出，绅商自治机构为了新普育堂的创办划拨土地，筹措巨款，建设初成而经常费用短缺时，甚至试图让新普育堂申请为县立慈善机构，但遭到县政府以预算不足为由的婉拒。1913年南北交战后北方获胜，北洋势力入驻上海后取消自治，历任军阀政府对于慈善事业的忽视，慈善民营化与慈善徭役化倾向的加强，导致了教会势力乘虚而入，天主教教士陆伯鸿为了慈善事业鞠躬尽瘁，使得新普育堂的慈善成绩大放异彩，茕民获得了广泛而普遍地救助，但同时在客观上这也改变了上海华界原有的以无宗教籍绅士、商人为主的慈善事业格局，以新普育堂、中国红十字会等为代表的教会慈善势力迅速崛起，成为近代上海慈善界的一支重要力量。

四、结　语

综上所述，1905—1923年间上海华界慈善事业经历了绅商自治与军阀统治两个时期。1905—1913年间，上海绅士、商人创办勤生院（即后来的贫民习艺所）的过程充满了筚路蓝缕的艰辛，绅商自治机构通过贫民习艺所和慈善团的创办，干预与整合了上海华界的慈善组织，使得慈善官营化突飞猛进，慈善徭役化则隐而不显，茕民在获得救助的同时，却无法有效参与和监督自治绅商的所有慈善决定。1914—1923年间，历任军阀政府对于上海华界的慈善事业漠不关心，或者口惠而实不至，仅仅保护慈善奖券、彩票，颁发慈善奖章，或者趁机塞责，在灾荒之际号召慈善团体积极赈灾捐款，他们的所作所为恶化了上海华界的慈善事业处境，加深了各类茕民的困苦，加强了慈善民营化和慈善徭役化的倾向，同时也使得以新普育堂为代表的教会慈善势力迅速崛起，改变了旧有的以无宗教籍绅士、商人为主的华界慈善事业格局，使教会慈善势力成为近代上海慈善界的一支重要力量。

---

① 《新普育堂将推广善举》，《圣教杂志》1922年第11卷第12期，第573页。

② 《刚钦使驾临上海新普育堂》，《圣教杂志》1923年第12卷第10期，第475—476页。

③ 《新普育堂迎圣体记盛》，《圣心报》1923年第37卷第8期，第246—247页。

Pauper, Charity and Government

The Philanthropy in Chinese Downtown of Shanghai Between Gentry-Merchant Self-governance Era and War-lord Governance Era(1905—1923)

Abstract: The philanthropy in Chinese downtown of Shanghai(1905—1923) could be divided into two eras, gentry-merchant self-governance era and war-lord governance era. During 1905—1913, Shanghai gentries and merchants founded Qinsheng Yuan(Workshop for paupers), their efforts were very hard, which intervened and integrated charity organizations of Chinese downtown of Shanghai. During this era, bureaucratization of charity developed quickly and corveerization of charity was blurry. Paupers were helped but could not participate or supervise all charity decisions made by Shanghai gentries and merchants. During 1914—1923, different warlord governments were totally unconcerned about philanthropy in Chinese downtown of Shanghai, either they just protected publish rights of Shanghai charity lotteries, issued charity medals, or they appealed charity organizations to donate money for natural disasters. Their misbehavior deteriorated charity environment of Chinese downtown of Shanghai, deepened misery of all paupers, strengthened privatization and corveerization of charity. Also, their absence resulted that Church charity power(i.e. Xin Puyu Tang) rose rapidly, which changed the old charity structure centered by Shanghai gentries and merchants(non-religious). Church charity power became an important power in philanthropy category of modern Shanghai.

Key words: Pauper; Charity; Government; Gentry-Merchant Self-governance; War-lord Governance; Chinese Downtown of Shanghai

作者简介:祁梁,男,汉族,1987 年生,河南商丘人。先后就读于中山大学历史系、复旦大学历史学系,2013—2014 年为美国加州大学伯克利分校访问学生,2014—2015 年为美国哈佛大学燕京学社访问学人,于 2016 年获得复旦大学中国近现代史博士学位,现为郑州大学历史学院讲师,研究方向为中国近代城市史、社会史、文化史。曾在《国学研究》《九州学林》《东亚观念史集刊》《都市文化研究》《城市史研究》等刊物上发表论文多篇。

促进与发展:远洋航运与孤岛时期上海工业①

李玉铭

摘　要:"八一三"事变爆发后,上海工业遭受重创。迨战事西移,战时"孤岛"形成后,以纺织业、丝织业、面粉业等为首的上海轻工业逐渐恢复,并在短时间内取得高速发展。在日军完全垄断与统制沿海、内河航运,并对国内物资进行严格统制,禁止自由运销的情况下,上海工业之所以能够迅速恢复并取得繁荣发展主要得益于海外市场的原料供给与市场需求。尤其是二战爆发后,欧洲以及南洋各地对沪工业品的大量需求,进一步加大了沪市工业品的外销。而这一切能够顺利发生与发展的前提则是战时上远洋航运的畅通与否,不管是工业生产原料的进口,还是工业制成品的出口都依赖于远洋航轮在上海港的顺利进出。

关键词:远洋航运　孤岛时期　上海工业

抗日战争爆发前,上海是全国的工商业中心,就工业而言,无论是数量、资本,还是技术力量,在全国都是首屈一指。据统计,上海"已登记的工厂为1 235 家②,占全国已登记工厂的 31.39%;资本额 148 464 000 元,占全国资本

---

① 本文为国家社科基金青年项目"近代上海远洋航运研究(1843—1949)"(19CZS068)阶段性研究成果。

② 林继庸根据实业部 1937 年 9 月底止的登记统计认为:"在上海合乎工厂条件的(即合乎工厂法的规定,有 50 个工人,10 匹马以上者)有 1 279 家。"参见中央研究院近代史研究所编《林继庸先生访问记录》,林泉、张明访问,林泉记录,郭廷以、张朋园校阅,中央研究院近代史研究所 1984 年版,第 23 页。

总资本额的39.73%;工人为112 030人,占全国工人总数约31.78%。”①如此集中之工业,如遇战事对于中国工业必将是毁灭性的打击。其实,早在八一三事变爆发之前,南京国民政府便已着手将上海相关工业进行内迁,但由于政府对内迁的重视力度不够,加之时间仓促,资金与交通工具紧缺,交通状况落后及日军破坏等原因,从迁移委员会成立到上海沦陷的三个月里,上海共迁出民营工厂150家,工人2 300多名,机器物资13 800余吨,②仅仅占全市已登记工厂数的12.15%。③另外,在工厂迁移过程中,由于国民政府有关人员目光短浅,所考虑的只是少数重工业,“按照政府的规定,只有与国防工业攸关的工厂才批准迁移,许多工厂并非政府所确定的迁移对象”。④所以,上海大多数轻工业,如棉纺织厂、纱厂、面粉厂、火柴厂等根本不在政府批准内迁的范围之内,更谈不上有所迁移。战事发生后,没有得到迁移的工厂便在日军的空袭下,遭到了毁灭性的摧毁。

战事的发生使得上海的工商业遭到前所未有的重创,即便是战事西移,战时“孤岛”上海形成后,其发展和战前相比亦不可同日而语,“孤岛上海的经济复苏,总的来说,还是以中小企业为主,它的优点是根据原料和市场的情况,转变快,适应性强;但企业设备大都简陋,技术落后,经济力量也薄弱。从行业组成来说,也以轻纺工业为主,五金机械以至化工工业也大都为轻纺工业服务,当然没有什么真正的基础工业。”尤其是工业生产所需要的原料、燃料等必需品与战前国内自给自足不同,此一时期“大都依赖进口,运输也靠外轮”。⑤另一方面,海外市场的需求是战后上海中小企业能够快速恢复与发展的一个很重要原因,尤其是随着第二次世界大战爆发,欧洲市场需求的增加以及南洋侨

---

① 国民党政府档案:《民国21—26年工厂登记统计》,转引自孙果达:《民族工业大迁徙——抗日战争时期民营工厂的内迁》,中国文史出版社1991年版,第1页。

② 一说148家、152家或146家,工人2 500余名,机器物资1.46余万吨,参见苏智良等编《中国抗战内迁实录》,上海人民出版社2015年版,第67页。

③ 150家内迁厂中,机器、翻砂、五金厂有67家,约占44.7%;电机、电器厂有20家,约占13.3%;化工厂有26家,约占17.3%;文化印刷厂有11家,约占7.3%;纺织厂有12家,约占8%;其他工厂有14家,约占9.4%。在这些工厂中,有121家迁到武汉,其余的都迁往苏州、镇江、常州、九江和香港等地。参见孙果达:《民族工业大迁徙——抗日战争时期民营工厂的内迁》,中国文史出版社1991年版,第51页。

④ 苏智良等编《中国抗战内迁实录》,上海人民出版社2015年版,第66页。

⑤ 唐振常主编《上海史》,上海人民出版社1989年版,第803页。

胞因抵制日货而赢得的额外市场份额，使得“孤岛”时期上海的出口贸易大增。然而，这一切能够顺利发生与发展的前提是上海远洋航运的畅通，不管是工业生产原料的进口，还是工业制成品的出口都依赖于远洋航轮在上海港的顺利进出。目前有关战时上海远洋航运畅通的原因已有文章进行了解读，①关于战时上海工业的相关研究则主要集中于工厂的内迁②，抑或从业群体的研究③等。本文希冀以战时上海远洋航运为切入点，探讨孤岛时期上海工业恢复、发展甚至畸形繁荣的原因，以求教于方家。

一、工业原料仰赖外洋供给

随着战事的西移，上海工厂逐渐复苏。1937 年年终两月，上海纱厂，靠“旧有原料”已有数家勉强开工。④迨至广州沦陷，贸易中心由香港重新转回上海后，在沪各项工厂，更是纷纷建立，“本年后半年(1938 年)，上海西区，各项工厂，纷纷设立，所建木屋，不胜枚举，盖以闸北南市原有之巨大工厂，均已毁于炮火，兹乃以木料建造临时厂址，权资开工耳。”⑤以致到 1938 年底时，各区工厂总数已有 47 000 余家，就业工人总数亦跃达 237 000 余人，而这一人数竟超过了 1935 年底的 20 万人。⑥

在工业的复苏中最显著的是棉纺织业，就华商纱厂而言，由于战前主要分布于杨树浦、吴淞、张华浜、周家桥等处，沪战时适当战区，而租界内纱厂又为数甚少，以致沪市纱厂遭到严重损失。自战事西移，战线远离后，华商纺织业即纷纷在沪西越界筑路地段附近，择地建设新厂房。据统计，到 1939 年 4 月

① 李玉铭:《抗战时期上海远洋航运探析(1937—1941)》,《史林》2017 年第 2 期。

② 苏智良等编《中国抗战内迁实录》,上海人民出版社 2015 年版;孙果达:《民族工业大迁徙——抗日战争时期民营工厂的内迁》,中国文史出版社 1991 年版。

③ 匡罗乐:《煤荒中的上海煤商业及其从业群体研究(1931—1949)》,硕士学位论文,上海师范大学 2018 年(未刊稿);经先静:《战争时期上海女工的日常生活(1937—1945)》,博士学位论文,华东师范大学 2017 年(未刊稿);经先静:《日常工作中的规训与抗争——社会性别视角下的孤岛时期上海女工研究》,《兰州学刊》2013 年第 8 期等。

④ 上海总税务司署统计科编印《民国二十六年海关中外贸易统计年刊:贸易报告》(卷一上册),第 148 页,中国海关总署办公厅、南京第二历史档案馆编《中国旧海关史料 1859—1948》,京华出版社 2001 年版,第 124 册第 355 页。

⑤ 上海总税务司署统计科编印《民国二十七年海关中外贸易统计年刊:贸易报告》(卷一上册),第 97 页,中国海关总署办公厅、南京第二历史档案馆编《中国旧海关史料 1859—1948》,京华出版社 2001 年版,第 128 册第 648 页。

⑥ 冯克昌:《上海繁荣的观察》,《商业月报》1939 年第 19 卷第 5 号,第 1 页。

底，沪上开工的华商纱厂已有16家[①]，基本已恢复战前之情况。[②]到1940年纱厂数量以及产量更是大增，“本市棉纺事业，自战事西移之后，即呈畸形发展之象，新厂陆续开设，运转纱锭由80余万枚增至212万枚，棉纱产量去年一年间共计达2 120 356包，较前两年约增一倍，今年以来产额愈多，每月平均超过十万包。”[③]此一时期棉纱不仅畅销内地和南洋，又因“工厂可以出售校单以牟利，因而利润大增”，而且还成为投机囤积的筹码，因而沪市相关企业亦获利颇丰，“申新二厂，1938年获利272万元，利润率达52.61%；申新九厂，这年获利692万元，比1937年增长了二至四倍。英商怡和纱厂的盈利也从1937年的271万元上升到1938年的618万元。”[④]“二十七年每一企业均得超特红利，最著名者为纱厂，如华商申新、鸿章等纺织厂，均获空前盈利，每一职员在二十八年春初分得一百月及一百月以上之红利，亦即十年薪水，殊属骇人听闻。”[⑤]

然而，在此等工业之繁荣的背后，其所需生产原料却悉数仰赖外国进口，“我们知道，市上的货物成品的和原料的，大多是仰赖外洋的输入”[⑥]。其中最明显的是棉花与小麦的大量进口。

作为一个工业化口岸城市，上海不具备初步生产性的农业区、矿业区等生产型区域，但到战前其工业生产所需的原料、燃料等基本生产物资，除一些特殊品外，已基本全靠国内其他地区供给，而不需要再大量从海外进口。就棉花而言，上海棉纺织厂所需原棉一向分中棉与洋棉两大类，国内棉花种植经过多年努力增产，“战前总产量曾达一千四百万担之最高纪录”。[⑦]据海关贸易报告记载，自1931年以来，洋棉进口量逐年缩退，“中国进口棉花，逐渐递减，回顾

① 这16家纱厂分别是：申新第二、第九纱厂；新裕第一、第二纱厂；鸿章纱厂；永安第三纱厂；统益纱厂；勤丰纱厂；大同纱厂；华丰纱厂；新生纱厂；德丰纱厂；新和纱厂；安达纱厂；华新纱厂；广勤纱厂。其中华丰纱厂、新生纱厂、德丰纱厂、新和纱厂、安达纱厂、华新纱厂、广勤纱厂等七纱厂为1939年4月底前最新建设纱厂，参见《华商纺织业产量恢复战前情况》，《商业月报》1939年第19卷第4号，第8页。

② 《华商纺织业产量恢复战前情况》，《商业月报》1939年第19卷第4号，第8页。

③ 景仁：《渐趋没落之上海畸形繁荣》，《商业月报》1940年第20卷第8号，第2页。

④ 唐振常主编《上海史》，第803页。

⑤ 汤心仪：《上海之金融市场》，王季深主编《战时上海经济》（第1辑），上海经济研究所1945年版，第15页。

⑥ 射潮：《欧战与上海工商业》，《商业月报》1939年第19卷第9号，第2页。

⑦ 王子嘉：《上海之棉纺织业》，王季深主编《战时上海经济》（第1辑），上海经济研究所1945年版，第194页。

民国二十年，尚达 280 万公担，值 27 900 万元，翌年即落为 220 万公担，二十二年复降至 120 万公担，二十三年仅有 110 万公担，二十四年一落而达 50 万公担，二十五年更跌为 40 万公担，降及本年，仅余 15 万 3 186 公担耳”，至于所进口的棉花，也主要用于生产制造特殊货品，“所有舶来棉花，均系特殊货品也”。①也就是说到战前，就上海棉纺织业而言，其所需原料国内市场已完全可以满足，而不必从国外大量进口。和棉花一样，此一时期上海面粉厂所需要的小麦，也主要是依靠国内市场的供给，比如华北等地，亦无需大量从海外进口。

表 1　1934 年至 1937 年上海棉纺织厂棉花供给数量表

单位：百万公担

来源＼年份	1934 年	1935 年	1936 年	1937 年
年初各厂存底	1.0	1.0	0.8	1.3
国内产额	6.8	5.0	8.5	6.7
进口数量	1.2	0.5	0.4	0.2
共　计	9.0	6.5	9.7	8.2

资料来源：上海总税务司署统计科编印：《民国二十六年海关中外贸易统计年刊：贸易概论》，第 149 页，中国海关总署办公厅、南京第二历史档案馆编：《中国旧海关史料 1859—1948》，京华出版社 2001 年版，第 124 册第 354 页。

表 2　1932 年至 1941 年全国棉花进出口数量比较表

单位：千公担

年　份	进口	出口	出超(＋)或入超(－)
1932 年	2 250	401	(－)1 849
1933 年	1 207	438	(－)769
1934 年	1 164	209	(－)955
1935 年	549	315	(－)234
1936 年	407	379	(－)28
1937 年	153	382	(＋)229

① 上海总税务司署统计科编印《民国二十六年海关中外贸易统计年刊：贸易概论》，第 148 页，中国海关总署办公厅、南京第二历史档案馆编《中国旧海关史料 1859—1948》，京华出版社 2001 年版，第 124 册第 355 页。

续 表

年 份	进口	出口	出超(+)或入超(−)
1938 年	160	1 368	(+)1 206
1939 年	2 477	92	(−)2 385
1940 年	2 444	38	(−)2 406
1941 年	1 749	177	(−)1 617

资料来源：王子嘉：《上海之棉纺织业》，王季深主编《战时上海经济》(第 1 辑)，上海经济研究所 1945 年版，第 196 页。

注：依据海关贸易报告册编制。

战事爆发后，日本施行了战时经济体制政策，在这种政策的高压下，对华北、华中等沦陷区的生产物资进行了严格的统制，禁止运销中国其他各地。这样一来，上海工业恢复与发展的国内原料来源便彻底被阻断了。随着沪市工业的逐渐恢复，再加之远洋航运的逐渐复航，沪市工厂便不得已将原料的来源指向了海外市场。

嗣以沪区纱厂重行复工，棉花需要复见增加，但因华北产品大部分运往日本，而运入上海时受有限制，兼之长江封锁，运输不便，以致沪区纱厂，乃不得不采购洋棉，以资应用，本年进口洋棉稍见增加，殆以此耳。①

本月份棉花，棉纱，棉线类进口值之增多，全系本月份棉花进口旺盛所致，在本月份棉纱出口颇见发达现象之下，似乎表示本埠棉纺织业之处境，业已较前为佳。②

后者(惟杂粮及杂粮粉)之增加全系本月份小麦进口量忽然增为 250 458 公担，值 936 795 关金之结果也。……去年十一月阜丰、福新等面粉厂，因国麦到货稀少，曾订购外麦若干吨，兹所进口者大概即以此项小麦居多。③

本月份贸易总值与输入值之关册数字均为战后各月中之最高纪

① 上海总税务司署统计科编印《民国二十七年海关中外贸易统计年刊：贸易报告》(卷一上册)，第 186—187 页，中国海关总署办公厅、南京第二历史档案馆编《中国旧海关史料 1859—1948》，京华出版社 2001 年版，第 128 册第 558—589 页。

② 中国经济统计研究所发行：《经济统计月志》1938 年第 5 卷第 7 期，第 2 页。

③ 中国经济统计研究所发行：《经济统计月志》1939 年第 6 卷第 3 期，第 72 页。

> 录……但主要原因，则必为近月来本埠纱厂与面粉厂，因本国原料之缺乏，不得已而取给予外洋，致本月份棉花与小麦之进口均有惊人之增加。……棉花、棉纱、棉线类价值之增加，为本月份进口贸易激增之主要因素。考其增加之由来，则又为本月份棉花大量进口之结果。……杂粮及杂粮粉类之增多，则全系小麦进口继续旺盛之影响。①

抗战前夕与战争最初阶段，上海口岸的进口商品，向来以杂货(包括日用百货)、金属及矿砂、油脂蜡(包括汽油、煤油、柴油)等几项商品，交替着高踞前3位，②而棉花、粮食等类在战前均处于进口货品的次要位置，“棉花、棉纱、棉线类与烟草类之进口值及其与上月份比较增多之价值在各类中均首屈一指，杂粮及杂粮粉类之进口值，因小麦到货较上月份减少，则沦为第三。凡此三类均不过为战前进口货品中之次要者耳。”③但到1939年起，棉花、粮食等衣食生活必需品则开始交替占据第1、第2位。而且1939年、1940年居第一位的棉花，就分别高占进口总值的27%和28%；1941年居第一位的粮食，占进口总值的22.4%，第二位的棉花，也超出了20%，其比重之大实为过去所未见。④

> 上海“孤岛”时期，国内棉花供应中断，纺织工业更依赖进口棉花。1936年、1939年、1941年，上海进口棉花占总值的比重依次为占6.23%，列第六位；占26.65%，列第一位；占20.42%，列第二位。当时上海棉纺织厂适用印度棉花，印棉货价及运费低廉，约占中进口量的一半，次之为美国棉和巴西棉，各约占20%。⑤

由此可见，此一时期上海工业的复苏与繁荣主要得益于外洋工业生产原料物资的正常运沪，而是否能够正常运沪的前提则是此一时期上海远洋航运是否畅通。

---

① 中国经济统计研究所发行:《经济统计月志》1939年第6卷第4期，第102页。
② 李玉铭:《抗战时期上海远洋航运探析(1937—1941)》,《史林》2017年第2期。
③ 中国经济统计研究所发行:《经济统计月志》,1939年第6卷第6期，第176页。
④ 上海社科院经济研究所编著《上海对外贸易》(下册)，上海社会科学院出版社1989年版，第7页。
⑤ 上海对外经济贸易志编纂委员会编《上海对外经济贸易志》(中册)，上海社会科学院出版社2001年版，第930页。

表 3　1936—1941 年部分年份上海前十位进口商品比重情况表

单位:%

位次	1936 年		1937 年		1939 年		1941 年	
	商品类别	占上海进口总值	商品类别	占上海进口总值	商品类别	占上海进口总值	商品类别	占上海进口总值
1	杂货(包括日用百货)	15.40	金属及矿砂	17.24	棉花	26.65	粮食类	22.41
2	金属及矿砂	11.29	杂货	8.87	烛、皂、油脂、蜡、胶、松香	7.84	棉花	20.42
3	烛皂油脂蜡胶松香包括汽油煤油柴油	7.28	纸、纸板类	8.34	粮食类	6.99	烛、皂、油脂、蜡、胶、松香	5.53
4	纸、纸板类	7.02	烛、皂、油脂、蜡、胶、松香	7.21	金属及矿砂	6.06	糖	4.72
5	杂类金属制品	6.53	机器及工具	6.93	烟草	5.46	纸、纸板类	4.41
6	棉花	6.23	化学产品及制药	5.60	化学产品及制药	4.97	煤、煤砖	2.69
7	机器及工具	6.02	杂类金属制品	5.53	纸、纸板类	4.03	化学产品及制药	3.18
8	染料、颜料、油漆、凡立水	5.56	染料、颜料、油漆、凡立水	4.69	染料、颜料、油漆、凡立水	4.03	杂货	2.70
9	化学产品及制药	5.05	车轮、船艇	4.42	煤、煤砖	4.02	烟草	2.69
10	车轮、船艇	4.32	烟草	3.17	杂货	3.87	染料、颜料、油漆、凡立水	2.68
上海进口总值	164 956(千美元)		149 693(千美元)		179 141(千美元)		196 778(千美元)	

资料来源:上海对外经济贸易志编纂委员会编《上海对外经济贸易志》(中册),上海社会科学院出版社 2001 年版,第 925 页。

因此，战后上海工业的复苏与繁荣与战后上海远洋航运的畅通与发展有莫大之关系，是上海远洋航运的畅通直接促成了此一时期上海工业的繁荣。反过来，上海工业的繁荣，又加速了远洋航运业的兴旺。但是，在这一切的背后，却是由于日本对中国资源的统制与掠夺，并在完全切断上海与其在中国其他地方工业原料供应地的前提下产生的。“惟自去年十一月以后，日伪因棉花为制造军用火药重要原料之一，对统制办法日益加严，不特华北冀晋豫鲁各省国产棉花，不能运沪。”即便是上海周边地区，也在其统制范围，所产物资亦不能正常运沪，“江北暨近郊太、嘉、宝棉花亦因统制办法加严，多被强制，无法运沪。”从而致使沪市工厂不得不将原料来源转向海外，“市上存棉日臻缺乏，各纱厂只得忍痛改订美国及加拿大棉花运沪接济，致洋棉进口额日增。据海关统计本市二月份洋棉进口额达 5 186 014 元，查去年同期洋棉进口额只 2 349 649 元，几激增六倍之巨。上月份起，日伪当局又加紧统制，重重压制粮商采运，沪上各面粉厂均被迫改订洋麦。”[①]有的甚至还需要向日方购买，“上海各厂所需原料，向仰给于外埠和舶来品，自沦陷区土产输出被统制以来，各厂原料来源困难，为应各方需要，更不得不向外国大批购进原料，一部分且只得向日方购买。”[②]因此，此一时期的上海工业生产，在其繁荣的背后却透露着对原料需求的些许无奈。[③]

二、工业制成品的出口

沪市工业逐渐复苏后，虽然国内工业生产原料无法正常运沪，但沪市工厂仍不惜增加成本从国外大量进口原料来进行生产，其主要原因在于国内外市场对于沪市工业制成品的需求量极大。就纺织业而言，我国纺织业向以上海为中心，战后随着战事的发展内陆各处纱厂相继停工，而与之相反，渐趋复工的沪市纱厂便成为内地各处所需纺织品的最主要供应源，“我国纺织业向以沪上为中心，战后京沪、沪杭两路各县暨汉口九江等各埠纱厂次第停顿，以是沪上纱业更形重要内地各处所需纱布，争向沪上采购，致各纱厂销路奇旺形成求过于供之势，售价飞涨，最高时每包曾涨至五百元，造成空前纪录，租界内各厂

① 《华商纱厂面粉厂原料均被统制》，《商业月报》1939 年第 19 卷第 5 号，第 15 页。
② 冯克昌：《上海繁荣的观察》，《商业月报》1939 年第 19 卷第 5 号，第 2 页。
③ 李玉铭：《抗战时期上海远洋航运探析(1937—1941)》，《史林》2017 年第 2 期。

大获盈利,新设各厂加工赶建,落成后日夜赶工制造。”①

民国二十七年华商各月平均产纱指数,仅 42.4,布 16.0(以二十五年为基期),较之战前减少殊大。二十八年西南内销畅旺,本市囤积之风亦炽,求多于供,生产随增,是年各月平均生产指数自 42.4 晋升至 68.2,布自 16.0 进至 28.3,日英商更形兴盛,已达战前生产之水准。但至次年秋季,欧战告急,航运阻断,船只缺乏,外棉来源断绝,外商被迫减工,华商存棉尚丰,差堪维持。②

表 4　1936 年至 1943 年每年平均各月华商纱厂纱布产量与指数表

单位:纱(件)、布(匹)

类别 年份	棉　纱		棉　布	
	数量	指数	数量	指数
1936 年	45 166	100.0	428 366	100.0
1937 年	29 358	65.0	278 438	65.0
1938 年	19 090	42.4	68 422	16.0
1939 年	30 787	68.2	121 182	28.3
1940 年	33 360	73.9	205 512	48.0
1941 年	29 604	65.5	202 794	47.3
1942 年	4 124	9.1	37 288	8.7
1943 年	1 942	4.3	2 485	5.8

资料来源:王子嘉:《上海之棉纺织业》,王季深主编《战时上海经济》(第 1 辑),上海经济研究所 1945 年版,第 193—194 页。

注:1. 指数基期:1936 年平均各月等于 100。

2. 依据中华民国纱厂联合会及前华商纱厂联合会调查而编。

内地生产组织特别是工业机构的破坏与凋敝,使上海工业增加了相对的比重,从而使得沪市工业产品销路日益推广。但处于战火弥漫的国内市场纵

① 《华商纺织业产量恢复战前情况》,《商业月报》1939 年第 19 卷第 4 号,第 8 页。

② 王子嘉:《上海之棉纺织业》,王季深主编《战时上海经济》(第 1 辑),上海经济研究所 1945 年版,第 191—193 页。

然以上海工业品为主要来源，但这也并不能促使此一时期上海的工业达到“畸形繁盛”的地步。其实，以纺织业、丝织业、面粉业等为首的上海轻工业，之所以能够在抗战时期达到如此繁盛的程度，除了国内市场以外，最主要的还是海外市场的需求，尤其是第二次世界战争爆发后，欧洲以及南洋各地对沪工业品的大量需求，进一步加大了沪市工业品的外销。

欧战的爆发，在航运方面，虽然因交战国的轮只随时有征作军运的可能而减少航班，阻滞了运输上的迅捷性，表面上会受到一定打击，势所难免。但是，此一时期中立国的轮船依然可照常航行沪上，因此，就上海远洋航运而言，并没有因为欧战的爆发，而有较大的影响，未参战的国家的货物依然可以源源地输入上海，所以，沪市工业生产原料来源终不致断绝。①况且美洲各国的货物反因欧战的关系，增加了其对沪的输出，“兹悉近因欧战关系，美国及澳洲过剩小麦业已大量为本市粉厂订购，现正陆续运来，最近将由十万担运沪，本市小麦来源可望不感缺乏影响云。”②就沪市工业品出口贸易而言，第二次世界大战爆发后，因航运关系，加拿大及日本等纺织品运销英、法等欧洲市场减少，又因英、法本国各厂家以适应战事需要，改为生产一切战事必需品，“乃予沪货织品一良机”，从而使“本市织造品之运销于英法及其他欧洲市场者，均较前增加，尤以英国各地市场需要更切，据本市国货界消息，单以销英数量较前已增加七八倍左右”。③

以生丝出口为例，1939 年生丝出口量已由 1936 年的 1 303 吨上升到了 2 528 吨，④增长 94.01%，已大大超过战前水平，“去年上海丝市，无论以数量论或价值论其交易额之巨，均超出以前记录，此实为各方所不及料者。”⑤

缫丝业是上海战事西移后仅次于棉纺织业恢复比较显著的产业，上海原有丝厂多在闸北，在战火中几乎全毁。随着沪市工业的逐渐复苏，再加之“中国政府为保持华丝对外贸易地位，除向边陲各省推行育蚕事业外，并劝告各厂商在西南各地设厂，江浙两省沦陷区域各丝厂拒绝日方之合作，纷纷向上海租界内设厂”⑥，新的丝厂逐渐在沪建立，到 1938 年 10 月底仅租界内新设丝厂就

① 射潮：《欧战与上海工商业》，《商业月报》1939 年第 19 卷第 9 号，第 1 页。
② 《美澳过剩小麦将大量运沪》，《商业月报》1940 年第 20 卷第 6 号，第 9 页。
③ 《本市织造品大量销欧》，《商业月报》1940 年第 20 卷第 4 号，第 10 页。
④ 唐振常主编《上海史》，上海人民出版社 1989 年版，第 803 页。
⑤ 逊之：《去年上海丝市之回顾》，《商业月报》1940 年第 20 卷第 3 号，第 1 页。
⑥ 《欧美市场华丝贸易全被侵夺》，《商业月报》1939 年第 19 卷第 1 号，第 10 页。

有14家。

> **沪市新设丝厂总数** 记者昨向丝业方面探悉，上海租界以内原有丝厂为北成都路之怡和，车数642部，阿拉白司脱路之怡和，新车数480部。其新设立者如下：连元（胶州路），车144部；福隆（槟榔路），车152部；连成（槟榔路），车156部；建业（槟榔路），车162部；越兴（槟榔路），车176部；豫丰（昌平路），车48部；华纶（昌平路），车128部；上海（小沙渡），车120部；同成（未开工）（曹家渡），车300部；鸿丰（宜昌路），车540部；振兴（马白路），车200部；裕丰（新加坡路），车152部；恒慎（大西路），车84部；乐昌（澳门路），车224部。以上总计十四家，车数2 586部，除福隆装有双官40部外，余均系单官。尚有张佩绅、汤也钦、何梦连、陈福生、张幼仪、罗德灿等新丝厂正在筹备之中。①

随着国际市场对丝的需求日盛，到1938年底，仅上海西区就有45家丝厂开工生产，其生产出口量也随之大增。②

> **华丝输出** 今年（1939年）一月至十一月华丝输出量白厂丝1 720 269公斤，价值20 420 926元。白丝经374 289公斤，价值3 527 945元。白丝286 563公斤，价值2 120 336元。同官丝50 092公斤，价值290 707元。灰厂丝57 868公斤，价值329 583元。灰丝933公斤，价值4 271元。黄丝209 749公斤，价值1 481 712元。黄丝经153 954公斤，价值1 065 145元。黄厂丝84 137公斤，价值963 352元。发丝21 340 977公斤，价值3 691 719元。③

欧战爆发后，生丝出口量增加最多的地方主要是欧洲与美洲，1938年运往欧洲的生丝量为9 077包，到了1939年达到了14 093包，增长55.26%；运往美洲的生丝量则由1938年11 549包上升到1939年的33 756包，增长

① 《最近蚕丝事业概况》，《商业月报》1938年第18卷第10号，第11页；《本市开工新丝厂共有十四家》，《商业月报》1938年第18卷第12号，第19—20页。
② 唐振常主编《上海史》，上海人民出版社1989年版，第803页。
③ 《欧美市场华丝贸易全被侵夺》，《商业月报》1939年第19卷第1号，第10页。

192.28%(见表5),增长幅度之大,可见一斑。

表5 1938—1939年由上海输出生丝数量比较表

单位:包

地点 \ 年份	1938年	1939年
运往欧洲	9 077	14 093
运往亚洲、非洲等	5 000	5 217
运往美洲	11 549	33 756
共计	25 626	53 066

资料来源:逊之:《去年上海丝市之回顾》,《商业月报》1940年第20卷第3号,第2页。

1939年生丝之所以会大量运入欧洲与美洲,主要是欧战爆发后,生丝作为一种军工原料被大量使用,尤其是被用来制作降落伞,因华丝相比日本生丝更富有韧性,而被认为是制作降落伞最好的原料,从而也就进一步加大了华丝的出口。

> 自德对法比荷战争运用降落伞部队,天上行军获胜后,世界各国对此种战略将倍加重视,而扩充降落伞部队。因降落伞之最好原料为华丝,盖华丝富有韧性,较日丝为佳,因之迩来华丝出口异常畅利。据悉七月份华丝出口统计为4 192包,上半月为1 214包,下半月为2 978包,下半月之出口数量较上半月激增1 764包。输出国别美国占首位,七月份输美数量为3 778包,目今外商购意更浓,丝商亦大量吐销,故日成交额颇多,闻运美华丝大部分用于制造军需品云。①
>
> 自第二次欧战爆发,一切对欧洲之贸易固陷于停顿状态,但一方以此诱致一种强烈之购风,美国在市上搜求之力,如癫如狂,对于厂丝需要之殷切,当地存货万难餍其所望。于是,丝价扶摇直上,但于十月至十一月间,外汇价格放长百分之十五至二十,以是使丝价之涨势稍有顾忌。一方于年终时,欧洲之购户与此间复有接触,于十一月及十二月间有相当数额成交,对英与法之贸易尤多,至年底时丝价复上涨百分之四十至五十。②

---

① 《华丝外销转畅》,《商业月报》1940年第20卷第9号,第23页。

② 逊之:《去年上海丝市之回顾》,《商业月报》1940年第20卷第3号,第2页。

表 6　1939 年各月上海丝价与外汇市价表

单位:元

月份	厂丝	辑里丝	同宫丝	土蚕丝	四个月期美汇(美元)
1月	1 450	850	—	720	16.437 5
2月	1 850	1 050	—	870	16
3月	1 640	1 000	—	—	16.187 5
4月	1 770	970	—	—	16.187 5
5月	1 860	990	—	720	16.187 5
6月	2 140	1 200	—	—	12.875
7月	3 150—3 200	1 800	1 455	—	8.625
8月	3 770	1 800	2 000	—	7.5
9月	4 300—4 400	2 000	2 150	1 600	7.625
10月	4 300—4 450	2 400	1 950	—	8.625
11月	4 550—4 750	2 400	1 950	1 800	7.937 5
12月	6 300—6 500	3 100	2 200	2 800	7.812 5

注:1938 年底时丝价约为 1 300 元。
资料来源:逊之:《去年上海丝市之回顾》,《商业月报》1940 年第 20 卷第 3 号,第 2 页。

如前文所述,战事发生后,沪市所需的生活物资以及生产物资大部分由南洋地区进口而来。二战爆发后,随着沪市工商业的进一步繁荣,上海与南洋各国的贸易往来更加密切,到 1940 年随着贸易量的突增,南洋各国已进入上海主要贸易国家的前五位,从而打破了上海与各国对外贸易一直由美、英、日、德、法等国占据前几位的局面。“上海贸易主要国家,在数年前,其顺序常为美国、日本、英国、德国等数国。至民国二十九年,安南及印度之米及棉花输入渐多,故其顺序不得不变。印度与美国相差无几,进入第二位,日本占第三位,而安南占第四位,荷属东印度占第五位,英国降至第六位,南洋诸国在上海贸易,始渐露其头角。使无三十年十二月八日以后之战事,则上海与南洋之贸易,且继长增高,有未可限量者。”①

① 潘吟阁:《上海之贸易》,王季深主编《战时上海经济》(第 1 辑),上海经济研究所 1945 年版,第 63 页。

> 由海关统计(以金单位计算),在上海,二十九年比前年输入增多者,以美国为最巨,其次为印度、荷印、泰国、香港、英国,而输入减少者,以德国为最多。故民国二十九年上海输入之顺位,为美国、印度、日本、安南、荷印、英国、巴西、澳洲、德国、泰国、香港、关东州。其中南洋之安南,二十八年本在第十位,今一跃而进第四位。其原居第七位之荷印,则进而占第五位。①

除了进口贸易随着战事的发展不断增加外,二战爆发后,“又因欧战的扩大,使上海出口品有插足南洋群岛的优越机会”②,上海工业制成品亦开始大量出口南洋各地,“南洋市场对于上海贸易所占的地位自去年欧战发生后有显著增进,本年(1940 年)来的对南洋贸易出口胜于进口,表示对南洋贸易随欧战的扩大日趋于旺盛”③,从而进一步加大了上海与南洋各地的贸易额。“抗日战争前的 1936 年,上海出口值以美元计为 1.07 亿。抗战爆发后出口贸易下降,1938 年出口值为 0.46 亿美元。此后‘孤岛’时期,因输南洋等地的工业品增加,1941 年出口值又回升至 1.08 亿美元。”④就 1940 年 1 月至 5 月上海对南洋市场的进出口贸易来看,与 1939 年同期相比,出口贸易均有显著的增加,而进口贸易增减互有,“但终不及出口为有进步”(见表 7)。⑤

> 就印度而言,在民国二十八年有大量之输入,而输出则不振,至民国二十九年输入稍增,而输出则激增至百分之一百五十七。(64 页)……安南对上海之贸易,因米之输入额激增至 565%,一方面输出却减少 60%,在民国二十八年输出入本相均衡,乃二十九年打破纪录,入超大三百万磅。……上海对荷属东印度之贸易,二十九年无论输入或输出,均以同一步调而增加(见表 7)。
>
> 以法币计算,在上海二十九年比前年输出增多者,亦以美国为最巨,

---

① 潘吟阁:《上海之贸易》,王季深主编《战时上海经济》(第 1 辑),上海经济研究所 1945 年版,第 65—66 页。

② 景仁:《渐趋没落之上海畸形繁荣》,《商业月报》1940 年第 20 卷第 8 号,第 1 页。

③⑤ 同上书,第 4 页。

④ 上海对外经济贸易志编纂委员会编《上海对外经济贸易志》(上册),上海社会科学院出版社 2001 年版,第 407 页。

香港、英国、印度次之,除德国、安南外,一般均有所增加。其吨顺位为美国、香港、英国、印度、马来亚、日本、荷印、关东州、泰国、台湾、法国、菲律宾。①

表 7　上海与南洋各地进出口贸易价值对比表

单位:国币千元

类别 / 国别	1940 年 1 月至 5 月		1939 年 1 至 5 月	
	出口	进口	出口	进口
英属印度(缅甸在内)	44 035	42 232	7 041	42 088
荷属东印度	13 791	20 350	1 817	12 361
安南	5 106	20 885	2 413	3 854
菲律宾	11 836	12 200	4 195	1 148
新加坡等处	72 780	2 860	5 543	2 237
泰国	14 240	7 194	1 493	538

注:单位国币千元

资料来源:景仁:《渐趋没落之上海畸形繁荣》,《商业月报》1940 年第 20 卷第 8 号,第 4 页。

表 8　1939—1940 年上海对南洋部分国家贸易表

单位:磅

类别 / 国别	1939 年		1940 年		两年输入出数量相比		增减百分比%	
	输入	输出	输入	输出	输入	输出	输入	输出
印度	6 283 842	502 442	7 706 167	1 293.519	+1 422 325	+791 077	+22.6	+157.9
安南	494 148	367 952	3 285 420	145 084	+2 791 271	−222.704	+565.0	−60.6
荷属东印度	1 459 449	372 284	2 646 918	694 124	+1 187 469	+321 840	+81.4	87.0

资料来源:潘吟阁:《上海之贸易》,王季深主编《战时上海经济》(第 1 辑),上海经济研究所 1945 年版,第 64—65 页。

① 潘吟阁:《上海之贸易》,王季深主编《战时上海经济》(第 1 辑),上海经济研究所 1945 年版,第 64—67 页。

欧战爆发后,上海工业产品之所以能够大量出口南洋各地,一方面得力于欧战扩大后交战国家输往南洋市场货物减缩,①"南洋各国贸易上地位之所以能增进,以西洋工业品不至南洋,同时,西洋之天产品亦不至上海也。上海与南洋近,故已工业品与天产品互相交易,而贸易商之地位与焉增进矣"②,于是,上海出口贸易乃得在南洋发展。另一方面也得力于战事发生后,南洋、香港的侨胞抵制日货,乐用国货,尤其是上海产的以纱布为首的轻纺工业品,深受南洋各地侨胞的喜爱,"上海向南洋输出之商品,以纱布为最多"③,"民国27—30年纱布对南洋和香港地区出口,华商约占45%,洋行占55%。纱布几乎全由上海出口,其中棉纱53.9万公担,棉布442万公担,分别占全国出口的99%和96.3%,由华商销往南洋和香港。"④从而使上海的轻纺工业品在南洋各地赢得了更多的市场份额。

战时上海与南洋对外贸易的关系,时人曾撰文称:"上海自战事发生后,有二事实足以差强人意,其一为资本市场之勃兴,其二即南洋贸易之增进也。"⑤可见,战时上海与南洋地区的进出口贸易增长,对于战时上海工业的恢复与发展,沪市经济的繁荣与发展具有重要的作用。

三、结　语

对于"孤岛时期"的上海社会发展形态,我们往往将其归因于"租界"这个特殊的地域形态。当然,这个特殊的地域形态确实是战时上海短时间内恢复、发展甚至出现畸形繁荣的重要原因,但如果从更微观的历史入手,又会发现在这明显因素的背后,又藏着更深一层的细微基因。抗战爆发后,日本为了达到"以战养战"目的,将沿海、内河等航线进行了垄断与控制,但唯独没有限制上海的远洋航线。考其原因,其并不是碍于"租界"这个特殊的势力范围,而更多的是为了能将上海作为一个远洋物资来源的中转站,战时上海远洋航运的畅通,有利于日本获得更多战时物资所需。但也正是在这种情况下,战时上海的

---

① 景仁:《渐趋没落之上海畸形繁荣》,《商业月报》1940年第20卷第8号,第4页。

② 潘吟阁:《上海之贸易》,王季深主编《战时上海经济》(第1辑),上海经济研究所1945年版,第68页。

③ 潘吟阁:《上海之贸易》,王季深主编《战时上海经济》(第1辑),上海经济研究所1945年版,第71页。

④ 上海对外经济贸易志编纂委员会编《上海对外经济贸易志》(上册),上海社会科学院出版社2001年版,第548页。

⑤ 潘吟阁:《上海之贸易》,王季深主编《战时上海经济》(第1辑),上海经济研究所1945年版,第81页。

工业获得了恢复和发展的机会,即使国内生产原料不能正常运沪,但通过进口仍然能够获得,从而能够维持正常的生产运转,所生产的工业制成品也同样可以靠远洋运输远销海外。另外,随着欧战的爆发,海外工业品需求的激增,更是进一步刺激、加速了上海工业的发展。所以可以说"是上海远洋航运的畅通直接促成了此一时期上海工业的繁荣",而"在这一切的背后,却又是由于日本对中国资源的统制与掠夺,并在完全切断上海与其在中国其他地方工业原料供应地的前提下产生的。本埠纺织、面粉等各厂原料正感缺乏,尚需大量仰赖进口以满足生产需求时,而本土所产棉花、小麦等原料物资之出口反而有增无减之奇怪现象,①进一步透露出上海战时工业生产对原料需求的无奈。但是,在这无奈的背后也正是为什么日本在战时允许上海远洋航运畅通的原因。"②

Promotion and Development: Ocean Shipping and Shanghai Industry in Isolated Island Period

Abstract: After the August 13th Incident, Shanghai's industry suffered a heavy blow. After the war moved westward and the wartime "isolated island" was formed, Shanghai's light industry led by textile industry, silk weaving industry and flour industry gradually recovered and achieved rapid development in a short time. When the Japanese army completely monopolized and controlled coastal and inland shipping, strictly controlled domestic materials and prohibited free transportation and marketing, the rapid recovery and prosperity of Shanghai industry mainly benefited from the raw material supply and market demand in the overseas market. Especially after the outbreak of World War II, the large demand for Shanghai industrial products in Europe and Nanyang further increased the export of Shanghai industrial products. The premise for all this to happen and develop smoothly is whether the ocean shipping in wartime is smooth or not. Whether it is the import of industrial production raw materials or the export of industrial finished products depends on the smooth entry and exit of ocean shipping ships in Shanghai port.

Key words: Ocean shipping; isolated island period; Shanghai Industry

作者简介:李玉铭,上海海洋大学马克思主义学院讲师。

---

① 中国经济统计研究所发行《经济统计月志》,1939 年第 6 卷第 4 期,第 104 页。

② 李玉铭:《抗战时期上海远洋航运探析(1937—1941)》,《史林》2017 年第 2 期。

构建“城市”:比较视域下的广州市政体制探研(1921—1930)[①]

刘博然　陈　强

摘　要:1921 年,《广州市暂行条例》颁行,广州市政体制正式建立,民国市政改革运动自此始。在制度设计上,广州市政体制效仿美国市委员会制,强调市政厅的专业化、职业化、组织化,并经过制度调适,满足了广州社会对于城市政府的要求。由比较的视角入手,通过比较广州市政体制与美国市政体制之间的融合与差异,可以看到,双方皆重视城市的行政职能,强调效率至上的组织原则;而在城市选举方面,因政局动荡,加之缺乏社会基础,广州当局为维持社会稳定,最终废止了市民选举,这与采用民主选举的美国市政有着较为明显的差异。宏观而言,广州市政体制的制度移植较为成功,在城市建设方面成就颇丰,并且为中国市政之蓝本,具有开创性意义。

关键词:广州　市政体制　《广州市暂行条例》　行政集权

广州作为“海上丝绸之路”的重要节点,纵观古今,皆领风气之先。近代以降,更是孕育中国革命的先导之地,就城市制度的发展来说,广州同样如此。1920 年代是中国市政发展的关键时期,留美市政人才归国后开始发挥作用,积极介绍欧美市政建设经验,力图改善中国的城市问题,使中国城市得以比肩国际。1921 年,由留美市政人才孙科亲自操刀设计的广州市政厅成为了中国

① 本文为 2021 年国家社会科学基金项目“20 世纪美国地方政府公务员专业化的历史进路研究”(21BSS003)阶段性成果。

历史上第一个城市政府。广制为各大城市争先效仿，并成为了南京国民政府《市组织法》的参照。在制度设计上，广州移植美国市政体制，强调市政机构的专业化、职业化、组织化，取得了城市建设方面的长足进步。

过往学界对于广州市政体制的研究，关注到了留学生群体对于近代中国市政体制所作出的贡献，留学生不仅作为传播欧美市政经验的重要媒介，亦实践其中，推动了近代中国的市政改革运动，其中亦包括了广州市政体制。①就广州市政体制而言，有学者从制度层面论及市政体制的体制创新及制度演变，不过述及不多。②相比于探讨市政体制本身，对于广州市政体制建立后的城市规划及市政建设成就上，获得了更多学者的注意。③前述成果对广州市政及其成就进行了有益阐述，不过对于广州市政体制的分析仍然留有余地，且忽略了从广州市政体制的美国"背景"阐述广州市政体制的特征。本文试图考察广州市政体制在变革过程中的结构性调适，以比较的视角分析广州市政体制对美国市政体制的借鉴，并探讨广州市政体制对本土政治文化的影响与广州社会环境对外来制度的吸纳与适应。

一、20世纪初留美市政学人对美国市政体制的研究与借鉴

洋务运动可视作近代中国工业化的起步，这一浪潮虽没有迅速瓦解中国传统的农业经济，但也的确冲击了农村社会的经济结构，并促进了人口流动，与之相伴的工业化进程也将传统的城市置于革新的前沿。因此，晚清中国可能未形成现代意义的城市及制度，却在一定程度上对城市职能进行了调整和扩充，就这一意义来说，当时沿海的开埠城市已经开始了城市化进程。而西学东渐也意味着晚清王朝无论如何不能再继续自持原有的制度安排，为求自保，清末新政掀起了地方自治浪潮。清末大臣端方首先认识到了地方自治对于清

---

① 赵可：《留学生与1920—1930年代市政学的传入及其人才培养》，《徐州师范大学学报（哲学社会科学版）》2009年第4期；赵可：《论留学生在1920—1930年代市政改革实践中的重要作用》，《徐州师范大学学报（哲学社会科学版）》2010年第6期。

② 赵春晨：《晚清民国时期广州城市近代化略论》，《广东社会科学》2004年第2期；赵可：《体制创新与20世纪20年代广州市政的崛起》，《广西社会科学》2006年第3期；孙颖：《民国时期广州市政体制演变研究》，王美怡主编：《近代广州研究（第一辑）》，广东人民出版社2013年版。

③ 金炳亮：《孙科与广州市政建设》，《岭南文史》1991年第4期；彭长歆、蔡凌：《广州近代"田园城市"思想源流》，《城市发展研究》2008年第1期；许瑞生：《广州近代市政体制与城市空间》，广东人民出版社2010年版；邹东：《试论民国时期广州城市规划建设》，《规划师》2017年第1期。

末立宪的重要性，他指出，“臣等伏念地方自治之制，其名词译自日本，其经画始于欧美。自列强均势，凡政治学家之言，皆曰非立宪无以自存，非地方自治无以植立宪之基本，而则中国数千年来，有官制而无自治。”[①]清末对地方自治的探求必然涉及地方治理，但因当时各立宪团体的争论点集中于国家整体是君主立宪还是共和立宪上，对于地方自治的讨论虽涉及市政，却并未付诸于实践上[②]。市政之所以在清末新政时期被忽视，一个极为关键的因素在于掌权的官僚士绅阶层有着较为消极的城市观。关于这一点，正如张锐在《市制新论》中所谈到的，“我国古昔，以城市为政治之枢，攻守之具，至于市政，乃所未闻。益以重农轻商之积习，而城市又为商贾及趋利者云集之地，于是清高者流，皆不屑谈城市。”[③]

正当清末新政忽视市政之时，大洋彼岸的美国因工业化产生了诸多此前并未经历过的城市问题，并因此开始考虑市政改革。就美国的市政体制而言，城市政府作为美国纵向权力结构的基层单位，承袭了美国联邦政府的分权制衡体制，实行“市长暨议会制”。不过，市长的象征意义大于其实际管理市政事务的权力。市议会可看作是拥有行政立法权的城市核心，所以这一制度也被称为“弱”市长制。在早期美国“绅士政府”的政治传统影响下，各级议员的选举有财产资格的限制，也就是说，往往只有精英在政治上掌握话语权，19 世纪早期的城市议会通常由律师、商人、银行家等社会贤达组成，而“占城市阶层 75%的低层社会成员很少被选为议员。”[④]1820 年各州开始渐次废除选民的财产资格限制，普选权不断扩展，“绅士政府”被“大众政府”所取代。1840 年代大量美国移民涌入美国各个城市，移民归化后所掌握的城市选票成为了“硬通货”，城市选举变得有利可图。在城市政府组织松散，较为羸弱的前提下，城市老板通过操纵选举弥补了政府的权力真空。城市老板以结社的形式为初到美国的归化移民和贫苦民众提供物质支持，从而换取他们手中的选票，并且通过政治献金的形式获取更大的城市利益，达到垄断城市经济与政治的目的。实质而言，城市老板并不是个人，而是一种社会组织，这样的组织具有次政党的

---

① 中国第二历史档案馆编：《中华民国史档案资料汇编》，江苏人民出版社 1979 年版，第 102 页。

② 例如在《广东自治研究录》第 2 期中《设立羊城市会私议》、《论地方自治与都市发达之关系》以及第 3 期中《美国市政要论》，都不同程度地论及市政。

③ 张锐编著：《市制新论》，梁启超校阅，商务印书馆 1926 年版，第 2 页。

④ [美]霍华德・丘达柯夫等：《美国城市社会的演变（第 7 版）》，熊茜超，郭旻天译，上海社会科学院出版社 2016 年版，第 60 页。

身份，一方面，其需要通过对某一政党选举的支持将选票变现，例如19世纪20年代，纽约的坦慕尼协会“已经成为民主党在这个城市中的一个主要机构，而它通过对工人阶级和欧洲移民的大力支持也一直维持这个角色”。①；另一方面，城市老板有独立的组织能力，有自己的忠诚网络，只不过受限于政党选举的形式。从这一意义上来说，我们不妨将城市老板看作是一种利益集团。城市老板以“不诚实”的腐败手段操纵城市政治，虽然其身不正，但也一定程度上维持了城市的运转，然而其终究无法代表城市的公共利益。为改变城市积弊，一些中心城市相继发起城市改革运动。发起者主要以企业家、银行家、商人等城市中的新中产阶级为主。他们提出“城市自治以排除州立法机构对市政的过分干预；加强城市行政部门的权力，以遏制城市老板通过市议会干预市政；实行无党派的市政选举，以减少城市政府的政治色彩等改革纲领，”②吁求城市政府不应较多关注某一移民社区或特殊利益群体的事务，而应该更多地关注城市的公共事务③；换言之，改革者们的目标在于革除城市老板以家长式的组织网络控制社区选民的影响，“通过取代以‘社区为导向’的领导方式使得城市政府‘合理化’和‘民主化’。”④1894年，全国市政联盟成立，该组织“寻求在市政问题上促进更广泛的利益达成，尤其是在政治与行政方面。”⑤以此为改革动因的美国市政改革大体创制出三种市政体制，第一种是“强市长”(Strongmayor)的市政体制。这一体制主要针对以往“弱市长”体制的弊端，19世纪末，已有学者看到城市政府在法制上的羸弱，并且提出廓清市长与议会之间的权责，要求市长在职权上要保持行政独立，掌握全权，并承担行政责任。⑥1898年，全国市政同盟通过了第一个城市宪章(Model City Charter)，提出了“强市长”制。“强市长”制顾名思义，规定给予市长更多的行政权力，并且拥有

① ［美］丽莎索夫(Lisa Krissoff Boehm)、斯蒂文(Steven H.Corey)：《美国城市史》，申思译，电子工业出版社2015年版，第174页。

② 王旭：《美国城市化的历史解读》，岳麓书社2003年版，第326页。

③ Samuel P. Hays: The Politics of Reform in Municipal Government in the Progressive Era. *The Pacific Northwest Quarterly*, Vol.55, No.4(Oct., 1964), p.163.

④ Robert L. Lineberry & Edmund P. Fowler: Reformism and Public Policies in American Cities. *The American Political Science Review*, Vol.61, No.3(Sep., 1967), p.701.

⑤ Clinton Rogers Woodruff: The National Municipal League, Proceedings of the American Political Science Association, 1908, Vol.5, Fifth Annual Meeting, p.131.

⑥ Franklin MacVeagh: A Programme of Municipal Reform. *American Journal of Sociology*, Vol.1, No.5(Mar.1896), pp.552—553.

任命人事以及控制城市职能部门以及各个委员会的权力；第二种是城市委员会制。委员会将立法与行政集于一身，将城市事务分为四类，每类由一人负责，剩余一人统筹，五人地位相当，市长沦为象征性职位；第三种是城市经理制。城市经理制也称为市议会暨经理制，由市民在无党派前提下普选或以城区选举，由此产生一个微型的市议会，由5、7或9人组成，负责制定城市政策，批准市政年度预算。再由该议会聘请一位"专才"担任城市经理，全权负责城市行政管理事务。他负责起草年度预算，有权任命、奖惩各行政部门公务员，任期不限，对议会负责，这样的制度设计分工明确，也符合20世纪的公共管理理念。总之，"城市自治，短期票选，无党派的市政选举，并且之后创制的经理制或委员会制政府，所有的这些都展现了改革者们在政治创新方面的广泛才能，并且倾向于将城市政府控制在一个更方便管理的范围内。"①

值得注意的是，20世纪初，一些中国留美学人目睹了美国城市体制的变革过程，他们亲历了美国城市的发达与便利，并决心专攻市政，以期改良近代中国的城市。根据我国学者赵可的研究，当时较为活跃的市政留学生为54人，以此为样本，具有美国留学背景的人数所占比例高达51.9%②。因此，这些留美学子的城市观念多由美国形塑，他们希望通过移植美国市政，以改善中国城市之境况。1921年6月，从美国芝加哥大学和纽约国立行政讲习院学成归来的四川留美学生白敦庸，在其著述《市政举要》中便谈及其思想的转变及致力于市政研究之抱负。"民国八年，敦庸负笈美国，见彼邦城市之治理，迥异中途，市民熙熙攘攘，共享太平。心羡而乐之……遂变更未出国前之志趣，弃工厂管理之学而攻市政管理。意谓欲为大多数人民谋幸福，莫如致力于市政……"③此外，市政学者臧启芳也希望通过"探讨欧美市政发达的主因，进而想几种促进我国市政的方法，和研究市政的人互相商榷"。④对于美国的市政体制，这些留美学子和市政学者也予以较高评价。陈良士在翻译W.B.孟洛的著作《市政府与市行政》的原序中，便提及了关注和研究美国市政问题之原因，"此书本为备述各国市政，然多注重于美国都市中政治行政之经验。非为夸耀

---

① Charles N. Glaab. & A. Therodore. Brown: *A History of Urban America*, Third Editions, New York: Macmillan Publishing Co., Inc, 1983, p.216.

② 赵可:《市政改革与城市发展》,中国大百科全书出版社2004年版,第74—78页。

③ 白敦庸:《市政举要》,大东书局1931年,自序,第1页。

④ 臧启芳:《市政和促进市政之方法》,陆丹林总纂,《市政全书》,道路月刊社1928年版,第28页。

美国都市之多,都市之大,冠于全球也;缘美国今为世界最优之市政试验场,于此地方平民政治问题,欧洲正多取法于新大陆。然一世以往,美国尚未可追步欧洲;迨20世纪以来,其进步乃一日千里。举凡政府组织,行政方法,莫不精益求精。如行政中之卫生、娱乐、市灯、教育、消防等问题,今可不须奉欧洲为模范矣。"①从中不难看出美国城市改革进步神速,因为在梁启超1903年游访美国并谈及城市治理时,给出了"而其最腐败者,莫如市政"②的评价。当然,对于美国市政体制,我国留美市政学人首推美国城市经理制,例如,张培均在介绍市经理制时,亦对该制寄望颇高,称:"能固守其本有原则。向前发展,骎骎日上。实行数十年,成绩斐然,达于成熟时期,然后我国初创市制,庶几亦可效法,以挽救危局,铲除黑暗。希望美国市经理制,移植亚东,奏同样之功效。"③留美市政学人注意到了美国几种市政体制的核心在于强化政府专业化、职业化、组织化的治理职能,这也成为了日后建立中国市政体制的方向。

留美市政学人们归国后,试图利用自身所学,改善中国城市之积弊。于是这批归国的知识分子便成为了近代中国第一批专攻市政的人才,引导了中国的市政改革运动。

广州满足了留美市政学人改良城市,创建现代市政的期待,广州市政体制的"设计师"孙科,便取道于美国,构建了近代中国第一个具有现代意义的城市。作为孙中山的长子,孙科有着深厚的美国背景。1895年,孙科随母亲前往美国檀香山避难。1906年,孙科考入檀香山·圣路易斯学院,完成了中学教育。1910年,受其父孙中山感召,回国投身革命。民国成立后,孙科获得教育经费,顺利考入加州大学。在加大求学期间,孙科选修多门政治学相关课程,尤其对市政建设十分感兴趣,并且对美国各大城市的市政体制、城市规划、公共事业等方面进行考察。学成归国后,孙科于1920年发表《都市规划论》在《建设杂志》上,畅谈其市政理想。孙科本人亦秉持"敬恭桑梓之义,服务乡帮"的初衷,"不自以为寡陋,方期与市民相与有成,进图公共福利。"就自己所学,更富有信心,"惟是都市规划。为一种建设事业,在我国更属创举。"④因此,由孙科设计,1921年颁布的《广州市暂行条例》便以美国市政体制

① W.B.孟洛:《市政府与市行政》上册,陈良士译,商务印书馆1935年版,原序。
② 梁启超:《新大陆游记》,商务印书馆2014年版,第167页。
③ 张培均:《市经理问题之研究》,《东方杂志》,第28卷8号。
④ 广州市政府,《市政公报》,中华民国十二年十月,资-政-572-98-1,广州市国家档案馆馆藏。

尤其是市委员会制为蓝本,“吾国《广州市暂行条例》,是由美制脱胎,而再加以斟酌损益而成的。”①

二、1921年《广州市暂行条例》的颁行与广州市政体制的建立

民初广州的政治环境颇为恶劣,广州经历了10年的军政府统治时期,分别为革命党控制的广东军政时期(1911.11—1913.8)、龙济光统治时期(1913.8—1816.10)与桂系统治时期(1916.10—1920.10)。虽然政局复杂,但广州仍然逐步建立起了现代的市政体制。“广州市闻通较早,百货骈填,有一十五万四千九百余户,有七十万零四千九百余口,民物殷繁,为中国省会冠。”②这样的城市体量对于改善城市功能的需求便日益紧迫。因此,“为提倡市政起见”,1918年10月1日,广东督军署、广东省长公署任命杨永泰、魏邦平为广州城厢市政公所总办,负责筹办广州城厢市政公所。③广州市政公所的建立有着一定的历史机缘。民国初年,广州城内的八旗产业被划定为公产,由八旗生计筹办处管理。1918年8月,省财政厅厅长杨永泰决定召变旗产,而此举需要拆成筑路,以打通旗境与西关之间的城墙阻隔,提高旗产价值。④所以,改变城基成为了建立市政机构的由头。10月22日,广州城厢市政公所成立。因职能范围超出城厢的划定,遂于31日经广东督军署、广东省长公署批准,更名为广州市市政公所,地址定在育贤坊的禺山关帝庙。就建制方面来说,市政公所设总办2人,负责统筹一切事务;坐办一人,辅助办理市政公所的一切事务;公职人员有总稽核1人、文案2人、参事4—6人;公所下设总务、工程、经界、登录四科。总务主要负责财政、工艺、拍卖、会计、官员任免、关防、卫生、档案、庶务等工作;工程科主理各项市政建设;经界负责测绘、调查、评价事务;登录则负责注册、印证、税契等事务。⑤市政公所成立后,计划从五件事入手改善广州的市政状况,即拆城基、辟马路、设市场、设公园、设工厂。⑥除拆城筑路外,其他事皆因资金不足而放弃。

---

① 顾郭鍒:《中国市制概观》,《东方杂志》,第26卷第17号。

② 广州市政公所规划情形的布告,民国七年十月二十二日,4-01-001-0263.1,广州市国家档案馆馆藏。

③ 广东督军署、广东省长公署委任令第153号,4-01-001-0263.1,广州国家档案馆馆藏。

④ 黄素娟:《从省城到城市:近代广州土地产权与城市空间变迁》,社会科学文献出版社2018年版,第179—180页。

⑤ 广州市市政公所章程,民国七年十月二十三日,4-01-001-0263.1,广州市国家档案馆馆藏。

⑥ 广州市政公所规划情形的布告,民国七年十月二十二日,4-01-001-0263.1,广州市国家档案馆馆藏。

1920年10月，陈炯明在孙中山的策动下回粤讨桂，夺回了广州城，孙中山任命陈炯明为广东省省长兼任军事司令，开始治粤。陈炯明倡导地方自治，自然对广州市政十分上心，欲将广州变为地方自治的实验地。而原主管广州市政的杨永泰等因为孙中山之政敌而纷纷辞职，这让原有市政运作陷入停滞的同时，也为陈炯明进行市政改革提供了契机。因此，陈省长以“市政公所范围太狭，除拆卸城垣辟宽街道外，一切未遑计及，未足以言市政。”为由，着手于广州市政体制的筹备，陈炯明主持了由十位会员组成的市政法制编纂会，并任命“众以留美有年，夙专研各国市政”[①]的孙科亲自操刀，设计广州的市制，1921年的《广州市暂行条例》便是这一努力的结果。就《广州市暂行条例》[②]的内容而言，其在权力结构安排上都较为完善，制度设计参照美国的市委员会制。

在市组织上，市行政委员会为核心机关，主要负责“议决执行市行政事务”，也就是说，行政立法之权都集中于市行政委员会之手，这与美国的市委员会制一致。市行政委员会下设财政、工务、公安、卫生、公用、教育六局，各局局长与市长为市行政委员会委员，市长为委员会主席。按照《暂行条例》第十一条之规定：“市长由市民选举之”，但“于本暂行条例未修改以前由省长委任，任期五年。”[③]市长为城市最高行政长官，“综理全市行政事务”，而局长职位则由市长推荐给省长，由省长委任。市行政委员会设秘书二人，由市长任命，“掌理既要事务，及核阅文稿。”[④]与市行政委员会平行的独立组织为市参事会与审计处，这两处并非与之制衡的权力机关，而是“行政之辅助”。[⑤]市参事会的职权包括：(一)议决市民请愿案咨送市行政委员会办理之；(二)议决市行政委员会送交案件；(三)审查市行政各局办事成绩。市参事会的会员由三种组成：(一)由省长指派市民十人；(二)由全市市民直接选举代表十人；(三)由工商两界各分选代表三人，教育、一生、律师、工程师各界各选出代表一人，市参事员任期一年，但可无限连任。市参事会虽有选举代表的程序，但从市参事会职能来看，市参事会又不同于美国市长暨议会制下的城市议会，不掌握与行政权相制衡的立法权。不过，根据《暂行条例》第八条之规定：“市行政委员会对于市

① 黄炎培编：《一岁之广州市》，商务印书馆1922年版，第3页。
② 为行文方便，下文简称为《暂行条例》。
③ 广州市暂行条例，市政公报，中华民国九年十二月，资-政-2066-121-134，广州市国家档案馆馆藏。
④ 张锐编著：《市制新论》，梁启超校阅，商务印书馆1926年版，第57页。
⑤ 黄炎培编：《一岁之广州市》，商务印书馆1922年版，第19页。

参事会议决有异议时，得交参事会复议，如参事会仍执行前议，市行政委员会应执行之。”[①]就这一意义上来看，市参事会为孙科等市政“设计师”的“原创”，对行政委员会起到了一定的牵制作用，但这更类似于一种体制内的监督机关，而不是与之分庭抗礼的权力机关。另一个独立组织审计处则主管审计，审计处处长要求拥有会计学的专业背景，在本条例未修改前由省长委任，任期一年，可连任。其职责如下：“（一）审查市财政收支之每月清册，及检核各种收支单据；审查市行政委员会所订立有财政上关系之各种契约合同；（二）献议关于市财政会计方式之改良；（三）编造每年市财政审计报告书，呈报省长。”[②]另外，审计处处长应市行政委员会或市参事会的邀请，可以列席市行政委员会会议或市参事会会议，但无表决权。《暂行条例》公布后，陈炯明便委任筹备委员7人组织市政厅事务，完成接洽事宜。但值得注意的是，各局虽然都从省厅接受自己职权范围内的工作，但“惟广州市登记局办理登记市内不动产事务”，陈炯明以“登记事项，多与司法有关”为由，令“移属于广东高等审判厅，不归广州市办理”。[③]可见，广州关键的财权仍由省一级控制。

《广州市暂行条例》作为城市法，其多数借鉴了美国的市政组织安排，又具有一定的本土化的特色，“实开我国市制之新纪元。”[④]“广州市”也因此而制度化，成为了现代意义上的城市。《广州市暂行条例》的颁布与当时广州的社会情况亦十分契合，1910年至1920年这十年间，“一方面，在‘省城’等概念之外，‘广州市’、‘广州市民’的说法也越来越常见诸公文与报端，广州作为城市的整合性和独立性在不断增强；另一方面，广州在制度上真正独立成区之事却迟迟无法实现，从而面临被省级各机构直接分割管理权限的状况。”[⑤]

《广州市暂行条例》的颁布恰好解决了广州行政区划，独立成区的问题，并落实了“广州市民”的身份。从法规的意义上来说，“把广州市列为地方行政区域，隶省而不入县政，是从《暂行条例》开始，这是不争之实。”[⑥]《广州市暂行

① 广州市暂行条例，中华民国九年十二月，资-政-2066-121-134，广州市国家档案馆馆藏。

② 张锐编著：《市制新论》，梁启超校阅，商务印书馆1926年版，第58页。

③ 黄炎培编：《一岁之广州市》，商务印书馆1922年版，第21页。

④ 白敦庸：《市政举要》，大东书局1931年版，第15页。

⑤ 梁敏玲：《清末民初广州行政制度变迁与独立行政主体的形成》，《近代史研究》2019年第3期，第60页。

⑥ 孙颖：《民国时期广州市政体制演变研究》，王美怡主编：《近代广州研究（第一辑）》，广东人民出版社2013年版，第112页。

条例》实行后，广州为独立市，其行政区域直接隶属于省政府，不再属于县行政范围，与县政并行。

三、20世纪20年代中后期广州市政体制的调适与更新

1925年，广州国民政府成立，广东成为了国民革命的大本营。原有的省、市建制相应地进行了改组，以适应新的政治格局。就市一级，广州的市制保持了制度发展的连续性，组织结构愈发完善，成熟。

首先，广州市政体制在组织结构上发生了改变。1925年7月4日，广州国民政府对广州市制进行改组，原先的市参事会因选举舞弊，所以“参事之制，后殆备而未用。”其后“市政委员会成立，即为替代此会之机关，惟不用选举，而除委任，此其不同之点也”。[①]市政委员会为立法机关，市长一职被取消，至于“市长职权，由市政委员长执行之”。广州市政委员所议决的各案，由市政委员长咨请市行政会执行。市政委员会下设五委员分会，各委员轮流分任五局监督之责，这在一定程度上淡化了市政委员长的权重，但关键政务仍由其决定。就此而言，这一改变只不过是为了看起来更符合美国市委员会制的范式而做出的表述改变，并无实质性变化；其次，该制突出之处在于将选举改为委任，委任权在省政府手中。市政委员会委员共18人，由省政府于下列团体中各委任三人组成：1.现代职业团体；2.农会；3.工会；4 商会；5.教育会；6.自由职业者，[②]委任的形式替代了之前市政体制设置的选举程序。实际上，在此之前，《暂行条例》在市民资格上未做过多限制，条件并不苛刻，根据广州市暂行条例第四十条之规定：“(一)年满二十一岁。(二)居住广州市一年以上者。(三)有正当职业者。(四)能诵读本市暂行条例者。(五)无神经病者。(六)公权并未被褫夺者。”更为重要的是，由省长委任的委员名额“每年递减二名，其缺额由市民选举补充之，自市政施行后五年第一种参事员全数由市民选举之”。[③]这也就意味着，除一定比例的代表之外，市政选举权将在市政施行五年后悉数交给市民。因此，委任的形式废止了选举程序，剥夺了市民普选权之可能。此外，广州市政委员会设置了明确的议事规则，市政委员会会议每两星期开会一次，临时会议则由主席随时召集。在会议讨论上，该议事会则有着类似欧美的程序，

---

① 李宗黄：《模范之广州市》，商务印书馆1929年版，第30页。

② 李宗黄：《模范之广州市》，商务印书馆1929年版，第17页。

③ 广州市暂行条例，中华民国九年十二月，资-政-2066-121-134，广州市国家档案馆馆藏。

“凡提议，须有委员一人书面或口头之和议。方得付讨论。”当“委员发言过久或出议题以外时，主席停止其发言。”在“宣告讨论终止后，无论何人均不得就本题发言”。[①]决议后，如果有委员想要修正议案时，亦对审查作出规定，根据《广州市市政委员会议事规则》第十二条之规定：“委员对于议案欲修正时，须有一人提议，一人和议。方得将修正案付讨论，”对于要求修正之议案，“以出席人过半数之同意取决之。如赞成反对人数相等时，由主席裁决。”如若委员会通过对议案进行审查后，便组织审查会审查。如果“审查会非有审查过半数之列席。不得开议，非有列席人过半数之同意，不得议决”。对于审查结果，“由审查委员会主席报告于本会。”[②]在市政委员会开会时，各局局长可以列席参会发言，但并无表决权。市政委员会的设立仍然遵循尊重前城市法规之先例，根据广州市政委员会暂行条例第十三条之规定：“广州市暂行条例与本条例不相抵触者，仍继续有效，遇有修改之必要时，由市政委员会议决，呈请省政府定之，市行政委员会职权，由市行政会议执行之。”[③]

广州市政委员会的设立强化了广州市政体制的集权特点。市政委员会握有立法权，市政厅分享行政权，两者为隶属关系，在组织结构上更趋近于美国市委员会制。而广州市政府成立以后，以往未被关注，或因城市化所产生的城市问题亟待解决，所以，为了城市治理的统一，市政府也要将原属于社会自理的事务收归自身管理，因此，市政厅的内部职能也在不断地改进。从公务部门的添加来看，1926—1928年的广州市政厅主要针对以下方面：首先，管理公共事业机构的调适。1926年6月11日，以往由工务局统辖的广州市电话所改为市政府直属机构。8月2日，增设广州市土地局，是为广州市第七局。1927年1月31日，原直属机构市电话所划归交通部管辖，6月8日复归市政府直辖。7月8日，复设之前撤销的市公用局，市电话所划归其下。12月8日成立广州市公益局，1928年1月7日撤销。1929年1月10日，市政府成立广州自来水管理委员会，将自来水公司收归管理；其次，完善行政事务的组织结构，提高行政效率。1926年10月1日，成立广州市市政府印刷所。1927年6月成立广州市市政府购料委员会。10月1日，广州市市立银行开始运营。10月10日，

---

①② 广州市市政委员会议事规则，广州市政府，市政公报，中华民国14年八月十五日，资-政-576-192-282-284，广州市国家档案馆馆藏。

③ 广州市政委员会暂行条例。李宗黄：《模范之广州市》，商务印书馆1929年版，第32—33页。

市政府印刷所与广州市土地局统属的土地日报社,合并为市政日报社,由市政府直属,1928年7月市政日报社更名为"广州日日新闻社"。12月1日,广州市市政厅调查统计委员会成立。是月市政府购料委员会停止办公,1928年1月7日恢复办公。1928年11月成立广州市市营事业经历专员办事处。12月成立广州市城市设计委员会。1929年7月1日成立广州市市政府审核委员会;最后,广州市市政厅对慈善事业予以关注。1928年11月1日,普济三院、市立贫民教养院、市立盲人学院合并成立为广州市贫民教养院,市政府直辖,可以看到,市政府组织结构的更迭,集中体现出三个特点:(一)市政府职能范围的扩展;(二)市政府对行政效率的重视;(三)城市治理的专业趋向。这既是回应了城市建设的实际需求,也确认了城市治理的事权归属。尤为值得关注的是,在这1926—1928年的市政组织调适中,广州市设立了一些直辖机关,以往这些机关所负责事务是交由各局统辖的。从这一意义上说,广州市直辖机关的组织范式为中国市行政组织体系之先例,各城市大多借鉴这一经验,其行政组织都可以看见广州市市政府组织的影子。并且直到今天,中国的城市政府仍然沿用这一设置,在内部建制中都有委员会和直辖机关的组织安排。

国民政府在北伐胜利后,从形式上统一了全国。为加强中央政府对地方政府的管理,同时规整地方行政制度,国民政府于1928年7月颁布了《市组织法》,"全国市政,始有统一法制。"而1927年南京国民政府成立后所颁布的市组织法,"究其根本精神,则多因袭广州市制。"①追溯至北京政府时期,类似于《市组织法》的官方城市法规亦出现过,同样是借鉴广制,只不过当时军阀并立,各自为政,难以推广。1921年7月3日,北京政府内务部颁布《市自治制》,且将城市分为特别市与普通市,以人口及发展程度作为划分标准。两种皆设有立法、行政机关,"市之监督机关为官厅。"就特别市来说,市自治会为立法机关,会员名额以人口为比例,人口未满5万,则为10名;5万及以上,每增1万,便增加1名会员,上限为30名。市自治会会员为名誉职,由市民直选,需有父子兄弟避忌,任期2年,每年改选半数。市自治会会长由会员互选,会长处理文牍、会计及庶务,并酌情任用雇员。市自治会会议分为通常会与临时会,通常会每年两次,由市长召集,临时会则必要时召集。行政机关则为参事会,市参事会成员由市长、佐理员,区董及市自治会所选举之名誉参事员组成,市长

① 罗志渊:《中国地方行政制度》,独立出版社1943年版,第330页。

为会长。市自治会之议案、市规则，以及市自治会所委托之事项，均为参事会议决范围。特别市市长由市自治会就市住民中拥有市自治会会员被选举资格者选举，并且由直接监管官署咨请内务部任命。但是对于京都市市长，则为内部遴选，由国务总理呈请大总统任命。值得注意的是，《市自治制》中设有分区制，市中每区设置一名区董，奉市长命办理所辖区内的自治事务，区董由市自治会就市住民中选举之。其中，市行政职员不得兼任。此外，“市得设办事员，由市长遴选，由专门学识者派充，而不以市住民为限，此与市自治公所其余职员不同者也”，这也能够体现市政专业化的组织特点。至于市自治会与市自治公所的关系，则是互相协调与互相监督的关系，如相互之间存在矛盾争议，由监督官署决断。监督官署一般由省长兼任，京都市则由内务部亲自监督，监督官署拥有命令、处分，以及解散市议会之权。普通市组织与特别市相同，不过会员名额被限制在20名以内。市长由市自治会选举后，呈请县知事任命，“凡特别市属于市参事会之职权，在普通市均由市长行之。”普通市社市董一命，由市自治会就住民中选举之。立法机关与行政机关关系与特别市相同，县知事为监督机关，权限亦与特别市同。①

1928年，南京国民政府颁布了《特别市组织法》与《普通市组织法》，与前《市自治制》变化不大。在特别市的设立上，人口超过百万即为特别市，10月，国民政府国民会议将广州定位特别市，直属于国民政府。在广州市制改组前，市政委员长林云陔要求“察核市政府组织法，采取市长制，交建设委员会从新起草在案”。②1929年8月1日，广州市政撤销市政委员会，改行“市长制”，广州市市长称为广州特别市市长，林云陔为市长。9月1日，广州市政府进一步改组内部机构，总务科被取消，分设第一、第二科。9月11日，广州市社会局成立，原来的市贫民教养院归其管辖。12月31日，广东省交涉署停办，由市政府接管其办理广州市对外交涉、护照签发等事务。同日，原市政府审核委员会和广州城市设计委员会被撤销。1930年1月15日，广州市市政府改称广州市特别市政府。市政府各机构除在名前冠以“广州特别市”外，其他皆维持不变。特别市政府内部又设参事室及秘书处。参事为2—4人，秘书处设秘书长1人，秘书1—2人。如有工作需要，则可另设法律、工程及其他技术专员，秘书处下分设4科。8月

① 张锐编著：《市制新论》，梁启超校阅，商务印书馆1926年版，第68—73页。

② 奉令改组市制案：令各局奉令改组市券自应遵照办理由令第九十七号，十七年二月十六日为令遵事现奉，广州市政府，市政公报，中华民国十七年九月，资-政-581-296-32，广州市国家档案馆馆藏。

11日，广州特别市电力整顿委员会成立，以整顿广州电力公司。[①]1930年5月，国民政府颁布新的《市组织法》，取消了特别市和普通市，部分大城市由行政院直辖[②]，这亦可看作今日直辖市之缘起。各省则根据其人口、发展之现状，设立一省会城市，由省管辖。8月18日，根据国民政府之最新规定，广州特别市政府改为广州市政府，为广东省省会城市。原广州特别市政府所辖各局、委员会、处等机关，除广州特别市公安局划归为广东省政府并更名为广东省省会公安局外，其余机关仍归市政府管辖，并将名称前冠以“广州市”。

四、比较视阈下的广州市政体制评析

从制度文化的层面观察，美国市政体制经由孙科等留美市政学人之手完成了制度“移植”，促成了该制的跨国“流动”，这实质上建立了一种单向的文化联系。如此，作为制度采借的“客体”，广州市政体制的得失以美国市政体制这一“主体”为映照，也就是说，美国市政体制成为了一种制度参照。值得注意的是，因孕育各自政治文化的土壤不同，外来的制度文化都需经历本土化的过程，广制也不例外。所以，以美国市政体制为比较对象，我们得以钩沉广州与美国在市政体制层面上的差异与融合，并从中看到广州的制度选择。

广州市政体制在仿效美国的同时，也继承了美国市政体制中的要旨：行政集权。美国进步时代城市政治的腐败在于市政效率的低下，锐意改革市政的进步派强调改善事权不专的散漫现象，要求城市政府摆脱党派控制，扩大城市政府的职能。其时，行政与政治二分法也为市政体制的改革提供了理论支撑。1887年，美国伍德罗·威尔逊发表在《政治科学季刊》的《行政之研究》详细地提出了“行政科学”的理论，是为行政学的开山之作。其中他强调：“行政管理是政府最为明显的部分：它是在行动的政府：是行政、运作、是政府最为人熟知的一面，当然它也和政府本身一样古老。”[③]因此，在政府角色愈发重要的当下，行政“要有一个科学的管理，来减少政府的不作为，加强和净化组织内部，并要求其尽职尽责”。[④]为此，他指出“行政领域是一个业务领域，它要摆脱政

① 广州市地方志编纂委员会编：《广州市志　第10卷　政权政务》，广州出版社2000年版，第145—146页。

② 市组织法，商务印书馆1930年版，第1页。

③ Woodrow Wilson: The Study of Administration. *Political Science Quarterly*, Vol.2, No.2(Jun., 1887). p.198.

④ Woodrow Wilson: The Study of Administration. *Political Science Quarterly*, Vol.2, No.2(Jun., 1887). p.201.

治的急躁和冲突”。[①]也就是说，政治与行政应该被区分开来。美国行政学家古德诺与威尔逊英雄所见略同，他先是注意到城市政府应摆脱各立法机关的束缚，实现自治[②]，并在之后区别了行政与政治之间的关系，指出行政独立性之必要。就城市而言，古德诺认为“政治与行政分开的必要性在城市政府问题上表现得十分明显。因为就行政这个词的狭义来说，城市政府所管的更是一种行政事务”。[③]那么，从技术上而言，行政的好坏要根据效率的高低进行判断。我们都知道，美国进步时代同样是科学化管理的时代，市政改革的理念亦借鉴了泰勒制的科学管理理论。美国的工业化需要大量的人来工厂做工，为“提高每一个单位劳动力的生产潜力”[④]，制定一套行之有效的科学管理原则是必要的。泰勒的科学管理理论强调标准化，由此所开发的流水线作业沿用至今。“泰勒制度”的科学管理经验逐渐“将工程思维和概念应用到对工作和管理者角色的理解和设计上”。[⑤]而“无论是私人企业部门还是公共政府机构，在科学管理上都使用着许多相似的办法和手段”。[⑥]所以，美国市政管理也带有明显的“企业化”[⑦]倾向。由上可以得出结论，效率是衡量行政价值的唯一尺度。效率至上的行政要求演化出了美国市政的三大主要体制，其核心在于行政集权，以保证城市事务的职业化、专业化以及组织化。同理，因循美国经验的广州市政体制对行政集权亦有着较高要求，例如，广州首任市长孙科在用人上以“新人为主，旧人为辅，课长技士，以上，均系专门人才”。[⑧]陈炯明主粤时也强调了市政的行政性特征，他认为“查市政机关专以经历市事业，纯为一种事务机关，其组织之良否，全视乎事务上能否获最良之效果为准……”并举例

① Woodrow Wilson. The Study of Administration. *Political Science Quarterly*, Vol. 2, No. 2 (Jun., 1887). p.209.

② Frank J. Goodnow: Municipal Home Rule. *Political Science Quarterly*, Vol.10, No.1 (Mar., 1895), pp.1—21.

③ [美]弗兰克·J. 古德诺:《政治与行政:一个对政府的研究》，王元译，复旦大学出版社 2011 年版，第 48 页。

④ Frederick Winslow Taylor: *The Principle of Scientific Management and Shop Management*, London: Routledge Thoemmes Press. 1993. p.43.

⑤ John Nalbandian: *Professionalism in Local Government: Transformations in the Roles, Responsibilities, and Values of City Managers*, San Francisco: Jossey-Bass Publishers. 1991. p.13.

⑥ 石庆环:《20 世纪初工商企业的科学化管理与美国政府的行政改革》，《东北师大学报(哲学社会科学版)》2004 年第 1 期，第 42 页。

⑦ 张卫国:《进步主义时期美国市政管理的企业化改革》，《四川师范大学学报(社会科学版)》2013 年第 6 期。

⑧ 李宗黄:《模范之广州市》，商务印书馆 1929 年版，第 15 页。

美国纽约的市政腐败,皆因市政的民治,市政建设被无赖政客控制。所以“官治民治不在形式,而在实际”,进而他强调“市会制徒有形式上之市民代议机关,似趋重于民治,乃事实上适得其反,此制无采用之价值”。[①]换言之,“市权不专”,何以谈市政进步。另外,在与次国家领域的关系上,相较于美国州政府与城市政府之间相对独立的权力结构模式,广州与省政府则是上下隶属的垂直权力结构,广州体制中,省长权力“染指”过甚。市行政委员会与市参事会及审计处发生权限争执时,皆由省长裁决,市长、各局局长的安排也由省长敲定。换言之,省长拥有了市政的最高权力,加之广州作为革命军政府的所在地,其管理职能由军政府、省以及市政厅共享,所以,就这一意义而言,与美国城市高度自治不同,广州城市政府并非“独立”。总之,广州市政与美国市政一样,皆重视行政集权,以发挥城市政府的最大功用,而广州体制在横向集权的基础上,又添加以省长为权力中枢的纵向集权。所以在集权性质上,广州甚于美国。

广州市政体制的最初构想是全面移植美国的市政体制,当然,这也包括对城市选举制度的移植。但在实践过程中,因多方因素,最终城市选举制度被废止,这也构成了广州市政体制与美国市政体制间的显要差异。广州的城市选举并未限定选民资格,但最开始由民主选出的市参事会仅为行政之辅助,并无实权。不仅如此,参事会的会员资格也不仅仅是通过选举而获得,而且还施行省长委任以及按照各行各业的比例代表制,以至于时人评价其“并不符合民治之义”。[②]至于市长选举,则以“保育主义”为由定在广州市政运行5年后举行。1924年,广州尝试进行市长选举,但过程并不顺利。1924年11月30日,广州市市长选举如期举行,但因太多派别参加而引起纷乱,“工会成员与选举委员会发生严重争执后退出选举,并发出通告,宣告这次选举是非法的。”[③]而后定于10日重新选举市长,选举程序在省长监督下进行。市政选举的纷乱最终以孙科复任市长而告终,市政选举遭到搁置。不过,随着陈炯明反攻广州,广东政局陷入混乱,广州的城市选举最终夭折,1925年广州国民政府正式成立后,选举制被委任制替代。可见,在市长选举过程中,时局动荡及选举程序的纷乱是导致城市选举落空的直接原因。窥其深层动因,不难看出广州社会缺乏民

① 省长陈咨复省议会查照广州市暂行条例暂缓实行一案于法理事实均不容变更文,广州市政府,市政公报,中华民国十年三月,资-政-569-5-1-4,广州市国家档案馆馆藏。

② 张锐编著:《市制新论》,梁启超校阅,北京:商务印书馆1926年版,第62页。

③ 1924年12月1日,广东省档案馆编:《民国广州要闻录:近代广东海关档案 粤海关情报卷17》,广东人民出版社2018年版,第377页。

主化的必要条件。一方面,近代广州城市运动中市民以请愿、集会以及传单等形式参与其中,“他们成为城市政治变革的主要推动力,近代民主政治已渐露端倪。”[①]然而,广州市民并未完成从“臣民社会”过渡这一时代转型,个人权利与政府权力不存在制度上的互动关系;另一方面,在缺乏民主训练的社会现实面前,执政当局的态度成为了阻碍民主选举的关键因素。在广州市政体制建立之初,陈炯明以避免恶势力破坏市政建设为由,通过委任官员等形式对市政进行控制,并且提出省长对市长的委任有“前例可援”,他强调“美国格尔威斯顿城为委员制之产生地,当施行此制之初,凡委员五人由省长委任者三,此不过十年前事耳”。况且“以美国十年前之人民程度,比诸我国今日之人民称为何如”[②],因而染指市政是“不得不然者矣”。其中可看出当时执政者缺乏对人民参与政治的信心。对于人民缺乏必要的政治素养已成为当时社会精英的共识。时人虽然亦关注到了市政与市民之间的关系,对于市政建设,“市民要挑起一大半担子来”。不过鉴于“我国未经过训政时代,大多数市民没有政治智识和经验”。[③]而市民对于城市公共空间的不良习惯,也被认为市民公德“不足以扰害公共的秩序,扩而充之,便为市政革新的一大障碍”。[④]这样的判断将市民拒在了政治参与的门外。需要指出的是,人民固然缺乏必要的政治训练,可如若始终因畏惧人民阻碍市政建设而将人民拒之门外,那么何时人民能够具备参政素养?广州市制对引入城市选举有着理想愿景,具有一定的民主化倾向,但在实践过程中民主选举并不顺利,可见其有限性。

以美国市委员会制为蓝本的广州市政体制,在经过近十年的调适与更新后,总体上形成了适应本土的市政建构模式。以行政为主导,强调城市治理的统一与效率的市政原则被官方采纳,成为民国时期全国市政建设的典范。从这一意义说,广州对于美国市政的制度移植是较为成功的,尤其体现在组织原则上的统一;同时也应该看到,跨文化的制度流动无法原封不动地照搬,本土文化自身对社会的控制力会形塑外来制度,使其带有鲜明的“我者”特性,就广

① 张仲礼主编:《东南沿海城市与中国近代化》,人民出版社1996年版,第263页。

② 省长陈咨复省议会查照广州市暂行条例暂缓实行一案于法理事实均不容变更文,广州市政府,市政公报,中华民国十年三月,资-政-569-5-1-4,广州市国家档案馆馆藏。

③ 《市政与市民》,广州市政府,市政公报,中华民国十六年九月,资-政-579-269-1,广州市国家档案馆馆藏。

④ 《市民的公共道德》,广州市政府,市政公报,中华民国十六年九月,资-政-579-269-1,广州市国家档案馆馆藏。

州市政体制来说,省市之间的权力隶属关系与城市选举的废止便是本土文化影响的结果。审思这一本土性,也应看到,欧美经验虽可作为一种参照来为我所用,但将其作为一种尺度则是文化意义上的"懈怠",因为这忽视了本土文化自身的历史性与复杂性。另外,广州市政体制整体上在制度变革中具有连续性,这保证了广制的稳定,进而得以快速发展。在这一过程中,城市概念为大众所接受,市民意识得到了强化。随着市政当局对于社会事务管制的加强,城市政府代替了以往广州社会的自治组织,成为了主导百姓日常的关键性角色。

Construction of "City": A Research on Guangzhou Municipal System from the Perspective of Comparison(1921—1930)

Abstract: In 1921, the "Provisional Regulations of Guangzhou Municipality" was promulgated, the Guangzhou municipal system was formally established, and the municipal reform movement of the Republic of China began. In terms of system design, the Guangzhou municipal system imitated the American municipal committee system, emphasizing the specialization, professionalization, and organization of the city hall, and through system adjustments, it has adapted to the requirements of Guangzhou society for the city government. Starting from the perspective of transnational history, comparing the integration and differences between the Guangzhou municipal system and the American municipal system, it can be seen that both sides attach importance to the administrative functions of the city and emphasize the organizational principle of efficiency; while in urban elections, due to political turmoil and lacking of social foundation, In order to maintain social stability, the Guangzhou authorities finally abolished citizen elections. This is quite different from the democratically elected municipalities in the United States. From a comparative perspective, the institutional transplantation of Guangzhou's municipal system has been relatively successful, and it has made great achievements in urban construction. It is also the blueprint of China's municipal administration and is of groundbreaking significance.

Key words: Guangzhou; Municipal system; 《Provisional Regulations of Guangzhou Municipality》; Administrative Centralization

作者简介:刘博然,辽宁大学历史学院博士研究生,广西师范大学政治与公共管理学院讲师。研究方向:专门史、美国史;陈强,广西师范大学政治与公共管理学院讲师。研究方向:政府治理与政治建设。

社区青少年就业社会工作的三维资本模式探索

陈晓丽　彭善民

摘　要:就业乃民生之本,青少年就业尤其关乎社会的稳定与发展。上海于2003年成立Y青少年社会工作机构,在全国首度探索"失学、失业、失管"的社区青少年的就业社会工作服务。研究发现社区青少年的人力资本、社会资本,以及心理资本不足均会产生就业障碍。青少年社工开展的就业社会工作服务实为社区青少年多重资本重构的分类服务,包括就业能力增进的人力资本提升服务;拓展社会网络与提高资源动员能力的社会资本培育服务;完善社会支持网络增进青少年的自我效能、重构职业认知和就业观的心理资本增进服务。三维资本视域下的就业社会工作服务模式,尽管可以全面快速地回应社区青少年就业需求,但过度聚焦他们的资本缺失境况,使服务也易陷入缺失视角和资源依赖情境。

关键词:社区青少年　就业社会工作　三维资本

就业乃民生之本,同时也关涉社会稳定。青年失业一直以来是社会治理的重要议题。我国2019年城镇失业率在3.61%,但青年的失业率为9%,远大于社会平均失业率,且"20、30"为主的青少年逐渐取代"40、50"下岗工人,成为新的失业群体,被纳入我国重点青少年群体管理之中,社区青少年的失业治理或就业促进亦成为青少年研究的重要焦点。既有研究认为,社区青少年失业除了就业技能的不足相关,还源于社会排斥。即社会的结构性排斥和功能性排斥使青少年处于劳动力市场之外。此外,不少青少年存在求知欲下降、道德情感冷漠和信仰缺失等问题引发的自愿性失业①。为提高社区青少年就业意愿及能力,促进就业环境的改善,上海于 2003 年成立了 Y 青少年社会工作机构,在全国首度探索社区青少年就业社会工作服务,着力从人力资本、社会资本和心理资本三方面开展就业认知辅导、职业生涯探索、就业技能培训、链接就业资源等服务。历经近二十年的实践,积累了较为丰富的经验,本文试对此做一系统的梳理与分析。

一、社区青少年就业的三维资本障碍

社区青少年失业多由资本缺失引发,在就业时通常面临三类资本的障碍:一是青少年的人力资本不足,缺乏就业竞争力被劳动力市场排斥;二是青少年的社会资本不足致使岗位匹配低效,衍生失业;三是青少年应对就业压力的心理资本存量过低所致。

(一) 人力资本低于市场准入门槛

人力资本涉及学历、技能、工作经验、社会功能、健康等维度,社区青少年大多学历较低,缺乏技能证书及工作经验,就业机会少且选择面较为狭窄,若碰上健康和社会功能等方面的问题,会面临更严峻的就业挑战。纵向上看,伴随经济、社会和教育政策的发展,近年来上海社区青少年的学历结构有了整体提升,据上海市 2018 年的社区青少年调查数据显示,社区青少年中中专、高中、技校和大专学历的占比占到了 62.8%,其中,专科、本科及以上学历接近一半。尽管与十年前的中专及以下学历为主相比有了较大进步,但是其学历文凭的含金量仍较低,函授、成人电大的居多,多数是没有受过正规的高中教育和全日制专科教育。职业资格证书是技能水平的重要反映及证明,也是就业市场重要的敲门砖。然而,现代职业资格证书的获取亦是设定了一定门槛,在劳动力市场受欢迎的职业资格证书通常对学历有相应要求。受教育水平越高的青少年持有职业资格证书的比例越高,技能意外地成为增设的筛选机制,②学历相对较低的社区青少年容易被排除在职业资格证书体系之外。此外,当前职业教育体系亦存在人才培养相对市场需求的滞后、专业设置与市场脱节、教育生态位不平衡等问题,导致青少年专业技

---

① 陈庆滨:《社会排斥视角下的“新失业群体”现象研究》,《青年研究》2006 年第 7 期。

② 李雪、钱晓烨、迟巍:《职业资格认证能提高就业者的工资收入吗? ——对职业资格认证收入效应的实证分析》,《管理世界》2012 年第 9 期。

能水平低及技能与市场需求不匹配。[①]不少社区青少年还因负性社交经验或健康问题出现社会功能不善状况，选择逃避与人互动交往的工作或不就业，被称为难以实现市场化就业的“灰色地带青年”。

(二) 社会资本弥补效应不足

社会资本是劳动力市场不完善的重要补充，是弥补人力资本不足以增加就业优势的重要资源。劳动力市场的岗位匹配效率依赖于劳资双方的努力搜寻程度和劳动力市场制度的完善。工作搜寻理论认为，青少年会衡定自身的人力资本市场价位，在劳动市场寻求最优工作选择，用人单位也会寻找合适的员工。倘若青少年在社会保障和家庭支持下延长求职时间、扩大搜索范围，就业成本跃升会改变他们的就业态度，也会增加岗位匹配难度[②]。同时，经济下滑、科技发展则会减少企业的岗位供给数量与劳动力吸纳能力。当前，上海的产业结构转型，就业供应增长以知识和技术等生产型为主[③]。社区青少年劳动力供给质量仍处于较低水平，供需不匹配会产生结构性失业。此外，促进就业匹配的中介平台组织存在岗位信息欠缺和虚假、监管机制不完善等问题，一些社区青少年曾上当受骗，对其抱有不信任的态度。相较之下，社会关系网络成为就业匹配重要的补充机制[④]。个体搜寻工作能否有效促进岗位匹配效率深受社区青少年社会资本的影响，这一重要性在不完善的劳动力市场制度环境和低人力资本存量下得到强调。有关社区青少年的社会网络研究发现，他们的社会网络关系较为单薄，可动员的非正式关系网络，如家庭、亲属和朋辈等社会资源少且质量不高，限制了信息、求职指导或建议的获得；同时，他们对正式资源的运用能力较弱，且不同学历层次的资源使用能力存在差异[⑤]。2013 年针对北京社区青少年的一项调查显示，70%以上社区青少年父母的受教育程度为初中和高中，文化程度不高；从事的主要是职业声望为中低层的职业，50%以上的社区青少年父母为临时工、下岗无业或退休；被调查者的家庭收入总体上偏低，月收入在 1 000 元到 3 000 元之间的家庭占 45%，家庭收入

① 盛世明、程强:《技能不匹配的风险及成因研究》,《扬州大学学报》(高教研版)2020 年第 6 期。
② 陈奕庭、董志强:《工作搜寻范围扩大对劳动力市场的影响》,《财经研究》2020 年第 9 期。
③ 胡彬、胡晶:《上海产业结构调整与升级中的就业承载问题》,《科学发展》2016 年第 5 期。
④ 郝雨霏、张顺:《劳动力就业市场化、人力资本与人职匹配》,《人口与经济》2016 年第 2 期。
⑤ 黄超:《支持与回应:社区青少年求职网络研究》,《儿童青少年与家庭社会工作评论》2014 年第 1 期。

达到 7 000 元以上的仅为 2%。[①]2018 年上海的一项调查表明,社区青少年父母的学历层次初中及以下的占比超过 50%,大专以上的占比不足 10%。不少社区青少年父母自身存在失业的经历,呈现失业的代际传递现象。

(三) 心理资本不足引发自愿失业

心理资本主要涉及自我效能、就业观念和心理韧性等。社区青少年的心理资本不足主要体现在以下三个方面。一方面是保持就业希望的自我效能感低。社区青少年的人力资本和社会资本不足易诱发如被辞退、屡次求职受挫和工作不适应等就业受挫事件,进行内归因时会产生较低的自我评价。比如某社区青少年因体型原因无法穿上保安制服而未能成功就业,求职失败后强化了"体型存在问题"的认知。加之其就业应对的资源较为匮乏,使其对就业更加悲观和不自信。就业受挫后长期失业的问题突出,社会网络的进一步萎缩,弱化了青少年的自我认可。其次,心理资本不足体现在就业观念偏差。许多社区青少年偏好文职、主播或游戏等行业,传统的"先就业再择业"观念对他们不具有说服力,以备考或就业准备为由的长期待业容易造成人力资本的相对弱势和消极的就业心态。而职业规划不清的青少年容易出现就业持续力不足、频换工作,形塑社区青少年短期就业的思维,常出现"工作不开心,就辞职"的现象。另一方面是维持就业动力的心理韧性不足。社区青少年的就业价值取向和拥有的就业支持直接影响他们的就业意愿。不少社区青少年将就业过度工具化,权当获致经济的手段,在家庭庇护下否定就业的价值理性,质疑工作效用[②],或者置换就业承载的自我实现功能,出现安于现状、妄想"一夜暴富"的侥幸和赌博心理,以及以消费或娱乐等替代自我实现的需要等现象,诸如"网瘾"或"拆二代"的社区青少年拒绝就业的部分原因属于此种情况。而缺乏就业支持抑制就业需求的情况,则可从全职妈妈为代表的女性社区青少年中窥探一二。传统的社会性别分工、生育事件和为规避职业性别隔离的社会政策产生的非预期后果、公共服务照料有限等,衍生家庭和社会网络对女性就业支持不足,造成女性就业的多重困境,难以有效回应就业需求。非正规劳动力市场成为低人力资本女性就业的蓄水池,但相连的工作贫困,低工资和低福

---

① 张鑫:《特大城市中闲散青少年服务管理模式探究:家庭关系修复视角——以北京市海淀区闲散青少年帮扶试点为例》,《中国青年研究》2013 年第 10 期。

② 张淼、谢春艳:《存在主义影响下高校"佛系青年"的思想引导》,《广东青年职业学院学报》2018 年第 4 期。

利保障的工作，也正成为女性发展的“桎梏”①。

二、社区青少年就业的三维资本构建

社区青少年社工主要从社会保障中心的数据网、走访排摸、村/居委转介、禁毒或矫正社工转介等渠道获取服务对象。社工在服务前先多方综合评估青少年的就业障碍，依据他们资本缺失类型开展服务。若青少年有就业意愿，但因人力资本过低或缺乏就业资源，则提供人力资本提升或社会资本增进服务；若就业意愿偏低或无就业意愿，社工则会分析影响青少年就业意愿的因素，依照就业受挫导致就业信心不足、就业观念偏差引发待业或就业适应力差，无就业意愿等进行分类服务。

（一）人力资本提升服务：评估、链接与赋能

其一，评估人力资本的障碍要素。首先，社工通过社区青少年的学历、技能证书和相关工作经验等客观信息了解他们的人力资本基本情况，结合与他们面谈和交往的经历或家庭和居委提供的信息等，对他们的社会功能和健康情况做出判断，评估他们的人力资本的障碍因素。其次，社工还需要对社区青少年的人力资本提升意愿进行判断，青少年若没有明晰的职业规划或就业需求，则倾向于在自己人力资本符合的范围内选择匹配的岗位，以规避人力资本提升任务。部分青少年在教育时期的学习成绩较差，加之离校时间长对学习有畏难心理。而且青少年普遍缺乏经济基础需要家庭的支持，家庭的经济状况及其对人力资本提升的态度也会影响他们人力资本提升的可能性。社工需要协助社区青少年先理清就业障碍和人力资本提升意愿，再链接相关的人力资本提升资源，帮助他们实现职业目标。

其二，链接人力资本提升的资源。青少年社工整合政府和社会资源，诸如，“阳光下展翅”的学历提升、上海的职业技能培训项目、见习计划、公益性岗位等，以提高社区青少年进行人力资本提升的可及性和可能性。“阳光下展翅”项目是上海市慈善基金会和共青团市委共同推出的学历提升服务项目。从 2004 年起面向所有初中学历的社区青少年提供免费的中专教育，实施“中专学历＋职业技能＋推荐就业”一站式服务。2012 年新增大专学历教育项目，并提供教育补贴。职业技能培训项目是由上海市人力资源和社会保障局

① 谢妍翰、薛德升：《女性非正规就业研究述评》，《人文地理》2009 年第 6 期。

提供的非教育阶段培训,失业青年参加培训且获得技能证书后可获得100%的补贴,非正规就业或灵活就业者可获得60%或80%的补贴。上海市职业见习计划始于2002年,覆盖高等学校及中等职业学校的应届毕业生,为他们提供积累工作经验的机会。该机会还可作为青少年的就业缓冲期,给予他们了解相关岗位、进行职业规划的机会,避免他们养成"就业—失业—求职—再就业"不稳定的就业习惯。社区内的公益性岗位也是对社区青少年就业促进的重要补充,尤其是对那些人力资本低且存在健康障碍的社区青少年而言,是重要的就业渠道和社会联结机会。

其三,旨在社会功能改善的专业赋能。社工链接人力资本提升服务的资源外,也为社区青少年直接提供人力资本提升服务,主要集中在整合三大手法介入青少年及其家庭促进他们社会功能改善。一是通过个案和日常服务,保持与社区青少年的联系,在日常交往为他们开展人际交往训练服务。二是借助小组和社区活动的场域,减少他们的社交恐惧。社工鼓励青少年先担任小组或社区的志愿者,减少他们的社交排斥。当情况有所改善后,邀请他们参加小组活动,为他们营造社会交往的场所,并开展一些治疗性活动,如人际沟通技巧等提供治疗服务。面对青少年回归原有的家庭或环境后出现退行或服务成效不持续的问题,社工也会介入家庭场域,改善父母与孩子的教养和沟通方式。

总的来说,人力资本提升不仅可以直接降低劳动力市场的门槛限制,增加青少年的就业选择,还可以帮助青少年获致更高的社会地位,使用好的社会资本成功就业,同时增加他们就业应对的资源和技巧,让青少年更坚韧地应对挫折和挑战,实现职业目标①。

(二)社会资本培育服务:网络拓展与资源动员

培育社区青少年的社会资本可以减少社会网络的结构性限制,弥补人力资本不足造成的竞争劣势,并增强社区青少年的抗挫折能力。在社会资本培育方面,社工采取的方式是动员各类就业资源和拓展青少年社会网络。

其一,拓展案主的社会网络。社工有两类丰富社区青少年拥有的社会资源的方式,一是社工为社区青少年链接就业资源,包括就促中心和团委的正式资源,以及社工自身携带的非正式资源。上海就业促进中心在市区县三级层

① 姜添辉、周倩:《社会阶级与文化再生产——不同社会阶级家长的社会资本对文化再生产之结构化影响及其因应之道》,《教育学术月刊》2017年第1期。

面整合本区域内的就业资源，面向辖区内的所有失业群体进行不定期发布，街镇一级每个月和春秋时节还定期举办招聘会。Y社工机构依托就促中心的资源在各区县建立了就业基地，为社区青少年提供见习和就业信息。这类就业信息仍具有较强的区域性，但在社工的整合后更具有针对性，也更加符合社区青少年的需求。团市委与企业建立共建关系，面向全市整合岗位资源，Y社工机构则依托团市委整合的信息推出Q就业项目，筛选和推送符合服务对象需求的信息。该类岗位信息只面向社区青少年，且岗位类型层次跨度大，符合社区青少年多样的就业需求。社工也会关注自己的社会关系网络分享或拥有的就业信息，链接给有相关需求的社区青少年。相较前几类，这种资源的个性化比较强。对因健康或社会功能障碍无法市场化就业的青少年而言，链接社区内就业岗位尤为重要。社工除了直接将资源传达给青少年外，还会将整合的信息以网络新媒体的方式进行传播，并告知青少年可以获取信息的平台，增加他们搜寻速度，节省搜寻成本。二是引导青少年构建自身的社会关系网络。社工会邀请社区青少年参与社区活动，如外出参访或志愿者活动，为他们提供朋辈互动及与社会互动的平台。一方面可以避免他们因失业而出现社会关系萎缩的问题，同时也能扩大他们社会网络的异质性和广泛性，改善社会网络；另一方面，志愿服务活动可以促进社区青少年彼此间联系，以及与社工的熟识和交往，从而构建情感性支持网络，避免失业问题恶化。

其二，提高资源动员与整合的能力。社工综融个案工作、小组工作、社区工作三大手法提高社区青少年资源动员效率，包括提高他们利用就业资源和动员社会资本能力，并直接作为社区青少年社会网络组成部分发挥社会资本效能。诸如，社工会开展提高社区青少年求职技能的小组和社区活动，邀请企业人力资源管理人员、成功就业人士等，为社区青少年授课，包括简历制作、求职技巧和求职模拟等，确保他们能有效利用就业资源。针对存在就业资源却不知道如何使用的社区青少年，社工会传授他们使用资源的办法，如获得招聘信息后应重点关注哪些信息，还可以通过哪些社会网络获取信息，如何使用这些社会网络。与此同时，社工是社区青少年就业过程中拥有的重要的社会资本。对于社会资本较为充裕的青少年而言，社工链接的资源只是补充性作用，但是人力资本或社会资本较低的社区青少年，社工动员社会资源具有重要意义。一是促进青少年和用人单位之间的相互信任，降低青少年因对信息不信任而拒绝求职的可能性和用人单位的用人风险，提高就业匹配效率。二是社工还可发挥实质性影响,承担用人单位和青少年双方协商的角色,促进青少年和用人单位进行磨合,匹配就业岗位。三是增强青少年就业的信心。对于社区青少年来说,社工链接的资源意味着某种"特权",即青少年在面试时可以获得优先权,更容易被录取。社工中间人的代理位置会增加他们被录用的信心,让他们在求职中保持乐观积极的态度。

(三)心理资本增进服务:情感支持与认知重构

社区青少年的心理资本障碍涉及自我效能感低、职业定位不准确、心理韧性不足等,通常伴随着较低的就业意愿或是长期失业境况。社工的首要任务是保持他们与社会的联系,通过开展娱乐康健活动或志愿者活动,让社区青少年重获生活和就业的希望,避免他们就业意愿不断下降,进而对社会参与产生排斥。社工提供心理资本改善服务时要同时关注人力资本和社会资本对心理资本的协同作用,帮助社区青少年探寻"如何做,怎么做"的方法。

其一,情感支持与自我效能增进。社区青少年低自我效能的直接诱因是他们应对就业受挫的社会支持不足,缺乏解决就业障碍的能力,产生负面的自我评价。面对自我效能较低,就业行动不足的社区青少年,社工通过言语劝说的方式促进青少年意识觉醒和改变,同时开展心理疏导和认知改变服务,为他们提供情感支持①。家庭是社区青少年的重要他人,能为他们提供情感关怀和物质支持,社工需要借助家庭力量开展服务。但是,部分家庭常因青少年的消极就业状态与沟通不畅问题和青少年发生争执,在其他生活事件摩擦下导致矛盾升级。如果失去家庭的支持可能使社区青少年丧失应对风险和压力的能力和勇气,转而自暴自弃。因此,社工还适时开展家庭治疗服务,改善家庭的沟通状态,促进家庭功能正常运转。社区青少年低自我效能由就业受挫的具体事件引发,仅靠言语说服难以造成认知改变,社工需帮助社区青少年重塑认知,提高自我效能感。一是协助他们体验成功经验获得新的自我认知,引发认知冲突从而解构他们低自我效能的认知。青少年社工会选择在就业外的其他领域提升社区青少年的自我效能感,譬如,动员青少年从事能力相适应的志愿服务,在完成志愿服务中发现自己的优点和能力,也间接培养他们的社会服务意识和责任感。二是提高社区青少年的工具效能,协助他们克服就业障碍。

① 倪赤丹:《社会支持理论:社会工作研究的新"范式"》,《广东工业大学学报(社会科学版)》2013年第3期。

为避免青少年因相同原因重复失业，需要借助人力资本和社会资本提升服务增加他们的就业能力和信心。三是以替代性经验增加青少年的自我效能。比如，邀请曾失业但成功就业的青少年参加小组和社区活动分享成功经验，并通过同质性的交往为社区青少年提供情感性支持。

其二，职业认知与积极就业观建构。社区青少年就业观念偏差表现为就业需求与人力资本不相符、职业规划不清晰，诱发他们频繁失业或长期待业。社工重塑他们就业观念时，既关注青少年个体就业观念和能力，也适时开展家庭服务，避免消极的家庭同化影响，塑造他们积极的就业观念。首先，社工会对社区青少年的职业规划目标和就业需求进行整合评估，了解他们的职业偏好和就业需求状况。如果社区青少年职业规划不清，社工会强化其过往的经验，如专业、工作经验以及兴趣等寻找相关的工作岗位，结合他们的就业需求帮助他们进行职业规划。除此之外，社工也会通过家庭资源帮助青少年理清就业方向，进行职业定位。家庭对于青少年就业支持至关重要，能较好地把握青少年的职业偏好，并督促其采取就业行动，思考就业方向。若是社区青少年具有职业偏好，但由于自身能力不足无法实现目标的情况。首先，社工会协助青少年重新进行职业规划。为他们提供就业机会进行受挫体验，譬如依据他们的职业偏好链接相关的招聘信息，澄清就业希望与现实的差距。其次，在他们明晰职业目标和就业期待后，帮助他们识别就业障碍与达成就业希望。同时，需要关注社区青少年的职业偏好是否受到家庭影响，适时介入家庭开展服务。为预防青少年就业观念偏差，社工还在职业学校为应届毕业生开展校社衔接适应工作，包括就业观念的指导、自我认识与规划、求职准备和面试技巧等职业生涯规划，帮助他们做好心理调适工作，并提供就业指导，避免他们因对就业的盲目理想化和对就业市场的不了解导致失业。

三、就业社会工作三维资本模式之反思

上海Y社会工作机构在“政府主导推动、社会组织自主运作、动员社会多方参与”原则倡导下获得发展契机，并探索出社区青少年就业的整合服务模式①。为解决社区青少年三维资本缺乏引发的就业障碍，社工整合三大工作

① 费梅苹：《“融和型”社区青少年社会工作服务模式探究》，《华东理工大学学报（社会科学版）》2005年第3期。

手法和社会资源,从人力资本、社会资本和心理资本三方面整体促进就业,但是这些服务仍存在一定局限。

(一) 人力资本服务体系的缺失与建构

人力资本提升服务包括链接人力资本提升的资源、直接服务等举措,Y 机构及相关的业务主管部门并未在实践中建立起针对社区青少年教育与培训的人力资本服务体系。既有的人力资本投入主要依附在人力资源与社会保障部门所提供的针对一般青年的就业培训及就业岗位的供给方面。针对社区青少年人力资本投入的有限资源过于依赖政府供给,容易受政府社会目标转变的影响,难以保障社工服务的持续跟进。以“阳光下展翅”项目为例,该项目在2012 年之后取消对中专教育的学费全额资助,社工便无法再链接免费的中专教育资源。上海见习计划的项目目标从解决社区青少年就业转变为优先解决高学历青少年的就业问题,提供给社区青少年的见习机会日益减少。此外,政府提供的职业技能培训与当前的职业教育面临相同的问题——培训落后于市场需求、缺乏实践机会,难以提升社区青少年的就业竞争力。社工提供社交康复服务时,本应遵循社会工作实务逻辑制定服务方案。但实际上,社工的服务具有偏向性,具有直接链接就业资源的“快速就业”特征,难以真正落实分类服务策略。这与社工实践服务中理论缺场和服务的专业性不足有关,特别是机构提供的督导聚焦社工整合资源和初级岗位匹配的能力,导致专业性支持匹配错位。为此,要攻克人力资本提升服务面临的实践难题,势必要构建有利社工提高专业能力的支持体系①。机构应当完善督导体系,借助外部督导力量,譬如高校社工专家或是组织外部其他资深的社会工作者,进行内外督导联动,促进督导教育功能的发挥和服务共同体的建构②。社会工作者应当秉持对社会工作专业和社工角色的伦理责任,自觉融合社会工作理论和实务经验,发挥政策倡导与专业陪伴的能力,倡导政府与社会在社区青少年就业人力资本方面的投入及人力资本服务体系的建构。

(二) 社工及机构社会资本的限度与拓展

社工力图拓展社区青少年的社会网络结构,增强他们资源动员能力,以弥补他们人力资本存量不高和劳动力市场的匹配效率缺陷,从而促进就业。但

① 洪佩、费梅苹:《社区青少年社会工作专业化建设中的问题与反思——以上海市 Z 机构的个案服务为例》,《社会工作》2014 年第 4 期。

② 彭善民:《上海社会工作机构的生成轨迹与发展困境》,《社会科学》2010 年第 2 期。

是，机构链接和拥有的社会资源少，社工链接给社区青少年就业资源过度依赖于政府和团委系统有限的行政资源，并且这种行政性资源在传递过程中亦会受到诸多限制。就业资源通过市社工总社——区社工站——街道社工点，层层传递的形式转移到社区青少年手中，增加了资源获取的难度，也产生了及时性不够、准确性不足的问题，限制了岗位匹配效率。而且，社工提升社区青少年资源动员能力的服务受到政府购买社工服务的制度性安排影响。社工若要开展活动需要先向业务主管单位进行申请，获得审批之后才能开展活动，自主性弱。此外，社工还需要通过挂靠政府获得开展活动所需的诸如场地、物资、经费等物质性资源，有时还需要借助相关主管单位的名义获取服务对象和利益相关者的信任。总之，诸多资源限制阻碍了社工提供服务的可能性，若要改变资源依赖现状需要社工提高自身的社会合法性，实现多渠道资源汲取①。社工既要以服务实践获致社会认可，改变公众对社工的认知阻隔，获得公众信任。也需要通过宣传倡导的方式增加公众对社工的积极认知，把握青少年社工节、社区活动和社会服务的契机，谋求建设助推社会工作发展的良好社会环境，推动社会各界对社工的认可和支持。

（三）心理资本重建中的行政牵绊及突围

心理资本存量不足除了会引发低就业意愿和行为外，还常常伴随着长期失业的特征。这类社区青少年是社工服务的“老大难”对象，需要社工具有较强的专业性和较多的服务精力去干预。但是，社工面临多重工作任务，社区青少年仅仅是社工服务的四十几类服务事项之一，他们还承担社区、学校和司法领域内的困境儿童、涉罪未成年人的帮扶服务。而且，多头管理下社工还要承担各区县政府、街道以及各级共青团下派的行政任务，社工行政性事务繁重，使其缺乏深入探索有效服务和提高专业性的行动。心理资本缺失并不单纯由个体能动性不足引发，还受到社会变迁的影响，与时代议题紧密相连，需要对社会结构性问题进行回应。Y机构在政府职能转型背景下，通过承接公共服务获得发展空间，社工的服务功能不断被强调，而政策反馈与倡导、咨询和研究等宏观干预的功能则被忽视。过度聚焦个体责任和个人层面的干预无法改变社区青少年失业的群体性问题和他们的不良境遇，难以实现助人自助的服

① 陈晓蓉：《制约与拓展：政府购买服务下社工机构的发展困境及应对策略——以社会救助为例》，《山东行政学院学报》2019年第6期。

务目标。青少年社工尚需加强对阻碍社区青少年就业的社会问题的及时回应,如劳动力市场不完善和制度性阻隔、工作贫困、价值信仰缺失等,把握社区青少年社会参与和发展的需求,树立社区为本的服务理念。同时,社工应当推动社会政策议程的完善和社工政策参与机制的建立,发挥研究者和倡导者的角色,倡导公平正义的价值理念,呼吁社会各界共担青少年发展的社会责任。

Exploration on the three-dimensional capital model of community youth employment and social work

Abstract: Employment is the foundation of people's livelihood. Youth employment is especially related to social stability and development. Y social work organization was established in Shanghai in 2003 to explore the employment and social work services for community teenagers who are "out of school, unemployed and out of control" for the first time in China. The study found that the lack of human capital, social capital and psychological capital of community adolescents will lead to employment barriers. Based on this, the social workers of institution y carry out classified services for capital reconstruction for community teenagers, including human capital improvement services such as link ability improvement resources and social training; Social capital cultivation service to expand social network and improve resource mobilization ability; Improve the social support network, improve teenagers' self-efficacy, reconstruct their professional cognition and employment view, and use social learning and peer group effect to reshape resilience capital and other psychological capital to improve services. Although the employment social work service model from the perspective of three-dimensional capital can comprehensively and quickly respond to the employment needs of community teenagers, it focuses too much on their lack of capital, which makes the service easy to fall into the situation of lack of perspective and resource dependence.

Key words: Three-dimensional Capital; Community Youth; Employment of Social Work

作者简介:陈晓丽,上海大学社会学院博士研究生;彭善民,上海大学社会学院教授,博士生导师。

临终关怀服务的本土实践与社会化服务体系构建

雷海波

摘 要:临终关怀是一项特殊的公共卫生服务,也是衡量社会文明程度的重要尺度。近年来国内临终关怀事业已有重要起步,实践层面逐渐发展出基金会支撑的宁养院模式、公立医院的舒缓模式、基层卫生服务中心的疗护模式、社会组织的关爱模式。但因临终关怀服务的政策支持体系不健全、临终关怀社会认知及社会支持十分有限,导致临终关怀的服务质量及可持续发展面临严峻挑战。随着我国人口老龄化的加剧、疾病谱的转变以及家庭养老功能的弱化,社会对临终关怀服务的需求愈发强烈。政府主导、社会多方参与的临终关怀社会化服务体系构建系大势所趋。

关键词:临终关怀 实践模式 社会化服务体系

临终关怀是指对无治愈希望的患者,在其生命晚期提供姑息护理、心理疏导、社会支持等整体性临终照护服务,以提高患者的生命尊严与质量,也包括对患者家属进行心灵慰藉、丧亲辅导等。“临终关怀”(Hospice Care)一词也被翻译成“姑息治疗”“舒缓疗护”等。从临终关怀服务实践上看,临终关怀起源于英国圣里克斯多福医院,最早由英国护士桑德斯提出,并于 1967 年创办了世界上第一所临终关怀机构,成为世界临终关怀机构的典范,一度在世界 60 多个国家和地区掀起临终关怀运动浪潮。国内临终关怀起步于 20 世纪 80 年代,以 1988 年成立的天津医学院临终关怀研究中心为标志。1990 年代以来,政府层面陆续出台了系列临终关怀服务的相关政策。1994 年的《医疗机构诊疗科目名录》首次提出临终关怀科作为卫生行政部门核定医疗机构的诊疗科目可以进行登记注册。2001 年的《护理院基本标准》规定护理院必须设立临终关怀科，并增设患者家属陪伴室。2006 年《城市社区卫生服务机构管理办法（试行）》规定有条件的医疗机构可登记建立临终关怀科。2011 年《中国护理事业发展规划纲要（2011—2015）》首次提出除老年病、慢性病外，还要将临终关怀纳入长期医疗护理范围。2012 年《中华人民共和国老年人权益保障法》鼓励为老年人提供临终关怀服务。系列法规政策为临终关怀事业的发展提供了重要的指引和支持，近年来临终关怀机构有了大幅增长，逐渐发展出多元服务模式。

一、临终关怀服务模式的本土实践

中观层面从不同类型的服务主体及其各自服务特色的角度出发，可将既有的临终关怀模式概分为以下四种类型，即基金会支撑的宁养院模式、公立医院的舒缓模式、基层卫生服务中心的疗护模式和社会组织关爱模式。

（一）基金会支撑的宁养模式

国内宁养院大多由李嘉诚基金会创办，服务模式主要以居家服务为主，辅以门诊服务、电话随访、社工支持等，旨在免费上门为贫困癌症患者提供居家医疗护理、心理舒缓、生命伦理等方面的照护，并对家属进行护理指导和悲伤抚慰。1998 年，李嘉诚基金会在汕头大学第一附属医院建立起国内首家宁养院。为惠及更多的贫困癌症患者，基金会于 2001 年正式启动实施“人间有情”全国宁养医疗服务计划，与全国各地的大型医院合作设立宁养院，资助临终关怀服务的开展。截至 2021 年上半年，李嘉诚基金会在宁养领域累计捐款预算逾 8.5 亿元人民币，每年捐资约 5 760 万元人民币，前后共资助 40 余家医院成立宁养院，分布于全国 29 个省市（自治区、直辖市），年服务患者约 1.6 万人，发展宁养义工超过 2.1 万人。[①]李嘉诚基金会支撑的宁养院着实使我国不少贫困癌症患者群体及其家庭大为受益，有效地提高了贫困癌症群体的生存质量，同时还积极推动了国内姑息医学学科的建设和宁养服务的发展。宁养院成功探索的以家居服务为重点的临终关怀服务模式在 2011 年曾获选为国家民政部“中华慈善奖——最具影响力慈善项目”，2019 年获中华护理学会安宁疗护专业委员会授予“安宁疗护护理人才培养贡献奖”。尽管如此，宁养院模式在我

① http://www.hospice.com.cn/project_intro.aspx 李嘉诚基金会官方网站。

国还没有得到广泛的推广和使用，宁养院的数量和规模仍然有限，且各地宁养服务的发展水平也很不平衡。由于服务人员数量与专业服务能力、设施配备不足等硬性条件限制，被服务覆盖到的贫困患者只能得到基本的姑息护理和情绪疏导服务，而其社会功能修复及资源链接需求难以保障。

（二）公立医院的舒缓模式

公立医院的舒缓模式是指公立专科或综合性医院独立设置临终关怀病房或舒缓疗护科室，充分利用医院内现成的医护资源，由医护人员及其他专业人员为临终者及其家属提供全方位的照护，如上海复旦大学附属肿瘤医院的舒缓治疗科、四川大学华西第四医院的姑息关怀科、昆明市第三人民医院的关怀科等。与其他临终关怀服务模式相比，公立医院的舒缓模式初创难度低、投资成本低，可以直接利用医院内现有的医疗卫生资源，是我国目前临终关怀服务的主要模式。然而，公立医院的临终关怀病房相对于医疗技术要求高且能为医院带来创收的其他科室而言，通常入不敷出，经济效益低，在医院科室中处于边缘地位。公立医院负责人普遍认为具有强公益性特征的临终关怀服务难以创收，运营不善会成为医院负担，不少的医院认为临终关怀科的设立没有必要。公立医院舒缓疗护病房的服务提供者亦多由其他科室的医护人员调转或共用，也由此导致了医院临终关怀队伍建设缺乏规范性，服务专业性不强，服务质量难以保证等问题。

（三）基层卫生服务中心的疗护模式

基层卫生服务中心主要是以基层社区为依托，指在社区卫生服务站或一级社区医院开设临终关怀病房，如康宁或舒缓疗护区。2012 年上海市卫计委下发《上海市社区卫生服务中心舒缓疗护（临终关怀）科基本标准》通知，同时在全市 17 个区县的 18 家社区卫生服务中心开展临终关怀试点，规范了以社区为单位的临终关怀。2014 年，上海市又将原来的 18 家社区卫生服务中心拓增到 61 家，成为全国以基层社区卫生服务中心为依托提供临终关怀服务的典范。对基层卫生服务中心而言，舒缓疗护模式优化了社区卫生服务资源的利用率，提高了社区医院的社会效应，也在一定程度上缓解了大型医院无法为晚期姑息治疗患者提供长期护理的压力。同时，对临终患者及其家属而言，在社区医院中接受临终关怀服务更是一种折中和双赢的举措，可以平衡患者及其家属的心理①：既避免了无法承担大型医院高昂费用的尴尬，又不至于选择

① 钟华：《我国临终关怀的现状及其发展探索》，《中国全科医学》2008 年第 4 期。

没有医护支持的居家临终,甚至被扣上“不孝”的头衔。虽然此类模式具有显著的优势,但也存在某些制度性的困境。临汾社区卫生服务中心作为上海市首批临终关怀病房试点的社区医院,在实地观察和访谈中,该中心生命关怀研究负责人表示社区医院在为临终患者及其家属提供服务的过程中,还会遇到临终关怀服务心理评估费和护理费未纳入医保、物价不核价、麻醉药使用审批程序复杂等诸多问题。

(四) 社会组织的关爱模式

社会组织的关爱模式指社会组织在公益创投、公益基金会、政府购买服务的支持下,通过心理咨询师、社会工作者、志愿者等专业人士与医院、学校、社区等方面联结,整合各种社会资源,共同为临终者及其家属提供全人关怀服务。成立于2008年的上海浦东新区手牵手生命关爱发展中心是国内首家倡导临终关怀服务的社会组织,坚守真诚、尊重、勇敢、开放、担当的价值观,致力于改善临终阶段的生命品质,提升应对死亡哀伤的能力,推动临终关怀事业的发展。它以与医社校的协同模式、建立社区大重病家庭互助会以及创建4D生命体验馆的三种独具特色的临终关怀工作开展方式获得了社会的关注和好评。成立于2012年的北京十方缘老人心灵呵护中心是在北京市民政局注册的社会服务机构,志在为全国4 000万临终老人提供专业的心灵呵护服务,缓解临终老人的死亡恐惧,是一家在临终关怀领域具有较大社会影响的社会组织。社会组织的关爱模式是我国临终关怀服务事业在社会参与层面的重要补充,无论是在政策制度还是服务实践方面都为我国临终关怀服务的发展提供了新的动力源泉。但同时也面临着资金筹集难题,由于临终关怀社会组织的基本生存依靠基金会、政府购买来维持,组织的自我造血功能及可持续性运营能力有限。

二、临终关怀服务实践困境的成因分析

如上所述,当前国内临终关怀主要的四类实践模式普遍存在经费短缺、服务供给有限、供不应求、且服务质量一般等实践困境。困境成因可从以下两方面做一探析。

(一) 临终关怀服务的制度化水平较低及政策支持体系不健全

临终关怀事业在西方发达国家及我国港台地区的繁荣发展,主要得益于临终关怀服务相对健全及完善政策体系。英国国家卫生机构以税收提供

32%的安宁疗护支出，其余透过鼓励企业及个人捐款、遗产捐赠、发行彩券、补助、义工及医院销售相关商品的利润支应。英国的黄金标准架构为生命末期照护工作者提供卓越的训练，以确保有更好的生活及护理认证标准。美国1982年修正《社会保障法》，建立了安宁疗护医疗照护保险，并纳入《税收及财政责任法》。1991年美国国会还专门通过了《病人自主权利法》。大多数安宁疗护机构都有经过医疗保险及医疗补助服务中心认证，有关安宁疗护的费用主要由医疗保险负担，部分由医疗补助及私人保险负担。日本2000年施行的《介护保险法》，鼓励被保险人在有能力自理的情况下居家疗养。医疗法、健康保险法都以抑制医疗费用、支持早期出院或者是削减医院病床来鼓励民众居家医疗或居家疗护。2007年日本发布实施《癌症对策基本法》和《癌症对策推进基本计划》，并配有临终关怀与姑息照护领域的详细指导手册。①

近年来尽管国家和地方出台了不少推动临终关怀服务发展的政策，但相对于临终关怀发达国家和地区而言，现有政策的制度化水平较低，且体系感不强。“临终关怀服务”政策呈现出碎片化，模糊化、覆盖率低等消极特征。政策的碎片化主要表现为，相关政策通常寄居于重大政策之下，甚至仅以零星的字眼呈现，而尚未建立起临终关怀服务专门性、系统性和连续性的制度，因此在一定程度上未能受到政府相关部门和社会各方面的重视。临终关怀政策的初步探索多由问题或事件倒逼而成，应急性较强，缺乏较高的系统性顶层设计。例如上海2012年将临终关怀纳入政府实事工程的政策出台，系因一位大学教师的父亲患癌而无奈辗转于各大医院的事件为导火索。以2006年的《城市社区卫生服务机构管理办法(试行)》为例，该办法规定“有条件”的社区卫生服务中心可以登记建立临终关怀科，而针对“有条件”这一模糊性的表述并没有设置具体的衡量方法，如硬件或软件条件应当达到何种标准，导致一些社区卫生服务中心对于是否设立临终关怀科问题一直处于观望的状态。②此外，临终关怀服务多局限在一线城市或经济相对发达的沿海城市，二三线城市及农村的临终关怀服务则鲜见覆盖。

(二) 有限的临终关怀社会认知及社会支持

临终关怀事业的发展与人们对于死亡的认知及态度息息相关，个体与社

① 胡哲豪:《安宁疗护政策在欧美及亚洲国家(地区)的实践和研究综述》,《人口发展》2019年第6期。

② 邓帅、李义庭:《我国临终关怀医疗服务相关政策的现状研究》,《中国医学伦理学》2015年第6期。

会对死亡的认知水平或对死亡权利和义务的认知水平有限,直接影响到社会对临终关怀的接纳与支持。早在 1976 年美国就通过了“自然死亡法案”,规定患者可以选择不使用生命支持系统而自然死亡。此后,美国又通过确立“生前预嘱”制度,允许人们在健康或意识清楚时通过回答或签署文件,说明在无法逆转的生命临终期选择或拒绝哪种医疗手段,如是否进行心脏电击、插管治疗等。中国至今尚未从国家政策层面形成正式的“生前预嘱”法律文件。尽管北京于 2011 年成立了生前预嘱推广协会(LWPA),呼吁“将死亡的权利还给个人”,但其注册会员和订立“生前预嘱”人员的为数不多,且主要集中在上海和北京等经济发达的特大城市,尚未引起社会大众的广泛关注,社会影响力度颇小。美国等西方的个人主义文化认为,个体有权利决定自己的生死,中国的家庭主义则认为,个体在相当程度上是属于家庭的,不应该做出选择死亡这种完全个人主义的决定。[①]因此,中国人在“爱”和“孝”的名义下,容易丧失选择死亡的权利。从国内学者对恶性肿瘤患者、医护人员的死亡和临终关怀认知调查的结果来看,文化程度较高者的死亡认知水平在一定程度上有所上升,但社会大众的整体认知水平依然有限,临终关怀服务的社会支持不足。临终关怀发达国家尽管有医疗保险作为服务支付的基础,同时慈善组织、志愿者捐助和社区支持为辅的多样化筹资方式为临终关怀的可持续性发展提供了强有力的支持。[②]当前国内的临终关怀服务主要有赖于政府财政的支持性给付,基金会、红十字会、福利彩票捐助等社会参与及支持力度不足,导致临终关怀服务的资源短缺,尤其是对于从事临终关怀服务的社会组织而言,经常陷入项目短缺、服务经费匮乏的困境。

三、社会化临终关怀服务体系建构

临终关怀是一项特殊的公共卫生服务,是生命尊严践行与社会文明养成的社会表征。既有的卫生健康体制内的服务体系探索可谓卫健委主导与医院或卫生服务中心执行的体内循环,而此等体内循环会面临激励障碍与动力不足。临终关怀并非单纯是一个医学领域的问题,还涉及政治、经济、宗教和伦

① 刘长梅、尚永梅、焦春红等:《论死亡的尊严与权利——以癌症病人自杀现象为例》,《医学与哲学》2014 年第 3 期。

② 滑霏、徐燕、袁长蓉:《中美临终关怀计划相关政策的比较研究》,《解放军护理杂志》2008 年第 4 期。

理等方面，其发展更有赖于政府、卫健组织、医疗机构、社会组织、大众等多元主体的协同合作①。回应当下临终关怀服务的现实需求及实践困境，需要积极构建社会化临终关怀服务体系。

(一) 政策层面的顶层设计与政府主导机制优化

社会福利的总体性质、存在形式、供给方式等都受到政府的显著影响，政府是唯一拥有权力和资源并代表公共利益开展广泛的综合性行动的社会机构②。政府的这种权威性、代表性和拥有绝对性的优势决定了政府在我国社会化临终关怀服务体系的构建中起主导作用。临终关怀服务作为我国医疗卫生保障事业中一项重要的内容，符合中国国情和广大群众的利益，有助于解决老有所养、老有所医的社会问题，体现了党和政府对民生问题的关心。为推进国内临终关怀服务体系的建设，须将临终关怀服务纳入国家医疗卫生服务规划和社会养老服务规划，结合实际需要，进行合理安排③。临终关怀作为人的生命全过程末梢的服务，有主张制度层面的顶层设计，可以探索卫健委内设独立的临终关怀服务部门或机构，突出对临终关怀服务的重视、便于临终关怀服务的专门化管理、利于实践部门间的协同合作。④

从横向上看，政府既要转变“包办”的传统供给观念，构建和创新多元化的供给格局，与卫健委、医疗机构、社会大众通力协作，共同为临终者及其家庭提供全方位的关怀。同时，又要避免过度市场化倾向的问题，明确规定市场在临终关怀领域所提供服务的范围，把握和牢固政府在服务供给中的主导地位。从纵向上看，“分级自治、垂直管理”的公共产品供给模式决定了我国临终关怀服务由基层政府直接提供，而基层政府的财力不一，可能会出现财力不支而阻碍临终关怀服务的正常供给，需要国家层面加大临终关怀服务的供给力度，降低因地方财力不支而无法提供服务的几率，保证不同区域、不同群体均能享受到临终服务，提高服务的效率。

政府主导机制的优化方面，首先，政府需建立和健全临终关怀服务的经费

---

① 杜冰莹、荀臻臻、芦方颖：《上海市临终关怀事业现状调查》，《中国医学伦理学》2016 年第 2 期。

② 赵德余、梁鸿：《政府在社区卫生服务发展中的角色与作用：上海的经验》，《复旦学报》(社会科学版)2011 年第 5 期。

③ 王星明、王艳华：《老龄化背景下推进我国临终关怀体系建设的若干思考》，《辽宁医学院学报》(社会科学版)2016 年第 5 期。

④ 马红鸽、席恒：《卫计委介入老年人临终关怀服务问题研究》，《西北大学学报》(哲学社会科学版)2016 年第 3 期。

划拨机制,既要适当加大直接投入服务经费的力度,又需向服务供给主体和消费主体开放更多的财政优惠政策。一方面,政府可以在税收、医疗用地等方面为医疗卫生服务提供各种类型的财政优惠政策,协助临终关怀医疗机构开源节流,把更多的机构资金投入服务使用、专业人员的能力建设以及社会推广中,多渠道解决临终关怀服务的资金匮乏问题。另一方面,鉴于海外将临终关怀服务纳入医保体系从而减轻患者经济负担和心理负担的有效经验,我们也可以结合国情,试将临终关怀服务的部分费用纳入医保支付体系。其次,完善和优化政府主导机制,需要充分发挥临终关怀行业协会或行业性、支持型社会组织的功能,加强临终关怀服务行业规范和标准的制定,建立和健全临终关怀机构的管理机制、监督机制、临终关怀人力资源的培养和培训机制。诸如建立临终关怀护理、临终关怀社会工作者的职业资格鉴定、认证和继续教育体系。将临终关怀纳入基本医疗卫生服务体系的统筹规划,建立临终关怀从业人员的补偿机制,积极解决编制问题,适当提高从业人员的薪资待遇。①

(二) 参与式赋能:临终关怀专业社会力量的培育

临终关怀社会化服务体系构建的关键在于社会服务主体的培育。参与式赋能是临终关怀社会服务主体培育的重要方向和路径。首先,积极开拓临终关怀服务社会化融资渠道,让社会力量更大程度地参与到临终关怀服务领域。服务主体的培育和赋能建立在充足的经费基础上,政府部门通过委托方式在加大对公立医院、福利机构等临终关怀事业单位投入的基础上,还需建立和完善政府购买临终关怀社会服务的制度及体系,诸如在政府公益创投领域可以设置临终关怀专项基金,依托社会组织服务中心,优先培育孵化临终关怀社会组织或服务项目。此外,在临终关怀社会融资方面,一方面可以借鉴企业参与提供传统上由政府单独提供公共服务的 PPP 模式,通过引入市场机制,建立私营企业与政府合作模式,即由政府让渡经营权、招标和出资,医院、养老院、独立的临终关怀机构等中标单位负责融资、经营及产业化拓展,为临终关怀事业的可持续发展提供动力和支持。②另一方面,积极倡导基金会设立临终关怀服务专项基金,资助从事临终关怀服务的优秀工作者、回应社会现实需求的创

① 李义庭、李骥、邓帅:《关于我国临终关怀事业发展政策保障的思考》《中国医学伦理学》2013 年第 8 期。

② 管素叶:《中国临终关怀事业走出困境的有效路径探析——基于社会和市场视角》,《医学与哲学》2011 年第 2 期。

新性项目等。

其次，临终关怀服务人员的参与式赋能。通常而言，临终关怀服务人员可以分为专职的从业人员和非专职的专业志愿者。专职的从业人员涉及临终关怀的医护人员、营养师、社会工作者、心理咨询师等。临终关怀实践过程中需要组建专职人员与志愿者的服务共同体，两者相辅相成。临终关怀专职人员在长期的服务过程中容易产生死亡饱和或职业倦怠，经由专业培训的志愿者可为专职人员提供多方面的心理社会支持，有助于缓解专职人员的工作压力和心理负担。有研究显示，国外发达地区临终关怀服务团队的志愿者占工作人员总数的30%—50%。①与此同时，志愿者在与专职工作者的接触和互动过程中，也容易学习到专业的服务技术，进而提升服务能力。临终关怀服务起源于医学领域，但同时也是以多学科、多专业交叉形成的边缘性领域，为此，高质量的临终关怀服务需要组建跨专业、跨学科的、多元开放的服务团队或共同体。成功的临终关怀服务共同体构建过程中，社会工作者往往是不可或缺的黏连者、催化剂，也是临终关怀"身心灵社"服务空间的营造者。②强调接纳、沟通、助人自助、人在情境中的社会工作专业亦是临终关怀人员赋能的重要方法或工具。

（三）死亡教育创新与临终关怀服务氛围的营造

临终关怀既是善终服务也是生命教育。生与死是一体两面，死亡的品质也决定了生命的品质。③现代社会对生命品质的重视使得临终关怀的发展越来越重要。现代临终关怀的产生，是提高临终患者死亡品质的实践。它通过减轻生理上的疼痛，抚慰患者面对死亡的恐惧和孤独，从而提高生命质量。世界卫生组织与世界临终关怀联盟都将死亡教育作为评估社会死亡质量的基本维度。较低的死亡质量意味着病人临死前会经历极度痛苦并缺乏尊严。在中国社会文化环境中，公民死亡教育缺失，人们囿于传统观念，不仅忌讳死亡，而且将死亡污名化，缺乏对死亡和死者的尊重。④正是在这种情况下，中国终末

---

① 曹文菁：《老龄化背景下的临终关怀问题研究》，西北师范大学硕士学位论文，2015年。

② 薛立勇、曹庆：《何处安心是吾乡——临终关怀机构的空间分析》，《华东理工大学学报》(社会科学版)2014年第9期。

③ 陆杰华、张韵：《转型期中国死亡社会学的思考：现状、进展与展望》，《中国特色社会主义研究》，2015年第6期。

④ 陆杰华、张韵：《健康老龄化背景下中国老年人死亡质量现状及其对策思考》，《河北学刊》2018年第3期。

期病人中过度治疗现象突出,不但浪费许多医疗资源,更是让病人徒增痛苦,尊严尽失。社会大众对传统死亡观的转变是我国开展临终关怀服务的基础。国外发达国家和港台地区的死亡教育相对成熟,如英国的“死亡事件项目”、美国的“对话项目”、香港的“濒死体验项目”都试图通过社会宣传和死亡教育引导大众有意义地看待死亡,坦然面对死亡。

死亡教育能够有效提升受教育者的死亡应对能力,构建社会化的临终关怀体系需要社会积极倡导死亡教育的创新,引导社会大众的参与。中国传统文化对死亡的忌讳,影响到死亡教育的开展。死亡教育的实质是生死学去向的生命教育,既有的生命教育鲜少将生命本位作为教育目标,缺少人生态度的教育和缺少对死亡质量的关注。为此,我国宜早将死亡教育纳入国民教育体系,可因地制宜在借鉴海外成功经验的基础上采取单列课程模式和融入课程模式。[①]此外,在学校教育体系之外,可探索社会组织主导的死亡教育的社会教育体系。近年来作为国内临终关怀社会服务开路先锋的上海手牵手生命关爱中心在全国各地开展个体自由参与的“死亡咖啡馆”在死亡教育方面有不错创新,在临终关怀行业产生一定影响。有如手牵手生命关爱中心负责人所言,死亡教育的创新发展,实际上也是在为未来的临终关怀培育服务对象及志愿者。

结 语

临终关怀是一项特殊的公共卫生服务,也是衡量社会文明程度的重要尺度。自20世纪80年代以来,伴随临终关怀政策的出台,临终关怀机构及从业人员的扩增,国内临终关怀事业已有重要的起步与发展。与此同时,随着我国人口老龄化的加剧、疾病谱的转变以及家庭养老功能的弱化,社会对临终关怀服务的需求愈发强烈。既有的临终关怀服务政策的层次较低,社会服务供给十分有限,服务的可持续性面临严峻挑战,且服务质量亟待提升。政府主导、社会多方参与的临终关怀社会化服务体系构建是未来临终关怀事业可持续与高质量发展的趋势。

① 王云岭:《死亡教育纳入国民教育体系探究》,《科学与社会》2020年第3期。

The local practice of hospice care and the construction of socialized service system

Abstract: Hospice care is a special public health service and an important measure of social civilization. In recent years, domestic hospice care has taken an important start. In practice, it has gradually developed the nursing home model supported by foundations, the relief model of public hospitals, the treatment model of primary health service centers, and the care model of social organizations. However, due to the imperfect policy support system of hospice services, limited social awareness and lack of social support for hospice care, the service quality and sustainable development of hospice care are facing severe challenges. With the intensification of the aging in our country, the shift of disease spectrum and the weakening of family care functions, the society's demand for hospice services has become stronger. The construction of a socialized service system for hospice care led by the government and multi-party participation of the society is the general trend.

Key words: Hospice care; Practical model; Socialized service system

作者简介:雷海波,上海商学院文法学院社会工作系讲师、博士。

旅游治理层次性经验研究:价值、模式与进展[①]

周利方

摘　要:全球与区域层面、国家及地区层面以及旅游社区层面的治理,是旅游治理的三个不同层次,可以从治理主体、内容和范围等要素来进行识别和界定。全球与区域层面的旅游治理着重于目标价值引领,通过指导性文件,从全球或区域层次推动合作,多元协作是主要的特点;国家和地区层面的治理,是主权范围内的治理,行政指令和主权国家政策法律发挥重要作用,呈现出不同的治理模式;旅游社区治理是目的地微观层面,强调以地方性为基础的可持续性和包容性发展。旅游治理层次性及其共性的经验研究,有助于增强旅游治理的自觉性和目的性,有助于实现旅游与人类的良性互动和可持续发展。

关键词:治理层次性　价值引领　中国模式　可持续与包容性发展

全球旅游业的迅速发展及其引发的各种问题导致的不可治理性,逐渐成为旅游研究的重要议题。治理是一种制度性及技术性建构而成的引导过程(Guidance process),即基于原则、规范、程序和具体实践,通过集体决策确定共同目标,以及通过协调和合作确保既定共同目标的实现。治理理论作为一种应对框架,旨在重新调整传统国家、政府角色之间的紧张关系,以解决资本主义国家的福利国家危机以及发展中国家的经济增长危机。因此,作为一种重

① 本文为上海市哲学社会科学规划一般课题“社会资本视角的旅游发展型社区治理研究”(2019BSH007)的阶段性成果。

新定位国家与社会、政府与社会组织之间的政策诉求，首先在政治学、行政学和管理学等领域得到广泛的讨论，迅即成为学术界理论探讨与各国实践探索的热点问题。治理涉及实施主体、行为方式以及与之相适应的制度安排。治理理论的渐趋成熟和丰富的实践探索为旅游治理提供了基础。旅游治理可以从不同层次来进行分析，全球与区域层面的旅游治理是地方旅游治理的外部环境，地方旅游治理以全球治理中的人类整体和共同利益为价值导向。国内旅游治理主要目标在于旅游政策法规制定和执行、行业规范的完善和遵守、旅游产业的有序发展等方面。旅游过度开发导致资源被破坏，旅游发展及大规模人口流动对目的地经济、环境和社会文化负面影响加剧，旅游研究从旅游开发的视角转向对旅游目的地社区本身的研究。旅游目的地社区功能完善、包容性与可持续发展作为实现治理的基础，是社会治理的重要构成部分。旅游治理日益多层次、多线条推进，呈现出更加丰富的图景。

一、全球与区域层面旅游治理：价值引领与多元协作

根据世界旅游及旅行业理事会（WTTC）年度研究报告，2019 年旅行和旅游直接、间接和衍生影响，对全球 GDP 的贡献达 8.9 万亿美元，占全球 GDP 的 10.3%，提供了 3.3 亿个工作岗位，全球每 10 个工作中有 1 个从事旅游业，游客出口贸易达 1.7 万亿，占全球出口贸易的 6.8%，占全球服务出口 28.3%，投资总额达 948 万亿，占全部投资的 4.3%。①与全球性问题相联系，当前世界旅游业发展也受到经济全球化、环境污染、目的地的地区冲突、民族冲突、宗教冲突、经济增长低迷、社会不安定等因素的影响。由于各国经济社会发展状况、旅游资源禀赋差异、对外贸易交流发展水平以及各国政治环境相殊等等，导致世界各国旅游发展呈现出不平衡、不协调的状态。因贸易保护而采取的各种限制性、逆全球化措施，也严重影响到国际旅游服务贸易，全球与区域旅游治理问题日益突出。全球与区域层面的旅游治理是指世界范围或主权国家及文化相似、地理位置接近的区域国家之间范围内的治理，主要在于国际性旅游组织

---

① https://wttc.org/Research/Economic-Impact，检索日期：2021-1-26。根据世界旅游及旅行业理事会（WTTC）与牛津经济研究院（Oxford Economics）共同对疫情带来的旅游经济影响研究结果显示，截至 2020 年 11 月旅行和旅游工作岗位流失达 1.42 亿，旅游 GDP 损失达 3.815 万亿。但是，根据最新分析，WTTC 最乐观的估计 2021 年将有 1.11 亿个岗位得到恢复，保守估计也将达 0.84 亿个，旅游经济贡献仍将达 6.5 万亿美元。https://wttc.org/Research/Economic-Impact/Recovery-Scenarios 检索日期：2021-1-26。

通过目标价值引领,促使旅游发展生态可持续、国际及区域协同与规范性发展。

(一) 倡导绿色生态推动旅游发展可持续

现代化向后现代化转向过程中,可持续发展从资源生态逐渐向其他领域渗透,发展的可持续性成为人类生存的基础性共识,绿色、生态旅游理念是对这一问题的积极回应。国际性旅游组织开始倡导生态理念,以此引领推动人类生存与旅游业协调发展。1983 年世界自然保护联盟(IUCN)首先提出"生态旅游",国际生态旅游协会(TIES)将"生态旅游"阐释为"保护自然环境和维护当地人民福祉双重责任的旅游活动"(TIES, 1993)。20 世纪 90 年代初,世界旅游组织(UNWTO)开始推动使用可持续旅游指标,作为目的地政策制定、规划和管理程序的必要手段。为了把握全球旅游可持续性发展状况,2004 年世界旅游组织启动全球旅游可持续发展观测点监测项目,在全球范围内选择典型目的地进行旅游影响监测,监测内容包括旅游目的地社会文化、经济发展、环境保护等多个方面。2010 年以来,该组织已在中国广西阳朔、湖南张家界、安徽黄山、新疆喀纳斯、成都、河南和西双版纳等地设立了九个观测点。同时,全球旅游发展在多个方面采取应对策略:旅游目的地环境建设方面,推动各国重视对自然资源、人文资源和生态环境的保护;旅游主体性建设方面,引导旅游经营者和旅游者积极履行社会责任、环境责任,减少旅游活动对自然、人文和生态环境的负面影响;缩减全球旅游发展不平衡方面,联合国大会将 2017 年定为"国际可持续旅游发展年",致力于推动发达国家增加发展援助和贸易促进援助,提升最不发达国家旅游业发展能力,引导发展中国家将减贫目标纳入旅游政策,提高旅游业对青年、妇女、土著居民和弱势群体就业吸纳能力,确保贫困和边远地区共享旅游发展机遇和成果。

(二) 实施合作计划推动国际及区域间协作

世界旅游组织加强与各个国家的联系与合作,推动各国共享旅游发展机遇和经验。例如,2015 年中国与联合国世界旅游组织签订了《中国国家旅游局与联合国世界旅游组织 2015—2017 三年合作计划》。根据合作计划,2015 年到 2017 年,双方在促进旅游可持续发展、加强相互人员交流、联合举办培训班等方面开展深度合作,共同促进全球旅游业的发展。联合国世界旅游组织与中国共同举办首届丝绸之路旅游部长会议暨第七届联合国世界旅游组织丝绸之路旅游国际大会、世界旅游城市市长论坛、旅游趋势与展望国际论坛等一系列重要活动。2021 年起,中文正式成为联合国世界旅游组织官方语言。中国旅游业在蓬勃发展的过程中,创造了很多具有全球推广意义的发展经验。许多国家和地区非常重视中国政府主导推动旅游业发展的模式所取得的成就。联合国世界旅游组织把该组织与中国的合作作为国际合作的典范,通过区域国际间的合作推动全球旅游治理。为应对新冠肺炎疫情对全球旅游业造成巨大冲击,世界旅游组织发布行动框架建议,旨在帮助各国减轻危机对旅行和旅游业的直接影响、刺激复苏,指导旅游长期发展和恢复能力①,呼吁开展国际合作,强调根据最新的公共卫生建议采取统一对策,推动制定《保护游客国际准则》,成立全球旅游危机委员会,根据形势发展评估并为国际旅游业复苏提供建议和指导。世界旅游组织联合世界投资促进机构协会(WAIPA)发布《投资指引——新冠疫情期间旅游投资保障策略》,加强其成员国在保护、吸引和促进旅游投资项目的能力,以加快经济复苏②。

(三) 设计旅游日主题实现理念倡议和目标聚焦

适应全球发展,设计世界旅游日主题,作为发展的理念倡导和指引,引导各国聚焦目标,协调各国力量,解决重要的具体问题,推动旅游发展规划调整,提升旅游品质和可持续发展。比较典型的世界旅游日主题有,“旅游业发展和环境保护:营造持续的和谐与发展”(1993),“旅游业:21 世纪提供就业机会和倡导环境保护的先导产业”(1997),“旅游:为新千年保护世界遗产”(1999),“旅游:消除贫困、创造就业和社会和谐的推动力”(2003),“旅游:应对气候变化挑战”(2008),“旅游业与可持续能源:为可持续发展提供动力”(2012),“促进旅游业在保护水资源上的作用”(2013),“旅游促进发展,旅游促进扶贫,旅游促进和平”(2016)。世界旅游组织还通过规范性和指导性的文件推动旅游治理。1985 年第一届世界旅游组织大会上通过的《旅游权利法案》,重视每个人的基本权利自然也包括在居住国和海外享有休息、娱乐和带薪假期的权利,利用他们度假的权利,自由地进行教育和娱乐旅行的权利,以及享受旅游带来的好处的权利。2013 年通过《2013 全民无障碍旅游》(Accessible Tourism for All),2013 年底编辑出版“为了所有人的无障碍旅游”手册,向旅游利益攸关

---

① World Tourism Organization(2020), *Supporting Jobs and Economies through Travel & Tourism — A Call for Action to Mitigate the Socio-Economic Impact of COVID-19 and Accelerate Recovery*, UNWTO, Madrid, DOI: https://doi.org/10.18111/9789284421633.

② World Tourism Organization(2021), *UNWTO Investment Guidelines — Strategies to Safeguard Tourism Investments during COVID-19*, UNWTO, Madrid, DOI: https://doi.org/10.18111/9789284422913.

方提供指南,在全球范围内改善旅游景点、设施和服务的无障碍状况。2016年更新为“Tourism For All-Promoting Universal Accessibility”,即以“让所有人共享旅游——促进全面无障碍旅游”为主题,呼吁全球旅游政产学研各界整合力量,共同保障残疾人士、年老体弱人士、带幼儿出行的家庭,保障来自不同国家和不同民族人士都能够得到平等的旅游服务,都能够更加顺畅地享受丰富多彩的世界。“无障碍旅游”还提倡资源共享,最优化区域内旅游资源,打破保护主义,实现区域旅游一体化。

总体来看,全球旅游治理体现了“以人类整体论和共同利益论为价值导向的,多元行为体平等对话、协商合作,共同应对全球变革和全球问题挑战。”① 致力于以“生态旅游”概念推动可持续发展,加强国际与区域合作,以“旅游日主题”理念设计引领,聚焦具体的、紧迫性的问题,同时通过规范性和指导性文件,推动全球和区域旅游治理。

二、国家及地区层面旅游治理:政府主导与行业规制

国家及地区层面的治理,是主权国家及国家内部地理区位接近的旅游地的治理,治理的内容、主体和模式受规模效应的影响。治理模式是基于具体国家或地区历史文化、政治体制、社会经济发展状况而采取的应对发展不协调、不平衡现状的一系列规则、机制、方法和活动的统一体系。中国的旅游治理,采取的是政府主导型的旅游发展模式。地区发展不平衡、资源丰富性和管理的水平不一致、特大城市与边缘小镇共存是中国旅游最大的特征。改革开放以来,中国实现了从旅游短缺型国家到旅游大国的历史性跨越,旅游治理也相应地发生转变。通过建立国务院旅游工作部际联席会议制度,统筹协调全国旅游工作,出台《国民旅游休闲纲要(2013—2020年)》等文件,形成了以旅游法为核心、政策法规和地方条例为支撑的法律政策体系,在体制机制、产业发育、人才培养和行业标准体系取得较大成效,初步建立起现代旅游治理体系。

(一) 政府主导下的治理主体重构

以治理的层次性为分析框架,国外旅游治理领域研究的主题词经历了从“旅游业治理”(Governance for the Tourism Sector)到“旅游目的地中的治理”(Governance in tourism destinations),再到“旅游目的地治理”(Tourism com-

① 蔡拓:《全球治理的中国视角与实践》,《中国社会科学》2004年第1期。

munity destination governance）以及“可持续旅游目的地治理”（Sustainable tourism destination governance）的演变过程。研究主题词的演变反映治理内涵的变化，即治理对象、主体及其参与角色定位的转变，治理方式是政府管理、社会自组织治理以及政府与社会共同治理。旅游社区参与水平、私人与公共行动者角色、信任与控制等是目的地治理主要考察指标，治理表现为目的地组织和个体的共同参与制定和设计政策和商业战略的规则和机制①。中国在旅游管理体制改革的探索中，逐步实现旅游资源整合、部门联合与产业融合。从治理实践看，旅游治理逐步从纵向层级到水平延展、从单一化到多元化的转变，治理结构从单一线条向网络化，权利从上到下的运转模式趋于分散下沉到治理网络中各行动者之间的互动，基本实现旅游治理主体重构与主体地位保障，主体发挥各自的作用。通过调动政府、市场和社会的积极性，发挥各级政府的主导作用和旅游部门的主管作用，旅游由单一部门推动向综合联动转变，多部门协同治理。通过促使旅游行业相关部门形成合力，在界定旅游利益相关主体的有效作用空间基础上，创设政府部门、市场组织和社会组织共同参与的平台，形成“政府—市场—社会”三维治理框架②，从而为进一步理顺旅游治理组织体制安排，增强旅游部门综合协调和行业自治提供了基础。从治理机制建构确立治理主体地位角度来看，在明确政府与市场、政府与社会之权力边界的基础上，运用法律手段与市场手段，结合行政力量与社会力量，为旅游治理做出更加合理的制度安排是实现旅游治理的重要前提③。旅游治理逐步实现从旅游业治理到区域治理，再到旅游景区社区治理的贯通。

（二）政策促进与行业建制

通过制定具体政策、措施或行业规定、行业标准，建立和逐步完善旅游治理的制度体系。当前中国的旅游发展，从治理的角度看，有两个重要的问题，一是旅游需求，二是旅游供给，这也是当前旅游发展过程中治理的两条主线，总体上仍然是需求发生巨大变化，供给不足。从旅游需求方面来看，改革开放以来，经济发展提升了旅游需求，旅游需求高品质化、多样化和个性化日益明显。《国民旅游休闲纲要（2013—2020 年）》《国务院关于促进旅游业改革发展的若干意见》等文件的出台为国民出游提供政策支持。从供给侧改革方面看，

① 王京传：《旅游目的地治理中的公众参与机制研究》，南开大学博士学位论文 2013 年，第 29 页。
② 刘庆余：《从“旅游管理”到“旅游治理”——旅游管理体制改革的新视野》，《旅游科学》2014 年第 9 期。
③ 宋瑞：《旅游行政管理体制改革的背景与重点》，《旅游科学》2014 年第 9 期。

旅游治理逐步通过旅游产品结构调整,以及休闲空间、度假产品等调整,旅游有序发展,品质逐步提升。比如,按照突出保护性、公益性原则,推动现有旅游自然资源体制改革,致力于探索建立符合中国国情的国家公园管理体系。从旅游供给效率方面来看,通过《关于促进市场公平竞争维护市场正常秩序的若干意见》系统梳理旅游监管目标和存在的问题,维护旅游市场秩序、引导市场良性竞争、规范市场主体行为。从旅游参与主体方面来看,建立健全旅游从业者、经营者和消费者的诚信体系。在保障机制方面,积极推动职工带薪休假制度的落实,制定了《中国公民出国旅游管理办法》《旅行社条例》《导游人员管理条例》等旅游安全监管、发展规划、宣传推广、公共服务等方面规章制度,维护游客权益,引导游客行为。总体而言,旅游促进政策和行业制度建设为旅游治理提供了较好的基础。

(三)法治为核心的治理框架

从系统的角度来看,“旅游”是一个涵盖旅游活动主体、客体和内容等构成要素的集成系统。就主体而言,“旅游”不仅是产业部门,还包括旅游从业者、各级各类旅游行政部门以及其他旅游活动参与者,如行业协会等社会团体,也包括旅游目的地社区行动者和旅游者;就客体而言,“旅游”不仅涉及旅游资源,还涉及各类旅游设施以及其他不同形态的旅游吸引物;就内容而言,“旅游”涵盖了旅游过程中的食、住、行、游、购、娱等各种活动方式。对于如此复杂、涉及面如此广泛的综合性产业,“旅游”运行必然以现代法治精神为基础,通过法律来进行规范。旅游部门(Tourism sector)的治理,按旅游现象从抽象到具体的层次性分析,包括观念层面、制度层面以及参与主体的执行(行动)层面的要求。中国旅游治理面临的主要问题,观念层面是较为落后的旅游发展观、经营观和消费伦理,制度层面是相应体制和机制尚需优化,当前文化和旅游融合发展是形成相应制度和机制的较为宏观的尝试,后续发展还需更多的探索。现代性背景下的人际互动和思想多元化,旅游治理需要个体自觉形成的集体理性。行动层面是具体旅游市场监管和旅游参与者的行为规范,解决旅游市场主体的权利和义务内涵及其实现,保护旅游者的合法权益等问题。供给侧改革推动下的旅游产业升级,在国际国内大循环、乡村振兴战略等宏观背景下,随着法治理念深入人心,通过以《旅游法》为基础的法律体系的完善,初步形成了较为完备的依法治旅的治理体系。《旅游法》规定了旅游发展的基本原则以及基本制度、统领我国旅游发展全局,针对当下以及今后发展过程中需要解决的各种问题而制定的综合法①。依《旅游法》治理，涉及两个方面：第一是原来的法规如何按照《旅游法》调整，第二是按照《旅游法》是否还需要制定新的旅游相关法规，这是当前中国旅游发展中需要继续回答的实践性问题，也是理论问题。就总体发展趋势而言，与法治国家建设和治理体系和治理能力现代化相适应，旅游及旅游相关领域必然是基于《旅游法》形成的旅游法律体系治理。

三、旅游目的地社区层面治理：可持续与包容性发展

社区层面的旅游治理，渊源于将社区参与旅游作为指导旅游目的地的发展的理论。社区参与旅游，表明旅游不是外在于社区的纯商业活动的认识和实践。墨菲(Peter Murphy, 1985)在《旅游：社区方法》中提出："旅游业从其一产生，就有其巨大的经济效益和社会效益，如果能够把它从纯商业化的运作模式中脱离出来，从生态环境和当地居民的角度出发，将旅游业考虑为一种社区的活动来进行管理，那么一定能够获得更佳的效果，"②旅游业快速发展使旅游目的地管理对象不断拓宽，相应的旅游公共事务范畴不断扩大，宏观层面的观念变化、技术变革、美好生活内涵和需求多样化，对旅游目的地公共事物管理的效率和质量提出更高要求。随着旅游需求升级转型、旅游活动方式变化，旅游者在旅游目的地的活动空间逐步扩展，旅游参与延伸渗透到目的地更多空间和领域，旅游目的地社区日益深层次卷入(involved)到旅游活动当中，社区生产、生活空间和社区活动与旅游日益交织融合。旅游社区治理重要性日益凸显，旅游治理开始转向关注社区，其中社区旅游发展的可持续性、包容性和治理效能是三个主要方面。

(一) 旅游社区"地方性"保护和延续

20 世纪 60 年代始于英语国家的旅游影响研究，主要从旅游的经济、环境和社会影响等方面展开③，20 世纪 80 年代以来，旅游影响研究逐渐与可持续发展相联系，呈现出相应的阶段性和多学科性。Mathieson 和 Wall 分析了旅游对经济、自然和社会的影响；Jwfari, Murphy 和 Smith 探讨了社会因素；

① 王玉松：《旅游法：促进和保障我国旅游发展的"宪法"》，《旅游科学》2012 年第 11 期。

② Murphy, P.E.(1985) *Tourism: A Community Approach*. Methuen, New York and London, 155—176.

③ 王子新、王玉成、邢慧斌：《旅游影响研究进展》，《旅游学刊》2005 年第 2 期。

Cohen 以及 Shelby 和 Heberlein 分别专注于自然环境的承载能力问题;经济合作与发展组织(ECD)1981 年探讨了环境问题等[①]。但是,旅游研究的阶段性兴趣和重心转移,并不否认旅游发展可持续问题尚未得到解决,其依然是一项未竟的事业。

作为一切社会存在和历史发展的基础,经济活动中各部门彼此联系、相互影响和促进的同时,对社会发展、文化保护传承、生态环境保护与可持续发展起着重要的作用。依据现代系统观念,社区旅游发展的经济效益必然是经济、社会和生态效益相互协同促进,才能确保旅游社区的可持续发展。"对于旅游目的地而言,无论是空间位置、地域范围、旅游资源还是活动内容,都与社区存在着较高程度的一致,所以从社区的角度来进行旅游目的地建设和管理,谋求旅游与社区的共同发展被认为是实现旅游可持续发展的有效途径。"[②]社区旅游发展的可持续性既是途径,也是目的,是途径和目的的统一体。

目的地"地方性"(placeality)的保持和维护是实现可持续发展的基础和体现。人文地理学认为,"地方是人类赋予意义的空间。人类的空间体验是构成和解释场所的一种重要方式,地方性不仅是一种地理现象,而且是一种丰富的人类体验。"[③]"地方性"是通过人类"创造性活动"与自然环境的长期相互作用中构成的精神或具有当地特征的区域场所。无论是旅游目的地社区化,还是社区旅游化[④],旅游社区作为一种景观化可融入性的存在,是"出自愉悦的目的而在异地获得的一种休闲体验"。旅游者与旅游社区共同构成旅游现象的对立统一体,其形成和存续的根据便是"地方性"。"地方性"独具的差异性魅力是旅游者流动的目标动力。"旅游现象之所以能够发生,是因为旅游目的地所呈现或所能给予的东西,是旅游者在其日常生活世界中不能获得的某种差异性的存在。"[⑤]旅游社区治理的首要目标就是使旅游现象的发生牢固地建立在因具备地方性而展现的差异性的基础上,就必然要保护旅游赖以生存和发展的品质基础。"地方性"可以表现在社区自然微观景观的文化多样性,也表现在社区人文景观产生和发展所深植的当地语境,历史社区聚落中的功能型

---

① 邹统钎、高中、钟林生:《旅游学术思想流派》,南开大学出版社 2008 年版,第 6 页。

② 吕君、吴必虎:《国外社区参与旅游发展研究的层次演进与判读》,《未来与发展》2010 年第 6 期。

③ Fu Fangyu and Cao Yu 2017 *IOP Conf. Ser.: Earth Environ. Sci.* 63 012036.

④ 孙诗靓、马波:《旅游社区研究的若干基本问题》,《旅游科学》2007 年第 2 期。

⑤ 谢彦君:《呵护"姆庇之家",重塑乡村旅游可持续发展新理念》,《旅游学刊》2017 年第 1 期。

建筑，在社区原住民生活当中承载着丰厚的情感联系和文化意义。通过旅游社区治理保护和延续“在地性”，旅游社区的发展才会有坚实的依托和长期存在的基础。

（二）旅游社区共同体与包容性发展

治理良好的旅游社区应体现包容性发展（inclusive growth）特征。包容性发展是一个综合性概念，包含减贫、创造就业机会及增加就业数量和质量、工农业发展、社会部门发展（Social Sector Development）、缩小区域差距、保护环境、收入公平分配等内在相互联系元素（interrelated elements）。联合国世界旅游组织组织秘书长祖拉布·波洛利卡什维利（Zurab Pololikashvili）在谈到新冠疫情的影响时指出，这场危机是重新思考旅游业及其对人类和地球的贡献的机会，一个更好地建设更可持续、更包容、更具弹性的旅游业的机会，以确保旅游业的利益得到广泛和公平的享受。包容性发展是人类在反思过去发展方式基础上产生的一种新型的社会发展理念和发展战略，主张在可持续发展基础上的经济增长和公平正义基础上的增长共享①②，包括机会平等的增长、共享式增长与可持续发展的平衡增长三方面维度，③“更加全面、更趋公平、更具人文关怀，因而也更具可持续性”④。

作为经济产业，社区居民直接或间接参与旅游经营，参与旅游资源保护，获得或者分享旅游收益；作为生活方式，社区居民与旅游者共享交通等各种旅游设施和环境资源；作为人际交往，居民与因旅游而产生的情感互动、信息交换和思想交流，共同为旅游目的地独特的“地方性”增添新的内涵，维护和延伸“旅游地生命周期”。旅游逐渐融入社区，与社区共同生长，成为社区不可分割的组成部分。地方是动态的和变化着的过程，“适度的旅游发展，反而带来更多的‘再地方化’”⑤。旅游社区是个共同体，基于包容性发展的社区治理应当注重社区各利益主体在权利保障、公平竞争、机会均等、利益共享的前提下参

---

① 岳彬：《包容性增长的时代价值与实践取向》，《安徽师范大学学报》（人文社会科学版）2010 年第 11 期。

② 王连伟、王丽霞：《包容性发展视角下我国城市社区文化建设研究》，《福建行政学院学报》2013 年第 1 期。

③ 汝绪华：《包容性增长：内涵、结构及功能》，《学术界》2011 年第 1 期。

④ 高传胜：《论包容性发展的理论内核》，《南京大学学报》（哲学.人文科学.社会科学版）2012 年第 1 期。

⑤ 孙九霞：《作为一种“社会形式”的旅游：“地方”视角》，《旅游学刊》2017 年第 12 期。

与旅游发展。治理的包容性目标应给予自身能力欠缺或条件受限的弱势群体更多的关注。从机会均等性来看,要保障自身能力基础差、资金技术缺乏的弱势群体等自身能力建设和提供资金、技术支持。

社区包容性发展充分关注社区居民的需求,倡导合理地分享经济增长,旅游收益较为公平地惠及社区居民,弥合社区分化差距,提高生活质量。包容性发展强调促进社区社会公平和消除社会分化,在社区的资源分配上消除社区居民因地域、收入、职业等方面的不同而可能产生的社会隔离和排斥,消除社区之于旅游发展的被排斥感和不公平感,实现社区和谐平等共处,共同推进社区旅游发展和社会经济全面进步。旅游社区的包容性,还体现在社区与旅游者之间实现主客良性互动,社区向旅游者提供最精致的旅游产品和最精心的服务,旅游者体验满意度高,从而使旅游者获得便捷、愉快、独特的旅游体验。

(三)普遍信任与“制度—效能”转化

制度效能依赖社区正式制度和非正式制度是否能得到很好的遵守和有效地运行,即真正形成通过外部正式制度供给与社区内部各治理主体互动博弈生成非正式规则共同发挥作用的治理制度体系。全球治理委员会提出“治理是各种公共的或私人的个人和机构管理其共同事务(common affairs)的诸多方式的总和。它是使相互冲突的或不同的利益得以调和并且采取联合行动的持续的过程。它既包括有权迫使人们服从的正式制度和规则(formal institutions and regimes),也包括各种人们和机构同意或者以为符合其利益的非正式的制度安排(informal arrangements)。”①治理的目标,在于实现解决人类社会行为的一致有效性,这是基于现实问题的一种方法论变革。因此,“治理理论是人类在寻求解决社会一致有效性问题上做出的一次深刻的认识转折。”②制度是治理的基础,制度效能是治理状况的评价尺度之一。

社区治理制度体系能够固化社区信任,信任可以丰富和活化制度效能。社区治理制度体系的有效运行能增强社区主体之间交往的确定性,对相互之间的行为有确定的预期,从而提升相互间的信任和共识,互动合作的空间得以扩展,程度得以加深,集体行动的整合度得到提高。在社会管理方面,建立良好的利益相关者协作机制,构建政府—企业—社区深度合作、多方协商机制;

① 全球治理委员会:《我们的全球伙伴关系》,牛津大学出版社1995年版,第23页。

② 胡祥:《近年来治理理论研究综述》,《毛泽东邓小平理论研究》2005年第3期。

在行政管理方面，不同层级政府、政府不同部门间形成密切的协作关系，构建权责对等、分工合理、沟通通畅、运行高效的管理体制；在社区主体行动方面，以社会自治、公民自主参与为目标，将外在制度约束力转化为社区社会生活的自我需求。

社区治理制度体系的有效运行基于粘连形成社区有机体的社区普遍信任。社会治理活动是人类一切行为体系中最为典型的集体行动，行动的价值取向和统一的价值目标是“集体行动的有机整合”的前提①。价值取向和价值目标的统一源于信任，信任塑造共同价值取向。社区善治意味着社区成员相互信任、合作，社区具有普遍共识、集体认同和集体归属感。畅通社区联系网络形成普遍的互惠关系，提高社区认同度、增进社区信任感，形成良好的社区习俗、行为准则和规范是社区治理制度生成和发展的基础，是提高社区集体行动能力进而实现治理的前提。

总体来说，从旅游治理方式和主要内容可以看出，尽管旅游治理可以在不同层次呈现各有侧重，但也包含了一些共同特征：一是强调旅游治理共同的价值取向。各层次治理的一个共同目标是实现人类整体利益与可持续发展。二是突出了旅游治理过程中的规则意识。旅游治理强调治理的过程性，内含正式制度和非正式制度的有效结合。第三是旅游治理要求多元主体之间的协调合作。强调国家间、政府与社会、公共机构与私人机构、旅游企业与目的地居民等之间的合作。旅游治理的多层次性要求国家层面、区域层面和社区层面治理的贯通。

Empirical Research on Multi-level Tourism Governance: Value, Model and Progress

Abstract: Tourism governance offers major potential for the management and development of tourism destinations. Based on actors, content and scope of governance, tourism governance can be identified and defined at global/regional, national/sub-national and community levels. The need to increase the contribution of tourism to development, heighten the need for the various public, private and social sector actors intervening in tourism at these

① 参见张康之:《社会治理中的价值》,《国家行政学院学报》2003 年第 5 期。

levels to reach understandings and achieve consensus on governance issues. This study presents the major characteristics of multi-level governance. Tourism governance at global level focuses on the value guidance of green, holistic, and ecological tourism development and promotes co-operation from the global or regional level through guiding documents, featuring in pluralism international cooperation; Governance at the national/sub-national level within the scope of sovereignty, administrative policies and laws play an important role, as different distinctive governance modes; Governance in community emphasizes sustainability and inclusive development based on "placeality" or "sense of place". This empirical research suggests that to enhance the consciousness and purpose of tourism governance can help to realize the benign interaction between tourism and mankind and sustainable development.

Key words: Multi-level governance; Value guidance; Chinese model; Sustainable and inclusive development

作者简介:周利方,上海师范大学旅游学院/上海旅游高等专科学校副教授。

由商而兴
——近代上海邑庙民间手工艺区研究[①]

吴 昉

摘 要:近代上海传统工艺品市场集中在老城厢地区,作为手工艺产品零售与批发业务的传统市场,以工艺品种多样、经营模式灵活、价格大众化而远近闻名。自开埠以来,移民文化和租界文化带来新的工艺品种与经营方式,不断扩充老城厢工艺区的行业资源,促进传统经营与现代商业模式的融合发展。本文列举老城厢珠宝玉器业、银楼业、笺扇书画业三种代表性传统工艺产业,分析其特色市场的形成与发展。论述近代都市工商业文明影响下,新型城市工商团体的建立以及都市商业空间布局的变迁,对传统手工艺商品经济向现代市场经济转型的影响。

关键词:近代上海 工艺区 老城厢 商品市场

民国十八年(1929),美国克拉克大学出版的《经济地理学》杂志刊登了沃顿商学院经济地理学家H.P.詹姆斯撰写的《论中国工业现状》,文中认为中国的现代工业多数为家庭工业(The Cottage)与手工工业(The Workshop),而新式的现代工厂制度依然很少。在论及中国工艺美术相关的新式工业制度时,仅列举了上海等处的棉纺织业。除此以外,作者认同一种观点,即“中国有许多城市,往往在一条大街上有许多店,或者全街都是店,并且都从事一种工业,

① 本文为上海哲学社会科学规划一般课题“上海手工艺的现代转化研究:从小白宫到大世界”(2018BWY016)阶段性成果。

于是这条街就以这种工业为名。”①晚清民国时期，上海的民间手工艺人围绕着生产密集与市场活跃的区域聚拢在一起，经年累月，逐渐在老城厢形成了民间工艺生产与销售的固定地点。从商品市场分类角度看，上海老城厢地区代表了本土特色鲜明的传统工艺品市场，经营手工艺产品批发业务已有百余年历史。家庭工业与手工工业是老城厢内工艺产业的主要经营模式，城内至今留存多条以工艺命名的里弄街道，见证了曾因某种工艺集中开设店面进而形成特色专业市场的真实情况。这些富于民间工艺特色与市场气息的老城区域，是近代工业萌芽时期都市民间工艺传承的“有效空间”②——具有明确的功能布局和市场目标，呈现传统民俗文化环境与现代都市商业氛围的交融。

一、上海老城厢工艺品市场的形成

上海老城厢的兴起离不开航运与港口经济的发展。南宋咸淳年间(1265～1274)，上海港初具规模，设立了具海关性质的市舶分司，濒临浦江的优越地理位置促进了老城厢十六铺沿江一带的贸易发展。元代沙船业的繁荣使上海港的航运贸易进一步扩大，至明末，老城厢东南沿江码头已与湖北、河北、山东等地建立航运贸易关系，逐渐发展为批发商业、仓储、大宗零售业的集中地。清康熙二十四年(1685)，上海松江府华亭县境内设立江海关，同时发布“展海令”，允许包括上海江海关在内的四个城市海港向远洋贸易开放，两年后江海关移驻上海老城厢宝带门(今小东门)内。③当时上海涉及手工艺的出口货物有棉布、丝织品、陶瓷等，运入则有日本的银、铜、漆器、珍珠，以及东南亚的象牙、藤器、樟器、檀香、玳瑁等。④汉学家斯波义信认为这一时期长三角地区的都市网从以苏杭二市为顶端的旧体系快速转变为以上海为顶端的新体

① H.P. James: *Industrial China*, *Economic Geography*, Vol.5, No.1(Jan., 1929), pp.1—21.原文:“In most Chinese cities a number of blocks on a street-sometimes a whole street-are given over to a certain industry, the street or quarter of the town taking the name of the industry.”另参见李朴园:《中国现代艺术史》，良友图书印刷公司1936年版，第42—43页。

② 参见[美]特兰西克:《寻找失落空间——城市设计的理论》，朱子瑜等译，中国建筑工业出版社2008年版，第112—113页。

③ 上海海关志编纂委员会:《上海海关志》，总述，上海社会科学院出版社1997年版。

④ 参见许国兴、祖建平:《老城厢:上海城市之根》，同济大学出版社2011年版，第18—19页。

系，自此上海开始朝向现代都市方向高速发展。[①]“因港立市”为上海带来了经济繁荣，也为老城厢工艺商市的形成提供了必要条件。

老城厢是上海历史文化的源头，也是上海人最早开辟的生存空间。明朝时期，老城厢出现了一批手工艺精品，露香园的顾绣、谈仲和的笺纸、顾振海的墨、王懒轩的古制铜鼎、濮元良的濮刀（菜刀）、瞿应轩的陶壶、张善六的银器等，皆有盛名。[②]老城厢内手工艺花色品种多、价格大众化，能够满足普通市民的日常所需。从业者除上海本地居民外，多为内陆地区迁至上海的移民，他们从事自身熟悉的特色手工艺，开张店铺、创设汇市、成立行业公会，丰富了老城厢的手工艺行业资源。此后，老城厢内出现了细木家具工场与制售各类家具的街坊，开设了第一家银楼——杨庆和银楼，创建了全国珠宝玉器业总汇“珠玉汇市”，发展出十家规模较大的铜锡器作坊，最早的乐器铺马正兴班鼓店也位于城隍庙附近，专制胡琴和鼓。[③]民国时期，新材料新工艺不断涌现，拓展了老城厢手工艺市场的品种范畴，如以赛璐珞材料制成玳瑁眼镜架及其他装饰品等。[④]凡此，都为老城厢市民提供了大量的就业机会，促进了上海本地传统工艺品市场的形成与发展，使这个最初在地图上呈围合状的老城区充满了人气和活力。

此外，自产自销、灵活经营的生产销售模式以及较少的流转环节，使老城厢传统手工艺产品货价较低，满足了市民对物美价廉的市场期待。上海老城厢内有不少手工业作坊，虽规模不大，却各有专长，一般为前店后工场，便于顾客选购或订制。这些作坊集中在一条街市就形成了特色工艺街，如制售各式大小竹篮的篾竹街、专门烧制汤罐的汤罐弄、编织出售芦席的芦席街、加工皮革的硝皮弄、制售筷竹的筷竹弄、以成衣业闻名的彩衣巷，等等，都是特色手工艺的聚集地。由街道构成区域，就形成了老城厢内产业功能明确的工艺区。（图 1）

二、上海老城厢的工艺特色区

清人葛元煦在《沪游杂记》中论述老城厢地区的商业布局，认为“上海货物

① ［日］斯波义信：《中国都市史》，布和译，北京大学出版社 2013 年版，第 140 页。
② 参见孙卫国：《南市区志》，上海社会科学出版社 1997 年版，第 414—415 页。
③ 参加孙卫国：《南市区志》，上海社会科学出版社 1997 年版，第 499 页。
④ 参见唐振常、沈恒春：《上海史》，上海人民出版社 1989 年版，第 742—743 页。

图1　20世纪初上海南市老城区里的多家磁器号①

皆有聚市之所”②，如绸缎与洋布呢羽在东门内外、古玩玉器在新北门内、帽铺在彩衣街、笺扇在庙园、木器在紫来街、旧木器在新北门外、竹器在大东门外等，不一而足。老城厢是上海华界的商业中心，自开埠以来，城外租界经营日盛，城内依然保留中国内地都市旧有的形式，然而“各货聚市”并未使老城厢内的工艺分布纷乱混杂，传统工艺品商市的行业特征鲜明，产业集聚效应突出。其中侯家路珠宝玉器集市、大小东门银楼业，以及城隍庙商业中心都是具代表性的特色工艺区。

(一) 珠宝玉器集市的集聚效应

清道光年间(1821—1850)，老城厢内侯家浜与城隍庙附近一带的珠宝玉器店鳞次栉比。1860年太平军攻占苏州，这场战火对原江南经济中心城市苏州造成毁灭性打击，阊门大火烧毁了苏州城外繁华的商业区，大量苏州人举家

① 图片来源：上海市历史博物馆编：《20世纪初的中国印象——一位美国摄影师的纪录》，上海古籍出版社2001年版，第197页。原图配文：“南市老城区里的磁器号。照片上可以看出，从日用瓷到装饰瓷，从青花釉里红到粉彩窑变，品种应有尽有。”

② (清)葛元煦：《沪游杂记》，上海书店出版社2009年版，第106页。

逃往上海，其中包括从事珠宝玉器业的大批手工艺人。这次人口迁移被认为是近代规模宏大的一场资本转移，输入上海的不仅是移民与财富，更是产业资源与经营之道。1871 年至 1873 年间，苏州人沈时丰、陆景庭等六位珠玉商人集募捐款，在上海老城厢侯家浜 26 号创建"仰止堂"珠玉汇市，上海珠玉业"苏帮"之称由此而来。此后南京、扬州、广东、宁波、无锡等地珠玉商人陆续加入，不断扩充侯家浜一带的珠宝玉器市场。1890 年左右，沪上珠宝玉器从业人员数以千计，店铺、工场不下二三百家。①20 世纪初"苏帮"因与"京帮（南京）"发生官司纠纷，于 1908 年另行组织"韫怀堂"珠玉业新汇市，原"仰止堂"交由"甬帮（宁波）"管理。新汇市专营珍珠，老汇市专营玉器。②1916 年"京帮（南京）"在侯家路 73 号组建了以回族商人为主的"韫辉堂"振兴珠玉汇市，③至此，侯家路集聚了三家规模较大的珠玉汇市，而"广东帮""扬州帮"等工艺流派也在此汇合，侯家路珠玉业成为当时交流行情、传授技艺的行业中心，是全国珠宝首饰最大的集散市场和进出口贸易枢纽。④

从城市意象角度观察，公共环境中道路、边界、区域、节点、标志物等物质形态的相互关联，共同构成了城区的整体意象。⑤侯家路两边的各色店铺呈集中式、高密度布局，其中 25 号、26 号、73 号三块占地面积不小的珠宝玉器汇市，贯穿起整个侯家路地区的工艺特色氛围。三处珠玉汇市沿街呼应，充分发挥道路、标志物与区域的典型功能，形成引导珠玉业消费群体完成专业交流与采购的有效动线。（图 2）

据记载，1937 年"八一三"淞沪战争前，侯家路珠宝玉器集市内的特色店铺多达四十余家，凡进入汇市的珠玉商人需在场内挂牌经营，每天下午一点至三点集中交流当日行情，听取相关经营贸易信息，以此提高行业活力与竞争力。⑥对于珠宝玉器业而言，商业交易空间的私密性相较其他行业更为重要，特色集市的优势不仅在于汇聚同行店铺，还能针对不同品种与功能进行区域

---

① 参见王定一：《上海二轻工业志》，上海社会科学院出版社 1997 年版，第 108 页；《玉器公所会议详情》，《申报》1907 年 5 月 17 日，第 9 版；《记城内玉业公所会议详情》，《时报》1907 年 5 月 18 日，第 3 版。

② 参见《珠玉业实行贸易契》，《申报》1921 年 2 月 27 日，第 10 版。

③ 参见《振兴珠玉汇市开幕记》，《民国日报》1916 年 7 月 10 日，第 10 版。

④ 王定一：《上海二轻工业志》，上海社会科学院出版社 1997 年版，第 108 页。

⑤ 参见[美]凯文·林奇：《城市意象》，方益萍，何晓军译，华夏出版社 2001 年版，第 35—37 页。

⑥ 参见《珠玉钻石·营业繁荣》，《申报》1938 年 11 月 16 日，第 11 版。

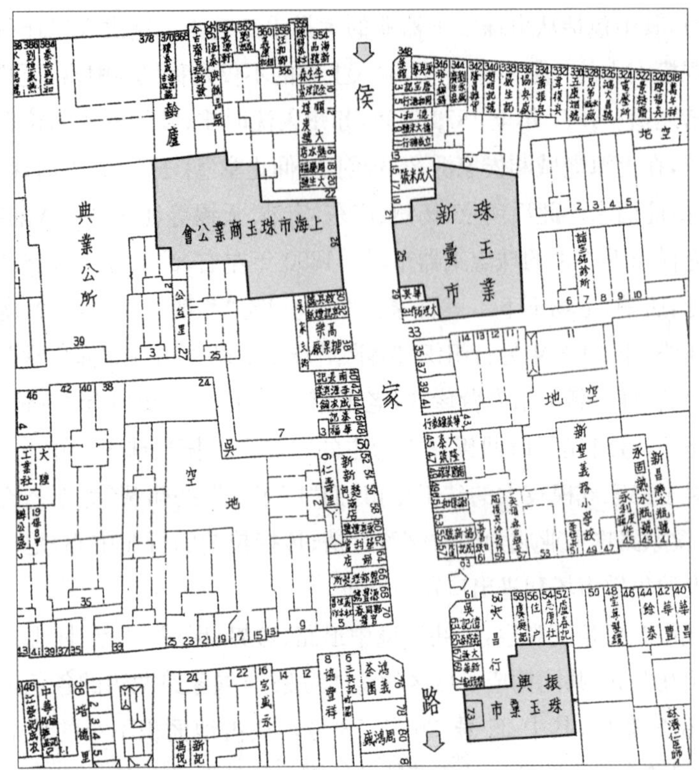

图 2　侯家路珠宝玉器集市地理分布图①

划分,为各帮会汇市间的良性竞争与公开比价提供督管保障。此外,考虑到珠玉产品的贵重价值与鉴别需要,珠玉商人在营销模式上还提供主动上门服务,这些围绕行业特色的经营之道为老城厢侯家路珠玉业营造了良好的产业氛围。

(二) 银楼业产业带的迁移

上海老城厢濒临浦江,河滨密布,沿河周边聚集的民宅与商铺逐渐形成商市。城内原有两条东西向横贯汇入黄浦江的内河,南面的肇嘉浜通往大东门,北面的方浜通往小东门,大、小东门一带是上海银楼业的发源地。光绪二十二年(1896)上海最早的银楼业公所建成于老城厢大东门外花园街,由裘天宝、老庆云、景福、凤祥、宝成、方九霞、杨庆和、费文元、庆福星九家老

① 承载,吴健熙:《老上海百业指南——道路机构厂商住宅分布图》,下册第十图之一,上海社会科学院出版社 2008 年版,下册第 30 页。原图再绘制。

字号银楼共同创办，后于 1931 年改组为上海特别市银楼业同业公会。[①]明清时期，大东门较小东门更为繁华，这是由于位于老城厢东南部的大东门更靠近黄浦江上游的松江府城，直通大东门的肇嘉浜是当时府城与县城之间的运粮内河，河运贸易的发达带动了周边经济。上海世家子弟陈存仁（1908～1990）的父辈在大东门附近曾拥有庞大的家族产业，对大东门以往显赫的商业地位记忆犹新：

> 早年租界尚未十分繁荣，上海的县城以大东门为第一条马路，最大的商店是裘天宝银楼、祥大布庄、程裕新茶栈等等。我们的店铺陈大升绸缎局开设在大东门外，其余都开在大东门内，当时上海城内的商业机构大都是如此而已。[②]

开埠后，大东门与小东门之间的商业优势发生了转换。由于老城厢商贸重心逐渐向北方及黄浦江下游方向发展，促使一路连通城隍庙、旧校场、侯家浜等区域的内河方浜日益繁荣，小东门地区随之兴起。小东门以外是划入法租界内的十六铺码头，以内是老城厢华界，这一区域成为人流交通往来的必经之地，所谓“十六铺前租界止，繁华直到小东门”[③]。清末，上海县城拆除城墙，方浜被填后成为方浜中路，这使小东门地区交通更为便捷，最终替代大东门成为邑城商业繁华区。（图 3）开设于乾隆年间（1783）的庆云甡记（老庆云银楼）从大东门迁至小东门，裘天宝银楼也在 1916 年搬离了创建于 1830 年的大东门旧址，迁移至小东门口。[④]至上世纪 30 年代，小东门方浜中路店铺密集，短短一段街道上设有六家大银楼，时人称之为金银首饰街。[⑤]

据 1917 年银楼业盈余统计调查记录，当年上半年由于各国取缔金洋出口，导致市价增长，因此存货较多者获利丰厚，但北市租界由于各家银楼成本开销较大，盈余反而不及南市老城厢，排名前二的银楼裘天宝（三万五千两）和

---

① 参见王定一：《上海二轻工业志》，上海社会科学院出版社 1997 年版，第 102 页。

② 陈存仁：《银元时代生活史》，上海人民出版社 2000 年版，第 5 页。

③ 李默庵：《申江杂咏》，出自顾炳权：《上海洋场竹枝词》，上海书店出版社 1996 年版，第 72 页。

④ 参见《老庆云银楼》，《申报》1882 年 6 月 1 日，第 5 版；《上海大东门内裘天宝德记银楼迁移小东门口》，《申报》1916 年 11 月 22 日，第 10 版。

⑤ 参见徐颂德：《六十年前的小东门》，出自政协上海市南市区委员会文史资料委员会、上海市南市区志编纂委员会：《南市文史资料选辑（一）》1990 年版，第 75—77 页。

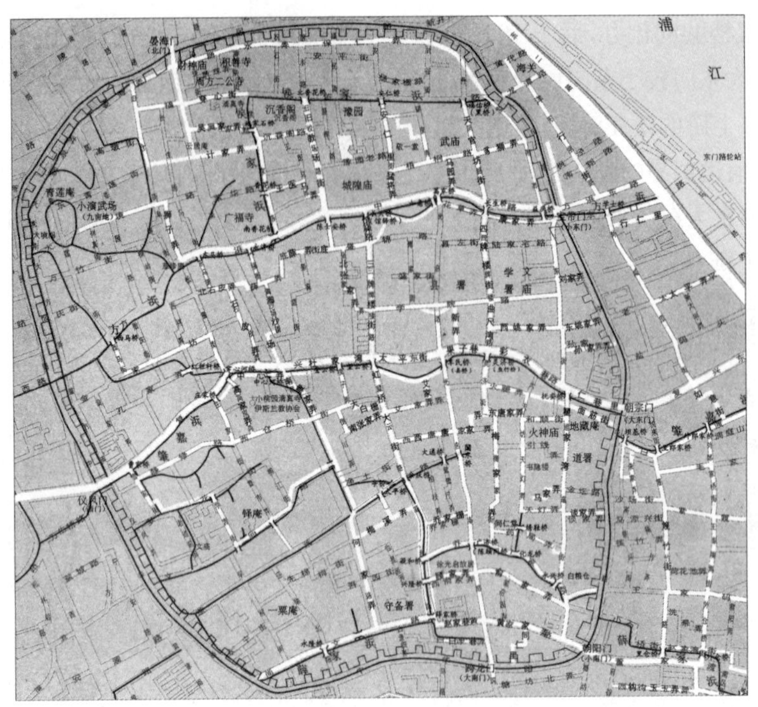

图3　大、小东门两河(肇嘉浜、方浜)流域地理分布图①

景福(三万两)均位于小东门地区。②次年银楼业盈余调查将南北两市分开统计，景福(二万八千两)、裘天宝(二万六千两)依然排名全市前二，另一家小东门银楼老庆云(一万六千两)排名全市第四。③总体而言，当时上海北市银楼业集中在南京路，南市集中在老城厢小东门，虽北市在银楼数量上超过南市，但整体行业排名依然无法撼动南市小东门的传统地位。

老城厢大、小东门由河运交通聚拢商机，又通过银楼业的特色工艺如金银首饰、金银摆件等与传统民俗同生共发。《大清律例》规定嫁娶须有“六聘”的礼教规矩，民间亦有“六礼备则婚成”之说，“六礼”中金银首饰皆需向银楼定做。④另据民国《川沙县志》记载，光绪初期上海本地风俗民间纳采只用银器饰

---

① 周振鹤，上海市测绘院：《上海历史地图集》，上海县城(一)，上海人民出版社 1999 年版，第 91 页。原图再绘制。

② 《丁巳各业盈余调查录(二)》，《申报》，1918 年 2 月 15 日，第 10 版。

③ 参见《戊午各业盈余之调查(二)》，《申报》，1919 年 2 月 5 日，第 10 版。

④ 谢建骁，谢俊美：《海上银楼简史》，上海人民出版社 2008 年版，第 122 页。

物，至民国富裕人家采用金器金饰，有些甚至多达数百金。①20世纪20至30年代，银楼业的营业对象以女性居多，在传统婚嫁礼俗背景下，不仅上海本地市民，邻近地区的城镇市民、农民也都是银楼业的主要消费群体，为老城厢大、小东门银楼特色区招徕生意，增添喜悦与富足的商业氛围。

（三）笺扇书画业的海内外市场拓展

上海老城厢内最活跃的商业中心是由城隍庙和豫园组成的邑庙中心地区。自乾隆年间起，城隍庙周围商贾聚拢，逐渐形成远近皆知的手工艺商业集市。每逢城隍神诞辰、年节、中元节、寒衣节等民俗节庆，都会举办各种庙会，吸引众多香客和游客前来。②民俗信仰与商业氛围的共荣促使城隍庙发展为一个传统风俗与庙市经济的融合区。明中、后叶正值江南文人造园兴盛期，紧邻城隍庙的豫园以优美的景色、布局和规模被誉为东南名园，此后历经修复与改建，分为东、西两园，从私家花园发展为士人乡绅集会雅玩的寺庙园林。民国时期豫园以游园文化带动地区商业，成为现代沪南华界的重要市场。园内货摊比栉、商贩丛集，从园林到庙市再到商场，老城厢邑庙地区进入了商业的繁荣期，它周围的传统手工艺集散市场是上海日后工艺美术产业最重要的发展源头。

由于海派书画早期社团如豫园书画善会、宛米山房书画会等均以城隍庙飞丹阁、得月楼等地为聚会中心，因而具备文人意趣、书画风雅的民间特色工艺产业在此发展极为兴盛。上世纪20年代出版的《上海城隍庙》曾详细介绍当时的“邑庙出品”，所涉包含象牙雕刻、图书石章、骨牌、镌业、要货、传神等工艺产品，在“邑庙风雅”中尤其提及邑庙地区繁盛的笺扇书画业，将笺扇店列于“邑庙三多”之首，罗列了笔花楼、丽云阁、漱墨斋、青莲室、萃华堂等22家店铺。③1922年商务印书馆重行编印《上海指南》，在“笺扇”一类中，共列九经堂、十二楼、文宝轩等7家店铺，皆在老城厢豫园内。④笺扇书画业可视作邑庙地区极具代表性的特色工艺产业，它依托金石书画，雅俗共赏，晚清葛元煦在《沪游杂记》中也曾赞誉老城厢笺扇店以得月楼、飞丹阁、老同椿为佳。⑤

① 参见顾炳权：《上海风俗古迹考》，上海书店出版社2018年版，第459页。
② 参见孙卫国：《南市区志》，上海社会科学出版社1997年版，第977页。
③ 火雪明：《上海城隍庙》，《邑庙出品》，青春文学社1928年4月，第57—63、75页。
④ 商务印书馆编译所：《上海指南》（十二版·增订），商务印书馆1922年版，第43—44页。
⑤ 葛元煦：《沪游杂记》，卷二笺扇，上海书店出版社2009年版，第76页。

笺扇书画业作为邑庙地区最兴盛的特色工艺产业,不仅面向本地市场,还向外省及海外市场拓展营销范围。以第一家开设于东园门口的青莲室书画笺扇号为例,自晚清至民国初期,出售各式精制楹联及苏杭雅扇,代求名人书画,兼营装池,产品广销各地,先后在厦门、汕头、香港、烟台、长江一带及南洋群岛开设代售处。另一家号称“批发首推第一”的丽云阁笺扇庄,出售锦绫裱对、红木景架、围屏寿幛、丝织风景等一应俱全,产品销至烟台、青岛、大连、威海卫东三省、厦门、汕头及长江一带。这一时期老城厢著名的冯燮堂笔墨老店在精制各种纯毫湖水名笔的传统领域外,创新研发自来墨水笔,产品参加上海总商会商品陈列展览会、江苏省地方物品展览会、南洋新加坡华人制造展览会、美国费城陈列所展览会等荣获各类殊荣,同时在济南、开封、厦门、天津、绍兴、哈尔滨,以及古巴、泰国、新加坡等地开设国内外经售处。(图 4)凭借港口贸易优势与商业开拓精神,老城厢邑庙地区传统工艺产业体现出鲜明的现代性与跨区域贸易特征。

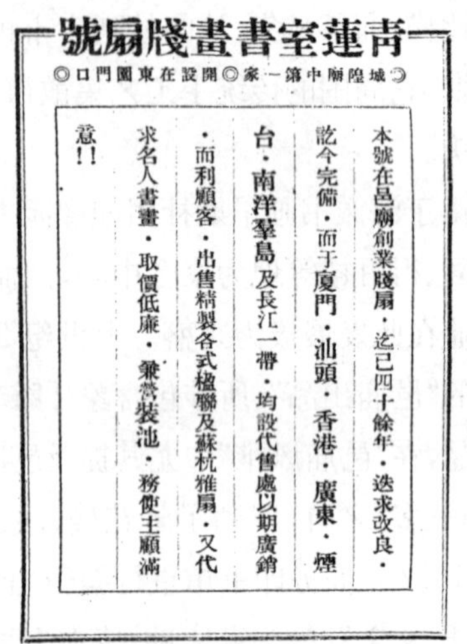

图 4　民国时期青莲室书画笺扇号、冯燮堂笔墨老店商业广告①

三、都市商业影响下的老城厢传统工艺产业

近代上海老城厢的传统工艺产业兴起于都市商业文化发展的转型期。以上海为中心的中国近代工业,对长江三角洲地区的工业进步产生集聚和扩散

① 火雪明:《上海城隍庙》,青春文学社 1928 年 4 月,前言页广告。

效应，一定程度上引领了传统手工业的变革，而都市经济的崛起改变了旧有乡镇经济的运行机制，使传统手工艺商品经济体系逐渐走向现代市场经济。①除了现代商业市场潜力与港口地缘优势外，19 世纪中后期在上海先后成立的江南制造局翻译馆、广学会等机构组织，成为清末引介西学的源头，此后半个多世纪凭借上海迅速发展的新闻出版事业，近代民主思想得以进一步传播，一种蕴含着现代观的前进趋势影响着老城厢传统工艺产业的发展。

（一）近代新型工商团体的形成与作用

老城厢所处的南市在历史上贸易兴旺，手工业发达，是上海早期经济发展的源头，明清以来，沿海各地商行、商号纷纷迁此落户，出现了行业性街市及行业团体。乾隆二十五年(1760)，本地豪绅富商集资，历时二十余年重建老城厢豫园。②重建后的豫园产权归商业行会各同业公所，因其临近黄浦江的地理优势，为商业组织提供了良好的议事和集会空间。至 1767 年已有 7 家同业公所进驻西园，如湖心亭的青兰布业公所、飞丹阁的京货帽业公所等。1868 年豫园全面维修后，进驻公所发展至 21 家。③清人王韬在《瀛壖杂志》中写道：

> 归邑庙为西园，分地修葺为各业公所，后游人日盛，园中竞设店铺，竟成市集。④

行会制度是社会商品经济发展到一定水平的历史产物，传统行会的组织形式以同乡联合为会馆，以同业联合为公所。近代旅沪商帮形成的同乡团体通常具备一定程度的同业因素，它们遵循行业规范，凭借原籍传统产品资源及经营方式等优势占据市场，形成某一产业集中于一个或几个商帮的局面。⑤如上海老城厢内侯家路一带的珠宝玉器集市即由苏帮(苏州)、京帮(南京)、甬帮(宁波)等多地商帮共同组建。1929 年、1930 年国民政府连续颁布《工商同业公会法》《工商同业公会法施行细则》，明文规定各工商同业团体统一改组为公会，并在限期内向市商业整顿委员会登记，侯家路珠玉业在原有基础上合并重

① 参见戴鞍钢：《近代上海与江南：传统经济、文化的变迁》，上海书店出版社 2018 年版，第 169、243 页。
② 参见孙卫国：《南市区志》，上海社会科学出版社 1997 年版，第 893 页。
③ 苏智良：《上海城区史》(上册)，第一编“城隍庙：近代城厢公共空间的形成”，学林出版社 2011 年版，第 34—35 页，第 46 页。
④ 王韬：《瀛壖杂志》，上海古籍出版社 1989 年版，第 98 页。
⑤ 参见张仲礼：《近代上海城市研究(1840—1949 年)》，上海文艺出版社 2008 年版，第 403 页。

组上海市珠玉商业公会,地点设在侯家路26号。①

随着经济发展和市场开拓,一系列新兴产业、行业在近代上海城市萌芽,促进了新型工商团体的形成。如果说早期上海的同乡会馆、同业公所以共同的城市身份和语言为基础,运作灵活且民主,能够适应都市现代化的浪潮。②那么20世纪初出现的新型城市商业组织在公共服务、治安和救济等方面不断扩大影响,为上海老城厢工艺区的发展提供了更可靠的保障。相较于传统行会性同业团体,新型同业团体在经济职能及社会作用方面涉及扶冀同业、制订行业标准、提倡商业道德和监督质量、解决同业原料取给、沟通政府与行业间的联系、调解同业纠纷和劳资争议等。③其中,维系政府与行业的作用尤为重要。《工商同业公会法》使同业公会从民间团体成为具法人资格的法定团体,可全权接受政府委办的经济事项,并向政府反映同业的意志和要求。以老城厢大、小东门银楼业为例,1935年国民政府实行银本位,颁布白银国有政策,规定银为国有,民间不得私相售买,禁止以纹银制造饰品,银楼业因此遭受沉重打击。④同时,国民政府要求采用价格低廉的化学银取代足银,未能考虑媒材改变对传统手工艺可能造成的负面影响。1936年2月23日,由上海市银楼业同业公会主持的全国银楼业代表大会经讨论通过发表《通电全国》《呈中央文》,对《部颁银制品用银管理规则之意见》提出异议,陈述采用化学银将打击传统手工艺,请求财政部认定银楼业为特种手工艺术之一,《函请援助》中写道:

> 窃以敝业在商业中夙占相当地位,关系市面盛衰,殊非浅鲜,尤以海上为更甚,今若禁用纯银,而易以化学银,无论质刚易碎,手工万难精制,且必不能迎合社会心理,敝业之灭亡,诚可计日而待也。⑤

---

① 参见张亚培:《上海工商社团志》,第二篇同业公会,第一章组织,第一节沿革,上海社会科学院出版社2001年版;《同业公会消息·珠玉业》,《申报》1930年12月12日,第16版。

② 里奥·陆卡森:《人口与迁移》,出自[英]彼得·克拉克:《牛津世界城市史研究》,陈恒等译,上海三联书店2019年版,第413页。

③ 参见张仲礼:《近代上海城市研究(1840—1949年)》,上海文艺出版社2008年版,第422—436页。

④ 参见徐皓:《上海滩银楼业兴衰》,《联合时报》,2012年10月9日,第5版;谢建骁,谢俊美:《海上银楼简史》,上海人民出版社2008年版,第122页。

⑤ 《全国银楼业昨在沪开代表大会》,《申报》1936年2月24日,第10版。

近代上海是中国民族工商业最发达的城市，20 世纪初率先成立的上海商业会议公所是基于上海各商业团体的第一个商会组织，被誉为中国“第一商会”，开全国风气之先，而行业团体正是由上海南市老城厢地区发展而来。[①]此后，随着新型工商团体的加快筹建，上海商业会议公所发展为上海总商会，上世纪 20 年代上海总商会通过成立“商品陈列所”、举办展览会、参加国际商品赛会等途径，展现我国民族工业发展新面貌。1928 年 11 月 1 日，由工商部举办的“中华国货展览会”在上海老城厢内新普育堂开幕，这是自 1910 年南洋劝业会以来我国规模最大的国货展览会，该处煤屑路也因此更名为国货路。[②]这次“中华国货展览会”全场展品约 50％为原料品，40％为手工业品，另外 10％为机制与半机制品。[③]展品半数以上都可归入工艺美术大类，李朴园因而感叹：“如果要提倡国货，不提倡工艺美术是不成功的了！”[④]全国各地优质工艺美术产品汇聚老城厢，为传统民间工艺美术带来新风气和新视野，结合上海开放的商品市场意识，对民间手工艺市场向民族国货市场的现代转化起到了实质推动作用。

（二）都市商业空间布局的变迁与影响

20 世纪初至 30 年代，上海租界的基础建设达到了西方衡量现代化都市的标准，商业贸易推动物质文化的繁荣，上海由一个小城镇迅速成长为世界大都市。上层思想、基础建设、物质文化共同营建了上海的现代都市形象，在此背后则依旧是纷然并存的传统文化。[⑤]老城厢在元明清及民国初期，始终是上海（开埠后华界）的政治、经济、文化中心，尽管被迫开辟租界及小刀会起义等都对上海旧有的商业中心产生一定冲击，但直至 1860 年上海的商业空间仍以南市老城厢为主。[⑥]此后太平军压境，社会动荡，老城厢内外的本地市民及江浙一带的富户纷纷迁往租界内躲避，大批企业资金也转向租界，从而加速了北面租界的发展，都市商业空间逐渐由南市向北转移。

---

① 上海市工商业联合会，复旦大学历史系：《上海总商会组织史资料汇编 上》，上海古籍出版社 2004 年版，第 133 页。

② 孙卫国：《南市区志》，上海社会科学院出版社 1997 年版，第 28 页。

③ 参见《工商部中华国货展览会与赛物品分省表》，《商业月报》1929 年版，第 9 卷第 2 号，第 1—6 页。

④ 李朴园：《中国现代艺术史》，良友图书印刷公司发行，1936 年，第 37—38 页。

⑤ 参见李孝悌：《上海近代城市文化中的传统与现代——1880 年代至 1930 年代》，出自李孝悌：《恋恋红尘：中国的城市、欲望和生活》，上海人民出版社 2007 年版，第 273—327 页。

⑥ 参见戴鞍钢：《近代上海与江南：传统经济、文化的变迁》，上海书店出版社 2018 年版，第 288 页。

被李欧梵称作“双城记”[①]的上海,南市老城厢与北市租界并存的文化碰撞带动了上层思想变化,与之相呼应的是社会基础建设与物质层面的转变。有学者将近代上海租界形容为一个启蒙场域,具有启蒙自明性,租界机制运转中产生的各种人事景观和各种观念与原有的都市风俗产生碰撞与融合。[②]在这座具有双重形态的城市中,由租界文化带来的资本主义工商业、市政设施管理、新式科技、文化审美等近代都市要素,为上海民间工艺美术的产业化发展推波助澜。一些传统手工艺店铺的管理及明码标价的形式均与以往不同,从流动手工艺摊贩到固定区域的常设店铺,标准化的出现意味着行业雏形的形成。此外,受租界影响的商业空间变迁还促使着老城厢工艺区内部发生潜移默化的布局调整,近代上海银楼业大、小东门间的商贸重心转移,就是租界商业与海运贸易的双重优势为银楼业开辟的全新发展契机。

与此同时,近代城市道路交通建设同样对老城厢工艺区的发展形成促进作用。老城厢于明嘉靖三十二年(1553)筑起城墙,随着开埠后租界地区的迅速发展,城墙的存在逐渐影响市政建设、交通运输、商业活动等方面。民国元年至三年(1912～1914)老城厢拆除城墙,筑建民国路(今人民路)与中华路,并使两路相接形成环城圆路。1913 年 8 月,老城厢小东门开通了第一条由国人经营的有轨电车线路 1 路车,此后又陆续开通 2、3、4 路有轨电车通往城外。[③]如果说北市租界形成的新型商业中心突破了原有南市老城厢为重心的城市商业格局,那么旧城墙拆除及交通路线的开通则使老城厢与租界商业空间融为了一体。根据 1925 年至 1937 年间对上海劳动者的调查统计,当时上海的经济构造虽已资本主义化,然而集中程度仍较低,部分手工业制造保留在旧式商店中,而旧式商店职员在整体上海职员总数中占有相当大的比重。[④]对于那些聚集在老城厢旧式店铺中的手工艺者而言,都市商业空间布局的变迁,带来交流和思维方式的改变,旧式商店组织中限于雇佣与被雇佣、家族或师徒传承的固有模式获得了走向更广阔社会的可能。19 世纪 70 年代美国长老会传教士朗格(H. Lang)对上海租界的社会生活进行调研,当时

① 参见李欧梵:《都市文化与现代性》,出自李欧梵:《未完成的现代性》,北京大学出版社 2005 年版,第 126—143 页。

② 参见李永东:《租界文化与 30 年代文学》,上海三联书店 2006 年版,第 22 页。

③ 参见孙卫国:《南市区志》,上海社会科学院出版社 1997 年版,第 23 页。

④ 朱邦兴,胡林阁,徐声:《上海产业与上海职工》,生活·读书·新知三联书店 2014 年版,第 1022 页。

已有国外的手工艺从业者活跃于各租界区域(表1),形成不同于老城厢工艺区的业态生存样貌,随着城墙的消失,这些外来特征逐渐融入开放的都市商业公共空间之中。

表1　19世纪70年代上海外籍手工艺从业者居住地及人口统计①

铁匠	木匠		画家	印刷工与排字工	金匠与银匠	裁缝	钟表制造者
虹口租界	虹口租界	英租界	虹口租界	虹口租界	英租界	虹口租界	虹口租界
3人	3人	5人	3人	12人	1人	7人	7人

列斐伏尔曾探讨城邑传统特征分化的问题,认为与工业发展相伴的是商品世界的普遍化,土地与空间都成为商品,都市的存在被普遍化,而城邑的活力却由此消失了。②然而从民国初年拆除城墙至1937年抗战全面爆发,上海老城厢的西部、北部与租界接壤处开辟出南北融合的商业空间,大规模的商店、商场都在新路上开设,尚未及进入列斐伏尔的理论假设阶段,南市老城厢首先进入了"繁华更兴盛的时期"③。在消失的老城墙内外,日渐兴盛的文化融合与商贸往来,展现了近代都市商业重心变迁对老城厢工艺区带来的积极影响。以老城厢传统红木工艺为代表,上世纪20、30年代红木器业集中分布在交通商贸往来繁密的新、老北门交界处,该区域沿旧城墙(民国路)一路衔接南部老城厢与北面法租界,提供了同时面向南北两市经营的商业便利。为获取更大的市场空间,红木器业经营者出于对市场、场地、人工、成本等多方考虑,将木器厂、店分设在华洋两界多地是当时木器经营的常见现象。如乔源泰木器厂在地价和人工成本相对低的老城厢内设置大厂房,用以储存木料和堆放产品,门市店则安置于法租界内,充分利用租界商业市口更兴旺的优势。同样的情况也发生在老城厢银楼业及其他工艺产业。此外,产品的生产与销售也遵循城区商业空间的功能划分,如老城厢内以中式木器经营为主,多用洋松或木松制成,采用国产漆,产品针对居家用具如衣橱、床铺、桌椅等,而租界内主营西式木器,多用柳安木料,采用进口油漆,产品涉及卧室用具、新婚木器、

① 根据[美]朗格:《上海社会概况》(*Shanghai Considered Socially*, Shanghai: American Presbyterian Mission Press, 1875)附表:上海外国人口统计,二、行业与居住地(1870年普查)再绘制。出自[美]朗格:《上海故事》(*The Story of Shanghai*),生活·读书·新知三联书店2017年版,第54—60页。

② 参见[法]列斐伏尔:《空间与政治》,李春译,上海人民出版社2015年版,第52、54页。

③ 倪锡英:《上海》,南京出版社2011年版,第65页。

客堂桌椅等,[①]不同的媒介材料与产品类型是针对市场和消费群体细分后做出的判断。在北市租界商业文明影响下,老城厢内也陆续出现了"洋杂货",如南顺记五金洋货号、振大昌百货批发业等,新北门毗邻租界的豫园路上,传统珠宝老字号王锦秀斋开始兼营国外首饰、欧美时装、时式眼镜、上等香水。[②]近代上海通过融合商业空间与跨文化交流,带动传统工艺产业,引领都市新工艺、新生活、新消费形式的萌芽与兴起。

四、结　语

20 世纪 20 年代《时报》文学编辑吴灵园为《上海城隍庙》一书作序,将南市老城厢的邑庙商业中心与北市租界的永安、先施、新新等现代百货公司相比较,认为同属商品集中地,邑庙地区的市场优势在于本土手工艺商品,若能变陈旧为新颖,则具备了与现代百货相抗衡的市场潜力。上海老城厢于 1914 年完成拆墙筑路,新建的环城马路与交通路线打通了华界与租界原本的空间阻隔,使城市格局突破了旧时以城厢一带为商业主体的旧格局。城区的划分不再依据政治和行政标准,而是如同所有现代化大都市一样,以功能与行业进行布局。此外,近代紧邻租界的城区地理位置,使老城厢工艺区成为西方世界了解中国传统工艺品市场的最早窗口,也是传统市民文化碰撞西方商业文化的交汇地带。存在了三百余年的老城墙,它的拆除是近代以老城厢为代表的传统民间主动向外拓展、谋求商业文化进步的一场见证,意味着旧城所包含的传统产业、技艺、文化、风俗逐渐纳入城市现代化发展的轨道。对民间工艺产业的现代化发展而言,拆除城墙面向广阔的市场空间,迎来更多机遇和挑战;从传统工艺文化传承的立场看,曾经围绕旧城中心繁华市口的老城厢手工艺区,是上海文化本土性和民族性的根源。因此,能否超越传统民俗延续与现代都市发展之间的价值冲突,实现历史文化空间与新型商品市场的融合发展,是近代上海邑庙手工艺区生存与转型的核心问题。时至今日,这一问题依然存在,甚至成为整个传统手工艺产业必须应对的现实境况。一个多世纪以来处于传统与现代并行的上海邑庙民间手工艺区,以商立市、由商而兴,它曾有的兴旺

---

① 王昌年:《大上海指南》,东南文化服务社 1947 年版,第 69 页。

② 参见商务印书馆编译所:《上海指南》(十二版 增订),商务印书馆 1922 年版,第 28 页;火雪明:《上海城隍庙》,青春文学社 1928 年 4 月,前言页《王锦秀斋广告》。

与辉煌折射出都市手工业发展特有的城市精神与价值追求，它的变迁与发展，为建立本土经营与现代商业模式互为适应的手工艺新价值标准，提供了一些值得借鉴的启示。

Prosperity from Commerce—A Study of Old Town Marketplace for Traditional Crafts in Modern Shanghai

Abstract: Modern Shanghai traditional handicraft market concentrated in the old town area. As a traditional market for retail and wholesale of handicraft products, it is famous for its diverse craft varieties, flexible business models and popular prices. Since the opening of the port, the immigrant culture and concession culture have brought new craft varieties and operation modes, continuously expanding the industrial resources of the old town marketplace, and promoting the integrated development of traditional operation and modern business model. It lists three representative traditional craft industries, namely jewelry and jade industry, gold and silver industry, calligraphy and painting industry, and analyzes the formation and development of their characteristic markets. Under the influence of modern urban industrial and commercial civilization, the establishment of new urban industrial and commercial groups and the change of urban commercial space layout both play an important role in the transformation from traditional handicraft economy to modern market economy.

Key words: Modern Shanghai; Crafts Marketplace; Old Town; Commodity Market

作者简介：吴昉，上海理工大学副教授；上海大学美术学院设计学博士，复旦大学中国语言文学系文艺学博士后。

艺术中的都市文化

全球城市、全球本土化动物群：动物和英国大西洋城市，1660 年到 1800 年①

安德鲁·威尔斯 文 李 腊 译

摘　要：本文有两个主要目的。第一个目的是以人与动物的互动作为一个测试案例，来评估"全球本土化"作为一种概念在研究早期现代全球城市中的有用性。第二是探索人与动物的互动和全球城市发展之间的相互影响。对这两个问题的探索审视了早期现代全球城市本身一贯的矛盾性、含糊性以及争议性。

引　言

全球化被广泛地描述为"社会进程的规模从地方或区域层面逐步扩大到世界层面"，但具有讽刺意味的是，只有在地方环境中的个体才经历过全球化。②地方和全球的相互渗透，也被称为"全球本地化"，也许在商业领域表现得最为明显。③以 1860 年左右在英国生产的第一种商业化的宠物食品为例。当其先驱——美国人詹姆斯·斯普拉特(James Spratt)——试图推销他的"纤维素狗饼"(一种狗饼干)时，他选择了两种不同但又相互关联的营销策略。第一种策略强调其成分的品质，特别是"纯纤维素的、榨干且'未添加盐'的，含有

① 本文译自安德鲁·威尔斯 2020 年发表在《城市史》期刊上的专题论文：《全球城市、全球本土化动物群：动物和英国大西洋城市，1660 年—1800 年》(Andrew Wells, Global Cities, Glocal Fauna: Animals and the Urban British Atlantic, 1660—1800, *Urban History*, Vol.48, Iss.3, 2020, pp.1—20)。

② C. A. Bayly, "'Archaic' and 'modern' globalization in the Eurasian and African arena, c. 1750—1850", in A. G. Hopkins(ed.), *Globalization in World History*(London, 2002), pp.48—49.

③ R. Robertson, *Globalization: Social Theory and Global Culture*(London, 1992).

草原牛肉的凝胶部分”。[①]饼干牛肉异国情调的来源(在另一则描述美国印第安水牛狩猎的广告中得到加强)强调了令人放心的高品质。第二种策略也是如此,即由有名声和有爱心的人做一连串的代言。在一些广告中,刊登了来自犬舍俱乐部和桑德林汉姆皇家犬舍的赞扬信。这些推荐针对的是拥有猎犬或猎犬群的富裕客户,在国外也颇有影响力,例如德国和奥地利的杂志上就刊登了斯普拉特饼干的广告,“英国的每个运动员都在食用这种饼干”。[②]

这两种策略——一种是强调优质原料的全球采购,另一种是一系列来自优质人士的本地认可——体现了这两种方式在商业活动的相互渗透,同时表明全球化和全球本土化过程涉及文化和社会因素。本文探讨了 18 世纪英国大西洋世界的两座港口城市(布里斯托尔和纽约)的这些现象,主要聚焦于动物。在关于早期现代的学术研究中,动物是一个越来越突出的特点,但在这一时期的城市史,特别是全球城市的城市史中还没有留下实质性的印象。[③]例如,美国殖民地时期的主要动物史——弗吉尼亚·德约翰·安德森(Virginia DeJohn Anderson)的《帝国的生物》(2004 年)——只是简略地提到了城市环境中的动物,这无疑是由于 1700 年前大西洋沿岸没有大型城市群。[④]

下面的讨论包括两个主要目的。首先是以人类和动物的互动作为测试案例,来评估“全球本地化”作为一种概念在研究早期现代全球城市中的有用性。“全球本地化”是一个将“全球化”和“地方性”结合在一起以强调其相互渗透的词,最初是 20 世纪 80 年代日本的一种营销术语,但已经从其商业基础上转移到人文和社会科学领域,在那里它已经被证明在文化批评、社会学和地理学领域具有影响力。争论的焦点是:地方性是否受到全球性的威胁或成为其固有

---

① *English Mechanic and Mirror of Science*, 15 Jan. 1869, p.i(emphasis mine).

② “Futter, welches in England von jedem Sportsman angewandt wird”, *Renn-Bulletin des “Sporn”*, 8 Apr. 1876, p.84. See also *Sportblatt*, 3 Apr. 1875, p.116; *Manchester Times*, 4 Apr. 1868; *The Kennel Club Calendar and Stud Book*, 3(1875), facing p.[i]; *New York Times Magazine*, 3 Aug. 2014, p.MM14.

③ 除此之外,还包括:L. E. Robbins, *Elephant Slaves and Pampered Parrots: Exotic Animals in Eighteenth-Century Paris*(Baltimore, 2002); C. Wischermann(ed.), *Tiere in der Stadt*, *Special Issue of Informationen zur modernen Stadtgeschichte*, 2(2009); A. Guerrini, *The Courtiers' Anatomists: Animals and Humans in Louis XIV's Paris*(Chicago, 2015); C. Plumb, *The Georgian Menagerie: Exotic Animals in Eighteenth-Century London*(London, 2015); P. Atkins(ed.), *Animal Cities: Beastly Animal Histories*(Farnham, 2012); C. McNeur, *Taming Manhattan: Environmental Battles in the Antebellum City*(Cambridge, MA, 2014).

④ V. DJ. Anderson, *Creatures of Empire*(New York, 2004).

的一部分；它们之间的相互渗透是一种同质化还是异质化的力量(或两者兼而有之)；这种过程如何与政府互动，无论是在地方、区域、国家、超国家层面，还是完全的国际层面；以及全球化是否是新自由主义经济学的工具或能否纠正全球的不平等。一些人认为，全球化是一系列最终压垮地方文化的力量，而另一些人则指出，一旦全球文化和地方文化的互动超过了最浅层水平，它们都不会作为一个纯粹的实体而存在——如果它们曾作为纯粹实体存在的话——便意味着“全球本地化”是这一实体留下的一切。因此，“全球本地性”(Glocality)被解释为全球性的地方经验；全球本地化是通过地方性所折射出的全球化。①

这种关于全球本地化的观点是建立在(实际上是取决于)前现代世界的历史学家对“全球化”的复杂使用方式之上。在2002年，托尼·霍普金斯(Tony Hopkins)和已故的克里斯·贝利(Chris Bayly)发起了一本颇具影响力的文集，重点讨论了关于“古代的”和“原全球化”的问题。对于这两位学者来说，全球化是一个广泛的、综合的现象，远远超出了其当代的、主要是经济层面的内涵。此外，贝利认为全球化更多的是一种启发式的手段，而不是对社会变化的线性描述，他用一种“古代的”全球化概念来解释中世纪和现代早期的全球的——主要是欧亚的——思想、信仰、商品和人在一个政治实体不稳定、地理范围受限(对他来说，美洲和澳大利亚在全球化的这个阶段没有发挥任何作用)和神灵(或宗教)优先的世界中的流动。另一方面，“原全球化”涉及大西洋和太平洋世界，并在保留其“古老”前身的重要方面，特别是对城市作用的强调的同时，向更熟悉的概念领域扩展。在这一阶段，《威斯特伐利亚条约》(1648年)之后，国家体系的重新配置和金融服务与前工业化制造业的增长相互作用，产生了资本主义生产和消费模式的规模性扩张，并在文化和制度上以欧洲

① R. Giulianotti and R. Robertson, “Glocalization”, in G. Ritzer(ed.), *Wiley-Blackwell Encyclopedia of Globalization* (Chichester, 2012); R. Robertson, “Globalisation or glocalisation?”, *Journal of International Communication*, 18(2012), pp.191—208; Z. Bauman, “On glocalization: or globalization for some, localization for some others”, *Thesis Eleven*, 54(1998), pp.37—49; V. Roudometof, “Theorizing glocalization: three interpretations”, *European Journal of Social Theory*, 19(2016), pp.391—408; N. Brenner, “Global cities, glocal states: global city formation and state territorial restructuring in contemporary Europe”, *Review of International Political Economy*, 5(1998), pp.1—37; G. Ritzer, “Rethinking globalization: glocalization/grobalization and something/nothing”, *Sociological Theory*, 21(2003), pp.193—209.

帝国的传播为标志。①

本文的第二个目的是探讨人与动物的互动和全球城市发展的相互影响。对于1800年以后的时期,这个故事已经被讲述过了;它是一个"大分离"的故事,在这个过程中,城市动物越来越多地被排斥、边缘化,或者以城市卫生或动物福利的名义被封锁在动物园或家里。此外,"大分离"并不仅仅是现代城市形成的偶发现象:它还是这一进程中的固有现象。但这些过程有其局限性,因为被排斥、边缘化或封闭的动物类别取决于大量的因素:甚至是典型的"家养"动物,如狗,也可能作为宠物、职场动物、地位低下的动物或卑微的流浪动物。此外,还存在大量的"边缘"动物,它们既不完全是"野生"的,也不完全是"受过驯化"的,而是生活在城市中,吃人类的食物,但却不受人类控制(如老鼠、狐狸或鸽子)。

在现代早期,没有这种系统的努力来改造城市空间,以排除动物。因此,它们对前现代城市的影响是深远的,无论是作为宠物、食物,还是提供劳动、娱乐和滋扰。在这些方面,乃至其他方面,动物创造了对专门的宠物店、商人和交易者的需求;影响了商业、屠宰业的实践与空间;带动了运输、搬运、安全和害虫控制领域的运作,并促进了城市地区饲料的进口与粪便的出口;深刻地塑造了一个蓬勃发展的娱乐业,从酒馆和咖啡馆的个别动物展览到专门的动物园,以及到1800年的大型动物园;并刺激了城市法规和新扰民法的产生。这些过程,虽然在大多数前现代城市都很常见,但主要是地方性的,有些——例如旅行艺人——是全国性甚至国际性的。只有少数是全球性的。②

以下第一部分将探讨动物对早期现代城市的影响,这些影响要么涉及全球化的社会和文化方面(如欧洲帝国对动物滋扰的不同管理),要么是全球贸易的一部分(养马和宠物)。第二部分将考察一种动物商品——毛皮——的全球贸易对港口城市及其所处的更大的政体和文化所产生的影响。通过更深入地探索文化和经济全球化的各个方面,这一部分调查了全球贸易如何帮助构建特定的地方。总的来说,这篇文章将阐明动物的作用以及它们与人类在早

---

① A. G. Hopkins, "Introduction: globalization —an agenda for historians", in Hopkins(ed.), *Globalization*, pp.1—10; Bayly, "'Archaic' and 'modern'"; A. G. Hopkins, *American Empire: A Global History*(Princeton, 2018), pp.25—32.

② 例如,参见 Wischermann(ed.), *Tiere in der Stadt*; Plumb, *Georgian Menagerie*; Atkins(ed.), *Animal Cities*。

期现代全球化进程中的关系，并将表明动物是如何在塑造早期现代全球城市方面发挥关键作用的。①

现代早期城市中的动物全球化

在现代早期城市中，动物无处不在，这掩盖了它们与早期全球化形式的关系。然而，在这个时代的城市环境中，人与动物的关系在许多方面都隐含着全球联系。最明显的例子之一是疾病和免疫力的传播。动物作为疾病的载体——最臭名昭著的是黑鼠(rattus)及其跳蚤(xenopsylla cheopis)在鼠疫中的作用——它们与全球商业网络互动，从而导致了疾病的远距离传播。此外，密集的城市人口意味着由动物媒介引入的疾病能够迅速达到流行病的程度。相反，动物也帮助欧洲人获得了美洲原住民所不具备的免疫力，这使得哥伦布交换特别致命，尤其是对于中美洲的城市来说，例如阿兹特克人的首都特诺奇蒂特兰(Tenochtitlan)。②

与流行病相关的是动物带来的滋扰和危险。其中许多是任何城市环境都熟悉的问题，但随着全球帝国的到来，出现了新的挑战、物种和处理方式。事实上，动物扰民法规是衡量城市中人与动物关系不同程度地全球本地化的一个有用指标。可以肯定的是，布里斯托尔和纽约都对促进环境卫生和减少流浪动物的数量表示关注。他们都雇用清扫工来保持街道的清洁，并处理垃圾和动物粪便，然后再将其出售。③城镇和乡村还为流浪动物设立了收容所；这

① 参见 P. Howell, *At Home and Astray: The Domestic Dog in Victorian Britain* (Charlottesville, 2015), pp.1—24; P. Atkins, "Introduction", in idem(ed.), *Animal Cities*, 1—17; McNeur, *Taming Manhattan*; K.K. Smith, *Governing Animals: Animal Welfare and the Liberal State* (New York, 2012); I. H. Tague, *Animal Companions: Pets and Social Change in Eighteenth-Century Britain* (University Park, PA, 2015); A. Wells, "Antisocial animals in the British Atlantic world: liminality and nuisance in Glasgow and New York City, 1660—1760", in C. Wischermann, A. Steinbrecher and P. Howell(eds.), *Animal History in the Modern City: Exploring Liminality* (London, 2018), pp.55—74。

② A. W. Crosby, *The Columbian Exchange: Biological and Cultural Consequences of 1492* (Westport, 1972), ch. 2; B. G. Trigger and W. R. Swagerty, "Entertaining strangers: North America in the sixteenth century", in B. G. Trigger and W. E. Washburn(eds.), *Cambridge History of the Native Peoples of the Americas*, vol.I: *North America. Part* 1(Cambridge, 1996), pp.361—369.

③ *Minutes of the Common Council of the City of New York*, 1675—1776, 8 vols.(New York, 1905) (MCC), vol.II, 74—75; J. Latimer, *Annals of Bristol in the Seventeenth Century* (Bristol, 1900), 267, 380, 441; *Felix Farley's Bristol Journal* (*FFBJ*), 27 Oct.1787, 27 Sep.1788.

些动物只有在支付费用后才能被收回，在纽约，这些费用既给了收容所的管理员，也给了捕捉动物的个体。①

为解决动物扰民问题做出的努力——提供奖赏——是在当地环境中体现全球潮流的一种方式，尤其是因为这种方式反映并影响了因帝国而走到一起的社区之间的紧张关系。早在中世纪，布里斯托尔就有规定，禁止流浪猪和人与动物粪便的不处理，虽然这些规则后来被置于法定地位，涉及高额的罚款，但举报人似乎没有资格获得任何奖赏。②另一方面，在纽约，他们几乎总是得到任何罚款或出售被没收牲畜所得的至少一半，作为其奖赏。这种差异在很大程度上与在一个不安全且遥远的殖民地与原住民保持友好关系有关：与英属美洲的其他地方一样，纽约人允许他们的牲畜在任何不封闭的地方放牧，这导致了定居者与印第安人之间的紧张关系。③

而在1664年，随着英国人接管纽约后，社区变得更加安全，他们对奖励告密者和有害动物消灭者的政策则变得更加不公平。1667年的《公爵法》规定，如果定居者的狼群破坏了印第安人的庄稼，那么“印第安人”享有获得补偿和协助建立保护性围栏的权利，并有权以一只或几只狼头来换取与定居者相同金额的奖赏。但是，1683年纽约议会在其最初的一项法案中减少了对“印第安人”的奖励，现在他们用一只成年狼头，只能换取12先令的奖赏，一只幼狼头则只获得6先令。尽管有人抱怨说，狼“最近增加得很厉害”，但这些赏金在1692年却进一步减少，而且法律一直未能鼓励消除足够数量的狼，结果在1702年提高了赏金，并实现了部分平等。然而，纽约的几个县仍继续歧视着“印第安人”。

当然，全球的遭遇并不局限于人类，被视为有害动物的物种在不同的地方可能有很大的不同。与英国相比，纽约野生动物的种类要多得多，包括“熊、狼……和臭鼬”。④这份名单的作者很可能还加上了野猫及其小猫、狐狸、松

① 根据1667年的《公爵法》，纽约的每个教区都必须保留1磅，参见 The National Archives of the UK (TNA) CO5/1142, fol.116r. 关于布里斯托尔保留的英镑数，参见 D. M. Livock, *City Chamberlains' Accounts in the Sixteenth and Seventeenth Centuries* (Bristol, 1966), xxiii, 44, 106。

② *Little Red Book of Bristol*, ed. F. B. Bickley, 2 vols. (Bristol, 1900), vol. II, pp.31—32; *Great Red Book of Bristol*, ed. E. W. W. Veale, 4 vols. (Bristol, 1931—1953), vol. II, 144; Latimer, *Seventeenth Century*, 486; 11 Gul. III c.23; 22 Geo. II c.20; 28 Geo. III c.65.

③ Anderson, *Creatures of Empire*, chs. 5 and 6; P. R. Christoph and F. A. Christoph (eds.), *New York Historical Manuscripts: English Books of General Entries of the Colony of New York, 1664—1673* (Baltimore, 1982), pp.319—320.

④ D. Denton, *A Brief Description of New York* (London, 1670), p.5.

鼠、乌鸦和乌鸫，所有这些都是1708年省级立法的目标，该立法强制要求消除它们并提供相应的奖赏。[①]这份动物打击名单在五年内就被缩减了，恢复了松鼠和鸟类，这不仅证明了这些物种作为宠物的受欢迎程度，而且还表明，这种立法的盛行既体现对野性动物的文化认知问题，也体现殖民者的牲畜遭受实际掠夺的问题。[②]

此外，那些在布里斯托尔和纽约常见的物种，如猪，由于不同原因被认为是有害动物，这也反映了全球因素，其中包括健康和人身安全。如果说1696年布里斯托尔大陪审团的担忧是普遍的，即"健康……[被]这里大部分地区饲养的大量猪所产生的恶臭气味所危及"，那么纽约针对流浪猪的严厉措施则是其特别容易受到帝国对手攻击的产物。[③]关于将曼哈顿岛顶端的猪根除的投诉可以追溯到1664年之前，但在1673年—1674年荷兰重建的短暂时期，惩罚措施明显变得更加严厉。1673年8月，任何在该市淡水池塘(今天的沃斯街，在十八世纪中期之前一直位于该市的北部)以南游荡的猪都将被没收。于两个月内，在曼哈顿南端的防御工事中发现的动物，除了被没收外，还要被处以高于动物价值两倍的罚款。只有在第三次英荷战争后，该市回归英国统治后，这些规定才有所放松。[④]

对纽约的安全来说，另一种熟悉的物种——马——也很重要。马的饲养、竞赛和贸易是参与全球潮流的活动——特别是贸易——并在当地有一系列的表现形式。1670年，纽约法院禁止拥有马匹和向印第安人出售马匹，理由是他们"为自己使用而购买基督教徒的马匹，在一段时间内可能会对这些地区的人民造成危险或危害"。[⑤]该法庭还将政府对养马的鼓励延伸到了长岛(Long Island)，这在17世纪60年代末就已经开始了，"与其说是为了吸引年轻人，不如说是为了鼓励改良马匹的品种"。[⑥]鉴于当地对这些动物的需求，以及马匹出口在殖民地经济中发挥的微小但却有利可图的作用，殖民地马匹的

---

① *The Colonial Laws of New York from the Year 1664 to the Revolution*, 4 vols. (Albany, 1894) (*Laws*), vol.I, p.618.

② Ibid., vol.I, pp.781—782.

③ Court of Quarter Sessions, Convictions and Presentments, 1695—1728, Bristol Archives(BA) JQS/C/1, 52(6 Oct.1696).

④ 更全面的描述参见 Wells, "Antisocial animals", pp.58—59。

⑤ *Laws*, vol.I, p.82.

⑥ E. B. O'Callaghan and B. Fernow(eds.), *Documents relative to the Colonial History of the State of New York*, 15 vols. (Albany, 1856—87)(DRCHNY), vol.XIV, 620; *Laws*, vol.I, 83.

质量差成为一个严重的问题。仅在 1720 年,就有近 100 匹马从纽约出口到加勒比海海岸的四个地区。可以肯定的是,在旧世界举办赛马会的目的不只是为了单纯的娱乐,而且在后来的几年里,报纸上还刊登了可以用“公马来掩护母马”的广告,因为私人试图利用他们动物的繁殖潜力。①但纽约的第一份报纸是在 1725 年才出版的,而且在此期间需要确保有价值的马种,政府不仅推动了赛马会,而且还在 1718 年授权将野生小马的阉割作为保证基因的一种形式。②

在现代早期城市中,全球本地化的人与动物关系的最后一个方面是蓬勃发展的全球宠物贸易,英格丽·塔格(Ingrid Tague)、克里斯托弗·普兰姆(Christopher Plumb)等人最近对此进行了研究。③他们指出这一时期养宠物越来越流行,导致了小动物贸易的繁荣,催生了许多相关产业,但他们几乎只关注于伦敦地区。另一方面,纽约和布里斯托尔则为这些现象提供了宝贵的视角。例如,与其他地方一样,金丝雀从德国进口,并在这些城市做广告出售,它们的受欢迎程度导致这些城市的拉丝工和制针工转向生产鸟笼。④到了十八世纪中期,笼中鸟是所有社会阶层的常见宠物,尽管这似乎是一种特别的城市现象,至少在布里斯托尔是如此:根据卡尔·埃斯塔布鲁克(Carl Estabrook)的说法,几乎所有提到笼中鸟的遗嘱认证清单都是在该市的房子里。⑤另一个迹象表明,这一时期的鸟类贸易已进入成熟期,就像斯普拉特饼干的广告一样,强调商品的质量,特别是与那些卖得便宜的小贩相比。例如,18 世纪 80 年代末,理查德·布芬(Richard Buffin)在布里斯托尔销售金丝雀,他建议购买者要小心街头小贩,“因为他们通常把‘母鸡当公鸡卖’,他曾接到过几起投诉,有人在交易所买了金丝雀,以为是他卖的;(因为他住在那里)但他只卖自己保证过的东西,否则就不卖”。⑥

此外,纽约本身也是一个重要的动物来源城市。1726 年,乔治·爱德华

---

① 例如,参见 *FFBJ*, 5 May 1753, 6 July 1754; *New York Mercury*, 10 Mar. 1766; H. Ritvo, “Barring the cross: miscegenation and purity in eighteenth-and nineteenth-century Britain”, in D. Fuss (ed.), *Human, All Too Human*(New York, 1996), pp.37—57。

② I. N. P. Stokes, *The Iconography of Manhattan Island*, 6 vols.(New York, 1915—1928), vol.IV, 548; TNA CO5/1222; *Laws*, vol.I, 996, vol.II, 297, 831, vol.III, p.166.

③ Tague, *Animal Companions*; Plumb, *Georgian Menagerie*.

④ *S. Farley's Bristol Journal*, 16 Jan. 1748/49; *FFBJ*, 4 Nov. 1752, 18 Oct. 1755; *New York Gazette*, 3 Dec.1759, 21 Dec.1761; trade card of Thomas Cross(fl.1781), BA MS 40442/85.

⑤ Tague, *Animal Companions*, 38; C. Estabrook, *Urbane and Rustic England: Cultural Ties and Social Spheres in the Provinces*, *1660—1780*(Stanford, 1998), pp.132—133.

⑥ *FFBJ*, 10 Nov. 1787.

兹(George Edwards)对从纽约运抵伦敦的九只海关报税表上简洁地称为“歌唱的鸟儿”纳了税,于是从该城市获得了这些鸟,后来在他的《自然历史集锦》(1758年—1764年)中有所描述。①从纽约出口的其他物种还有松鼠,这是十八世纪流行的宠物。1741年,一位母亲写信给远在伦敦的儿子,骄傲地说她会给他送一些(美国的)“会飞的松鼠……明年春天”。②这种动物贸易,以及纽约和布里斯托尔的扰民管理、赛马与养马模式,都是动物影响城市生活与发展的全球进程在地方层面的重要表现。但是,对参与其中的全球城市产生最深远影响的是一种特殊形式的动物残骸贸易,纽约也是其主要来源城市。

毛皮、自由和时尚

一位研究全球本地化的理论家将全球城市描述为“协调全球商品链的关键地点”,而其他人则认为“全球城市……揭示了地方性的创造成为全球化的一个标准组成部分的方式”。③本节将探讨这两种观点,并将特别提到毛皮贸易,尤其是北美海狸(castor canadensis)的贸易,这是英国大西洋北部世界最重要的商品贸易之一。对毛皮的渴望是欧洲人在北美殖民化的强大动力,并导致了从1600年开始的三个世纪里向北延伸到北极和向西延伸到太平洋的巨大贸易。

毛皮贸易从一开始就是全球性的。从欧洲和美洲进口的毛皮经常被转口到俄罗斯(或中国,因为太平洋地区在19世纪初成为毛皮的主要来源)进行加工;毛皮产品被出口到世界各地。④在现代早期,该贸易的全球地位以所有主

---

① TNA CUST3/28B(1726—1728), fol. 38v; Tague, *Animal Companions*, 21; G. Edwards, *Gleanings of Natural History*, 3 vols.(1758—1764), vol.II, p.134.

② E. B. Gelles, *Letters of Abigail Levy Franks*, *1733—1748*(New Haven, 2004), p.104.

③ Brenner, “Global cities”, p.6; Richard Giulianotti and Roland Robertson, “Forms of glocalization: globalization and the migration strategies of Scottish football fans in North America”, *Sociology*, 41(2007), p.134.

④ 例如,1700年,海狸皮毛从纽约、哈德逊湾、新英格兰、马里兰和弗吉尼亚、卡罗来纳州、纽芬兰、宾夕法尼亚州、俄罗斯、德国、西班牙、荷兰、丹麦、挪威以及巴巴多斯等地进口到英国;海狸帽出口到葡萄牙、西班牙、新英格兰、东印度群岛、荷兰、巴巴多斯、西地中海、宾夕法尼亚、牙买加、加那利群岛、纽约、法国、德国、意大利、尼维斯、佛兰德、蒙特塞拉特、波罗的海、苏格兰、土耳其、马德拉、俄罗斯、安提瓜、马里兰、非洲和爱尔兰(均按进口/出口价值降序排列)。参见TNA CUST3/4(1700). See also J. F. Crean, “Hats and the fur trade”, *Canadian Journal of Economics and Political Science*, 28(1962), pp.373—386; J. L. Clayton, “The growth and economic significance of the American fur trade, 1790—1890”, in S. Sleeper-Smith(ed.), *Rethinking the Fur Trade: Cultures of Exchange in the Atlantic World*(Lincoln, NE, 2009), pp.160—180; R. Fisher, *Contact and Conflict: Indian-European Relations in British Columbia*, *1774—1890*, 2nd edn(Vancouver, 1992), ch.1。

要欧洲海洋强国的参与为标志。荷兰、英国、法国和苏格兰的殖民项目都是为了赢得毛皮贸易的份额而发起的,他们共同关注北美北部,这也意味着即使在一个地方也能体现出全球性的联系。①几乎所有的毛皮诱捕和狩猎都是由印第安人进行的,他们与荷兰人、英国人和法国人进行纺织品(主要是毛毯)、朗姆酒、火器和金钱等交易。英国的商品,特别是前两种商品的优良品质,导致印第安人将他们的毛皮(和其他贸易商品,包括动物)带到纽约而不是新法兰西。②因此,在整个18世纪上半叶,这些殖民地之间进行了大量的毛皮贸易。18世纪20年代,纽约州长威廉·伯内特(William Burnet)曾试图禁止与加拿大的贸易,除此之外,尽管法国人努力阻止,但这种贸易仍在继续着。③

奥尔巴尼市是一个特别重要的毛皮贸易中心;该市的大亨们,绝大多数是荷兰人,努力地保护着这一地位,并在1686年获得了一份特许状,授予毛皮贸易的垄断权。然而,消除来自其他省份城镇的竞争是有代价的。纽约市已经获得了一系列的垄断权——对哈德逊河的运输贸易(1670年)、出口贸易(1678年),最后在1684年,该市被定为该省唯一的入境口岸——这使得奥尔巴尼的荷兰毛皮商人无法从其商品的运输中获利。④一旦算上运输成本和关税,欧洲的毛皮价格很少远远超过美国的毛皮价格,所以毛皮贸易的利润往往不是由欧洲的毛皮价格产生的,而是由毛皮交易商品的加价产生的。

除了英格兰人或英国人及其殖民者之外,其他人从这种贸易中获得收益变得越来越困难,首先是因为根据《航海法》,只有这些人被允许拥有和经营航运,后来因为1722年毛皮被"查点",这一法案变得更加严格。⑤这项措施显然是针对纽约的(奥尔巴尼的荷兰人仍在向荷兰直接发送大量毛皮货物),意味着毛皮必须经过英国才能运往其他地方。欧洲主要海洋强国之间的这些互动,即使是在单一地区的范围内,也突出了毛皮贸易的全球性质和现代早期"重商主义"全球化的局限性。

---

① J. Jacobs, *The Colony of New Netherland* (Ithaca, NY, 2009), pp.109—117; W. Alexander, *An Encouragement to Colonies* (London, 1624); H. A. Innis, *The Fur Trade in Canada*, rev. edn (Toronto, 1956), ch. 2.

② K. J. Waterman (ed. and trans.), "*To Do Justice to Him & Myself*": *Evert Wendell's Account Book of the Fur Trade with Indians in Albany, New York, 1695—1726* (Philadelphia, 2008), pp.100, 196, 198.

③ 本段和接下来的两段内容参见 T. E. Norton, The Fur Trade in Colonial New York, 1686—1776 (Madison, WI, 1974)。

④ M. Kammen, *Colonial New York* (New York, 1975), pp.106—107.

⑤ By 8 Geo. I c.15.

全球城市在这一商业活动中的作用是至关重要的，但仍不为人所知。在美国，纽约很容易成为参与毛皮贸易的最重要的海上城市：它是殖民地的唯一官方入境口岸，从图 1 中可以看出，纽约在英属美洲的所有竞争对手中占据着主导地位（唯一的例外是哈德逊湾，“实际上不是一个殖民地，而是一个毛皮保护区”）。[①]从纽约发往布里斯托尔和伦敦的毛皮种类极其繁多，在某一年（1725 年）包括黑熊、海狸、猫、食鱼貂、狐狸、紫崖燕、水貂、麝鼠、水獭、浣熊和狼。海狸相对于其他毛皮的优势是显而易见的：1725 年，英国从纽约进口的海狸价值超过 6 050 英镑，而其他毛皮的价值则为 1 210 英镑。[②]

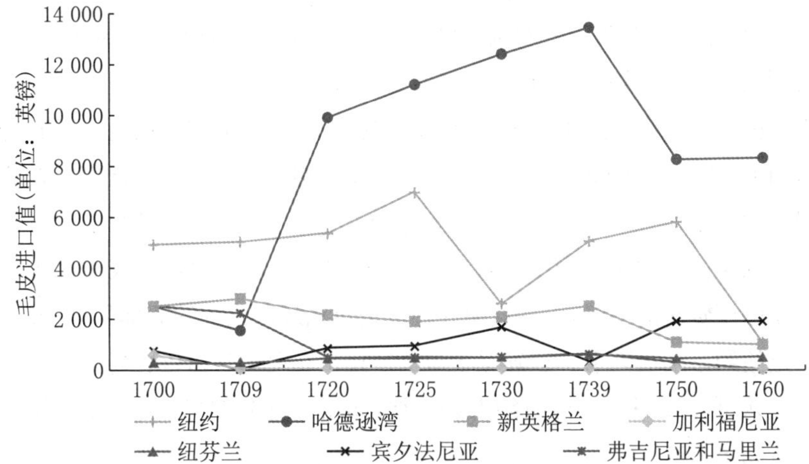

图 1　1700—1760 年英格兰或大不列颠从英属美洲进口的毛皮数据
（1709 年和 1739 年被包括在内，因为 1710 年和 1740 年的一些殖民地的数据不充分）

来源于：Lawson，*Fur*，App.E，108；TNA CUST3/12.

海关数字所记录的关于大都市在毛皮贸易中的相对重要性，是一个更加矛盾的故事。在 18 世纪 20 年代，从纽约进入伦敦的船只携带毛皮的比例（13.2%）与进入布里斯托尔的比例（12.6%）几乎相同，但进口的实际价值却远远不平衡。[③]纽约毛皮贸易在 18 世纪 20 年代后半期有些波动，这可能是由于

① M. G. Lawson，*Fur*：*A Study in English Mercantilism*，*1700—1775*（Toronto，1943），p.71.

② TNA CUST3/27（1725），fols. 42v，165v—166r.

③ L. J. Bradley，“The London/Bristol trade rivalry”，University of Notre Dame Ph. D. thesis，1971，pp.318—319. 这两个百分比是根据伦敦（143.8）和布里斯托尔（47.6）1722—1730 年的条目数量以及同一时期将毛皮列为商品的条目数量（分别为 19 和 6）的平均数计算得出的。

查点的结果,查点提高了外港在贸易中的份额(见表 1)。然而,在任何时候,运往伦敦以外的港口的纽约毛皮价值都没有达到总额的 11%;英国外港的航运总吨位一直超过伦敦的航运总吨位,这一对比更加鲜明。①综合来看,运载毛皮到布里斯托尔和伦敦的船只比例大致相同,而进口毛皮的价值却相差甚远,这表明纽约和布里斯托尔之间的毛皮贸易规模较小,而与伦敦的贸易规模较大,是大宗贸易。这与本世纪前十年纽约的详细海关记录所传达的印象相吻合,在此期间,该市的大多数主要毛皮商人,如斯蒂芬·德·兰西(Stephen De Lancey)、里普·范·达姆(Rip Van Dam)和亚伯拉罕·温德尔(Abraham Wendell),经常将他们的产品运往布里斯托尔,尽管数量不多。②

但是,布里斯托尔的有利位置可能使它能够在两个方面大显身手。首先,在英国销售毛皮的利润率很低,这促使了商人将毛皮运往西部城市,以在竞争对手之前抢占先机。这正是 1735 年发生的事情,当时奥尔巴尼商人菲利普·利文斯顿(Philip Livingston)通过布里斯托尔向他在伦敦的合作伙伴斯托克和盖恩斯伯勒公司(Storke & Gainsborough)发送了三桶毛皮,以便击败将于当年秋天抵达伦敦的纽约毛皮船队。③其次,布里斯托尔的腹地不仅可以生产许多用于印度贸易的毛线,而且其商人还能随时从最北边的约克郡采购纺织品,以满足纽约市场的需求。这确保了布里斯托尔在毛织品出口贸易中的地位得到广泛认可:1724 年,一位纽约人评论说,布里斯托尔是"印度商品贸易中最大的货物出口港"。④

海关记录确实显示,伦敦以外的港口在毛皮进口业务中的作用有限,与其

---

① G. Holmes and D. Szechi, *The Age of Oligarchy, 1722—1783* (London, 1993), 379; R. Davis, *The Rise of the English Shipping Industry in the Seventeenth and Eighteenth Centuries*, Research in Maritime History, 48(St Johns, 2012), 26, App.A.

② J. M. Bloch et al.(eds.), *An Account of Her Majesty's Revenue in the Province of New York, 1701—1709* (Ridgewood, NJ, 1966), pp.60, 97, 232, 271, 278; TNA CUST3/22—30, 82; Bradley, "London/Bristol", pp.223—237; C. Matson, *Merchants and Empire: Trading in Colonial New York* (Baltimore, 1998), pp.93—96.

③ New York State Library, Albany(NYSL) Misc. MSS, AT7003, box 4, no. 58, Philip Livingston to Samuel Storke, 25 Mar. 1736. 他在物流链的美国端做了同样的事情,通过波士顿运送毛皮,参见 W. I. Roberts III, "Samuel Storke: an eighteenth-century London merchant trading to the American colonies", *Business History Review*, 39(1965), p.164。

④ C. Colden, "A memorial concerning the fur trade of the province of New York"(1724), in *DRCHNY*, vol. V, 729; K. Morgan, *Bristol and the Atlantic Trade in the Eighteenth Century* (Cambridge, 1993), pp.96—100.

完全不同的是，它们在向纽约出口羊毛织品方面有很大的利益。只有在 18 世纪 20 年代中期，当伦敦的产量达到 1720 年的三倍（1724 年）和五倍（1726 年）时，它们在这一贸易中的份额才下降到 20％以下。总的来说，在这十年中，出口贸易占 26％，如果不考虑 1724 年到 1726 年的异常年份，这个平均数将上升到 30％多（见表 1）。虽然不可能对这些数字进行分解，以得出布里斯托尔的确切贡献，但考虑到布里斯托尔在 18 世纪 20 年代平均吸引了来自美洲大陆殖民地的英国港口总吨位的近 40％，似乎可以认为它的贡献是相当大的。①

表 1　1720 年—1730 年英国和纽约的毛皮贸易，除注明外，数字为进口/出口价值四舍五入至最接近的英镑值

		1720	1721	1722	1723	1724	1725	1726	1727	1728	1729	1730
从纽约进口毛皮	伦敦	5 331	4 519	5 317	4 752	4 966	6 772	7 867	3 283	4 585	3 293	2 368
	出口	62	112	131	526	587	488	488	62	146	30	270
	合计	5 393	4 631	5 448	5 278	5 553	7 260	8 355	3 345	4 731	3 323	2 638
	出口％	1.1	2.4	2.4	10.0	10.6	6.7	5.8	1.9	3.1	0.9	10.2
向纽约出口毛织品	伦敦	6 682	19 388	15 225	10 258	18 375	19 643	31 590	18 096	13 434	13 759	9 844
	出口	2 921	5 175	5 183	4 047	4 229	4 030	4 352	5 926	10 827	5 191	6 529
	合计	9 603	24 563	20 408	14 305	22 604	23 673	35 942	24 022	24 261	18 950	16 373
	出口％	30.4	21.1	25.4	28.3	18.7	17.0	12.1	24.6	44.6	27.4	39.9

注：“毛皮”这里使用的分类依据来源于劳森，毛皮包括獾、熊、海狸、海狸皮、猫、兔毛皮、食鱼貂、艾鼬、狐狸、野兔、美洲豹、貂鼠、水貂、水獭、麝鼠皮、黑豹、兔子、浣熊、老虎、黄鼠狼、狼、金刚狼、土拨鼠；“毛织品”包括海关申报表中“毛织品”项下的所有类别，加上毛毯和羊毛织品。

来源于：Lawson，*Fur*，Apps. A and E，87—92，108—109；TNA CUST3/22—30，82。

这种全球贸易致力于在许多不同的领域创造地方性。从最广义上说，毛皮贸易有助于建立和巩固以共同的服装时尚和共同的政治理念为特征的跨国文化。海狸毛皮在欧洲的主要用途是制造帽子，它是财富和地位的象征，此外也是雄辩中的交流媒介。禁奢的规则和复杂的礼仪规范（“帽子的荣誉”）规定了谁有权戴什么样的帽子，应该如何表现和使用帽子，乃至应该用什么材料来制作帽子。②尽管议会在 1604 年废除了正式的服装管理禁奢法，但到了 17 世纪 70 年代，布里斯托尔的准公民才不得不发誓，他们“不拿或不穿任何勋爵、

① Morgan，*Bristol and the Atlantic Trade*，p.17（表 1 和表 2）.

② P. J. Corfield，“Dress for deference and dissent：hats and the decline of hat honour”，*Costume*，23 (1989)，pp.64—79.

绅士或其他人的制服或斗篷,而只穿自己的,或自己的手工艺品……只要你在这个城市居住”。①制作帽子的材料最能清楚地表明该物品的费用,同时标志着佩戴者的财富与地位。海狸毛皮是一种特别奢华的毛皮,是所有毛皮中最昂贵的,尽管它有不同的等级,并且可以与其他毛皮混合来制作成本较低的帽子。海狸皮帽的流行时间非常长,从 17 世纪初到 19 世纪后半叶,此后北美海狸种群的崩溃使得丝绸和天鹅绒成为更受欢迎的材料。②

由于服饰具有传达政治思想的潜在性,海狸帽提供了一个丰富的文化全球本土化的案例。自古以来,自由和约束都是通过头饰来传达的,本身就具有典型的“全球”概念:它们自称具有普遍性,但却可能受到大量潜在的地方性变化之影响。③这里有两种变化值得注意。首先,帽子的形状象征着自由,在现代早期形状扩大宽边帽,在西班牙独立的 80 年斗争中,宽边帽标志着荷兰自由的爱国主义观。④在 18 世纪中叶开发出被称为“毡合”的制造工艺之前,鉴于海狸皮的弹性和不易变形的特性,这种帽子几乎肯定是用海狸皮制作的。⑤其次,这一标志在 17 世纪下半叶穿越英吉利海峡来到英格兰,作为象征自由的头饰的补充。在 1688 年之前,为了支持国际的新教主义,这种帽子的象征性被低估了:在 1666 年伦敦大火纪念碑(第三次英荷战争期间建造的纪念碑,以纪念第二次战争期间发生的火灾事件;见图 2)基座的浮雕上出现过这个图标,否则会令人费解。随着 1688 年后英荷关系的恢复,宽边帽成为了威廉王朝秩序的象征,这也部分解释了它在 1746 年后与詹姆斯二世党人的威胁同时消失的情况。⑥

---

① *Oath of a Burgess*(Bristol, 1672).

② *Innis*, *Fur Trade*, p.341; J. A. Hanson, “The myth of the silk hat and the end of the rendezvous”, in Sleeper-Smith(ed.), *Rethinking the Fur Trade*, pp.420—435.

③ D. H. Fischer, *Liberty and Freedom*(New York, 2005); J. D. Harden, “Liberty caps and liberty trees”, *Past & Present*, 146(1995), pp.66—102; J. Epstein, “Understanding the cap of liberty: symbolic practice and social conflict in early nineteenth-century England”, *Past & Present*, 122 (1989), pp.75—118.

④ S. Schama, *The Embarrassment of Riches* (London, 1987), 69—70, 100.

⑤ 关于帽子的毡合处理,参见 Crean, “Hats and the fur trade”, pp.375, 379; M. Sonenscher, *The Hatters of Eighteenth-Century France*(Berkeley, 1987), ch.6。

⑥ Cf. Harden, “Liberty caps”, 74.英国图像中的宽边帽例子还有:*The Noble Stand*: *Or the Glorious CCIII*(1733); N. Parr, *The European Coursers*, Heat 1(1739/40); *The Highlanders Medley*, *or*, *The Duke Trumphant* (1746); and W. Hogarth, *Four Prints of an Election*: *Plate 4*, *Chairing the Members*(1754)。

图 2 《伦敦纪念碑基座西侧的浮雕图》

（出版商：约翰·鲍尔斯）。左手拿着宽边帽的人物“自由”，标识的字母为 G。

毛皮贸易开启了纽约和海狸之间的一系列强有力的联系，这有助于在地方或殖民地层面创造当地特色。在新荷兰和纽约的图像学中，海狸和毛皮的运用无处不在，无论是在地图、印刷品、旗帜还是印章中。新尼德兰的印章可以追溯到 1630 年，其特征是一只海狸，周围环绕着金钱，在新阿姆斯特丹拟议纹章（见图 3）的一项被否决的草案中甚至包含两只海狸，以取代阿姆斯特丹纹章中的狮子。纽约的印章和徽章在英国征服之前就含有海狸，早期的现代制图几乎一致地将海狸描绘在哈德逊河附近。这一趋势起源于圣劳伦斯地区最早的法国制图，并很快被荷兰和英国的制图师所效仿。例如，琼（Joan）和威廉·詹松·布雷乌（Willem Janszoon Blaeu）在第一本真正的现代地图集《世界概貌》（Theatrum Orbis Terrarum，1635 年）中绘制的新尼德兰和新英格兰地图，以及弗朗西斯·兰姆（Francis Lamb）的新英格兰和纽约地图（1676 年）中的海狸比任何其他动物都多（见图 4）。①

① J. B. Harley, *The New Nature of Maps: Essays in the History of Cartography* (Baltimore, 2001), pp.110—147; N. Bouzara and T. Conley, “Cartography and literature in early modern France”, in D. Woodward(ed.), *Cartography in the European Renaissance, Part 1* (Chicago, 2007), p.428.

图 3　新阿姆斯特丹拟议的盾形纹章,新尼德兰(约 1630 年),30.5×36.2(厘米)水彩画,来源于纽约历史学会图集

图 4　具体来源于 W. and J. Blaeu, "Nova Belgica et Anglia Nova", in *Toonneel des Aerdrycx*, *Nieuwe Atlas*, 6 vols.(Amsterdam, 1658), vol.II, sig. "*America E*"。

注:图画底部的海狸接近于奥尔巴尼(奥兰治城)和哈德逊。

全球毛皮贸易中构建地方性的另一方面是经常使用地名作为其最著名的产品的简称。许多运往纽约的纺织品都是以与之有历史联系的城镇命名的，如“粗口袋棉布”(osnaburgs，以德国的奥斯纳布吕克[Osnabrück]命名)或“粗呢”(strouds，一种多功能的毛布，可制成毛毯、紧身裤和裙子)，以格洛斯特郡(Gloucestershire)距离布里斯托尔不到50公里的一个城镇命名。作为英属美洲的两个主要毛皮产地——“纽约”和“哈德逊湾”——成为与它们运往英国的毛皮质量有关的代名词。①哈德逊湾的毛皮被认为是质量上乘的，因此它被认为足以供应时尚(即服装)毛皮市场。正如1752年的一本小册子所说，“从纽约和美洲其他殖民地进口的海狸不适合做服装，直到这两年才有很少(如果有的话)的海狸[从英国]出口”。②哈德逊湾毛皮的质量和销售方式——大宗拍卖——都有效地设定了一个基准价格，固定在纽约出口的价格之下。纽约虽与低质量的产品联系在一起，但又如此负有盛名，以至于这本小册子的作者认为其是唯一一个适合明确命名的殖民地，可以说，纽约因与海狸的紧密联系而受到影响，也得到了繁荣。但它并没有受影响太久：到18世纪50年代初，它在毛皮贸易中的份额已每况愈下，此时，毛皮在纽约总出口中的份额自1700年以来首次降至25%以下。对加拿大的征服加速了这种下降，到美国革命爆发时，毛皮贸易仅占纽约总出口的2.1%。③

在那之前，全球毛皮贸易继续在纽约市本身的组成结构上留下自己的印记。其最古老和最重要的大道之一仍然是比弗街(Beaver Street)，它铺设于1693年，是被该市总法院判处公开鞭打的人被迫行走的路线的一部分。④纽约市的其他地标也以海狸命名(如比弗巷、比弗路)或与毛皮贸易有关，如奥尔巴尼(Albany)或奥斯威戈(Oswego)。18世纪20年代，为了限制与新法兰西进行毛皮贸易，伯内特在奥斯威戈的安大略湖畔建立了一个贸易站；到18世纪

① 关于纽约海狸的出售，参见*General Advertiser*，30 Oct. 1751. 纽约的商船包括以动物毛皮命名的船只，如“海狸”和“狼”，或与毛皮贸易有密切关系的地方，如“奥尔巴尼”和“奥斯维戈”，参见TNA CO5/1222，1224，1225。

② *Observations on a Paper*，*Intituled*，“*Some Considerations on the Importation and Exportation of Beaver*”([London]，1752)，[1].

③ Norton，*Fur Trade*，106；DRCHNY，vol.V，753；Lawson，*Fur*，108，135；Matson，*Merchants and Empire*，pp.222—226.

④ 如“贝蒂”(R v. Betty)和“弗兰克”(R v. Frank)，分别是“黑奴”和“自由黑奴”，他们在1719年(8月5日)因偷窃一个铜壶被定罪。参见New York County Clerk's Office，Court of General Sessions Minutes，vol.2(1694—1731)，363；*MCC*，vol.I，314—316。

30年代末,百老汇的一个主要市场,那里通往哈德逊河的街道以及河岸上的一个登陆点都以奥斯威戈来命名。此外,码头、船坞和登陆点都是以这些地方命名的,还有一些在该市建造或注册的船只也是如此。事实上,不止一次,以"海狸"命名的船只在纽约的历史上扮演了重要角色。例如,1691年一艘以"海狸"命名的船只抵达纽约,结束了莱斯勒起义(Leisler Rebellion)。①

毛皮贸易的全球本地化涉及到各种各样的"代理者",包括人类和动物,但也许扮演着最重要角色的还是印第安人。特别是,他们对时尚的别致理解帮助塑造了美国和英国的全球本地化。印第安人是精明的消费者,他们对毛皮(粗呢)的渴望被一种挑剔的品位——只接受那些符合他们严格标准的产品——所调和。欧洲的贸易商向他们的供应商提供了可出售的毛皮的确切规格:18世纪30年代,菲利普·利文斯顿要求提供红色或蓝色的毛皮,并规定蓝色毛皮中不能有太多明显的白色线条。1738年,他向自己的合作伙伴斯托克和盖恩斯伯勒抱怨说,在3月份通过奥斯威戈包船运抵的许多纺织品"颜色和花样都很差,妨碍了它们的销售;它们应该是生动又活泼的花色"。②在纽约居住了几年的布里斯托尔商人约翰·佩洛金(John Peloquin)为了满足客户的要求,用玛格丽特和玛丽号(Margaret and Mary)运送了一批"条纹毛毯",该船于1725年8月中旬离开布里斯托尔,11月初抵达纽约。③很明显,英国商人花了很大的力气来确保他们的贸易商品符合当地人的品位,当他们的产品没有达到要求时,他们也会感到失望。

印第安人不仅仅是聪明的消费者,他们还了解全球经济机制的性质,因为他们试图影响欧洲的消费模式,使之对自己有利。易洛魁酋长不断抱怨欧洲商品的价格,但在1701年7月与纽约副总督约翰·南凡(John Nanfan)交谈时,他们提出了一个引人注目的建议:

请让商品像以前一样廉价出售……让海狸恢复到以前的价格,让它们在英格兰的伟大习俗流行起来。我们会给你十只海狸,让你送给国王,祈求国王用它们做一顶海狸帽,然后我们希望他所有的好臣民都能以他为榜样,像以前

① Stokes, *Iconography*, vol.IV, 361; T. F. De Voe, *The Market Book*, 2 vols.(New York, 1862), vol.I, p.271; T. D. Beal, "Selling Gotham: the retail trade in New York City from the public market to Alexander T. Stewart's Marble Palace, 1625—1860", SUNY Stony Brook Ph. D. thesis, 1998, 186, 222 n.19.

② NYSL AT 7003, box 5, no.94, Livingston to Storke & Gainsborough, 2 Jun. 1738; TNA CO5/1225.

③ TNA E190/1173/1, fol.123v; TNA CO5/1224.

的时尚一样，重新戴起海狸帽。①

值此之际，欧洲商品的价格被抬高了，原因是海狸帽已经不再时尚了，以及帽子行业经济的衰退；前几年进口的海狸仍然很丰富，而且价格低廉。八个月前，纽约州长贝洛蒙勋爵(Lord Bellomont)写信给伦敦，抱怨说“英国的海狸市场，价格太低，不值得运输”。他的悲观情绪似乎是有道理的，因为从北美进口的海狸毛皮从1699年的12 000多英镑下降到1702年的4 000英镑以下。②

易洛魁人充分认识到其经济状况的复杂性，要求降低关税和提高海狸的价格。他们认识到，前者可能会得到英国当局的批准，但后者不会，因此他们提出了一种即使不完全是现代的，也肯定是现代全球化商业营销策略的一部分：他们建议由名人代言。印第安人清楚地了解著名人物对时尚力量的影响，以及毛皮贸易和制帽业之间的全球联系。此外，这个例子表明，印第安人自己也试图鼓励他们生产的商品进行全球本土化：他们意识到毛皮在英国主要是通过制造帽子来消费的，便试图恢复这个行业，而不是开发其他可能使用海狸毛皮的行业。因此，他们希望影响全球商业，来使他们希望购买的商品变得更加实惠。他们印第安贸易伙伴的商业意识不会让同时代的人感到惊讶，比如菲利普·利文斯顿，他在1736年就表示担心伦敦海狸价格高的消息会传到他的本土客户那里，这些客户可能会开始对他们的皮毛收取更多的费用。③

结 论

为了重新审视一开始概述的两个目标——评估“全球本地化”作为研究早期现代全球城市的一个分析性概念，以及探索人与动物的关系和这些城市发展之间的相互影响——在上述讨论中出现了一些重叠的主题。将“全球本地化”解释为全球进程或趋势的地方经验，其中最主要的(根据贝利的“原全球化”)是欧洲的商业和帝国项目，特别是提出了两个主题。第一个是帝国；更具体地说，是帝国的安全问题。动物是帝国外部和内部安全问题的核心。保护脆弱的帝国前哨基地不受外部威胁的需求，意味着在一些时候仅仅是一种滋

① *Calendar of State Papers*, *Colonial Series*, 45 vols.(London, 1860—1994), vol.XIX(1701), pp.451—452.

② Lawson, *Fur*, 3; Bellomont to Lords of Trade, 28 Nov.1700, in *DRCHNY*, vol.IV, 789; TNA CUST3/3(1699); TNA CUST3/6(1702).

③ NYSL AT7003, box 4, no.58, Livingston to Storke, 25 Mar. 1736.

扰或不便（例如猪在防御性工程中扎根）都将变成一种致命的威胁。动物也是帝国内部安全问题的核心，通过建立对本地人口的歧视所实施的，有关消灭有害动物的奖励或限制马匹所有权的立法体现了这些问题。然而，印第安人在毛皮贸易中的角色和自主性是对这一趋势的有力反击，这加强了现在人们所熟悉的信息，即早期现代（或“原”）全球化远远不是一个重复的“西方崛起”的叙述。

第二个主题是商业，本文探讨了英国大西洋世界的两个全球城市是如何经营毛皮贸易的，以及如何被毛皮贸易所支配的。其一为纽约，它是毛皮的主要出口中心，这一角色影响了它的文化和城市景观，尤其是其街道和市场的地貌。其二为布里斯托尔，它是毛织品的主要出口中心，而毛织品是欧洲商人在纽约的贸易储备。虽然布里斯托尔从纽约进口的毛皮相对较少，但它确实进口了其他活的或死的动物（包括1750年的一批榨干的响尾蛇），而且养宠物在该市成为一种特别的城市现象。

当我们把“全球本土化”解释为全球化创造地方性的表现时，其他（相关的）主题就会浮现出来。其中一个是关于“野性”的性质和看法，以及它与英属美洲的联系，包括在大都市和殖民地的圈子里。过激的野性意识可能是1708年纽约法规的核心所在，该法规规定了对大量动物群的残害。值得庆幸的是，几年后，一种更清醒的观点占了上风，但在象征意义上，动物仍然与纽约有着密切的联系。海狸在这一殖民地的图标和地图上随处可见，它们的毛皮有助于形成戴海狸帽的共同时尚，并从其政治应用中形成共同的意识形态。

事实上，当涉及地方商品之间日益紧密的联系时，“全球本地化”可能是最明显的体现。不仅是纽约和哈德逊湾与不同质量的毛皮有关，而且毛皮贸易可能也对大都市产生了影响。例如，它很可能通过刺激对毛皮这种商品的需求而使“毛织品”一词常态化。①这一过程可以说是同质化的开始，贝利和霍普金斯认为这是现代全球化的关键。因此，“全球本土化”是一个有用的概念，可以用来探讨更加异质化的早期现代世界及其城市空间，乃至发掘其复杂的全球与地方之间联系的痕迹。

---

① 该词首次使用于1683年由纽约毛皮商人罗伯特·利文斯顿编撰的牛津英语词典中。参见*OED*，S.V. “Stroud”。

作者简介:安德鲁·威尔斯(Andrew Wells)是德累斯顿工业大学历史学教授,主要研究早期现代英国大西洋世界。2009 年获得牛津大学博士学位。他的研究兴趣还包括种族与种族主义史、自由史、城市史以及人与动物的关系。

译者简介:李腊,上海师范大学世界史专业博士生,研究方向:西方城市史,西方文化史。

从“权力空间”到“公共空间”：博物馆及其社会文化角色的演进①

王思怡

摘　要：博物馆作为公共文化机构，担负起关键的社会责任。博物馆的社会角色随着社会环境和观念发展不断演进。从作为权力空间，代表精英诉求并与政治理性相互交织，到成为教育公民而服务于社会、国家的集体利益工具，再到当下尝试着以更为积极的社会角色去追求社会包容和生活质量。这一过程使博物馆的社会力量不断显现，其内涵也不断被拓展。本文从博物馆的定义构成出发，探索博物馆在历史发展过程中的社会力量内涵，并讨论其在权力、文化与社区中的影响与转向，同时聚焦提倡社会包容和生活质量理念下的博物馆实践及其作用与困境所在。

关键词：博物馆　社会责任　社区　社会包容　生活质量

博物馆不能脱离社会或社会环境而存在，他们设定了具体的使命和目标，“捍卫”和“维护”当地的历史、传统与文化，并强化公民意识及社会责任②。因此，博物馆需要参与空间和场所上的互动，发挥其在当地社区中的职能角色，并通过这些职能与当地团体和利益相关者（stakeholders）关联起来。博物馆的社会角色向来很少受到质疑或挑战，本文将从场所、空间和社会之间的联系出

---

① 本文为国家社会科学基金青年项目“博物馆民族志视角下的中国革命文化展览红色叙事研究”（20CMZ027）阶段性成果。

② McCall，V. Citizenship and Museum Workers：A Comparative Study of Scotland，England and Wales，*Engage*，2013，32，pp.78—87.

发，探索博物馆的社会角色，以及它与权力和更广义的“文化”议题之间的联系，思考如何理解博物馆的社会力量，并讨论社区、身份认同、地方和社会包容等重要概念。

一、博物馆的定义与社会角色

放眼全球，在欧洲和拉丁美洲，人们越来越倾向于通过博物馆的社会角色及其基于社会价值进行的自我重塑来定义博物馆①，这也在 2019 年“夭折”的博物馆新定义②上有所体现。然而根据博物馆的发展历史，在 19 世纪中期，博物馆被重新定义为一种政府工具，即它们是一种用来巩固王室权力以完成某种“文明使命”的“权力机构”③，不过这种说法的意图日益受到质疑④。在那个时代，权力的一个鲜明特点是目标的多样性，且涉及国家自身的权威、理性和利益等多个方面⑤。在 19 世纪上半叶，人们开始从教育方面构建博物馆的社会角色，这种角色强调观众不同的社会属性和文化态度，而博物馆与公众之间也出现了一种消费者/用户的关系⑥。20 世纪中叶以后，博物馆开始更为积极地将博物馆知识转变成为“公共知识”(public knowledge)。这意味着，博物馆开始重视从收藏、保护与研究工作延伸至教育工作。因此，长久以来，教育的功能成为博物馆社会责任的体现。

1974 年，国际博物馆协会(ICOM)表示，博物馆的最终目标是“为社会发展服务”，这与以往的定义完全不同，突破了收藏和保护等业务限制。2015 年

---

① Brown, K. & F. Mairesse. The Definition of the Museum through its Social Role, *Curator: The Museum Journal*, 2018, 61(4), pp.525—539.

② 国际博物馆协会第 25 届全体大会进行了博物馆定义的修订，会上待投票表决的新定义是：“博物馆是用来进行关于过去和未来的思辨对话的空间，具有民主性、包容性与多元性。博物馆承认并解决当前的冲突和挑战，为社会保管艺术品和标本，为子孙后代保护多样的记忆，保障所有人享有平等的权利和平等获取遗产的权利。博物馆并非为了盈利。它们具有可参与性和透明度，与各种社区展开积极合作，通过共同收藏、保管、研究、阐释和展示，增进人们对世界的理解，旨在为人类尊严和社会正义、全球平等和地球福祉做出贡献。”由各国代表投票表决后，70.41%的投票代表同意推迟对“新的博物馆定义”进行投票。

③ Bennett, T. *The Birth of the Museum: History, Theory, Politics*. London, Routledge, 1995.

④ Hill, K. *Culture and Class in English Public Museums, 1850—1914*. Aldershot, Ashgate, 2005.
Sandell, R. *Museums, Prejudice and the Reframing of Difference*. Abingdon, Routledge, 2007.
Gray, C. Structure, Agency and Museum Policies, *Museum and Society*, 2016, 14(1), pp.116—130.

⑤ Bennett, T. *The Birth of the Museum: History, Theory, Politics*. London, Routledge, 1995, pp.21—22.

⑥ Hooper-Greenhill, E. Museums and the Interpretation of Visual Culture. London, Routledge, 2000.

国际博物馆日的主题也聚焦于"博物馆致力于社会的可持续发展"。在世界上大部分地区,博物馆的社会作用日益成为人们考虑的重要因素①,博物馆的社会角色常常与积极参与、社会包容和融合的观点密切相关。尽管博物馆的定义和目标是相互关联、密不可分的,但这一目标还是引起了对博物馆角色和定义的对比和探讨。对于观众而言,参观博物馆所产生的激励和力量可以说是一个起点,在观众离开博物馆后,可以按照博物馆中学到和了解的方法、信息继续自我学习,并与其社区之间产生某种遗产传承的情结。从一开始,地方博物馆的藏品就与社区有着千丝万缕的联系,并且为当地居民提供非常好的学习资源和教育机会。另一方面,威尔(Stephen Weil)并没有特别提倡将博物馆工具化,他表示"博物馆能够提供最好的、最可靠的和最神奇的时刻,这不是简单的沟通或者激励所能比拟的"。②这个观点放在任何一个时代都体现了博物馆的多功能性。

博物馆的社会角色一直是各种价值形成、对话甚至对抗的焦点之一。在此过程中,博物馆所追求和维护的方面逐渐变成了增强社会凝聚力、促进跨文化交流以及消除一些无知、狭隘和偏见,但是我们似乎能发现,仍然缺少一些强有力的证据来证明这些努力获得了成效③。因此,为了研究博物馆的社会作用,桑德尔(Richard Sandell)提出了一个概念框架,该框架不仅展示了博物馆在帮助观众理解博物馆藏品和展览中所发挥的积极作用,同时也讨论了与社会差异和偏见有关的社会理解和实践,以及博物馆和博物馆工作人员的目标、意图和活动④。而班尼特(Tony Bennett)则强调了博物馆的三个社会导向,即考虑全社会的利益、尊重文化差异,以及分别从不同群体中获取信息⑤。

因此,我们可以看到博物馆的社会角色不断变化和发展,同时与博物馆的职能、作用和价值有着内在的联系。而对于博物馆来说,为了充分证明自身为社区和社会创造的价值,他们需要知道哪些价值是关键的,这些价值是如何传

---

① Brown, K. & F. Mairesse. The Definition of the Museum through its Social Role, *Curator: The Museum Journal*, 2018, 61(4), p.533.

② Weil, S. *Rethinking the Museum and Other Meditations*. Washington, DC, Smithsonian Institution Press, 1990, p.64.

③ Sandell, R. *Museums, Prejudice and the Reframing of Difference*. Abingdon, Routledge, 2007, p.2.

④ Sandell, R. *Museums, Prejudice and the Reframing of Difference*. Abingdon, Routledge, 2007.

⑤ Bennett, T. Representation at the Exhibition? *The Journal of Education in Museums*, 2003, 24, pp.3—8.

递的，以及博物馆工作取得了什么样的实际成果，尤其是那些对观众和社会有益的成果。随着博物馆社会角色的发展以及由此产生的社会效益，博物馆如何充分发挥其职能并取得成功，成为社会广泛关注的热点，这也反过来促进博物馆创建更为积极的社会角色。

二、博物馆与权力空间

在围绕博物馆社会角色的辩论中，博物馆的社会作用在人、场所和权力之间也存在着不同的解读和立场。19世纪现代国家陆续成立了公共博物馆，其往往成为统治阶级向公众展示权力的视觉空间。因此，博物馆虽然也都公开展示藏品，但主要是以国家与博物馆的权力关系作为立场，研究人员将物视为博物馆的权力领域，而没有将之视为公共领域，博物馆也就欠缺为公众服务的思维。布迪厄(Pierre Bourdieu)等人在研究了西欧的博物馆参观情况后发现，定期参观博物馆的人数与教育水平有关，虽然理论上博物馆对所有人开放，但它们无一例外地都成为“有教养阶层的专属领域”，45%的常客来自“上流社会”①。这让文化领域超越了简单的社会阶层，从而得到文化资本的广泛关注。他们的研究还表明，除了社会阶层，其他社会形态(例如，家庭成员的影响和教育背景)也会影响博物馆的参观人数和文化产出，因此博物馆受到的影响不再是单纯的社会阶层的传统经济影响，而是更大范围包括文化领域的影响。如早在晚清出版物刊载的《上海之建筑——博物院》一文的插图(图1)中便可以看到展品被放在玻璃柜中，观众透过玻璃柜亦步亦趋地观赏着物，他们打扮得体、行为举止规范。但当时的博物馆一定程度上只有上流社会和知识分子才能够去的起，如古物陈列所和故宫博物院开幕之初，国内民众因“门票定价较高，古物陈列所的联合券(即通票)高达两元三角，价格相当于北京普通工人月薪的三分之一”②，趋诣往观者为数不多，且多为“收入较高且有一定文化修养的政府职员、大学教师、文化人士、商人业主等等”。

布迪厄的理论在应用到博物馆时，会出现两种不同的博物馆社会空间定位，一种是基于“统治群体”的定位，一种是基于博物馆场所的定位(即社会空间)。他在艺术、文学和文化方面的大量研究都强调了文化在社会统治和社会

① Bourdieu, P. & A. Darbel. *The Love of Art: European Art Museums and Their Public*. Cambridge, Polity, 1997, p.51.

② 段勇:《古物陈列所的兴衰及其历史地位述评》,故宫博物院院刊,2004年第5期,第27页。

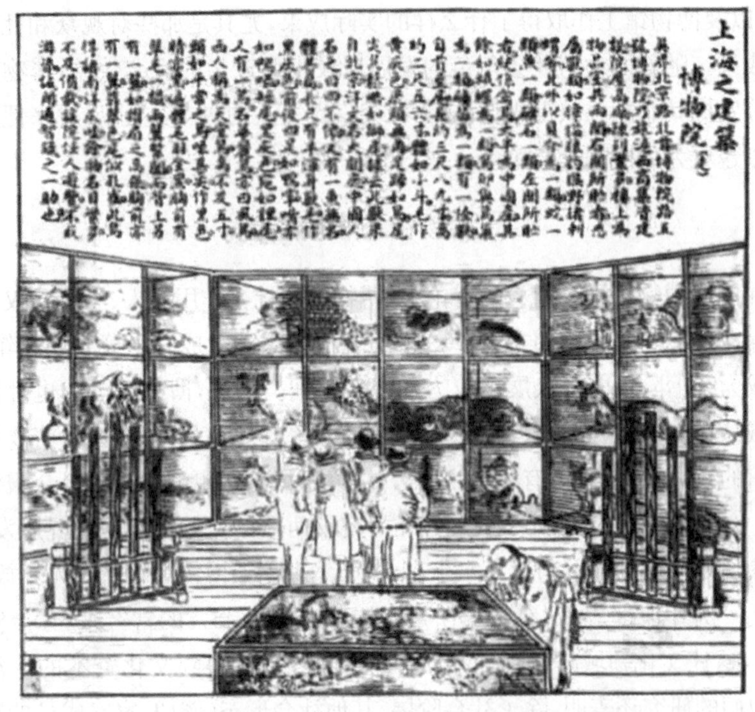

图 1 《上海之建筑——博物院》的观众参观插图①

再生产过程中的作用。他的核心观点是,文化问题与阶级内部和阶级间的斗争息息相关,而这些斗争会将特定的价值观念强加给社会②。虽然博物馆作为文化机构并不造成或制造社会内部的阶级分裂或不平等,但它们确实在促进社会差异合法化和社会再生产过程中产生了很大的影响③。它们能造成这种影响的原因及方法也是因为文化消费(包括个人的品位和文化偏好)有一种“遗传特性”,这种“遗传特性”主要取决于个人的出身、家庭背景和特定文化教养④。

博物馆有能力影响人们的想法和感受以及他们的态度和价值观,同时,威

① 图片来源:李万万:《美术馆的历史:中国近现代美术馆发展之研究(1840—1949)》,江西美术出版社 2016 年版,第 51 页图 1。

② Bourdieu, P. *The Field of Cultural Production*. Cambridge, Polity, 1993, p.41.

③ Bourdieu, P. *Distinction: A Social Critique of the Judgement of Taste*. Abingdon, Routledge Classics, 2010, p.7.

④ Bourdieu, P. *Distinction: A Social Critique of the Judgement of Taste*. Abingdon, Routledge Classics, 2010, p.365.

尔认为博物馆的这种能力可以用于发挥更积极的社会作用和影响，而不仅仅是用于精英价值观的强化和合法化："如果博物馆不是以改善人们生活为终极目标，那我们还能通过什么其他方式寻求公众的支持？"①博物馆确实也有社会责任和义务去建设一个更为包容、公平和相互尊重的社会，至此，博物馆的社会定位和社会作用开始了转向。近年来，这种博物馆社会责任的观点得到了进一步强化。城市地方博物馆和美术馆在解决社会排斥（Social exclusion）问题上发挥了重要作用，包括鼓励人们参加文化和休闲活动，特别是那些弱势或边缘化群体。如上海博物馆便开展了多项无障碍活动，2019 年联合上海市残联、黄浦区残联，以"浮槎于海：法国凯布朗利博物馆藏太平洋艺术珍品展"为契机，举办了一系列面向肢障、听障和视障人士的特展无障碍课程；2020 年，与华阳街道合作走进长宁区特殊职业学校，上博修复专家带领同学们体验陶俑彩绘过程；2021 年，面向听障人群推出系列线上手语导览视频，通过"一定要看的十件文物""青铜器上的神秘纹饰""古代陶瓷烧造的奥秘""唐代人的生活"等主题，以手语导览配合文物细节展示，使听障人士也可以用双眼"听懂"文物和文化，均等共享博物馆的历史文化资源和公共文化服务。

因此，显而易见的是博物馆除了能够在现有的地位、合法性和社会权力模式中构建社会地位和关系之外，还有更多的功能和可能性。可见，博物馆既是展示权力也是服务公众的公共空间。

三、博物馆与公共空间

关于博物馆社会角色的讨论，以往大多数关注的是博物馆如何将强大的精英阶层品位强加给"下层"的阶级成员，博物馆也具备这个能力影响大众，但这种权力可以有更积极的表现形式，而不仅仅是强化精英阶层的价值观。因此，我们将进一步讨论社会平等、社会包容和排斥的文化概念、生活质量以及再分配的问题等等，这些都是博物馆积极的社会角色所涉及的议题。博物馆已经开始抛弃对精英审美价值的传统博物馆学，转而支持更积极和开放的做法，以满足社会的多样性需求②。这种新博物馆学需求和主张的发展，也体现

---

① Weil, S. From Being about Something to Being for Somebody: The Ongoing Transformation of the American Museum. *Daedalus*, 1999, 128(3), p.242.

② Bennett, O. *Cultural Pessimism: Narratives of Decline in the Postmodern World*. Edinburgh, Edinburgh University Press, 2001, p.19.

了博物馆在社会中独特而又重要的角色。例如,可以将博物馆打造成一种“公共空间”[①],为人们提供学习或观念改变的机会,或将其作为一种个人成长和增强社会凝聚力或带来社会变革的机制,最终博物馆能够为社会中每个人带来积极的社会效应。

(一) 社区与公众

社区层面的参与和影响一直是博物馆实践的重点,也与博物馆的本地化和地方发展密切相关。格里斯沃德(Wendy Griswold)对社区的定义有两种:第一种是社区作为一种地理或区域的概念,它有一定的边界,并使用一套相关的文化和社会符号表示;第二种是社区作为一套社会关系理念,人们通过交流、友谊、交往和相互支持联系在一起。[②]这两种定义的共同之处在于,所有人都通过文化机制和意义联系在一起,这种文化机制包括口头的、书面的以及媒体(包括电子方式和互联网)交流手段和文化。作为这些文化的保管者和阐释者,博物馆在社区中扮演着非常重要的角色,特别是在维护社区关系方面。同样地,社区对于博物馆也很重要,因为博物馆也只有在社区的认可和支持下才能正常运作。因此,社区成员是博物馆发展和融入社区的关键,只有通过他们,博物馆才能与社区构建一个创造性的环境,并参与和掌握社区的发展方向。

随着博物馆环境的变化,博物馆的社会角色也在不断变化,而博物馆及其藏品给当地城市、社区带来的有益影响大致可以概括为促进教育发展和终身学习,提倡健康和福祉,维持文化多样性,增强社区信心和加速旅游业发展。但同时,也有学者注意到了紧缩条件下的地方博物馆社区参与实践。紧缩政策和随之而来的裁员(包括联系人失联或社区支持组织不再提供赞助等)限制了博物馆及其工作人员的影响和作用[③]。新冠疫情使得博物馆处在更为紧缩的条件下,这刺激博物馆发展出更多的生存模式,他们与社区居民的联系反而更加紧密,甚至博物馆大多数工作人员就是社区居民组成的。如上海虹桥机场新村社区参与式博物馆便是由社区活动中心翻新而来,当地社区的居民加

---

① Barrett, J. *Museums and the Public Sphere*. Chichester, Wiley/Blackwell, 2011.

② Griswold, W. *Cultures and Societies in a Changing World* (*4rd Ed.*). London, Pine Forge Press, 2013, p.144.

③ Morse, N. & E. Munro. Museums' Community Engagement Schemes, Austerity and Practices of Care in Two Local Museum Services. *Social & Cultural Geography*, 2018, 19(3), pp.357—378.

入了博物馆的建设中，这里的居民多为航空从业者，一些家庭中的老、中、青三代人都是虹桥机场的职工。在新冠疫情的影响下，该社区参与式博物馆与“机场人”一同策划属于自己的记忆展，《我们都是机场人》展览应运而生，这是一场以“我们都是机场人”为题，由居民贡献素材、一起协力完成的社区抗疫展。

（二）社会包容

博物馆的社会包容与加强社会正义①、社区凝聚力②、社会参与③以及博物馆自身政策和实践④有关，博物馆应成为一个更具有社会代表性的社会空间⑤。社会包容一直都是国际博物馆多年的研究议题。当代博物馆越来越倾向于成为“积极的社会变革的推动者”和“社会包容的推动者”⑥。2020 年国际博物馆日的主题是“致力于平等的博物馆：多元和包容”，国际博协就这一主题做了如下阐释：“在为不同身世和背景的人们创造有意义的体验，是各博物馆社会价值的中心。”平等地为不同的人提供公共文化产品和服务，也正成为国际博物馆界的追求。在博物馆发挥这些作用来构建包容和公平社会的过程中，文化的建构主义和工具性维度⑦发挥了关键作用。博物馆举办的活动也与社会包容的观念密切相关。同时，在发挥这些作用的过程中，博物馆应当承担什么样的社会职能也逐步显现。博物馆教育和社区工作对于社会包容的目标是明确的，只不过具体工作人员可能会以一种复杂的方式去理解和对待社会包容，他们努力打破社会包容的障碍，对弱势群体产生更明确和积极的影响。然而，通过与利益相关者、组织者、参与者、艺术家和工作人员的交流，杰

---

① Kinsley, R. P. Inclusion in museums: a matter of social justice. *Museum Management and Curatorship*, 2016, 31(5), pp.474—490.

② Pateman, J. & J. Vincent. *Public Libraries and Social Justice*. London, Ashgate, 2010.

③ Lussenhop, A., L. A. Mesiti, E. S. Cohn, G. L. Orsmond, J. Goss, C. Reich, A. Osipow, K. Pirri & A. Lindgren-Streicher. Social Participation of Families with Children with Autism Spectrum Disorder in a Science Museum. *Museums & Social Issues*, 2016, 11(2), pp.122—137.
Coghlan, R. "My Voice Counts Because I'm Handsome": Democratising the Museum: The Power of Museum Participation. *International Journal of Heritage Studies*, 2018, 24(7), pp.795—809.

④ Sandell, R. *Museums, Prejudice and the Reframing of Difference*. Abingdon, Routledge, 2007.
Tlili, A. Behind the Policy Mantra of the Inclusive Museum: Receptions of Social Exclusion and Inclusion in Museums and Science Centres. *Cultural Sociology*, 2008, 2, pp.123—147.
McCall, V. Social Policy and Cultural Policies: A Study of Scottish Border Museums as Implementers of Social Inclusion. *Social Policy and Society*, 2009, 8, pp.319—331.

⑤ Bennett, T. *The Birth of the Museum: History, Theory, Politics*. London, Routledge, 1995, p.24.

⑥ Sandell, R. *Museums, Prejudice and the Reframing of Difference*. Abingdon, Routledge, 2007, p.3.

⑦ Hooper-Greenhill, E. *Museums and the Interpretation of Visual Culture*. London, Routledge, 2000.

明(Helen Jermyn)发现社会包容在内容表达方面还存在严重的问题,并且大家对于社会包容工作的目标也不一致①。

实际上,社会排斥与包容在博物馆领域一直颇受争议。它的历史起源和概念意义是非常复杂的,并且与贫困和排斥的思想认识有关。此外,社会包容政策还引入了文化民主和文化资本,让事情变得更为复杂,因为资金也是影响社会排斥议题的一个障碍。有趣的是,政策文件中的社会包容流于口头承诺,所需资金很难到位,这说明尽管政府对博物馆界的提议做出了回应,但它并没有真正相信博物馆产生了实际的重要作用②。与此同时,即便是博物馆专业人员,也觉得社会包容工作具有很大的挑战性,难以实现预期的效果③。基层博物馆工作人员觉得很难将他们的工作与社会包容关联起来④。因此,虽然社会包容对于博物馆行业来说很重要,但博物馆如何让社会包容成为其社会角色中的一个核心部分,仍然是个大问题。对于许多博物馆工作人员来说,整个社会包容议题只是简单陈述了他们在日常中已经持续了很长时间的工作,正如一位馆长曾说过:"他们改变了'术语',但是大家还是做着同样的事情。"

(三) 生活质量

"生活质量"也引起了博物馆行业的政策关注,其概念是指通过某种积极或补救性的行动来提高个体的生活品质。如今,"人民对美好生活的向往"成为国家政策制定的导向,生活质量的概念逐渐成为"主流",特别是涉及教育、医疗、社会服务(尤其是残疾人和老年人)以及"跨领域的各级公共部门合作政策"等方面。对于福祉、生活质量和幸福,一般都会采用特定的指标进行评估,但总体上来说,它们与当地的发展状况有关⑤。2015 年欧盟出版《欧洲的生活质量》报告采用了"8+1"指标框架;我国《"健康中国 2030"规划纲要》也提出了五个现代化目标,可以看到评价生活质量所涉及的面非常广,包括从情感上的

---

① Jermyn, H. *The Art of Inclusion. Research Report 35*. London, Arts Council England, 2004, p.x.

② Newman, A. "'Social Exclusion Zone' and 'The Feel Good Factor'", in G. Corsane (Ed.), *Heritage, Museums and Galleries: An Introductory Reader*. London, Routledge, 2004, pp.325—333.

③ Tlili, A. Behind the Policy Mantra of the Inclusive Museum: Receptions of Social Exclusion and Inclusion in Museums and Science Centres. *Cultural Sociology*, 2008, 2, pp.123—147.

④ McCall, V. Social Policy and Cultural Policies: A Study of Scottish Border Museums as Implementers of Social Inclusion. *Social Policy and Society*, 2009, 8, pp.319—331.

⑤ Doyle, C. *Indicators of Happiness, Well-Being and Quality of Life Prospects for Inclusion in the Menu of Local SOA Indicators*. South Ayrshire Council, 2009.

幸福到个人权利等诸多方面。显然,博物馆要改善"生活质量",需要开展大量的工作,并且这些工作都与"健康"有关。例如,查特吉(Helen Chatterjee)等人对博物馆物的健康效果进行了试点研究,结果表明,经常接触博物馆物能够全面提升个体的健康和幸福感①。

英国博物馆协会也由此提出了"博物馆改变生活"的愿景,"博物馆不仅可以让观众欣赏到各类藏品,他们还可以在这个允许讨论的公开场合与他人交流,从而获得社会利益,提升幸福感,"②这也是人们"享受生活"的指标之一③。无独有偶,韩国国立中央博物馆也在其工作计划中指明了其发展愿景——"温暖的朋友,与你同在的博物馆"④。

可见,博物馆的一大任务是为观众创造愉快的体验,因此这一任务与博物馆社会角色也有着直接的联系。艺术在"身体/心理健康、缓解压力、减轻疼痛、降低发病率、加强身体/心理活动、对治疗产生积极反应、提升幸福感和创造积极的人生观、提高生活质量"等方面均有极大的效果⑤。在后疫情时代的背景下,国内不少机构针对新冠疫情期间公众出现的焦虑、悲痛和丧失情绪推出了与艺术疗愈相关的展览和活动。如上海"磁场计划"推出的"翻篇儿——后疫情时期的艺术疗愈展";青年艺术 100 推出了艺术疗愈公益计划"花开正当时",此计划也是一项邀约公众参与的艺术公共行为,观众可以通过共建"希望花海"(DIY 墙面互动)、手机与装置 LED 屏的数字联动(电子屏互动)、新媒体互动花开(肢体感应互动)等诸多形式参与其中。

四、博物馆社会角色的困境

社会排斥、包容、不平等和贫穷本质上是有争议的概念,"文化"和"艺术"

① Chatterjee, H., S. Vreeland & G. Noble. Museopathy: Exploring the Healing Potential of Handling Museum Objects. *Museum and Society*, 2009, 7(3), pp.164—177.

② Museum Association. Museums in the UK, 2017 Report, www.museumsassociation.org/download?id=1219029. 2017, p.3.

③ Galloway, S. *Quality of Life and Well-Being: Measuring the Benefits of Culture and Sport: Literature Review and Think-Piece* (*Scottish Executive*), www.scotland.gov.uk/Resource/Doc/89281/0021350.pdf. 2005, p.101.

④ 국립중앙박물관 2019 년 주요업무계획, https://www.museum.go.kr/site/main/archive/post/article_16129, 2019, p.5.

⑤ Ruiz, J. *A Literature Review of the Evidence Base for Culture, the Arts and Sport Policy*. Edinburgh, Scottish Executive, 2004.

Chatterjee, H. & G. Noble. *Museums, Health and Well-Being*. Farnham, Ashgate, 2013.

也是如此,目前还没有一个公认的定义能让大家达成共识。在博物馆行业内,大家对社会包容有着不同的理解方式,从业者和政策制定者对此也难以理解或制定相关政策①。而“地方政府关于社会包容的政策,有的只有口头上的承诺,有的几乎没有”②。另外,衡量社会包容是极其困难的:仅仅衡量参与度是不够的,因为简单的参与并不意味着人们能够立刻从排斥转为包容,社会包容是一个过程,而不是一个线性的进程,除此之外,参与者也不一定是同一类人,因此无法简单衡量③。

博物馆不仅需要成为更具社会包容性的机构,还要提供相应的证据来证明它们对社会的影响,但后者是非常困难的,实际上也不太可能④。对社会影响进行衡量是很受争议的,尤其是在贝尔菲奥雷(Eleonora Belfiore)和班尼特(Oliver Bennett)看来,强调如何去证明不同的社会影响,已经脱离了文化活动的“真正”目的和美学体验⑤。

这种要求也导致文化部门内部出现了围绕文化体验的一种“内在”价值和“工具”价值之间的辩论。理解政策的重点是要先了解它们的目的是什么,尤其是这些政策越来越与社会、经济和政治成果相关。地方政府一直是政策“依附”策略的主要推动者,在这些策略中,短期策略是将文化和艺术与各种地方政策成果挂钩,这意味着文化政策成为解决社会中各种经济、社会、政治甚至意识形态的一种方式,尽管这种方式可能缺乏比较明确的因果机制,也不知道如何将特定的变化归因于某种文化干预。而各国政府也将博物馆视为实现政

① Newman, A. & F. McLean. Presumption, Policy and Practice: The Use of Museums and Galleries as Agents of Social Inclusion in Britain. *International Journal of Cultural Policy*, 2004, 10(2), pp.167—177.
McCall, V. Social Policy and Cultural Policies: A Study of Scottish Border Museums as Implementers of Social Inclusion. *Social Policy and Society*, 2009, 8, pp.319—331.
McCall, V. Cultural Services and Social Policy: Exploring Policy Maker's Perceptions of Culture and Social Inclusion. *Journal of Poverty and Social Justice*, 2010, 18, pp.169—183.

② GLLAM. *Museums and Social Inclusion*. University of Leicester, Group for Large Local Authority Museums, 2000, p.6.

③ Newman, A. "'Social Exclusion Zone' and 'The Feel Good Factor'", in G. Corsane(Ed.), *Heritage, Museums and Galleries: An Introductory Reader*. London, Routledge, 2004, pp.325—333.

④ Selwood, S. What Difference do Museums Make? Producing Evidence on the Impact of Museums. *Critical Quarterly*, 2002, 44(4), pp.65—81.

⑤ Belfiore, E. & O. Bennett. Rethinking the Social Impacts of the Arts. *International Journal of Cultural Policy*, 2007, 13(2), pp.135—151.

府目标的工具，以提高社会凝聚力、社会包容性和促进城市再生。这种通过文化手段完成多项议程的驱动才是文化部门关于“工具性”辩论的核心。因此，工具性对于文化来说并不是一个新的概念，而是在历史上一直被用于实现某种政治目的的强大社会武器①。为实现更高目标确定的工具化政策往往与公共价值密切相关②。特别是对于诸多地方博物馆来说，工作人员都是根据政府预算进行工作的。他们不仅需要知道自己要做什么，还要证明自己有这个能力做这些事情；同时，公众也希望能够增加文化服务决策及决策过程的透明度。最后导致博物馆的局面越来越紧张，因为他们面临越来越大的压力，而这些压力与它们实际的职能并不匹配。

博物馆在面临巨大的资金压力时，通常迫于某种政策义务需要进行适当地调整。尤其是受到新冠疫情的影响，疫情期间全球 8.5 万座博物馆闭馆，其中近 13％的博物馆可能永久关闭。目前，许多国家的博物馆面临财政预算大幅削减、社会赞助严重萎缩、员工失业或降薪日趋严重、大型项目被迫停摆等困难局面。同时，国内博物馆也面临着财政补贴削减的压力，如上海博物馆的市财政补贴削减近 80％。且并非所有博物馆都具备足够的资源并通过有效的方式来改善社会成果，更不要说在财政紧缩条件下组织必要的变革了。

五、结语：博物馆的社会力量

随着博物馆在社区、社会包容、生活质量方面扮演着越来越重要的社会角色，布迪厄的高度批判性立场也面临着不小的挑战。博物馆的社会角色和功能逐渐从显示权力、代表精英的权威之地转变成联系社会、关乎个人的公共空间。在这一转向的过程中，博物馆的社会力量极大地迸发，他们在城市、地方和社区中的作用逐渐无法替代。

博物馆与所在社区之间的关系很大程度上影响着对博物馆及其工作人员的期望。博物馆通过文化再现能够体现其象征性和物质性。从这个角度看，

---

① Belfiore, E. & O. Bennett. *The Social Impact of the Arts: An Intellectual History*. Basingstoke, Palgrave Macmillan, 2008, p.147.
Gibson, L. In Defense of Instrumentality. *Cultural Trends*, 2008, 17, pp.247—257.
Hadley, S. & C. Gray. Hyperinstrumentalism and Cultural Policy: Means to an End or an End to Meaning? *Cultural Trends*, 2017, 26, pp.95—106.

② Jancovich, L. Great Art for Everyone? Engagement and Participation Policy in the Arts. *Cultural Trends*, 2011, 20(3—4), p.271.

博物馆的社会角色其实就是社会与空间之间的联系。本文讨论了博物馆社会角色中微妙的权力形式,它们与博物馆的地理位置、空间以及当地社区、团体和利益相关者之间的互动有关。近年来,博物馆的预期和实际贡献发生了明显变化,人们对博物馆活动的社会维度的看法也发生了极大转变,社会包容和生活质量等观念已成为主导。我们也可以看到,博物馆的社会角色是一个动态的协调过程。这一协调过程不仅关乎博物馆的合法性,也关乎对历史、社区和社会整体的解读。目前博物馆的实践和研究已经开始与社区和边缘群体关联起来,从而参与到个人和社区的发展中。

From Power Engines to Public Sphere: The Transformation of Museum and its Social Role

Abstract: As public cultural institutions, museums assume critical social responsibilities. The social role of museums has evolved with the social environment and concept upgrade. From being a space of power, representing elite aspirations and intertwined with political rationality, to becoming a tool for educating citizens and serving the collective interests of society and the state, and then to the current attempt to pursue social inclusion and quality of life with a more active social role. This process has revealed the emerge of museum's social power and its connotations to be expanded. This paper explores the museum's social power in the course of its historical development, and discusses the influence and transformation in power, culture, and community, while focusing on museum practices and their roles and dilemmas in the promotion of social inclusion and living quality.

Key words: Museum; social responsibility; community; social inclusion; living quality

作者简介:王思怡,浙江湖州人。上海大学文化遗产与信息管理学院考古文博系讲师,研究方向为博物馆学研究。

新历史主义视域下17—18世纪的英国华茶想象[①]

周建琼　施　晔

摘　要:17—18世纪,在重商主义经济和殖民扩张的影响下,华茶作为商品进入英国的消费市场,同时也作为一种文学文化符号进入英国的文学艺术领域。在新历史主义视域下,被想象成"灵丹妙药"或"毒药"的华茶,并非只是对中英政治经济关系的反映,通过文学文本与非文学文本、历史史实之间的互文分析发现,华茶想象通过医学、博物学等科学话语的挪用以及"海洋""民族国家"意象的意义增值,与中英政治经济关系发生互动与同构。

关键词:英国文学　华茶想象　重商主义　殖民扩张　互文

茶树的原产地在中国[②],并非欧洲本土植物。17—18世纪是华茶作为商品进入英国并逐渐实现本土化的重要时期。在短短不到两百年的时间里,华茶成为英国民众日常生活中不可或缺的饮品。值得注意的是,17世纪初华茶就被皇室的御用诗人和剧作家们书写,随着18世纪大众阅读市场的日益繁荣,以茶为主题的书刊文章更是随处可见,包括传播茶叶科普知识的博物学、医学小册子,借茶叶发表政治经济观点的政论散文,以饮茶风气为内容情节的诗歌、小说和戏剧等等。在丰富多元的文本建构中,华茶成为这一时期英国文人们笔下时常出现的中国形象之一。有关文学文本中的华茶形象研究,比较

① 本文为国家社科基金项目"东印度公司与启蒙时期欧洲的中国风研究"(17BZW133)的阶段性成果。
② 吴觉农,吕允福,张承春:《我国西南地区是世界茶树的原产地》,《茶叶》1979年第1期,第5页。

文学形象学早有涉猎。范存忠、周宁两位学者的论述可谓早期及其近年来相关研究的代表,从自我与他者、英国社会集体想象物等角度讨论华茶形象中的文学想象和文化利用问题,华茶想象是对中英早期经济、政治关系的反映和折射。①新历史主义理论为形象学研究提供了理论和方法上的借鉴。在新历史主义者看来,历史不再是文学文本的背景,文学不再是对历史的反映,文学的功能在于揭示社会历史发展中最隐秘的矛盾,从而使其经济和政治目的彰显出来。②鉴于此,本文将英国文学中的华茶想象视为中英早期政治经济关系的参与者与缔造者,考察华茶想象与中英经济政治关系之间的互动。

一、想象中的华茶:从“灵丹妙药”到“毒药”

17—18 世纪,欧洲掀起一股“中国风”(chinoiserie)热潮,英国也卷入其中。中国的瓷器、屏风、壁纸、丝绸、茶叶等物质商品充斥于英国民众的日常生活中,并进入文学艺术领域,构成中国形象多元景观中一道亮丽风景线。英国文学作品中的中国形象,并非真实中国的再现,而是一种文化想象物,是英国人为自我确证而建构的他者,华茶形象亦不例外。英国文人没有客观真实地描述华茶,而是将其想象成“灵丹妙药”或“毒药”。

茶叶作为一种可被饮用的自然植物,其药用功效成为文人们想象的重要内容。英国于 1660 年刊发了第一份茶叶售卖宣传海报《论茶叶的生长、品质和益处》(An Exact Description of the Growth, Quality, and Virtues of the Leaf Tea, 1660),茶叶被认为能缓解或消除包括头痛、失眠、胆结石、疲劳倦怠、肠胃不适、消化不振、健忘、肺炎、下痢、感冒等十几种病症,③带有夸张想象的色彩。在文学作品中更是不乏茶叶作为“灵丹妙药”的夸张想象。约翰·奥文顿牧师(John Ovington)在其散文《论茶的本质和特点》(An Essay upon the Nature and Qualities of Tea, 1699)中大篇幅描写了饮茶对健康的各种益处,茶能够治愈“糖尿病,胆结石,尿路结石,肾结石,水肿,视力虚弱等疾病”,使人“寿命延长,远离诸多痛苦和严重疾病”。④诗人纳尔姆·泰勒(Nahum Tate,

---

① 详见范存忠:《中国文化在启蒙时期的英国》,上海外语教育出版社 1991 年版,第 77—81 页;周宁:《鸦片帝国》,学苑出版社 2004 年版,第 5—29 页。

② 王岳川:《后殖民主义与新历史主义文论》,山东教育出版社 1999 年版,第 183 页。

③ 角山荣:《茶的世界史》,王淑华译,台北玉山社出版股份有限公司 2004 年版,第 46 页。

④ John Ovington, *An Essay upon the Nature and Qualities of Tea*, London: printed by and for R. Roberts, 1699, pp.20—38.

1652—1715)的诗歌《灵丹妙药，一首咏茶诗》(Panacea, A Poem upon Tea in Two Canto's, 1700)可谓华茶乌托邦想象的代表之作。开篇即以“灵丹妙药”比喻华茶，不惜笔墨地赞颂茶叶为“健康之饮”，拯救饱受“痨病、水肿、痛风和结石，以及昏睡不醒”等各种病症折磨的民众。[①]同时，诗人们还将华茶的药用功效从身体延伸到精神和心灵世界。诗人埃德蒙·沃勒尔(Edmund Waller, 1606—1687)在诗歌《论茶，王后陛下称赞之物》(Of Tea, Commended by Her Majesty, 1663)中，最早将茶叶比喻为“缪斯的朋友”，赞誉它能够“抑制缠绕在大脑中的疑病症”，[②]“保持心灵家园的安宁”。[③]

除此以外，华茶作为“灵丹妙药”的功效还被扩大到社会层面，能够促进社会文明的进步，培养民众的美德。泰勒称赞茶“具有令人称颂的美德”，[④]在诗歌的第一篇章通过讲述了一个中国暴君的故事，赞誉华茶是治理社会的良药。在暴君的统治之下，社会堕落混乱，民众沉溺于酗酒，“他们在酒池中咆哮、洗浴”，瘟疫肆虐，“懒散乏力的传染病，在宫廷中蔓延，从皇宫到城市，从城市到乡村”，[⑤]当一位隐士发现了茶树，让国人喝下茶后，国家又恢复了文明与安康。无独有偶，剧作家彼得·安东尼·莫妥(Peter Anthony Motteux, 1663—1718)在《赞茶诗》(A Poem in Praise of Tea, 1712)中，通过众神们关于茶与酒孰优孰劣的辩论，也赞颂了茶叶促进社会文明进步的功效，酒给人们带来“混乱”“愤怒”，而茶则带来“和谐”，茶战胜酒，正如“和平”之于“战争”的胜利。[⑥]

18世纪二十年代开始，华茶想象中出现“茶叶有害论”的声音。华茶不再只是受人追捧、被人赞颂的神奇草药，它走下充满乌托邦想象的神坛，被想象成“毒药”，饱受争议。华茶不仅无法治愈疾病，反而会导致身心疾病。1733

---

① Nahum Tate, *Panacea, A Poem upon Tea in two canto's*, London: printed by and for J. Roberts, 1700, pp.12—14.

② 这句话原文为“repress the vapors which the head invade; and keeps that palace of the soul serene”。“vapors”是疑病症(hypochondriasis)的旧称。疑病症为一种精神病，其特征是对自己的身体情况有偏见，把人体正常的感觉(如心跳、出汗、肠蠕动和排便)和轻微异常(如流鼻涕、轻微的疼痛、淋巴结稍有肿大)说成是需要注意的严重病变。参王贤才主编:《英中医学辞海》，青岛出版社1989年版，第1004页；何伋，路英智，李浒等主编:《神经症》，天津科学技术出版社2009年版，第207—214页。

③ 奥文顿《论茶的本质和特点》一文中有收录。参 John Ovington, *An Essay upon the Nature and Qualities of Tea*, p.30。

④ Nahum Tate, *Panacea, A Poem upon Tea in two canto's*, preface, p.1.

⑤ Nahum Tate, *Panacea, A Poem upon Tea in two canto's*, p.6.

⑥ Peter Anthony Motteux, *A Poem in Praise of Tea*, London: printed for F. Tonson, 1712, pp.6—16.

年，诗人约翰·沃尔德伦(John Waldron)专门针对奥文顿的散文《论茶的本质和特点》，写了一篇讽刺短诗《反茶诗》(A Satyr Against Tea，or，Ovington's Essay upon the Nature and Qualities of Tea，1733)。沃尔德伦在诗中极力反对奥文顿有关茶能治愈各种疾病的论述，称奥文顿为"娘儿们"，①强调茶叶根本无法治愈英国人的痛风、结石、坏血病等等。②在一篇匿名散文《致一位女性的信：实验操作下茶的性质、用途和滥用》(an Essay on the Nature，Use，and Abuse，of Tea，in a Letter to a Lady；with an Account of its Mechanical Operation，1722)中，作者指出"最近出现的疑病性神经症(Hypochondriasis)就是饮茶导致的结果"，③而诗人沃勒尔曾在诗中歌颂华茶治愈了疑病症。《绅士杂志》(The Gentleman's Magazine)于1737年刊登的一则小品文《论茶的作用》(Observations on the Effects of Tea，1737)，描述了人们第一次喝茶会出现中毒现象，"胃痛，情绪低落，冒冷汗，心跳加速，颤抖"等等。④这篇小品文还重点描绘了华茶导致英国民众性情柔弱，丧失男子气概和战斗能力等。乔纳斯·汉威(Jones Hanway)在1756年发表一篇茶叶有害论的散文《八日游记，附论茶》(A Journal of Eight Days Journey from Portsmouth to Kingston upon Thames，with Miscellaneous Thoughts，Moral and Religious，in a Series of Letters；to Which is added，and Essay on Tea，1756)，竭尽全力描述华茶的"毒药"形象。⑤可见，华茶作为"毒药"，不仅毒害个人的身心健康，还被想象成民族国家的危害，与华茶作为"灵丹妙药"的形象完全相反，构成了这一时期华茶想象的张力。

17—18世纪英国文学中的华茶想象，无论是"灵丹妙药"，或是"毒药"，如其他中国形象一样，"不管是正面的还是负面的，都反映了英国当时的社会性

---

① Mr. John Waldron, *A satyr against tea*, *or*, *Ovington's essay upon the nature and qualities of tea*, Dublin: printed by Sylvanus Pepyae, 1733, p.7.

② Mr. John Waldron, *A satyr against tea*, *or*, *Ovington's essay upon the nature and qualities of tea*, pp.7—14.

③ *Essay on the nature*, *use*, *and abuse*, *of tea*, *in a Letter to a Lady*; *With an Account of Its Mechanical Operation*, Dublin: printed by pressick Rider and Thomas Harbin, 1722, p.6.

④ F. Jefferies, ed., *The Gentleman's Magazine*: *AND Historical Chronicle* (*Volume VII*). London: Printed by Edw. Cave, at St. John's, Gate, 1737, p.213.

⑤ John Hanway, *A Journal of Eight Days Journey from Portsmouth to Kingston upon Thames*, *with Miscellaneous Thoughts*, *Moral and Religious*, *in a Series of Letters*; *to Which is added*, *and Essay on Tea*, London: printed for H. Woodfall, 1756, pp.240—360.

质、特征及所欲解决的问题”。① 17—18 世纪英国的华茶贸易是重商主义政策影响下海外贸易与帝国殖民扩张的产物,华茶想象无疑反映了当时中英政治经济关系的历史。然而,新历史主义理论的启示在于,文学文本“处于”构成某一特定时间、地点的整体文化的制度、社会实践和话语之内。②华茶想象并非是中英经济政治语境的被动反映者,而是主动的建构者、参与者。事实上,钱钟书先生在对 17、18 世纪英国文学中的中国进行研究时,就早已敏锐地提出了这一思考的可能性,“十八世纪的英国文学对总的中国文化尤其是盛行的中国风充满了恶评。它似乎是对它所来自的社会环境的一种矫正而不是反映。”③新历史主义所提出的互文方法,即文学本文与非文学文本、历史史实之间相互指涉,“文学文本与书信、宣传手册、医学报告甚至绘画等放置在一起加以分析细读”,④将使华茶想象与中英政治经济之间的互动得以彰显。

二、华茶想象与重商主义政策的互动

17—18 世纪是英国大力发展重商主义经济的重要时期。英国的华茶贸易在重商主义经济的推动下迅速发展,成为英国海外贸易的重要支柱。同时,英国民众深深为华茶所吸引,饮茶风气盛行。作为华茶贸易文化符号的华茶想象,不可避免地与影响华茶贸易的重商主义政策发生互动。

(一)“海洋女神的荣耀”:对华海外贸易的鼓吹

在华茶作为“灵丹妙药”的想象中,英国文人们总是不约而同地将其与“中国财富”“海洋”意象联系在一起。早在英国第一份茶叶宣传海报《论茶叶的生长、品种和益处》中,茶就被视为中国财富的象征,“茶来自中国,……在这个拥有古老历史和丰富知识的国度里,茶往往可以用来交换比其自身重量重两倍的白银”。⑤诗人沃勒尔在咏叹华茶是“灵丹妙药”之时,不忘赞颂道“在太阳升起的东方,物产丰饶,我们视为珍宝”。⑥莫妥在细数华茶作为“灵丹妙药”的

---

① 姜智芹:《文学想象与文化利用:英国文学中的中国形象》,中国社会科学出版社 2005 年版,第 16 页。

② 艾布拉姆斯·哈珀姆:《文学术语词典:第 10 版:中英对照》,吴淞江等译,北京大学出版社 2014 年版,第 244 页。

③ 冉利华:《钱锺书的〈17、18 世纪英国文学中的中国〉简介》,《国际汉学》2004 年第 2 期,第 107 页。

④ 赵一帆、张中载、李德恩编:《西方文论关键词》(第 1 卷),外语教学与研究出版社 2017 年版,第 670 页。

⑤ 角山荣:《茶的世界史》,第 46 页。

⑥ John Ovington, *An Essay upon the Nature and Qualities of Tea*, p.30.

诸多好处后，也不忘感慨茶叶来自中国，它让中国的所有技艺得以繁荣发展。[①]“中国财富”意象在“灵丹妙药”的想象中被反复提及，激发了人们对中国乃至东方财富的憧憬，甚至是占有的欲望。这潜在地与17—18世纪重商主义政策重视海外财富的诉求相契合。在重商主义者看来，国家财富的积累，无论是经商还是掠夺，其对象都必须是国外，国内商业活动不可能增加本国的金银总量。[②]面对来自中国的财富，奉行重商主义的英国人怎能不渴望占有？那些热衷于参与时事政治的英国文人们又怎能不利用文学想象加以讴歌？

为了获得海外财富，重商主义政策大力倡导海外贸易，将海外贸易视为经济发展的第一要务。华茶贸易作为英国重要的海外贸易活动之一，在17世纪中叶至18世纪末之间，得到飞速发展。正如乔治·斯当东（George Leonard Staunton，1737—1806）于18世纪末撰写的《英使谒见乾隆纪实》所描述：“在前一世纪的中叶，茶叶已经在英国各饭店和咖啡店等公共场所大量销售，并已成为国家税收的对象。在本世纪初，东印度公司每年出售的茶叶尚不超过五万磅。现在该公司每年销售两千万磅茶叶，也就是说，在不到一百年的时间内茶叶的销售量增加了四百倍。”[③]经由海外贸易而来的华茶给英国带来了大量财富。海洋是17—18世纪英国华茶贸易等海外商业活动开展的生命线，文人们在华茶想象中以“海洋”为意象，参与到英国华茶贸易的鼓吹之中。

泰勒在《灵丹妙药，一首咏茶诗》中通过“海洋女神的荣耀”赞颂海外贸易活动。在长诗的第二章中，众女神们在朱庇特的神殿中为争当茶树的守护神而展开辩论。在女神们看来，茶是“至高无上的财富、植物中的女王”，[④]谁拥有对茶的守护权，就意味着获得了最高的荣耀。海神的女儿西蒂斯在这场争论中，自豪地将自己视为华茶当之无愧的守护者，理由是“朱庇特，我是您海洋世界的守护者，向人类展示着商业贸易的艺术之美，您的阿尔比恩的荣耀归属与我，经由我，她的舰队奔赴东方，在初生的太阳中展翅航行”。[⑤]海洋女神将自己与海外贸易相联系，展现出她所拥有的海外贸易之美。事实上，海洋正是这一时期英国华茶贸易最主要的途径，通过海洋，海外贸易给英国带来了中国财富，

---

① Peter Anthony Motteux, *A Poem in Praise of Tea*, p.5.

② 钱乘旦主编：《英国通史第四卷》，江苏人民出版社2016年版，第347页。

③ 乔治·斯当东：《英使谒见乾隆纪实》，叶笃义译，商务印书馆1963年版，第26—27页。

④ Nahum Tate, *Panacea, A Poem upon Tea in two canto's*, p.18.

⑤ Nahum Tate, *Panacea, A Poem upon Tea in two canto's*, p.28.

这正是“海洋女神的荣耀”之所在。诗人莫妥同样对“海洋”大加赞誉，指出是“海洋”所代表的海外贸易将中国的茶叶财富带到了英国。①奥文顿通过散文直接表达了海外贸易的重要性，“鼓励进口茶叶，让人们获得了美妙的体验，或来自对新鲜物的好奇欲望，或来自味蕾得到满足的愉悦，或来自丰富的药用功效”。②总之，英国文人们在华茶想象中，通过凸显“中国财富”“海洋”意象，参与到重商主义政策对海外贸易的鼓吹之中。

（二）“医生的告诫”：华茶贸易逆差焦虑的纾解

自16世纪末华茶作为饮品进入欧洲起，欧洲医学界就开始尝试对茶叶功效进行科学研究。17世纪中叶开始，英国的医生们也积极参与其中，发行了大量关于茶叶药用功效的小册子。在这些医学报告手册中，茶叶功效的检测方法主要有早期流行的盖伦体液学说（Galenist Humoralism）和后期的人体化学分析法（Chemical Analysis of the Body），茶叶功效的观点理性客观，无论证明茶叶有益或者有害，都能兼顾可能产生的反面功效。比如苏格兰医生托马斯·肖特（Thomas Short）发表医学小册子《论茶》（A Dissertation upon Tea，1730），使用盖伦体液学说提出茶叶的药用功效，能够治疗肺病、全身僵硬、咳嗽、头疼等病症，同时也提及了特殊人群饮茶可能导致的病害，神经敏感者饮茶会引发颤抖症，水肿病患者饮茶会让病情加剧等。③值得注意的是，这些医学报告的观点及其书写模式，时常出现在将华茶想象成“毒药”的散文中，“医生的告诫”让华茶的“毒药”想象更能引发人们的华茶恐慌。

散文《致一位女性的信：实验操作下茶的性质、用途和滥用》可谓为借用医学话语想象华茶的代表。这篇散文借用医学报告的书写形式构建茶叶作为“毒药”的形象，以盖伦体液说作为论说茶叶有害的医学依据。盖伦体液说认为体液不仅关系到人的身体器官的机能，还控制着人的精神和情绪，而饮茶会改变人体的体液，进而导致各种血液问题，引发各种身心疾病。当人们喝完茶之后感到精神抖擞，那是因为“茶叶消耗了人体的血液，一旦人体的血液量变少，各种病症就会随之而来”，④而且“稀少的血液会使人的信心、勇气、野心还

① Peter Anthony Motteux, *A Poem in Praise of Tea*, p.7.

② John Ovington, *An Essay upon the Nature and Qualities of Tea*, p.2.

③ Thomas Short, *A Dissertation upon Tea*, London: Printed by W.Bowyer, For Fletcher Gyles, 1730, pp.28—62.

④ *An Essay on the nature, use, and abuse, of tea, in a Letter to a Lady; With an Account of Its Mechanical Operation*, pp.16—18.

有激情丧失,从而产生恐惧,担忧,焦虑”。①作者还重点指出茶叶损害女性的生育能力。饮茶导致女性的身体没有更多的血液为腹中胎儿提供营养,增加胎死腹中的几率,即便是婴儿出生后,也常常会因为吮吸了毫无营养的乳汁而死去,或者患上不可治愈的各种慢性疾病。②这篇散文并非医学报告,尽管作者努力展示出医学报告严谨缜密的逻辑推理,却难以掩饰充满贬损的情感态度和夸张的叙事手法。

这篇散文对于医学话语的挪用,旨趣并不在于对茶叶药用功效的医学研究,而是如作者在开篇写给女士的信中所言,“为了阻止人们饮茶,因为茶叶引起了人们极大的兴趣,饮茶成风”。③英国饮茶之风盛行最直接的后果是民众的华茶需求量不断增加,进而导致英国华茶进口量逐年递增。在中英贸易中,由于中国经济自给自足,并实行对外贸易限制政策,除了白银以外对英国的商品需求很少,因此,为了进口茶叶,英国只能将大量白银源源不断地运往中国,最终导致英国在对华贸易中处于出超地位,严重违背了当时的重商主义政策。重商主义者主张在对外贸易中赚取货币,实现贸易顺差,只有少买多卖才能不让金银流往外国。正如东印度公司董事托马斯·孟所说“对外贸易是增加我们的财富和现金的通常手段,在这一点上我们必须时时谨守这一原则:在价值上,每年卖给外国人的货物,必须比我们消费他们的为多。”④英国对华茶叶贸易逆差和白银大量流出,让不少文化精英们对国民经济忧心忡忡。通过借用“医生的告诫”的方式,增加“茶叶是毒药”这一想象的可信度,引发读者对华茶的恐惧,从而改变当时英国盛行的饮茶风气,无疑是纾解华茶贸易逆差焦虑的有效方式之一。

三、华茶想象与殖民扩张的同构

17—18 世纪,英国的海外贸易与大英帝国殖民扩张紧密相连。英国的殖民扩张试图对殖民地进行财富掠夺,而非正规的海外贸易,同时诉诸武力强权扩张领土。在英国的华茶贸易发展中,对华殖民扩张的欲望如影随形,华茶想

① *An Essay on the nature, use, and abuse, of tea, in a Letter to a Lady; With an Account of Its Mechanical Operation*, p.39.

② *An Essay on the nature, use, and abuse, of tea, in a Letter to a Lady; With an Account of Its Mechanical Operation*, pp.44—49.

③ *An Essay on the nature, use, and abuse, of tea, in a Letter to a Lady; With an Account of Its Mechanical Operation*, p.6.

④ 托马斯·孟:《英国得自对外贸易的财富》,袁南宇译,商务印书馆 1983 年版,第 4 页。

象不可避免地与英国的海外殖民扩张发生同构，在思想文化与社会舆论层面，为即将到来的英国对华殖民扩张活动宣传造势与辩护。

(一)“茶树将生长在我们这儿”：对华殖民掠夺欲望的表达

17世纪开始，英国迎来了具有科学精神的时代，英国人开始热衷于以科学的态度观察和考量自然环境，博物学得到长足发展。尽管在当代的科学分类中已经不再有博物学这个名目，然而博物学尤其是植物学堪称17至19世纪时的“大科学”(big science)。①茶叶作为自然植物，是博物学书写中常见的对象。博物学领域的华茶书写，在内容上涉及枝干、叶片、花朵、果实的形状和颜色等生物学性状，气候土壤等地理环境以及品种分类等等；在叙述风格上假定主体和作者对客观世界的描述是不带偏见、不带个人感情色彩的，即对世界做毫无偏颇的描绘与理解。②在华茶想象中，有关茶叶的植物属性描写随处可见。由于当时博物学备受民众欢迎，文人们往往热衷于借用博物学的书写方式展开华茶想象。但是不同于博物学的科学书写，相关华茶想象的书写，在内容上更关注中英生态系统的比较，随处可见有关英国本土生态系统的描写；在叙事态度上不追求冷静客观的描述，敢于流露出更多的主观情感。

奥文顿的散文《论茶的本质和特点》是文人借用博物学书写展开华茶想象的代表之作。奥文顿对茶树、茶叶、茶籽以及茶花的生物学性状进行了详细描述，“茶叶从根部到树冠都长了大量的形状相同但是大小各异的树叶……根部的叶子最大，越往上，叶子越小……茶籽呈圆形且色黑，播种后三年才能发芽，……新鲜的茶花散发出令人愉悦的香味，由五片白色或米白色的花瓣组成”等。③并且不时将茶的植物学性状与英国本土植物比对，“茶树无论在高度还是宽度上都不超过我们的玫瑰树”。④奥文顿在对茶树生长的气候土壤等地理环境进行描述时，以英国生态环境作为参照的描写更是比比皆是，“茶树能够抵御大雪或冰雹，……英国的冬天，并不会比茶叶所生长的一些地方来得更冷。……砾质土壤会生长出优质的茶叶，绝大多数的茶叶被种在山谷中……”。⑤英国生态环境描写的大量出现，是奥文顿渴望将华茶

---

① 范发迪：《在华的英国博物学家：科学帝国与文化遭遇》，袁剑译，大象出版社2011年版，第4、150页。

② 何伟亚：《怀柔远人：马嘎尔尼使华的中英礼仪冲突》，邓常春译，社会科学文献出版社2002年版，第89页。

③④ John Ovington, *An Essay upon the Nature and Qualities of Tea*, pp.4—5.

⑤ John Ovington, *An Essay upon the Nature and Qualities of Tea*, p.6.

移植英国的欲望表达,这种欲望有时甚至被奥文顿直接表达,“无论是我们的土壤还是空气等自然环境似乎没有不利于茶叶生长的地方,将茶叶带到我们这儿是适宜的,……特别是加以悉心照料的话……茶叶将生长在我们这儿”。①事实上,早有英国人尝试移植中国茶树,但是并不成功。奥文顿直言不讳地认为,茶树移植失败的原因可能是“中国人出于嫉妒,将茶的种子煮熟了”。②在奥文顿看来,只要自然条件容许,移植中国的茶叶并无不妥且理所当然。奥文顿在自然科学的掩饰下,将中国茶树从中国本土的生态环境中剥离出来,再编织进英国的生态系统中,通过以英国生态系统为参照的方式,在文学想象中完成对中国茶树的移植。

其实,获取中国茶叶的植物情报信息,移植中国茶叶,并非奥文顿的个人之欲,更是大英帝国殖民地掠夺的一种隐性表征。随着海外殖民扩张活动的发展,英国博物学一方面得到了发展,获得了丰富的东方博物知识与实践,另一方面也浸染上了帝国主义色彩,参与到殖民扩张掠夺之中,博物学以自然科学的名义收集占有东方国家的自然博物知识,将东方植物的转移合法化、合理化,从而协助英国完成殖民地掠夺的目的。1792 年马嘎尔尼外交使团访华,英国东印度公司向马嘎尔尼提出公司训令,要求他设法获取中国茶叶品种、生长环境及种植技术方面的知识情报。这则茶叶训令被使团欣然接受,1793 年 12 月 23 日,马嘎尔尼在广州向公司报告:“我与公司想法一致,如能在我们领土之内的某些地方种植这种植物而非求助于中国境内,而且还能种得枝叶茂盛,这才能符合我们的愿望。”③成功移植茶叶是“我们的愿望”,这愿望来自商业利益,更来自大英帝国的海外扩张与资源掠夺。英国文人通过挪用博物学写作,对茶叶自然属性展开想象,流露出对中国有经济价值的植物的垂涎,是对英国对华殖民掠夺欲望的表达与回应。

(二)“饮茶使国家失去战斗力”:海外武力扩张的辩护

在英国,民族国家的发展始终伴随着帝国的殖民扩张,民族国家的强大军队是帝国海外扩张的重要保证。正如有学者说,到 18 世纪中期,英帝国的海外殖民地已形成相当规模,表面上是由一些商人和定居者建立起来的,实际上

---

① John Ovington, *An Essay upon the Nature and Qualities of Tea*, p.6.

② John Ovington, *An Essay upon the Nature and Qualities of Tea*, p.7.

③ Earl H. Pritchard, “The Instructions of the East India Company to Lord Macartney on his Embassy to China and his Reports to the Company 1, 1792—1794. Part II: Letter to the Viceroy and First Report”, Journal of the Royal Asiatic Society of Great Britain & Ireland, Vol70, No.3(1938), pp.388—389.

在帝国扩展的背后，是一个重商主义的民族国家在支撑。[①]茶叶作为自然植物，其社会属性是被人所赋予的。英国文人在华茶想象中，将华茶与民族国家相联系，赋予了华茶政治层面的内涵。特别是当华茶被视为“毒药”，其危害的范围被延伸到国民体质、民族精神、国家战斗力等，无疑增加了华茶想象参与海外殖民扩张诉求表达和共谋的可能性。

《绅士杂志》刊登的报刊小品文《论茶的作用》围绕民族国家来想象华茶，华茶危害民族国家的形象跃然纸上。文章开篇，通过中西食物的对比，将华茶的危害直接指向国民体质。“我们的饮食比他们的饮食更丰富，能使人强壮，饮食方式的改变将危害我们的健康，使我们的体质虚弱”。[②]除了国民体质外，茶叶还会“使妇女不孕。即使她们生育了子女，她们的血液也会变得如此糟糕，以至于她们无力哺乳自己的孩子。即使她们哺乳了自己的孩子，她们的孩子也会死于肚子绞痛。”[③]这篇文章通过将茶叶与妇女的生育关联，进一步将华茶指向民族国家。国民生育率直接关系到民族国家的战斗队伍的强盛，人口出生率的减少，从而强化了饮茶对民族国家安全与强盛的危害。文章还直接指出饮茶“使勇敢的人变得胆怯，使强壮的人变得软弱”，“如果政府不禁止茶叶，用不了一代，我们就要像西班牙那样，雇佣外国人来从事重劳力和保卫国家。……大家想想看，将来我们的士兵将会变成什么样子。如果我们不是将我们的饮料从啤酒换成这种浸泡了毒药的温水的话，那么在过去20年中西班牙人早就饱尝了我们英国啤酒的厉害了”。[④]最终将饮茶的危害指向民族战斗力。关于饮茶使民族失去战斗力的论调，在汉威的文章也有出现，他焦虑地感慨道，“那些本来可以以一抵三地与法国人作战的男人们以及那些本来应该哺育这种士兵的女人们，现在我们却发现他们在喝茶！……那些在克雷西和阿金库尔特战场上大获全胜或者用高卢人的血染红多瑙河的战士们，难道他们是那些整天小口啜茶的男女所生下来的吗？如今甚至连那些靠种田养家糊口的农夫都养成了这种颓废的习惯，这还成何体统！”[⑤]

---

① 钱乘旦编：《英国通史第四卷》，第327页。

② F. Jefferies, ed., *The Gentleman's Magazine*: *AND Historical Chronicle*(*Volume VII*), p.213.

③ F.Jefferies, ed., *The Gentleman's Magazine*: *AND Historical Chronicle*. *Volume VII*, p.214.

④ F.Jefferies, ed., *The Gentleman's Magazine*: *AND Historical Chronicle*. *Volume VII*, pp.213—214.

⑤ John Hanway, *A Journal of Eight Days Journey from Portsmouth to Kingston upon Thames*, *with Miscellaneous Thoughts*, *Moral and Religious*, *in a Series of Letters*; *to Which is added*, *and Essay on Tea*, pp.244—245.

茶叶损害国家战斗力的想象,建构起华茶作为“毒药”的形象与英国武力扩张之间的关系。事实上,无论是对华茶叶贸易,还是对华殖民扩张,国家的强权干预与武力介入都是重要保障。大英帝国海外贸易开展及殖民地的获取都是通过与欧洲大陆国家、殖民地国家间的一系列战争来完成的。自茶叶贸易肇始到十七世纪末,荷兰人作为茶叶销售的中介,一直掌握着茶叶商品的贸易权。[①]17 世纪中叶开始,为对抗荷兰的贸易优势,英国国家强权介入,政府颁布并数次修改《航海条例》,并发起三次英荷战争,最终从荷兰人手中夺取了对华茶叶贸易的特权。为了海外帝国版图的争夺,英法之间还展开了长达七年的战争等。同时,随着英国殖民扩张欲望的不断膨胀,对于中国的殖民扩张计划已经开始酝酿。文人们通过华茶损害英国民族战斗力的想象,将中英关系建立在武力话语之上,制造出一种中国威胁论,这将在社会舆论层面为即将拉开的侵华序幕造势与辩护。

四、结　语

17—18 世纪英国的华茶贸易,是英国重商主义经济与殖民扩张共同作用的产物,离不开重商主义对海外贸易的鼓吹以及帝国海外殖民扩张的保驾护航。英国文学文本中的华茶想象,作为英国华茶贸易的文化表征,被塑造成“灵丹妙药”或“毒药”,通过自身的方式,与这一时期的中英政治经济关系发生互动。在华茶想象与非文学文本、历史史实的互文下,华茶想象通过“中国”“海洋”意象的使用,参与了重商主义经济对海外贸易的鼓吹;“医生话语”的挪用,引发民众对华茶的恐惧,从而在一定程度上纾解了贸易逆差带来的焦虑。如果说华茶想象与重商主义经济之间的互动显而易见,那么与英国殖民扩张的政治关系则更为隐蔽。华茶想象藏身于博物学书写之中,通过英国生态系统的反复书写和茶树移植情感的流露,表达出帝国殖民扩张的掠夺诉求;华茶损害英国民族战斗力的想象,将华茶的危害上升至民族国家层面,试图将英国海外武力扩张合法化。英国文学文本中华茶想象作为历史参与者身份的彰显,在于新历史主义理论为比较文学形象学研究提供的视角与方法。新历史主义理论将形象学研究引入历史范畴,实现了一种历史话语的回归。

---

① William Milburn, *Oriental Commerce*, *Vol.2*, London: Black Parry & Co., 1813, p.528.

The Imagination of Chinese Tea in 17th—18th Century British Literature from the Perspective of New Historicism

Abstract: In the 17th and 18th centuries, under the influence of mercantilism and colonial expansion, Chinese tea entered the British consumer market as a trade commodity, and also entered the British literature and art field as a literary and cultural symbol. From the perspective of new historicism, Chinese tea is imagined as a panacea or poison, which is not a reflection of the economic and political relationship between China and Britain. Through the intertextual analysis between literary texts and non-literary texts or historical facts, it is found that the imagination of Chinese tea interacted with the economic and political relations between China and Britain, according to the appropriation of scientific discourse in medicine and natural history, or Significance of value-added about the image of "ocean" and "nation state".

Key words: British literature; the imagination of Chinese tea; mercantilism; colonial expansion; intertextuality

作者简介:周建琼,上海师范大学人文学院博士研究生,武夷学院人文与教师教育学院讲师;施晔,上海师范大学人文学院教授、博士生导师。

光启评论

第二届郑克鲁学术思想研讨会实录

多 仁

朱振武按语

本栏目刊登的文章是“第二届郑克鲁先生学术思想研讨会”上的专家发言，已经专家授权。

郑克鲁先生是我国著名翻译家和外国文学研究专家和教育家，于2020年9月20日因病去世。郑先生半个多世纪以来宵衣旰食，将几十部法国文学经典作品译介到中国，成为几代中国人的文化记忆；他教书育人，培养了一批在外国文学翻译、研究和教学领域的专家学者和后备力量；他著书立说，是有文化自信和批评自觉的学者的典范。

郑克鲁先生出身名门，但一生淡泊名利，润物无声，辛勤耕耘，皓首穷经，为学界和社会留下了近四千万字的作品和丰富的精神遗产。首届郑克鲁先生学术思想研讨会已于2018年4月成功举办。2021年9月19日，在郑克鲁先生逝世一周年之际，由上海师范大学比较文学与世界文学国家重点学科发起，上海师范大学人文学院和商学院主办，上海市作家协会、上海市外国文学学会、上海市外文学会、上海市比较文学学会、上海外语教育出版社和上海译文出版社协办的“第二届郑克鲁先生学术思想研讨会”圆满落幕。会议邀请国内相关领域的几十名著名学者，就郑克鲁先生的外国文学学术思想、文学翻译思想及跨界影响、外国文学教学理念及影响、文学文化传播、育人理念以及与郑先生有关的其他话题展开了热烈讨论。这里刊登的是专家们发言的全文。

长者:郑克鲁现象

“郑克鲁现象”对当下学术界的意义

上海师范大学　陈　恒*

时间转瞬即逝,一眨眼,郑克鲁先生离开我们已经一年了。今天这个会议既是对先生的追思会,亦是先生的学术思想研讨会,更是中国外国文学翻译和研究界的一次盛会。大家看看出席会议的嘉宾名单,可以说是群贤毕至。这是上海师范大学的荣耀,也是中国外国文学界的高光时刻。

今天来宾很多,我尽量在简短的时间内表达我的敬意。郑先生一生著述4 000万字,不仅是法国文学翻译的守望者,更是伟大的学者和教育家。一所地方师范大学,能有这样的学术大师,放在今天学科评估的背景下,似乎是匪夷所思的;郑克鲁先生以一人之力,翻译如此多法国文学作品,这在当代学术界是无法想象的;他在一所地方高校,几十年如一日,培养了一代代致力于文化交流与文化批评的学者,这是令人难以企及的;他在中法文化交流,乃至中外文化交流史上取得如此骄人成绩,更可谓是空前绝后。基于以上四点原因,我愿将郑先生身上体现的这种成就与意外,称为中国学术界的“郑克鲁现象”。如果这个命题成立的话,按着这个思路,我个人感觉有这样几个问题需要认真思考。

第一个问题是我们需要什么样的高等教育?我个人感觉,可能在郑先生之后,地方高校很难再出现像他这样的翻译家、学术家和教育家。但愿我的感觉是错误的。我印象中,郑先生1987年来到上师大直至去世,那时他47岁,正是一个人文学者富于创造力的阶段,可以说把人生中最重要的、最好的学术年华都奉献给了上师大。就其学术成就而言,按照今天教育部和大多数高校的治校思路,郑先生早已被其他更好的学校高薪聘走。如果所有的学术精英都集中在双一流高校,那地方大学、地方高等教育便越来越差,难道这是国家的幸事吗?

第二个问题是今天我们需要什么样的文科?我们如何看待人文学术研究的意义?今天拿到的会议手册,第一页郑先生的这句话给我触动非常大:“生命就是你给世界留下了什么”。这也让我想到另外一句话,1936年浙江大学

---

* 陈恒,上海师范大学人文学院世界史教授,博士生导师,上海师范大学副校长。

的竺可桢校长在开学典礼上的讲话：第一，你来做什么？第二，你毕业以后做什么样的人？郑先生用实际行动回答了竺可桢校长的提问。教育就是让人尽量成为全面的人、完善的人，多留给世界一点东西。而文科教育就是为学生提供人文批判思维、培育情感认知，让学生不忘价值与美感，郑先生的话就是他对价值的体悟。这是当下正在倡导的新文科教育需要认真思考的。

第三个问题就是我们今天如何看待域外文明？这是我们特别要关注的，因为异质文化永远处于对流之中，唯其如此，一个国家、一个社会才能被其他文明不断激活，从而不断抓住发展和完善的机遇。任何文化若想弘扬自身的价值观，都要正视人类所有的文明成就，都要借鉴其他民族的创造发明，都要与当代世界各国进行合作互动，而非将自我隔绝于世界，贬低乃至否认别人的成就。以开放的心态欣赏域外文明，以严谨的方法探讨别人取得成就的内在机制与深层原因等等，这都是当代域外文化研究的使命，更是当代中国文化建设的重要内容。

人总得有一点情怀，尤其人文领域的学者，学术界本应该为社会提供安身立命的精神食粮，现在也功利化了。像郑先生这样，几十年甘于坐也乐于坐冷板凳的学者，几十年精心翻译法国文学、培养学生的学者，似乎不多了。

郑先生低调豁达，他的性格是宽容的，从不与人相争；他对待中西文化交流也是宽容的，在翻译研究法国文学的同时，不忘回顾东方文学。人与人之间要包容，相互尊重、相互学习，文化之间是这样，国与国之间也一样。理想的社会既要讲效率，也要讲公平，更要讲一点真善美。说到这里，想到德国思想家雅斯贝尔斯说的一段话，愿与大家分享：

> 关于人类当代状况的问题，比以往任何时候都更为紧迫。当代状况既是过去发展的结果，又显示了未来的种种可能性。一方面，我们看到了衰落和毁灭的可能性。另一方面，我们也看到了真正的人的生活就要开始的可能性。但是，在这两种互相矛盾的可能性之间，前景尚不分明。①

老师们、同学们，让我们一起努力为未来一切存在的可能性进行切实可行的工作。像郑先生这样，少说一些大话，多做一些实事，兢兢业业为世界做点

---

① ［德］雅斯贝尔斯：《时代的精神状况》，王德峰译，上海译文出版社 2008 年版，第 13—14 页。

什么，争取为世界留下点什么。谢谢大家！

文学之于郑克鲁的意义

许　钧*

各位朋友、各位前辈、各位同学，今天，我们在一起纪念郑克鲁先生。我昨天晚上想了很久，我觉得郑先生的一生啊，真的是富有意义。而在他富有意义的人生历程当中，如果说要找到他的一种内核，我觉得有两个字具有特别的位置，也有着特别的意义。这就是文学，或者说外国文学。在中国现当代的历史当中，我觉得文学具有特殊的意义。没有外国文学的翻译，没有文学文本的翻译，就不可能有新文化运动，也不可能有新文学运动，也不可能有思想的解放。郑先生的一生，他只做三件事，而这三件事都是跟文学或者说外国文学紧密相连。其一是他的文学翻译，他真的是做到了生命不息，翻译不止。在生命最后的时刻，他心心念念的还是外国文学翻译。为什么？我觉得他的动机是非常明确的，因为在他看来，在文学的背后，有文化，有人类的文明。所以。他翻译外国文学实际上要跟大家分享的是人类的精神文明、人类的文化与文明。他每翻译一部经典，在他看来就是参与经典的创造，对他而言是完成了一个夙愿。他明确地说过，每翻译一部外国文学名著，就是完成了一项使命。文学翻译的意义之于郑克鲁先生，我觉得是其存在的基础，是根本。第二，就是他的外国文学研究。你去看郑先生的外国文学研究，我觉得有两个词可以概括。一个是"比较"，他有比较的目光，正是这种目光造就了他的中外兼通。另一个是"历史"，他有历史的目光，据此才有了融通古今。我觉得研究文学，如果没有这种中外的比较，没有这种古今的思考，对于文学的意义就不可能有非常透彻和深刻的理解。所以，他撰写的那些外国文学的研究成果，有经典作品研究，但更多的是历史层面的探索，是放在中华文明和世界文明交互的层面和人性的共通层面的各种思考。其三是文学教育。郑克鲁先生作为一个老师，一个师者，在文学教育方面，倾注了巨大的热情。郑克鲁先生创立了自己的品牌课程。在上师大也好，在武汉大学也好，他上的课程，基本都是外国文学课程。他是法国文学的专家，但他对英美文学非常理解，有自己独特的思考与分析。作为一个法国文学研究者，我很难像郑克鲁先生那样，能够教授"19、20世纪

---

*　许钧，中国翻译协会常务副会长，教育部长江学者特聘教授，浙江大学文科资深教授，博士生导师。

英美文学"课程和西方现代派文学课程。郑先生为什么要将自己的心血倾注于外国文学教育事业？因为在他看来，文学教育具有非凡的意义，通过文学，他要种下人文的种子，他要进行灵魂的塑造。像这样的一位先生，我作为后辈，我想我会永远地纪念他，在此向他致以最崇高的敬礼。谢谢！

查清华院长致辞

上海师范大学　查清华*

尊敬的各位专家、各位学者大家好！今天我们在这里为郑克鲁先生举行隆重的追思会。因为会议安排特别紧凑，我就讲四句话。首先，我代表上海师范大学人文学院师生，向郑克鲁先生表示崇高的敬意和深切地缅怀。郑先生既是著名的学者，又是卓越的教师，他会永远活在我们心中！其次，感谢各位专家学者！你们拨冗光临会议，这是对郑先生的告慰，也是对我们的鼓励！其三，希望我们比较文学和世界文学学科、我们人文学院全体师生，能够继承发扬郑先生的道德风范和学术精神，教书育人，勤奋治学，延续上师大的文脉，为我们的事业创造新的辉煌！最后，拜请学界各位专家学者，一如既往地提携我们上海师范大学比较文学与世界文学学科，继续支持我们人文学院发展、进步！祝会议圆满成功，谢谢大家！

李维屏教授致辞

上海外国语大学　李维屏**

郑克鲁先生是上海市外国文学学会的顾问。我和学会的全体同仁向郑先生致以崇高的敬意，我们要不断弘扬郑先生的精神，砥砺前行。本次会议的规格之高，参会的著名学者之多，每人发言的时间之少，这在国内学术会议上是极为罕见的。

今天，我们在此相聚一堂，表达我们对一位已故大师的敬仰与缅怀。我们不禁会重新思考郑克鲁先生留下的精神遗产。我认为，"郑克鲁现象"折射出一种当下学者发展的理想模式。近几天，上师大相继推送的三个视频：即"译者""师者""学者"，高度概括了郑先生的学术生涯。我觉得还应该为郑先生增

* 查清华，上海师范大学人文学院院长，古典文献学博士点带头人，教授，博士生导师。

** 李维屏，上海市外国文学学会会长，上海外国语大学教授，博士生导师。

加一种身份,即“领导者”。其实,郑先生还是一位极具运筹智慧和组织能力的领导者。他生前担任过几个重要职务,即上师大文学研究所所长,博士后流动站负责人,以及上师大图书馆馆长。也就是说,郑先生的领导能力也相当出色。这就给我们当下的学者提供了一种极为理想的发展模式。我们应该走怎样的发展道路? 成为怎样的学者? 郑先生无疑是我们学习的榜样。他是一位全能型的学者。与傅雷、朱生豪、许渊冲等著名翻译家不同,郑先生的成就不仅仅限于翻译领域。君不见,《郑克鲁文集》洋洋洒洒 40 余卷,包括译作、著作和教材,不仅数量大,品种多,而且影响广泛。正因为如此,郑先生在高等院校和科研院所,在外语系和中文系,以及在专家学者和普通读者中都享有盛誉。

大师走了,留给我们一个光辉的形象。郑克鲁先生的影响力正在不断提升。上师大作为一所地方院校拥有郑克鲁先生这样一位名家大师是难能可贵的,也是非常自豪的。2018 年郑先生获得了上海市哲学社会科学学术贡献奖。值得关注的是,同年,上海市社科界推出了“社科大师”的荣誉称号,专为新中国成立以来上海已故的具有卓越学术贡献和崇高学术声誉的名家大师所设。目前,上海已评选出首批“社科大师”68 人。在此,我建议上师大校领导和朱振武教授今后关注一下此事。郑克鲁先生是上海社科界的骄傲,他的学术精神将继续得到发扬光大。谢谢大家!

为人为文　堪称楷模

——致敬郑克鲁教授

上海对外经贸大学　黄源深*

郑克鲁教授离开我们一年多了,他的音容笑貌,仍不时浮现在眼前,勾起心中无尽的思念。

与克鲁教授相识,是在某次评审会上。尽管初次碰面,却有一见如故,相知恨晚的感觉,彼此不缺共同语言。后来,由于频繁的文学活动,我与他交集渐多。他给我的印象是随和、敦厚、低调,脸上始终挂着笑容,释放出善意和坦诚。

克鲁教授成名很早,还在供职于中国社科院的青年时代,就已崭露头角,我认识他时,他已经著作迭出,享誉学界,但依然那么谦逊,那么低调,那么富有亲和力。

---

* 黄源深,上海对外经贸大学教授,博士生导师,资深翻译家。

慢慢地我们走得更近了，他长我一岁，我叫他“克鲁”，他叫我“老黄”。交道久了，我发现他平静的外表下，藏着一颗火热的心。

有一回，大约是20世纪90年代，我有事托他帮忙，涉及人事调动，很有难度。但出于朋友情谊，他毫不犹豫地应承了下来，并切切实实地倾力相助，直至去惊动当时的校长王邦佐教授。眼看就要成功时，却由于不可控的原因，最后意外告吹了。

对他的慷慨相助，我一直心怀感激，而他却总觉得歉疚，每回见面都不忘提及此事，仿佛原本是他求我帮忙似的。他的善良，他的真诚，他的热心，令我对他的为人肃然起敬。

克鲁教授一生潜心治学，心无旁骛。几十年如一日，不分寒暑，埋头做学问，研究和翻译两线作战，产出之巨，让人惊叹。著作和译作一本接一本出版，《外国文学史》《法国文学史》《法国诗歌史》《普鲁斯特研究》《悲惨世界》《巴黎圣母院》《基督山恩仇记》《茶花女》《红与黑》《法国抒情诗选》等皇皇巨献，引人注目。

他并没有因为这些耀眼的成果而停下治学的脚步，却依然坚持写作，依然不断出书。甚至到了年逾古稀，免不了步履蹒跚，老眼昏花的时候，绝大多数人，包括我自己，都已搁笔，不由自主地去跟踪最吸引老年人眼球的“养生之道”，以及危言耸听、却往往不很靠谱，甚至很不靠谱的坊间传闻。克鲁教授异于常人，面对那些不时撞击耳膜的噪声，丝毫不受干扰，仿佛老僧入定，一方书桌，一杯清茶，静心从事自己的研究和翻译，连无情的岁月都奈何他不得，因为他是为学问而生的。他那洋洋洒洒38卷，计4 000万字的著述，是最好的佐证，更是一座丰碑，向世人昭示：这是一位真正意义上的学者，他的为人为文，堪称楷模。

不朽的学术精神和人格魅力

——纪念郑克鲁教授忌辰一周年

浙江大学　聂珍钊*

诸位朋友好！

感谢振武教授邀请我参加纪念郑克鲁教授的“第二届郑克鲁学术思想研

---

* 聂珍钊，浙江大学教授，博士生导师，国家社科基金评委。

讨会”。用这种讨论的形式,学习郑克鲁教授引领性的学术思想,从他的学术经验、经历中吸取营养,并在他奠定的基础上获得新的成就,把他未竟的事业向前推进。当然,还要赞扬振武教授组织这次活动,感谢他把郑克鲁学术思想的讨论做成系列,用这种方式表达对前辈学者学术研究的尊重,表达对前辈学术贡献的肯定,表达我们大家对郑克鲁先生的崇高敬意。这不仅能够弘扬郑克鲁教授优秀的学术思想,而且也体现了振武教授及其后辈学人的学术理想和追求。

我们今天为什么要讨论郑克鲁教授的学术思想?这既在于郑克鲁教授取得的巨大的学术成就,也在于对我们今天的学术研究产生的重要启发和推动,还在于我们用这种形式把郑克鲁教授不朽的学术精神发扬光大。

从郑克鲁教授移师武汉开始,我和郑克鲁教授交往将近20年,建立了深厚的学术友谊。郑克鲁教授是我的好师长,好朋友,于我亦师亦友,有许多次的学术交流,受益良多。我还同郑克鲁教授及蒋承勇教授共同主持了马工程项目外国文学史的编写。郑克鲁教授是我国杰出的翻译家,文学评论家和教育家,道德文章,堪称楷模。在同郑克鲁教授的交往中,我从他身上学到了许多。

首先,郑教授人格高尚,胸怀博大,为人正直,治学严谨,平易近人,深受学生爱戴,也深得学界同仁的高度认可与尊重。

其次,郑教授献身学术,矢志不移,笔耕不辍,死而后已。即使退休,他也坚持每天去办公室从事学术翻译与研究。可以说,翻译已经成为他学术生涯的一部分,已经成为他生命的一部分。正是他这种精神、毅力、追求,他才能在文学翻译中给我们留下一千多万字的学术遗产,建造了一座学术丰碑。

第三,郑教授学术积淀深厚,学术思想丰富。无论是他的文学翻译,还是他的文学史编写、文学评论,都渗透着发人深省的学术观点,饱含着探索真理的学术热情。他把自己的学术研究和学术思想紧密结合在一起,用自己的行动给我们树立了一个有民族责任、有远大理想、有社会担当、有重大奉献的学术榜样。

最后,郑教授是一位可亲可敬的师者,始终是那样平易近人,愿意帮助提携青年学者。他的学术思想影响了许多学者。传道、授业、解惑,他为我国培养了一大批在全国有广泛影响的卓越学者,如蒋承勇、朱振武、张薇、祝平、钟鸣等。

郑克鲁教授是我们的良师益友。他的人格风范、探索精神、音容笑貌、豪爽性情永远留在我的心中。我们今天纪念郑克鲁教授，就是要学习他的品质、他的精神、他的学术思想，并把它们发扬光大。做好我们的事业，这也是对郑克鲁教授最好的纪念。

谢谢大家！

亦师亦友，怀念郑老在武大的日子

武汉大学　罗国祥*

20 世纪 80 年代初，武汉大学作为改革开放后中国和法国高等教育全面合作的第一所中国著名高校，在中法两国教育部的指导下，武汉大学将原来的外文系法语教研室升格为法文系，新建“法国研究所”(Centredes Hautes Etudes Françaises)和《法国研究杂志》，教授法语语言文学、数学、物理、历史等学科的学生学习法语，研究法国政治、经济、语言文学、社会文化等领域问题。当时武大虽已有一批庚子赔款资助留法回国的法律、数学和文学教授，但年事均已较高，需要一位以法语作为重要工作语言、年富力强的学者领军。当时在中国社会科学院外文所工作的郑克鲁一下子进入武汉大学领导的视线。时任校长刘道玉亲自去北京，硬是将郑老师“抢”到了武大。

初建的法文系、法国研究所、《法国研究》杂志的领导工作十分繁重琐碎。此前几乎闻所未闻的不同学科整合、教材和研究课题的选择、法文图书馆的筹建、教师、研究人员、科研教辅及杂志编辑部人员配置……当时手上正承担着社会科学院重要科研任务的郑老师只能白天在系、所、编辑部巡航式上班，指导和检查各项工作的开展和落实情况，晚上才坐到珞珈山麓民国初期建的小楼(这些现在已经是武汉市重点保护文物单位)里，一直写作到第二天凌晨，每次都是在朱老师的催促甚至下命令时才慢慢起身。我们见到的和朱老师常常向我们“吐槽”的那些场景，至今让我们时时热泪满目，让我们自省，催我们奋蹄……

令我终身难忘的还有，郑老师在如此繁忙的行政和学术研究工作中，竟然还能挤出时间，定期将我和几位青年教师聚到家中或编辑部的小会议室，给我们讲解分析法国文学教学、翻译和研究的种种问题。正是在郑老师这些“额

---

* 罗国祥，武汉大学外语学院教授，博士生导师，国家社科基金评委。

外”的付出中,我开始了对法国文学、文化和其他社会问题研究疯狂的了解和较系统探索。那时少不更事的我,竟然时时在晚饭后潜入郑老师家楼下树丛,希望看到郑老师吃过晚饭来阳台上稍事休息;有几次成功了,我便立马走出树丛敲老师的门;朱老师一开门我便迫不及待上楼,站在郑老师面前连珠炮般把我积累的问题一股脑儿向郑老师撒过去。每当这时,郑老师还是像往常一样,微笑着坐在那里等我说完,然后指指小茶桌旁的椅子,说“坐下吧”后,就开始耐心细致地讲解我提出的问题。有好几次,从晚上七八点钟一直讲到夜里11点多钟,直到朱老师实在忍不住出来向我使眼色,我才猛然间站起来向郑老师致谢,然后恋恋不舍却又急匆匆离开小楼……

亦师亦友郑老师啊,武汉大学法文系、法国研究所、《法国研究》杂志,还有我,和由您不辞劳苦带上学术路的同事们,我们一定永远铭记您的教诲和希望,在您奠定的坚实基础上,继续像您那样,绝不松懈,奋勇前进!

穷尽法国文学研究与翻译的可能之地

——纪念郑克鲁先生

华东师范大学　袁筱一*

今天来参加郑克鲁先生去世一周年的纪念,发言题目用的是郑先生去世后,我写的一篇纪念文章的标题。因为我觉得,这句套用郑先生翻译过的古希腊抒情诗人品达的话,应该能够比较准确地概括郑先生的一生。

时间有限,我必须长话短说,我在这里主要是想表达三层意思。

一是想表达对郑先生的怀念。这些年,虽然和郑先生见得不算太多,但也总是有这样或者那样的机会。最后一次见面,应该就是在上师大李建英老师组织的兰波会议上。那天觉得郑先生精神很好,依然是一贯的,很豁达的样子,怎么想就怎么说,一点架子也没有。郑先生是非常勤奋的人,以前也听闻过他身体不算很好,但是在兰波的研讨会上见到他,觉得他的精神挺好的。所以去年9月听闻他去世,感觉非常突然,就是“世事无常”这几个字。在平常的日子里,在平常的情绪中,我们总是不自禁地认为还有很多机会相聚。而况这样一个“穷尽了法国文学研究与翻译的可能之地”的学者,想着还有这样多的事情在等着他去做呢,商务印书馆的《郑克鲁文集》也只出到了三十八卷——

* 袁筱一,华东师范大学博士生导师,教授,外语学院院长。

当然后来又增加了几卷——似乎我们还可以期待第四十八卷，第五十八卷的时候，他就突然离去了。又怎能叫人不怀念呢？

第二层意思是想谈谈和郑先生的师生情缘。我并不是真正意义上先生的亲学生，虽然在我本科毕业的1993年，我是有机会成为先生的学生的。但是种种缘由吧，我更是在书上逢到了郑先生：在我们那个时代，郑先生的《外国文学史》和《法国文学史》是必读的。即便后来我又回到了上海的高校，回到了我的母校华东师范大学，我们依然是在纸上见得多，在书外见得少。可我想，除了在座的和不在座的一些能够得到郑先生亲自指导的学生以外，更多的学生都是通过郑先生的书，他的研究，他的翻译，来认识郑先生，来和郑先生缔结这样一份师生情缘的吧。这就是传承。而我们，比我们更年轻的一代，因而就这样永远地传续了下去。从这个意义上来说，郑先生的精神是不朽的，并不会随着他的离去而离去。

第三层意思，是想表达一下对郑先生一生坚持的崇敬，就像进门时，我在纸上签下的那句话，我们要向郑先生学习。郑先生以自己的一己之力，穷尽了法国文学研究与翻译的可能之地，这份穷尽，不是从量上而言，而是从一个人的精神而言。我在翻译和研究上固然不算怠惰，但比起郑先生要少很多。我也不敢想能够有郑先生这么多的成果。个中的原因，总是我们不得不分心旁骛，我们也总给自己很多理由，与现实中的种种妥协。但是郑先生是个纯粹的学者，纯粹的译者，在今天很是难得。在郑先生精神的感召下，我惟愿自己在接下来的日子里，能与先生这样一座法国文学界绕不过去的丰碑离得近些，再近些。

谢谢大家！

郑克鲁先生：一个没有被异化的贤人

上海交通大学　刘建军*

人们都说，我们正处在一个异化的时代。所谓异化，在我看来，不过是属于人本质的东西被非本质的东西所取代。比如说，一个人的劳动，其实与吃饭和睡觉等一样，属于人的本质内涵。所谓“劳动被异化”，就是指“劳动”成为了一种“痛苦的谋生手段”或成为“外在世界强加给人的东西”。作为一个知识分子，不把读书或写作（翻译）当成谋生的手段或追逐功名利禄的工具，而是每天

---

* 刘建军，上海交通大学特聘教授，博士生导师，国家社科基金评委。

自觉地从事着这些工作，就是没有被异化的人。郑克鲁先生几十年来，每天都默默耕耘，学习不止，写作不止，翻译不止，这种劳动早已内化为他人生的一部分。我曾问过他："累不累？枯燥不枯燥？"他却反问我："每天都要吃饭和睡觉累不累？枯不枯燥？"从中可以看出，先生已经把"学习""写作"和"翻译"变成了每天生活的日常，成了他的人生的习惯，甚至年近八旬仍然每天如此，直到生命的最后一息。在他的头脑中，好像从来没有什么写作的功利心，更没有什么翻译的任务感，劳动在他身上就像吃饭和睡觉一样自然。由此我们可以说，先生是个没有被异化的人。不仅如此，先生还说过："一个人总是要留下一些东西"。正是由于先生没有被异化，所以他才能给我们留下了近四千多万字的智慧遗产。由此我可以断言：先生是幸福的，先生达到了人生至高的境界，换言之，先生是一个没有被异化的贤人！

我心目中的郑克鲁先生

南开大学　王立新*

感谢朱振武教授的邀请，能让我有这样一个机会向郑克鲁先生献上一个晚辈的崇高敬意。郑先生在半个多世纪的教书育人和学术生涯中做出了令人高山仰止的多方面贡献，今天在会的，不但有多位与郑先生交谊深厚的前辈师尊，更有诸多曾得郑先生亲炙的门生弟子，关于郑先生的学术思想、翻译成就和教育理念，应该由更合适的学者来评价，我不敢置喙。我所能补充的，仅仅是自己心目中对郑先生的一份感悟，一份自己的理解。

除了从学生时代起就从郑先生的书中认识先生，近些年来我曾有幸与郑先生数次在不同的场合相见——在不同的学术会议上、去上师大交流时在文学院郑先生的办公室等地。而最难忘的是有两次小范围地与先生一起进餐，一次是应邀去上师大进行学术讲座后，在朱振武教授陪伴下与郑先生相聚，当时陈恒校长也拨冗参加。还有一次是与华东师大的陈建华教授、浙江大学的聂珍钊教授和上海交大的刘建军教授一起去拜访郑先生，郑先生和朱师母在离家不远的酒楼里设下家宴，作为后学我忝列其中，得以近距离地聆听郑先生的教诲。

---

* 王立新，南开大学文学院教授，比较文学与世界文学专业博士生导师，南开大学国际教育学院、汉语言文化学院院长。

我心目中的郑先生是一位坚守并且由衷地相信人文价值、具有强烈人文关怀的学者。这并不只是说文学学科天然地与人文价值相连，而是无论读他的学术著作还是文学批评，在他对法国和欧洲古典文学和现代文学的评价和论述中，特别是他在所翻译的文本的选择倾向上，都可以看出他对人的尊严的强调、对人性善恶的褒贬、对人的异化的揭示，对美好人生的赞美。

我心目中的郑先生是一位学养精深的学者。几十年笔耕不辍的生涯，在外国文学领域知识海洋中的沉潜，使他成为我国外国文学、特别是法国文学的旗帜性学术大师、翻译大家和批评家，赢得了学界和知识界的广泛景仰。对于任何一个涉足外国文学领域的人而言，有幸见过郑先生的肯定是少数，但知晓郑先生这个响亮名字的肯定是绝大多数。

我心目中的郑先生是一位人生态度旷达，宁静淡泊的智者。我常想，与我们这些后生晚辈相比，他身上所承载的家国情怀如此厚重，一生所经历的起伏激荡更不知凡几，但令人感动的是，他依然葆有一颗赤子之心，对人胸怀坦荡而真诚，对所从事的事业的热爱始终如一。

我心目中的郑先生是一位使人如沐春风的长者。对待后学、晚辈他是那么平易、真挚，在学术讨论中平等相待，微笑着倾听，纯净慈祥的目光充满着鼓励和期许。我想，这是一位有着深厚底蕴的大师级学者对学界伦理的最佳诠释。

最后，我想说我心目中的郑克鲁先生，是一位具有巨大感召力的老师。“善歌者使人继其声，善教者使人继其志。其言也，约而达，微而臧，罕譬而喻，可谓继志矣。”郑先生是一位真正的师者，他以自己伟岸、勤勉、硕果累累的一生，让我们领略了何为中国师者“言传身教”这一美好而崇高的境界的涵义。

我想，一年前，郑先生离开的时候心中应是安详而无憾的，因为“那美好的仗我已经打完了，应行的路我已行尽了”。

“微斯人，吾谁与归。”郑克鲁先生，精神不朽，风范永存。

《郑克鲁文集》出版之后

上海译文出版社　李玉瑶*

各位师长，各位同门，大家上午好！

今天我给大家简要介绍一下恩师作品的出版情况。

* 李玉瑶，《外国文艺》执行主编，上海译文出版社编审，优秀译者。

在2018年第一届学术思想研讨会时,《郑克鲁文集》顺利推出了第一辑,其中包括著作和译作共20种29卷,9百余万字;其后又陆续推出译作7种9卷,近300万字。这里需要特别说明的是,其中最重要的一种是恩师获得傅雷翻译奖的《第二性》。因为这是一部版权书,当时在上师大和振武师兄的鼎力支持下,通过跟上海译文出版社和法国版权方多次沟通和争取,特别推出了限量的跟商务印书馆装帧设计完全一致的《第二性》,使文集更为完善。而恩师在2018年之后也并未停止"爱的劳作",他凭一人之力又完成了雨果小说全集的翻译。除了文集当中已有的《悲惨世界》《巴黎圣母院》《笑面人》《九三年》之外,他前两年又完成了《海上劳工》《死囚末日记》《冰岛的汉》《布格·雅加尔》的翻译,也成为独立翻译雨果小说全集的第一人。近期我们也正在积极推进这套作品的出版。

恩师曾说过:生命就是你给世界留下了什么。恩师留给这个世界最无价的便是他的文字。我想,对恩师最好的怀念莫过于让这些饱含心血和爱意的文字长长久久地留驻,留在越来越多读者的心间。

郑克鲁先生的灵魂伴侣

上海理工大学　刘略昌*

郑克鲁先生是我国著名的翻译家和外国文学研究专家,与此同时他还是一位伟大的教育家。郑先生翻译的外国文学作品和撰写的文学史成为几代中国人的学习记忆和学术记忆,如今郑克鲁的名字已经衍化为一个文化符号和理想标杆。一如陈恒校长所言,郑先生身上体现了诸多的"成就与意外",其人生历程和学术研究之路具有较强的代表性和垂范意义。

在先生仙逝一周年之际,我们齐聚一堂,不只是单纯地缅怀郑先生,而是向曾在人才培养、科研工作、文化交流等岗位上奋斗过的前辈先贤致以崇高的敬意。在影响深远的《文学理论》一书中,雷纳·韦勒克曾把文学研究切分为内部研究和外部研究两种类型,其实这样的二分法也可挪用到对学人的论述当中。如果说对郑先生的外国文学学术思想、翻译思想、教学理念和育人理念予以阐发属于典型的"学(人)"内研究,那么对先生与社会生活之间的关联进行剖析则显然属于"学(人)"外研究。

* 刘略昌,博士后,上海理工大学教授、国别区域研究所所长。

学人研究聚焦于内部研究自然有其合理性，但不应，也不能止步于内部研究。学术成就的高低抑或产量的多寡在很大程度上受到了学人情感生活等外部环境的影响。在八十余载的人生历程中，郑克鲁先生之所以能推出卷帙浩繁、类型多样的外国文学著述/译著，之所以能培养出如今活跃在外国文学翻译和研究领域的众多郑氏传人，除了天赋异禀和后天倾其一生为一事之外，它还与郑先生的爱人、朱碧恒女士的辅佐密不可分。可以毫不夸张地说，两人互补而又契合的情感生活成就了学术高度和人生温度兼具的郑先生。对于郑先生来说，朱碧恒不但是他的妻子，而且还是他的助手和灵魂伴侣。在我看来，师母朱碧恒深深地介入了郑先生的文学译研、学生培养、社会交往等诸多的活动当中。

郑先生酷爱外国文学翻译和研究，曾荣获法国文化勋章、傅雷翻译出版奖、上海市哲学社会科学学术贡献奖等诸多荣誉奖项。正如已故学者孙逊先生在《谁在大学守青灯》一文中所言，“翻译已成了他（指郑克鲁先生）他生命和生活的一部分”，先生对于外国文学译研的乐此不疲和较真精神令晚辈后学敬佩不已。但或许令很多人意想不到的是，师母朱碧恒也几乎每天都陪着先生前往位于师大文苑楼的办公室，要么阅读要么翻译，即便是节假日也不例外。数十年如一日，郑先生在办公室忙于阅读翻译，师母则坐在那里静静地陪伴。我不清楚亦不曾询问师母，她是否也如同许多老年人一样骨子里其实也喜欢养生种花、跳广场舞、去周边旅游看风景这样的闲适生活，但貌似单调乏味、“困居一室”的长久陪伴让我更愿相信，是爱得那么认真、爱的那么深沉才使师母毅然决然地选择了与先生一起为大学守青灯，并且还守得那么甘之若饴。

师母应该并非不喜闲适，而是因为她真正懂得先生，所以格外珍惜。她完全认同郑先生的生活理念，他们在阅读、翻译和写作这些看似枯燥的文字工作中找到了另外一番乐趣，找到了退休之后自身价值的体现。除了陪伴郑先生，师母还在某种程度上参与了郑先生对学生的培养指导。郑先生平日不苟言笑，再加上学术声望实在太大，一般的后进晚学哪怕内心对先生无比仰慕，及至真正初见郑先生，恐怕都会如我一样诚惶诚恐，生怕说错了话或做错了事而遭到训斥。与先生的少言寡语不同，师母为人热情大方，主动问这问那，一下子就能让学生摆脱那份紧张拘束。有了师母的沟通调剂，日后再向郑先生问学时，就感觉顺畅了许多。后来相处久了，才发现尽管郑先生学问极好，但却没有丝毫大牌的架子，而是非常随和敦厚，只不过先生外表的“高冷”可能会让乍一接触的青年学子有点心里发怵而已。孔子一生门徒众多,据说弟子三千,贤人七十又二,同样郑先生也培养出了蒋承勇、朱振武等一批优秀的外国文学学者和翻译家。师母把郑先生的每一位学生都视作她的孩子,我从没听到师母在私下抑或公开场合说过哪一位学生存在什么不足。也许是不想辜负郑先生的精心栽培和师母的殷殷厚望,郑门弟子才会在毕业之后各自的工作岗位上不断追求卓越,在生活中哪怕远隔千山也亲密如同一家人。

马克思曾经说过,人在本质上是一切社会关系的总和。诚哉斯言!虽然绝大多数时间都生活在社科院或高校这些象牙塔中,人际关系相对简单,但郑先生终究不免首先是一位普通人,然后才是我们心目中的那个郑先生。作为普通人,要想生存就免不了要与复杂的社会打交道,要处理衣食住行、照顾老人子女等诸多非常现实的问题。记得北京大学的温儒敏先生在一次演讲中打趣道,自己曾在家中遭到妻子的鄙视,原因是妻子"责怪"自己除了会写文章居然"一无是处"。温先生说的虽是玩笑话,但却也从某种层面指出了大学者身上的一些共性:也许是长期过于专精于一事,我们敬仰的很多大先生离开了自己熟悉的专业领域之后,在日常生活中倒显得有些"笨拙可爱"。在郑先生和师母的日常生活和社会交往中,总是看到师母替先生周到地打点好一切,使先生无需为一些琐碎事务劳心费神,使先生可以把心思完全放在他所擅长的外国文学译介研究上面。

如今,不少的婚恋网站在给单身男女青年牵线搭桥时,喜欢搞一些花样繁多的匹配度测试。我想,假如对郑先生和师母两人进行爱情匹配度测试,那么匹配度一定是100%。郑先生和师母的性格十分互补,看似反差较大实则高度契合,很难想象郑先生和师母离开了对方会是什么样子。郑先生和师母在我心目中是完美CP,先生负责学问,师母负责生活,两人的交集在于学问的生活化和生活的学问化。在先生和师母一起度过的漫长岁月中,我们怎么可能分得清哪是生活,哪是工作?对他们来说,与文字打交道早已自然而然地成为生命和生活的一部分,阅读、翻译和写作变成了他们"打发寂寞"和"消磨时光"的一种方式。

我不是一位女权主义者,也没有丝毫试图为被男性光环遮蔽的女性振臂高呼的意思。我只是想借用一句很俗套的话说,每一位伟大男性的背后都站着一位了不起的女性。朱生豪身后有宋清如,沈从文背后有张兆和,同样我们的郑克鲁先生背后也站着一位才貌兼具的朱碧恒。在这些了不起的女性的扶持下，上述伟大的男性都给世界留下了一些精彩的作品，这些作品至今还在滋养着这个世界，还在为普通文学爱好者和学术界津津乐道。但说起来有点吊诡的是，对这些杰出男性及其作品的若干研究却鲜少提及他们人生中那位不可或缺的女性。即便留下的为数不多的文字也多局限于一些情书往来或浅表化的记述，从中很难窥见这些完美CP在文学文化领域的诸多交集。

斯人已逝，我们无法从宋清如、张兆和那里得到更多有关朱生豪和沈从文的讯息，这是一个莫大的遗憾。但好在我们敬爱的师母依然身体康健，我们完全可以从她的口述回忆和提供的实物中获取更多事关郑先生的一手资料。如同郑先生的外国文学史撰、学术论文和译著译文一样，这些鲜活的口述史料和实物也具有极其宝贵的文学文化价值。现在需要思考的问题在于，如何将这些别样的口述文献和实物文献与传统的书面文献进行有机的结合。郑克鲁先生一生著译宏丰，在中国外国文学研究史、中国翻译史、中外文化交流史上造就了一种独特的郑克鲁现象。对以郑先生为代表的一批当代中国杰出的学者和译者，我们理应开展全方位的“学”内和“学”外研究。

陈恒校长在第二届郑克鲁学术思想研讨会上的致辞中曾提出三个令人深思的问题：今天的我们需要什么样的高等教育？需要什么样的文科？我们今天如何看待域外文明？也许，对以郑先生为代表的一批杰出的中国学人进行深入地研究可以部分地回应这些问题。郑先生的的确确离开了我们，但他也真真切切地活在了我们心中。静静地阅读先生的专著译著，默默地践行先生的治学和育人理念，把先生未竟的事业切实朝前推进一步，力争给这个世界留下一点什么。也许，这就是我们能给予郑先生的最好的纪念。

天下之大，有几人欤！

——郑克鲁先生去世一周年记

（在“第二届郑克鲁学术思想研讨会”上的致辞）

上海师范大学　朱振武*

今天，我们缘聚这里，都是为了纪念一位一年前去世的大先生。这位先生的译品、学品和人品为世人所称道！他倾一生，为一事，他为自己钟爱的事业奋斗了一生！他的译作影响了几代人，赢得了世人的景仰！这位先生就是郑克鲁教

* 朱振武，上海师范大学教授，博士生导师，国家重点学科比较文学与世界文学学科负责人。

授！纪念郑先生的文章林林总总，但年轻人的表达也引起了我们的注意：

刚刚出版的《中国翻译》第五期，刊登了我的博士后张驭茜撰写的文章《郑克鲁的翻译美学》；

明天的《新民晚报》将刊发我的学生杨世祥的文章《听一楼钟亘古寒》；

连日来，青年学子们精心打造的纪念郑先生的视频短片"译者""师者"和"学者"，在学界和社会引起了很大反响，年轻的一代以他们特有的方式表达了对郑先生的无限敬意。的确：

先生淡泊名利，虔诚向学，是一个真正的学者！

先生学高为师，身正为范，是一个真正的师者！

先生大智若愚，大巧若拙，是一个真正的智者！

先生与人为善，与世无争，是一个真正的仁者！

先生是一棵大树，荫蔽着我们这些晚辈后学！

先生是一盏明灯，照亮着我们前行的崎岖路程！

先生是一方路标，矗立在我们人生的十字路口！

先生是一杆大旗，指引着我们走向最美的风景！

先生在时，吃得香，睡得下，看得开，想得远！

先生走时，安静慈祥，似睡似梦，嘴角处隐约还能看得出淡淡的笑意。

先生的人生没有烦恼，没有忧虑，没有疾苦，没有嗔怒，没有怯懦，没有担惊受怕，更不知后悔为何物！

先生从来都没有对人的臧否，没有戒备，没有攻讦，没有诛伐，更不曾恶语相向，也从不会反唇相讥。

先生从来都心气平和，心外无物，不疾不徐，不慌不忙，不紧不慢，不骄不躁，不卑不亢！

先生一向看淡生死，觉得该做的都做了，能够给后人留下点有意义的东西，该走的时候就可以潇潇洒洒、一尘不染、两袖清风地走了！

今天，在郑先生仙逝后的一周年里，让我们一起缅怀先生，一起研讨先生的精神遗产。

郑克鲁先生，往小了说，是上海师范大学比较文学与世界文学学科点的开点博导，上海师大唯一国家重点学科的最重要的创始人之一，在学科建设、人才培养和行政管理等方方面面都为学校做出了重要贡献；往大一点说，获得上海市学术贡献奖也就是大家说的终身成就奖，有史以来上海师大共两人，有史以来上海市外国语言文学界共三人。我们都知道，上海是大师汇集之地，人文学者更是灿若星辰，但要说其名字为各界人士所熟知，为市民百姓所知晓，却是不多。郑克鲁的名字早已家喻户晓，早已妇孺皆知，且每每提及郑克鲁的名字，都是怀着景仰之情。这样的人，上海之大，有几人欤！

郑克鲁先生，用一个甲子，把半个法兰西，或者说把一个国家的主要经典译介到我国，丰富和繁荣了我国的文学文化，影响了几代人，而且还要影响以后的人。他的名字成为一个文化符号。这样的人，译界之大，有几人欤！

郑克鲁先生，在学术研究和批评领域，起步之早，批评之自觉，几十年前甚至半个世纪之前就已经平视西方文艺理论，并且培养了一批有文化自信和批评自觉的学者，其外国文学教材风靡高校几十载，成为一批批本科生和研究生的学习和学术记忆！这样的人，学界之大，有几人欤！

郑克鲁先生，一生奉献，不思回报，清茶一杯，青灯一盏，青菜淡饭，清心寡欲，高效工作了整整一生，没有任何索取，临终前还庄重地留下遗言，用自己的存款成立基金，鼓励后学进步，鼓励世人为国家做贡献！这样的人，中国之大，有几人欤！

郑克鲁先生，译著和各种著作，许多人只知道很多，但不知道有多多！再看看郑先生的四千万字著和译，47卷本的文集，而且还不是全集，而且卷卷都是精品，超出人们的想象阈限，就是再没有常识的人也会瞠目结舌！这样的人，天下之大，有几人欤！

我们怀念的不只是郑克鲁先生自己，更是像他这样的人和他这种精神；我们追思的不是他一个人，更是他这样的老一辈学者的奉献；我们研讨的不是他一个人的思想，更是我们学界的共同学术理念和学术理想；我们研讨的是怎样立足中国文学文化立场，怎样构建世界文学文化新版图，怎样实现世界文化多样性，怎样实现文学文化共同体的美好愿景。

这样的大写的人，这样的精神和品格，不正是我们时代所需的吗？郑克鲁先生虽然不允许我们搞任何形式的追悼会或遗体告别仪式，虽然不允许我们把他的名字刻在石头上，更不赞成以任何形式对他进行宣传和表彰，但他是不朽的，他会永远活在我们的心中！

师者:学高为师,身正为范

宋炳辉教授致辞

上海外国语大学　宋炳辉*

各位先生、女士,上午好！今天我们聚集在这里缅怀尊敬的郑克鲁先生,是非常有意义的。刚刚陈恒教授提出的"郑克鲁现象",是值得我们后辈学人,包括我们所有从事高等教育和科学研究人应该进一步思考的。我认识郑先生还是比较晚的。最早知晓郑先生的名字,是 1982 年进大学的时候,当时我在复旦大学门口的新华书店,看到刚出版的《外国现代派作品选》,如获至宝,出一本买一本。对我这个大学新生来说,这套书是我的外国现代文学的启蒙地图,包括后来我对整个外国现代派文学在中国的翻译、接受与影响的一些观察和思考,都得益于郑先生主编的这套作品选,所以我是非常感念郑先生的。除了拜读郑先生的专著和译著外,我与郑先生的交往,还有两个方面。一是郑先生对我所在的上海外国语大学比较文学与世界文学学科的支持。郑先生多次应邀主持我们比较文学硕士点的毕业答辩,作为资深学者,他对学生论文的把控、阅读包括提出的一些建议都是非常细致的,这些都是我多次亲身感受到的。还有一个意思就是,我今天也代表上海市比较文学研究会,向郑先生表示崇高的敬意。因为郑先生是上海市比较文学研究会的资深领导,从学会创立伊始,他就是领导核心的成员。在我的印象中,他先后担任了四届的学会副会长,直到郑先生年过 70,按照民政部门的规定从副会长的岗位退下来,但继续担任学会的顾问。在上海比较文学研究会的几十年来的学术活动中,郑先生一直为学会献计献策,主持和参与了一系列重要学术活动,对学会的发展和兴盛发挥着重要的作用,这一点我觉得也是所有学会的同仁都有共同的感受。虽然郑先生的主要学术领域是法国文学的研究与翻译,但他的文学研究具有开阔的比较文学与跨文化的视野,这一点也深深地影响和感染了他的学生弟子们。

郑先生告诉我们:"生命就是你给世界留下了什么"。他为生命的意义提供了带有郑克鲁色彩的一个很好的回答。这样的回答,我觉得是我们所有后

* 宋炳辉,上海外国语大学教授,博士生导师,《中国比较文学》主编,中国比较文学学会副会长,上海市比较文学研究会会长。

辈学人都应该认真思考、认真对待的。我们每一个人都应该在以后的工作和学习中，针对郑先生的问题，给出相应的回答。

最后，非常感谢朱振武教授的邀请，感谢上海师范大学组织这样的一个有意义的这个活动。作为后辈学人，要向郑先生学习，用自己的工作，尽力给出自己的关于生命意义的回答。

怀念郑克鲁老师

河南大学　李伟昉*

郑克鲁老师离开我们已有一年了。时常翻阅他的著译，又常常感到他并没有离开我们，仿佛一如既往地含笑与我们交流。与郑老师在一起的点点滴滴，仿佛就发生在昨天，历历在目。

1990 年 9 月至 1991 年 6 月，我在上海师范大学"高师培训中心"举办的"世界文学助教进修班"学习。当时，有幸不少著名学者、翻译家为我们授课，例如方平、郑克鲁、王智量、包文棣、杨国华、梅希泉等。1991 年春节后的第二个学期，郑老师为我们开设了"19 世纪法国小说史"专题课。听他讲课，让我印象最深的是：慢条斯理，娓娓道来，讲出的每一句话都是深思熟虑后的结果。他不仅对 19 世纪法国文学史上重要作家的创作特色与成就一一画龙点睛，而且把诸如夏多布里昂、雨果、司汤达、巴尔扎克、福楼拜、左拉等作家之间的创作共性与个性差异、接受影响与创新发展梳理、阐释得非常清楚，特别是对一些细节的把握评析，独到精彩，对我影响至深，终身受用。以后我给学生讲授外国文学课的时候，就特别注意有意识地把一个个作家通过细节的东西串连起来，形成一个联系的发展的有机整体来审视，而不是简单地把一个个作家孤立地讲完就算了事。这是郑老师在教学上对我的重要影响和启发。

1994 年，我随我们教研室主任卢永茂教授来北京开会，正好赶上参加中国社科院外文所建所 30 周年庆祝活动及宴会。那天晚上，我被安排和卢永茂老师、郑克鲁老师住在一个三人间，有幸再一次近距离聆听郑老师谈论外国文学研究。那天我们休息得很晚，郑老师和卢老师聊编写外国文学史教材的计划与进度，谈他对教材编写的整体思路、大框架、突出想解决的主要问题，包括

---

* 李伟昉，河南大学教授，博士生导师，河南大学中国语言文学博士点一级学科带头人，国家级一流本科专业负责人。

如何处理有学术争议的一些问题,以及西方文学与东方文学的比重问题等,我在一旁听得津津有味,大有启发,深感听大家一席话、胜读十年书的道理。

十几年后的 2012 年 7 月,在上海最后送别孙景尧老师时见到了郑老师。黄铁池老师对郑老师说起孙老师生前曾一直动员我来上海师大工作的情况,郑老师听后专门对我说:“你在上海师大学习过,环境也不陌生,还是下决心尽快加盟吧,也算了却孙先生的一桩心愿。”午饭后离开时,郑老师握着我的手,又一次叮嘱我不要再犹豫了。2019 年 4 月下旬,受朱振武教授邀请,我来在上海师大人文学院作学术讲座。郑老师得知后,特意留出晚上的时间,同我们一起吃饭聊天,好不热闹。席间,郑老师把自己翻译的三卷本《悲惨世界》和两卷本《第二性》一一签名,赠送于我,那种认真的态度,令我十分感动。2020 年春节那天,还问候郑老师,却不曾想这么快他就离开了我们。

郑老师为人低调谦和,著译精益求精,教学一丝不苟,一生都在默默无闻地奉献和发光,不仅是我们学习的楷模,而且为这个世界留下了一份弥足珍贵的精神财富。读他的书,听他的课,和他交流,他的学术思想、治学精神、人格魅力无形中都实实在在地影响了我。借此机会,特表达我对郑老师的怀念之情,并代表河南省外国文学与比较文学学会,向我们尊敬的前辈学者表达由衷的敬意和深切的缅怀之情!

秉持初心,贯道如一

——纪念郑克鲁教授

上海师范大学　严　明*

首先感谢朱振武教授,让我有机会在这里表达对郑克鲁先生的崇敬之心。今天在座各位都是外国文学研究及翻译专家,而我对此是门外汉,只能以郑老师邻居的身份说几句话。因为郑先生的办公室在文苑楼的 1401 房间,而我是在 1402 房间,比邻而居让我有机会跟郑先生经常见面。今天从生活的角度谈一点郑先生给我的印象。我感觉到郑先生不仅勤奋工作在 1401,而且是真正生活在 1401 的,他把所有的时间和人生乐趣都放在了 1401。所以我在办公室,每到中午或傍晚经常可以听到隔壁传来的交谈声和锅碗声,闻到隔壁飘来的书卷香和泡面香。朱老师(师母)的说话声音较响,语速较快;而郑先生的说

* 严明,上海师范大学比较文学与世界文学国家重点学科教授,博士生导师。

话声音轻柔，语速较慢，然而两位老人的对话，琴瑟和谐，在走廊尽头回旋，和谐的声音从门缝中传进来，这个给我留下很深的印象。郑先生生性谨慎，做事执着，但不是见人自然熟、那么善于言谈，但聊到法国文学翻译，则兴致极高，滔滔不绝。多次的走廊交谈，多次的赠书指点，让我了解了郑先生的翻译见解及事业胸怀。尤其是多次听到“我把好东西都翻(译)完了”这句话从郑先生嘴里说出时，那种充满自信、那种宽慰解脱感、那种愉快的表情皆极富感染力，犹如一位沙场老将，执戈勒马，四顾无人。此景此情，言者或许无意，却令听者的我很感动。所以呢，我从旁观者的角度来看，真心觉得郑先生是一位心地纯正的人，到了人生后期更是一位超群脱俗、返璞归真的真正学者。他有那么高的研究成就，翻译了那么多的优秀作品。这些成就和作品怎么产生的呢？作为旁观者，我看到他真的每天每天都在那里工作，没有早晚，没有节假日。我经常看到的一个场景就是，傍晚天已经黑了，郑老师和朱老师才离开办公室回家(郑先生的家或许更像一间旅店睡觉的房间)。而且，郑先生拉着一个行李箱，总是走在前面，朱老师跟在后面。老夫妻两人谁走在前带路，还是能看出一点性格特点的。郑先生身上有着一往无前、始终如一的精神，从两位老人的匆匆行走的背影中，就看得很清楚。暮色昏暗中这样的回家背影，也多次让我为之心动。跟郑先生初次见面是在二十年前，那时候我还在苏大任教，参加他指导的第一届博士生的论文答辩。那时候还不熟，觉得郑老师跟不熟的人不会主动搭讪说很多的话。2003 年来到上师大后，由于我们是办公室邻居，所以跟他会经常见面，时不时谈上两句，从那时起我越来越觉得郑先生是一位返璞归真的人。我们同事们都知道郑先生生活简单，明明有好条件却穿衣服不讲究，就像上海弄堂里的普通老人，穿着朴素随意。但与他交谈，会觉得郑先生的言语和观点，经常是锋利而一语中的，顿悟郑先生还是继承了上海洋场老克拉那般的眼界、教养、睿智和机灵，真有乃祖之风。当然，发牢骚的话时而也有，但更重要的是他能不改初心，不随波逐流，自己想怎么做，就能坚持做下去。我们多数人，过了一定年龄后会很在乎别人的看法。比如说我老待在这里，会不会给别人带来不便。郑先生就不这样想，我想他就是要做他认为有意义有价值的事情。为此，已故的孙逊院长还曾特地为他写过一篇散文，在文汇报发表，题目是《青灯为谁而燃》，特意赞扬有老学者假期中仍然待在上师大校园，还在生活，还在创造，坚守孤独而享受孤独。总之，郑先生把学术创造融入自己日常生活这一点，给我的印象非常深刻。成就一个返璞归真的人、一个保持初心的人,关键在哪里呢?那就是始终如一地坚守;而始终如一地坚守,又怎么能做到呢?那一定要返璞归真。唯有放下才能拿起,悟透了这一道理,才有通透的人生,这一点是郑先生给我留下的最大的印象和永远的感动。在此我表达对郑先生的怀念,并相信在其精神感召下,我们能够继承郑先生的事业,继续把上师大比较文学和世界文学学科点的工作做好,教书育人,持续发展。

谢谢大家。

淡泊明志,宁静致远:回忆郑克鲁先生

上海师范大学　施　晔*

去年9月,郑老师仙逝。一年后的今天,校园里桂花又在飘香,使人平添一种流光易逝、浮生若梦之感。由于我在古代文学学科,因此没有机会聆听郑老师的教诲。但是,我可以跟大家分享一下我和郑老师的两次交集,以此来表达我对他的怀念之情。

2009年我还在社科处,八月底要做一期教师节的纪念专栏。我们为郑老师写了一篇文章,需要一张他的近照。当时我怎么也联系不上郑老师,就冒冒失失地跑到文苑楼14楼碰运气。刚出电梯,楼道里扑面而来一股饭香,朱老师在煮饭,郑老师坐在电脑前面,沐浴在阳光里的他和蔼地看着我,问我:"你是谁啊,找我有事吗?"我跟他说明我的来意,他说:"哎呀,不知道你今天来拍照,我穿的衣服很旧唉。"郑老师穿了一件已经洗得褪色的红T恤,我说:"没关系,你的衣服是红色的,和你的白发非常搭!"然后他就配合我拍了几张照片,还夸我拍得好,那种慈祥和平易近人让我如沐春风。我清楚记得他跟我说,"我除了吃饭和睡觉,基本都在这个办公室里,你什么时候来大概都能找到我的。"

2018年4月,学校召开"《郑克鲁文集》发布会暨郑克鲁学术与翻译思想研讨会",发给每个人的袋子里面都有一本书,我的那本是《茶花女》。我跑去请他在书上签名,他不记得我的名字,但没有直接问我,而是悄悄地瞄了一眼我的胸卡,然后一笔一画非常认真地写下了他的赠言和签名。那种涵养和风度,让我印象深刻。有人说1949年以后中国的士人消失了,但我认为这种观点不对,郑老师很好地继承了中国传统士人那种云淡风轻、宠辱不惊、为人宽厚、虚怀若谷、谦逊待人的品格。

---

* 施晔,上海师范大学比较文学与世界文学国家重点学科教授,博士生导师。

孙逊老师生前曾写过一篇散文《谁在大学守青灯》，文中有一段提及了郑老师：

> 无独有偶，我们学院有一位比我先进入老年的郑克鲁教授，他退休以后，几乎每天来办公室，节假日也不例外。有时在办公楼前和他邂逅，讲起每天来办公室做些什么，他总说在翻译什么什么书，并说："要不做点什么，待在家里发呆，没有意思。"他是晚清著名的改良派思想家郑观应的嫡重孙，本人是著名的法国文学翻译家和研究家，曾荣获过法国文化部勋章。2012 年又因翻译波伏瓦的《第二性》而荣获第四届"傅雷翻译出版奖"。现在他手头正在翻译法国一位著名学者写的《世界爱情小说史》，也是一部艰深的理论著作。假期中他每天按照惯例来到办公室，就是在啃这根难啃的骨头，见了我，还曾愤愤然说起他正在翻译的这部《世界爱情小说史》中，竟然没有提到中国的《红楼梦》，实在太不应该了，他想不通为什么没有提。我想，这也是因为翻译已成了他生命和生活的一部分，他才如此乐此不疲和较真。

可见两位老先生之间的相互理解和惺惺相惜。他俩去世前曾分别在光启楼十一和十层最东面的两个房间办公，以前每晚这两个房间的灯都亮着，他们把学术当成了人世间诗意而快乐的栖息之所，虽然在外人看来这种生活未免枯燥乏味，但他们乐在其中。去年 9 月和 12 月，这两盏灯相继熄灭。作为他们的学生和后辈，我们应该一代代将他们的学术青灯传承下去，同时把他们坚守学术理想、勤奋踏实、严谨治学的学风也永远传承下去，为短暂的人生、为世界留下一点东西。

转益多师是吾师

——怀念郑克鲁教授

上海师范大学　宋莉华*

很感谢朱教授组织这样一个会，让我们有机会怀念郑先生。我对郑先生的认识和印象主要来自日常生活中的交往。从 2003 年我校申请到国家重点

* 宋莉华，上海师范大学人文学院教授，博士生导师。

学科开始，我们比较文学与世界文学学科就在上海师范大学的文苑楼14楼，学科点的老师们都在这一层。由于这个缘故，我经常有机会和郑先生在走廊里相遇，时常会聊几句。孙逊先生写过一篇文章《谁为大学守青灯》，提到郑先生长年累月在办公室里读书写作，他房间的灯是文苑楼的长明灯，所以才源源不断地有学术成果问世，这与他的勤奋是分不开的。我觉得这给我的印象非常深刻。另外一个深刻的印象就是郑先生的好学。就像许钧教授提到的，他虽然是研究法国文学的，却能开设19世纪到20世纪英美文学的课程。李建英老师也提到，郑先生留给我们的其实不仅仅是法国文学遗产，而是世界文学遗产，这与他的博学、好学密不可分。这也是身为一个优秀学人、优秀学者的重要品质。就像杜甫说的，“别裁伪体亲风雅，转益多师是汝师”。郑先生就做到了这一点。他善于汲取各种各样的文学的营养。他做法国文学研究，但是他那一辈学者那个时候不一定有机会到法国，他就从文字的世界里，去想象、认识、学习法国文学，并且把法国文学带给了我们广大的中国读者，这是非常了不起的，也是特别值得我们学习的。今天，我们召开这个会议，我想，除了纪念郑先生，更重要的意义在于我们能够传承像郑先生等老一辈学人的学术研究传统和优秀学人品格。

让我们再从郑氏教材出发
——郑克鲁老师教材编纂思想探究

临沂大学　杨中举*

恩师郑克鲁先生离开我们有一年了，一年来我心里总是不平静，常想起与郑师相处的日子，点点滴滴，如蒙太奇经常剪辑进我的梦中与生活中，也许这样的日子要伴随我终生。我从硕士学位到博士学位，都是跟着先生读的，六年时间蒙受着先生的熏陶与厚爱，想说的话太多太多。振武师兄主持组织第二届郑克鲁学术思想研讨会，令我写点什么，好久也不知要写什么。面对一座丰碑，面对一座大山，面对一片大海，我无从下笔也不敢轻易下笔。

于是我重新捧起郑老师的文集及各类单行本的教材、专著、译著，又找到了聆听老师教诲的感觉，字里行间流溢着他的气度、风格；他平和的语调，他慈祥而智慧的微笑，他的从容，他的包容，他真善美兼备的学风、文风、教风、译

---

* 杨中举，临沂大学博士生导师，教授，临沂大学传播学研究中心主任、教授委员会主任。

风，使得我更明白好好学习、好好工作、好好生活就是对老师最好的缅怀。

一日为师，终身为父，这是中华优秀传统。六年培育情，一生难忘恩。我决定从重读郑老师的教材出发，再一次体验做学生的幸福，重游世界文学花园，重温郑大师风采，感受他那些真善美的文字与思想传递给我的爱与力量。至于写出文章与否不重要，重要的是我找到了精神停泊的港湾。

教材者，教之根据，学之蓝本。我个人认为教材的编著要比学术专著、论文、译著要难，绝不是一般人认为的那样可以凑凑史料就可以编写教材（事实上有不少人就是这么做的）。教材和教师一样承担着教书育人的伟大使命，它要有普及性、普适性，还要有个性、学术性、审美性，既要师生使用方便，又要开启智慧、审美、研究之门。因此高明的编写者，总是先阅读、审美、翻译、研究，在对外国文学有了一定的整体把握、审美感悟、翻译转换、研究深化之后再动手写教材。国内外合格的师者、译者、学者都是这么做的，而郑老师做得特别到位。郑老师在参与编写教材（含作品选）、主编教材、独著教材之前，已经是水平相当高的译者、研究者、教育者，正是在此基础上他或独立自主，或组建"学术共同体"，陆续面向中国学子编辑出版不同层次、不同类型的外国文学教材（含作品选）20余种。代表性成果有：

《外国文学作品提要》（第三卷）	上海文艺出版社，1983年。
《法国文学小史》	武汉大学出版社，1986年。
《法国诗歌史》	上海外语教育出版社，1996年。
《现代法国小说史》	上海外语教育出版社，1998年。
《外国文学史》	高等教育出版社，1999年初版，2006修订。
《外国文学作品选》（1—3版）	复旦大学出版社，1999、2015、2019年。
《法国文学史》（上下）	上海外语教育出版社，2003年。
《20世纪外国文学史》	复旦大学出版社，2008年。
《法国文学史教程》	北京大学出版社，2008年。
《欧美文学名著导读》	复旦大学出版社，2009年
《外国文学简史》	华东师范大学出版社，2009年。
《外国文学史》（马工程）	高等教育出版社，2015年。
译作《爱情小说史》（法）勒帕普	商务印书馆，2015年。
《法国诗歌史》	华东师范大学出版社，2019年。

这些教材的编纂完全符合文学创作规律、教育教学规律、知识传播规律、审美育人规律、学术研究规律。可以说郑师在中国外国文学教材编纂史上的贡献是巨大的：种类多、影响大；层次多、普及广；质量高、启发深。其独到的教材编纂思想，主要有以下几个方面：

一、从形态看，郑氏教材通史、国别史、断代史、专题史兼备。重点是外国文学通史与法国文学史，影响巨大，前无古人。这些不同类型的教材，各有特点，从体例到内容，因“材”而编，而不是用一个瓶子装所有的酒，而是把新瓶子与旧酒、旧瓶子与新酒，根据文学史客观事实而适应选择或加以混合，内在的“酒”，加入了郑氏独特的“秘方”，更加敦厚有味。

二、“译—研—教—编—再编”（提升）的规律性（科学性、学理性）编纂逻辑思想。郑氏教材与时俱进，与“事”同步，总是根据教学实践、学生反馈、教师反馈、学术研究成果、翻译成果、学界文界事实变化，不断提升编辑质量。如对后殖民文学的关注等。

三、跨文化、跨学科、跨国界、跨民族“跨界”思想。郑老师主张中文系、外文系教材建设并重，教学与科研打通，实现学科跨界交叉，催生新成果；同时关注跨文化跨国界跨民族的核心，特别强调作家本人的观点，作家所在国评论家、读者的看法，也重视翻译文本在中国的传播与接受情况，重视国内学者与师生的反馈，从而调整编写思路与内容。

四、“人、文”兼顾的选编标准思想。郑氏教材，特别是在法国文学史、小说史、诗歌史的独立编写中，体现了他人、文兼顾的重要标准。入史的作家文要好，人也要好，以适应教书与育人双重功能。

五、“文、史”互证的解析阐释思想。“文学史”本身就是文史不分家，这是学界共识。郑氏教材《外国文学史》（1999 年高教版）为代表，集中体现了这样的编纂思想，读外国文学史获得了生动的外国文明史知识，而且是在审美中获得的，印象更加深刻。因为编写者有丰厚的翻译、研究、教学实践做基础，所以能够做到语言生动，理性与感性互现。读这样的教材总会感到编写者功力深厚，思路清晰，大有左右逢源、汩汩而出、气势如虹、势如破竹、一气呵成的感觉，尤其是每一章或节的总论引论部分，简直就是高水平的学理论著，高屋建瓴，给人启发深，把学子们引向学术的百花园。

六、独立编纂与“学人共同体”编纂相结合。新中国对社会主义道路、制度、理论与文化等的选择与自信构成了不同时期外国文学教育的社会时代环境，外国文学的传播者、传播内容、传播对象、传播组织、传播媒介等构成了多维“传播场域”，翻译者、研究者、教育者、组织机构和受教育者之间通过文本（原文、译文、教材、研究成果等）在一定的时空里又形成了外国文学的“理解接受场域”。外国文学教育即在这两个场域组成的动态结构系统中运行，外国文学的翻译、研究、教学、接受等实践群体彼此之间形成了互动互驱、良性循环的共同体，对“外国文学”进行了系统传播与重塑，呈现为原真性与变异性、耗损性与增益性、历时性与当下性、世界性与本土化共存等特征。建国以来东西方文学史、世界文学史、各大洲文学史、国别文学史、原语版文学史、双语版作品选等编纂与建设成就颇丰，不少学者对文学史编写、教材建设提出并践行了许多理念。如冯至等编写了新中国第一本国别文学史《德国文学简史》，侧重社会历史对文学的重要影响，但也强调文学的独立性，不能使文学成为社会历史的注解(1958)；杨周翰等以马克思主义文学观与方法论编写了新中国第一本比较系统的《欧洲文学史》(1964)；石璞从教学实践的视角编写了具有个人著述风格的《外国文学史讲义·欧美部分(欧美文学史)》(1963，1980)；朱维之等的《外国文学简编》几经修订，其中的社会阶级论思想影响逐步淡化，体现了文学史观念转变与时代的关系(1974—1988)……这些前辈大师，成为文学与思想的播火者，为中国读者与学子打开了世界文学的大门；把郑氏教材投射到这个时代的大屏幕上，通过对比，我们不难发现，郑老师独立编纂与学人共同体组织编写做得相当到位、全面，语种分布、研究重点分布、地区分布、中外文系分布、老中青分布、本硕博分布等都有一定的考量，这种包容不仅编写出了高质量的教材，也培养了大批学人。

七、郑氏教材的“美文”风格。教材要说理达美，但这个理怎么说、美怎么达很重要，因为教材要面向大学生、研究生甚至社会普通读者。郑氏教材行文风格完全实现了教材也可以写成“美文”的样子，体现文学之美，又不失其学理性品格。如我们在读他早期的《法国文学小史》时，强烈地感受到法国文学、文化的浪漫之美，字里行间更能够感受到郑老师当年青春与思想的火热力量，也会领略其独到的学术分析。……

郑老师这些文学史编纂思想特点，也许是国内外众多教材编者共同具有的，但是郑老师做得尤其真、尤其善、尤其美，这种真善美将继续撒播在后世学子、学人的心田里,开出更多更美的花朵,结出更好更大的果实,为加强不同文化、文学间的交流,构建人类命运共同体持续发挥重大作用。

郑老师永远活在那些闪光的译著中、智慧的学术专著中、浑厚的文学史教材中,更活在我们无数学子的心中!

追忆恩师郑克鲁先生

苏州科技大学　祝　平*

各位前辈、各位学友、各位同门:上午好!

我是郑老师的2003级博士生祝平。自从知道要开这个会,我一直在回忆与郑老师及师母相处的点点滴滴,眼前又浮现出我在郑老师先后居住过的延安中路、桂林西街、虹漕南路三个家里接受老师耳提面命的情景。昨天晚上又拿出我的博士论文,睹物思人,双眼模糊。在博士论文后记中我写道:在论文完成之际,我内心充满对导师郑克鲁先生的感激之情。先生是外国文学研究界的权威,也是著名翻译家,能入郑门,三生有幸。先生是睿智和博学的,对文学现象、文学作品、文学理论总能给出高屋建瓴的分析与评价,一语道破玄机,令我茅塞顿开。先生的学术眼光是独到的。记得当初博士论文选题时我向他汇报了几个选题,他坚定地说"就做索尔·贝娄"。后来2007年我顺利拿到了与贝娄相关的国家社科基金项目,再一次证明先生的学术判断之高明。先生的为人有口皆碑,他总是与人为善,在我的印象中他表达与别人不同观点时语气最重的用语也就是"不一定的,不一定的。"先生是慈祥的,总是一副菩萨心肠,对弟子关爱有加;先生也是严格的,总是要求我多读、多写。他似乎不在乎你听了多少课,而是更看重你读了多少书,发表了什么文章,而且要求极高。只有弟子在《外国文学评论》级别的期刊上发了文章他才会露出赞许的笑容。我还记得有一天下午,先生和师母把我约到上师大西部大门北侧的一间教室里,拿着被勾勾画画得一塌糊涂的论文初稿,很不客气地对我说:"写学术论文,你讲这么多故事干什么,观点呢?"一句"观点呢?"点醒了我,让我终身受益。每当我写论文时,先生那句"观点呢?"总会在我耳畔回响,让我永远记住先生的谆谆教诲。

---

* 祝平,苏州科技大学外语学院教授,硕士生导师。

我所了解的郑克鲁先生

上海第二工业大学　易乐湘*

郑克鲁先生已离开我们一年了，作为学生的我们都深感悲伤。然而，在他的译作中，在他的学术著述中，在他留在人间的影像中，郑先生还在温和而豁达地微笑着、讲述着，是的，就是那种我们都熟悉的笑容。当然，他也活在我们的记忆中。今天，我与大家分享我所了解的关于郑克鲁先生的一些点滴小事。

因为工作和生活在上海，每年春节，我和家人都会去拜访郑先生，而每次去，他都早早就已坐在窗前工作了，桌上一杯绿茶，冒着袅袅的水汽。都说郑先生成就非凡，跨界翻译与研究，行政教学一肩挑。这样了不起的成果，是怎么做出来的呢？就是这样一点点地，连中国人最重视的节日，大年初一都不休息地，像攒金子一样积攒起来的。

郑先生对待学生，是宽中带严，严中有宽。他年轻时曾反复背诵过法语词典，认为这是作学问的根基，就要求他的研究生也得背词典，结果没到D词条，我就崩溃，并彻底放弃了。不久，有室友介绍我去博览会做口译，为了一天八十块钱的劳务费，我居然逃了课。那时是我第一次离家，年少愚鲁，不懂得如何与导师沟通，想到郑先生一贯严肃的面部表情，我心虚地几天都不敢露头。结果，郑先生来找我了。“某某老师的课你为什么不来？”我只好承认去外面赚钱去了。原以为会挨一顿批评，没想到郑先生说：“去博览会开开眼界也不是坏事，不过最好不要逃课。”当时还是90年代初，校园风气是较为封闭保守的，而郑先生对这件事的态度，反映出他开放包容、平和自信的心态，这种心态，则来自多年研究和翻译锤炼出来的、洞察世事人情的眼光。

智慧、纯粹、勤奋、宽容，这就是我所了解的郑克鲁先生。

春风化雨，润物无声

上海理工大学　俞曦霞**

我有幸认识郑老师是在2010年开始攻读黄铁池老师博士的三年里。当时在文苑楼顶楼的办公室，黄老师和郑老师的办公桌面对面。可叹今天两位

*　易乐湘，上海第二工业大学国际交流学院副教授。
**　俞曦霞，上海理工大学外语学院教授。

导师都已仙逝。

郑老师每天都去办公室工作，风雨无阻，视学术为享受，我当时非常惊讶于整层办公楼他出现之频繁，很多时候寂静的走廊过道脚步声的回响让我心中油然升起一种虔敬之感，这需要多大的热爱和毅力才能守住这份寂静人生呢？我去办公室向黄老师请教问题的时候，郑老师一般都在，所以很多请教导师的问题都是黄老师和郑老师回答的结合，让我无形中得到两位导师的指导。郑老师说话轻声细语，平和，每次回答问题都很简短、切中要害。有次专门向他请教如何申报国家社科项目的问题，他说他看本子主要是看题目是否给他眼睛一亮的感觉，课题要有新意，这个最重要，对大家司空见惯的研究要有自己独到的看法，这些都不是投机取巧就能够获得的，而是靠不断的学术积累才能慢慢形成自己的感受和体会，这些都深深影响刚走上学术之路的我，让我牢记学界泰斗是怎样在学术路上披荆斩棘、默默前行的。郑老师是奈保尔研究专家，在我博士论文开题的时候，曾经非常希望对奈保尔的思想进行总结性的研究，被他否决了，他说一篇博士论文要解决奈保尔思想研究是非常具有挑战性的，奈保尔三十多部作品非一部博士论文能够胜任，还是专门研究目前别人没有研究过的，这使得我把重点放在奈保尔的后期创作研究上。现在我完全理解郑老师建议的正确性，研究就必须对作家的每一部作品认真研读、甚至达到能背诵的前提基础上，才能对这部作品做出评论，而不是大致了解就草率地作出结论，这需要一个博士大量的时间投入才能胜任。郑老师的学术求实精神深深影响了我。

我得了博士奖学金很高兴地向他汇报，他说现在国家有财力了，我们人文学科的发展得到这么大的支持，真是一件大好事。当时这话深深触动了我，让我对我国人文学者的艰难清贫的学术生涯有了更深的理解，也感到我们这一代是幸运的一代。郑老师一直在做翻译，他说法国名著中，以前自己的翻译作品都有问题，别人的翻译也有问题，甚至很多都是错误的，都需要重新翻译，他说翻译是一种享受，是他生活最重要的必需品。

春风化雨，润物无声。郑老师的谦逊、平和、低调和求实精神始终是我学术路上的一盏明灯。回眸郑老师一生为我国外国文学领域作出的贡献，让我在感到自己渺小的同时，更多的是一种鞭策和力量！

想念郑老师

杭州师范大学　周　敏*

尊敬的各位前辈、老师：

非常荣幸能够作为青年学者的代表参加此次盛会，与各位前辈和老师们一起缅怀纪念郑老师。老师们对郑老师的翻译、研究、教学和管理工作做了非常全面深刻的介绍。如果人有在天之灵，我相信，郑老师都听到了。

陈建华老师提到去年 8 月份与郑老师最后相聚的情景。我是去年 9 月 12 日从上海搬家到杭州来的，临行前一周，9 月 5 日，我到医院去看望郑老师。老师当时精神非常好，我还跟他开玩笑说，今天我带师母去吃好吃的，您就吃病号饭。我清楚地记得，那天上海师大的青年教师王青松给老师带的饭，盒子里装的有花生和西芹。在杭州期间，得知上海师大陈恒校长、朱振武老师等多方为郑老师联系各科名家会诊，觉得郑老师肯定很快就会痊愈出院。9 月 20 日，我从杭州回上海。回家的路上，得知老师在医院情况不好。直接赶往医院，等我 10 点左右赶到医院的时候，先生已经走了。但还躺在我 9 月 5 日去看望他时的那张病床上，还穿着那件熟悉的衣衫。他就静静地躺在那里，真的只像是睡着了，脸上带着刚才朱振武老师提到的淡淡地微笑。那天凌晨两点多，与朱振武老师、陈恒校长等一起把老师送到医院的太平间后，一个人走在上海的街头，我怎么都无法相信，郑老师真的走了。

朱振武老师问我发言的题目时，我想到的就只有，想念郑老师。郑老师于我，不仅仅在于他在外国文学翻译、教学和研究上的巨大成就，也在于，作为一个领袖级的学者，对于青年学者如我的最诚挚的关心。在我生活中非常困难的时刻，在我为是否送孩子出国留学难以决定时，郑老师极其坦率地劝告我，不要把孩子送出去，并给我说了句我将永远铭刻在心的话：把孩子留在上海，你教他英语，我教他法语。

作为一个晚辈，我与大家一样，真的想念郑老师。郑老师的身体虽然离开了我们，但他留下的极其丰富的学术遗产，以及在我们每个人心灵中精神的丰碑，将永远指引我们为学、为师、为人的道路。

---

* 周敏，杭州师范大学外国语学院院长，教授，博士生导师，教育部新世纪优秀人才。

学者:为人为文,堪称楷模

致敬著作等身等心的郑克鲁先生

中国社会科学院　陈众议*

参加"第二届郑克鲁学术思想研讨会"使我有机会再次向郑克鲁先生表达崇敬之情。机缘巧合,我与郑先生有过三年同事之谊。当时我第一次回国工作,和郑先生在同一个研究室。适逢"改革开放"之初,郑先生还是满头青丝的年轻长者,他的前辈导师李健吾先生和罗大冈也还都健在。他们时常会和同事聊家常,甚至幽上一默。郑先生总是笑容可掬,但也总是背着书包来去匆匆。在我的印象中,"改革开放"伊始,郑先生是最早发起冲锋的学者之一。明证是他领衔主编的四卷本《外国文学作品提要》于 1980 年即由上海文艺出版社出版了,与此同时者是袁可嘉先生领衔主编的《外国现代派作品选》,并且郑先生也参与了主编。正如杜甫所说的那样,"人生交契无老少",我一直希望向郑先生请教问学之道,但他总是谦逊地避之犹恐不及。我知道他忙啊,一天当做两天用!没想到转眼就是分别。可能是基于当时的某些生态环境,我理解他的调离,于是提议一干青年学人为他饯行。结果依然被他婉言谢绝了,而且他不经意说出一句充满自嘲的笑话来:"我只不过是一介精神二道贩子罢了,你们不必客气!"我记住了这句酸楚的笑话,也一直高山仰止,景行行止般注视着他的学术。在蒋承勇教授新近寄来的《外国文学史》序言中,郑先生早就对那些外国经典提出了并看多面的卓见,因为即使"精华部分也包含着局限性"。先生千古!

王伟致辞

上海市作家协会　王　伟**

刚刚听好几位专家学者提及郑先生当年参与选编的《外国现代派作品选》,是他们进入外国文学译介、研究领域的引路之作。突然想起,我知道郑先生的大名,应该也就是经由这套书。那时刚刚进入 80 年代,我还是个高中生,

---

* 陈众议,中国社会科学院学部委员,国家社科基金评委,西班牙皇家学院通讯院士。曾担任中国社会科学院外国文学研究所所长、中国外国文学学会会长。

** 王伟,上海市作家协会党组书记,上海市作家协会专职副主席。

参加市青年宫开办的诗歌讲习班，王小龙老师说要给我们讲艾略特的《荒原》，让我们去买收入这首长诗的这套书第一册（当年也就出了这一册上下两本）。我囫囵吞枣地学习了《荒野》——至今也没弄明白，也记得了郑克鲁和梅特林克《青鸟》。后几年，出于完整收集一套书的癖好，我又陆续买了后几卷。可惜，大部分都没读过，以至于至今对所谓外国现代派，仅仅零星地知道几个概念符号和少量篇章的名字，最多还有“四月是最残忍的一个月”“人群中这些面孔幽灵一般出现”这样的几句似懂非懂的诗句。思之后悔无比！今日参加座谈，颇感愧对先生！

往者不可谏，来者犹可追，一两年内，当把这套书好好啃啃！

茆训诚教授致辞

上海师范大学　茆训诚*

我跟郑先生不是学界的关系，郑先生在2000年创建了我们上海师范大学欧洲文化与商务学院，他是第一任院长，我是接任他的第三任院长。所以，我们俩这些年一直保持着密切的往来。

今天非常高兴能来参加这个郑克鲁先生的学术思想研讨会。首先，就我个人而言，非常感谢在座的各位从上海或者其他省市远道而来的嘉宾，感激在线的嘉宾。疫情并没有阻隔各位嘉宾对先生的怀念之情，毕竟他是永远值得我们铭记的学术风范。今天，此时此刻，我们怀着无限崇敬的心情出席这个郑克鲁先生的学术思想研讨会，缅怀和传颂先生的学术道德、学术品质和学术思想。弘扬学术骨气、学术正气，在当下学术功利主义盛行的学术界是非常有必要的。

郑克鲁先生曾经是上海师范大学欧洲文化与商务学院的首任院长，2000年开创了三个由教育部批复的中法合作专业。2003年5月我接任第三任院长，从那时起，我和郑先生一直保持比较密切的往来。欧洲学院一直敬重郑先生为名誉院长，重大的问题，仍然会寻求郑先生的指导。在我的记忆中。郑先生作为著名的学者，一辈子低调但奢华。无论是对人，还是对学术界的学术地位，郑先生始终以一位为人和蔼、善良、谦卑的学者姿态，呈现在校园和学术界面前，从不装腔作势，从不居高临下。但是，郑先生在法国文学研究方面的学

---

* 茆训诚，上海师范大学教授，曾任上海师范大学商学院院长。

术思想和学术成果,确实是奢华的。在外国文学尤其是法国文学领域,堪称楷模。

当我们走在校园中,常常可以遇见一位不修边幅,拖着拉杆包慢慢行走的老者。不熟悉的老师和学生还以为是退休的勤杂工。郑先生就是这样,一生默默无闻,从不追求名利,以学校、办公室为家,俭朴终身。今天我们共同缅怀郑克鲁先生,我们永远会记住,在上海师范大学的历史上曾经有过一位中国著名的文学翻译家和批评家,其以大气谦和的人格魅力和学术思想,激励后世学者,追求学术骨气和学术正气,是上海师范大学的历史上永远不会磨灭的荣耀。

谢谢大家。

郑克鲁先生1980年代初译介外国现代派文学的贡献及意义

上海外国语大学　查明建*

今天我们在这里纪念郑克鲁先生。我发言题目是《郑克鲁先生在1980年代初对西方现代派文学译介的贡献》。实际上刚才陈众议先生已经提到在80年代初的时候编写的那一套《外国现代派文学作品选》。实际上这也是我最早知道郑先生。80年代我在读这本书的时候印象非常深刻。到后来专门给他进行了一个采访,记忆非常深。郑先生曾为这个写了一篇回忆的文章《多卷集中的一朵奇葩,上海文艺出版社〈外国现代派作品选〉编选经过》。郑先生非常谦虚,他说袁可嘉编选的外国文学作品选,说法国文坛比较活跃,需要一个懂法文的人加入这个团队,于是我就参加了。当时为什么袁可嘉邀请郑先生来参加编写这个作品选。一定是看上郑先生的一种非常严谨的学术风范和译介风格。郑老师翻译的书一直为大家津津乐道,非常感激这个作品选,就是因为会有一些作品被捕捉到的这个时代的一些文化变革的要求。他的选择译介就有非常明确的这个针对性,与新时期对文学观念变革的要求向其契合。这个外国文学作品选体现了老一辈强烈的中国文学意识,为中国文学扩大了世界文学的视野,增强了中国文学的世界文学意识。我们都知道新时期文学发展有三个方面的这个资源也就是五四新文学,第二个是欧洲古典文学,第三是20世纪西方现代主义、后现代主义文学,第三个因素直接触动了现当代文学

*　查明建,上海外国语大学博士生导师,教授,上海外国语大学党委常委、副校长。

变革。现代主义文学的译介在新时代具有多种的深远意义,他是对当时主流意识形态冲击最大,提供了一套关于这个人类启蒙的理论。理论以萨特的存在主义为核心,延伸到个性、自由、尊严、人道主义、异化,甚至是生命主义、个人价值。对人的发现与现代主义有密切的关系,并为反思文革提供了极大的触动。郑克鲁先生的译介极大地影响了创作的主题,促进了世界文学的发展进程。这种发展进程,在80年代中国文学系统当中。关于现代文学作品选,具有不可替代的作用,我们也从这个感受到外国的老前辈的文化的担当。还有一点,我觉得这个你们之前对我说过,他对现代派文学未必感兴趣。但是因为这个时代的需要,他们还是很勤勉地去做。也就是说一个外国文学学者,还应该有很强中国文学文化的意识,对中国文化的建设,起到一种文化担当的作用。刚才也有学者说郑先生为人非常的这个率真坦诚,说话直截了当,往往一语中的。我们在看他当年所写的比如说历史上存在主义的评价,对于新小说这种评价,写的还是非常中肯的,他真诚地表达自己意见,对这样的学者表达深切的缅怀。

郑克鲁先生与东方文学

天津师范大学　孟昭毅*

在当前学界群雄并起的"后大师时代",我们线上、线下集聚一堂缅怀我国外国文学界巨子郑克鲁先生对中国学界的深远影响,很有必要。感谢会议主办方及朱振武教授慧眼独具,给了与会学者这样一个值得珍惜的发言机会。

郑先生做人、做事、做学问,都堪称楷模。先生做人平静、知足,心如止水。先生做事严谨、知不足,敬畏学术。先生做学问认真、不知足,精益求精。先生这种高境界、大格局,山高水长,令后学难望其项背。

郑先生是我国少有的集翻译家、文学史家和教育家于一身的大家学者。尤为难能可贵的是,先生焚膏继晷、诲人不倦,长期在高校任教,辛勤培育人才,桃李满天下,为学界竖起高标。

郑克鲁先生作为著名的外国文学专家,不仅精通西方文学,尤其是对法国文学的研究可谓硕果累累。但是论及郑先生对东方文学的研究,一般人可能知之不多。其实,郑先生作为文学史家,对东方文学有精辟、独到地见解。

---

* 孟昭毅,天津师范大学文学院、跨文化与世界文学研究院博士生导师,教授。

1999年,高等教育出版社出版了由郑克鲁先生主编的《外国文学史》一书。在这部为高校教师实际教学所编写的“面向21世纪课程教材”里,对东方文学是相当重视的。从编写体例、章节安排,到编写原则和所占比例,郑先生都论述翔实、论从史出、结论准确。

首先,郑先生作为主编,在“前言”中明确指出:“包括东西方文学在内的外国文学大致上沿着两条线索发展。”在论述了欧洲文学的发展脉络之后,“在东方,文学的发生比欧洲早,可追溯到公元前5000年”。这是一种东西方文学相互参照的文学史观,在以往的外国文学史编写中,还是很难看到的。

其次,郑先生提出:“综观一部外国文学史,可以看到发展的不平衡性、阶段性、差异性和交融性。”具体而言,不平衡性指的是东西方两大部分,“不同地区文学的发展呈现出明显的不平衡”;阶段性则指的是东西方文学发展的走势,西方“逐浪走高”,东方“时高时低”;差异性指的是“欧美文学与东方文学在思想意识、内容特点和艺术形式上有很多不同之处”;交融性指的是“东西方文学存在互补和融合现象”。而描述这四种特性,“就是编写这部《外国文学史》的出发点和基础”。

最后,郑先生分析了为解决“全面系统”“简明扼要”之间的矛盾,所采取的“厚今薄古”原则。“东方文学部分约占全书1/5强”,“目前的篇幅也适于给学生讲授”。“同欧美文学部分一样,东方文学在概述和导论部分加强了综合分析,以提高学生的理论思辨能力”。由此可知,郑克鲁先生主编的《外国文学史》一书,是非常注重科学性、规范性和实用性的。

郑克鲁先生在编写《外国文学史》时,对东方文学的重视,以及关于东方文学的认知,是有理论和实践基础的,绝不是空穴来风,也不是向壁虚构出来的,这与他的学术修养和知识结构密切相关。

“东方”在历史上是个约定俗成的人文地理概念。地理学家将亚洲及北部非洲称为东方(East)。历史概念的东方(Orient)是伴随着欧洲人发现从西向东的航路,并一路向东扩张而产生的。在一批又一批学者研究亚洲和北部非洲文化形成“东方学”的基础上,东方文学的研究也被纳入东方学的领域。

1949年建国以来,世界逐渐形成欧美和亚非两大阵营。我国的外国文学研究界也开始有了约定俗成的惯例,即将西方文学换称为“欧美文学”,东方文学换称为“亚非文学”。国内高校中文系的“外国文学”课程,东方文学和亚非文学称谓不同,概念可以互换,而内涵则基本一致。郑先生就是在这一学术传统下形成自己的东方文学观点的。

他们这一代学者从最高的抽象层次上分析，认为存在着一个统一的东方文化和文学精神。正是由于这种基于东方各国在地理环境、民族心理、经济形态等方面的一致性，才超越了东方各国之间的差异，并将东方各民族文化整合为三大文化体系。他们认为在东方文化意识中，存在一种较为普遍的“东方精神”，具体表现在东方的认知文化，价值文化和审美文化等方面，而东方文学则是表征这一文化精神的主要载体。

我曾经在一个规模很小，但层次很高的学术会议上，亲耳聆听过郑先生针对个别学者质疑“东方概念”和“东方文学”，而大胆、明确地提出自己的观点。他从东方文化意识中确实存在着的具有一致性的“东方精神”出发，指出学界对“东方概念”和“东方文学”已取得的共识，即它们客观存在的事实。此外，他坚持认为，东方文学不仅应该包括亚洲文学，而且应该包括非洲文学，尤其应该包括非洲北部文学。这对当时在场唯一主要研究东方文学的我来说，真是一个莫大的支持。一个著名的西方文学专家对东方文学有如此清醒地认同，而且认知如此坚定，在当时的情境之下，实为不易。

在郑克鲁先生仙逝一周年之际，我们追思先生的学者风范，分析先生关于东方文学的深刻思想，对当前学界正在进行的东方大文学理论和实践的探讨，具有重要的参考价值。我认为随着学界对东方文学研究与思考的不断深入，郑克鲁先生的观点将会越来越有建设性的意义。

怀　念

华东师范大学　陈建华*

明天就是郑克鲁先生去世一周年的纪念日，在这样的日子里我最想说的只有两个字：怀念。

记得去年他去世前的一个月前，郑先生和他的几位弟子还来我家小聚。那天，先生精神很好，谈吐如常，我夫人烧的家常菜很合他的口味。这一切都历历在目，犹如发生在昨天。先生走得这么急，真让人难以接受。

今天我们怀念郑先生，首先是怀念一位杰出的学者。

---

* 陈建华，华东师范大学博士生导师，教授，国家社科基金评委，教育部人文社科重点科研基地学术委员会主任。

我与郑先生的相识是他 1987 年来到上海师大工作以后,此前尽管在泛读书籍时早与先生在纸面上相遇,但就如同对诸多名家一样,耳熟能详,抱有敬意,而生活中是有隔膜的。郑先生来到上海后,我们的接触渐渐多起来,特别是 20 世纪 90 年代以后。由于专业相近,我们经常一起参加会议和协会活动,也互相邀请参加对方博士生的博士论文答辩会,他的两名优秀的学生还分别在我这里做了博士和博后。学术上我们也多有合作。他邀请我参加他主持的《外国文学史》的编写,我也请他担任 15 卷《外国文学鉴赏辞典》的学术顾问。我这里凡有比较重要的学术活动,常常麻烦他,他从不拒绝。譬如,我主持的那个重大项目从开题、中期研讨、结项,乃至出版座谈会,我都邀请他参加。郑先生在各方面给过我不少帮助。

郑先生治学严谨,精勤不懈。他在法国文学研究领域起步早,至今已有半个多世纪。早在 20 世纪 70 年代,他就与柳鸣九等人一起开始编写《法国文学史》,1979 年问世后流传甚广,很多人对法国文学的全面认识就是从它开始的。郑先生在文学史研究的方法论上有独到见解。他主持编写的领域更广的《外国文学史》著作也取得了很大的成功。在作家作品的研究中,郑先生的论述同样有新见且有深度,发人之未发。郑先生的译著很多,成就很高。他的文学译著"重简洁,更重文采",广受欢迎。他的理论译著严谨准确。郑先生对生活的要求不高,但对翻译的质量要求却很高,几十年如一日,埋头书斋,这样的追求,这样的毅力和恒心让人钦佩。

今天我们怀念郑先生,也是怀念一位真诚的师友。

郑先生为人谦和。出身名门,却不事张扬;成就卓著,却不恃才自傲。他是中国近代著名思想家和实业家郑观应的后代,可谓出身名门。他本人本科北京大学,研究生中国社科院,长期在外国文学研究所工作,可谓学脉一流。他学术成果丰厚,专著和译著影响深远,可谓学界翘楚。然而,这一切郑先生如未遇询问从不提及。

这些年,我与郑先生见面机会比较多。与他相处,我觉得很轻松,很随意,而且很有收获。他对问题的看法坦率真诚。譬如,他在《中国外国文学研究的学术历程》的出版座谈会上这样说道:"这个东西的难度非常之大,做成这样一个规模巨大的 12 卷的书,应该说值得庆贺。我觉得这套书有很多优点,因为我曾经参加过结题研讨会,对内容有些了解,觉得他们写得不错。我觉得,这套书起码有一个初步总结的意义。初步总结也是很难的,完备是不可能的,总有遗漏和疏忽，第一次尝这个果子，我觉得很了不起。”他的发言言简意赅，郑先生的肯定是对所有参与这项工作的学者的鼓舞，“有一个初步总结的意义”“完备是不可能的，总有遗漏和疏忽”，更是符合实际的客观评价。我们在生活中也时有往来。那年秋天，柿子熟了，我特意留出一些位置很低的果枝，请郑先生夫妇来采柿子，那天他们很开心。有一年，郑先生夫妇准备在我们小区租栋房子，那天青松开车陪他们来到我家，我们一起在小区转了转，后因没有合适的房子而未租成，否则我们就成了邻居。郑先生赠送过我不少论著和译著，其中包括那套由商务印书馆出版的几十卷的著作译文集。他特意打电话对我说：“此套丛书我签名送你们伉俪。”这套书是郑先生一生心血的结晶，如此厚重，他的厚爱让我感动。

我们怀念郑先生，尽管郑先生离开了我们，但是他仍是外国文学界的一面高耸的旗帜，他的学术生命将长驻人间！

郑克鲁《法国诗歌史》的学术贡献

浙江大学　吴　笛*

各位专家朋友，感谢大会的邀请。

郑克鲁先生是一位集多种学术身份于一身的大学者，他不仅是一位成就卓著的文学翻译家，也是一位富有建树的外国文学理论家，还是一位以《外国文学史》的编撰和教学让许许多多青年学生受惠的外国文学教育家。

因为我一直把《法国诗歌史》当作案头书，最近也重新研习了这部著作，更觉得这是一部富有创新精神和重要学术价值的诗歌史著作，因此我围绕《法国诗歌史》进行发言。

他撰写的《法国文学史》就是一部具有开创意义的外国诗歌史著作。这部著作共有二十三章，从中世纪的英雄史诗开始，直到法国当代诗歌，展示了法国诗歌发展的全貌。这部著作不仅明晰地梳理了法国诗歌发展的脉搏，而且对一些重要的诗人和诗歌流派，都进行了深入而独到地分析和研究，尤其对其他文学史著作中相对忽略的诗人，如中世纪的维庸、浪漫主义诗人拉马丁、以及 20 世纪的超现实主义诗人阿波利奈尔等，都做了深入分析。我读起来感到非常振奋的是郑先生对波德莱尔、兰波、魏尔伦、马拉美、瓦雷里等法国象征主

* 吴笛，浙江大学博士生导师，教授，世界文学与比较文学研究所所长，国家社科基金评委。

义诗人的论述,所写的这些章节更是精彩纷呈。郑先生论述这些象征主义诗人时,也不是面面俱到,而是抓住精髓,以点带面。如在论述波德莱尔时,在20多页的篇幅中所突出的是波德莱尔"化丑为美"的美学观,以及诗歌中的"通感理论";他论及兰波时,他所紧扣的是"通灵"理论,认为诗歌创作,就是"通灵人的语言炼金术";他论及魏尔伦时,所紧扣的是魏尔伦诗歌中的音乐性,认为诗歌创作是"心灵咏叹与音乐性的结合"。无论论及什么内容,郑克鲁先生总能抓住要害,而且娓娓道来,涉笔成趣。

鉴于法国诗歌在世界诗坛独特的地位,所以我认为郑克鲁先生的《法国诗歌史》这部著作所具有的学术贡献是多方面的,不仅对于法国文学研究,而且对于我们不是从事法国研究的外国文学研究者来讲,对于我国整体外国文学研究,尤其是外国诗歌史的研究,已经发挥了并且继续发挥极其重要的引领作用。

在论及波德莱尔时,郑克鲁先生写道:"波德莱尔曾经分析过为什么大海会永远使人愉悦:因为大海给人广阔无边和运动的感觉。……对于波德莱尔来说,十四行诗就可以容纳无限。他的美学是缩小了无限。"由此,我们觉得,郑克鲁先生以波德莱尔的永远运动的理念,履行了他自己不断运动、永不停息的艺术追求。他以自己有限的人生实现了学术研究的无限的价值。

最后,在先生离开我们一周年之际,在此向郑克鲁先生表示深切的怀念与崇高的致敬!

谢谢各位专家学者!

郑克鲁,法国文学批评家

上海师范大学　李建英*

在这个会上,我想谈一下,就是他对法国文学研究方面的贡献。他的批评家身份体现在,首先他是法国文学史学家。我统计了一下郑老师关于法国文学史的著作约有三百一十五万字,可能还更多。第二就是体现在法国文学的专题研究,有几个论文集。除此以外研究的方向有三个:第一,小说;第二,诗歌;第三,戏剧研究其他艺术形式。小说研究的覆盖面很广,这个批判现实主义浪漫主义几乎把所有的流派、作家都涉及了。关于现代派,他写了很多的东

* 李建英,上海师范大学比较文学与世界文学国家重点学科博士生导师,教授。

西，比如，20世纪法国文学的主导方向，现代派的发展。他对普鲁斯特的意识流有很深刻的研究，可以说他对普鲁斯特的这个研究始终走在法国文学研究的前列。另外，他对超现实主义等方面也有涉猎。他的整个研究啊，体现时代性，他紧跟时代，他对小说的评论都不是泛泛的长篇大论，而是紧跟我们国家发展。在对法国文学的研究中，他永远站在中国视角。另外，他的这个研究面广，而且成体系，很多的研究都是引领我们这个时代的研究，这对法国文学研究作出了巨大的贡献。关于他的这个文学批评的研究，我认为应该有一个深入地探讨。

藏智于拙，化奇为平：郑克鲁先生的学术方法和学人风范

华中师范大学　罗良功*

感谢陈庆勋老师的介绍，同时非常感谢朱振武老师的邀请，让我有机会在这个场合表达我对郑克鲁先生的怀念。我作为一个学术晚辈，与郑老师的相识时间不长，不过十余年，但是每一次与郑老师见面交流，都感到亲切自然；每一次读郑老师的文章，都有文如其人、见字如面的亲切感。

郑克鲁先生的学术成就非凡，跨越研、创、译、教多维，其语言晓畅、文风质朴、大智形拙、奇思语平，足以显示出郑先生深厚的学术功力和严谨学风。关于郑先生的语言风格，刚才余中先先生在发言中也提到了这一点。余先生谈及郑克鲁先生翻译波德莱尔的语言生涩，认为这一语言风格是根据原著的表现，我深以为然。郑先生的学术语言质朴晓畅，虽然在译著中偶有略显生涩之处，但这恰恰是他力求忠实原作风格的表现，而细察之下，我们会发现郑先生又会秉持自己的学术追求和趣味，在尽量忠实原作风格的同时加以适度的通俗化改造，以便更适合中国读者的接受趣味。刚才这个李建英老师那也谈到郑克鲁先生对法国现代主义这类复杂问题的看法时，尽管郑老师对现代主义的理解或感情不是那么正面，但是他对现代主义的看法、分析非常透彻准确，并能够以非常晓畅通达的语言来进行评价，非常简洁、精准，确实充满睿智。几年前，我读到郑先生在法国文学史序言中对法国现代主义经典作家的评价，语言精准平实，点评非常到位，令我印象深刻。比如，他写道："巴洛克文学是浪漫派文学的先驱，在艺术上有所创新之处，应看作新出现的重要文学现象；

---

* 罗良功，华中师范大学博士生导师，教授，外国语学院院长。

奈瓦尔对梦和潜意识的挖掘,是现代派文学的先声;波德莱尔对通感和象征手法的运用,打开了通向现代派文学的大门,被看作是现代派文学的鼻祖,他和兰波的散文诗为二十世纪散文诗的繁荣奠定了基础。"郑先生评价如此复杂深邃的作家时所运用的语言竟然如此简洁、流畅,令我感觉到亲切温润。

事实上,我每次在读郑先生的文字时,总是有一种如沐春风的感觉。他的文字之中,始终透射出高德大善的学人风范,在亲切接纳同仁后学之中化人育人于无形。

我作为学术晚辈,不是郑先生的学生,却有幸被郑先生以学生和朋友相待,甚至多次以忘年之交相称。这让我与郑老师在交往时毫无疏离之感。我几次到上海出差去看望在办公室笔耕不辍的郑老师,他都会停下手头的工作,与师母朱碧恒老师一起热情接待,与我分享他在学术研究和翻译实践方面的心得和感悟,还请我吃饭,帮我推荐翻译作品的出版,跟我讨论他对友人建议拍摄关于先祖郑观应电视剧的看法。他的语言真诚、睿智、亲切、温润,无不给我一种润物细无声的智慧启发,同时又给我一种涤荡心灵的持久震撼。

郑老师走了,但这种亲切感和温润的震撼力仍然伴随着我,在关于郑老师的回忆中,在郑老师留下的文字中。在郑老师仙逝一周年的时候,我觉得最好的祭奠与怀念的方式就是,静静地阅读郑老师的文字。

谢谢大家!

译者:译海一甲子,半壁法兰西

魏育青教授致辞

复旦大学　魏育青*

各位领导、各位老师、各位同学,大家上午好!

今天非常高兴,参加"第二届郑克鲁学术思想研讨会",缅怀郑老宏富的人生,辉煌的业绩,继承先生给我们留下的宝贵的精神财富!

"文革"结束后,郑克鲁、袁可嘉等合编的多卷本《外国现代派作品选》出

---

* 魏育青,复旦大学外文学院德语系教授,博士生导师,上海翻译家协会会长,上海市外文学会副会长。

版，首次在国内大规模译介西方现代主义文学，惠泽几代学人和广大读者，对我这样的77届大学生影响自不待言。而第一次见到郑老则是新世纪了，在同济大学沪西校区(就是原上海铁道学院)参加可能是与职称有关的评审会上。会间休息时看见郑老一个人安安静静地在一个角落里抓紧时间看书写作。这一情景至今记忆犹新。后来在多种场合，比如在上海译文出版社的多次编委会上，也有幸聆听郑老师的真知灼见，每次都获益良多。打开上海翻译家协会的微信群，"红衣主教"("红衣主教"是郑老的微信名)也不时会发表一些非常有意思的观点和想法，当这个微信名突然不再活跃之后，大家都感到悲伤和失落，我们失去了一位老前辈，有的人的离去，确实会留下很大的空白。

郑克鲁先生是上海翻译家协会第三届和第四届副会长。在此期间，郑老在文艺翻译发展研讨会上，比较上海文学翻译和外省市文学翻译的发展速度，就如何重振上海文艺翻译的雄风提出自己的看法。他担任卡西欧翻译竞赛评委，并就翻译界现状和推进翻译教育事业发表宝贵的见解。他指导和参加译协的各项活动，比如法语学组的多次活动，在"从泰戈尔到莫言：百年东方文化的世界意义"国际学术研讨会上作主旨发言，此外还有纪念戈宝权诞辰100周年学术研讨会，外国文学进校园的讲座等等，郑老为上海翻译家协会的发展作出了很大的贡献，广大会员铭记在心，并会以此激励自己奋发努力。

郑克鲁先生是我国著名的翻译家和外国文学研究专家，毕生从事法国文学的翻译、研究与教学，曾因在推动法国文化交流上的杰出贡献，被授予法国国家一级教育勋章"金棕榈勋章"。郑老在这三大领域同时取得不凡的成就。为师，桃李天下：先后在武汉大学、上海师范大学任教授、博士生导师、博士后流动站负责人。中文系主任和文学研究所所长；为学，博大精深：有《法国文学史》《法国诗歌史》《现代法国小说史》《普鲁斯特研究》等皇皇巨著在，其中有著作获中国社科院科研成果一等奖；为译，更是成就斐然，郑老译有1 700万字法国名著，《悲惨世界》《巴黎圣母院》《红与黑》《基督山恩仇记》《茶花女》《高老头》《欧也妮·葛朗台》《九三年》《海底两万里》《八十天环游地球》《法国抒情诗选》等优秀译本给读者带来了极大的精神享受。郑老翻译的西蒙娜·波伏瓦的代表作《第二性》荣获傅雷翻译出版奖。

除了优秀译作之外，郑老关于翻译尤其是文学翻译的一些真知灼见也值得我们好好学习。在翻译标准方面，他主张逐层递进的“信达雅”。他认为翻译要重视实践，要通过翻译的具体操作发现并解决问题，不能离开翻译实践侈谈翻译理论。郑老的有些观点如“练好中外文基本功”“翻译关系从句是关键”“适度使用非常见词以增文采和高度”“把作者的意图基本表达出来，那么不等值就是等值”等确实对翻译教学具有重要的反思价值和参考意义。在郑老看来，翻译与研究相辅相成，翻译是进入作家作品世界的最佳途径，为文学研究提供保障，而研究能指导翻译对象的选择，且有助于写出高质量的译本序言。确实郑老的译本序言与众不同，大多为基于翻译工作的详尽分析，探索作品的思想内涵与艺术价值，说明作家的创作手法与历史地位。他还重视注释的作用，这点很像德语文学尤其是德语诗歌的翻译大师钱春绮先生。郑老和钱老的共鸣之处还体现在诗歌的形式移植方面，主张“诗歌翻译应该还原作品形式，不仅可以使读者更贴近诗歌丰富的内涵，还能带动读者发挥想象进入诗歌意境”。

郑老在上海翻译家协会 2018 金秋诗会上的译诗（当年主题是“中国：异域想象”）名为《玉的礼赞》（[法]维克多·谢阁兰），讴歌了如玉的美德，在某种程度上也反映了郑老的人格之美、学养之美、译品之美。郑克鲁先生说，“我喜欢翻译，译书的过程中，我觉得是一种享受；如有自认为译得不错的地方时，便感到一种快乐；译完一本书，我觉得了却了自己的一个心愿，完成了一项重要的使命，所以乐此不疲。”他生前说过，翻译是件没有止境的事，“我会翻译到不能再翻译了，恐怕也不是很久远的事。我只不过就是没事干，用翻译来充斥时间的流逝。生命就是你给世界留下了什么东西，不留下什么东西就什么也没有。人总是要死的，但我想留下一些东西。”郑老数十年如一日笔耕不辍，怀着崇高的使命感，通过自己的翻译工作，给法国文学经典注入了新的生命，犹如本雅明在波德莱尔译本前言《译者的任务》中所说的 Nachleben（afterlife）。《译者的任务》书名中的 Aufgabe 一词或有两解：任务和放弃，似乎指涉一种选择。我们后辈翻译工作者们无疑会以尊敬的郑克鲁老师为榜样，永不言弃，不断努力，精益求精，德艺双修，使文学翻译这一“爱的劳作”继续照亮人们的精神世界！

谢谢大家！

略论郑克鲁先生的翻译思想

四川大学　曹顺庆*

郑克鲁先生是我国著名的法国文学翻译家、外国文学研究专家。郑先生毕其一生，笔耕不辍，共完成 1 700 万字的译著，近 2 000 万字的专著和编著，出版了 18 部专著和近 20 部译作。他翻译的法国文学经典唤起了中国几代人对法国文学的热爱。从大仲马的《基督山恩仇记》、小仲马的《茶花女》到雨果的《悲惨世界》、波德莱尔的《恶之花》，再到波伏娃的《第二性》。其中，《第二性》全译本斩获了 2012 年的傅雷翻译出版大奖。法国政府也曾因其在法国文学翻译与中法文化交流方面的卓越成就，赋予了他法国教育文化一级勋章。

郑克鲁先生认为翻译是一种享受，同时强调要有持之以恒的精神，才有可能做出成果。回溯先生的治学之路，并非一帆风顺，但他一路精进钻研，不知倦怠。在下乡劳动期间仍坚持自学法语，背完了一整本法语词典，为后来的翻译、研究工作奠定了扎实的基础。

郑克鲁先生认为"优秀的翻译来自丰富的实践"①。不仅要善于从自己的翻译实践中总结经验，还要向翻译名家学习，博采众家之长。同时，也不能迷信权威，须结合实际情况灵活处理。

同时，郑克鲁先生重视读者的参与，提出在译文时须考虑接受者的反应。在实际的翻译工作中，他始终坚持以"信"为本，结合文本语境，充分考究、挖掘字词的含义、语气、节奏等因素，主张以深入浅出、化繁为简的语言实现"达""雅"的效果。他强调，"雅"不仅是对语句的要求，更是对作品整体的要求。

于郑克鲁先生而言，文学翻译与文学研究虽取径不同，却并无二致。要想做好翻译工作，须以充分理解文学作品为前提。与此同时，要真正把握外国文学作品的思想内涵和文学风格，又须精通外语，了解作品的历史文化语境及其理论话语。于是，在外国文学研究方面，郑克鲁先生主张要尽可能地掌握一手材料，将翻译与研究相结合。观其《巴尔扎克评传》《普鲁斯特研究》等研究专著，皆立足于法语文本，融合社会、历史、哲学研究的多元视角，对作品的思想

---

* 曹顺庆，四川大学杰出教授，北京师范大学教授，国批博士生导师，四川大学文学与新闻学院学术院长，教育部"长江学者奖励计划"特聘教授，欧洲科学与艺术院院士。

① 郑克鲁、张驭茜：《优秀的翻译来自丰富的实践——访中国资深翻译家郑克鲁教授》，《东方翻译》2018 年第 1 期。

内涵与作家独特的创作风格进行了深入的分析,填补了国内研究的部分空白。

此外,郑克鲁先生屡次谈及文学翻译在文化交流中的重要性。他认为翻译不仅为多元文化搭建了沟通的桥梁,还为民族文学注入了新的活力。正因如此,郑先生以培养更多的翻译家、学者为己任,提携后进,以教相传。在他看来,时代赋予了我们把中国文化推向世界舞台的机会。郑先生认为"我们要培养一批具有多重文化知识素养积淀的学者和翻译家,作为对外文化交流传播的桥梁。他们应当具有思想和创见,在进行文化交流的过程中坚守思想立场,挖掘本土学术思想和精神,决不能在西方当代文化思潮之中失去自己的声音"。①

由此可见,郑克鲁先生的翻译思想与其文学研究、教学思想融会贯通,构成了其治学理念的重要组成部分。该思想兼具实用性和前瞻性,既对当下的翻译、研究实践提供了参考与指导,又时刻提醒当代学者要勇于发出自己的声音,警惕患上"失语"之症结。作为一位同时在翻译、研究和教学三大领域取得卓越成就的学者,郑克鲁先生以惊人的毅力、严谨的治学态度、开阔的研究视野和深厚的学术积淀成为了后辈学习的典范。

翻译路上的前行者郑克鲁

(根据2020年的一篇文章整理所写)

中国社会科学院　余中先*

最早认识郑克鲁先生,是在1980年代中期。那时我刚进社科院外文所工作,而郑先生已调离外文所,去武汉大学工作。几次,他回北京来外文所,总会来找我的师傅金志平先生。郑先生与金志平关系好,每来北京,就会来外文所,每来外文所,就会来找金志平。当时,笑眯眯的郑先生第一次出现在我工作的《世界文学》编辑部办公室里时,金志平就介绍说,这位是郑克鲁。我一个小青年,见了如此菩萨一般慈祥的大人物,连话也不会说了,只有点点头以示尊敬,接着,喃喃地道出"您好,您好"两句,随后,我就躲了出去,不愿意打扰郑先生与金先生的悄悄聊天。

不久后,有幸得到了郑克鲁与金志平合译的乔治桑小说《康素爱萝》(上海

① 郑克鲁、曹静:《甘做文化交流的"驿马"——专访翻译家郑克鲁》,《解放日报》2019年11月15日。

* 余中先,中国社会科学院外国文学研究所研究员、博士研究生导师,厦门大学讲座教授,傅雷翻译奖评委。

译文出版社，1984)，这部字数多达39万字的长篇小说，也是我最早得到译者签名的外国文学名著。那时，初出茅庐的我辈是得了郑先生的恩惠的。

之后，在北京、上海、武汉、南京，有过几次机会与郑克鲁先生浅聊。在南京，一次国际研讨会上，聊了西蒙娜·德·波伏瓦，在北京，一次学术讲座上，聊的是文学翻译，在上海，一次诗歌翻译评奖会上，聊的是诗歌欣赏……但"君子之交淡如水"，现在回想起来，除了文学，除了翻译，别的还真没聊过什么了。

真正深一点地了解郑克鲁，还是2012年的事。我作为傅雷奖评委，认真阅读了上海译文出版社推荐的郑先生翻译的西蒙娜·德·波伏瓦的理论巨著《第二性》。

一方面，出于评委的职责，另一方面，也出于后辈的"取经"愿望，我对照法语原文，细细读了郑先生译本的几个章节。结果，不仅读得津津有味，而且深有收获。尤其是，阅读中我对照了几个译本，结论是，在全面性、准确性方面，郑先生的译本无疑要高出一头。后来，尽管有读者反映，郑先生的译本比较生涩，我反倒认为，波伏瓦的原文就是那么生涩，不可能在译文中改变这一风格。而且，要知道，郑克鲁先生翻译的很多法国小说和诗歌是不生涩的。当然，这并不是说，翻译《第二性》这样原本非常"生涩"的理论著作，就不能做到尽量往"通俗易懂"方面靠了。

《第二性》中，有一章专门涉及法国诗人克洛岱尔，我因为以前研究过这位长期居住在中国的外交官诗人(我的博士论文就以他为研究对象)，深知他的作品不太好理解。通过一字一句对照法语原著来读郑先生译本中的这一章(大约三十来页)，我很佩服地承认，郑先生的理解还是相当到位的，转达也大体通顺，而这一点，也是一般的译者很难做到的。

2018年4月，为纪念《郑克鲁文集》出版，在上师大开了一个叫"郑克鲁学术与翻译思想研讨会"的会。记得当时大家发言，大都为赞颂、惊叹之调。我发言中强调了"要向郑克鲁看齐"的说法。这个说法并未引起年轻人学者和译者的共鸣，大概是觉得翻译工作很难做到像郑克鲁那样高产而又高质量吧。

其实，还是可以"看齐"的，所谓看齐，就是学习榜样，自觉跟上。在老年郑克鲁先生的身上，我见识了一种境界："识途老马身犹健，无需扬鞭自奋蹄"。

今天，也正是在这条路上，得过郑克鲁先生恩惠的我辈，正跟在这位前行者的后面继续从容走着，年轻一辈也正在大踏步地赶上来。

我希望，这一番你追我赶的情境，大可告慰郑克鲁先生的在天之灵。

郑克鲁先生早期译作片段赏析

袁　莉*

感谢振武兄邀请我来上师大参加这次纪念郑克鲁先生的研讨会。

1. 回忆与先生的交往点滴

我是得了郑先生很大的恩惠的,有形的和无形的。

先说无形之惠:和在座的许多朋友一样,青少年时代我热爱文学,尤其喜欢外国文学,曾经有两本最喜欢的杂志《世界文学》和《名作欣赏》,第一次知道郑克鲁这个名字,就是通过它们。大学时代我选择了法语文学专业,郑先生编的《法国文学史》《欧洲文学史》,是我们必修课程的必读书目。读博期间,因为论文打算用法语写,而在1996、1997年的时候,国内的原版资料少,我曾经两次赴武汉大学,因为那里有当时国内最好的法国研究中心,有最全最新的法国文论方面原版的书籍和杂志。后来我才知道它们的研究中心、资料中心、赴法博士预备班等等,都是郑克鲁先生当武大法文系主任的时候成立的。

再说有形之恩:1998年我的博士论文写作遇到瓶颈,需要第一手的译者资料,该译者既要具备理论视野,又要有大量的翻译实践能说明问题。抱着试试看的心态,我以一个普通读者和法文学子的名义,给当时早已盛名远播、驰誉遐迩的郑克鲁先生写了一封信,没想到先生很快就回了信,而且是洋洋洒洒近三千字的回信,详细解答了我的所有疑问。我的信不到一页,先生的回信远远超出我的篇幅,可以想象令当时初出茅庐的我多么感动,借用傅雷先生曾经用过的一个词来形容:“如受神光烛照。”可以说郑先生发出的这束光,一直照在我前行的路上,鼓舞着我,引领着我,直到今天。

2. 郑克鲁先生的翻译主张

一千七百万字的翻译作品,两千万字的研究论述,人的一辈子有多少天?两万天,每天两千字才做得到。谢天振先生曾说郑老师是超人,这丝毫不夸张。郑克鲁全集在商务印书馆出版后,有媒体赞曰:译事一甲子,半壁法兰西(《南方周末》)——真是最贴切不过。

我个人比较关注、也比较喜欢郑先生的早期译作,读得比较多,比如《基督

---

* 袁莉,复旦大学外文学院法语系主任,博士生导师,中国翻译协会专家会员,上海翻译家协会副会长。

山恩仇记》(1992)、《康素爱萝》(1984)、《魔沼》(1984)、《茶花女》(1993)、《失恋者之歌(法国爱情诗选)》(1990)、《法国抒情诗选》(1991)、《雨果散文选》(1996)、《罗曼·罗兰读书随笔》(1999)等。

我今天带来了一些郑先生译作的片段,或许能说明先生的译文风格:

1)《长寿药水》(巴尔扎克,郑译第一次发表,1977 年《世界文学》第一期,复刊号):

2)《沉默的人》(加缪,1981 年《名作欣赏》3.2)

3)郑先生译的法文诗:《秋歌》(魏尔伦)

1998 年郑克鲁先生曾著文谈傅雷的翻译,有这样一段话:"不少论者指出,傅雷的翻译作品中存在一些错译现象,因此大不为然,似乎这个翻译界的泰斗不过尔尔。窃认为,与其去寻找傅雷翻译中的瑕疵,不如研究一下他在翻译方面的一些成功经验更为有益。……总结、寻找不同译法的可能。"郑先生坦诚地表示自己属于"直译"派。他对于"直译"有自己的理解,如德国浪漫派思想家施莱尔马赫的主张:走向作者的翻译。一个例子,巴尔扎克《家族复仇》里有一句话:"我把自己的头给您送来了。"这就是郑的直译,而不是把它译成"我来负荆请罪了。"他说应该从翻译名家的实践中总结技巧,认识其翻译理念和可操作性。

郑克鲁先生是见过大世面的人,为人洒脱,心怀悲悯,讲究实事求是,从不惧怕批评,也期待后来者居上。他是拥有文学史大视野的人,对法国文学的流派、发展脉络、坐标一清二楚。他翻译一本书,从选材开始就十分注重其史学定位,宏观上有个把握,再进行文本细读,几乎所有的译作都会附上相关的介绍和评论,言之有物,因此翻译时有底气,译文也经得起推敲。比如雨果的《九三年》,郑永慧先生的译本珠玉在前(家父藏有郑永慧 1957 年版的译本,20 世纪 80 年代末我曾因此书疯狂地爱上雨果,也曾经影响到我专业的选择)。郑克鲁先生的新译本添加了很多注释,雨果是把《九三年》当作历史小说来写的,所以年轻人读到郑克鲁译本很幸福,能学到很多的知识,创作背景更清晰,语言也更符合当下读者的口味。像这样的文学名著重译,就是很有价值的。

3. 一代人的法国文学翻译,以及文学翻译在今天的意义

郑克鲁先生的文学天地,体大精深,壮丽辽阔,他用一支不老的健笔,纵横文坛六十载,著、译作品,以量论,以质论,让读者目不暇接,足以傲视学界。早在上个世纪 80 年代,他就已经站上了山顶,90 年代留法归来,更是执学界牛耳、一时无两的权威。但是郑先生仍然谦虚好学、礼贤下士，时时不忘提携后辈。2020年9月7日，我收到郑先生名为“红衣教主”的最后一条微信，告知我某电视台想做几期和翻译有关的节目，希望他推荐个采访名单，他把我的名字写上了。不料9月20日就传来先生去世的消息，我心里真是又惊又痛，懊悔自己竟然不知道他何时住进了医院。

在我的生命中有几位忘年之交，曾经常不断地用各种方式教导我、引领着我，他们都是郑克鲁先生同时代的翻译人：许渊冲、钱春绮、徐和瑾、陆谷孙、翟象俊……人虽逝，情长存。正是他们这一代人，担负着帮助中国读者打开窗户、拥抱世界的责任，为中国读者介绍外国文学、现代派思潮；正是他们这一批人影响了中国改革开放后四十年的文学样貌。郑克鲁先生选择译介的法国文学作品，从中世纪到文艺复兴再到古典到现代，凡有译作，必有论述，他翻译的小说磨字炼句、力戒矫揉造作；他的译诗重形达意，似信手拈来，却浑然天成；他写的书评，从容不迫、鞭辟入里。在我心里，郑老师是既能够纵横捭阖、一览众山的引路人，又是能够细致入微、曲径通幽的探险队长。“世上最美的事，莫过于接近神明，而把它的光芒撒播于人间”——《贝多芬传》里的这句话最能够表达我对郑先生的无限景仰之情。

郑克鲁先生与卞之琳先生的交集

上海大学　张　薇*

郑克鲁先生与卞之琳先生都是北大西语系的才子，也都到中国社会科学院的外国文学研究所工作，卞先生比郑先生长一辈（大29岁），他们曾做过一段时间的邻居。他们的关系是多重的，学业上是学长和学弟的关系，工作上是上下级关系，同事关系；学问上是前辈与后辈的关系（他们都翻译和研究法国文学），知音关系；生活上是好邻居。

郑老师说：他翻译了巴尔扎克的作品，并写了评论文章，卞之琳特意跑过来赞扬，说写得好，材料很丰富。这个评价相当高，要知道，卞之琳也研究过巴尔扎克，也看过巴尔扎克的研究资料，他夸奖郑老师材料丰富，从卞之琳嘴里说出来，意义非同一般，可见郑老师的资料比他拥有的还要多。

郑老师很佩服卞之琳的诗歌创作，很用心，对诗句反复琢磨，总能想出一

* 张薇，上海大学人文学院副教授、硕士生导师。

些新的办法来架构自己的诗句，郑老师认为卞之琳是一个苦吟派诗人。他赞美《断章》写得绝妙，像玩文字游戏一样地写出了绝妙的句子，呈现了崭新的角度。郑老师认为卞之琳翻译莎剧是知难而上，莎剧是诗剧，诗剧不好译，既要翻出戏剧性，又要注意诗味、押韵，难乎其难。但卞之琳凭借他的诗人才华很好地演绎了莎剧。

郑老师的学术起点很高，一开始就在卞之琳、李健吾等名师的熏陶下，使他很快成为学术明星，最后成为学术大师。

“上海—吉隆坡双城国际会议
——以人为本的城市优先转型理念”国际会议综述

张如意　赵文文

2021 年 10 月 30 日,上海师范大学都市文化研究中心与马来亚大学建筑环境学院、孔子学院主办的第二届“上海—吉隆坡双城国际会议——以人为本的城市优先转型理念”国际会议,通过线上与线下结合的形式顺利举行。上海师范大学校长袁雯致欢迎辞,马来亚大学副校长卡米拉(Kamila Ghazali)教授致开幕词。马来西亚梳邦再也市市长罗斯兰(Noraini Roslan)、都市文化研究中心主任苏智良教授做主旨演讲。马来亚大学建筑环境学院院长艾丽娅(Anuar Alias)教授做结束致辞,马来亚大学孔子学院院长马哈茂德(Noor Zalina Mahmood)致闭幕辞。来自中国和马来西亚的两国学者围绕城市遗产和保护、城市建筑和更新、城市交通和环境、城市治理和贫困、城市规划与未来等主题,展开了广泛和深度的学术交流。

城市遗产与保护

文化遗产是历史留给人类的财富,在城市发展的过程中,如何平衡城市发展和城市遗产保护是一个长久且横跨多个学科的命题。马来西亚梳邦再也市市长罗斯兰(Noraini Roslan)以梳邦再也市为例,分享了该市自 1967 年建市以来,从吉隆坡周边的小城市逐步发展变化到如今融入未来国际城市发展规划的历程。如今,梳邦再也市顺应联合国推动可持续发展的倡议,积极响应以人为本的价值,制定了 2020—2025 年发展计划,力求将梳邦再也市建立成环境友好型、女性友好型城市。

上海师范大学王元副教授作了题为《城市更新过程中的文化遗产安全》的发言。她以 20 世纪以来城市发展清除了大量的历史文化遗产，威胁到了全球范围内的文化遗产安全的问题为研究背景，从四个方面对文化遗产进行了重新价值化，分别是：文化遗产是人类自我认同的根源；文化遗产是蕴含着城市文化基因的重要载体；文化遗产是调节城市文化生态的关键要素；文化遗产是赋予城市文化力量的根脉所系。王元从国家公园项目和黄浦江江畔重新开发为典型切入点论述了文化遗产重新使用问题。

马来亚大学琳达博士(Linda Shafarina Hassan)强调了文化遗产和马来文化对建筑设计的重要影响，并以文化价值为纲，针对磅巴鲁地区(Kampong Bharu)新房设计了专门的评估方式，以期通过定量的方式来测定建筑是否做到了既具有本地文化特征又符合城市发展的利益。马来亚大学哈希姆(Helena Hashim)博士通过马来西亚历史城市街区建设来分析场所营造的影响。场所营造的概念起源于 20 世纪 70 年代，其内核是去创造有品质的场所，让人们在这里生活、工作、玩耍、学习。马来西亚通过场所营造的方式，使得文化与商业融合、共赢，并达到城市转型的目的。在马来西亚，吉隆坡嘉美克清真寺与马六甲河畔步道建设是文化遗产和场所营造之间和谐共生的典型案例。

城市如何更新

旧城如何焕发新生机是全球范围内的一个共同问题。会议的第二个讨论主题即为“城市更新”。马来亚大学尼克(Nik Hashim)博士在研究中发现城市再生理论在实践过程中，由于城市复兴政策更着眼于城市经济复兴，而不是社会环境可持续发展。对马来西亚来说，当前不是在进行城市再生，而是进行城市重建。据此，尼克博士以吉隆坡中环广场为案例，通过制定指标和打分方法以定性、定量法对其城市再生计划的可持续性进行测量。最后的评估结果显示，吉隆坡中环广场的建设推动了经济方面的发展，但也造成了诸如住房成本增加在内的其他问题，马来西亚政府需要更多地在居民成本、环境管理等具体方面做出应对。

上海社会科学院万勇教授认为城市形态是城市聚集地产生、成长、形式、结构、功能和发展的综合反映。上海有海纳百川的包容性，有面向世界的开放性，有古今中外的丰富性。所有要素的碰撞和交融，形成了上海这座城市特有的功能和品格,并反映到这座城市的形态演进上来。经过分析和文献参考,万勇提出上海城市形态演进的十个阶段,提炼了上海空间发展的特点:江河主轴,一路向海;全层发展走向开放;多元发展,异质交织。未来上海的发展将以更加广域的视角、长远眼光、战略思维进行展望和谋划。

马来亚大学德伯聪(Teh Bor Tsong)博士在《在后疫情时代恢复我们的城市》中提到新冠疫情对首都吉隆坡的经济造成了极大冲击。为此吉隆坡制定了长达 20 年的城市再生计划。德伯聪制定了评价标准对城市在建的三个案例进行分析,划分出符合、中度符合、符合性较弱三个标准。最后得出结论,将会在未来几十年当中,更多地关注到这些执行较弱的标准,让后代的生活可以更加可持续。

苏州大学汤晔峥副教授以淮南盐业集镇体系为例,探索整体城市更新政策中的历史基础设施和生态网络。汤晔峥认为都市边缘区在全球化的影响下的根本性转变引发了一系列新的城市问题。这就需要政府制定一个统一、综合和跨尺度的战略,通过城市更新和国土空间的平衡来实现公平效率和有质量的可持续发展的前景。国家政府因素、自然环境因素、历史文化因素决定了盐业城市、领土和景观系统的独特形式。但是自 20 世纪 90 年代中期以来,快速城镇化给依靠传统盐业的沿海城市带来了巨大的压力。为了滨海地区的发展,2009 年江苏省政府制定了江苏省沿海地区的发展规划。江苏沿海地区发展规划,有三个行动策略分别是生态优先视角的环境保护与修复;利用历史和景观资源作为更新动力;利用和复兴历史城镇。并提出了三条相关国土和城市更新战略中的行动路线。

上海师范大学蒋杰副教授将视角转向欧洲,从法国巴黎拉德芳斯 2015 计划的出台背景、实施情况和效果启示等角度进行了分析和交流。拉德芳斯地区坐落在巴黎的北部, 1958 年,法国政府希望打造一个远离巴黎传统市区的中央商务区,就此拉开了拉德芳斯开发的大幕。然而拉德芳斯的发展经历也并非一帆风顺,面对种种危机和挑战。2006 年 7 月法国政府正式发布拉德芳斯 2015 计划,给城市的再建提供了一些启示:如何处理市场和行政力量之间的关系;国家的生产能力、市场规模、经济能级、开放程度等要素,在很大程度上左右着一个国家的中央商务区在全球的地位与角色;在中央商务区的发展中如何开发、管理、扩展中央商务区协调相关各方的权责和利益,也是值得其他国家思考的重大问题。

城市交通面临的问题

城市交通与城市发展、城市安全、城市环境息息相关。上海、吉隆坡作为大都市，其城市交通都面临着交通拥堵、环境污染等严重问题。马来亚大学副教授扎伊诺(Rosilawati Binti Zainol)介绍了一个城市通行方面的螺旋模型(所谓螺旋模型就是不同利益相关方在模型里的交互关系)。在她的研究里，把城市出行模式和可持续发展目标进行融合，使用大学、行业和社区间的三重螺旋模型，结合三个利益相关方的需求进行实验创新，想通过更节能的交通模式减少出行污染，以提升城市的可持续性。马来亚大学 Yong 博士(Yong Adilah Binti Shamsul Harumain)聚焦于马来西亚女性出行模式的研究，从性别角度出发，以不同年龄、教育水平和工作场景为类别，来透视马来西亚女性的不同出行方式。

上海行政学院刘中起教授通过研究上海交通治理停车难的问题，对提供城市基层政府职能转型，提高服务型政府效能的案例进行分析。刘中起提出潮汐式停车、智慧停车、共享模式三种模式，展现了科技创新带来的停车便捷方式。上海正在进行城市数字化转型，通过人工智能、大数据等数字技术方式让传统产业适应新业态。他还提出运用大数据来赋能城市治理过程，形成超大城市的精细化治理模式。同时，通过这种赋权让整个城市的市场、企业、志愿者、居民、市民都能够有效参与到城市治理中。

城市社会的经济结构

随着城市化不断发展，城市的社会经济结构也面临着相关的挑战。会议的第四部分着重于探讨与此相关的问题。马来亚大学齐耶德(Zafirah Zyed)博士关注城市住房问题，通过住房连续模型记录人们从无家可归到拥有住房的线性过程，并讨论在马来西亚如何实现连续性住房。住房连续模型直观描述各个州和国家住房市场中存在的不同的住房细分市场，包括紧急住房、社会住房、支持性住房、私人住房。通过对样本的调查分析得出导致人们无家可归的因素，经过政府针对的对策指导，使其获得支持性住房。实现这种住房的连续性，不同的政府机构和利益相关者都要作出贡献。

上海大学彭善民教授探讨了城市困境儿童的社会工作服务，对国内关于“弱势儿童”的研究进行追溯，并对“困境儿童”给出了学理定义。上海制定了困境儿童安全保护工作操作规程，包括报告机制和应急处置机制。委托专业的社工机构，在国家层面、家庭尽责、政府主导、社会参与、分类保障的基础上，增添了专业支撑原则。彭善民通过上海的两个案例介绍分析和强调了社会工作对保护城市困难儿童的重要性，他认为整个的社会工作的专业性和社会认同还有很长的路要走，需要城市更多的支持，使得好的政策能够真正落到实处。

马来亚大学艾尼教授(Ainoriza Mohd Aini)集中讨论了吉隆坡在公共租赁住房问题上的探索。吉隆坡起初设立公共租房的目的是希望其能起到"管道"的作用，使需要帮助的人能更好地融入私人住房系统。但是目前存在很多"漏斗"情况，即住户不愿意离开公租房的情况。吉隆坡也在通过开发社区项目来改善租户社会经济情况以解决租户长期滞留公租房不愿融入私人住房系统的现状。

马来亚大学哈希姆(Noor Hashim)博士认为城市化正在助推肥胖症，她"从什么样的城市环境推动了肥胖症情况加剧"这个问题入手，深入剖析了在马来西亚城市化的演进中，伴生的基建缺失、饮食快餐化、健身观念缺失等问题使得马来西亚的人民面临着日趋严重的肥胖症困扰。哈希姆提出要建立标准化的公共卫生实践，以降低持续增长的城市肥胖率的可行性措施。

城市未来主义

学者们在会议的第五部分就城市的未来发展做了各种预设。上海师范大学邢海燕教授探讨了大数据、区块链和智慧城市的应用，以及如何以大数据区块链为基础进行社会治理，实现社会扶贫和打造智慧城市。同时，邢海燕指出目前数据时代面临的问题，包括数据融合的困难、建设成本较高、发展共识不足、隐私和数据安全问题等。邢海燕认为科技具有向善的一面，同时也对人类构成了困难，未来需要更加细节的研究，解决相关的问题。

马来亚大学萨库姆(Sarly Sarkum)副教授通过马来西亚建筑行业综合碳测算来分析建筑对全球变暖造成的危害。根据建筑报告，建筑物造成了40%的温室气体排放，因此世界绿色建筑委员会发布了净零排放计划，马来西亚也加入其中。碳的测量是非常复杂的，需要不同的学科和数据参与其中。通过马来西亚净零排放评级系统，可以评估碳排放表现和能源消耗表现，考核减碳措施的成效，从而针对性地减排。

上海师范大学朱军副教授从新媒介时代的空间和地方之间的变化、空间和地方二元对立矛盾和如何解决空间、地方之间的二元矛盾三个层面入手，深入探讨新媒体文化时代虚拟空间和城市空间的互动模式。在新媒体时代，每个个体就是一种微文化，微文化使人们对于地方有了重新的理解，强化了地方主义的信仰，制造了地方和空间之间越来越深刻的矛盾。针对此，朱军副教授通过对空间的重建，从建构新精致地方主义、日常生活策略、超越乌托邦的三种策略来解决这个矛盾。

虚拟空间出现之后，线上购物急速发展。随之，消费者群体的期待和体验也在不断变化。马来亚大学副教授雅斯敏博士(Yasmin Binti Mohd Adnan)结合了消费者不断变化的体验需求分析了他们对线下购物中心和线上消费的看法，并对未来的电子商务模式进行了一些预测。上海师范大学赵佳林讲师的研究探讨了职业兴趣作为人们电子游戏活动的预测因素。赵佳林首先提出了不同类型的职业兴趣与人们游戏活动之间的潜在关系，并在一款流行的多人在线战场游戏《王者荣耀》中进一步验证了其假设。研究强调了职业兴趣在理解人们的电子游戏行为中的重要性，并为积极的游戏设计以及与电子游戏相关的咨询和干预提供了有价值的指导。

结　语

在此次国际会议上，上海师范大学都市文化研究中心主任苏智良教授发表了题为《当代上海发展，如何更加和谐》的主旨演讲。他认为当代上海发展的重要起点是1990年浦东改革开放，上海已高速发展了40年，并跻身于全球城市体系中。苏智良分别从上海的集装箱吞吐量、空港起降的国际航班数量、金融业发展、五大新城建设、黄浦江和苏州河步道建设、上海轨道交通建设、上海的精准抗疫等方面介绍了上海近年的快速发展。同时，苏智良也指出了城市发展中出现的诸多问题，例如如何缩小城市和农村养老金的差别，改善政府的执法方式与人文关怀等。苏智良认为："世界上伟大的城市，不是因时代的变迁而实施变革，而是充分理解变革的重要性，首先自我变革成为示范领导城市。我希望上海和吉隆坡都能够成为这样的示范领导城市。"

本次国际会议紧紧围绕"以人为本"和"城市转型"展开讨论。本次国际研讨会呈现出以下特点：一是研究具有多地域、多学科、多文化的特点，这次会议聚焦讨论上海、吉隆坡发散到巴黎拉德芳斯等地，从历史学、建筑学等学科视角切入城市发展转型问题,研究领域非常宽广。二是研究关注城市转型的各个细部,涉及城市遗产和保护、城市建筑和更新、城市交通和环境、城市治理和贫困、城市规划与未来等主题,研究深刻且全面。三是研究既回望城市的过去,又立足于城市转型的当下和展望城市未来发展,具有一定的现实意义。整体而言,本次国际会议是跨学科、跨地域,紧扣“以人为本”主题的具有现实关照的学术盛会,是都市文化研究中的重要成果汇集。

作者简介:张如意,上海师范大学中国史博士研究生;赵文文,上海师范大学中国史博士研究生。

图书在版编目(CIP)数据

文学中的城市:艺术、空间和城市生活/苏智良,陈恒主编.—上海:上海三联书店,2022.8
(都市文化研究)
ISBN 978-7-5426-7836-2

Ⅰ.①文… Ⅱ.①苏… ②陈… Ⅲ.①城市文化-研究-上海 Ⅳ.①C912.81

中国版本图书馆 CIP 数据核字(2022)第 150673 号

文学中的城市:艺术、空间和城市生活

主　　编/苏智良　陈　恒

责任编辑/殷亚平
装帧设计/徐　徐
监　　制/姚　军
责任校对/王凌霄

出版发行/上海三联书店
　　　　(200030)中国上海市漕溪北路 331 号 A 座 6 楼
邮　　箱/sdxsanlian@sina.com
邮购电话/021-22895540
印　　刷/上海惠敦印务科技有限公司

版　　次/2022 年 8 月第 1 版
印　　次/2022 年 8 月第 1 次印刷
开　　本/710mm × 1000mm　1/16
字　　数/450 千字
印　　张/27.5
书　　号/ISBN 978-7-5426-7836-2/C・624
定　　价/98.00 元